Juli 92

Walter Salmen Das Konzert

Walter Salmen

Das Konzert

Eine Kulturgeschichte

Verlag C.H.Beck München

Mit 188 Abbildungen, davon 15 in Farbe

CIP-Titelaufnahme der Deutschen Bibliothek

Salmen, Walter:
Das Konzert : e. Kulturgeschichte / Walter Salmen. –
München : Beck, 1988
ISBN 3-406-32918-7

ISBN 3 406 32918 7

© C. H. Beck'sche Verlagsbuchhandlung (Oscar Beck), München 1988
Satz und Druck: C. H. Beck'sche Buchdruckerei, Nördlingen
Printed in Germany

Inhalt

Einleitung 7

Vorformen und Anfänge des Konzerts 11
Musikdarbietungen in den antiken Odeia 11
Aufwartungen mit Musik vor 1600 12
Geistliche Abendmusiken im 17. Jahrhundert 13
Collegia Musica 15
Die ersten music meetings und consorts of music 18

Konzertstätten 22

Ausführende 45
Instrumentalensembles und Orchester 45
Chöre 49
Dirigenten 50
Solisten und Virtuosen 52
Wunderkinder 53

Die Hörer und deren Verhalten 56

Konzertvereine 68

Konzertunternehmer 71

Die Rolle der Konzertkritik 74

Programmgestaltungen und Konzertzettel 77

Konzertarten 88
Konzerte bei Hofe 88
Concerts de Salon 96
Hauskonzerte 102
Liebhaberkonzerte 109
Symphoniekonzerte 114
Chorkonzerte 120
Musikfeste 128
Concerti Monstri 133
Komponistenkonzerte 138
Virtuosenkonzerte 142
Concerts spirituels 146
Kirchenkonzerte 147
Theaterkonzerte 155
Kammerkonzerte 158
Liederabende, Song Recitals 165
Kaffee- und Promenadenkonzerte 170
Kurkonzerte 177
Platzkonzerte 180
Schüler- und Jugendkonzerte 187
Volkskonzerte 191
Arbeiter- und Werkskonzerte 194
Folklore auf dem Podium 199
Historische Konzerte und die Wiederbelebung Alter Musik 206
Sonderkonzerte für Neue Musik 212
Museumskonzerte und multimediale Vorführungen 217
Gesprächskonzerte 222
Fernkonzerte 224

Anhang 231
Anmerkungen 231
Auswahlbibliographie 237
Personenregister 241
Foto- und Bildquellennachweis 245

Einleitung

Im Jahre 1775 korrespondierte Johann Wolfgang von Goethe mit Auguste zu Stolberg, der Schwester der Dichterbrüder Christian und Friedrich Leopold zu Stolberg, deren persönliche Bekanntschaft er noch nicht gemacht hatte. In einem Brief vom 13. Februar präsentierte er sich der Adressatin in einem Doppelporträt und richtete an sie die Frage, ob sie sich „einen Goethe vorstellen könne, der im galonierten Rock ... in abwechselnder Zerstreuung aus der Gesellschaft ins Konzert, und von da auf den Ball getrieben wird, und mit allem Interesse des Leichtsinns einer niedlichen Blondine den Hof macht..." In der damaligen Phase seines bewegten Lebens erschien dem Dichter der Besuch eines Konzerts, an das sich üblicherweise ein Ball anschloß, lediglich als eine Kurzweil bereitende Beschäftigung, die im leichtsinnigen Leben der bürgerlichen Oberschicht sowie des Adels der Werther-Zeit zunehmend an Zuspruch gewann. Er artikulierte in dieser Briefpassage mit ironischem Unterton eine gängige Einschätzung dieser Institution, die sich freilich nur teilweise mit der Haltung anderer Zeitgenossen dazu deckt. So waren zum Beispiel über dem Orchesterpodium des seit 1781 für Konzerte genutzten Leipziger ‚Gewandhauses‘, später an dessen Fassade (Abb. 1), die Worte des jüngeren Seneca angebracht „RES SEVERA [EST] VERUM GAUDIUM", welche die Konzertteilnehmer darauf verweisen sollten, daß in dieser von einem Messe- zu einem Konzerthaus umgewandelten Lokalität die lediglich unterhaltende Zerstreuung keine Heimstatt finden möge. Vielmehr sollte eingedenk der Maxime, daß nur eine ernsthaft gemeinte und betriebene Sache wahre Freude bereite, geistig angestrengt gehandelt und rezipiert werden. Denjenigen Konzertbesuchern, denen die Worte des Seneca vertraut waren, wurde mithin ein Kunstanspruch vermittelt, der den Bildungsbürger auf den Hörgenuß von etwas ‚Gehobenem‘ einstellen sollte. Diesem Ernsten und Edlen galt es in angemessener Weise zu begegnen. Bemerkenswerterweise wurde unter geänderten politisch-sozialen Verhältnissen für den Großen Saal des 1981 eröffneten ‚Neuen Gewandhauses‘ diese Inschrift unverändert übernommen. Damals wie heute gemahnt sie den Hörer zu strengem Ernst, wiewohl sich längst die Frage aufdrängt, inwieweit sich der geforderte Anspruch mit der Realität deckt. Befand sich das Konzertwesen immer schon in der Polarität zwischen heiterer Zerstreuung und sogenannter ernsthafter Geistigkeit, oder stellt sich diese Institution, geschichtlich betrachtet, gar noch komplexer dar?

Fragen wie diese sollen in vorliegendem Buch historisch geprüft und anhand vielfältiger Dokumente einschließlich der Bildmaterialien möglichst umgreifend beantwortet werden.

Das Konzert ist eine Versammlungs- und Veranstaltungsform, eine Institution mit ästhetischen, sozialen und ökonomischen Aspekten, die dem Performativen Spielraum bietet und als geplantes Ereignis zumeist an Programme gebunden ist. Es ist die umfassendste Form der profanen Vermittlung von Musik auf einem in Distanz zum Zuhörer befindlichen Podium (Farbtafel 7), auf dem autonom gesetzte wie auch jegliche andere Musik, vordem zweckverhaftet oder funktional determiniert erklingen kann. Als harmonisierender Ort und „freundschaftliches Zusammenwirken" (Gustav Schilling, 1840) zwischen Ausführenden und Hörenden gedacht, war und ist das Konzert realiter trotz des beschwörenden Schillerschen Appells in Ludwig van Beethovens IX. Sinfonie „alle Menschen werden Brüder ..." durch die Trennung in private, halböffentliche oder öffentliche Veranstaltungen eine von sozialen Repressalien begleitete Einrichtung. Die intendierte Harmonisierung wird nicht zuletzt kraft der ein Konzert bestimmenden Arbeitsteilung in Produktion, Reproduktion und Perzeption behindert durch unterschiedliche materielle und intellektuelle Voraussetzungen, unter denen Konzertveranstaltungen aufgesucht werden. Im Verlaufe der Geschichte gelang es zwar, die zur Aufführung gebrachte Musik so sehr zur Hauptsache zu machen, daß der Wiener Ästhetiker Eduard Hanslick (Abb. 53) 1869 das Konzert zur „Hauptstätte der Musik als solcher, als Sonderkunst" erheben konnte; dennoch gab diese Kunst, die den tätigen Geist befriedigen sollte, nie allein den Ton an. Wenngleich es jedoch der Konzertsaal mehr als der Salon, der Kultraum oder der öffentliche Platz ermöglichte, daß Musik um ihrer selbst willen erklingen konnte, war mit dieser Einrichtung keineswegs ein völlig zweckfreies Instrumentarium entwickelt worden. Allein die Einführung sogenannter ‚Zweck-Konzerte‘ 1850 in Leipzig verweist auf die in der Sache liegende Vielschichtigkeit. Die diversen Erscheinungsweisen von Konzerten ließen stets die materiell gegebenen Verflechtungen mit Wettbewerb, Marktbedingungen, Kosten-Ertragsrelationen, mit außerkünstlerischen Zweckbindungen, Repräsentationsabsichten, Wohltätigkeits- oder Huldigungsanlässen, Prestigerücksichten und politischen Implikationen mehr oder weniger offen zutage treten. Auch der Schein von Wohlstand, ritualisiertem Wohlverhalten und dankbarer Honorierung von performativen Leistungen hat diesen Sachverhalt nicht verdecken können oder wollen. So dienen Konzerte den verschiedensten Bedürfnissen. Sie bieten Entspannung, Belehrung, Trost, Unterhaltung oder Genuß neben der Geselligkeit, Konversation oder auch der Agitation; sie lassen leibliche Genüsse ebenso zu, wie sie Schaugelüste, Erwerbssucht oder Darstellungszwänge befriedigen. Traditionell geben sie sowohl Anlaß für Toilettenpromenaden als auch für Diners en passant, die Demonstration von Exklusivität oder Solidarität in der Menge. Heute ist das Konzert keineswegs mehr ausschließlich „a luxury for the wealthy", wie dies 1888 in der ‚Boston Gazette' festgestellt wurde, sondern eine Einrichtung, die in Überschußgesellschaften ebenso zum Usus gehört wie in Mangelsituationen, überall mehr oder minder ortsungebunden ist, so daß man in prunkvolle Schlösser ebenso lädt wie in Kirchen, Rathäuser, Wirtshäuser, Schulen, auf Plätze, Innenhöfe, in Kaffeehäuser, Gefängnisse, Foyers und so fort. Angesichts dieser Streuung ist es derzeit nicht mehr möglich, das Konzert als eine ausschließlich spezifisch bürgerliche Institution zu definieren oder es klassenspezifisch als ein soziales, Prestige vermittelndes Unternehmen zu interpretieren, zumal heute weltweit nahezu alles Musizieren auf konzertmäßige Darbietung zielt. Kinder werden von ihrem vierten oder fünften Lebensjahr an, animiert durch den internationalen Wettbewerb, darauf ausgerichtet, ihre Leistungen vorzuführen. Jegliche funktionale Musik vergangener Jahrhunderte ist entfunktionalisiert auf Konzertpodien angewiesen, so daß ihr trotz vielfältiger, nur scheinbar angemessener Revitalisierungstendenzen, etwa durch altes Instrumentarium, zumeist nur eine ästhetische Gegenwärtigkeit verbleibt. Heute erklingen konzertant aufgeführte Opern neben Kirchenmusiken ohne liturgischen Kontext, im Alltag nicht mehr gebrauchte Folklorismen neben ehemals exklusiv realisierten Kammermusiken. Die Größe der Konzertstätten und die durch Werbung angezogene Menge der Zuhörer nimmt zu, technische Medien haben eine globale Entgrenzung für alle verfügbaren Musiken aus allen Kulturen bewirkt. Somit ist – von wenigen Refugien abgesehen – derzeit jegliche Musik aus allen Phasen der Geschichte wie der Gegenwart ‚performance music' oder ‚transmission music' für eine weltweite Öffentlichkeit, die weder Exklusivität noch Tabus zuläßt. 1930 bereits betrieb die Schallplattenindustrie Werbung mit dem Slogan: „Sie fühlen sich in den Konzertsaal versetzt..."; damit wollte sie bei den Fernhörern den Schein des Erinnerns oder Dabeigewesenseins wecken. Selbst der vereinsamte Hörer daheim wird seither als potentieller Konzertteilnehmer angesprochen. Es gilt als ein organisatorischer Erfolg, wenn Hörerbefragungen die Bilanz zulassen, daß einer audiovisuell übertragenen Konzertveranstaltung eine Milliarde Menschen und mehr, verstreut über den gesamten Erdball, beigewohnt haben.

Nachdem somit schrankenlos die musikalische Öffentlichkeit hergestellt worden ist und die Musik nahezu in Gänze Warencharakter angenommen hat, gibt man im Konzert auch allmählich jene höfisch-bürgerlichen Rituale auf, die eingedenk der „RES SEVERA" seit dem 18. Jahrhundert zur Konvention gehörten. Experimente wie jene des ‚Barbican Centre' in London mögen exemplarisch genannt sein, das 1986 ein Klavierrecital als ‚event' im ‚Terrace Foyer' zu Kaffee und Kuchen einem beiläufig vorbeischlendernden Publikum präsentierte mit Werken von Franz Liszt, Franz Schubert und Alexander Skrjabin. Ohne eingeübt stilles Verhalten, Applaus, feierliche Kleidung oder nur spezifische Hör-

absichten gerinnen derartige Darbietungen zu öffentlich subventionierten Dienstleistungen im Rahmen eines zweckgerichteten Warenangebots, das trotz möglicher ideeller Ziele der Veranstalter dem eines Supermarkts gleicht. Hier findet keine Weihe durch Töne mehr statt, die die Umgebung zum Kunsttempel erhebt, hier versammelt sich keine ‚Gemeinde', hier wird von vielen mehr oder weniger intensiv ein Freizeitangebot konsumiert als Teilersatz für ein unerfülltes Dasein in der Arbeitswelt. Somit befindet sich der zunehmend differenzierter werdende Unternehmensbereich ‚Konzert' gegenwärtig in einer ebenso pluralistisch offenen Position wie die meisten anderen kulturellen Einrichtungen auch. Die schon 1780 vom Göttinger Akademischen Musikdirektor Johann Nikolaus Forkel skeptisch gesetzte Erwartung in diese Institution: „Bey dem unläugbaren Verfall der Kirchen- und Theater-Music sind nun Concerte das noch einzig übriggebliebene Mittel, wodurch sowol Geschmack verbreitet, als auch überhaupt der höhere Endzweck der Music noch bisweilen erreicht werden kann", ging, so gesehen, nur eingegrenzt, also „bisweilen" in Erfüllung.

Wegen der bereits erwähnten Vielschichtigkeit ästhetischer Ansprüche und Inhalte überstand das Konzert konsolidiert alle Krisen und Revolutionen der neueren Geschichte. Es bietet heute in Pop-Konzerten ebenso Befriedigung durch motorische und emotionelle Erregung, wie es in Veranstaltungen mit sogenannter ernster Musik dem Verlangen nach geistiger Beschäftigung genügen kann. Künstler auf dem Podium begegnen dieser Gemengelage anpassungsgewandt sowohl im Frack und bieten schlackenfrei werktreue Interpretationen als auch in trend- und modeabhängigen, dem jeweiligen Publikum angepaßten Dresses, die symbolhaft für quasi ad-hoc-Darbietungen einstehen und oft von aggressiven Gesten, orgiastischer Mimik und Lichtorgeleffekten begleitet sind. So leben von der Normalität abgeschirmte, feierlich zu ästimierende Konzertabendveranstaltungen neben Ereignissen wie etwa der sogenannten Linzer Klangwolke (Farbtafel 10), in der, ungeachtet des Getriebes einer Großstadt, symphonische Musik über Verstärker in eine ganze Stadt übertragen wird. Derart den jeweiligen Umständen angepaßt, hat das Konzert zwar Notzeiten und gesellschaftliche Brüche überdauert, mußte sich jedoch auch gegen Ablehnungen und radikale Bekämpfungen behaupten, gegen Einwände, die sich an den etablierten Ritualen, gesellschaftlichen Privilegien, verbrauchten Programmen, an der Kommerzialisierung sowie an der passiven Rolle des Hörers entzündeten. Gemäß der Bertold Brechtschen These „Musik machen sei besser als Musik hören", stieß man sich immer wieder an der „künstlichen Treibhauskunst ohne alle Nachwirkung" (Richard Wagner). Der Komponist und Dirigent Hans Pfitzner monierte: „Es ist eine Kunst, Publikum zu sein."

Zu einer zeitweise radikalen, wiewohl erfolglos gebliebenen Abkehr vom Konzertsaal kam es um 1900 insonderheit in Kreisen der Jugendbewegung, die diesen Raum als Paradigma des Verfalls der bürgerlichen Gesellschaft ablehnten und statt dessen ab 1897 als ‚Wandervögel', ‚antibürgerlich' das gemeinsame Tun im offenen Singen als ‚Gemeinschafts-

1 Das 1884 errichtete ‚Neue Gewandhaus' zu Leipzig mit dem Mendelssohn-Denkmal, Ansicht von Osten. Um 1900

musik' wählten. Anstelle der Befriedigung egoistischer Geltungssucht sollte der ‚Dienst an der Musik' mit erneuerten Einbindungen in das tägliche Leben wieder Geltung erlangen. Das Musikantische, die Tätigkeit in ‚Collegia Musica', Musikantengilden (seit 1921) und Singkreisen, sollte ein erneuertes Gemeinschaftserlebnis vermitteln und helfen, sich gegen Vermassung und Verstädterung zu behaupten. Unter dem Leitspruch „sine musica nulla vita" versuchte man in dieser vor allem die studierende Jugend während zweier Generationen erfassenden ‚Bewegung' in möglichst täglicher Musizierpraxis durch Eigenleistungen dem passiven Feierabenderleben entgegenzuwirken.

Insbesondere gegen die offensichtlich gewordene Unangemessenheit von Konzerten etwa bei der Wiedergabe von Werken der Moderne richteten sich jene kritischen Stimmen, die über meist wirkungslose Reformvorschläge hinaus ein radikaleres Problembewußtsein zu wecken trachteten. Entsagungsvoll siedelt etwa Thomas Mann das Musikhören in dem Roman ‚Doktor Faustus': „in einem Jenseits der Sinne und sogar des Gemütes, im Geistig-Reinen vernommen und angeschaut" an. Dies ist eine utopisch elitäre Forderung, die sich mit Rudolf Kolischs 1983 resignativ formuliertem Bekenntnis: „ich würde am liebsten Musik, statt sie aufzuführen, nur lesen und sich vorstellen lassen" deckt, das nach jahrzehntelangen Uraufführungserfahrungen vor allem mit Werken der zweiten ‚Wiener Schule' besonders betroffen macht. Deutlicher noch äußerten sich Musiker wie der Primar des ‚Amar-Quartetts', Licco Amar, der 1930 das „Ende des Konzertlebens" gekommen sah, weil ihn die rein „kommerzielle Ausschlachtung von Musik" anzuwidern begann, oder der jung verstorbene kanadische Pianist Glenn Gould, der apodiktisch sogar behauptete: „das Konzert ist tot". Viele von ihnen verließen aus diesem Grunde konsequent die Podien oder trennten sich von Management und Agenturen, die bekanntlich die ‚Vermarktung der Musik' zu ihrem Beruf gemacht haben.

Wenngleich somit das private, halböffentliche oder unbegrenzt öffentliche Aufführen von Musik seit langem Widerspruch und gelegentlich auch Absagen erfahren mußte, setzte es sich dennoch allerorten attraktiv durch als die dem jetzigen Zeitalter angemessenste Weise des Vermittelns von komponierten Werken und von ungeschriebenen Musizierpraktiken. Zuflucht gewährendes Altes und herausfordernd Neues, eingewöhnte Programme wie auch „unerhörte Klänge" (Franz Marc) werben tagtäglich in reichhaltiger Abfolge um die Aufmerksamkeit potentieller Hörer. Ein Blick in den Anzeigenteil von Zeitungen genügt, um dies in Erfahrung zu bringen.

Diese Fülle des Angebots, um deren Interpretation es in den folgenden Kapiteln gehen wird, präsentiert sich seit dem späten 17. Jahrhundert in facettenreichen Benennungen. Zu registrieren sind: Morgen-, Mittag(Lunchtime)-, Nachmittag-, Feierabend-, Abend- und Nachtkonzerte neben jahreszeitlich geprägten oder den Wochentagen folgenden Konzerten. Man gab Konzerte von Kindern oder für Zöglinge, Damen, Gentlemen, für Betagte und Behinderte oder „pour les aveugles" (Montreal, 1908). Die einen sprachen in ihren Avertissements „the Nobility" an, andere „die Fremden" (Innsbruck, 1893), Familien, Liebhaber, „Connoiseurs", das Volk, die ‚Elite' oder die Massen (München, 1888). Manche wurden nach dem Ort der Veranstaltung benannt, etwa „im Freien", „im Holz" („im Walde", Flensburg 1815), im ‚Gürzenich' zu Köln, im ‚Gewandhaus' zu Leipzig, im Schloß, im Garten, in der Freimaurerloge. „Concerts des Amateurs" konkurrierten mit „Künstler- oder Solisten-Concerten", Virtuosen- oder Chorkonzerten. Übungs-, Unterhaltungs-, Diskussions-, Klub-, Studiokonzerte oder „Informal-Concerts" signalisieren besondere Zirkelbildungen oder Höreransprüche, während „Smokingconcerts", Kur- und Galakonzerte über die kulinarisch-gesellige Seite der Veranstaltung informieren. Anrechts-, Subskriptions-, Dukaten- (Wien, 1818) oder Penny-Konzerte weisen die Billettkäufer auf die ökonomische Seite ebenso hin, wie Wohltätigkeits- und Armenkonzerte die soziale Zweckbindung verdeutlichen sollen. Auf die zu erwartende Programmabfolge verweisen Titel wie „Gran-Concerto", „Recital", „Concerto Sacro", „Ballad Concert" oder „Philharmonisch populäres Künstlerkonzert" (Dresden, 1894). Wunschkonzerte bieten dem Publikum die Möglichkeit zur Mitsprache, Übungsabende den Freiraum des Eingewöhnens und Experimentierens. Galanteriekonzerte zogen andere Hörer an als „Concerts spirituels" (Paris), Arbeiterkonzerte oder „Concerts for Ancient Music". „Academien", Quartettunterhaltungen, Liederabende, Matinées, Kameradschaftsabende sind Titel, in denen das Wort ‚Konzert' zwar keine Verwendung findet, die jedoch längst eine spezifische Vorstellung des zu Erwartenden assoziieren. Konzerte per Telephon und in den Medien haben neben der weltweiten Favorisierung der live-Pop-Szenerie den Umschichtungsprozeß und die Entfernung von den ritualisierten pathetischen Konzerttypen in eine immer rascher werdende Bewegung versetzt, deren Ende derzeit noch nicht absehbar ist.

Angesichts dieser Vielfalt an Typen, ‚Classen' und Einzelerscheinungen kann hier mittels Texten und Bildern nur eine repräsentative Auswahl von Aspekten gerafft beschrieben und interpretiert werden. Im Rahmen des auch durch die Limitierung des Umfangs Möglichen ist dennoch der Versuch gewagt worden, sowohl einen historischen Abriß als auch eine systematische Aufarbeitung der nach Ansicht und Kenntnis des Verfassers wichtigsten Formanten vorzulegen. Viele Konzertierende wie auch Konzerthörer, Museen und Bibliotheken boten zur Benutzung bereitwillig ihre Schätze an. Diesen sei für ihre Hilfe ebenso herzlich gedankt wie dem C. H. Beck Verlag für sein lebhaftes Interesse an diesem Thema und die sorgfältige Betreuung der Drucklegung insbesondere durch Frau Dr. Ingrid Lent. Meine auf mancherlei Weise an der Vorbereitung beteiligte Frau ließ mir ebenfalls aus ihrer reichen Erfahrung als Konzertbesucherin wie auch als konzertierende Solistin viele stimulierende Anregungen zukommen.

Die dem Buch beigegebene Auswahlbibliographie möge den interessierten Leser mit der Literatur zu diesem komplexen Thema vertraut machen, die auch zu denjenigen Ereignissen seit der Spätantike, den Theoriebildungen und Quellenerschließungen vorliegen, die hier unerwähnt bleiben müssen.

Vorformen und Anfänge des Konzerts

Musikdarbietungen in den antiken Odeia

Ausgehend von der in der Einleitung vorgestellten Definition des Terminus ‚Konzert' als Versammlungs- und Veranstaltungsform sowie als Institution mit ästhetischen, sozialen wie ökonomischen Aspekten, sei im folgenden der Versuch unternommen, ad fontes zu gehen. Hatte die vorliegende Fachliteratur bislang mehrheitlich das Bild von einer spezifisch sowohl bürgerlichen als auch feudalen Erfüllung von musikalischen Konsumbedürfnissen durch öffentliche Musikdarbietungen ab dem 17. Jahrhundert vermittelt, so lassen sich anhand literarischer wie architektonischer Restbestände bereits in antiken und spätantiken Städten Griechenlands wie im Römischen Imperium Vorführsituationen mit Publikum nachweisen. Seit dem Zeitalter des Perikles (um 445 v. Chr.) errichtete man dazu dienliche Zweckbauten, die räumlich und akustisch begrenzende Bedingungen für den Vortrag von Solisten vor einer größeren Zuhörerschaft boten, die man Odeion (lateinisch Odeum), abgeleitet vom griechischen Terminus Ode = Gesang, nannte. In diesen Gebäuden, in der Regel überdachten Theatern, fanden nahezu ausschließlich Darbietungen von Kithara- und Aulossolisten, Auloschören, kitharabegleiteten Gesängen, Agonen oder ‚certamina' (Wettbewerbe) neben rhetorischen Veranstaltungen statt.[1] Das erste dieser Odeia ließ Perikles am Südostabhang der Akropolis von Athen aus Holz errichten, das, vom Staat, von privaten Mäzenen, aber auch von Künstlervereinigungen unterstützt und organisiert, bespielt wurde. Den ansässigen Bürgern und Reisenden sollten von ausgebildeten Berufsmusikern attraktive Unterhaltungen geboten werden. Gegen oft sehr hohe Gagen spielten die Musiker von einem Vortragspodium herab, oder sie stiegen auf ein hölzernes Bänkchen (Bema), das den Sängern oder Spielern einen erhöhten Standplatz bot. Zudem wirkte dies als ein den Klang verstärkender Resonanzboden. Von den Podien blickten sie in einen in der Regel 60 × 60 m großen Saal, dessen Zeltdach auf Säulenreihen ruhte. Das Telesterion in Eleusis hatte diese Ausmaße und wurde durch neun Säulenreihen gegliedert, die das Dach trugen.

Im Römischen Imperium gab es zwei Typen von Musikhallen: die offenen sowie die kleineren geschlossenen ‚theatri tecti'. Eines der ältesten erhaltenen ‚theatri tecti' steht im Theater- und Vergnügungsviertel von Pompeji. Es wurde nach 80 v. Chr. auf Beschluß des Decurionenrats mit 1500 Plätzen gebaut (Abb. 2), die sich auf im Halbrund angeordnete Sitzreihen verteilten, und bot eine ausreichende Versammlungsstätte für die gesamte Bürgerschaft. Die notwendige hierarchische Sitzplatzgliederung erhielt der Saal durch Ehrensitze (tribunalia, vornehmlich für Beamte), die, erhöht durch vier Stufen (cavea), hinter einer Steinbrüstung aufgestellt wurden. Darunter lag die zum Halbkreis verkürzte Orchestra. Man betrat das Saalinnere durch gedeckte Zugänge (parodoi). Dank privater Stifter konnte der Bühnenraum mit farbigen Marmorplatten verkleidet werden. Insgesamt bot dieser Saalbau, in dem Monsterkonzerte wie Virtuosendarbietungen stattfanden, bereits die im 19. Jahrhundert in Konzerthausbauten wiederaufgegriffene Frontalstruktur mit der Trennung des Publikums von den Darbietenden, die später noch detaillierter zu interpretieren sein wird.

Ließ sich Kaiser Domitian im Jahre 86 ein überdachtes Odeum auf dem Marsfelde in Rom bauen, das mit 5000 Plätzen die Ausmaße heutiger concert halls erreichte, so erkennt man in den privaten Odeen etwa Kaiser Hadrians bereits Frühformen späterer exklusiver Hofkonzerte. Und wenn Kaiser Domitian als der Stifter von im Turnus von fünf Jahren abgehaltenen certamina zu Ehren des kapitolinischen Jupiter gilt, deren Siegerehrungen durch ihn selbst vorgenommen wurden und deswegen im gesamten Imperium Beachtung fanden, da die Sieger in hochdotierte Starrollen aufrückten, so lassen die Schilderungen Suetons und Tacitus' zur Zeit Kaiser Neros ausgeprägte Virtuoseneitelkeiten erkennen. Der Herrscher selbst nämlich unterwarf sich willig den Entbehrungen eines Virtuosendaseins und tat alles, was zur Erhaltung und Kräftigung der Stimme damals geübt wurde, bevor er als Sänger im Theater auftrat. Auf ihn geht die organisierte ‚Claque' zurück, die gut bezahlte Bande, die für gesicherten Beifall sorgte.

Bis zum Untergang des Römischen Reiches gehörten die großen Odeen etwa in Neapel, Taormina, Lyon, Vienne, Patras, Argos, Samos, Ephesos oder Philadelphia zu den Hauptvergnügungsorten der Menge, in denen sie Anspruchsvolles neben Populärem suchte und aus vielen Provinzen anreisende Virtuosen ebenso umjubelte wie später, als man nach der Völkerwanderungszeit und dem Mittelalter in der italienischen Renaissance erneut begann, sich antiker Lebensart anzunähern. Vom verklärenden Blick historischen Eingedenkens veredelt, stiegen in Accademien oder an den Höfen von Ferrara oder Mailand Rezitatoren ‚ad Lyram' (zur Lira da Braccio singend) abermals auf Vortragspodeste (canta in panca) und deklamierten als extemporierende „cantore alla viola" Dichtungen vor elitären Humanistenzirkeln.[2] Seit Herder besann man sich auch wieder der feierliche Versammlungen verheißenden Ortsbezeichnung ‚Odeum' und übertrug sie auf jene Gebäude, die vornehmlich gehobenen ästhetischen Zwecken dienen sollten, etwa dem 1828 in München eröffneten Konzerthaus ‚Odeon' (Abb. 46).

2 Ruinen des nach 80 v. Chr. errichteten ‚theatrum tectum' in Pompeji

Aufwartungen mit Musik vor 1600

Nahezu jegliches Musizieren in der Kirche wie bei Hofe, auf dem Dorfplatz oder in den Schenken und Straßen der Städte war während des Mittelalters funktional geprägt. Es wurde gebraucht zum Lobe Gottes, zur Repräsentation der Herrschenden, für öffentliche Kundmachungen und zur privaten Erbauung. Den vom cantor oder musicus emanzipierten Beruf eines Komponisten gab es noch nicht. Die Musizierenden waren mehrheitlich Dienstpflichtige. Unter diesen Umständen war nahezu jegliches Singen und Spielen Teilmoment von Riten, Zeremonien, Brauch und Aberglauben, also ein integral-unverzichtbarer Beitrag zu einem Ereignis, jedoch nicht eine selbständige, der Beliebigkeit überlassene Eigenleistung. Vor dem ästhetischen standen andere Aspekte, es waren etwa durch Liturgie oder höfischen Minnedienst vorgegebene Zwänge zu erfüllen oder der protokollgebundene Ablauf von Fest- oder Tanzmusiken zu beachten. So wurden bei höfischen Festen Einzelgestalten und -aktionen aus einer integrierenden Einheit heraus realisiert als eine auf alle Sinne einwirkende Manifestation von Macht und Reichtum. Diejenigen, die daran beteiligt waren, hatten zur Ehrung und Huldigung sowie ‚ad gaudium' zu ‚hofieren'. Diese Verpflichtung bestimmte das Tun von Hofmusikern durch mehrere Jahrhunderte hindurch ebenso, wie das ‚Bedienen', ‚Aufwarten' oder ‚Musik darbringen' von Musikern in städtischen Diensten gefordert wurde. Das Verbum ‚aufwarten' wurde sogar bis zum Ende der feudalen Kultur im 18. Jahrhundert verwendet, gelegentlich auch darüber hinaus (zum Beispiel in der Herrschaft Rheda/Westfalen, 1804). Es bezeichnete vor allem die Verpflichtung zu „Tafel-Aufwartungen mit geistlichen oder anderen musicalischen Stücken"

(1672, Darmstadt, in einer Forderung an den Hofkapellmeister Wolfgang Carl Briegel). Auf Balkonen, Emporen oder Schwalbennestern, englisch ‚scaffolds highe', die zu diesem Zweck in Refektorien oder in Tanzsälen eingebaut waren, hatten die Musiker diese Darbietungen getrennt von der zu bedienenden Gesellschaft (Abb. 3 und 4) mit serviler Gestik und auf Geheiß auszuführen. Nur in Ausnahmefällen zollte man ihnen ungeteilte Aufmerksamkeit, etwa wenn Orlando di Lasso am Hofe zu München zur Tafel aufwartete und die subtilen Stücke erst zum Dessert anbot, sobald der üblicherweise hohe Geräuschpegel absank.

Im bürgerlich-ländlichen Milieu wurden diese Dienstleistungen mit ‚Aufspielen', „eine Music halten" (Danzig, 1637) oder auf Geheiß eine „Musick aufmachen" (Wien, 1714) bezeichnet, ein Tun, das der lohnabhängige Musiker dem Auftraggeber ‚schuldig' war. So spielte er den Tanzenden oder Speisenden auf, nie war es ihm jedoch vergönnt, Musik um ihrer selbst willen ‚aufzuführen' oder ‚vorzutragen'.

Zur Veränderung dieser Einstellung und schließlich der Bewertung der Musik als Kunst kam es erst während des 15. Jahrhunderts in den Niederlanden und in Italien. Vor allem in Norditalien vollzog sich zur Zeit der Renaissance in den Accademien durch Bildung und Aktivierung ihrer Mitglieder die Hinwendung zum ‚opus musicum' als selbstzwecklichem Kunstgenuß, das unabhängig von außerkünstlerischen Forderungen im Kreise von Sachverständigen Gehör fand (zum Beispiel in der ‚Accademia degli Elevati' um 1560 in Padua). Sie begünstigten die Sonderleistungen von Virtuosen und brachten als geschlossene Gesellschaften den Musikern eine gesammelt-hingebungsvolle Hörbereitschaft entgegen. Quasi antikisierend saß der solistisch vortragende

Künstler auf einem Podium vor einer frontal ausgerichteten Hörerschaft,[3] die sich gelegentlich auch bei den öffentlichen, in Kirchen stattfindenden ‚Singschulen' der ‚Meistersinger' in Deutschland wiederfinden läßt.[4]

In italienischen Städten wird im Verlauf des 16. Jahrhunderts zudem erstmals der Terminus ‚concerto' verwendet, der nicht nur die Darbietungsweise von Musik, sondern auch ein miteinander wetteiferndes Ensemble aus Stimmen und Instrumenten („concerto di voci in musica", Rom, 1519) bezeichnete. Seither finden sich vor allem in italienischen Städten subventionierte Feiertags- oder Feierabendmusiken für jedermann, die Stadtmusici als „pubblici concerti alla ringhiera" von überdachten Balkonen an Rathäusern herab darzubieten hatten ohne die früher übliche Einbindung in Brauch oder Zeremonie. Im Mai 1483 gab es derartige Musiken auch in der reichen flandrischen Handelsstadt Brügge, in der man „tubicines et mimi" (Stadtspielleute) dafür bezahlte, daß sie an freien Markttagen nach dem Singen des Salve, den „laudes Beate Marie", in der Kirche einer zum Publikum werdenden Gemeinde Instrumentalstücke spielten.[5] Vermutlich versammelten sich bei diesen ‚Salve concerts' viele ausschließlich am ästhetischen Gegenstand Interessierte. Die Ablösung der polyphonen Instrumentalmusik als selbständiger Kunstmusik von der bis dahin einzig tonangebenden Vokalmusik wurde durch diese Gegebenheiten gefördert.

Überdies ergaben sich in den von Kaufleuten kulturell geprägten wohlhabenden Städten in den Niederlanden um und nach 1600 bemerkenswerte Schritte in Richtung auf ein öffentliches Konzertwesen, wenngleich man zunächst an Kirchenräume gebunden blieb. In Utrecht wiesen die Kanoniker von St. Marie 1581 ihren Organisten an, er solle an allen gewöhnlichen Kapiteltagen die Orgel spielen, ab 1593 zusätzlich jeden Sonntag, Dienstag und Freitag sowie an den Apostel- und Marientagen von 11 bis 12 Uhr. 1593 erhielt in Leiden der Organist Cornelius Schuyt als städtischer Bediensteter in seinem Anstellungsvertrag die Auflage, „auf der Stadt Orgeln in der Kirche ... zu spielen ... zur Erholung und Ergötzung der Gemeinde und um dieselbe vermittels dieses [Spiels] mehr aus den Herbergen und Kneipen herauszuhalten ... alle Tage nach dem Abendgebet soll es geschehen ... und jedesmal eine Stunde lang." Diese vertraglich gesicherte Abmachung dürfte den Beginn vom gottesdienstlichen Ritus losgelöster Orgelkonzerte in Leiden markieren, was für die Gemeinde bedeutete, daß sie den ehemals ausschließlich dienenden Kirchenmusiker auch in der Rolle des zur Erbauung und Unterhaltung aufspielenden Solisten anzunehmen hatte.

Geistliche Abendmusiken im 17. Jahrhundert

Begriff und Usus der Geistlichen Abendmusiken nahmen ihren Ausgang in der protestantischen Marienkirche der norddeutschen Hansestadt Lübeck, in der begüterte Händ-

3 Tischmusik von einem Musikerbalkon herab. 15. Jahrhundert, Miniatur in Ms. lat. 6067, fol. 186 verso. Paris, Bibliothèque Nationale

ler abends nach Muße und Ausgleich suchten. Günstige Voraussetzungen dafür boten hier sowohl die Privatinitiative der Kirchenmusiker als auch die Partnerschaft der „Commercierenden Zünfte" (Kaufleute), die zusammen mit reichen Leuten, „die zugleich Liebhaber von der Music" waren, mit dem Amtsantritt des Marienorganisten Franz Tunder im Jahre 1641 eine stattliche Serie geistlicher Konzerte finanzierten. Tunder hatte sich erboten, der auf die Öffnung der Börse wartenden Kaufmannschaft durch sein Orgelspiel „Vergnügen" und „Zeit-Kürtzung" zu bereiten. Er nannte diese außerhalb seiner Dienste als Kirchenorganist stehende Tätigkeit „Abendspielen". Dafür wurde er von seinen Zuhörern nicht nur „beschencket", aus einer Gemeinschaftskasse der Kaufleute floß ihm auch zur Abdeckung der Unkosten ein jährlicher Zuschuß zu.

Sein Amtsnachfolger Dietrich Buxtehude baute ab 1668 die Programme der regelmäßigen Vorführungen nach der Sonntagsvesper von 16 bis 17 Uhr an den fünf vorweihnachtlichen Sonntagen (mit Ausnahme des 1. Advent) mit unternehmerischem Elan zu jenen „Abend-Musicken" aus, die Geschichte gemacht haben.[6] Während dieser Zeit im Kirchenjahr, in der die Figuralmusik im Gottesdienst entfallen mußte, „praesentirte" er ein gemischtes Vokal-Instrumen-

4 Festbankett während der Erbhuldigung der österreichischen Stände für Ferdinand IV. in Wien. 1651. Kupferstich. Wien, Historisches Museum der Stadt, Inv. Nr. 72.823

tal-Programm, wozu er „gehülffen an Instrumentisten und Sängern, bey nahe in die 40 Persohnen" benötigte. Um ein derart „starckes" Ensemble, zu dem Trompeten, Posaunen, Cornetti (Zinken), Großbomhard und Theorbe gehörten, in der Nähe der Orgel mehrchörig aufstellen zu können, ließ er 1669 zwei neue balkonartig vorspringende Chorempören in die Kirche einbauen. Diese Erweiterung der Bausubstanz diente somit ausschließlich den Zwecken der musikalischen „Praesentation" auch von geistlichen „Drame per Musica", die von Schülern und Ratsmusikanten gemeinsam ausgeführt wurden. Auf dem Lettner der Kirche nahmen die Ratsherren und vornehmen Bürger Platz, um wie von einer Loge aus akustisch begünstigt dem Dargebotenen zu folgen. Darum bemüht, „denen Liebhabern einige wenige Stille zu verschaffen", engagierte Buxtehude für Ordnungsdienste die Rathauswache. Diese ging freilich gegen den Lärm in der Kirche zuweilen vergeblich an, denn 1704 hieß es, deren Einsatz „hat aber wenig geholfen". Dieser Aufwand an Kräften erforderte erhebliche finanzielle Zuwendungen und einen beträchtlichen persönlichen Einsatz des Veranstalters. Buxtehude steuerte nämlich hierfür – wie auch zu Gunsten der „extraordinairen", also außerhalb der Adventszeit angebotenen Abendmusiken – nicht nur eigene Kompositionen bei, sondern übernahm außerdem die Einstudierung der Werke, die Verpflichtung der Mitwirkenden, die Petitionen an den Direktor des Katharineums wegen der Mitwirkung des Schülerchors, die briefliche Benachrichtigung der geladenen Bürger, den Druck der Textbücher im Quartformat sowie deren vorherige Aussendung,[7] die Besorgung der Ordner, der Wachslichter für die „vornehmen Zuhörer der Abendmusik in den Gestühlen auf dem Chor" sowie die Aufführungen selbst. Buxtehude konnte somit als privater Veranstalter und Musiker agieren, unterstützt durch die freiwillige Trägerschaft des Bürgertums. Sein „inbrünstiges" Konzertieren blieb zwar noch wie das seiner Vorbilder in den Niederlanden auf den kirchlich beaufsichtigten Raum und geistlichen Zusammenhang angewiesen, es gelang ihm jedoch auch, religiöse Gehalte intensiver wirksam werden zu lassen, konnte man durch seine Veranstaltungen doch „die himmlische Seeligkeit vorahnen", wie man in einer Besucherbeschreibung lesen kann.

Die Nachfolger Buxtehudes setzten die erfolgreiche Serie regelmäßiger Abendmusiken bis gegen 1800 in der Marienkirche fort. Johann Paul Kunzen (im Amt 1733–1757) erhob für die freitags in seiner Dienstwohnung neben der Kirche abgehaltenen Hauptproben erstmals im Jahre 1752 ein Eintrittsgeld, womit der Status und die Tendenz zur Säkularisierung des Unternehmens deutlich herausgestellt wurden. Auch dessen Sohn, Adolph Carl Kunzen, hielt diese Tradition „zur Erbauung der Gemeinde" (Abb. 5) lebendig, wiewohl sich bis 1810 allmählich die Ablösung vom konfessionellen Rahmen vollzog und man die Veranstaltungen in die Börse verlegte.

Nach dem Ausklang dieser bis dahin ausschließlich lokalen Tradition kam es im 20. Jahrhundert im Zuge kirchlicher Erneuerungsbewegungen und neobarocken Eingedenkens zu einer Fortsetzung von betont ‚geistlich' gemeinten Abendmusiken mit musica-sacra-Programmen. Bevor man jedoch, abermals in Lübeck vom 6. August 1929 an, die Tunder-Buxtehude-Zeit aufleben ließ, gab zur Vermeidung des weltlich belasteten Wortes ‚Konzert' etwa Max Reger in der Stadtkirche Meiningen „musikalische Andachten" (1915) oder „Orgel-Feierstunden" (zum Beispiel 1912 in St. Reinoldi zu Dortmund). In Lübeck gelang es indessen dem Marienorganisten Walter Kraft erneut, instrumental-vokale Programmzyklen mit Werken vom Mittelalter bis zur Gegenwart zu Eintrittspreisen von 30 Pfennigen derart attraktiv zu machen, daß auch außerhalb dieser Stadt Serien von Abendmusiken gegeben wurden, in denen bis heute entweder die geistliche Verkündigung (Abb. 6) oder aber das solistische Konzertieren im Vordergrund stand und steht. Seither erfüllen diese Veranstaltungen vielerorts den der Kirche willkommenen Nebenzweck, größere Teile der Gemeinde anzuziehen und mittels der Musik zusammenzubringen, die sich zum Gottesdienst nur mehr selten dort treffen.

Collegia Musica

Im ‚Grossen Universal-Lexicon Aller Wissenschafften und Künste' von Johann Heinrich Zedler aus dem Jahre 1739 liest man unter dem Stichwort ‚Musicum Collegium':

> *MVSICVM COLLEGIVM, ist eine Versammlung gewisser Musick-Verständigen, welche zu ihrer eigenen Übung, sowol in der Vocal- als Instrumental-Musik, unter Aufsicht eines gewissen Directors, zu gewissen Tagen und an gewissen Orten zusammen kommen, und musicalische Stücke aufführen. Dergleichen Collegia trifft man an verschiedenen Orten an. Zu Leipzig ist vor allen andern das Bachische Collegium Musicum berühmt.*

5 Titelblatt einer ‚gewöhnlichen Abendmusik' in Sankt Marien zu Lübeck 1772. Lüneburg, Ratsbücherei

‚Musikalische Stücke' aufzuführen, also als Konzertgeber tätig zu werden, war nicht immer Zweck und Ziel dieser Vereinigungen, die sich im Gegenteil im 17. und 18. Jahrhundert als private Gründungen musikalischer Liebhaber vor allem in protestantischen Städten verstanden wissen wollten (Abb. 7). Diesen Privatzirkeln zum gemeinsamen Singen und Musizieren gingen die aristokratischen Akademien der Renaissance, die gelehrten Sprachgesellschaften, Salons in Frankreich und musical clubs in England voraus, auf die man sich berief, wenn sich vornehme Bürger oder Studenten einer Bildungsgeselligkeit wegen zum „Exerciren" von Musik trafen. Collegia gab es in der Schweiz, in Böhmen, in Städten Mitteldeutschlands, in Schweden, aber ab 1744 auch bei den ‚Moravian Brethren' im amerikanischen Bethlehem, die als erste in Nordamerika Symphonien von Joseph Haydn spielten.[8] Gewöhnlich wurden ab 1620 diese Collegia durch Vereinsstatuten geregelt. Zu den Treffen fanden sich zunächst ausschließlich männliche Mitglieder ein, die musizierten, miteinander speisten und rauchten. Diese als Gegenpol zu den Kantoreigesellschaften sich konstituierenden Laiengruppierungen gaben während des 17. Jahrhunderts ihre akademische, ‚vornehme' Abgeschlossenheit zugunsten halböffentlicher Darbietungen auf und gingen mit diesem Schritt in die Konzertgeschichte ein. Ver-

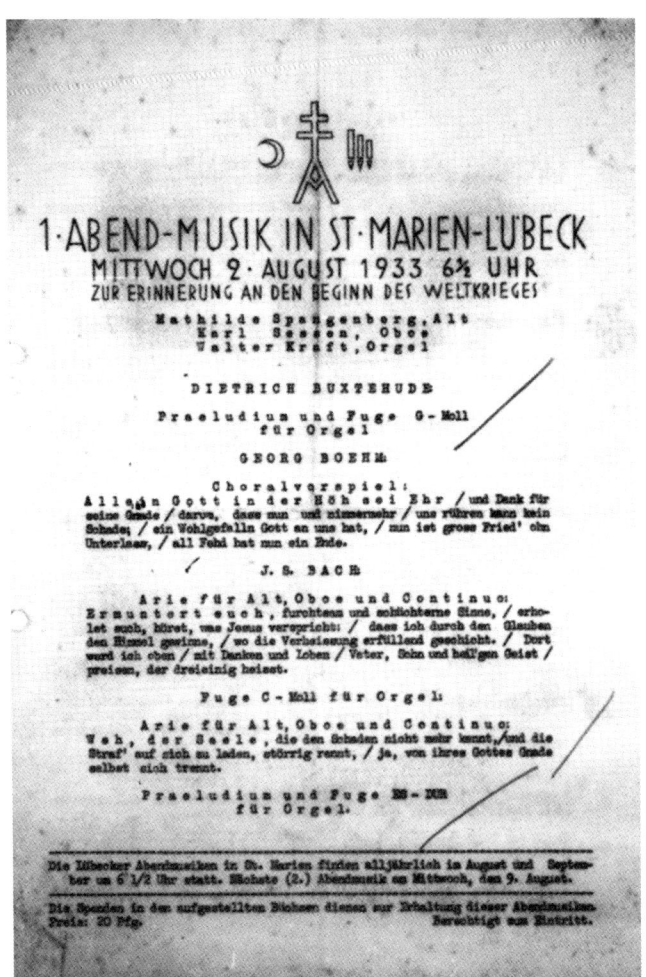 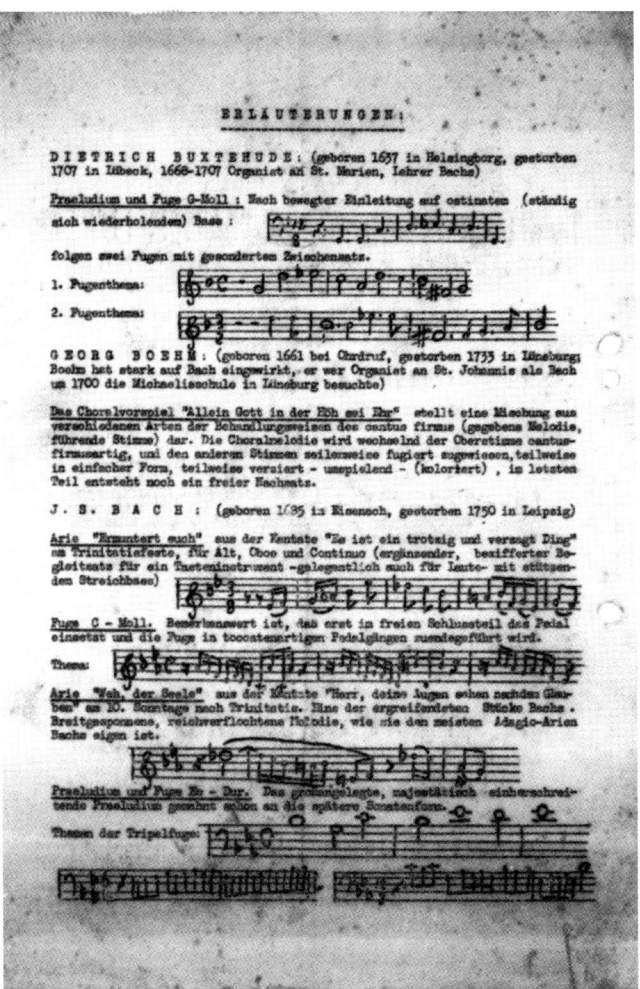

6 Programm einer Abendmusik in Sankt Marien zu Lübeck 1933 nebst Erläuterungen. Lübeck, Archiv Eva-Maria Kraft

bunden war dieser Übergang mit einem allmählichen Abstandnehmen von erbaulichen oder geselligen vokalen Werken. Das instrumentale Ensemblemusizieren in gruppeneigenen Gebäuden, Privathäusern, Gasthäusern und Tanzsälen stand seither im Vordergrund (Abb. 8). Die Stammbucheintragung eines Jenaer Studenten von 1743 vermittelt ein reales Bild damaliger Collegiumsgesselligkeit: „Kunst, Wissen, Bier, Toback, Coffee und l'hombre Spiel,/Ein Tanz, ein schön Concert/sind meiner Lüste Ziel."

Als Veranstaltungsbezeichnung begegnet uns der Terminus „Collegium Musicale öffentlich, so wol für fremde als Einheimische Libhaber angestället" erstmals 1660 in der Freien Hansestadt Hamburg. Der dortige Jacobiorganist Matthias Weckmann hob die ständischen Schranken auf und ließ Studenten und Kaufgesellen, Musikanten und reiche Bürger ohne diskriminierende Einschränkungen im Refektorium des Domes miteinander musizieren.[9] Nahezu 50 Musikanten spielten außerhalb des Gottesdienstes für Hörer, die das Neueste aus den damaligen, vornehmlich italienischen Musikzentren erfahren wollten. „Die besten Sachen aus Venedig, Rom, Wien, München, Dresden etc." Dieses Kunstinteresse war selbstverständlich mit höheren Kosten verbunden, die durch das „Beitragen aller" oder mittels Subskriptionsverpflichtungen gedeckt wurden. Waren für diese Veranstaltungen zwar noch keine förmlichen Programme vonnöten, so ließ das Ensemblemusizieren in dieser Stadt erstmals, durch Johann Mattheson und Georg Philipp Telemann (nach 1716) wesentlich gefördert, eine kritische Auseinandersetzung mit Werken und deren Wiedergabe zu. Man nahm sich selbstbewußt die „Freyheit", Kompositionen zu prüfen „und sich Theil darüber/wo nicht zu sagen/ doch zu dencken". Telemann trug nicht nur dazu bei, unter Hamburger Bürgern ein kritisches Bewußtsein im Umgang mit Musik zu wecken, er führte auch etwa für die „Convivia" der „Hrn. Bürger – Capitaines" komponierte Auftragswerke wiederholt auf und nutzte damit als ersten Schritt zur Bildung eines Repertoires funktionale Musik, die er kommerziell und unabhängig vom aktuellen Anlaß verwertete. Ähnlich setzte auch Johann Sebastian Bach in Leipzig das „Collegium Musicum" für das „öffentlich musicalische Concert" ein. Als Thomaskantor und Director musices war es für ihn auch eine Aufgabe, Sonderveranstaltungen auf der Orgel zu geben oder in seiner Dienstwohnung neben der Thomaskirche „öfters Concert" zu halten, an denen Freun-

7 Collegium Musicum.
1694. Titelkupfer zu
Christian Hubers
‚Geistliche Seelen-Music‘,
Sankt Gallen 1694

de und Schüler wie die gesamte Bach-Familie teilnahmen. Vor allem aber kündigten nach 1729 die Leipziger Zeitungen wiederholt an, es würden Übungen „Der ordinairen... zwey... Collegiorum Musicorum" „unter Direction des Herrn Cantoris Bachs bey Hrn. Gottfried Zimmermann, Sommers-Zeit im Garten Mittwochs, von 4. biß 6. Uhr, und Winters-Zeit Freytags im Caffee-Hause, auf der Catharinen-Strasse, Abends von 8. biß 10. Uhr gehalten". Bach stand also einem mehrheitlich aus Studenten gebildeten Ensemble vor, das zwar ohne Satzungen und öffentliche Subvention war, jedoch bis 1756 fortbestand und sich einer so großen Nachfrage erfreute, daß während der Messezeiten die Konzerte wöchentlich zweimal angesetzt werden mußten. Sowohl „Liebhaber der Music" als auch „Virtuosen" konnten „vergnügte Stunden" bereiten; jedem Musico war es „vergönnt", „sich in diesen Musicalischen Concerten öffentlich hören zu lassen". Die Instrumentalisten hatten meist das Glück, vor Zuhörern, „die den Werth eines geschickten Musici zu beurtheilen" vermochten, zu spielen, die mithin sachverständig genug waren, um etwa anspruchsvollen Werken aus der Feder Bachs folgen zu können, die nicht selten in den begrenzten Lokalitäten eines Kaffeehauses gegen Eintrittsgeld erklungen sein dürften. Damit nutzte auch Bach, losgelöst von sonstigen Zweckbindungen, das Milieu des ‚Kaffeekonzertes' für Kammermusiken, Orchesterwerke und Solokonzerte und befriedigte nicht zuletzt das Unterhaltungsbedürfnis in seinem nächsten Umkreis, wobei ihn Dilettanten, die semesterweise wechselten, sowie einige Stadtmusici unterstützten.

Die ersten music meetings und consorts of music

Die oben beschriebenen ‚Collegia' waren zwar bis weit ins 18. Jahrhundert hinein eine durch Statuten geregelte „musicalische Zusammenkunfft" mit der erklärten Absicht „concert" zu halten, der dabei eingeführte Terminus ‚concert' bezeichnete jedoch nicht jene Institution, die aus dem notwendigerweise arbeitsteiligen Partnerschaftsverhältnis von Vorführenden und für die Leistung bezahlenden Hörern bestand. Vielmehr meinte man damit das Sich-Treffen von Liebhabern und Musikern zu gemeinsamem Handeln.[10] Daher fand noch Johann Nikolaus Forkel 1783 zu der bezeichnenden, den Hörer nicht einbeziehenden Definition: „Das Wort Concert bedeutet ... eine Versammlung musicirender Personen, die sich mit einander vereinigen, eine große und vollstimmige Music aufzuführen." Dies ist um so bemerkenswerter, als es die kommunal oder kirchlich getragene, öffentliche und halböffentliche Organisationsform ‚Konzert' seit der Mitte des 17. Jahrhunderts allenthalben in Ansätzen gab, wie vorstehender Text verdeutlichen sollte. Freilich bediente man sich dafür mehrheitlich unter Betonung des Geselligen Bezeichnungen wie „Musick Meeting", „Entertainment of Musick", „oratorium", „consort", „Subscription Musick", „musick performance" oder „öffentliche Musick", die bis um 1750 nur ungenau Auskunft geben über Absicht und Ziel der Veranstaltungen. Im folgenden sei daher deren Hintergrund detaillierter betrachtet.

Eine „absonderliche Oration" mit einer „herrlichen Music" fand 1643 in Nürnberg statt.[11] „Auf einem großen Saal angeordnet", hatte man zu einer Veranstaltung geladen, in der die musica sacra als die ideale Verwirklichung von Musik begleitet und kommentiert wurde durch eine von einer „Cathedra" vorgetragene „Oratio", in der diese Kunst theologisch legitimiert wurde. Alle in der Stadt verfügbaren Kräfte hatten unter der Leitung von Sigmund Theophil Staden dabei mitzuwirken, die „Entwerffung des Anfangs, Fortgangs, Enderungen, Brauchs und Mißbrauch der Edlen Music" paradigmatisch zu demonstrieren. Mit dem Hinweis auf die „Verbesserungen" in der „Music jetziger Zeit" zur „Erwekkung des Lobes GOTTES" wurde lehrhaft auch ausgewählter Werke der Vergangenheit gedacht. Diese von mehr als eintausend Bürgern Nürnbergs besuchte Demonstration theologisch approbierter Musik schloß mit dem Vers: „Musica nostra vale! Coelestis Musica salve!" In dem Bericht über dieses Ereignis wird ausdrücklich bemerkt, daß „der unbändige Pöbel" durch Türwächter von der Teilnahme ausgeschlossen blieb. War diese Veranstaltung auch kein kommentiert „historisches Konzert", so doch eine singuläre, primär kirchlichen Interessen unterstehende Dokumentation exemplarischer Werke verschiedener Epochen.

Die Geschichte des die Autonomie der Musik herausstellenden Konzerts beginnt weniger mit solchen öffentlich subventionierten Veranstaltungen als vielmehr dort, wo einzelne Unternehmer, Sponsoren oder Gönner in „assemblées de concerts" (Marin Mersenne, 1636) der Musik die Ehre gaben oder sich durch diese Kunst stimulieren lassen wollten. Wie bereits erwähnt, finden sich die ersten Ansätze dazu von der Mitte des 17. Jahrhunderts an sowohl in den wohlhabenden Handelszentren Mitteldeutschlands und der Niederlande, in Paris wie vor allem im imperialistisch sich ausbreitenden England. In Amsterdam fanden 1642 im Hause eines Handelsherrn bezahlte Musikvorführungen statt, in Den Haag mit Genehmigung der Stadtverwaltung nach 1680. In Paris gab 1641 in einem Saal außerhalb des königlichen Hofes Jacques Champion de Chambonnières mit einer Korporation der „joueurs d'instruments... des concerts de musique". In Leipzig erwähnt der Chronist E. Heydenreich vor 1636: „Und ward solchs ihr künstlichs musiciren auf einem Saal zu gewissen Stunden gehalten und von den Zuschauern, wie in einer Comoedi zu geschehen pflegt, viel Geld eingesammelt." In London schließlich wurden nach der Ablösung des Puritanismus durch die monarchistische Restaurierung um 1660 Tavernen als „music houses" neben Privathäusern für Musikdarbietungen hergerichtet, die Unternehmern wie Aufführenden pekuniäre Erträge einbringen sollten. Britische Gouverneure luden in Übersee (zum Beispiel auf Jamaica) als Repräsentanten ihrer königlichen Majestät Gäste zu „monthly Consorts" in den Gouverneurspalast ein. Zu Beginn dieses sich aus verschiedenen Institutionen konstituierenden Konzertbetriebes stehen mithin nebeneinander:

8   Konzert des ‚Collegium Musicum' in Basel. Zeichnung von Emanuel Burckhardt-Sarasin. 1790

Konzerte, die von Komponisten und Musikern zum eigenen Vorteil als zusätzliche Erwerbsquelle organisiert wurden, „entertainments", die von Kaufleuten und Wirten mit Verzehr gegen den Ankauf von tickets angeboten wurden, und Privatkonzerte mit anschließendem Dinner und Ball, die exklusiv für die ‚nobility' zum gesellschaftlichen Vergnügen wie als Erweis auszeichnender Gunst bestimmt waren. Die einen wollten die Mittelklasse als Abnehmer gewinnen und bedienten sich ab 1672 der Journale und Gazetten zur Werbung, die anderen ließen zu ihren Veranstaltungen nur ausgewählte Gäste zu und entsandten persönliche Einladungen durch Boten. Vom Beginn an gab es sowohl das „guineas a piece" kostende und daher lediglich den Begüterten zugängliche Konzertvergnügen als auch die wenig oder nichts kostende „recreation of the vulgar..." mit Verzehr in „alehouse fashion".[12] Notwendig wurde von jetzt an auch eine gruppenspezifische Werbung, in der man bereits im 17. Jahrhundert zu lockenden Einladungstexten fand wie „a rare concert... never heard of before" (1674), „a new Consort of Musick... with New Compositions" (1697), „vocal and instrumental" (1678), „... with extraordinary Parts upon the Flute, Violin, and Hautboy" (1703), „the Italian woman sings" (1692).

Als „tavern-music" ereigneten sich Konzerte der ‚consorts' und Solisten in akustischer wie räumlicher Nachbarschaft und Konkurrenz zu den Bierfidlern und Balladensängern ebenso, wie sie für „persons of quality" eingerichtet wurden. Dementsprechend bunt war etwa in London das gemischte Angebot, von dem es etwa in einer Notiz vom 5. Februar 1703 hieß: „Entertainment, in which will be a Consort of Instrumental Musick (never perform'd before) and Variety of New Dancing, both Comick and Serious... and Singing by a little Girl. Likewise an Entertainment of Vaulting on the Horse." Der Ablauf der Darbietungen scheint mithin demjenigen in späteren Music Halls ähnlich gewesen zu sein, während „a Performance of new Musick...", wie jene in London am 15. Februar 1698 allein für den russischen Zaren Peter den Großen veranstaltete, bei der er seine ersten Eindrücke von westeuropäischer Musik außerhalb der Hofmusik empfangen konnte, den späteren exklusiven Musikveranstaltungen für ausgewählte Zirkel der neuen Musik nahekam. Um die ambitionierten Zuhörer konzentriert auf die Sache zu lenken, plante man bereits 1676 „Musick-roomes" (Abb. 9), in deren Mitte ein Musiziertisch stand, hingegen plazierte man die Podien in auch für Tanzveranstaltungen genutzten Sälen an der Wand entlang, so etwa 1690 in der Londoner Charles Street.[13]

Nicht nur kannte man bald diese Etablissements und entschied sich nach Geldbörse, Laune oder Opportunität, man prägte sich auch die Namen der Veranstalter ein, die damals wie heute ein unbestechliches Gespür für Moden und Gepflogenheiten haben mußten, etwa den des Sängers Ben Wallington, des Geigers John Banister in Whitefriars (ab 1672), des Kohlenhändlers Thomas Britton oder John Abell's.

Mit der Konsolidierung und Ausbreitung dieser Darbietungsweise von Musik in Verbindung mit anderen Schaustellungen wuchs im Bürgertum nach 1700 nicht nur das Hörinteresse, sondern auch der Wunsch nach dem Mitmachen. Liebhaber schlossen sich mit Geldgebern zu Zweckvereinen zusammen, die als Veranstalter von Konzerten auftreten konnten, in denen professionelle Musiker neben Amateuren wirkten. 1705 trat in Schottland „The Musical Society of Edinburgh" auf den Plan, 1713 in Augsburg die vom Kantor Philipp Kräuter gegründete „Musikübende Gesellschaft", zu deren späteren Mitgliedern unter anderem Leopold Mozart zählte, in Paris ab 1741 die „Société des Enfants". Immer häufiger warb man nun um die Gunst der Öffentlichkeit, in Hamburg 1708 mit einem „Musicalischen Concert", in New York 1710 mit ersten Annoncen, in Straßburg seit 1712 durch „ordinaire wöchentliche Concerts", in Kopenhagen ab 1727, in Boston ab 1731 oder in Charleston „at the Council Chamber" nach 1732. Wenig später spielten in Brasilien im Gouverneurspalast von Minas Geraes Mulatten europäische Kammermusik, 1745 trug der Negersklave Josesito „un concierto de Corelli" konzertierend in Buenos Aires vor. 1714 unternahm Johann Friedrich Hebenstreit mit sei-

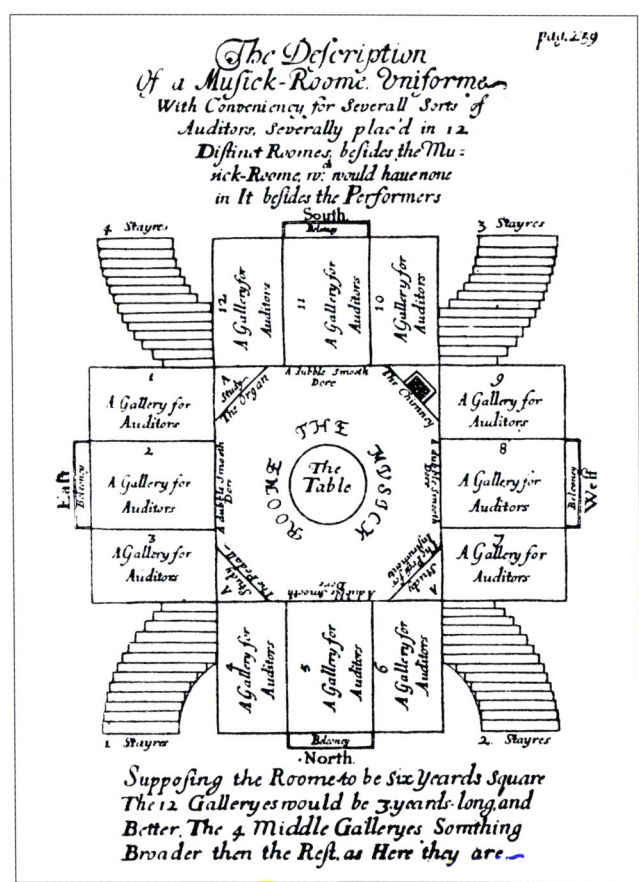

9 Plan für einen ‚Musick-Roome'. Kupferstich (32 × 18,6 cm) aus Thomas Mace ‚Musick's Monument', London 1676, S. 239. London, British Museum, Sign. 785.I.24

10 Der 1700 gebaute Musiksaal des Kollegiums „zur Teutschen Schule" in Zürich von Johann Melchior Füssli. 1713, Kupferstich (15,5 × 12,2 cm). Zürich, Zentralbibliothek

nem „Pantaleon" eine längere Konzertreise in „etl. Orte", die sein „zeitl. Glück ziemlich vortheilhafftig" machte, Francesco Geminiani und Francesco Veracini gastierten in London. Damit war der Typ des reisenden Virtuosen als eines international gehandelten Stars für kostspielige Unternehmungen etabliert. Rascher als vordem transportierten diese Solisten nunmehr das Neueste durch die Länder und Kontinente, was sich nicht zuletzt in der internationalen Vermischung der Programmnummern, etwa in folgender Werkfolge, niederschlug: 1737 kündigte der ‚Daily Courant' Carbonelli's ‚Benefit Concert' am Drury Lane in London an:

ACT I

A new Concerto for two trumpets, composed and performed by Grano *and others;*
A new concerto by Albinoni, *just brought over;*
Song by Mrs Barbier;
Concerto composed by Signor Carbonelli.

ACT II

A concerto with two hautbois and two flutes, Composed by Dieupart;
A Concerto on the bass-violin by Pippo;
Song by Mrs Barbier;
By desire, the eighth concerto of Arcangelo Corelli.

Waren Konzerte anfänglich Einzelveranstaltungen, die auf Nachfrage der „müßig gehenden Classe" (C. A. Heineken) und mit Hilfe von Zeitungsannoncen mehr oder weniger selten angesetzt werden konnten und dann zu lange Zeit die Gemüter erregenden Sensationen wurden, so ging man nun dazu über, diese Institution in denjenigen Orten als regelmäßige Veranstaltung zu etablieren, wo sich genügend Konsumenten dafür fanden: „that brought either tickets or money".[14] Kein Geringerer als Georg Philipp Telemann, der 1713 in Frankfurt am Main die „wöchentlichen grossen Concerts im Frauenstein" eingerichtet hatte, begann schon parodistische Verse über die „grösste Kunst" zu schmieden, die man vorrangig „um Geld zu machen" betreibe. Unterdes wurde für viele Menschen der Mittelklasse der Konzertbesuch von Oktober bis Mai ebenso zur Routine wie der von Kirchen. Nach 1720 fanden mehr und mehr auch die „Gentlemen", die „hohe Noblesse" (Heilbronn, 1769) Gefallen am öffentlichen Konzert, die es seitdem zu einer ein hohes Sozialprestige vermittelnden Standesrepräsentation machten. Damit wurden Teile des Konzertwesens nobilitert und aus dem Dunst der Tavernen und der Nähe zu Seiltänzern oder Feuerwerkseffekten[15] gehoben. Zu regelmäßigen Konzertserien kam es ab 1739 in Frankfurt am Main, 1743 in Leipzig, 1749 in Berlin, 1761 in Hamburg und Sankt Petersburg, 1767 in Caracas (Venezuela). Als Lokalitäten dienten nach wie vor freilich Gaststättenräumlichkeiten und Säle der Zünfte (Köln, ab 1763) oder Privathäuser wie in New York, wo man 1736 „in the House of Robert Todd, Vintner" geladen wurde.[16] Rathäuser, Säle in Tanzmeisterhäusern (zum Beispiel in Nottingham),[17] Pleasure Gardens, Kirchen und öffentliche Plätze (zum Beispiel die Esplanade des Schlosses an der Porta Orientale in Mailand) waren außerdem gesuchte Örtlichkeiten, so daß es für viele Historiker nahelag, die Institution ‚Konzert', insbesondere das sogenannte ‚Große', als eine primär bürgerliche Einrichtung zu betrachten, da dieses Zeitalter noch wesentlich durch die Kultur an Hof und Opernhaus gekennzeichnet war. Gesellschaftlich differierten freilich öffentliche Veranstaltungen bereits in der Phase ihres Beginns erheblich. Während es in London und Manchester distinguierte „Gentlemen's Concerts" und „Concerts of Nobility" gegeben hat, wandten sich Nürnberger Anzeigen an „eine hohe Noblesse als auch ein geneigtes Publikum" (1768). Nur in Magdeburg war 1764 ein Inserat zu lesen, daß an „öffentlichen Concerten ... alle gesitteten Stände der Stadt, ohne Unterschied zwischen Adel- und Bürgerstand, Theil nehmen" (dürfen oder können?). Das Konzert wurde in Ankündigungen wie dieser wissentlich als eine die ungeteilte Öffentlichkeit zulassende Institution verstanden.

Daß diese Entwicklung nicht ohne Widerstände verlaufen konnte, möge anhand von zwei Lokalitäten belegt werden: in Paris wirkten die königlichen Behörden vor 1789 dadurch restriktiv auf diesbezügliche bürgerliche Aktivitäten ein, daß sie die notwendigen Lizenzen verweigerten und damit lediglich begrenzt, trotz der sprunghaft ansteigenden Zahl der Stadtbewohner, die Expansion von Veranstaltungen duldeten. Im nordamerikanischen Philadelphia wirkten „evangelists" mit puritanischer Sittenstrenge daraufhin, daß immer wieder für kurze Zeiten „the Dancing school, Assembly, and Concert Room have been shut up, as inconsistent with the Doctrine of the Gospel". Die Sekte der Quaker hingegen förderte in derselben Stadt und zur selben Zeit den Umgang mit Musik als auszeichnendes Merkmal einer „fashionable education".[18]

Konzertstätten

Wenn Max Reger zur Verbreitung seiner Werke und zur Schaffung einer „Hörgemeinde", wie er wiederholt schrieb, um 1910 in Kirchen, städtischen Festhallen, Salons, Schützenhäusern, Lehrerheimen, Hotels, Cafés, in Theatern sowohl wie im Düsseldorfer Ibachsaal oder Münchener ‚Odeon' konzertierte, sein Zeitgenosse Eugène d'Albert 1900 in Paris sogar ein Zirkuszelt für angemessen befand, Beethovens Es-Dur-Klavierkonzert vor großem Publikum zu spielen, dann liegt der Schluß nahe, daß jeder größere Raum zugleich eine zweckdienliche Konzertstätte sein kann. Werden heute zwar antike Ruinen für Konzerte ebenso genutzt wie Kulturhäuser, Ritter- und Redoutensäle,[1] Rathäuser oder Fabrikshallen, so belegt die Geschichte der Institution Konzert hingegen, daß die durch unangemessene Räumlichkeiten vorgegebenen sozialen wie ästhetischen Behinderungen von den Unternehmern nach Möglichkeit gemieden wurden. Man suchte nach Örtlichkeiten, in denen aufgeführte Musik emanzipiert zu sich selbst finden konnte und befand den Konzertsaal als die einzig anstrebenswerte Stätte. In dieser Ansicht wurde man bestärkt durch die Tatsache, daß das Erklingen und Erleben von Musik von akustischen Faktoren wie An- und Nachhall, Diffusität der Schallenergie, Raumform und Ikonographie abhängig ist.

Mit der Konzeption und Errichtung der Odeen in der Antike (Abb. 2) begann das auf diesen Zweck gerichtete Bauen; auf dieses Vorbild besann man sich wieder in der italienischen Palast- und Villenarchitektur des 15. und 16. Jahrhunderts. Mittelalterliche Hallenkirchen, Ritter- und Rathaussäle blieben indessen primär Versammlungsräume, in denen Musikalisches mehrheitlich im Verbund mit anderen Aktionen bei Festakten, Zeremonien oder im Gottesdienst erklang. Erst nach 1470 wurden aus Gründen, die an anderer Stelle ausführlich dargestellt worden sind, der Musik als einer sich absondernden Kunstübung eigene Räumlichkeiten gewidmet. Im Jahre 1476 etwa entstand im Palazzo Ducale in Urbino ein mit Intarsien ausgeschmücktes Studiolo, das durch die ikonographische Ausschmückung – figürlich dargestellte Musikinstrumente und französische Chansons – eine eindeutige Zweckbestimmung erhielt, so wie später die Musiksäle in den von König Friedrich II. von Preußen bewohnten Schlössern (Abb. 65). 1481 wird eine „camera de la Musica" erstmals in einem Brief erwähnt, der an Federico Gonzaga gerichtet war. Beschrieben wird eine „camera" in einem Renaissancepalast, in welcher „gli diversi instrumenti da sonare" standen.[2] Ebenfalls für das gesellige Musizieren ließen die Herzöge von Mantua und Ferrara „camerini" in ihre Paläste bauen. In der 1524 in Padua für einen Humanisten errichteten Villa ‚Odeo Cornaro' bildete ein achteckiger Musiksaal, den nach Sebastiano Serlio „... il nobile gentilhuomo fece fare per le musiche ...", sogar das Zentrum der Hauskonzeption.

Möglicherweise erinnerte sich Thomas Mace 1676 an diesen Grundriß bei der Planung eines nie zur Ausführung gelangten „Musick-Roome" in London. Dieser erste ausdrücklich als Konzertsaal ausgelegte Bauplan sieht nicht nur die Trennung von „Auditors" in „Distinct Roomes" von den „Actors" am runden „Table"[3] vor (Abb. 9), auch „advantage of Sound", Trockenheit des Raumes, die Deckengestaltung, kalkulierter Zu- und Abgang über Treppen, die Aufstellung einer Orgel, Stimmung der Instrumente und die Aufforderung an das Publikum, sich des „Talking, Crowding, Sweating and Blustering" zu enthalten, fanden bereits Berücksichtigung. Freilich wurde die in dieser Gestaltung gewählte relative Rundanlage im Konzerthausbau späterer Jahre nicht wiederaufgegriffen. Erst im Zuge zahlreicher Neuerungsversuche nach dem Zweiten Weltkrieg besann man sich modifizierend wieder auf diesen Grundriß (Abb. 32). Vielmehr bediente man sich mehr und mehr des frontal auf ein Podium gerichteten Raumkonzepts, das aus der Anlage von Musikantenemporen (Abb. 12) hervorging. In der Merchant Taylor's Hall in London etwa befanden sich 1607 „upon either side of the hall, in the windows near the upper end, galleries of seats, made for music". Die auf diesen angehobenen „galleries" placierten Musikanten konnten vom Zuschauerraum aus gesehen werden, der ohne Neigungswinkel eben angelegt worden war. Diese Anordnung wurde zunehmend favorisiert, sogar mit deutlicher räumlicher Trennung von Musizierenden und Auditorium „by a Rail, looks more like a Chancel" (Ned Ward, 1700), die bereits im 17. Jahrhundert als notwendig angesehen wurde.

Etwa von 1650 an begann man auch in Tavernen „Consort-Rooms" zum „Entertainment" mit einer „box for the musicians" neben den in diesen Etablissements üblichen Tischen und Stühlen einzurichten. Man baute für die „Lovers of Musick" „Music-houses", die mit „Whimsical Pictures" und Musikerporträts geschmückt waren. Der Bedarf nach Räumen, die groß genug waren, um 300 Personen zu fassen, und „for that purpose", Konzerte zu veranstalten, „Stands for Musick" hatten, wird 1691 in London deutlich formuliert. Einer dieser „large rooms" mit dem quadratischen Maß von 32 × 31 × 21 Fuß, befand sich in den York Buildings; über seine Nutzung wie Ausstattung ist jedoch wenig in Erfahrung zu bringen. Besser unterrichtet ist man über einen der ersten Konzerträume in der Schweiz, den 1717 mit einer an der Stirnwand eingebauten Orgel eingeweihten Musiksaal am Fraumünster in Zürich. Eigentümerin dieses Saals war

11 Konzert in einer „Salle de Concert de Venice". Um 1740 in Paris hergestellte Radierung (27 × 41 cm). Nürnberg, Germanisches Nationalmuseum, Inv. Nr. HB 18728

die Musikgesellschaft beim Kornhaus, die sich ihre geistliche Verpflichtung: „Sanctus, sanctus, sanctus/Jehova Exercituum/Implet totam hanc ter/ram gloria eius" von Johann Brandenburger aus Zug als Motto auf die vom selben Künstler mit der Verkündigung an die Hirten, Akanthusranken, dekorativen Muscheln und Musikinstrumenten ausgemalte Decke anbringen ließ (vgl. auch Abb. 10).[4]

Während des 18. Jahrhunderts begann man die Konzert- und Vortragssäle stände- und gebrauchsspezifisch zu gestalten. Man richtete Pleasure Gardens für Freiluftkonzerte, Redoutensäle, Musikzimmer in Schlössern für Hofkonzerte und schließlich Konzerthallen für Abonnementkonzerte ein neben kleineren Etablissements für eine exklusiv begrenzte Hörerzahl. Für kleine Gesellschaften entstand um 1755 etwa der „Concertsaal in des Hofmusici Raken Hause" in Hannover, richtete man die ausgemalten Musikzimmer im Gräflich Thürheimischen Freihaus zu Linz ein, in denen „Akademien" stattfanden, oder baute man für den Königlich-britischen Gouverneur Sir Henry Moore im Government House zu Kingston auf der Insel Jamaica einen Musiksaal mit „a moveable orchestra".[5]

Geschmückt wurden diese Säle entsprechend ihrer Funktion. So erhielten Festsäle in Schlössern und Herrenhäusern beziehungsreiche Stuckreliefs und Gemälde mit musikalischen Themen: mit der Darstellung der Orpheus-Sage, Tänzen, Apollo mit der Leier oder der heiligen Caecilia an der Orgel. Im Musikzimmer der Markgräfin Wilhelmine von Bayreuth wurden um 1760 die Porträts der in ihrem Dienst stehenden Hofmusiker als Zeichen hoher Ästimation aufgehängt. Eines der Musikzimmer ihres Bruders, des Königs Friedrich II. von Preußen, beschrieb der durch Potsdam reisende Charles Burney wie folgt: „Das Concertzimmer des Königs hat Spiegel von ganz ausnehmender Grösse; die

12 Hickford's Concert Room in London, nach einer Federzeichnung von J. P. Ennslie im Jahre 1878. London, Westminster Public Library, Box 47, Nr. 1B

Bildhauerarbeit darin ist theils vergoldet, theils mit dem schönsten grünen Firniß à la martin überzogen. Alles Geräthe und alle Zierrathen in diesem Zimmer sind nach dem allerfeinsten Geschmacke. Es steht ein Pianoforte von dem neuburgischen Silberman darinn, das sehr schön gearbeitet und mit Firniß überzogen ist; für Se. Majestät stehet ein Pult von Schildpatte, das sehr reich und künstlich mit Silber ausgelegt ist; auf dem Tische liegt ein Verzeichniß der Concerte, welche sich im neuen Pallaste befinden, und ein Notenbuch worin, wie Se. Majestät es nennen, Solfeggi geschrieben stehen..." Hatte der König diesem Konzertzimmer, neben der Bibliothek, dem Marmorsaal, der Bildergalerie und dem Empfangszimmer in der Gesamtanlage des weitgehend von ihm selbst entworfenen Schlosses Sans-Souci gelegen, durch Spiegel und Fenster sowohl die Schwere nehmen als auch durch Antoine Pesnes Wandgemälde ‚Metamorphosen des römischen Dichters Ovid' eine strahlende Festlichkeit geben wollen, so wurde ein Saal im Lustschloß seines Bruders, des Prinzen Heinrich, in Rheinsberg deswegen „zum gewöhnlichen Concertsaal bestimmt...", weil sich darin die Musik vortrefflich ausnimmt".[6] In dem darüber 1778 verfaßten Bericht wird nämlich ein nüchterner Raum ohne die damals üblichen Musikembleme geschildert. Entscheidend für die Raumwahl war hier mithin weniger die persönliche Repräsentation des Schloßherrn als die akustische Eignung.

Besondere Beachtung verdient das ‚Bagno', eine Konzertgalerie, die der Reichsgraf Karl Paul Ernst 1765 im Lustgarten seiner Residenz in Burgsteinfurt (Westfalen) bauen ließ. Dieses von allen anderen Gebäudeteilen separiert stehende Konzerthaus hatte die Doppelfunktion, für zeitweilig außergewöhnlich anspruchsvolle Hofkonzerte (bis 1806) wie auch ab 1781 für regelmäßig stattfindende Bagnokonzerte zum Genuß der Untertanen und Fremden benutzt zu werden.[7] Der Bau ist 23 m lang und 8 m breit;[8] der Konzertsaal wird von einer Apollo-Statue sinnfällig beherrscht. Vorbild für die Anlage war wie für vergleichbare Zweckgebäude, etwa in Rußland im Park von Carskoje Selo, das Versailler Groß-Trianon. An den französischen Vorstellungen von aufgeklärter Musik orientierten sich auch die Wahl und der Ankauf der Kompositionen, die man vornehmlich aus Paris bezog. Allein aus der Feder François-Joseph Gossecs erklangen in den wenigen Jahren 119 Symphonien!

In London übernahm König Georg III. im Jahre 1785 das Patronat über die „Concerts of Ancient Music", die 1776 vom Earl of Sandwich gemeinsam mit anderen Adeligen in den Tottenham Street Rooms begonnen worden waren. Wegen der nunmehrigen Anwesenheit des Hofes wurden die Rooms vergrößert und mit Lustern, Teppichen, Sitzgelegenheiten, einem Tea-room, einer „superb gallery" für die königliche Familie, einer Orgel und „music stands" aufwendig eingerichtet. In der Lobby stellte man „Two busts of Handel, Purcell... Four pictures therein of Handel, Geminiani, Purcell and Corelli" auf.[9] Mit dieser spezifischen Herrichtung wird zum ersten Male ein seitdem verbindliches ikonographisches Bildprogramm als zwingender Bestandteil von Konzerthäusern geschichtlich erfaßbar. Das Aufstellen von Büsten und Porträts der als ‚Musikheilige' verehrten Meister der Vergangenheit gehört seither zum Ritual von Konzertzelebrationen.

In London wurden für diverse „Consorts of Vocal and Instrumental Musick" außerdem 1765 die „Willi's Rooms", 1775 die „Hanover Square Rooms" eröffnet, in Oxford 1748

13 „Grande Gallerie pour les Concerts" im Bagno der Grafen von Bentheim-Steinfurt. Ende 18. Jahrhundert, Kupferstich. Münster, Westfälisches Amt für Denkmalpflege, Inv. Nr. 85/13

*Farbtafel 1   Die Rotunda at Ranelagh in London.
Gemälde von Giovanni Antonio Canal,
gen. Canaletto. 1744, Öl. London, The National Gallery,
Inv. Nr. 1429*

*Farbtafel 2   Musikalische Abendunterhaltung.
Gemälde von Karl Friedrich Moritz Müller.
Mitte 19. Jahrhundert. Öl auf Leinwand (110,5 × 94 cm).
München, Stadtmuseum, Inv. Nr. L 1368*

14   Eintrittskarte zu Hickford's Concert Room aus dem 18. Jahrhundert. Kupferstich von Francesco Bartolozzi. London, Westminster Public Library, Box 47, Nr. 7

der Music Room in der Holywell Street, der 1959 restauriert worden ist,[10] in Edinburgh 1762 die St. Cecilia's Hall sowie in Dublin 1737 ein eigener Konzertsaal in ‚Spring Gardens' durch den gefeierten Violinisten Francesco Geminiani. Dort hatte man bereits 1731 die Crow St. Music Hall speziell „for the practice of Italian musick" eröffnet, in der man die damals favorisierten italienischen Musiker hören konnte.[11]

Aus der Londoner Dancing-School des John Hickford in der Brewer Street No. 41 ging der bis 1934 erhalten gebliebene Hickford's Room hervor, der in der Konzertgeschichte eine besondere Rolle gespielt hat. Man hatte ihn mit einer konvexen Decke, einer Orgel, einer Galerie sowie einem Podium an der Fensterseite ausgestattet und konnte in diesem 50 × 30 × 22 Fuß großen Raum bereits 1744 „The Turkish Musick in the Original Taste, as perform'd at Constantinople" hören. 1766 wurde ein Konzert „on the Calascioncino and Calascione" veranstaltet, 1746 eines „upon Twenty-Six Drinking Glasses tuned with Spring-Water … to satisfy the Curious", und 1765 gaben hier Wolfgang Amadeus Mozart und seine Schwester Nannerl als „Prodigies of Nature" zwei- und vierhändig am Cembalo ihr Debut.

Auf dem Kontinent wuchs in größeren Städten ebenfalls der Bedarf an Konzerträumen, die mehreren hundert Zuhörern Platz boten. Vor allem bürgerliche Liebhaber errichteten einigenorts Gebäude, die 600 und mehr Besucher aufnehmen konnten. Dieses Volumen hatte 1756 der zweigeschossige „grosse Concertsaal des Junghofes" in Frankfurt am Main ebenso wie der ovale Saal der Maatschappij Felix Meritis in Amsterdam, der 1788 eröffnet wurde.[12] Gehörten diese Saalgrößen auf dem Kontinent jedoch noch zur Ausnahme, so hatte man sich in England bereits an mehreren Plätzen, etwa im Saal des Londoner King's Theatre am Haymarket auf 900, in den Pleasure Gardens sogar auf 10000 und mehr Besucher eingestellt. Das imposanteste Bauwerk zum Zwecke beliebter Kaffee- und Promenadenkonzerte in diesen Pleasure Gardens, in denen die Musiker in Pavillons saßen oder standen, die umwandelt werden konnten, war die 1742 eröffnete Rotunda im Ranelagh Garden (Farbtafel 1).[13] Sie lag in der Mitte des Vergnügungsparks und war aufwendig mit Säulen, Karyatiden, Reliefs und Instrumentendarstellungen geschmückt. Amphitheatralisch angelegt mit einem Durchmesser von 45,7 m und einem zu öffnenden Dach, musizierten Sänger und Spieler zunächst von einem in der Mitte des Saales aufgestellten Stand aus, der 1746 jedoch zu einem Kamin umgebaut wurde. Statt dessen konstruierte man wie andernorts auch seitlich ein stufenweise ansteigendes Podium mit eingebauter Orgel „for entertainment", an der beispielsweise Georg Friedrich Händel seine Orgelkonzerte spielte. 1779 warb man für dieses beliebte Etablissement mit den Versen: „The Lords and the Ladies who Ranelagh fill/And move round and round like a horse in a mill/Come hither al fresco to take a cool walk/When tir'd of small coffee, small tea, and small talk."

Im 19. Jahrhundert richteten sich das großbürgerliche Pathos und der Ehrgeiz vollends auf den Ausbau von der symphonischen Hoch-Kunst gewidmeten Prunkstätten, die im städteplanerischen Konzept neben Theater-, Opern- und

Rathausbauten zu den Renommierobjekten gehörten. So ließ Kaiser Franz Josef am 5. Januar 1870 bei der Schlußsteinlegung des Konzertgebäudes der Gesellschaft der Musikfreunde in Wien die Verpflichtung einmauern: „Dies Haus, der Tonkunst in Schule und in Meisterschaft geweiht, soll sein und bleiben ein Kunstwerk an sich, eine Heimat der Musik, eine Zierde der Stadt und des Reiches. Deß walte Gott!."

Zum Signum dieses emphatisch-philharmonisch orientierten Jahrhunderts wurden die Konzertorgeln, die zwar in früheren Sälen auch nicht fehlen durften, fortan jedoch klangsymbolisch die Stirnseiten aller frontal gerichteten Säle krönten. Damit hatten sie quasi sakral im antikisierten oder neogotisch stilisierten Kunsttempel jene Seite des Raums inne, an der sich im Sakralbau der Altar befindet. Als „l'orgue majestueux" (Victor Hugo) oder „Monster Organ" (London, 1854) mit mechanischem Rollschweller sollte sie „brausend" tönen, eine inbrünstige Andachtsstimmung[14] wecken und „zur Erzielung großer Wirkungen gebraucht" werden (Hugo Riemann). Selbst in sachlich-nüchternen Konstruktionen aus Stahl und Glas, in Hallen, die für Weltausstellungen errichtet wurden, fanden Orgeln mit bis zu vier Manualen „of the first magnitude" an markanten Stellen Aufstellung. Außer im „Aladins Palast", dem bewunderten „Tempel der Industrie", dem Crystal Palace, der für die Weltausstellung 1851 im Londoner Hyde Park errichtet worden war, standen große Orgeln auf der ‚Centenial Exposition' in Philadelphia 1876 oder anläßlich der ‚Industrial Exposition' 1881 in Milwaukee.[15] Das Gehäuse dieser Werkorgeln wurde architektonisch sehr unterschiedlich in den Raum einbezogen, entweder neoklassizistisch mit plastischem Prospekt, Türmen und Karyatiden in die Rückwand eingelassen oder auch, wie zum Beispiel im Wiener Koncerthaus von 1913, unsichtbar hinter Gitter gestellt. Diese Konzert- oder Stadthallen-Orgeln gingen fortan als Typus in die Instrumentengeschichte ein.

Handelte man vor 1877 beim Konzertsaalbau intuitiv oder hielt sich an bewährte Muster und Erfahrungen, die aus Vergleichen resultierten, so begann man sich zu diesem Zeitpunkt rational den akustischen Phänomenen zuzuwenden, um schließlich zu kalkulierten Zweckformen zu gelangen. Analog zu der 1770 von Carl Ditters von Dittersdorf verfaßten Beschreibung, in der er seine Erfahrungen in einem „ovalen Saal" im schlesischen Johannisberg mitteilt, der in seiner „Größe, Höhe und Rundung ... die Musik ohne gellenden Widerhall verstärke", gab es viele, die jedoch mangels einer hinreichenden „Theory of Sound" (Lord Rayleigh) lediglich zu Spekulationen anregten. Erst mit dem Rüstzeug der Wellentheorie und weiterer raumakustischer Aspekte wie Wandstrukturen und Deckenbeschaffenheiten wurden die Raumform und Ausstattung sachlich diskutierbar. Diese Diskussion mußte sich freilich zunehmend im Spannungsfeld zwischen großbürgerlichen Repräsentationsabsichten und nüchternen Berechnungsergebnissen moderner Architekten, Statiker und Akustiker bewegen.[16] Zwischen den Aufführungsvoraussetzungen in Raumgrößen

15 „Das Concert- und Fest-Local" im 1821 errichteten Berliner Schauspielhaus. Entwurf von Karl Friedrich Schinkel, Stich nach Karl Friedrich Thiele. 1826

zwischen 5000 und 22000 m³ umbautem Volumen und der ideellen Vorstellung vom ‚erhabenen' Musikerlebnis mußte es zu Kompromissen kommen namentlich in einer Zeit stilistisch brüchig gewordener Architektur, die sich bekanntlich bis über die Wende zum 20. Jahrhundert hinaus in neogotischem oder klassizistischem Aussehen, im Jugendstil oder maurischem Dekor (1888 Stockholm, Svea-Salen) gefiel. Gigantische, akustisch jedoch mißglückte Bauten wie die Royal Albert Hall in London (Abb. 20) von 1871 mit 5000 Plätzen und anfänglich einer Nachhallzeit von 3 Sekunden, die „curious echos" bewirkte, schärften das Bewußtsein. Fortan hatten „Effect" und ästhetische Maximen in Einklang gebracht zu werden gemäß einer in ‚The Musical World and Times' von 1854 erschienenen Anzeige der Odd Fellows' Hall in New Orleans: „The architectural design is from the temple of Diana. It is tastefully painted and frescoed... The principles of acoustics were carefully observed in their construction" (S. 35). Diese stolze Aussage, über die akustische Optimierung hinaus dem Gebäude auch die äußere Gestalt eines der römischen Göttin Diana geweihten Tempels gegeben zu haben, entspricht vollends den Architekturvorstellungen des 19. Jahrhunderts und den Forderungen an die Baukunst, die 1874 Christian Öser in seinen ‚Briefe[n] an eine Jungfrau über die Hauptgegenstände der Ästhetik' charakterisiert hat: „Seit den ältesten Zeiten ist der Mensch nicht damit zufrieden, nur zweckmäßig zu bauen. Höhere Gedanken als die auf das nächstliegende Bedürfnis gerichtet, Ideen der Gottesfurcht, Vaterlandsliebe, sittliche und recht-

16 Saal der Exeter Hall in London. Anonyme Feder-Tuschzeichnung. 1834. London, Westminster Public Library, Box 23, Nr. 19a

liche Regungen, das freudige Bewußtsein der Bildung leiteten ihn und trieben ihn, in seinen Bauwerken über den bloßen Zweck hinauszugehen." Für den Konzerthausbau bedeutete das: „den Concertsaal in eine Kirche im besten Sinne des Wortes zu verwandeln", wie Ferdinand Hiller im Jahre 1868 schrieb. Im folgenden sei an einigen Konzerthausbauten der „allegorische" Hintergrund einer stileklektizistischen Architektur dargestellt, deren Möglichkeiten man zunächst begrüßt hatte, bevor man sie kritisch zu hinterfragen begann.

Im Jahre 1800 beklagte man sich in der Residenzstadt Berlin darüber, daß noch „kein ordentlicher Koncertsaal" vor-

17 Die 1827 eröffnete Singakademie in Berlin. Kolorierte Radierung von Ludwig Eduard Lütke nach Heinrich Hintze. Um 1830. Düsseldorf, Goethe-Museum

18 'Salle de Concert' der Klavierfirma Pleyel in Paris. Holzschnitt von Édouard Renard. 1855 (10,2 × 15,7 cm). Aus: 'L'Illustration', Vol. XXV, 1855, S. 365

handen sei,[17] man vielmehr immer noch auf Gasthöfe, die Garnisonkirche oder als Freimaurer auf den Saal des 'Royal York' Logenhauses angewiesen war. Erst 1803 entstand im Nationaltheater am Gendarmenmarkt ein „Concertsaal" für 1000 Personen in der Größe von 80 × 50 × 38 Fuß mit „Orchester", den Karl Gotthard Langhans entworfen hatte, der jedoch 1817 einem Brand zum Opfer fiel. Der an derselben Stelle projektierte Neubau des nunmehrigen Schauspielhauses wurde Karl Friedrich Schinkel angetragen, der einen streng klassizistischen Musentempel mit „Concert- und Fest-Local" bauen ließ. Diesen ovalen Saal versah er mit umlaufender Empore und Flachdecke, Elementen der englischen Saalarchitektur; ionische Verblendsäulen sollten ihm „Heiterkeit und Ruhe, Gefälligkeit und Eleganz" (Schinkel) verleihen (Abb. 15). Man erreichte diesen Saal über drei zwischen Wandrisaliten eingebauten Türen und Treppenaufgängen, deren Benutzung streng hierarchisch reglementiert war. Die „Dienerschaft, die Choristen, die Musiker" hatten „besondere Treppen" zu benutzen. Eine detaillierte Beschreibung gab ein Korrespondent der 'Allgemeinen Musikalischen Zeitung' bereits im Februar 1821, noch vor der offiziellen Einweihung des Hauses:

Den 27sten [Februar] war das erste Concert im neuen Concertsaale des neuen Theatergebäudes, und ward durch Händels 'Alexanderfest', unter Spontini's und Zelters Direction, vortrefflich begründet ... Da der Saal auch zum Balllocal dient, so war er schon am 10ten bey Gelegenheit des ersten Subscriptionsballs während des Carnevals eröffnet worden. Da bisher über dieses Gebäude, eines der schönsten Berlins, noch keine Nachricht sich in der musikalischen Zeitung befindet, so will ich hier nur bemerken, dass das neue Schauspielhaus durch eine königliche Immediatcommission unter dem Vorsitz des Generalintendanten der königlichen Schauspiele, des Grafen von Brühl, nach des geheimen Raths Schinkel Ideen erbaut worden ist. Es besteht aus drey getrennten Gebäuden, das Theater bildet das emporstehende Mittelgebäude, die Theaterökonomie, Garderoben-Ankleidungs- und Versammlungszimmer, Probesäle, Decorationsmagazine füllen den nördlichen, das Concert- und Balllocale den südlichen Flügel. Der Hauptsaal des letzten, unterhalb 76 Fuss lang, 44 Fuss breit, 43 Fuss hoch, ist an den beiden kurzen Seiten mit Tribunen versehen, die 21 Fuss hoch liegen, und deren jede durch sechs ionische Säulen und zwey Wandpilaster vom grossen Raume des Saals getrennt ist. Die Tribune an der Ostseite ist 24, die an der Westseite 8 Fuss breit, so dass der Saal mit diesen Tribunen in der obern Region 108 Fuss lang ist. Seine auf reich verzierten Consolen ruhende Gallerien führen aus den Tribunen an den langen Seiten des Saals fort, und verbinden sie mit einander. Die Decke des Saals ist eine horizontale Ebene mit Cassetten, die in Holz getäfelt, mit Schnitzwerk, Vergoldung und Malereien verziert sind. Die Wände des Saals unter der Gallerie sind mit goldeingefassten Marmortäfelungen von weisser Farbe verziert, in denen runde Nischen die Büsten berühmter Musiker, Theaterdichter und Schauspieler aufnehmen. Die Erleuchtung des Saals geschieht durch vier grosse Kronleuchter, und die Heizung durch grosse, aus Kupfer getriebene und mit durchbrochener Arbeit versehene Candelaber, durch welche die warme Luft aus den untern Heizanstalten unmittelbar in den Saal strömt ... Vielleicht der schönste Saal auf der Erde in Hinsicht auf reine schöne Architectur und geschmackvolle Verzierung, ohne Ueberladung, der auch in akustischer Hinsicht grosse Vorzüge hat, und nirgends auch die leiseste Spur einer neckenden Echo zeigt ...[18]

In dieser euphorischen Begrüßung des „vielleicht... schönsten Saales auf der Erde" werden zwar die in runde Nischen gestellten Büsten zu Ehren großer Musiker wie Johann Sebastian Bach, Ludwig van Beethoven, Christoph Willibald von Gluck und andere erwähnt, nicht jedoch das von der Idee vom sittlichen Menschen beseelte Bildprogramm der Deckenmalerei. Zum integralen Bestandteil des Saals gehörig zeigt sie den Gott der Künste Apollon, umgeben von seinen Musen, Dionysos mit seinen Mänaden, den mythischen Sänger Orpheus und die heilige Cäcilie.

Diesem gewichtigen Bauwerk, das nach langjähriger Restaurierung 1984 dem Publikum erneut übergeben wurde, folgte in Berlin der legendär gewordene Bau der Singakademie, die, von Karl Theodor Ottmer erbaut, 1826 fertiggestellt worden ist. Unter den Linden in betonter Nachbarschaft zum friederizianischen Opernhaus placiert, sollte sie 1200 Zuhörern vornehmlich der „gebildeten Klasse" Raum bieten, die für die „Kultur der geistlichen Musik" ein offenes Ohr mitbrachte. 1827 erschien dazu in der ‚Allgemeinen Musikalischen Zeitung' folgender sachkundige Bericht:

Die jonische Vorhalle steht durch drey grosse Thüren in Verbindung mit dem grossen Saale, der ein 84 Fuss langes und 42 Fuss breites Oblongum bildet, und vom Fussboden bis zum scheidrechten Plafond 31½ Fuss hoch ist. Auf der rechten Seite desselben, 8 Fuss vom Fussboden erhöht, liegen die königlichen und andere Logen, und auf dem Ende der Vorhalle gegenüber das 250 Sängersitzplätze und 50 Instrumentisten fassende amphitheatralisch angeordnete Orchester, das die ganze Breite des Saales einnimmt, und in Form einer flachen, 30 Fuss vorspringenden Treppe oder Terrasse zu dem in gleicher Höhe mit den Seitenlogen liegenden gewölbten Saale hinaufführt, der bey grösseren Musikaufführungen einen Theil des Orchesters oder vielmehr die stärkere Instrumentalmusik in sich aufnimmt, bey gewöhnlichen Gesangübungen aber vom grossen Saale durch draperieartig decorirte Tapetenwände getrennt bleibt.[19]

Bei diesem Saal, der auf die Bedürfnisse und restaurative Chorästhetik der von Carl Friedrich Zelter geleiteten Singakademie zugeschnitten war, hatte die Vokalmusik den Vorrang, orchestrale Musik wurde in Nebenräume abgedrängt. Geschmückt waren auch diese Räumlichkeiten mit Bildsäulen „berühmter Tonkünstler".

Besonders sendungsbewußt focht der in München residierende König Ludwig I. für ein einheitlich geformtes, monarchisches Stadtbild und prägte als Bauherr vor und während seiner Regierungszeit die Anlage monumentaler Straßenzüge, Plätze und Stadtviertel, vor allem jene ludovizische Neustadt nördlich des ehemaligen Schwabinger Tors. 1825 beauftragte er seinen Baumeister Leo von Klenze mit der Planung des ‚Odeon' (Abb. 46). 1828 eröffnet und 1944 zerstört, sollte diese „Sing-, Lese- und Tonhalle" (46,7 × 39,5 × 17,8 m, Traufhöhe) ein Gesellschaftshaus sein, in dem die Erinnerung an die antiken Odeia (siehe auch S. 11) wachgehalten wurde[20]. Das Gebäude hatte hinter einer durch Säulen gegliederten Fassade ein Speise-, Konditor-, Conversations- und Intendanzzimmer neben Vestibül, Büffet, königlichem Kabinett und Salon. Die Hauptsache war jedoch ein Konzertsaal von 36 m Länge, 22 m Breite und 15 m Höhe, dessen Decke von Wilhelm Kaulbach mit einem Gemälde ‚Apollo unter den Musen' ausgemalt worden ist. Dem bereits zum Bildprogramm von Konzertstätten gehörenden Apollo wurden zur besonderen Weihe im Halbrund der Exedrawand auch weiße Kolossalbüsten von Cimarosa, Haydn, Weber, Méhul, Mozart, Händel, Vogler, Winter, Gluck und Rossini zugesellt, also von Komponisten, die 1827 als ‚klassisch' galten, wiewohl mit Befremden das Fehlen von Beethoven registriert wurde. Erst 1905 revidierte man die Reihung und bezog Bach, Weber, Wagner, Liszt, Schubert und Beethoven ein, denen Abbé Vogler und Peter Winter als Lokalgrößen weichen mußten. Diese Veränderung spiegelt nicht nur die Wandlung des Begriffs von ‚Klassizität', sondern vor allem das um 1900 standardisierte Konzertrepertoire wider, das in diesem Saal erklang. Erleuchtet wurde das ‚Odeon' zunächst mit Öllampen, ab 1856 mit Gas und ab 1888 durch elektrisches Licht, womit man sich jeder technischen Verbesserung bediente, wiewohl die Akustik des Saals nach wie vor als mangelhaft beschrieben wurde.

Hatte Klenze dieses ‚Odeon' nach König Ludwigs I. kenntnisreichen Antikenvorstellungen entworfen, so suchte man andernorts nach architektonischen Anleihen in der italienischen Palastarchitektur; man baute Apollosäle (Hamburg 1804) oder das Ateneu Ronûn (Bukarest), man imitierte Basilikabauten mit Schmuckelementen aus der französischen Kathedralgotik und schuf so stileklektizistische Festhallen und Town Halls. In diesen Räumen feierte man kulturoptimistisch expansiv eine neue Sakralität, an der gemäß dem rapiden Bevölkerungswachstum viele Menschen zu partizipieren eingeladen waren. Der französische Komponist Camille Saint-Saëns nannte diese ein Erschauern hervorrufenden Stätten „Heiligtümer", die als „geweihte" von „einem geheimnisvollen Leben" beseelt seien. Beethoven hatte seine Ouvertüre ‚Die Weihe des Hauses' aus ähnlichen Vorstellungen heraus geschrieben. Die 1858 in London eröffnete St. James's Hall knüpfte viktorianisch an spätgotische Kirchen an, selbst luxuriöse Salons bekamen ein neogotisches Gepräge.

Zu einem „Prachtbau" und „Objekt des reichsten Schmuckes" gedieh das bereits eingangs erwähnte Gebäude der Gesellschaft der Musikfreunde am Wiener Karlsplatz, das 1870 eröffnet wurde. Das breit ausladende, nach Ent-

Konzertstätten 31

19 "Établissement des spectacles et de concerts dans le Bazar Bonne-Nouvelle" zu Paris. Holzschnitt von Édouard Renard. 1847. Aus: ‚L'Illustration', Vol. VIII, 1847, S. 296

20 Die 1871 eröffnete Royal Albert Hall in London. Abgebildet auf einem Konzertplakat vom 2. Oktober 1986

21   Saal der Leningrader Philharmonie. 1983

würfen von Theophil von Hansen gebaute Haus mit seinen Prachttreppen, vergoldeten Kandelabern, vor allem aber seinem einzigartigen ‚Goldenen Saal' wurde vom Adel begonnen, von Bürgerlichen getragen, von Industriellen gestützt und von der gesamten Bevölkerung adaptiert.²¹ Man betritt das Gebäude durch ein dreiteiliges Portal, über dem sich eine dreibogige Loggia mit weißen Skulpturen befindet. Darüber schließen sich sechs Bogenfenster an, die das abschließende Giebelfeld tragen, in dem die Orpheussage als zeichenhaftes Motto für den Eintretenden dargestellt ist. Reiche Vergoldungen und Stukkaturen schmücken das Vestibül, von dem man in den ‚Goldenen Saal' gelangt, der mit einem Maß von 56,3 × 19,8 m 1680 Besuchern Platz bietet und außerdem die Mitwirkung von 400 Musikern auf der Bühne erlaubt. Auch in diesem Saal ist für die Ausmalung der flachen Kassettendecke Apollon Musagetes, umgeben von den Genien, gewählt worden. Das Motiv der Lyra kehrt selbst in der eigens für diesen Saal entworfenen Bestuhlung wieder (Abb. 24). Zwei Jahre nach der Eröffnung des Gebäudes hat man an der Stirnseite eine zweiundfünfzigregistrige Orgel eingebaut, die von Anton Bruckner eingeweiht wurde. Eine grazile Gliederung erfährt der Saal durch die von 18 Hermensäulen gestützte Empore, der man die überaus gleichmäßige Schallverteilung im Raum und den optimalen Richtwert von 2 Sekunden Nachhall nachsagt, der zu jenem ‚symphonisch'

warmen Raumklang führt, der an diesem Saal besonders gerühmt wird. Im selben Gebäude ist noch ein 625 Hörern Platz bietender ‚Kleiner Saal' für Kammermusiken untergebracht mit einer Giebeldecke und Glasoberlicht, der nicht minder feierlich durch die Orpheussagen-Darstellung in den Deckenfeldern und antikisierende Karyatiden festlich einstimmt für die pathetische Kunst der Brahms- und Brucknerzeit.

Eine neuerliche Welle der Investitionsbereitschaft griff in einigen Großstädten am Fin de Siècle um sich. Nicht nur Konzerthäuser oder Vereinsgebäude, sondern auch palastartige Tonhallen wurden gebaut: in München 1895, in Sankt Gallen 1909,²² in Duisburg 1887, in Bielefeld 1860, in Minden 1869 und in Zürich 1895.²³ Von den Aktionären der ‚Neuen Tonhallegesellschaft' geplant, sollte die Züricher Tonhalle, mit deren Bau man 1891 die beiden Wiener Theaterarchitekten Fellner und Helmer²⁴ beauftragte, repräsentativ „im grossen Styl" am aufgeschütteten Alpenkai des Zürichsees als Zeichen großindustrieller Prosperität stehen. Man hielt sich für aufgeklärt und glaubte durch dieses der „Pflege der Tonkunst wie der Geselligkeit dienende" Bauwerk die seit den Tagen Ulrich Zwinglis konfessionell re-

22   Konzertsaal des 1873 eröffneten Besední dům in Brno mit der neuen Orgel der Firma Varhany in Krnov. 1983

23 Haus der Gesellschaft der Musikfreunde Wien. Außenansicht vor dem Umbau 1911

24 Klappstuhl der Firma Thonet aus dem Großen Saal des Wiener Musikvereinsgebäudes. 1911

striktiv lastende Moralvorstellung überwinden zu können. Man war erfüllt vom Bewußtsein des gesellschaftlichen Fortschritts. 1 753 100 Schweizer Franken ließ man sich die Tonhalle kosten, eine Summe, die in der Presse bei Eröffnung des Gebäudes auf ein geteiltes Echo stieß. Man tadelte die „Verschwendung", die wie ein „Kurhaus mit Spielsälen" überzogene Ausstattung, man vermißte den Ernst eines „idealen Odeon" und stieß sich vor allem an den drei Pavillons, die durch hohe flankierende Aussichtstürme begrenzt wurden. Die Gesamtanlage folgte dem Vorbild des Leipziger ‚Gewandhauses'. Durch ein geräumiges Foyer mit Garderobenhalle im Parterre gelangte man über großzügige Treppen in das Obergeschoß sowie in den Großen Saal mit einer dreiseitig umlaufenden Galerie. Dieses Geschoß war so angelegt, daß an der Eingangsseite noch ein Kleiner Saal Platz fand. Das Rückgebäude beherbergte Vereins- und Kassenräume, Restaurationslokalitäten, Übezimmer für die Musiker sowie die Durchgänge zu den Pavillons mit Gartenter-

25 Erinnerungskarte an die Einweihung der städtischen Festhalle in Mannheim. 1903. Nürnberg, Germanisches Nationalmuseum, Inv. Nr. HB 19591

26 Die von Max Berg entworfene Jahrhunderthalle in Breslau. 1913

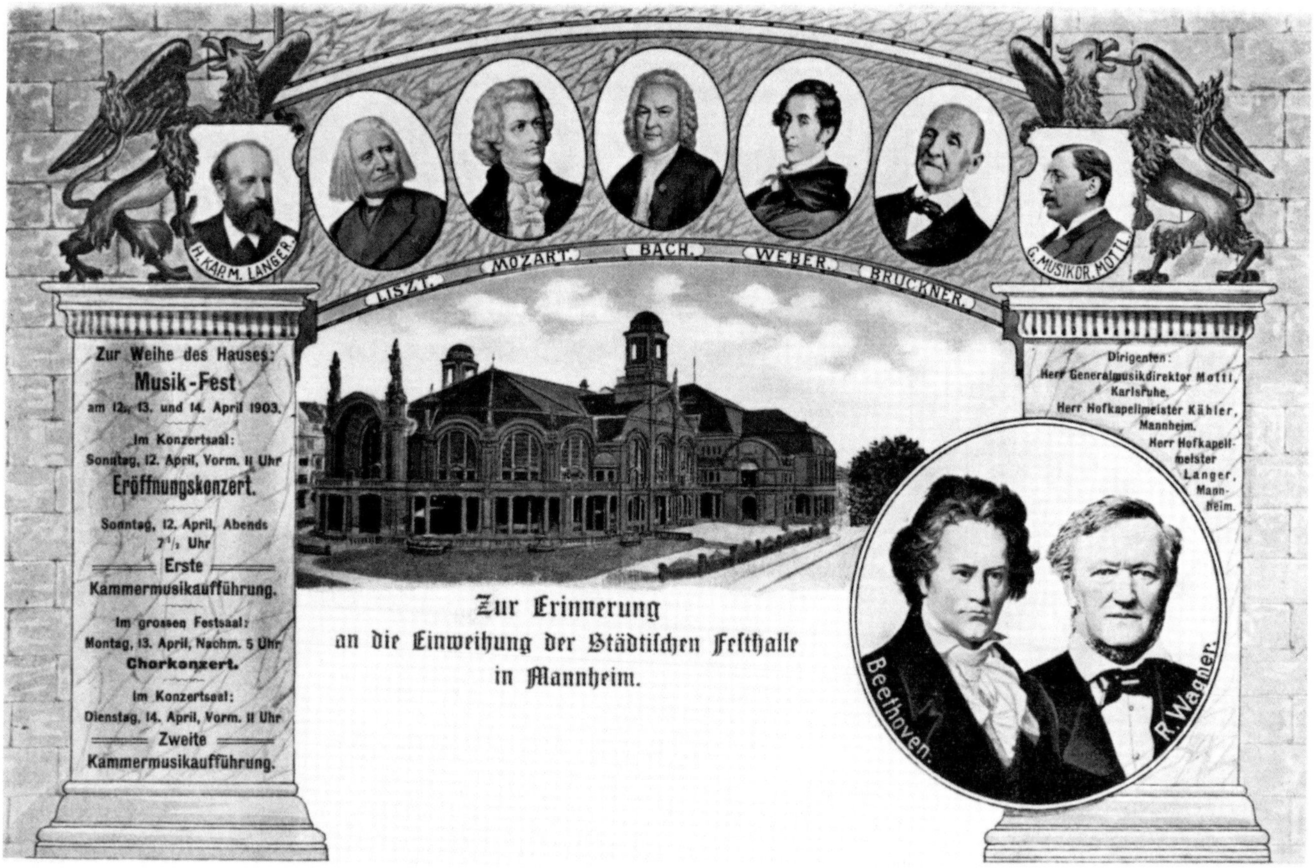
H. KAP.M. LANGER.
LISZT.
MOZART.
BACH.
WEBER.
BRUCKNER.
G.MUSIKDR. MOTTL.
Zur Weihe des Hauses:
Musik-Fest
am 12., 13. und 14. April 1903.
Im Konzertsaal:
Sonntag, 12. April, Vorm. 11 Uhr
Eröffnungskonzert.
Sonntag, 12. April, Abends 7 1/2 Uhr
Erste
Kammermusikaufführung.
Im grossen Festsaal:
Montag, 13. April, Nachm. 5 Uhr
Chorkonzert.
Im Konzertsaal:
Dienstag, 14. April, Vorm. 11 Uhr
Zweite
Kammermusikaufführung.
Zur Erinnerung
an die Einweihung der Städtischen Festhalle
in Mannheim.
Dirigenten:
Herr Generalmusikdirektor Mottl, Karlsruhe.
Herr Hofkapellmeister Kähler, Mannheim.
Herr Hofkapellmeister Langer, Mannheim.
Beethoven.
R. Wagner.

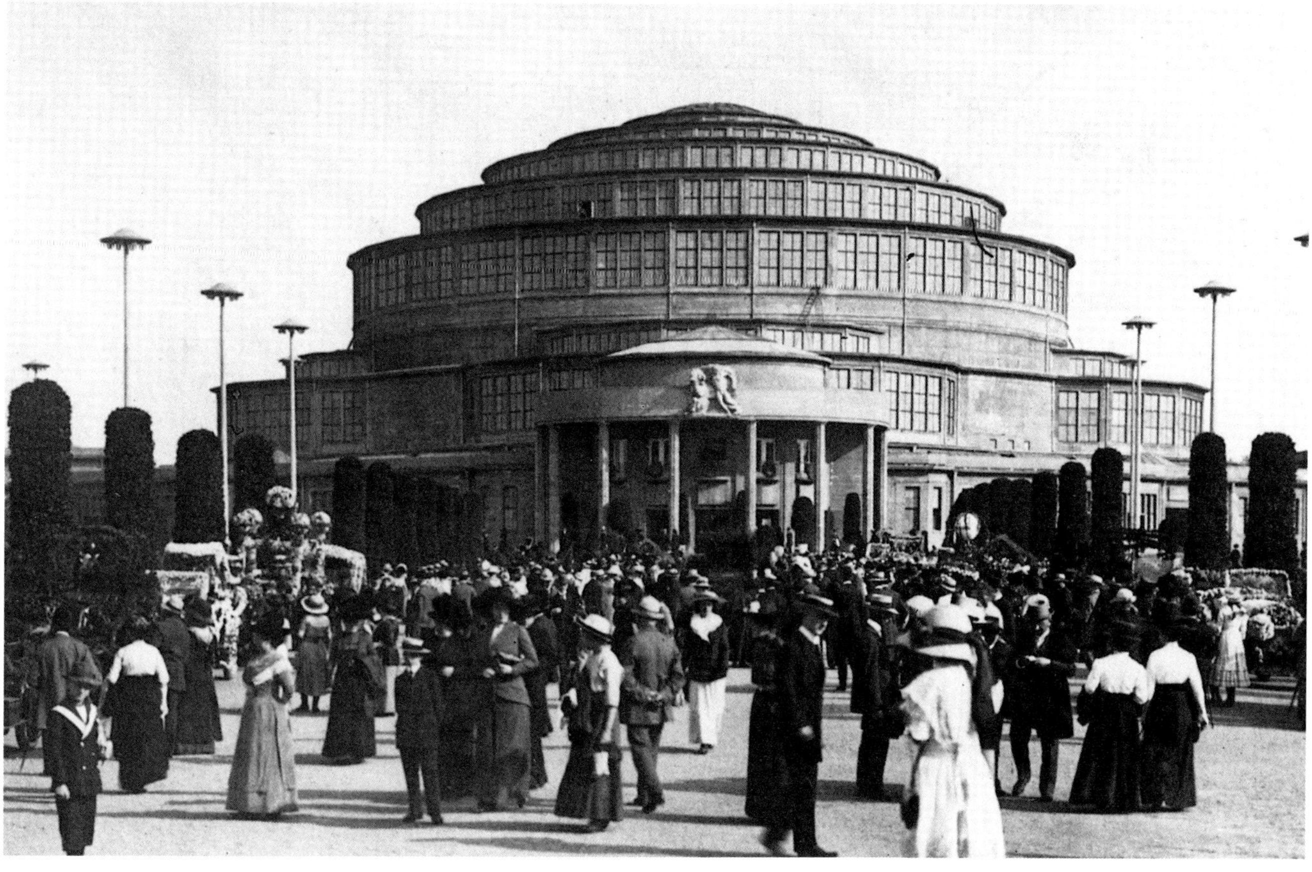

36 Konzertstätten

27 Konzerthaus. 1919.
Hermann Finsterlin. Aquarell
über Zeichnung (24,7 × 32,2 cm).
Stuttgart, Staatsgalerie,
Graphische Sammlung

28 Wilhelm Furtwängler dirigiert
in der während des Zweiten
Weltkrieges zerstörten Berliner
Philharmonie

Konzertstätten 37

Farbtafel 3 Ansicht der mit 2388 Sitzplätzen versehenen, 1985 eröffneten Philharmonie im Gasteig-Kulturzentrum zu München

Farbtafel 4 Konzertsaal des ‚misnamed' Sydney Opera House mit 2700 Plätzen. 1973

rassen. Auf dem Dach der Kuppel thronte weithin sichtbar die Skulptur der „Göttin der Musik"(!). Das monumentale Eingangsportal wurde bestimmt durch korinthische Säulen und die Büsten von Bach, Händel und Beethoven. War das Innere des Großen Saals, der mit einer Grundfläche von 534 m² etwa 1408 Hörern Platz bot, mit der bereits zur Norm gehörenden reichen Ornamentik, Putten, Karyatiden und den Büsten von Beethoven, Haydn, Mozart und Schumann geschmückt, so fand man bei der Ausgestaltung der in fünf Felder geteilten Decke zu einer singulär gebliebenen Bilderfolge. Die Wiener Maler Peregrin von Gastgeb und J. Karl Peyfuss ließen die begnadeten Komponisten Bach, Händel, Gluck, Mozart, Beethoven, Haydn, Wagner und Brahms, die in überlebensgroßen Porträts dargestellt sind, zu Gott Apoll und seinen die Tuba der Inspiration blasenden Genien aufblicken. Johannes Brahms, der am 20. Oktober 1895 das erste Konzert zu dirigieren hatte, war entsetzt, sich bereits zu Lebzeiten unter den ‚Musikheiligen' zu finden.[25] In den Nebenfeldern steht die heilige Cäcilia am Orgelpositiv sinnbildlich für die Kirchenmusik, ein Flötenquartett für die Kammermusik, beschwingte Paare für den Tanz; der Hirt mit der Schalmei und der Senn mit dem Alphorn repräsentieren die ‚musica naturalis'. Kunst, usuelle Musik und Tanz scheinen sich mithin in diesem Programm zu einer idealen Gemeinschaft haben finden wollen, eine durch mythisches wie historisches Eingedenken beflügelte Utopie, die inhaltlich und stilistisch weder den zeitgenössischen Wiener Secessionisten noch den Impressionisten nahestand.

Die Eröffnungsveranstaltungen gerieten 1895 zu einem „feierlichen Musikfeste", das seine „besondere Weihe" durch die Anwesenheit von Johannes Brahms erhielt, der sein ‚Triumphlied' dirigierte. Ein begeisterter Beifall folgte auf die Aufführung. Den Gefühlen, welche die Zuhörer beseelten, wurde in einer Huldigung an den Tondichter ein würdiger Ausdruck verliehen. Eine weißgekleidete Dame bestieg das Podium und überreichte dem Komponisten mit einer poetischen Ansprache einen prachtvollen Lorbeerkranz mit einer Schleife in den Zürcher Farben. Ergreifend sprach das kostümierte Fräulein Bächtold die folgenden Worte:

An Brahms

Laß, Meister, Dir den Jubelgruß gefallen,
Der Freude und des Dankes Herzenslaut! – –
Kein Fremdling bist Du hier. Die alten Hallen,
Die wir verlassen, waren Dir vertraut,
Und wenn Du dort Dein Scepter hast geschwungen,
Ist gleicher Gruß entgegen Dir geklungen. –

Des alten Hauses unscheinbare Hülle,
Sie ward zum Tempel uns; wenn ein Gesang
Und vollern Tons der Harmonieen Fülle,
Die Du geschaffen, uns zum Herzen drang.
So haben jene hehren Weihestunden
Mit Zürich Dich und Dich mit uns verbunden.

Nun, da die neue Halle ist erstanden
Und da es gilt den Musen sie zu weih'n,
Bist du herbeigeeilt aus fernen Landen,
Dem Fest die rechte Weihe zu verleih'n,
Wenn wir bei des Triumphlieds Melodieen
Vom alten Heim zur neuen Heimat ziehen.

Drum inn'gen Dank Dir, daß Du heut gekommen,
Als Pate unserm neugebornen Kind,
Und bleib' ihm, wenn's an Jahren zugenommen
Nach Deiner Freundesweise wohlgesinnt.
Wir wollen's treu in Deinem Geiste pflegen,
Daß es gedeih' zu Zürichs Heil und Segen!

Kritische Töne fand nur die von Brahms als „wirklich hochbegabte Dichterin" apostrophierte Ricarda Huch, die während der „genußvollen Tage" der Einweihung das „Spiel von den vier Zürcher Heiligen" in drei Bildern nebst einem Vorspiel zur Aufführung brachte. Sie läßt darin nicht nur die personifizierte Musik neben Eros, dem jungen Mozart und Hans Georg Nägeli auftreten, sie geißelt auch in ihrem Text das Gebäude als „gottlose Augenverblendung" eines vermeintlichen Fortschritts und die unglaubwürdig gewordenen „heil'gen Schutzpatrone".

Etwa zur gleichen Zeit wie die Tonhallen entstanden in Brünn (Abb. 22), Amsterdam (Abb. 91), Durban (Südafrika), Berlin (Abb. 29), Glasgow, New York, Mannheim (Abb. 25) und Leipzig (Abb. 1) vornehmlich der Symphonik und den Oratorien vorbehaltene Säle mit bis zu 2500 Plätzen. Stolz konnte man konstatieren, sich vom relativ engen, bescheidenen Zeitalter des Biedermeier mit seinen ‚dämmrigen' Konzertsälen getrennt zu haben und nunmehr elektrisch beleuchtete Prachtsäle der Gründerzeit bauen zu können, in denen man einer Kunstpflege nachgehen sollte, die in deutlichem Kontrast zur zunehmend industriellen Umwelt stand, die man negierte. In Casino-, Konzert- und Tanzsälen wie in den Kurhäusern mondäner Badeorte prägte sich diese Haltung am eindrücklichsten aus.[26]

Bei der Planung und Durchführung dieser Konzertstätten fungierten Aktionäre von Musikvereinen, Chöre,[27] Mäzene[28] oder Kommunen neben Virtuosen – zum Beispiel Henri Herz – oder erfolgreichen Instrumentenbaufirmen als Auftraggeber. Vor allem die Klavierfabriken, etwa die Pariser Firma Pleyel, die Firma Steinway in New York, Bechstein in London, Brødrene Hals in Oslo oder in Wien Andreas Streicher und Ludwig Bösendorfer (vgl. Abb. 116) richteten sich für Werbe- und Repräsentationszwecke sowie zur Nachwuchsförderung Säle ein (Abb. 18).[29] Auch Musikverlage sahen in der Einrichtung von Konzert- und Vortragssälen eine wirkungsvolle Kapitalanlage (zum Beispiel Breitkopf und Härtel in Berlin), in denen vornehmlich Liederabende und Kammerkonzerte stattfanden. Fehlten private oder öffentliche Geldgeber zur Errichtung und Instandhaltung geeigneter Räume, wie etwa in Dresden, so mußte man sich vornehmlich auf sommerliche Freiluftkonzerte einlassen.

Im Zenit dieser Zeit der Hochkonjunktur im Geschäft mit dem Vergnügen und des Berauschtseins durch pathetisch-

29 Die im Zweiten Weltkrieg zerstörte Berliner Philharmonie im Jahre 1945

affirmative Orchesterwerke meldeten sich die ersten Kritiker, die sich lautstark an der Institution Konzert sowie den überladenen Bauten entzündeten und eine Reform verlangten. 1903 forderte man bereits: „weg mit allem, was Auge und Ohr des Hörers stört".[30] Angesichts des Zuviel an blendendem Gold und Stuck wollte man der „Ohrenstörungen" entsagen und sich ohne Klatschen und andere Geräusche asketisch der Heiligkeit des Kunsttempels nähern. Konsequent verlangte man nicht nur den verdunkelten Saal, sondern auch das durch eine Schallwand „verdeckte Orchester". Für diese neuerliche Konzentration auf die Sache Musik, die die Reduzierung der übrigen sinnlichen Reize notwendig machte, traten ab 1902 in der Zeitschrift ‚Die Musik' vor allem Wilhelm Holzamer und Paul Marsop vehement ein. Ihnen schloß sich der Heidelberger Philipp Wolfrum an,[31] dessen Bemühen vor allem auf das Zurückdrängen geschäftstüchtiger Unternehmer zielte, die ihr Kapital aus der ‚unmündigen' Menge schlugen. Er ließ vornehmlich in der Passionszeit die Räume verdunkeln und Dirigenten wie Orchester – etwa in der Stadthalle – ungesehen von den Zuhörenden handeln. Keine „Schaustellung pendelnder Dirigenten" sollte mehr den intendierten „weihevollen Eindruck" störend beeinträchtigen.

Dieses Hochgefühl einer „Gemeinde", die im Konzert einem „weihevollen Akt" beiwohnen durfte, kulminierte um 1900 in der utopischen Idee des Symphoniehauses. Baulich nie realisiert bekam die hypertrophe Vorstellung, aus dem Anhören symphonischer Musik quasi religiöses Handeln werden zu lassen, vor allem in den Entwürfen eines „Beethoven-Huis" des Holländers Antoon Molkenboer von 1895 Gestalt. Das unter dem Motto „Alle Menschen werden Brüder" stehende Gebäude sollte stadtfern in den Dünen des Nordseestrandes errichtet werden.[32] Hier in unberührter Natur sollte der von „profane indrukken" unbelastete Hörer sich ganz der erhabenen Symphonik Beethovens hingeben können. Die „onzichtbare uitvoering" sollte in einer hehren Burg mit Kuppeldach vonstatten gehen, die sich als „Tempel, aan Beethoven's Muze gewijd" majestätisch aus der Landschaft erhebt.

Die Idee einer „musikalisierten Architektur", eines akustischen Musiktempels ohne Heiligtum, als Kultbau für das synästhetische Gesamtkunstwerk errichtet, beflügelte die Phantasie vieler Künstler bis in die Jahre nach dem Ersten Weltkrieg.[33] Die „Kunstgemeinde" (Hans Poelzig, 1919) sollte in „Tempeln des neuen Glaubens" (Hermann Finsterlin-Fidus, 1896) enthusiasmierende „Feiertage der Kunst" miteinander erleben (Abb. 27). Hans Poelzig[34] erwartete sich rauschhafte Orgien durch den Geist der Musik, durch dessen Einwirkung die Hörgemeinde aus der „dissonieren-

30 Konzertsaal der 1895 eingeweihten Neuen Tonhalle Zürich mit dem Tonhalle-Orchester geleitet von Christoph Eschenbach, 1985

den Vielspältigkeit" erlöst würde. In Poelzigs Bauentwürfen, wonach „Tempel und Symphonie .. das heilige Kunstgefühl" im Zusammenklang bewirken sollten, gemahnt eine Kuppelkonstruktion an das Himmelszelt. Der vom Architekten beschworene „Schöpfungsbau" ließ ihn gar zum Weltbaumeister im Reich illusionärer Klang- und Farblichteffekte werden.[35]

Unbeeindruckt von diesen chancenlosen Außenseitervorstellungen, ging man im Konzertsaalbau vor dem Ersten Weltkrieg pragmatischere Wege, da man auf die Erfordernisse der Massenkultur ebenso einzugehen hatte wie auf den esoterischen Kunstanspruch. Den Mehrzweckbauten nach Art der Londoner Royal Albert Hall (Abb. 20), in der man Boxkämpfe genausogut veranstalten konnte wie politische Kundgebungen, Maskenbälle oder Symphoniekonzerte, wichen auch aus Kosten- und Raumgründen die geweihten Kunsttempel. Als Stadthallen, Festspielhäuser, Art Centers oder ‚Jahrhunderthalle' (Breslau, 1911, Abb. 26) gaben sie multifunktional nutzbar den Rahmen ab für Großveranstaltungen. Besonders deutlich macht dies das Konzept der letztgenannten ‚Jahrhunderthalle'. Von Max Berg entworfen und gebaut, lag dieser bildlose Stahlbetonbau in einem Ausstellungspark und bot mit 5500 m² Raum-Grundfläche 5211 Sitz- sowie 4202 Stehplätze. Eine 187stimmige Orgel wie eine Gegenorgel, die am 24. September 1913 von Max Reger mit dessen vollgriffigem op. 127 eingeweiht wurde, bestimmt den Zentralbau. In diesem Raum fand Gustav Mahler ideale Bedingungen für seine ‚Symphonie der Tausend' vor, hier konnten Sängerbünde im pianissimo wie im fortissimo schwelgen.

Nach dem Ersten Weltkrieg setzte sich diese betriebskostensparende Bauweise fort mit dem immer deutlicher werdenden sozialen Anspruch, „kulturelle Massenarbeit" „für das Kulturbedürfnis aller" (Linz, 1974) leisten zu wollen. Vielerorts nahm man Abschied von der Vorstellung einer musikalischen Hochkunst. Als Kuriosum sei am Rande vermerkt, daß das seit 1979 in Lyon stattfindende Berlioz-Festival auf eine Markthalle angewiesen ist, die tagsüber als Markt genutzt wird und abends als Konzertsaal dient, eine Tatsache, die deutlich macht, wie radikal sich die ästhetische Einstellung gewandelt hat.[36]

Heute wird in zentralen Performing Art Centers danach getrachtet, allen Künsten und Vergnügungen ein gemeinsames Dach zu bieten, ein im 19. Jahrhundert lediglich an wenigen Orten praktiziertes Ansinnen. Gemäß den künstlerischen Zeitströmungen, etwa der modernen Sachlichkeit, verzichtet man mehrheitlich auf spezifische musikalische Symbole; man hat auch weitgehend die Scheu verloren, konstruktive Bauelemente oder schalltechnische Einbauten, Rohrleitungen und Beleuchtungsbrücken sichtbar zu belassen (Abb. 32). Nur bei wenigen Neubauten ist man dem Konzept ehemaliger Symphoniekonzertpräferenzen treu geblieben, etwa bei der Planung und Ausführung des Neuen ‚Gewandhauses' in Leipzig, das 1981 dem Publikum übergeben werden konnte (Abb. 35) oder der 1960 bis 1963 von Hans Scharoun errichteten, 2218 Sitze anbietenden neuen Berliner Philharmonie, beides Bauten, die nahezu ausschließlich konzertorientiert sind. Mit von außen durch Stahlbetonträger und Glasflächen hindurch weithin sichtbaren Freskoausmalungen gelang es im Falle des Gewandhauses sogar, erneut die Macht der Musik zu beschwören, ein freilich nicht unwidersprochen gebliebener Versuch. Andernorts hat man längst neben Cafeterien Warenstände einbezogen, in denen sich das Konsumieren der Besucher fortsetzen kann.

Im 18. Jahrhundert vielfach projektierte, aber nur selten ausgeführte dezentralisiert-runde Raumgestaltungen (Abb. 11) mit den Podien in der Mitte werden in vielen Neubauten insbesondere zum Aufführen intimer Kammermusik wiederaufgegriffen.[37] Als „total surround" boten und bieten sie auch ideale Bedingungen für Monsterkonzerte (Abb. 97). Nicht nur soll mit diesen Konzeptionen die Distanz zwischen Hörern und Ausführenden verringert, sondern vor allem das Bewußtsein einer Versammlung gestärkt werden. Halbkreisanordnungen mit amphitheatralisch ansteigenden Rängen (Abb. 87) sind zwischen beiden Grundrissen vermittelnde Lösungen.[38]

Im Sinne der von vielen Komponisten des 20. Jahrhunderts intendierten Entgrenzung der Musik ist deren Einbindung in Räumlichkeiten keine conditio sine qua non mehr. Charles Ives etwa wollte seine 1911 geschriebene Universal-Symphonie in einer gebirgigen Umgebung an einem Fluß von mehreren Orchestern realisiert wissen, in der widerhallend mitklingenden Natur. Versuche, die Botschaft der IX. Sinfonie Ludwig van Beethovens zum eindrucksvollen Freilufteignis werden zu lassen, sind immer wieder unternommen worden, etwa bei den X. Weltfestspielen 1973 auf dem Berliner August-Bebel-Platz vor 30000 Jugendlichen. Orchester, Chor und Solisten waren lediglich durch eine rückwärtige Schallwand optisch und akustisch abgeschirmt. Die durch ein Höchstmaß an technischem Einsatz an der Donaulände in Linz inszenierte ‚Linzer Klangwolke' (Farbtafel 10) gehört ebenfalls zu den vielbeachteten Versuchen, Musik zum atmosphärischen Ereignis werden zu lassen und über

31 Das Hult Center for the Performing Arts in Eugene (Oregon), 1982 eröffnet. 1984

32 Konzertsaal des Muziekcentrum Vredenburg in Utrecht. 1986

33 Konzertsaal der Berwaldhalle in Stockholm. 1984

34 Das ‚Telemann-Orchester', geleitet von E. Thom, konzertiert in dem 1977 zum Konzertsaal umgebauten Kloster Unser Lieben Frauen in Magdeburg. 1985

eine weite Flußlandschaft hinweg viele tausend Hörer zu erreichen. Schließlich gehört es zu den Zielen der elektronischen Musik, mittels Multiphonie imaginäre Räume zu schaffen, in denen die materiell vorhandenen Räume nur mehr die Kulisse bilden (Kinephonie).[39] Entsprechend dieser manipulierbaren Größe Raum mit planbar gewordenen Hall- und Echofaktoren wird auch der Hörer aufgefordert, starre Ordnungen aufzugeben und sich dem ambulanten Erlebnis von Raumklängen zu stellen. „Serenaden in Luftschlössern", „Musik ohne Raum und Zeit" waren Themen, die 1986 in der Baseler Musik-Akademie angesprochen wurden, womit das derzeit abstrakteste Unternehmen an unabhängiger Musikvermittlung markiert wurde.

Der limitierte Umfang dieser Publikation macht es unmöglich, auch nur annähernd ein Bild zu geben von der Vielfalt der derzeit verwendeten Konzertbauten. Einige wenige seien im folgenden beschrieben.

In Caracas wurde 1954 eine Konzertstätte eingeweiht, die, dem subtropischen Klima angepaßt, sich restitutiv an der Form antiker Theateranlagen orientierte. Amphitheatralisch an einen Abhang gelehnt, bildet eine eckig stilisierte Konzertmuschel den Abschluß am Talboden (Concha Acustica). Konzertmuscheln wie diese, wenn auch kleiner dimensioniert, werden aus zusammenlegbaren Fertigteilen und transportabel hergestellt. In der Absicht, musikalische Darbietungen im gesamten Staatsgebiet zu ermöglichen, bedient man sich etwa in Israel dieser Muscheln, die man mit den Mitteln des Tel Aviver Kunstfonds anfertigen ließ.

In der Nashville (Tennessee) „Music City U.S.A." eröffnete man 1974 die ‚Grand Ole Opry' Konzerthalle, die mehr als 20000 Hörer-Touristen Platz bietet. Der Bau liegt im Vergnügungspark Opryland und soll ausschließlich dem show-business dienen; er wurde durch Geschäfte im Bereich der country-music finanziert, die an den Wochenenden einen Massentourismus besonderer Art in Gang setzen.[40] Entsprechend den technischen Anforderungen an live shows, gehört diese Halle zu den modernst ausgerüsteten in den USA. Einem ähnlich hohen technischen Standard genügt die ‚Silva Concert Hall' mit 2537 Sitzplätzen im ‚Hult Center for the Performing Arts' in Eugene (Oregon). Dieser seit 1982 genutzte Gebäudekomplex besteht aus Kongreßzentrum, Hotel, Theater- und Konzertsälen (Abb. 31). Mit ei-

35 Das am 8. 10. 1981 eröffnete ‚Neue Gewandhaus' zu Leipzig

nem Gesamtkostenaufwand von 46,3 Millionen Dollar sind in diese Säle die ersten ERES-Systeme (Electronic Reflecting Energy System) mit beweglichen Lamellen eingebaut worden, durch die eine den jeweiligen Erfordernissen angepaßte Raumakustik elektronisch gesteuert werden kann, die dem Hörer illusionär ein manipuliertes Raumerlebnis vermittelt.

Seit 1973 gehört das Sydney Opera House im Hafengebiet dieser australischen Stadt zu deren Wahrzeichen, das auf keinem Foto fehlen darf (Farbtafel 4).⁴¹ Dieser durch den Premierminister des Staates New South Wales „misnamed" Gebäudekomplex vereint unter seinen überdimensionierten, aus neuen Werkstoffen geformten Muscheln nicht nur das Opernhaus, sondern insgesamt 900 Räume, darunter eine Konzerthalle, das Schauspielhaus und ‚The Music Room' mit 420 Plätzen, Foyers für Kunstausstellungen, Aufnahmestudios und Bibliothek. Ungewöhnlich ist nicht nur die äußere Gestalt dieses Hauses, es liegt auch von allen repräsentativen Bauten dieser Stadt abgewandt am Hafen und hat auf der Rückseite Sportanlagen; es kehrt mithin allen verbindlich gewesenen Normen den Rücken, die etwa bei der Situierung der Züricher Tonhalle noch maßgeblich waren (Abb. 30). Die große Konzerthalle in diesem Komplex nimmt 2700 Hörer auf, die sich in voneinander getrennten Sektionen um das Podium herum verteilen können. Über dem Podium sind installiert: „21 giant acrylic acoustic clouds, or rings. They are suspended over the concert platform by stainless steel cables and offer a sound reflection system which gives musicians almost instant feedback of their sound." Trotz einer kompromißlos scheinenden Modernität bekrönt auch diesen Saal eine 127stimmige Konzertorgel mit 10 500 Pfeifen.

Steht dieses Kulturzentrum exponiert frei, so hat man hingegen das Muziekcentrum Vredenburg in Utrecht 1984 mit Absicht an den Rand der belebten Altstadt als Übergang in das moderne Einkaufszentrum Hoog Catharijne gelegt. Anstelle der etwa durch das Amsterdamer ‚Concertgebouw' (Abb. 91) gewohnten Monumentalität und künstlerischen Autonomie, wollte der Amsterdamer Architekt Hermann Hertzberger in der Konzeption dieses Gebäudes die Einbettung in das urbane Leben erreichen und damit Offenheit und allgemeine Zugänglichkeit für jedermann demonstrieren. In 400 jährlichen Konzerten, einschließlich ‚Lunchconcerten' sowie Gratiskonzerten bei nach außen offengelassenen Türen, hat man hier nicht nur eine überaus rege Betriebsamkeit entwickelt, man wirbt auch durch das Beiseiteschieben der Trennwände zum Einkaufszentrum hin um Passanten. Der große Saal, der 1700 Hörern Platz gewährt (Abb. 32), ist durch fünfundzwanzig Eingänge betretbar und amphitheatralisch angelegt. Nahezu symmetrisch ausgerichtet, bietet er optimale Sichtbedingungen von fast jedem der Plätze aus, nicht nur auf die Bühne, sondern auch auf die Zuhörer. Ein System von Säulen gibt dem Raum eine minimale strukturelle Ordnung, in dem für ornamentalen oder figürlichen Schmuck durch unverputzte Ziegel- und Betonflächen wenig Platz bleibt.

Wie bereits angedeutet, ist die Frage der Ikonographie im 1981 wiedereröffneten ‚Neuen Gewandhaus' in Leipzig gänzlich anders gelöst worden (Abb. 35). Nicht nur wurde Max Klingers 1902 vollendetes Beethoven-Denkmal, das den thronenden Genius feiert, in einem eigens dafür geschaffenen Glaspavillon aufgestellt – die dem Besucher im Foyer einsehbare Schräge unter den Sitzen des Großen Saals mit einer Gesamtfläche von 712 m² wurde zudem von Sighard Gille mit vier Themenkreisen aus Gustav Mahlers ‚Lied von der Erde' ausgemalt. Symphonisch pastos empfangen diese vier Bildflächen den Besucher mit weithin leuchtenden Farben. Im Zentrum der Messestadt begrenzt der Bau eine Seite eines ausladenden Platzes, deren gegenüberliegende vom Opernhaus abgeschlossen ist. Man hielt hier an ehemaligen städtebaulichen Prinzipien der Repräsentation fest und schuf einen Prestigebau allein für das traditionsreiche Gewandhausorchester, das darin Probelokal, Kantine, großen (1905 Plätze) und kleinen Saal (493 Plätze) neben Kassen- und Verwaltungsräumen, Restaurant und geräumigem Foyer vorfindet. Dieses erstreckt sich über vier Ebenen, die durch Freitreppen verbunden sind, geschmückt von Tafelbildern, die zum gegebenen Thema: „Leipzig, ein Zentrum der Musik in der DDR" gemalt worden sind. Die Bilder sind in Galerieanordnung aufgehängt und können wahlweise ausgetauscht werden. Mithin ist in diesem ikonographischen Gesamtkonzept des Gebäudes mit einer restriktiven Tendenz im Sinne der „RES SEVERA" nochmals der Versuch einer Standortbestimmung unternommen worden.

Eine weitere Variante repräsentiere hier das am 10. November 1985 eröffnete Münchener Kulturzentrum Gasteig (Farbtafel 3). In einem Festakt mit Werken von Richard Strauss, Carl Orff, Hans Pfitzner und Richard Wagner eingeweiht, wurde dieser nach langer Bauzeit und mit einem Gesamtkostenaufwand von 380 Millionen DM am Hochufer der Isar errichtete ‚Kulturbunker' als das Ergebnis einer spezifischen kommunalen Kulturpolitik dem Publikum übergeben. Im Sinne kultureller Arbeitsteilung sollen hier die Bereiche der Hochkunst wie der Volksbildung durch Volkshochschule, Konservatorium, Werkraumtheater, der sogenannten Black Box und der Bibliothek einen Verbund bilden, in dem der architektonisch exponierteste Bauteil, die Philharmonie mit 2400 Sitzplätzen, nur eine Komponente bildet, die mit einem erheblichen technischen Aufwand ausgestattet wurde. In diesem Gebäudeteil haben die Münchener Philharmoniker eine feste Wirkungsstätte gefunden. Es bleibt abzuwarten, ob risikoreiche Programme wie diese Herausforderung zu zusammenwirkender Kreativität unter einem Dach langfristig den an sie gestellten Anspruch werden einlösen können.

Ausführende

Instrumentalensembles und Orchester

Als Ausführende öffentlicher Konzerte waren auf den Podien der Konzerthäuser von jeher Liebhaber und Bauernmusikanten ebenso anzutreffen wie halbprofessionelle Musiker, Berufsmusiker und international reputierte Virtuosen. Heute gibt es keine Sparte der Musikausübung, die nicht konzertant live oder durch Medien vermittelt erfahrbar wäre.

Die Anfänge des öffentlichen Konzertwesens wurden freilich mehrheitlich von besoldeten Stadtpfeifereien, Ratsmusikern, Hofmusikensembles, Hautboisten und Collegia Musica bestritten. Vor 1770 gab es kein Ensemble, das sich ‚Orchester' nannte. Dieses aus dem Griechischen stammende Wort bezeichnete bis dahin – zumindest in Deutschland – lediglich das Proszenium und den Graben im Opernhaus. Es war also eine Raumbezeichnung, die um 1700 zunächst in Frankreich, später auch in anderen Ländern auf eine bestimmte Körperschaft übertragen wurde. Erst 1770 wurde beispielsweise die Münchener Hofkapelle in ‚Churfürstliches Orgester' umbenannt. Seither gilt jedes Instrumentalensemble mit mehrfacher Besetzung der Stimmen als Orchester, wenn es sich überdies durch eine standardisierte Grundzusammensetzung von den ‚bands' oder Kapellen absetzt. Stärke und spezifische Mischung von verschiedenen Instrumenten sind, so gesehen, an die Anforderungen gebunden gewesen, die man etwa von 1760 an durch den symphonischen Werkbereich zu stellen begonnen hatte. Vor diesem Zeitpunkt bot man nur zu illustren Festivitäten, kirchlichen Feiern oder Prunkopern für größere Räumlichkeiten berechnete größere Kapellbesetzungen auf, was freilich auf begüterte Hofhaltungen, Klöster und Kirchen beschränkt blieb.

Mit Beginn etwa der Concerts spirituels in Paris 1725, dem Ausbau der Pleasure Gardens in London oder dem ‚Großen Concert' in Leipzig wurden auch außerhalb von Klöstern und Höfen größere Klangapparate mit „starckem" und „vollem" Ton erwartet, die den geänderten Auditorien und einer sich wandelnden Hörersensibilität zu genügen vermochten. Unter Verzicht auf den vordem obligaten Generalbaß sollte nicht zuletzt die virtuose Hochleistung eines Solisten vom Orchestertutti klanglich abgesetzt werden.[1] Der lokalen Nachfrage entsprechend, leisteten zunächst jedoch Hoforchester die Extradienste für eine größere Zuhörerschaft; zudem bildeten sich neue Formationen vom Umfang eines Kammerorchesters bis hin zu grandiosen Konzertorchestern mit mehr als hundert Mitwirkenden, die besonders bei Musikfesten eingesetzt wurden. Das allgemeine Verlangen nach der ‚grand Sinfonia' war derart drängend, daß selbst in der indischen Stadt Kalkutta von den dort lebenden Europäern bereits 1784 nicht nur die neuen Assembly Rooms zweckdienlicher eingerichtet, sondern auch die Calcutta Band mit bis zu fünfzehn Violinen und sechs Fagotten begründet wurde.[2]

Bevor sich ein neuer Berufstyp des Fachmusikers für ein oder zwei Instrumente aus dem bürgerlichen Milieu herausgebildet hatte, fanden sich in den Orchestern Mitwirkende aller Stände ein und lösten allmählich die Lakaien, Kirchenmusiker und Studenten ab, die vordem darin mitgewirkt hatten. Der Berufszweig des Orchestermusikers, der sich unabhängig von den etablierten Institutionen aus dem Militärdienst, der Konservatoriumsschulung oder auch aus den Stadtpfeifereien heraus entwickelte, war sozial im Kleinbürgertum angesiedelt und dementsprechend ästimiert und besoldet. Mit saisonaler Anstellung und auf Kündigungsbasis bildete er die „dienende Menge unter den Musikern" (Johann Friedrich Reichardt, 1809). Er wurde und wird dazu ausgebildet abzuspielen, was ihm in Noten vorgeschrieben ist. Als „Ripienist" soll er nicht „sich selbst zeigen wollen",[3] sondern handwerklich sich der Gleichzeitigkeit im Kollektiv unterordnen. Diese auf Homogenität zielende Erziehung zum Wirken in der Gruppe wurde ab 1770 nach spektakulären Vorbildern, die es besonders in Dresden und Mannheim gegeben hatte, betrieben. Man wollte für den erhabene Gefühle weckenden Gesamteindruck „Präzisions-Mannschaften" (Hans Heinz Stuckenschmidt) zur Verfügung haben, die nur dann durch die sie leitenden Herren volles Lob erhielten, wenn sie sich „ideal im Parieren" (Hans von Bülow) jedem Wink anpaßten. Wie langwierig und schwierig es war, dieses heute weit selbstverständlicher eingeübte, disziplinierte Zusammenspiel zu erreichen, möge die Instruktion von 1805 für das Orchester der Philharmonischen Gesellschaft in Laibach beleuchten, in der ein Artikel lautet:

Bei Orchesterstücken, wo mehrere Personen eine Stimme spielen, ist es ein Hauptgrundsatz, sie so einfach als möglich vorzutragen. Desswegen hat jedes Mitglied sich genau an die Angabe der musikalischen Zeichen zu halten; keine Note länger oder kürzer auszuhalten, als vorgeschrieben ist; keine vorgeschriebene Ligatur oder Abstossung zu unterlassen, oder anders vorzutragen; keine Nachdrucke oder Verzierungen dahinein zu legen, wo sie nicht stehen; bei dem Anfange der Musikstücke, und nach Fermaten, dem Orchesterdirektor nicht vorzugreifen, sondern vielmehr die Augen gegen ihm zu wenden, um die genaueste Gleichheit in der Fortschreitung des Stückes hervorzubringen. Die Vernachlässigung dieser Vorschrift stört die Einheit und Gleichheit der Produktion bis zum Unangenehmen; und das ästhetische

36 Orchesterprobe. Gemälde von Fr. C. Jung-Michèle. 1931.
Öl auf Pappe (179,5 × 130,2 cm). München, Neue Pinakothek,
Inv. Nr. 13809

Ganze erscheint als eine Masse von Tönen in Gährung, welche den Zuhörer oft in die peinlichste Lage versetzen.[4]

„Unity and coherence" waren es auch, die in den ‚Illustrated London News' vom 17. Februar 1849 gerühmt wurden, wenn von der „revolution in orchestral execution" berichtet wurde, die François Antoine Habeneck in Paris mit überaus starkem Willen durchgesetzt hatte. Die Einführung schließlich der gleichschwebenden Temperatur von Instrumenten, die den neuen Forderungen schrittweise angepaßt wurden, und des Kammertons begünstigten die Entwicklung zum homogenen Klang anstelle einer affektbetonten solistischen Vielfalt.

Bis weit ins 20. Jahrhundert arbeitete der ‚Musiker von Profession' an den sieben Tagen der Woche, wobei ihn die oft unzureichende Entlohnung zu vielerlei Nebentätigkeiten zwang, etwa zu Instrumentenreparaturen, Notenschreiben, Klavierstimmen, Bearbeiten und Arrangieren, Unterrichten oder Vermittlungsdiensten. Mit ihm konkurrierten gewerblich musizierende Beamte (in Berlin waren dies 1919 etwa 4000), Musikstudenten, Militärmusiker (im Deutschen Reich vor 1914 gab es 18000 bis 20000), Privatmusiklehrer, Kantoren und andere mehr. Am Ende des 19. Jahrhunderts verschlechterte sich die Einkommenslage der Orchestermusiker auch durch Gründungen von Damenorchestern oder Frauen-Orchester-Vereinen, bürgerlichen Instrumentalvereinigungen und -Vereinen, die nach dem Verschwinden der Collegia Musica erneut in großer Zahl ebenfalls mit dem Ehrgeiz zusammenkamen, „die klassische Musik zu pflegen" (Dortmund, 1892) und wesentlich auf das Konzertleben von Groß- und Kleinstädten einzuwirken. Berufsorchester konnten sich ebenfalls als Vereine, kommunale, später auch staatliche Körperschaften konstituieren. Dieser Wechsel hob die Musiker in den Status des Angestellten oder des Beamten mit Pensionsrecht, nunmehr also des Arbeitnehmers, der Mitglied einer berufsspezifischen Gewerkschaft werden kann, um seine tariflichen Interessen, die Regelung seiner ‚Dienste' oder die Festsetzung von Tätigkeitsmerkmalen organisiert vertreten zu lassen. Invaliditäts- und Altersversorgung sind für den überdurchschnittlich von Berufskrankheiten, Einordnungszwängen, Erwartungsängsten und anderen psychischen Belastungen heimgesuchten Berufsmusiker heute weitgehend gesichert. Er wird häufig auch durch für diese besonderen arbeitsmedizinischen Probleme ausgebildete Ärzte (auch Zahnärzte) betreut, die große Berufsorchester auf ihren Reisen begleiten. Noch bis zum Zweiten Weltkrieg hatten die Musiker mehrheitlich selbst Vorsorge für Notzeiten zu treffen und deklarierten als Genossenschaften ihre Konzerte bisweilen als Veranstaltungen „zum Besten der Orchestermitglieder" (Münster, 1834) oder etablierten einen Fonds für Hinterbliebene.

Die Geschichte vieler heutiger Berufs- und Reiseorchester zeigt die schrittweise Verstaatlichung ehemals lockerer Vereinigungen. So wurde etwa die 1882 gegründete ‚Helsingfors Orkesterförening' 1914 in das ‚Helsingfors stadsorkester' überführt; in Holland vollzogen die Behörden erst nach 1945 die Einkommensregelung von Instrumentalisten, über die ab 1947 ein Reichsinspektor für das Orchesterwesen wachte; das 1923 in Budapest gegründete ‚Städtische Orchester' wurde ab 1949 als ‚Ungarisches staatliches Symphonieorchester' weitergeführt. Nachdem in Japan 1897 – von August Junker initiiert – das erste Orchester seine Tätigkeit aufnehmen konnte, entschloß man sich 1956, in Kyoto nach westdeutschem Vorbild ein städtisches Orchester einzurichten. Die Orchestergründungen 1899 in Asunción (Paraguay), 1880 im nordamerikanischen Saint Louis am Mississippi oder 1932 in London zeugen von der allmählich weltweiten Konsolidierung des Bedarfs, der 1985 in der Bundesrepublik Deutschland von 83 staatlichen oder städtischen Orchestern gedeckt wurde. Die meisten dieser Orchester sind vertraglich dazu verpflichtet, sowohl die Opernhäuser zu bespielen wie auch städtische Sinfoniekonzerte auszuführen, abgesehen von den Sonderdiensten zu Oratorienaufführungen oder bei Gottesdiensten in den Kirchen, so daß es zu den Ausnahmen gehört, wenn ein Theater über ausschließlich für seine Zwecke bestellte Musiker verfügt.

Mit dem Ausbau des Eisenbahnnetzes, der Dampfschiffverbindungen sowie der Verbesserung der Infrastruktur setzte der Trend zum mobilen Orchester ein. Fortan gab es

37 Das Cleveland Orchestra, geleitet von George Szell in der Severance Hall

auch Vereinigungen, die ohne festen Sitz blieben. Eines der ersten dieser Reise- und Starorchester war die Meininger Hofkapelle unter der Leitung von Hans von Bülow, die 1884 vom Wiener Kritiker Eduard Hanslick als „eine neue Erscheinung" und als „Unikum" bewundert wurde, wiewohl Phineas Taylor Barnum, einer der erfolgreichsten Manager dieser Zeit, bereits 1855 berichten konnte, es sei „nichts Ungewöhnliches" mehr, „daß ich ein Dampfboot miethe oder auf der Eisenbahn einen Extrazug für unsere Gesellschaft nahm". Manager und Agenten, die sich als Koordinatoren in steigendem Maße unentbehrlich machen konnten und Reiseplanungen vornehmen, übertreffen heute zuweilen an Zahl die der aktiven Musiker. Paradigmatisch für diese Kommerzialisierung dürfte das Verhältnis von 90 Musikern zu 120 im Management tätigen Angestellten sein, die 1985 das Unternehmen des ‚Minnesota Symphony Orchestra' bildeten.

Ensembles, Kapellen und Orchester wollen nicht nur gehört, sondern auch als Handelnde gesehen werden. Die Aktion soll vom Zuhörenden in Gestik, Mimik und Instrumentengebrauch miterfahren werden. Daher ist die Aufstellung und Sitzordnung, die frontal gerichtet oder halbkreisförmig sein kann, ein für das Ereignis Konzert nicht lediglich akustisch gewichtiger Faktor, der immer wieder diskutiert wird. Nicht nur signalisiert die Anordnung der Musiker um einen Musiziertisch oder ein Cembalo herum etwas sozial anderes als die in Reihen hintereinander gestaffelte Aufstellung; auch die Kleidung, in der sie sich zeigen, ist ein Indikator für den intendierten Rang und künstlerischen Anspruch, der zwischen dem Dienst in Hoflivrée, Frack, Uniform, Straßengewand, Abendkleid oder theatralischer Kostümierung wechseln kann.[5] Wenn zum Beispiel Johann Strauß-Sohn 1848 in der Uniform des zweiten Wiener Bürgerregiments mit vergoldeten Tressen auf dem Podium erschien, so diente ihm diese Gewandung als Symbol für den erreichten Status, der weit über dem eines „Tanzlgeigers" lag. Freilich gab es neben den Schaulustigen unter den Hörenden immer schon

38 Orchesterprobe der Ungarischen Nationalphilharmonie, dirigiert von János Ferencsik, in der Budapester Musikakademie im Bartók-Gedenkjahr 1981

jene, die sich kontemplativ ausschließlich auf die Kunst zurückziehen wollten und sich das verdeckte Orchester gewünscht haben. So läßt Johann Wolfgang von Goethe 1796 in ‚Wilhelm Meisters Lehrjahren' (8. Buch, 5. Kapitel) Natalie sagen:

Bei Oratorien und Konzerten stört uns immer die Gestalt des Musikus; die wahre Musik ist allein fürs Ohr; eine schöne Stimme ist das Allgemeinste, was sich denken läßt, und indem das eingeschränkte Individuum, das sie hervorbringt, sich vors Auge stellt, zerstört es den reinen Effekt jener Allgemeinheit. Ich will jeden sehen, mit dem ich reden soll, denn es ist ein einzelner Mensch, dessen Gestalt und Charakter die Rede wert oder unwert macht; hingegen, wer mir singt, soll unsichtbar sein, seine Gestalt soll mich nicht bestechen oder irremachen. Hier spricht nur ein Organ zum Organe, nicht der Geist zum Geiste, nicht eine tausendfältige Welt zum Auge, nicht ein Himmel zum Menschen. Ebenso wollte er auch bei Instrumentalmusiken die Orchester so viel als möglich versteckt haben, weil man durch die mechanischen Bemühungen und durch die notdürftigen, immer seltsamen Gebärden der Instrumentenspieler so sehr zerstreut und verwirrt werde. Er pflegte daher eine Musik nicht anders als mit zugeschlossenen Augen anzuhören, um sein ganzes Dasein auf den einzigen, reinen Genuß des Ohrs zu konzentrieren.

In dieser undinglichen Verklärung, in der sich überdies ein anderer Goethe zeigt als jener einleitend zitierte, ist bereits die Bestrebung Richard Wagners vorweggenommen, der seine Vision vom unsichtbaren Orchester zumindest im Opernhaus vollends verwirklicht und zu einer neuen Orchestergrabenkonstruktion angeregt hat.

Heute wird das öffentliche Konzertwesen außer von großen Symphonieorchestern auch von Kammer-, Salon-, Zupf-, Akkordeon-, Jugend- und Tanzorchestern (Abb. 34), Kurkapellen oder Militärbands bestritten, die vor allem in den großstädtischen Industriezentren den Bedarf decken. So konnte man 1936 im hochindustrialisierten Niederrhein- und Ruhrgebiet nicht weniger als 104 Liebhaberorchester, 189 Blasmusikkapellen, 94 Bandoneonvereinigungen, 134 Mandolinen- und Gitarrenchöre zählen, die sich häufig „Konzert-Gesellschaften" (zum Beispiel 1923 in Gelsenkirchen) nannten und in unübersehbar vielen Veranstaltungen auftraten.

Chöre

1867 legte Friedrich Chrysander in dem von ihm herausgegebenen ‚Jahrbuch für Musikalische Wissenschaft' (S. 337) eine Statistik der „Gesangvereine und Concertinstitute Deutschlands und der Schweiz" vor, die – wiewohl unvollständig – siebenunddreißig Seiten füllt. Er registrierte darin Gesang-, Sing-, Oratorien-, Cäcilienvereine, Kantoreien, Chorgesangschulen, „Orpheus für Chor- und Sologesang" (in Zittau), Männer- und gemischte Chöre. Absichtlich unerwähnt ließ er dabei offensichtlich jene Chöre von Handwerkern und Arbeitern, die etwa 1848 in Berlin bei Konzerten wie bei Festen öffentlich auftraten und einen hohen Anteil hatten am Spektrum der Vokal- und Instrumentalkonzerte, freilich mit weit weniger ausgeprägten Professionalisierungstendenzen als bei den Instrumentalensembles. Von wenigen Opern- und Rundfunkchören abgesehen, verblieben Vokalensembles bis heute zweckorientierte Freizeitvereine für Liebhaber, die sich das ‚Mittun' auch bei geregelten geselligen Zusammenkünften zu einer in Satzungen verankerten Pflicht machten.

Akademische „singer gesellschaften" (Worms, 1561) hat es neben den Hofkapellen und kirchlichen Kantoreien bereits im 16. Jahrhundert gegeben. Ihnen wurden Gesellschaftslieder, Madrigale, catches oder Motetten von den Komponisten zugedacht, die in Gesellschaft zu realisieren waren, nicht jedoch vor passiv Zuhörenden. Erst mit dem Abbau ehemaliger Funktionen vollzog sich in England, Deutschland, Nordamerika und anderswo ein schrittweiser Übergang in den Konzertbetrieb, so daß Oratorien, Kantaten, Madrigale, Liedsätze und anderes auch auf den Podien der Konzertsäle aufgeführt wurden. Vom Club bis zum „Sinfonikören" (Helsinki, 1892), Kinder- und Knabenchor reicht die Palette der Organisationsformen, die mehr oder weniger auf Podiumsdarbietungen abzielen, vor allem mit ehemals religiös eingebundenen Oratorien-, Kantaten- oder Messkompositionen, deren konzertante Realisierung eine lange Geschichte hat.

Da Chöre zumeist aus Laien bestehen, ist in ihrer Zusammensetzung die gesellschaftliche Selektion deutlicher ausgeprägt als bei Orchestern. So verstanden sich Singakademien und Madrigal-Vereinigungen gesellschaftlich wie auch künstlerisch exklusiver als Liedertafeln, proletarische „Volks-Chöre" oder Kinderchöre. Dieses Gefälle spiegelt sich deutlich in ihren Konzertprogrammen wider. Der Akademische-Gesang-Verein in Heidelberg etwa legte Wert darauf, 1898 mit humanistischem Anspruch „Drei altgriechische Gesänge", darunter den Hymnus an Apollo aus dem 3. Jahrhundert v. Chr., in der Aula der Universität darzubieten; er hätte Lieder sozialrevolutionären Inhalts als seiner unwürdig abgelehnt. Die überaus restriktive Berliner Singakademie, die nach 1794 als „Auditorium" auch geladene Gäste zuließ, veranstaltete freilich öfter Konzerte für „die Stadtarmen" (1801), für „verwundete Krieger" (1815), für „die Hinterbliebenen Rombergs" (1822), für „erblindete Krieger" (1832), für „Abgebrannte in Schneidemühl" (1852), für „den Kölner Dombau" (1842), „für Kleinkinderbewahranstalten" (1852), „für das Augusta Hospital" (1894), „zum Besten der durch den Aufstand in Südwest-Afrika Geschädigten" (1904) oder „zum Besten der Heimbeschaffung für die Hitler-Jugend" (1938). An diesem Spektrum gemeinnütziger Vorhaben spiegelt sich ein elitär bleibendes Sendungsbewußtsein, das sich mit der Utopie der „Brüderlichkeit" auf den Lippen immer stärker politisch artikulieren zu müssen meinte.

Gemäß ihrer Zusammensetzung gehörte dieser Trend, sich restaurativ religiös, nationalistisch, humanistisch oder sozialrevolutionär engagieren zu sollen, immer schon zur Sache von Chören, so daß weder das Auftreten von Männerchören noch das der „Musical Clubs" zweckfrei und untendenziös blieb. Die Behörden widmeten daher deren Programmen einen „höheren Grad von Aufmerksamkeit" (Berlin, 1851, preußisches Innenministerium) und wandten strenge Zensuren an. Geistliche Konzerte, in denen die Werke Johann Eccards oder Hans Leo Hasslers um 1850 erneut erklangen, dienten der protestantischen Restauration, „Caecilian Societies" handelten im Sinne der Legende ihrer Musikheiligen, Singkreise der Jugendbewegung fochten für antibürgerliche Lebensformen, Männerchöre mit Volksliedern für konservativ-traditionelle Leitbilder. Vollends zu politischen Kultakten wurden nicht nur jenes am 11. September 1874 in Hamm gegebene Konzert der Liedertafel, das mit der Gesangszeile schloß: „Und die Welt gehört den Germanen!", sondern vor allem Festkonzerte wie das des Wiener Männergesangsvereins, welches am 19. März 1938 im Goldenen Saal des Musikvereins anläßlich der Okkupation Österreichs durch das Deutsche Reich stattfand. Vor der Orgel hingen Hakenkreuzfahnen sowie ein Porträt Adolf Hitlers, dem die Sänger, Dirigenten und Hörer mit „Deutschem Gruß" stehend huldigen mußten. Politische Machtdemonstrationen dieser Art, zu der ein Saal mißbraucht wurde, der, wie an anderer Stelle bereits ausgeführt, unter dem Motto, ausschließlich der ‚Tonkunst' geweiht zu sein, dem Musikverein übergeben worden war, gehören weltweit keineswegs zu den Seltenheiten. Bis heute bedient man sich bei politischen Veranstaltungen der Massenchöre und benutzt staatlich geförderte Gruppierungen von Folkloresängern für Propagandazwecke. Nahezu entpolitisiert stellen sich unterdes etwa die ‚Kosaken-Chöre' dar, die, wie andere in Landestrachten auftretende Sängervereinigungen auch, publikumswirksam ihre nostalgischen Arrangements verbreiten (vgl. Abb. 68 und 147).

Gegenwärtig gibt es eine Vielzahl von Chören, die sich um die Interpretation von Literatur aus vielen Jahrhunderten einschließlich etwa der liturgischen Gesänge des Mittelalters bemühen. Der von Carl Maria von Weber um 1815 beklagte „Verfall der Gesang- und vorzüglich der Chormusik" scheint überwunden zu sein. Selbst der mit dem Untergang der Kantoreien verklungene chorische Knabengesang ist, wenn auch mit vordringlich kommerziellem Interesse, wiederaufgelebt, so daß es erneut möglich ist, etwa Bachs ‚Matthäus-Passion' mit Knabenstimmen zu besetzen, um der

39 *Arturo Toscanini dirigiert die Wiener Philharmoniker*

heutigen Vorstellung von Authentizität näherzukommen, was noch – zumindest im Bereich der ‚Berliner Singakademie' – um 1900 „gegen alle Tradition" verstoßen hätte. Dieser Chor ließ es nämlich erst 1902 nach „einem kleinen Kampf" zu, daß Knaben des Domchors an der Aufführung der ‚Matthäus-Passion' teilnehmen durften.

Dirigenten

Wurden die Hof- und Kirchenkapellen des 15. bis 18. Jahrhunderts von selbst mitmusizierenden Kapellmeistern geleitet, so stehen heutigen Orchestern und Chören Dirigenten vor, die mit dem „leichten Herrscherstäbchen aus Rohr in der Rechten" (Thomas Mann) die Aufführungen stehend leiten und seit dem Ende des 19. Jahrhunderts das Hauptaugenmerk auf sich ziehen. Seither hat sich die Tätigkeit des Maestro derart verselbständigt, daß es neben Carl Muck (1859–1940) nicht wenige Berufskollegen gab und gibt, die stolz darauf sind, „nicht zu komponieren", sondern sich ausschließlich auf die Werkinterpretation zu konzentrieren. Sie haben sich angewöhnt, als Souveräne, als „Oberbefehlshaber der Musiker" (Bruno Walter), als „Scheinkönige", fotogene „Tänzer vor dem Orchester", „Rattenfänger in unserer Kunst" (Adolf Weißmann, 1925) oder Statthalter des Komponisten verstanden und apostrophiert zu werden. Seit dem Auftreten so wichtiger Persönlichkeiten wie Sir Michael Costa (1808–1884) in London und Hans von Bülow in Meiningen gibt es den „virtuoso conductor", den Stardirigenten, der sich auf Reisen begibt und feiern läßt wie der Instrumentalvirtuose. Sein Name erscheint gedruckt in größeren Lettern auf den Programmen als derjenige des Komponisten. Ihnen billigt man, zumal wenn sie auch als Großunternehmer im Mediengeschäft auftreten, ein tonangebendes Sozialprestige zu (Abb. 37, 38, 40). Der verführerisch motorische Reiz des Sichtbaren, die zuweilen von eitler Selbstpräsentation am Pult ausgehende Suggestion zwingt die Zuhörenden in ihren Bann und lenkt oft von der zu vernehmenden Sache ab. Das Dirigieren mit dem ausschließlichen Ziel der energischen Durchsetzung eines Willens hat sich in dieser ‚monarchischen' Weise erst spät durchsetzen können. So erinnert sich Richard Wagner: „In meiner Jugendzeit wurden in den berühmten Leipziger Gewandhauskonzerten klassische Musikstücke einfach gar nicht dirigiert, sondern unter dem Vorspiele des damaligen Koncertmeisters... abgespielt. Von störender Individualität des Dirigenten war somit hier gar nichts zu bemerken..."

1863 konstatierte ein Kritiker in der ‚Neuen Zürcher Zeitung' vom 18. November immer noch unpräzise Orchester, die ein „republikanisches Gebahren" befolgten und sich nur selten widerwillig der „Geltendmachung des monarchischen Prinzips" beugten. Inzwischen hat sich diese auch von Hector Berlioz gegeißelte Einstellung vor allem bei jenen Orchestern und Chören verändert, die aus eigenem Interesse Spitzenleistungen erreichen möchten und dazu die „zielsichere Führung", die akzeptierte Anordnungsbefugnis eines souveränen einzelnen benötigen.

Zu Zeiten Johann Sebastian Bachs und Georg Friedrich Händels saß der maître de la chapelle am Cembalo (Klavierdirektion), oder er fungierte als „the first fiddle", der „mit langem Strich" und durch Taktschlagen mit dem Fuß größere Ensembles leitete. Ignaz Schuppanzigh war noch 1828 in Wien ein derart „allen freien, reinen Genuß" störender „Violin-Director",[6] während man andernorts bereits Dirigenten mit der Notenrolle in der Hand begrüßte,[7] die „sich ungeteilt der Sorge für das Ganze widmen" konnten (‚Allgemeine Musikalische Zeitung' 1807). Sie bedienten sich der mit Stichnoten versehenen Direktionsstimmen, da es Partituren noch nicht gab. Diese Direktionsart hat sich bis heute in Kur- und Tanzorchestern gehalten. Der Taktstock als „verlängerter Zeigefinger" wurde noch im 19. Jahrhundert als unziemlich abgelehnt (Abb. 82).[8] Dieses Gerät wurde als ein Symbol von diktatorischer Strenge und Taktgenauigkeit angesehen, die nicht sehr geschätzt wurde. Selbst dem als städtischer Musikdirektor tätigen Robert Schumann verleidete „der verfluchte weißbuchene kleine Taktstock... nun einmal alle Musik" (1836), die rhythmisch flexibel und nicht streng taktil sein sollte.

Einer der ersten, der um 1780 in Berlin zum aus Holz oder Leder gefertigten Taktstock gegriffen hat, war der schon mehrfach erwähnte kritische Innovator und letzte Kapellmeister Friedrichs II. von Preußen, Johann Friedrich Reichardt.[9] Dies ist um so bemerkenswerter, als das Taktstockdirigieren in Wien erst 1812, in Dresden 1817 und in London durch Louis Spohr nicht ohne Widerstände 1819 eingeführt werden konnte.

Die ersten Pultvirtuosen dirigierten zum Publikum gewandt (Abb. 83 und Farbtafel 13), um dem „gesitteten Auditorium" zur Zeit des Empire nicht „unanständig" zu erscheinen. Diese Praxis ist noch bei Showorchestern, Big Bands, Blas- und Militärmusiken üblich. Modellhaft wirkten im 19. Jahrhundert Carl Maria von Weber, Felix Mendels-

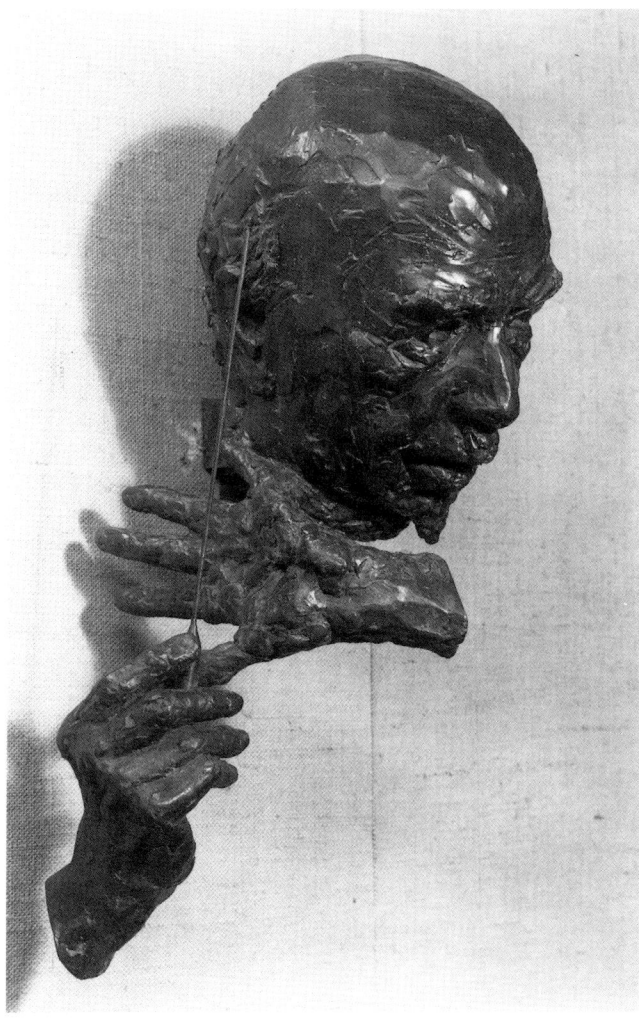

40 Porträt des Dirigenten Sir Thomas Beecham. Bronzeskulptur von D. Wynne. 1957. London, National Portrait Gallery, Inv. Nr. 4221

sohn Bartholdy, Hector Berlioz, Richard Wagner und Hans von Bülow, die „Vollkommenheit ... wo alle Teile sich zum schönen Ganzen runden" (Weber) zu einer Zeit anstrebten, da diese Maxime keineswegs allgemein galt. Mendelssohn in Leipzig oder Otto Nicolai in Wien gewöhnten ihre Orchester an stringente Probenarbeit mit den schwieriger werdenden Partituren. Berlioz, der erste Gast- und Reisedirigent, folgte gar dem Beispiel Gasparo Spontinis in Berlin, der dem Orchester vorzustehen beliebte wie ein Feldherr vor seinem Regiment; er handelte gebieterisch nach dem militanten Ideal des Exerzierens (Abb. 96). Als ein Orchestererzieher, „Schul- und Drillmeister" schließlich verschaffte sich nach 1880 Hans von Bülow internationale Anerkennung. Leicht reizbar und überaus nervös, verlangte er von seinen Musikern eine „außergewöhnliche Arbeit" in vielen Separatproben nach den von ihm aufgestellten „Meininger Prinzipien", die einem „Drill" zu Höchstleistungen gleichkamen, einer in Bülows Schriften häufig begegnenden Apostrophierung.[10] Damit wurde er zum Vorbild jenes Dirigententyps, der als „Präzisionsfanatiker" (Bruno Walter) nicht nur ein notenge-

treues Abspielen fordert, auswendig dirigiert – von Johannes Brahms bereits 1858 in Hamburg erlebt –, sondern mit suggestiver Zeichengebung,[11] „ondeggiano la mano" (Wellenbewegungen der Hände), Mimik und großen Gesten das Orchester zu einem flexiblen Musizieren anzuregen sucht. „Geltungsdirigenten", wie sie Hans Pfitzner titulierte, Fanatiker à la Arturo Toscanini, die von Wilhelm Furtwängler verächtlich „Poseure" genannten Dirigenten der schönen Gesten, Repertoirespezialisten teilen sich seither mit den sachlich-handwerklichen Theaterkapellmeistern die Anerkennung und Ablehnung des Publikums.

Frauen wurden in dieser machtvollen Position nur selten geduldet. So dirigierte Nadia Boulanger als erste Frau in der ‚Philharmonic Society' in London 1937 das dortige Symphonieorchester. Kennzeichnend für diese Verdrängung des weiblichen Geschlechts ist die Rolle der Luise Reichardt, die als rührige Musikerin und Komponistin ihren 1819 in Hamburg gegründeten Gesangverein zwar in den Proben leitete, indessen bei Konzerten den Taktstock an einen männlichen Kollegen übergeben mußte. Gehört es heute zwar nicht mehr zu den Ausnahmen, Chordirigentinnen anzutreffen, so begegnen Kapellmeisterinnen oder gar Stardirigentinnen nur äußerst selten.

Respektierte Dirigenten führen im 20. Jahrhundert nicht nur ein unstetes Reiseleben, sie sind unter dem Perfektionsdruck der Schallplattenindustrie auch zu gefügigen Spezialisten geworden, die während ihrer Gastdirigentenreisen eingeübte Orchester vorfinden, denen sie in wenigen vertraglich abgesicherten Proben lediglich ihre Vorstellung aufzwingen. Nicht nur Eugene Ormandy (1899–1985), der während vierundvierzig Jahren das ‚Philadelphia Orchestra' leitete, polemisierte gegen die zwangsläufige Unstabilität und Flatterhaftigkeit der Reisedirigenten: „There is a very famous one who wants one leg in Berlin, one in London, one hand in Florence, the other in Paris." Er konnte stolz von sich sagen: „The Philadelphia sound – it's me." Die Zeiten polyglotter Fähigkeiten, mit denen ein Dirigent souverän durch das stilistisch heterogene Repertoire vom Barock bis zur Avantgarde ‚werktreu' führte, sind für die meisten Stardirigenten vorbei, die sich als Mahler-, Bruckner-, Wagner-, Strawinsky- oder Avantgarde-, hie reine Operndirigenten, dort Spezialisten für die Musik früherer Jahrhunderte profilieren müssen und über Schallplattenlabels eine Kompetenz in bestimmten Sparten verliehen bekommen, für die sie dann im Jet-set durch die Kontinente eilen. Der Allround-Dirigent hat seinen Platz lediglich noch im festen Angestelltenstatus des Musikdirektors einer Stadt, als der er sowohl für die Leitung von Oper und Operette wie der Sinfoniekonzerte oder Sonderverpflichtungen – etwa der Zyklen mit Werken zeitgenössischer Musiker – verantwortlich zeichnet.

Bei dieser Sachlage, in der das Experiment mehr oder minder von zahlungskräftigen Rundfunkstationen getragen wird, weil die knappen Probezeiten mit den Jet-set-Stars oft nicht für Neueinstudierungen ausreichen, müssen Konzertprogramme zunehmend eingeschränkter gestaltet werden. In vielen philharmonischen Abonnement-Konzerten zieht man

41 Soirée in der Berliner Singakademie mit Joseph Joachim und Klara Schumann. Pastellzeichnung von Adolph Menzel. 1854 (26 × 33 cm). Privatbesitz

sich auf repertoirisiert Bekanntes zurück, was freilich gelegentlich auf Widerstände aus der Hörerschaft stößt, die sich das Diktat einiger weniger finanzkräftiger Veranstalter nicht mehr ohne Einspruch gefallen läßt. Versuche, auch ohne den herrschenden Dirigenten auszukommen, hat es nur einige wenige gegeben (zum Beispiel bei der ‚Manchester Vocal Society'). Selbst ideologisch motivierte Verzichte darauf in den Anfangsjahren der Sowjetunion blieben folgenlose Episoden. Lediglich ambitionierte Kammerorchester verstanden und verstehen ihre Leistungen so sehr als solistische, daß sie sich wie ehedem auf den Primgeiger verlassen. Dirigenten großer Sinfonieorchester genießen derzeit weltweit ein höheres Sozialprestige als je zuvor.

Solisten und Virtuosen

Die Geschichte des Konzerts ist zu einem erheblichen Teil auf „excellirende" interpretatorische Leistungen und die außergewöhnlichen Fertigkeiten „darstellender Künstler" (Robert Schumann) angewiesen. Hofhaltungen, der auf Primadonnen und Starsänger angewiesene Opernbetrieb sowie das die Schau- und Hörgelüste der Menge befriedigende Konzert gaben ihnen seit dem 16. Jahrhundert Lebensmöglichkeiten. Mit technischen Bravourakten oder auch weniger extrovertierten Talentproben versuchten sich Virtuosen aller Sparten auf dem internationalen offenen Markt, bis sie sich der Obhut der Konzertunternehmer unterwerfen mußten, welche Adolf Weißmann die „Sklavenhalter des Virtuosen" nannte. Namentlich im 19. Jahrhundert war es den einzelnen „ausführenden Genies" (Honoré Balzac)[12] nicht mehr ungebrochen möglich, sich ohne Impresario und Manager durchzusetzen.

War der Terminus ‚Virtuoso' im Italienischen des 16. und 17. Jahrhunderts für überdurchschnittlich Begabte aller Sparten – vor allem für deren intellektuelle Leistungen – verwendet worden, so kommen seit dem 17. Jahrhundert Avertissements vor, in denen allein musikalisch brillante Einzelleistungen angepriesen werden, die beim flüchtig sportiv Hörenden „concertmäßiges Entzücken" (Moritz von Schwind) auslösen sollten. Erwerbsgierige Sängerinnen standen neben herausragenden Violinisten am Beginn des extrovertierten Virtuosentums, das sich ausschließlich am Erfolg bemißt. Die Kunst der Koloratur war ein vorzüglich geeignetes Mittel von Primadonnen und Kastraten. Der ‚Hamburgische Correspondent' vom 19. Oktober 1785 brachte den Auftritt der Sängerin Gertrud Elisabeth Mara auf die zutreffend bündige Formel, sie entzücke durch ihren Gesang und „erndte Ruhm und Guineen ein". Für „des Beifalls Lohn" (Franz Grillparzer), hohe Gagen, Lorbeerkränze, Blumen, Autogrammjägerei und die ins Übernatürliche gehobene Ästimation nahmen und nehmen die von keinem geringeren als Franz Liszt 1844 als „Handlungsreisende im

Konzert" gekennzeichneten Solisten (Abb. 121) Strapazen fortwährenden Reisens, Torturen angestrengten Übens wie des Auswendigspielens und permanente nervliche Überbeanspruchung auf sich, denen sie nicht selten früh durch Krankheit erliegen.

Nicht nur diese selbstzerstörerische Ruhmsucht war es, die Stimmen kritischer Vorbehalte und genereller Ablehnungen laut werden ließ, nachdem viele Generationen dem Virtuosen durch hohen finanziellen Einsatz und immer wieder stürmische Ovationen ein stolzes und arriviertes Leben garantiert hatten, sondern das Odium der Effekthascherei, der Scharlatanerie, des aufdringlich luxuriösen Putzes, der sinnlichen Ausschweifungen und Arroganz. Seit dem Ende des 17. Jahrhunderts wird das den Virtuosen eigene, bürgerliche Normen mißachtende Verhalten in Versen, Prosastücken, vor allem aber in der Karikatur angeprangert. Die Seßhaften nahmen Anstoß an deren Vagabundieren als „musikalische Zugvögel" (,Berliner Musikalische Zeitung', 1793), die Komponisten an Eigenwilligkeiten im Umgang mit dem musikalischen Satz. Seit den spektakulären Auftritten Niccolò Paganinis oder Franz Liszts haftet ihnen vollends das Vorurteil des „Beherrschers dämonischer Gewalten" (Karl von Holtei) an.[13] Versucht Hermann Bahr in seinem Stück ,Das Konzert' des Künstlers Schwäche gegen die ihn verfolgende Weiblichkeit zu bespötteln, so nähert sich Frank Wedekind in seinem ,Kammersänger' im Zeitalter der Psychoanalyse dem Künstler als Gefangenem seiner Unfreiheit und der inneren Zwänge zu permanentem Leistungsdruck, eine psychisch-soziale Komponente, die auch Thomas Bernhard in dem Roman ,Der Untergeher' reflektiert. Nicht zuletzt beleuchtete Ingmar Bergman in seinem Film ,Herbstsonate' die Problematik des übersteigerten Karrierewillens vor dem Hintergrund familiärer Zerrüttung und suchte damit die exzentrische, im Kern unsoziale Selbstsucht von exponierten Podiumssolisten zu entlarven.

Freilich bot die Gesellschaft dem Exzentriker nicht immer konfliktfreie Entfaltungsmöglichkeiten. Im Umgang mit der Aristokratie mußte es sich der Solist gefallen lassen, trotz brillanter Leistungen als Lakai behandelt zu werden. Auch der „roi der Pianisten" Franz Liszt hatte sich in Weimar, gekleidet in die allen Hofbediensteten eigene Hoflivrée, den Repressalien zu beugen, abgesehen von der Verständnislosigkeit, auf die er beim dortigen Bürgertum stieß. Bei Salonkonzerten blieb dem Musiker der Zugang zum Dinner nach dem Konzert meist verwehrt. So war die auf dem Podium betonte professionelle Unabhängigkeit tatsächlich eingegrenzt. Oft übertrugen sich die seit der Antike gegen fahrende Spielleute eingewöhnten Animositäten auf die Solisten, die sich im Spannungsfeld zwischen unstabiler Lebensführung und solidem Können bewegen.[14]

Der Komplexität ihrer Fähigkeiten wegen ist es derzeit unmöglich, die Solisten auf den Konzertpodien zureichend zu beschreiben, abgesehen von der Gliederung ihrer Darbietungen in entweder ausschließliches Reproduzieren, phantasierendes Produzieren oder das Produzieren eigener Kompositionen. Letzterem ist freilich seit dem 18. Jahrhundert vorrangige Aufmerksamkeit geschenkt worden, so daß es zu den erwarteten Fertigkeiten des Solisten gehörte, das eigene Opus mit höchster Raffinesse, Bravour und Effekt vorzutragen, weit entfernt vom einsehbaren Notat, lediglich abhängig von der Laune des Moments mit extemporierten Verzierungen und Kadenzen. Dieser ungehemmte Umgang auch mit Kompositionen anderer, an dem im gesamten 19. Jahrhundert der Grad des Könnens und der künstlerischen Phantasie gemessen wurde, ist auf den heutigen Podien dem Anspruch auf „historische Authentizität" gewichen. Der Spielraum für Willkürlichkeiten ist entschieden eingeengt worden und einem primär ‚dienenden' Künstlerbild gewichen. Mithin scheint dem Virtuosentum ehemaliger Prägung auch durch eindringliche Mahnungen etwa von Joseph Joachim zur unbedingten Texttreue weitgehend der Boden entzogen zu sein; es ist dem agenturabhängigen Solisten gewichen. Mit einem Höchstmaß früh trainierter Perfektion ist der Künstler gewöhnt, das Repertoire in einer nüchtern sachlichen Konzerthausumgebung zu interpretieren unter weitgehendem Verzicht auf prunkvolle Roben, Fackelzüge und spektakuläre Tourneen mit zahlreichem Gefolge nach Art regierender Fürsten, wie dies zu Lebzeiten Jenny Linds,[15] Jan Ignaz Paderewskis oder Anton Rubinsteins zur Repräsentation von Luxus selbstverständlich geworden war. Die heute allgegenwärtige Foto- und Filmkamera hat den weltweit vermarkteten Stars überdies das Flair des Außergewöhnlichen genommen, das den Virtuosen einst auch mittels der ihnen vorauseilenden Porträts anhaftete.

Wunderkinder

Im Sprachgebrauch der Religionen und der Mythen, vor allem aber in der erbaulichen Sprache des 17. und 18. Jahrhunderts begegnet uns die Bezeichnung ‚Wunderkind' für ein Kind von übernatürlicher Herkunft, ausgezeichnet durch eine außergewöhnliche Begabung. Paradigmatisch galt der Je-

42 Der Pianist Edwin Fischer dirigiert die königliche Kapelle in Kopenhagen. Rötelzeichnung von Harald Isenstein. 1950 (61 × 45 cm). Pianohaus Hugo Haid, Nürnberg

43 *Die als konzertierende Wunderkinder gefeierten Brüder Wieniawski. Um 1845. Bildbeilage zu ‚Die Musik' IV, H. 13, 1904/1905*

susknabe als ein solches. Erst zum Ende des 18. Jahrhunderts begann man den Begriff auch für die Kennzeichnung künstlerischer, besonders musikalischer Frühreife zu benutzen, so daß Johann Friedrich Reichardt sich in seinem autobiographischen Roman ‚Leben des berühmten Tonkünstlers Heinrich Wilhelm Gulden' 1779 einer relativ neuen Apostrophierung bediente, wenn er so eindrücklich wie vergnüglich das Los seiner frühen Jahre schilderte, da er, vom Vater zum Violinvirtuosen ausgebildet, überall als Wunderkind vorgeführt wurde. Wiewohl „musikalische Wunderkinder ... zwar hinsichtlich der technischen Fertigkeiten ... keine Seltenheit mehr" waren, wie uns Johann Wolfgang von Goethe in seinen ‚Gesprächen mit Eckermann' versichert, sie im Gegenteil längst als „reizender Anblick" zu den Attraktionen von Konzertunternehmungen gehörten, bediente man sich im Deutschen erst spät dieser Bezeichnung. Vielmehr wurden in den Ankündigungen akrobatische Kunststücke verheißen, die eine Sensation versprachen. Die Welt der Erwachsenen sollte im Kleinformat widergespiegelt werden, freilich unter Preisgabe einer unbekümmerten Kindheit. Durch viele Generationen wurden diese kindlichen Glanzleistungen einseitig hochgezüchtet, denn: „alles übrige ... beschwere nur unnötigerweise den Kopf des armen Kindes und hielte ihn von der wichtigsten Beschäftigung, der Geige,

ab ..." (J. F. Reichardt). Nach einer morgendlichen „Tasse dicken Kaffees" wie dem täglichen Recken der Finger, „damit sie fein lang werden sollten", folgte ein stundenlanges Üben. Reichardt hatte als sechsjähriger Knabe von zwölf bis „drei Uhr nachmittags unablässig" zu spielen, danach erneut bis „acht Uhr; alsdann puderte ihm der Vater die Haare, zog ihm den plüschnen Rock an, den ihm ein alter abgedankter Lieutenant einmal im trunkenen Mute von seinem Leibe gegeben; und war es Sonntag, auch noch die rote Weste dazu, die ihm der Vater mit unechten goldnen Tressen hatte besetzen lassen, nebst Manschettenärmeln; und war es erster Feiertag, gar noch ein reines Hemde. Zwischen acht und neun Uhr abends ging er nun mit seinem Vater ins Wirtshaus oder auf die Hochzeit oder auf einen Korinthenball und strich da seine Geige, die ihm der Vater unter dem Rocke hingetragen hatte, bis zum Anbruch des folgenden Tages."

Bei langen anstrengenden Reisen wurden die „petits virtuoses" schnell verbraucht, konnten ihre „ephemerische Existenz" (Immanuel Kant) nur selten in eine dauerhafte überführen und waren unter der Zusicherung „einigen Vergnügens", Kassenschlager zu sein, nur kurzzeitig ein Garant für ausverkaufte Säle.[16] Erst seit Jean-Jacques Rousseau und den Einsichten heutiger Entwicklungspsychologen wurden dieser Mißbrauch und die Ausbeutung kindlichen Leistungsvermögens mit zunehmender Schärfe geahndet, so daß Thomas Manns 1903 entstandene treffliche Erzählung ‚Das Wunderkind' als ein ironisch distanzierter Reflex auf großbürgerliche Konzertgepflogenheiten zu werten ist:

Das Wunderkind kommt herein – im Saale wird's still.

Es wird still, und dann beginnen die Leute zu klatschen, weil irgendwo seitwärts ein geborener Herrscher und Herdenführer zuerst in die Hände geschlagen hat. Sie haben noch nichts gehört, aber sie klatschen Beifall; denn ein gewaltiger Reklameapparat hat dem Wunderkinde vorgearbeitet, und die Leute sind schon betört, ob sie es wissen oder nicht.

Das Wunderkind kommt hinter einem prachtvollen Wandschirm hervor, der ganz mit Empirekränzen und großen Fabelblumen bestickt ist, klettert hurtig die Stufen zum Podium empor und geht in den Applaus hinein, wie in ein Bad, ein wenig fröstelnd, von einem kleinen Schauer angeweht, aber doch wie in ein freundliches Element. Es geht an den Rand des Podiums vor, lächelt, als sollte es photographiert werden, und dankt mit einem kleinen, schüchternen und lieblichen Damengruß, obgleich es ein Knabe ist.

Es ist ganz in weiße Seide gekleidet, was eine gewisse Rührung im Saale verbreitet. Es trägt ein weißseidenes Jäckchen von phantastischem Schnitt mit einer Schärpe darunter, und sogar seine Schuhe sind aus weißer Seide. Aber gegen die weißseidenen Höschen stechen scharf die bloßen Beinchen ab, die ganz braun sind; denn es ist ein Griechenknabe ... Das Wunderkind dankt, bis das Begrüßungsgeprassel sich legt; dann geht es zum Flügel, und die Leute werfen einen letzten Blick auf das Programm. Zuerst kommt ‚Marche solennelle', dann ‚Rêverie' und dann ‚Le hibou et les moineaux', – alles von Bibi Saccellaphylaccas. Das ganze Pro-

gramm ist von ihm, es sind seine Kompositionen. Er kann sie zwar nicht aufschreiben, aber er hat sie alle in seinem kleinen ungewöhnlichen Kopf, und es muß ihnen künstlerische Bedeutung zugestanden werden, wie ernst und sachlich auf den Plakaten vermerkt ist, die der Impresario abgefaßt hat... Seine Miene macht Bibi für die Leute, weil er weiß, daß er sie ein wenig unterhalten muß.

Angekündigt wurden diese Kinder „den Liebhabern der Music sowohl als allen denjenigen, die an ausserordentlichen Dingen einiges Vergnügen finden", mit gleichen, nahezu immer auf die Neugierde zielenden Texten. So ist in einem Avertissement in den ‚Franckfurter Frag- und Anzeigungs-Nachrichten' vom Dienstag 16. August 1763 in der Fortsetzung der ersten an die Liebhaber gerichteten Zeile weiter zu lesen: „...wobey man 2 Kinder, nemlich ein Mädgen von 12. und einen Knaben von 7. Jahren Concerten Trio und Sonaten, dann den Knaben das nemliche auch auf der Violin mit unglaublicher Fertigkeit wegspielen hören wird." Mit dem Hinweis auf bereits erworbenes Ansehen an diversen Höfen und der Versicherung, „daß dies nur das einzige Concert seyn wird, indem sie dann gleich ihre Reise nach Frankreich und Engelland fortsetzen, die Person zahlet einen kleinen Thaler", endet der Werbetext. Ebenfalls anonym verbleibt ein vierzehnjähriger Knabe, der in Nürnberg 1766 angekündigt wird: „Denen respective Herren Liebhabern der Music, wird hiemit zu wissen gemacht, daß auf künfftigen Dienstag, als den 5. Aug. Abends um 5 [korrigiert in 3] Uhr sich ein Virtuose, seines Alters 14. Jahr alt, welcher bereits schon an dem Churfürstl. Hof zu Mannheim, als auch an denen beeden Hochfürstl. Onolzbachischen und Taxischen Höfen, durch seine auserordentliche Geschicklichkeit viele Bewunderung sich erworben, auf der Violine und zwar auf der Herren-Trinkstube, sich wird hören lassen, welcher nicht nur seine eigene Stücke, ganz vortrefflich, sondern auch die schwehresten Concerten, welche ihme ohne solche vorhero jemals gesehen zu haben, vorgeleget werden, ganz fertig und meisterlich wegspielt..." Kometenhaft stiegen diese mehrheitlich in der Namenlosigkeit verbleibenden Kinder zwar auf, sie verließen aber ebenso schnell unprofiliert und meist physisch und psychisch gestört zu dem Zeitpunkt die Podien, da sie vom Unternehmer nicht mehr glaubhaft als Kindermusikanten verkauft werden konnten. Ausnahmen waren Wolfgang Amadeus Mozart, Ludwig van Beethoven, Johann Nepomuk Hummel, Franz Liszt, Felix Mendelssohn Bartholdy, Yehudi Menuhin oder auch die Brüder Henryk und Joseph Wieniawski (Abb. 43). Bekanntlich widmete Leopold Mozart einen Teil seines Lebens der sachgerechten und umsichtigen Ausbildung seiner Kinder, die er von 1763 bis 1766 durch fünf Länder führte, wo sie ob ihrer Sprachgewandtheit, Selbstsicherheit, vor allem aber ob ihrer musikalischen Leistungen beispiellos gefeiert und bewundert wurden. Selbst Huldigungsgedichte wurden auf sie verfaßt, etwa das Poem „Auf den Kleinen Sechsjährigen Clavieristen" mit der Anfangszeile: „Bewunderungswerthes Kind! deß Fertigkeit man preißt...", das am 25. Dezember 1762 in Wien „in seinem Concert ausgetheilet" wurde.

Als neuntes Weltwunder wurde der seit 1820 umjubelte Franz Liszt gefeiert, über welchen die „Preßburger Zeitung" vom 28. November 1820 berichtete: „Verflossenen Sonntag, am 26. dieses in der Mittagsstunde, hatte der neunjährige Virtuose Franz Liszt, die Ehre, sich vor einer zahlreichen Versammlung des hiesigen hohen Adels und mehrerer Kunstfreunde, in der Wohnung des hochgebornen Herrn Grafen Michael Eszterházy, auf dem Clavier zu produciren. Die außerordentliche Fertigkeit dieses Künstlers, so wie auch dessen schneller Überblick im Lösen der schwersten Stücke, indem er alles, was man ihm vorlegte, vom Blatt wegspielte, erregte allgemeine Bewunderung und berechtigt zu den herzlichsten Erwartungen." Die Ehre eingeräumt zu bekommen, sich vor illustren Gönnern vor allem im Prima-Vista-Spiel produzieren zu können, wie eine Denksportaufgabe alles wahllos Vorgelegte „vom Blatt weg zu spielen", galt als besondere Qualifikation und Ausweis künstlerischer Genialität. Später freilich reduzierten sich diese Debuts auf das möglichst auswendig gelernte Vortragen der Virtuosenliteratur. Anton Rubinstein, die Brüder Wieniawski oder George Szell (1897–1970), der elfjährig begann, eigene Klavierwerke vorzuspielen, wurden mehr und mehr zur Ausnahme. Vielmehr bewunderte man nun, daß etwa Daniel Barenboim siebenjährig Sonaten Ludwig van Beethovens vorführte oder 1983 Sylvia Virtel fünfzehnjährig die Gelegenheit geboten bekam, im Leipziger ‚Gewandhaus' das Violinkonzert von Felix Mendelssohn Bartholdy aufzuführen, daneben jedoch scheinbar unbeeinträchtigt das Gymnasium besucht.

Gegenwärtig scheint das Mirakulöse durch gezielte Begabtenförderungen in Spezialschulen, Abteilungen für Frühbegabungen der Musikhochschulen sowie Wettbewerbs-Programme wie „Jugend musiziert" ersetzt zu sein. Unter dem zunehmenden Konkurrenzdruck in weltweiten Hochleistungswettbewerben gehört es längst zum musikerzieherischen Alltag, möglichst früh mit der Einübung anspruchsvoller Konzertwerke zu beginnen. Die Verheißung, aus Jugendwettbewerben erfolgreich hervorgegangen zu sein und möglicherweise eine steile Karriere als Solist vor sich zu haben, lockt derzeit mehr denn je die Jugendlichen, sich dem Übediktat zu unterwerfen.

Die Hörer und deren Verhalten

„Künstler ohne Publikum – das gibt es nicht. Das wäre ja amateurhaft. Nur der Amateur spielt für sich." Mit diesen Sätzen umriß der Pianist Claudio Arrau seine Rolle als öffentlich auftretender professioneller Musiker. Bereits am 7. Februar 1861 schrieb Johannes Brahms an die als Solistin umjubelte Klara Schumann: „Die schöne Natur kann man für sich genießen, aber wenn [man] Musik im Saal und vor Leuten macht, so will man auch nicht allein sein." Beide Aussagen verdeutlichen, daß das Konzert ein Miteinander auf Zeit ist, das der Darbietenden wie der Aufnehmenden bedarf, die zur Befriedigung ästhetischer Interessen zueinander finden. Konzert ist mithin eine Interaktion zwischen jenem Partner, der sein spezifisches Können beisteuert, wie jenem, der die Bereitschaft zum Zuhören mitbringt und damit mitbestimmend für die Einlösung des stets intentionalen Sinnes der aufgeführten Musik wird. Dieses kommunikative aufeinander Angewiesensein erfuhr Carl Maria von Weber derart eindringlich, daß er meinte, beide im Idealfall aktiven Partner müßten sich „gegenseitig bestimmen, bilden und leiten". Namentlich im Verlauf unseres Jahrhunderts geriet jedoch dieser Wunsch nach produktiv genutzter beiderseitiger Anregung ins Wanken und führte schließlich zu der gegensätzlich elitären Äußerung Arnold Schönbergs: „Diejenigen, die komponieren, um anderen zu gefallen, und an das Publikum denken, sind keine wirklichen Künstler."

Die sorgenvoll auch von Richard Wagner gestellte Frage: „Wer ist nun das ‚Publikum'...?" sei hier erneut zu beantworten gesucht vor dem Hintergrund der Tatsache, daß heutige Massenmedien die Trennung eines Präsenzpublikums von der namenlosen Menge möglicher Fernhörer nötig macht. Jenes sich im Konzert zum Zwecke des ästhetischen Erlebnisses von aufgeführter Musik zusammenfindende Präsenzpublikum ist mehrheitlich eine Sozialisation von Privatleuten oder gelenkt Kollektivierten, die nur stundenweise in Beziehung zueinander stehen in einem unverbindlichen ad-hoc-Treffen. Daneben kann sich Publikum jedoch auch konstituieren aus dem Miteinander von Freunden, Vereinsmitgliedern oder in Hommage-Gemeinden, einer spezifischen Sozietät, die erst seit dem 18. Jahrhundert möglich geworden ist. Die Voraussetzung dafür, daß aus auditeurs und assemblées die Struktur einer erweiterten und dennoch stets überschaubar bleibenden Öffentlichkeit mit gerichteten Hörintentionen werden konnte, entwickelte das Bürgertum aus sich heraus. Emanzipatorisches Bestreben, Verlangen nach Teilhabe an „feinerer Bildung" (Johann Friedrich Reichardt) und Kunstgenuß öffnete bürgerlichen Liebhabern mit der Hilfe von Schulung und Geschmacksbildung den Zugang zu allen Arten von Konzertdarbietungen.

1802 konnte das „Konzert" in Heinrich Christoph Kochs ‚Musikalischem Lexikon' bereits definiert werden als eine „für das Publikum veranstaltete" Einrichtung, „so daß jeder Liebhaber der Kunst mit gleichem Rechte, gegen Erlegung eines bestimmten Einlaß-Geldes, daran Antheil nehmen kann". Wiewohl die hier angesprochenen „gleichen Rechte" de facto in der Vergangenheit kaum eingelöst wurden, wo etwa in das ‚Teatro Colón' von Buenos Aires im 19. Jahrhundert nur die Oligarchie als exklusiv bevorrechtete Klasse zugelassen wurde, umwarb man dieses Publikum als Kunden und Verbraucher fortan ebensosehr, wie man es auch in „Publikumsbeschimpfungen" brüskiert und seiner Heterogenität wegen zeiht. Diese Heterogenität war und ist nicht immer nur die Folge ungleichen sozialen Herkommens, wie es paradigmatisch in der naturalistischen Novelle ‚Lieutnant Gustl' (1900) von Arthur Schnitzler in der Schilderung eines „so ernsten Konzertes" von einem sich dabei deplaciert empfindenden Leutnant dargestellt wird, der schließlich für sich entscheidet: „Mir scheint..., daß ich mich langweil' und nicht herg'hör", sondern auch durch ungleiche rezeptive Fähigkeiten bedingt. Das rezeptive Vermögen reicht vom vordergründig sinnlichen Hören bis zum unsinnlich-kognitiven Begreifen. So hört der aktive Kenner wie sachlich Interessierte anders als der passive ‚Kulturkonsument' oder Prestigehörer, der das öffentliche Konzertereignis aus Gründen persönlicher Repräsentanz aufsucht. Die auf Plätzen oder in Sälen sich einfindenden „Freizeitauditorien", in denen stets kritisch prüfende Zuhörer und gelangweilte „concert-goers" aufeinandertreffen, bilden, so gesehen, selten eine einheitlich reagierende Gruppierung. Entsprechend den vielfältigen Motivationen für den Konzertbesuch, die von der Konvention, der Flucht aus dem Alltag, der gesuchten Entspannung, Sensationslust, Bildungsbeflissenheit, Novitätensuche, dem sozialen Anlehnungsbedürfnis, der Liebe zur Sache bis zum beruflichen Zwang des Kritikers reicht, war und ist das angepaßte und ritualisierte Verhalten, sind die Erwartungen und Reaktionen vielschichtig. Da überdies nach Johann Wolfgang von Goethe „jeder doch nur hört, was er versteht", und das Gehör „das Innigste, das Tiefste der Sinne" (Herder) ist, zählt das tatsächlich emotionell oder

Farbtafel 5   Konzerthörer, darunter J. Offenbach, Ch. Baudelaire, H. Fantin-Latour und E. Manet, in den Tuilerien zu Paris. Gemälde von Edouard Manet. 1862. Öl (76,2 × 118,1 cm). London, The National Gallery, Inv. Nr. 3260

Farbtafel 6   Salonkonzert. Gemälde von Adolph von Menzel. 1851. Öl auf Papier (45 × 59 cm). München, Neue Pinakothek, Inv. Nr. 8501

Die Hörer und deren Verhalten 57

kognitiv im Konzert Aufgenommene zu den analytisch sich nahezu entziehenden Prozessen. Die Rekonstruktion mittels Handlungsforschung etwa des Publikums im 18. Jahrhundert ist daher fast unmöglich. Seit langem wird zwar versucht, aus den äußerlich erfahrbaren Reaktionen von Hörern Verhaltensmuster abzulesen, um sie in Normen und schematisierende Klassifikationsmodelle umzusetzen; diese blieben aber bislang unzureichend. Bereits in französischen Bühnenwerken wie ,La Musicomanie' (1779) von N.-M. Audinot und ,La Mélomie' (1781) von E. Grenier und Stanislas Champein finden sich satirische Ansätze dazu, nach denen sich die „mélomanes" in die „passionés de musique", die „héritiers", die „connaisseurs" und „touristes des ondes" teilen.

Heute hat man sich daran gewöhnt, den motorisch-affektiven, visuell-assoziativen vom rational-strukturellen Hörer zu unterscheiden; dies sind Hörerstrukturen, denen der Komponist früherer Jahrhunderte, wollte er erfolgreich sein, anpassungsgewandt Rechnung zu tragen hatte. So rät Johann Joachim Quantz 1752 dem angehenden „Flötenisten": „Wer sich öffentlich will hören lassen, der muß die Zuhörer, und absonderlich diejenigen darunter, an denen ihm am meisten gelegen ist, wohl in Betrachtung ziehen. Er muß überlegen, ob sie Kenner oder keine Kenner sind..." Ähnlich wie später aus Briefen Leopold Mozarts zu erfahren ist, solle der Musiker nach Möglichkeit dem „ohnwissenden" Gegenüber ebenso zu gefallen suchen wie dem „wahren Kenner".

Das 19. Jahrhundert kannte gemäß dem zunehmend gespaltenen ästhetischen Bewußtsein und Verlust von bindenden Normen nicht nur den „Kenner und Liebhaber", die besonders Ludwig van Beethoven anhangende „serious world" und die bevorzugt Gioacchino Rossini umjubelnde „gay world", vielmehr entwickelte sich in den Kunstmetropolen jene Instanz, die sensibel über Fragen des goût entschied, dessen launische Unberechenbarkeit von dem Berliner Privatgelehrten Ludwig Robert, dem Bruder Rahel von Varnhagens, um 1830 humorvoll in folgenden Versen entlarvt wird:

Das Publikum
das ist ein Mann,
Der alles weiß und gar nichts kann;
Das Publikum, das ist ein Weib,
Das nichts verlangt als Zeitvertreib;
Das Publikum, das ist ein Kind,
Heut so, und morgen so gesinnt;
Das Publikum ist eine Magd,
Die stets ob ihrer Herrschaft klagt;
Das Publikum, das ist ein Knecht,
Der, was sein Herr thut, findet recht;
Das Publikum sind alle Leut',
Drum ist es dumm und auch gescheut.
Ich hoffe, das nimmt keiner krumm,
Denn Einer – ist kein Publikum.

Aus den zahlreichen früheren Klassifikationsmodellen des 19. Jahrhunderts seien hier nur jene „3 Hauptordnungen" von Musikliebhabern erwähnt, die Ludwig Anton Siebigk, Prediger an der reformierten Kirche zu Breslau, 1801 entwarf. Gemäß der hierarchisch gegliederten Gesellschaftsordnung steht an erster Stelle die „gebildete Klasse", die an den Klassikern orientiert ist; ihr folgt 2) die Klasse der „weder einen ganz schlechten, noch ganz geläuterten Geschmack" Habenden, die eine Neigung zum Neuen und „Brillanten"

44 *Zuschauer bei der Händel-Gedächtnisfeier in London. Zeichnung von John Nixon, 1790. London, National Portrait Gallery*

45 „Un café-concert à San Francisco". Fotogravure von Matthew Morgan (15,1 × 22,2 cm). Aus: ‚L'Illustration', Vol. LXIV, 1874, S. 217

erkennen lassen, sowie 3) jene, die, von der Bewegung her kommend, die „Musik nur deswegen lieben, weil man darnach tanzen kann".[1]

Bis Theodor W. Adorno schließlich 1962 innerhalb seines Konzepts einer „Musiksoziologie' zu den vielzitierten acht „Typen musikalischen Verhaltens" kam, gab es zahlreiche Versuche von Klassifikationen, daneben auch karikaturistische Überzeichnungen und Cartoons bis hin zu Gerhard Hoffnungs ‚Kunst des Hörens' von 1982, einer Cartoonserie über die seiner Meinung nach vorherrschenden vier Hörertypen: den „Dilettanten", den „Enthusiasten", den „Huster" und den „Taktschläger". Eines der trefflichen humorigen Modelle für derartige karikaturistische Verhaltensdemaskierungen lieferte A. Palm 1874 in seiner graphischen Humoreske ‚Concerttypen', die mit einem Erläuterungstext in der ‚Leipziger Illustrirten Zeitung' erschienen ist und „Kunstjünger und Enthusiasten" von „Kennern und Kritikern", denjenigen, die „sehen und sehen lassen", sowie den „Pietätlosen" getrennt wissen will: „... Es ist also nur ein kleines, aber in gewissem Sinne exquisites Völklein, das an dieser Art von Kunstproductionen regelmäßig Antheil nimmt und für sie die erhaltende Grundlage abgibt... Da sind zuerst die Kunstjünger und Enthusiasten. Glückliche Menschen! Sie sind alle jetzt in den Zustand versetzt, in welchem Gefühl und Einbildungskraft concentrisch-wirksam nur nach einer Idee hinstreben; die Musik erhebt sie jetzt über die Außenwelt, ja über sich selbst; sie tauchen in ihren rein- oder trübwogenden Strom; sie trinken die Töne, sie stillen und reinigen sich in ihren harmonischen oder disharmonischen Fluten und vergehen in Seligkeiten und Wonne. Auf sie übt die Musik ihre volle Wirkung... Es folgen die Kenner und Kritiker. Ein kritisches Geschlecht mit höhern Ansprüchen und daher nicht leicht zu befriedigen. Hören obige Leutchen die Musik mit ganzer Seele, mit vollem Herzen, so hören diese sie nur mit dem Verstand, für den bloß das Schwierige Interesse und Werth hat. Der Kenner oder häufiger Scheinkenner kommt meist nur, um sein Urtheil abzugeben, d.h. um sein Licht leuchten zu lassen, auch wenn es nur Talglicht ist. Der eigentliche Kritiker dagegen kommt von Berufs wegen, meist ungern, weil gezwungen. Was für andere erhebender, erquickender Genuß, ist für ihn harte, ernste Arbeit. Er horcht mit oppositionellen Anwandlungen, er begegnet den Schönheiten der Kunst wie der Unfehlbarkeit des Papstes vorweg und grundsätzlich mit einem gewissen Mistrauen; er ist dem Schlechten rasch auf der Spur, mäkelt aber auch an dem Guten, er findet immer und immer wieder ein Haar in der Suppe. Kurz, der Kritiker ist ein meist mürrischer, verdrießlicher Kauz; man kann es ihm

60 Die Hörer und deren Verhalten

46 ‚Das Concert'. Xylographie von René Reinicke. 1892 (11,5 × 17 cm). Aus ‚Fliegende Blätter', Jg. 21, H. 2243, 1892, S. 21

47 Zuhörer der D-Dur-Symphonie von Beethoven. Um 1850. Kreidezeichnung von Adolph von Menzel (21,1 × 29,1 cm). Berlin/DDR, Staatliche Museen

selten recht machen. Das ‚Vergnügen' genießt er mit – Geduld. Geradezu einen Gegensatz zu den zwei vorstehenden Gruppen bildet die elegante Modewelt, die da kommt, ins Concert wie ins Theater, in die Kirche wie auf die Promenade, immer in der Hauptsache mit ein und derselben Absicht: sie will nur sehen und gesehen werden. Damen von oft stark angefochtener Schönheit, aber immer pyramidaler Eitelkeit; Männer, die ihre Unwiderstehlichkeit nicht leicht in Frage stellen lassen, und wieder andere, die es zufrieden sind, sich an den weiblichen Reizen gerade dort, wo sie dem Zauber der Kunst Concurrenz machen, satt zu sehen. Ein im Grunde harmloses Völklein. Es schadet der Kunst weder durch Enthusiasmus noch durch Kritik; es nutzt ihr nur mit dem Eintrittsgeld. Weniger harmlos sind dafür die Pietätlosen. Sie kommen nur, weil sie auch mit dabei sein wollen, weil sie eben nichts besseres zu thun haben. Sie könnten ebensogut zu Haus bleiben, um zu schlummern, zu gähnen oder zu schwatzen. Allein die Mode verlangt es und ruft sie in den Kunsttempel, um dort andere Leute gelegentlich niederzurennen oder sonst im Kunstgenuß zu stören. Sie thun, was sie nicht lassen können, thun sich aber im übrigen keine Gewalt an. Von irgendwelchen Affecten kann bei diesen Musikphilistern nicht die Rede sein, ja sie strengen sich nicht einmal an, irgendwelches Gefühl auch nur pro forma zu affectiren..."[2]

Diese „verschiedenen Schichten der Gesellschaft... mit ihren charakteristischen Uebergängen von der glänzenden Aeusserlichkeit und Blasirtheit der vornehmen Kreise bis zum Ernst und der begeisterten Hingebung wahrer Zuhörerschaft", wie es in der Interpretation von 1891 der Kupferdruckserie ‚Spiegelbilder' von René Reinicke hieß, haben freilich nicht nur die Karikaturisten zu gesellschaftskritischen Demaskierungen inspiriert, sondern auch jene feinsinnigen zeichnerisch wie malerisch tätigen Beobachter, die etwa in Publikumsstudien anschauliche Bildzeugnisse liefern von bürgerlichem Verhalten als eindrücklichen Momentaufnahmen eines gesellschaftlichen Ereignisses. Neben dem be-

48 Im Beethoven-Konzert. Stich von Emil Orlik. 1922. Kalte Nadel (10,4 × 14,7 cm). Berlin, Staatliche Museen Preußischer Kulturbesitz, Kupferstichkabinett

49 Der Komponist Frederick Delius in der Londoner Queen's Hall bei einem Konzert mit eigenen Werken. Gemälde von Ernest Procter. 1929. Öl. London, National Portrait Gallery, Reg. No. 3861

reits erwähnten René Reinicke, in dessen Gemälde ‚Concertpublikum' man 1899 „das treueste Spiegelbild der deutschen Gesellschaft vom Ende des Jahrhunderts" erblickte, gehörten John Nixon (Abb. 44), Honoré Daumier, Adolph von Menzel, Oskar Kokoschka oder C. H. Seemann (Abb. 50) zu den unermüdlichen Schilderern. Eine von Nixon 1790 anläßlich der Gedächtniskonzerte zu Ehren Georg Friedrich Händels in der Londoner Westminster Abbey angefertigte Federzeichnung (Abb. 44) zeigt einige der prominenten Zuhörer, etwa den Earl of Sandwich, der einer der fünf Direktoren des Festes war. Neben ihm sitzt Lady M. Barker und steht John Jones, Vizedirektor und Organist der St. Paul's Kathedrale, der die zu diesem Ereignis geprägte „Commemoratio Medaille" am Rock trägt.[3] Heute nicht mehr identifizierbare Zuhörer, eine Lady mit Fächer und jene, die sich nach dem Motto „Dabei sein ist alles" in dieses Konzert haben locken lassen, runden das Bild ab.

Ebenfalls Realsituationen hat Adolph von Menzel festgehalten, als er sich etwa in der ersten der beiden hier vorgestellten Arbeiten vom Halbdunkel eines Raums in den erwartungsvollen Minuten vor dem Beginn einer ‚Soirée' inspirieren ließ, zu deren regelmäßigen Besuchern er zählte (Farbtafel 6, und Abb. 47). Wo immer er sich, mit Bleistift und Skizzenblock ausgerüstet, unter Menschen begab, ging es ihm um jene Momente vor dem Konzert, in denen die mit modischen Muffs und Kopfschleiern ausgestatteten Damen abseits unter sich den letzten Gesellschaftsklatsch austauschten, während sich die Herren der Etikette gemäß, im Stehen unterhielten.

Eine Kreidezeichnung (Abb. 47) ist eine ebenso treffende Momentaufnahme des durchschnittlichen Hörverhaltens während der Beethovenschen D-Dur-Symphonie. Menzel hat sich offenkundig bei seiner Skizze von der unangepaßt lässigen Haltung eines vor ihm sitzenden Paares optisch angezogen gefühlt. Das sehr unterschiedliche Verhalten, etwa zwischen Versunkenheit und verständnislosem Dabeisein, hat auch andere Autoren (Abb. 48) affiziert, während es Ernest Procter in dessen Porträt von Frederick Delius, 1929, um das Erfassen eines unverkennbaren Wesenszugs des sensiblen Komponisten ging, das sich am sinnfälligsten beim konzentrierten kognitiven Hören eigener Werke spiegelte (Abb. 49).

Dieses singuläre Porträt steht freilich in Kontrast zu Aufnahmen, in denen das ungetrübt heitere gesellschaftliche Ereignis gegenüber dem introvertierten Kunstinteresse dominiert. So setzte schon 1852 Honoré Daumier die Bemerkung unter eine Gasthaus-Konzert-Karikatur: „On n'a jamais su si c'est la musique qui fait passer la bière ou si c'est la bière qui fait avaler la musique...", eine Bemerkung, die auch für jene Maler zuzutreffen scheint, die etwa das gesellige Environ in einem öffentlichen Park von Paris (Farbtafel 5) für betrachtenswerter hielten als die musikalische Darbietung selbst.

Dies gilt auch für eine Xylographie (Abb. 46), die anläßlich eines von Hermann Levi im Saal des Münchner ‚Odeon' am 10. Dezember 1884 dirigierten Konzerts, in dem Beethovens Tripelkonzert erklang, angefertigt wurde.[4] Die Veröffentlichung dieses Publikumsporträts in den ‚Fliegenden Blättern', Band 96 von 1892, wurde ergänzt durch ein mit G. E. gezeichnetes Gedicht, das wie viele vergleichbare literarische Dokumente die evident gewordene Sozialspannung in tendenziöse Verse kleidet. Darin wird der bürgerliche Neureiche als kunstunsensibel und oberflächlich geschildert, während sich das „Wahre" der Kunst nur der vermeintlich unverbildeten „schlichten Maid" erschließt:

DAS CONCERT.

*Der Fuge folgt die Symphonie,
Und nahe dem Orchester
Sitzt Isabella und Sophie, –
Die Schwester bei der Schwester.*

*Wie zierlich ward das blonde Haar
Zum Lockenbau gestaltet,
Wie sind die Spitzen wunderbar
Um Brust und Hals gefaltet!*

*Und wenn ein Bändchen sich verrückt,
Hilft Eine hold der Andern, –
Wie Beider Blicke so entzückt
Durch den Concertsaal wandern!*

*An Herren heften sie sich nie –
Nein, sittsam nur an Damen,
Die modisch angethan wie sie
Zum Kunstgenusse kamen.*

*Jetzt wogt so hell der Geigen Chor –
Sie aber schau'n und schauen,
Sie lassen, scheint es, statt durch's Ohr,
Sich durch den Blick erbauen.*

*Und hinter ihnen sitzt allein
Ein Mädchen – ach, ich wette –
Es dankt den Platz auf diesen Reih'n
Nur einem Freibillete.*

*Jung ist es wie das Schwesternpaar,
Sonst gleicht es dem mit nichten,
Mit seinem glattgekämmten Haar
Und seinem Kleid, dem schlichten.*

*Das schwere Kinn – schön ist es nicht –
Sank auf die Brust hernieder,
Kein Band den dünnen Hals umflicht,
Kein Spänglein schmückt das Mieder.*

*Bald blickt das Auge – das ist groß –
In's Blau mit feuchtem Scheinen,
Bald still hernieder in den Schooß,
Wo sich die Hände einen.*

*Wenn sich die Schwestern zierlich dreh'n
Und ihren Fächer brauchen,
Fühlt es der Straußenfedern Weh'n
Sich in das Antlitz hauchen.*

*Das Mädchen aber regt sich nicht,
Es weiß nichts von den andern,
Es meint in hellster Sonnen Licht
Den Himmel zu durchwandern.*

*Jetzt neigt den Stab der Dirigent,
Und von dem Beifallsschalle,
Der stürmisch rings umher entbrannt,
Erbebt die weite Halle.*

*Der schönen Schwestern kleine Hand
Im hellen Lederkleide
Klatscht maßvoll mit der Finger Rand –
Dann rauscht der Röcke Seide.*

*Nun stehn sie, bis der Diener bringt
Die Mäntel und Baschlike;
Es grüßt der Herr, die Dame winkt,
Man wechselt Wort' und Blicke.*

*Dann fährt man heim in raschem Trab.
Mamachen fragt: „Wie war es?"
Und Eine: „An Toiletten gab
Es heute wenig Rares!"*

Die And're aber: „O, ich bitt'!
Wo hast Du hingesehen?
Der Gräfin Cora Taillenschnitt,
Mir wird er prächtig stehen!"

Nach Haus' ging auch die schlichte Maid,
Weit außerhalb des Thores,
Allein, doch sicher im Geleit
Des vollsten Engelchores.

Daheim der Vater zärtlich rief:
„Woher so spät, Elise?"
Da drang ihr's aus der Seele tief:
„G'rad aus dem Paradiese!"

Vollends entlarvt wird das ‚Kulturkonsumententum' der ‚gnädigen Dame' durch eine Anmerkung von Friedrich Raßmann von 1806 aus Münster, wenn er schreibt: „Schon über Jahr und Tag versicherte eine gnädige Dame einmahl, und zwar, wie sich von selbst versteht, ‚auf Ehre', daß sie eigentlich nur für die Pause des Winterconcerts abonnire, sonst der bloßen Musik wegen wahrlich nicht von ihrem Theetisch gehn würde."

Die sich angesichts dieser disparaten Interessenlage aufdrängende Frage, von Donald Henakan 1968 mit den simplen Worten „Where are the customers" in ‚The New York Times' umrissen, läßt sich demnach soziographisch nur für wenige Orte und Jahre präzise beantworten. Kleinste Partizipanten-Einheiten bilden der einsame Rundfunkhörer, kohärente Zirkel, Gemeinden, die sich zur Hommage verehrter Meister zusammenfinden, oder auch die an feudale Herrschaftsstrukturen gebundene, eingeschränkte Öffentlichkeit in Schlössern, Landsitzen oder Salons. Durch gesetzte Normen nicht restriktiv eingeschränkt ist das heutige Massenpublikum, das zu Großveranstaltungen, Rock-Festivals oder Concerts monstres zusammenströmt. Zwischen diesen Extremen sind jene Gruppenbildungen anzusiedeln, deren Interessen bereits Erwähnung fanden: Abonnementpublikum, Stammpublikum, das herausragenden Virtuosen und Sängern folgende ‚Interpretenpublikum', die Hörgemeinde, die Promenaders oder die Wettbewerbshörer. Die einen sind traditionell an ‚Gesellschaftskonzerten' interessiert, welche standardisierte Programme anbieten, andere suchen das unbekannt Neue, das Experiment, die Betroffenheit. Allen Gruppierungen gemein sind bis heute während gruppenspezifische Reglementierungen, Verunsicherungen und Repressionen, die auch Schwellenängste und ein mehr oder minder freiwilliges Ausgesperrtsein zur Folge hatten für diejenigen, die den gesetzten Ansprüchen durch mangelndes Einkommen oder fehlende ‚Gesittung' nicht entsprachen. So galten die allsonntäglichen Matinée-Konzerte der französischen Akademie in Paris als ästhetisch elitär und den ‚Nichtakademikern' verschlossen; oder man führte zur Wahrung sozialer ‚Ungleichheit' um 1800 in der Stadt Güstrow innerhalb des Konzertsaals eine Sitzordnung mit ‚reservierten Plätzen' und gestaffelten Preisen ein: „daß man, wenn Kaufmanns-, Bürgers- oder andere ungraduirte Frauen sie [die Konzerte] besuchen, um sie herum die Stühle leer läßt, damit sie denn doch fühlen – ihr gehört nicht in eine solche Gesellschaft".[5] Sitzordnungen, ‚reservierte Plätze' und gestaffelte Preise waren probate Mittel, um der ‚besseren' Gesellschaft bevorzugte Plätze zu sichern, wenn nicht gar die Veranstaltung – wie viele Jahrzehnte hindurch in Bielefeld – nur geladenen Gästen vorbehalten blieb, was dort auf den Programmzetteln eigens vermerkt wurde.

Die noch von Wilhelm Furtwängler angestrebte „Liebesgemeinschaft des Künstlers mit seinem Publikum"[6] läßt sich angesichts der bis heute nahezu allerorten bestehenden Gemengelage nur schwerlich verwirklichen.

Die Anteilnahme der verschiedenen Berufs-, Alters- und Bildungsgruppen war und ist lokal sehr unterschiedlich, wie aus statistischen Erhebungen hervorgeht.[7] Nahm beispielsweise 1971 in der DDR jeder fünfte Bürger einmal jährlich an einem Konzert teil bei einer Gesamtbesucherzahl von 2 426 200, so registrierte man in der Bundesrepublik Deutschland rund 10 000 000 Hörer bei einem Durchschnittsbesuch von 499 Hörern pro Veranstaltung. Während in Schweden ein Viertel der Gesamtbevölkerung in ‚live concerts' geht, entfällt auf den regelmäßigen monatlichen Konzertbesuch dort nur ein Anteil von 3% der Bevölkerung. Eine nordamerikanische Statistik vermittelt sogar, daß von den 58% männlichen Konzertbesuchern 56% Absolventen von Graduate Schools waren und 92% der Befragten über ein Einkommen von mehr als 5000 Dollar jährlich verfügen konnten. Zahlen wie diese machen evident, daß Konzerte auch in unserer Zeit noch Einrichtungen sind, die selektiv besucht werden trotz der von vielen Veranstaltern erstrebten Öffnung für die Allgemeinheit. Prosperität, traditionelle Verhaltensnormen und Konzertrituale scheinen mithin auf bestimmte Kreise der Bevölkerung hemmend zu wirken, abgesehen von der durch sie abgelehnten Sache selbst.

Die restriktiv wirkende Zuhörerdisziplinierung mit dem Ziel, das Publikum an ein quasi kunstreligiöses Andachtsverhalten zu gewöhnen, hat bereits im 18. Jahrhundert begonnen. Es ließ sich freilich zunächst nur in kleineren Zirkeln durchsetzen. Denn während etwa 1774 im ‚Kollegium zur Chorherren' in Zürich die Mahnung sowohl an die Zuhörer wie an die Musizierenden erging, sich während der Vorführung ruhig zu verhalten, oder 1779 die akademischen Konzerte in Jena reformiert wurden mit der Absicht, „damit alles wenigstens im Musikzimmer stille sey", liest man in Berichten aus Paris, Utrecht und anderen Orten, daß sich die Herren verkehrt zum Podium den Damen zugewandt setzten, daß man „im vollen Glanze, wie zu einem Konzert der Straße Cléry" erschien. „Die Damen legten die Shawls ab, die Herren lorgnirten, alles war in Bewegung, und oft konnte man vor dem Geräusch der lebhaften Konversation etc. kaum die Musik hören."[8] Noch 1882 nahm die ‚Westfälische Zeitung' in Dortmund daran Anstoß, daß „einzelne Personen es absolut nicht unterlassen können, selbst bei dem Vortrage der feinsten Konzertstücke der lebhaftesten Unterhaltung zu pflegen". Der Zuhörer, dem also spontanes Agieren verwehrt war und der mithin in die Rolle des passiv regungslos sitzenden Konsumenten gedrängt wurde, fand sich nicht ohne Widerstand und nur schrittweise in diese neue Verhaltensnormierung hinein; wollte man doch Kontakte knüpfen und verstand das organisierte bürgerliche Konzert als einen dazu dienlichen festlichen Rahmen. Für Carl Reinecke gehörte es noch um 1860 zu einer Ausnahmeerfahrung, im ‚Gewandhaus' zu Leipzig „unzweifelhaft eine kunstverständige und andächtige Gemeinde" vorgefunden zu haben, „die lediglich um der Musik willen die Konzerte besuchte. Selbst die Damen erschienen in einfachster Kleidung" und „tosendes Beifallspenden war gar selten".[9] Die Auswirkungen dieses erzwungenen Rollenverhaltens und die daran gebundene Forderung ungeteilter Aufmerksamkeit zeigten sich nicht nur bei Hans Pfitzner, der wiederholt Programme umgestalten ließ, weil das den Abend eröffnende Werk aus seiner Feder „keine Garderobenmusik" sei, zu der das Publikum noch in den Saal strömen konnte, sondern auch im Leben Wilhelm Furtwänglers. Während der Erstaufführung seines Sinfonischen Konzerts für Klavier und Orchester in einem Sonderkonzert der Berliner Philharmoniker am 28. April 1939 in Frankfurt am Main ereignete sich folgende Episode: „Im letzten Teil des Klavierkonzertes ..., als sich der ergreifende Ausklang dem Ende zuneigte und Furtwängler selbst in stärkster Anspannung die letzten Fäden führte, als der ganze Saal in höchster Aufmerksamkeit gefangen war – schlug plötzlich auf der Galerie eine Tür mit lautem Knall zu. Zerbrochen war die Lösung höchster musikalischer Spannung; zerbrochen damit die Vollendung. Furtwängler ... schleuderte den Taktstock von sich und verließ, erschüttert und empört zugleich, Pult und Saal! ... Das Orchester verharrte regungslos. Niemand im Saale wagte sich zu rühren, bis schließlich Edwin Fischer [der Solist] mit wehmütig-schmerzlicher Miene sich erhob und den Saal verließ ..."

„Pflichten der Zuhörer" ergaben sich vielerorts nicht nur aus einem allmählich sich verbreitenden Ritual, sie wurden auch, wollte man ein „ordentlich" Zugelassener sein, zu „Gesetzen" ausformuliert, die durch Unterschrift zu bestätigen waren (Jena, 1770). Diese „Gesetze" verpflichteten dazu, „in anständiger Kleidung zu erscheinen, sich still und sittsam zu verhalten, sich währenden Concerts alles Geträncks und Tobakrauchens, und Spielens zu enthalten, niemanden von andern Persohnen männlichen oder weiblichen Geschlechts mitzubringen".[10] 1841 sprach ein Wiener Autor auch von einem „gegenseitig verbindlichen Vertrag" zwischen dem Auditorium und dem Künstler: „Letzterer verpflichtet sich nämlich, zu singen oder zu spielen, während die ersteren gehalten sind, ihm mit Aufmerksamkeit, mit Antheil zuzuhören. Artigkeit, ja selbst die Ehre verlangen dieß. Der Musiker spricht zu der Versammlung in seiner melodischen Sprache, er richtet unmittelbar an sie seine Worte, es wäre demnach unartig, ihm nicht in seinen verschiedenen Perioden zu folgen. Möchte es wohl schicklich sein, daß Jemand ein Gespräch zur Rechten oder zur Linken anknüpft, wenn ihm die gegenübersitzende Person ein mehr oder weniger ergötzliches Abenteuer erzählt? Das wäre gewiß ein arger Verstoß. Gerade dasselbe Bewandtniß hat es bei dem Künstler, der den Bitten einer Versammlung sich bereit findet. Erfüllt letztere nicht die Bedingungen des Vertrages, vergißt sich eines oder das andere ihrer Glieder so weit, auch nur mit leiser Stimme zu plaudern, so ist dieß ohne weiteres eine Schmach für den Künstler, denn man wirft ihn dadurch offenbar unter die Schaar jener Gasthaus-Musikanten, welche sich die Finger zermartern und die Lunge ausblasen, während eine lustige Compagnie im Speisesaal tafelt, und ihrem eigenen Gelärme freien Lauf läßt. Diese Fiedler werden bezahlt; sie nehmen die ihnen gemachten und von ihnen gekannten Bedingungen an. Der Virtuose aber, der sich vor einer Privatgesellschaft producirt, ist nicht remunerirt; er handelt nur in Folge einer an ihn gerichteten Bitte, mit dem einzigen Zwecke, gefällig zu seyn."[11]

Hans von Bülow wies in den von ihm gegebenen Konzerten mit Strenge sowohl die „Spätlinge" zurecht als auch die „Frühlinge", die noch vor dem Ausklingen des letzten Taktes zu den Garderoben eilten. In München schrieb 1897 Schmidkunz den Besuchern der Volkskonzerte die „Vermeidung des Sprechens, des Tactschlagens oder Tacttretens, sonstiger auffälliger Bewegungen und insbesondere des Beifallklatschens oder ähnlicher Kundgebungen" zwingend vor, wie er das Publikum auch aufforderte, es zu unterlassen, ‚Zugaben' herauszufordern. Karl Klingler schließlich setzte 1910 in Berlin bei Quartettabenden die „Beifallsenthaltung zwischen den einzelnen Sätzen" durch, eine Enthaltsamkeit, die freilich in dieser Stadt nur temporär geübt wurde, so daß noch 1940 auf den Programmen der Kammerkonzerte in der Singakademie zu lesen war: „Es wird gebeten, die Werke nicht durch Beifall zwischen den einzelnen Sätzen zu unterbrechen."

Dieses Reglement schränkte selbstverständlich den Spielraum aller Beteiligten erheblich ein, beschnitt die geselligen Aktivitäten und kanalisierte das Interesse einseitig auf den ästhetischen Genuß, womit das aus Sakralräumen gewöhnte Demuts- und Huldigungsverhalten einschließlich der sonntäglichen Kleidung adaptiert wurde. Diese am entrückt romantischen Künstlerbild orientierte, von allen Hörern gleichermaßen geforderte Rezeptionsweise ist 1797 in Wilhelm Heinrich Wackenroders Novelle ‚Das merkwürdige musikalische Leben des Tonkünstlers Joseph Berglinger' literarisch fixiert worden. In dem darin gezeichneten vereinsamten Künstler Joseph begegnet uns nämlich jener verinnerlichte Konzerthörer, der „mit eben der Andacht gewillt ist zuzuhören ... als wenn er in der Kirche wäre – ebenso still und unbeweglich, und mit so vor sich auf den Boden sehenden Augen".

‚Maestoso' und ‚religioso' waren dementsprechend vorzüglich im 19. Jahrhundert gewählte Vortragsanweisungen, die auf jenen enthusiasmierten Hörer trafen, den auch der amerikanische Lyriker und ‚symphonist' Conrad Aiken 1930 in seinem Gedicht ‚At a concert of music' meinte:

50 ‚Die Hörenden‘.
Figurengruppe im Hof der
Musikhochschule Freiburg i. Br.,
von C. H. Seemann. 1984

> Be still, while the music rises about us: the deep enchantment
>
> > Towers, like a forest of singing leaves and birds,
> > Built for an instant by the heart's troubled beating,
> > Beyond all power of words.
>
> And while you are silent, listening, I escape you,
> > And I run, by a secret path, through that bright wood
> > To another time, forgotten, and another woman,
> > And another mood ...

Die vor allem an symphonische Musik gebundene pathetische Einschätzung ließ sich jedoch zu keiner Zeit vollends dem breiten Publikum aufnötigen, das in wirtschaftlichen Notzeiten auch in weniger ‚angemessener‘ Bekleidung, hungernd und frierend ins Konzert ging, zeitweilig sogar die schicklichen Hüte gegen Stahlhelme eintauschte. Heute ist das feierliche Ritual von einst verunsichert und nicht mehr in dem Maße normbildend wie noch vor wenigen Jahren. Jeans, Turnschuhe und Rollkragenpullover gehören seit den sechziger Jahren des 20. Jahrhunderts zum Erscheinungsbild bei Konzertbesuchern, wie die neben dem Sitzplatz abgestellte Coca-Cola-Büchse bisweilen selbst dem Publikum anläßlich der Aufführung von Johann Sebastian Bachs ‚Matthäuspassion‘ im nordamerikanischen Minneapolis 1985 nicht mehr unangemessen erscheinen. Die auch von den Virtuosen nur noch bedingt angenommene Rolle, sich im Frack zu präsentieren, zeitigt vor allem bei Konzerten mit sogenannter ‚Neuer Musik‘ jene Studio-Atmosphäre, die sich von überernsten Maßregelungen mittels einer salopp-emanzipierten Attitüde abgrenzen will. Längst ist in diesen Kreisen der ‚Anstand‘ entlarvt und ist man auf der Suche nach erneuter ‚Mobilisierung‘ des Publikums zu aktiven Partnern. Bei ‚Wandelkonzerten‘ darf man sich bewegen, bei Wunsch-

konzerten – etwa jenen 1931 durch Ernest Ansermet beim ‚Orchestre de la Suisse Romande‘ eingeführten – erhält der Hörer die Möglichkeit der Programmitbestimmung.[12] Der Zuhörer wird wieder durch Mitsingen und Mitspielen am Geschehen beteiligt, ein Usus, der seit dem 18. Jahrhundert geübt worden ist und zu den Selbstverständlichkeiten in Festkonzerten gehört hatte, in denen man gemeinsam „leicht faßliche Choräle", den Refrain von Gesellschaftsliedern und nach 1815 bis zum heutigen Tage auch Nationalhymnen sang. 1816 beispielsweise stimmte das Publikum in Berlin in das bekannte Lied ‚God save the king‘ ein und „erhob sich beym Beginnen des Gesanges von den Sitzen".[13] Komponisten des 20. Jahrhunderts, wie etwa Ludwig Weber in Essen oder Paul Hindemith, legten Vokalwerke erneut daraufhin an, daß auch die Zuhörerschaft mitwirken konnte. Weber ging gar so weit, daß er das traditionelle Konzert durch „die gemeinsame musikalische Feier" abzulösen trachtete. „Podium und Saal" sollten „eine Gemeinschaft bilden, die sich wechselweise und vereinigt an der Aufführung eines Werkes beteiligt". Kern dieser „Chorgemeinschafts-Utopie" waren Lieder mit religiösem Pathos, fußend auf der Erfahrung, daß sich sowohl die Kirchen als auch Regierungen und Parteien des Gemeinschaftsgesanges bedient haben. Bei politisch tendenziösen Veranstaltungen ist es seit der Französischen Revolution von 1789 üblich, von der versammelten Menge in säkularisierten Hymnen Bekenntnisse zu fordern. An die Pariser erging 1794 der Appell: „Bürger, wir laden euch ein, heute nachmittag um 3 Uhr die Volksschulen eurer Sektion in die des Instituts, rue Joseph, Sektion Brutus, zu schicken, um dort die Hymnen zu erlernen, die vom Komitee bestimmt wurden, beim Fest des Höchsten Wesens gesungen zu werden. Heil und Brüderlichkeit! Sarrette."[14]

Nach dem Zweiten Weltkrieg stehen weniger diese öffentlichen Bekenntnisse im Vordergrund, wenn es um Mobilisierungsversuche der Zuhörer geht, als vielmehr die kurzfristig geforderte, spielerische Improvisation oder die aktive Teilnahme an der Realisation eines Stückes, so etwa bei Karl Heinz Stockhausens ‚Gruppen' (1958). Erhard Karkoschka fordert in seinem ‚Versuch für alle' das Publikum auf, den Part der Mitsprechenden, -summenden und -klopfenden zu übernehmen.[15] In ‚Happenings' wie dem 1968 von John Cage in Urbana inszenierten ‚Hpschd' ging es vollends darum, mehrere tausend Teilnehmer planlos an Cembali spielen oder technische Apparaturen bedienen zu lassen. Für das damit aus der herkömmlichen Rolle zur „musikalischen Handlung" herangezogene Publikum komponierte Diether de la Motte 1970 ein „Sprachkonzert für eine Persönlichkeit und Publikum", dessen Ablauf von Äußerungen des Beifalls wie des Protestes, verbunden mit Dauergeräuschen, bestimmt war unter der Devise: „gleiche Erlebnischancen für jeden Phantasiebegabten". Ähnliche Absichten verfolgte Mike Adcock in London, als er 1986 „performances" für das Publikum inszenierte „for up to 99 bamboo flutes".

Beifalls- und Mißfallensbekundungen gehören seit Bestehen der Institution Konzert als gewünschte aktive, positiv wie negativ wertende Anteilnahmen zum festen Bestandteil des Ablaufs, die nur bei Gedenk-, Hof- oder Kirchenkonzerten verhindert wurden und werden. Hochgeschätzt, waren sie ein Teil plebiszitärer Honorierung und sind bis heute ein sensibler Gradmesser für Auftrittsqualitäten und Darbietungsleistungen. Das spontane Blumenwerfen, Überreichen von Lorbeerkränzen, Im-Takt-Klatschen, Bravo-Rufen, das nicht selten ein vorausgegangenes subtiles Klangereignis gewaltsam ablöst, gehören zusammen mit dem Begrüßungsapplaus, den man dem auftretenden Solisten spendet, sowie den Formen von Mißfallensäußerungen wie ‚Buh-Rufen', mäßigem Applaus, Unruhe oder Protest zum einzigen Ventil, das den Zuhörenden zur Abreaktion des angestauten motorischen Überdrucks bleibt, das mithin zur quasi ‚Ersatzfunktion' für verhindertes Selbst-Tun wird.[16] Dieses Bedürfnis hat sich freilich seit Bestehen der Institution auch die käufliche Schicht der ‚Claque' oder „Neuen Römer und Römerinnen" zunutze gemacht, die in der Beschreibung von Hector Berlioz: „unter der Leitung eines Oberbefehlshabers und seiner Offiziere, jenen Künstlern und Werken zu Beifall verhelfen, zu deren Durchhaltung ihr Meister sich verpflichtet hat ... Der behandschuhte, als Modegeck herausgeputzte Claqueur streckt seine Arme in auffälliger Weise aus der Loge heraus und klatscht ganz langsam, fast geräuschlos, eigentlich nur für die Augen. Auf diese Weise teilt er aller Welt mit: ‚Seht an, ich geruhe Beifall zu spenden ... Der begeisterte Claqueur (auch solche gibt es) klatscht rasch, stark und lange. Dabei dreht er den Kopf nach rechts und links ... er trampelt mit den Füßen, schreit bravo! ... Hat ... der Direktor dieses Bureaus für Erfolge, dieser Kaiser der ‚Römer', seinen Auftrag in Händen, so macht es ihm nicht viel Schwierigkeiten, sein Heer aus Friseurgehilfen, Kommis, Droschkenkutschern zu Fuß, armen Studenten, stellungssuchenden Choristen usw. ... zu rekrutieren ..."
In der Sammlung kritischer Essays ‚Les soirées de l'orchestre' von 1852 gab Berlioz ein ausführliches Sozialbild dieser im Theater- und Konzertwesen angeheuerten Stimmungsmacher, deren Profession zwar hoch bezahlt war, jedoch Erfolg und Mißerfolg nicht nachhaltig zu beeinflussen imstande war, so daß sich entsprechend dem Konzertprogramm eine Semantik gebildet hat, die den Umständen angepaßt ist. Pfeifen und Johlen wird bei einem Jazz- oder Pop-Konzert als Indiz von Kennerschaft und beifälliger Stellungnahme geschätzt, während es hingegen im Symphoniekonzert zum Vokabular empörter Ablehnung gehört, wie man heute auch Sachunkenntnis beweist, wenn man nach jedem Satz eines vorgetragenen Werks applaudiert, was freilich noch um 1890 zum Usus gehörte. Dieser vermeintlich unbestechliche Gradmesser war und ist abhängig von vielerlei Faktoren, nicht zuletzt politischen, konfessionellen oder anderen Vorurteilen, so daß es etwa bei der Beurteilung von Novitäten im Verlauf der Geschichte immer wieder zu Fehleinschätzungen gekommen ist und kommt. So war Igor Strawinskys ‚Sacre du Printemps' zur Zeit seiner Erstaufführungen Auslöser furioser Skandale, während es später zum Paradestück virtuoser Orchester und Dirigenten avancierte.

„Geheuchelte Bewunderung" wie sie Gegenstand zahlloser Satiren geworden ist, mangelnder Sachverstand, gepaart mit Geltungsbedürfnis, haben das Publikum zuweilen in eine Arroganz getrieben, die bereits 1802 von Johann Friedrich Reichardt in Paris beobachtet und kritisiert wurde:

Nirgend aber erlebt man diesen Aerger häufiger, als eben hier, wo das Publikum anjetzt, wie jedes neue ungebildete Publikum, nur immer Ein Ding hat, das gilt, und so lang' es Mode ist, auch über alles gilt. Da schmückt sich denn Alt und Jung, Herr und Knecht, Jammer und Jubel, alles mit dem einen moralischem Firlefanz. Man hat diese Beschränktheit im Geschmack sonst immer für eine Folge des Einflusses eines in Thorheit versunkenen Hofes gehalten. Jetzt, da man nach manchen neuen Prämissen auch ganz andre Resultate erwarten sollte, das Publikum von oben herab aber ohne leitendes und bildendes Beispiel bleibt, sind es die Reminiscenzen und von einer ungebildeten Menge aufgefaßte Erinnerungen von dem Leben und Weben eines auf's Feinste hinausgetriebenen und ausgebildeten Hofes, die überall gelten und den Ton angeben.

Eben dieses Beharren auf „Reminiszenzen" beim zeitgenössischen Publikum war es auch, das Johannes Brahms veranlaßte, an Klara Schumann aus Hamburg am 7. Februar 1861 den folgenden Satz zu richten, der eine Erwiderung auf deren Bericht von der Aufführung Mozartscher Klavierkonzerte war: „Aber leider genießt man wirklich alle Wonne allein. Dasselbe Publikum, das immer an Mozart mahnt und moderne Zerrissenheit bespöttelt, genießt doch nur diese und empfängt keinen Eindruck bei jenem." Brahms litt zeitlebens unter dem „so äußerlichen Hören", dem „Ungerührtsein" der meisten Menschen seiner Umgebung, denen die Etikette mehr bedeutete als Fragen an die Musik. Diese landläufige Gegebenheit veranlaßte einen Züricher Satiriker 1905 zur Publizierung folgender Verse:

*Doch wenn der Winter naht, da kommt
erst die Musik, die einem frommt,
da geht's mit den Konzerten los,
und darin ist ja Zürich gross.
Zunächst gehört's zum guten Ton,
dass Vater, Mutter, Tochter, Sohn,
ob sie nun was davon verstehn,
ob nicht, trotzdem in alle zehn
Abonnementskonzerte rennen,
als ob sie vor Begierde brennen,
zu hören, welchen Ohrenschmaus
als neusten vorsetzt Richard Strauss.
Man sieht's, wie sie andächtig sind,
und wenn die Sinfonie beginnt,
verklären gleich sich alle Mienen
als sei der heil'ge Geist erschienen.
Sei's Mozart, Schumann, Schubert, Liszt,
Tschaikowsky, Berlioz, – das ist
ganz gleich, man hört begeistert zu
und denkt bei sich: Jetzt hast du Ruh'
drei Viertelstunden – Gott sei Dank,
dass eine Sinfonie so lang! –*

*Doch wenn mit würdevollem Schritt
dann der Solist den Saal betritt,
vorschreitet bis zum Podium
und sich verneigt vor'm Publikum,
dann werden wieder alle wach,
die Damen sagen schmachtend ‚Ach!',
und ist von weiblichem Geschlecht
der Gast, so prüfen sie, ob recht
modern und fein die Toilett';
die Herren aber finden's nett,
wenn sie ein bischen ausgeschnitten, –
doch nicht zu tief, das muss ich bitten.
Wenn dann der Gast sein Spiel beendet
und wieder sich zum Gehen wendet,
dann geht ein rasender Applaus
durchs ganze vollbesetzte Haus;
und wär' er noch so sehr erhitzt
und hätt' er noch so sehr geschwitzt,
man kennt nicht Gnade und Erbarmen
und ruft aufs neue stets den Armen,
bis der, selbst wenn es ihn verdriesst,
was dreinzugeben sich entschliesst.
So geht es ein wie alle mal, –
die Leistung ist dabei egal.*[17]

Im gleichen Text konnte dieser Verseschreiber auch nicht umhin, dem „ganzen vollbesetzten Haus" die Kammermusik-Soireen entgegenzustellen, die „im Schwang viel weniger" seien: „ein Häuflein klein find't sich am Zwischendienstag ein./ Denn erstens ist's nicht guter Ton/ und zweitens braucht es dazu schon/ ein ganz kleinwenig von Verständnis/ und etwas musikal'sche Kenntnis..."!

Um diesem allenthalben bei Hofe sowohl wie in Salons oder anderen Konzertstätten dominierenden Unverstand aufzuhelfen, wurden mancherlei pädagogische und publizistische Anstrengungen unternommen, die abseits schulischer Fachausbildung die Perzeption insbesondere schwerer erschließbarer „musique sans paroles" verbessern helfen sollten. Die seit dem 18. Jahrhundert von diversen Autoren herausgegebenen ‚Allgemeinen Musiklehren' für Dilettanten oder jener dreibändige in Leipzig zwischen 1888 und 1890 von dem ambitionierten Musikwissenschaftler Hermann Kretzschmar herausgegebene ‚Führer durch den Konzertsaal' zielten damals ebenso auf den Konzertgeher wie spätere Broschüren mit Titeln wie ‚The Education of a Concert-Goer'[18] oder ‚Wir gehen ins Konzert'.[19] Dies sind zumeist populär verfaßte Manualien, die wie Opern- und Schauspielführer auch den Interessierten auf das zu Hörende vorbereiten sollen.

Zahlreiche humorig-karikaturistische Versuche zu einem ‚Musikalischen A b c', ‚Anleitungen für Kenner, die nichts davon verstehen' oder ‚Was man beim Anhören der Meister empfinden soll' (‚Vie parisienne', 1881) entlarven jedoch namentlich am Ende des 19. Jahrhunderts diese pädagogischen Bemühungen und geben nach Art des Adolf Freiherrn von Knigge lediglich einen spezifizierten Verhaltenskatalog. In einem nach Komponisten geordneten Werk kann der Konzertgeher unter ‚Beethoven, Ludwig van' lesen: „Gewaltiges Genie! In tiefster Ehrfurcht sich ihm neigen! Keinerlei Widerspruch!... Hauptwerke... Werturteile: Wunderbar... Gigantisch!... Verhaltensmaßregeln während des Anhörens: Tiefste Sammlung! Man muß die angespannte Aufmerksamkeit sehen! Feierliches Schweigen! Die tiefe Erregung äußert sich in einem kaum merklichen Zittern des Kopfes" (‚Vie parisienne', 1881).

Gegenwärtig wird die Aufgabe, das Publikum vorzubereiten, sowohl von den Massenmedien, Schulen wie auch den Musikern selbst übernommen, die sich wie ehemals der Stardirigent der Londoner ‚Promenade-Concerts' Henry Wood oder heute Leonard Bernstein vor dem Konzert vor die Zuhörer stellen und durch gezielte Vorträge das Verständnis wecken wollen. Dem Bedürfnis, während der Aufführung den musikalischen Text mitzulesen, kamen Tascheneditionen, etwa die ab 1886 herausgegebene Serie ‚Paynes kleine Partitur-Ausgabe' entgegen, welche nach 1892 vom Verlag Ernst Eulenburg weitergeführt wurde. Diese Aktivitäten, wie auch die etwa in Japan nach 1945 gegründeten Besucherorganisationen, darunter die seit 1949 bestehende Rôon, konnten das vielmals beklagte Unverständnis nur zum Teil beheben, so daß es immer wieder zu verständnislosen Publikumsreaktionen kommt wie jener, die sich 1913 in sogenannten ‚Skandalkonzerten' an Werken Arnold Schönbergs entzündet hatte und den österreichischen Architekten Richard Neutra zu dem bitteren Urteil veranlaßte: „Das Publikum ist eine feige, kunstfremde und kunstfeindliche Bestie..."

Konzertvereine

Insoweit als das öffentliche Konzert ein von Bürgern getragenes und für bürgerliche Auditorien stattfindendes Ereignis ist, war es in der Vergangenheit wesentlich auf die möglichst breit angelegte Unterstützung durch diese Klasse angewiesen. Was einzelne Mäzene aus der Oberschicht und die Aristokratie nicht mehr zu leisten vermochten oder zu befördern bereit waren, mußte durch Zusammenschlüsse vieler zu Konzertvereinen erreicht werden, die zum gemeinen Besten tätig wurden. Der Zerfall der Gesellschaft und ständischer Institutionen erforderte den Aufbau von Organisationen, die spezifisch sachbezogene Zwecke verfolgten und musikalische Aktivitäten in ihre Obhut nahmen.

Vereine als Träger kollektiver Leistungen, mit Zweckbindungen aus freiwilligen Mitgliedern konstituiert, sind Gruppierungen, die nach 1700 bestimmend in die Konzertgeschichte eingewirkt haben. Ihnen gingen Bruderschaften, Musikalische Gesellschaften, Académies, Convivia Musica sowie ‚Gesellschaften der Singer' (Meistersinger) voraus, die als Compagnien das gemeinsame Musizieren pflegten und gelegentlich auch Freunde und „ehrliche Leute" (Nürnberg) als Hörer zuließen. Die Öffentlichkeit war von deren Sitzungen oder Singschulen strikt ausgeschlossen. Diese Laiengruppierungen veranstalteten daher auch keine Aufführungen gegen Bezahlung, sie bemühten sich um eine rechte Ausführung und „Excolierung der Musik" als einer „edlen Kunst", welche die Herzen von Männern zu erfreuen hatte, die eine lebendige Geselligkeit liebten.[1] Das Nürnberger Musikkränzlein handelte beispielsweise nach der griffigen Devise von 1623:

„Wer allhier nit musicirt,
oder hierher geladen wirdt
Der bleibe drauss dann er nur irrt."

Die 1710 konstituierte ‚Academy of Ancient Music' in London, die nach 1760 in Charleston (USA) tätige ‚St. Caecilia Society', die in Wolfenbüttel bestehende ‚Musikalische Gesellschaft' oder die in Kalkutta ‚Harmonic Society' benannte Vereinigung unternahmen indessen Ansätze zu regelmäßigen Veranstaltungen, die auch Merkmale von Konzerten hatten. In Wolfenbüttel fanden diese Zusammenkünfte in den Wohnungen adeliger Hofbeamten statt, in Kalkutta verband der vornehme Männerklub ein formales Konzert mit einem Supper sowie dem gemeinsamen Singen von Catches, Glees und Sologesängen. Die ‚Musikalische Gesellschaft' in Braunschweig ließ nach 1777 als ‚geschlossene Gesellschaft' Ehrenmitglieder zu, die als einzige zuhören durften. Die nach 1748 aktive ‚Musical Society' in Aberdeen leistete sich 1749 einen ‚Musick Room' in Huxter Row, der die Möglichkeit zur Einladung einer limitierten Öffentlichkeit erlaubte; die ‚Music Society' in der Vicar's Hall zu Lichfield gab sich 1739 ‚Rules', wonach es gestattet war, geleitet von einem ‚Steward', im Winter um 17 Uhr und sommertags um 18 Uhr, gegen Eintrittsgeld „Performances" anzubieten, die von den „first families" besucht wurden;[2] diese lauten:

Rules to be observ'd by ye Members of ye Musical Club to be kept in ye Vicar's Hall, viz: Imprimis,

That a Steward be chosen by ye Majority of ye Members on every first Tuesday in ye Quarter; such Steward to take care y^t there be a good Fire & Candles, ye Room clean'd out; & to take care of ye Music Books, & to account to ye Members for w^t Money, Books &c shall come to his hands, & to deliver ye same to ye succeeding Steward.

Item, That every Member pay to ye Steward on his Election ye Sum of five shillings, Lay-Vicars excepted.

Item, Every Member to meet exactly at 5 o'Clock in Winter, & 6 in Summer and if any Member come not within an Hour's time after ye Time fix'd he shall forfeit ye Sum of 6 Pence.

Item, The Steward to demand from every Gent: or Lady coming to hear ye Performance ye Sum of 6 Pence to be apply'd to ye Use of ye Club.

Item, The Steward to expend no more than One Shilling in Liquor at any one Club-Night.

Item, That ye Members present (before they separate) shall fix on ye Music to be perform'd upon ye Club-night next following, & that they deliver a Paper of ye same to ye Steward for ye Time being.

Item, All further Rules & Orders that ye Club shall think proper to make shall be forthwith enter'd in this Book by ye Steward for ye Time being:
And that these Rules & Orders & all future Rules & Orders be sign'd by ye several Members of this Club.

Die in Satzungen festgelegten Zielsetzungen und Pflichten, die abgestuften Befugnisse der ausgewählten Mitglieder, das unprätentiöse Selbsttun auch zur Freude von Gästen, die Deckung der Unkosten ohne Gewinnstreben bestimmten somit das Gepräge dieser frühen Vereine, die sich distinguiert meist aus „di nobili, sacerdoti, borghesi e musicisti amanti dell' arte" (Trient, 1795) zusammensetzten. Ihnen galt die Musik als ein Sinnbild für Harmonie und Freude, um dessen Erfahrung man sich nach Kräften bemühte.

Viele dieser Gesellschaften hielten auch nach 1800 am Status der Gemeinnützigkeit fest, mit dem Ziel der Verbesserung von ‚Sittlichkeit' und ‚Geschmack' mittels gemeinsamer Anstrengungen, und gaben „Privatconcerte" nur für die eingetragenen Mitglieder. Andere hingegen strebten in die Öffentlichkeit. Sie wollten ihre Leistungen in größeren Räumen einem zahlenden Publikum anbieten, deren Geldeinsatz es ihnen ermöglichen sollte, zusätzlich auch qualifiziertere Berufsmusiker zu engagieren. Diese Assoziationen der Dilettanten nahmen zum Teil die Absicht des Konzertierens in ihre Bezeichnungen auf. Es bildeten sich unter anderem 1804 in Münster ein ‚Musikverein für vocale und instrumentale Concertmusik', in Dortmund das ‚Concert',[3] in Braunschweig 1863 ein ‚Verein für Konzertmusik', 1866 in Barcelona die ‚Sociedad de Conciertos clásicos' und in Paris vor 1900 nicht weniger als 130 ‚Sociétés de Concert'[4] mit unterschiedlichen Programmen. Viele machten die Aufführung von Oratorien und die „Huldigung der himmlischen Kunst" als einer religiös erbauenden zu ihrem vornehmlichen Ziele,[5] andere hegten mit Unterstützung der „nouveaux riches" mehr die symphonische Orchestermusik oder die elitäre Kammermusik. In vielen Ländern erkor man die Musikheilige Cäcilie zur Leitfigur, so etwa 1816 in Havanna, andere bekannten sich pathetisch zum Ideal einer „philharmonischen Gesellschaft", die auch Wohltätigkeitsveranstaltungen „zur Linderung jeden Elends" (Klagenfurt, 1814) in ihre Absichtserklärungen aufnahmen. Der Philharmonie wegen versammelten sich zumeist wohlhabende Kunstfreunde aus den „gesitteten Ständen" erstmals 1802 in Sankt Petersburg, 1805 in Warschau, 1821 in Buenos Aires, 1822 in Lissabon, 1824 in Mexiko, 1826 in Berlin, 1834 in Sidney, 1842 in New York, 1846 in Oslo und Bogotá, 1853 in Melbourne, 1886 in La Paz oder 1894 in Prag. Dieses hohe Ziel verband somit ideell umgreifend Bürger vieler Nationen in mehreren Erdteilen. Einige Gesellschaften verschrieben sich dem ehrenden Gedenken großer Meister wie zum Beispiel Händels und Haydns (Boston, 1815), Bachs (Rom, 1857, Leipzig, 1874) oder Richard Wagners (Darmstadt, 1889). Nur wenige richteten sich an die Unterprivilegierten (Santiago de Chile, 1874) oder verwandten sich für die Erziehung auch des Kleinbürgertums durch Betreuung des Populären (Brüssel, 1865, Rio de Janeiro, 1912). ‚Harmonie' indessen war das Wunschbild all dieser Gründungen ausgehend von der Annahme, daß Musik als eine „holde Kunst" Konflikte versöhnlich beheben und Eintracht entstehen lassen könne.

Die Musikvereine des 19. Jahrhunderts verhießen, institutionell unabhängig von Kirche, Staat oder Schule, außerdem Geborgenheit in einer Zeit zunehmenden Zerbrechens von traditionellen Sozialstrukturen und drohender Vereinsamung in der Masse. Dem Zerfall in die Vereinzelung und einem übersteigerten Subjektivismus entgegenwirkend, sollte die Musik „eine Art von Einigungspunkt für alle" (Detmold, 1848) werden. In der westfälischen Stadt Soest legte man 1820 im § 9 der Satzung das Vorhaben fest, „möglichst einen Freundschaftsbund werden" zu lassen, es sollten „alle seine Glieder nach Vervollkommnung streben". Aus der äußeren Bindung sollte eine innere durch Einübung in die geregelte Geselligkeit hervorgehen. Man verband mit dem gemeinsamen, betont schlichten, auf Bravourstücke verzichtenden Musizieren somit auch neuhumanistische, erzieherische Absichten, die sich im nahegelegenen Dortmund überdies in sozialpolitische Zielsetzungen ausweiteten, denn hier wollte man aus einer umgreifend philanthropischen Gesinnung heraus in der praktischen Arbeit Ernst machen. Auch den weniger „wohlhabenden mittleren Ständen" sollte nämlich die seltene Gelegenheit geboten werden, „mit einem sehr geringen Aufwand in eine gebildete Gesellschaft und mit dieser in Berührung zu kommen".[6] Die zu gebenden Konzerte dienten solchen Vereinen mehr als Anreiz zur gemeinsamen Übung in Musik denn als Selbstzweck mit Profitabsichten. Diejenigen Mitglieder wurden am höchsten geachtet, die sich als „werkthätige" (Dortmunder Musik-Verein, 1856) inskribierten, die sich somit aus der Rolle vom lediglich passiv Konsumierenden durch Eigeninitiative befreiten. Auf die „nicht werkthätigen" konnte man allerdings nicht verzichten, da auch Vereinskonzerte mit Kosten verbunden waren. Die Unterstützung durch Sponsoren war unerläßlich insbesondere dann, wenn sich diese Gesellschaften eigene Konzerthäuser leisteten (zum Beispiel die ‚Gesellschaft der Musikfreunde in Wien'), ein Archiv anlegten, einen ‚artistischen Director' benötigten, den Nachwuchs förderten durch Gründung von Musikschulen (etwa in Innsbruck, 1818) oder auch, wie zum Beispiel um 1860 in Köln, an lebende Komponisten „Ehrenhonorare" zahlten und sich karitativ der Kranken und Armen annahmen.

Da die patriarchalischen Strukturen der Gesellschaft sich auch auf die Konzertvereine übertragen ließen, manche sich ohnedies, wie etwa eine 1812 gegründete ‚Musikalische Gesellschaft', als eine „Versammlung von musikalisch vorgebildeten Männern" verstanden, die bei ihren Winterkonzerten ‚Piefen' rauchten, ließ sich das Ideal der uneingeschränkten Freundschaft nur selten erreichen. Restriktiv wirkten Bestimmungen, wonach nur „Einheimische", lediglich „konfirmiert-Erwachsene", nur Honoratioren „de la plus grande distinction" oder solche zugelassen werden sollten, die „zu den Konzerten in schwarzem ungarischen Anzug, mit schwarzer Halsbinde zu erscheinen" hatten,[7] verhinderten die dauerhafte Verwirklichung sozial harmonisierender Absichten. Letzterer Paragraph findet sich in den Statuten der ‚Pester ungarischen Philharmonischen Gesellschaft' von 1870, die damit jeden nicht patriotisch gesonnenen Bürger dieser Stadt ausschloß.

Den Ersten Weltkrieg überlebten in Europa nur wenige Konzertvereine ohne Veränderung. In Amerika oder Asien hingegen entfalteten diese sich erst seither innerhalb der dort auf Selbsthilfe angewiesenen urbanen kulturellen Aktivitäten. Die ökonomischen Verhältnisse und sozialen Wandlungen nötigten vielen Stadtverwaltungen die Aufgabe auf, die Veranstaltung von Konzerten anstelle der sich größtenteils auflösenden, wirtschaftlich bankrotten Vereine zu übernehmen. Damit blieben die früheren humanistischen Ideale auf der Strecke, die ‚Wirtschaftlichkeit' wurde zumeist allein maßgeblich. In Dänemark schrumpfte die Zahl der Konzertvereine von etwa achtzig auf weniger denn zehn.[8] Die seitens der Jugendbewegung, Sozialkritiker und Revolutionäre geübte Kritik am vereinsmäßig organisierten Musikleben des

Bildungsbürgertums trug ebenfalls neben dem zunehmenden Privatkonsum von Schallplatten oder Fernkonzerten zu diesem Niedergang bei. Nur wenige Gesellschaften wurden nach 1900 neu gegründet. Diese verzichteten zumeist auf die aktive Mitwirkung ihrer Dilettanten-Mitglieder bei Auftritten und konzentrierten sich ausschließlich auf das Vermitteln, Veranstalten und Finanzieren von Konzerten, um in den Städten neben den kommunalen Investitionen ein möglichst vielfältiges Angebot zu gewährleisten.[9] So verpflichtete sich der 1900 gegründete ‚Wiener Konzert-Verein' zum Nutzen der „Allgemeinheit" (und nicht nur der „Wohlhabenden") zur „Veranstaltung von Sinfonie-Konzerten zu mäßigen Eintrittspreisen, sowie von populären Orchester-Konzerten, bei welch letzteren klassische Werke in angemessener Vereinigung mit Werken leichterer Art, jedoch von musikalischem Werte, aufgeführt werden sollen".

Konzertunternehmer

Solange die Liebhaber der Musik als Hörer, Mitwirkende und Veranstalter unter sich waren oder Solisten vor kleinen Auditorien in Gasthäusern sowie in der eigenen Wohnung auftraten, war der zum Gelingen erforderliche organisatorische Aufwand gering. Komponisten wie Mozart, Collegia Musica, Virtuosen wie Francesco Geminiani oder bürgerliche Musikvereine richteten ihre Veranstaltungen zumeist ohne fremde Hilfe und risikobelastet auf eigene Rechnung aus. Mit der Vergrößerung der Apparate und des Publikums sowie der Menge der auf diesen Markt drängenden professionellen Musiker reichte das Privatmanagement nicht mehr aus. Es wurde als organisatorisch-ökonomische Aufgabe verselbständigt und professionalisiert. Der Agent oder die Konzertdirektion traten anstelle des Patrons und der ausschließlichen Eigeninitiative.

Das kommerzielle Unternehmertum, das aus dem Darbieten von Musik Gewinn zu erwirtschaften sich bemüht, war ab 1637 mit der Entfaltung der Gattung Oper im Bereich des Bürgertums aufgekommen. In Venedig hatten erstmals gerissene Geschäftsleute, Impresarii, in adeligem Besitz befindliche Theater gepachtet, um publikumswirksame Aufführungen – in harter Konkurrenz gegeneinander und unter Erfolgszwang stehend – bestmöglich zu verkaufen. Marco Faustini (bis 1667) oder Francesco Santurini (bis 1717) waren in der Lagunenstadt, die seit Jahrhunderten Schaulustige anzieht, in diesem Wirtschaftszweig besonders geschickt. Organisierte Störaktionen während der Vorstellungen oder das Unterbieten mittels Dumpingpreisen gehörten zu einem an Konkursen reichen Geschäft um die zu besetzenden Plätze.

In der Geschichte des organisierten Konzertbetriebs gingen die Initiativen zu einer kalkulierten unternehmerischen Nutzung von England aus. Im geschäftigen London waren es „the musical small-coal man" Thomas Britten, der ab 1678 in sein Geschäftshaus in Clerkenwell zum einträglichen „noble concert of music" einlud, sowie der Musiker John Banister, der ab 1672 sein Haus in White Fryers nachmittags um 16 Uhr öffnete für „Musick performed by Excellent Masters". Beide waren auf Profit bedacht.

Im 18. und frühen 19. Jahrhundert bemühten sich als Veranstalter in der Öffentlichkeit sowohl konzertierende Musiker, zum Beispiel 1710 in London der Flötist Jean Baptiste Loeillet oder in Heilbronn 1773 der Violinist Pürker, als auch Gastwirte oder die 1771 in Wien als Sozialhilfe gegründete ‚Tonkünstlersocietät' sowie vereinzelte Prototypen der späteren branchenkundigen Agenten. Zu nennen wären etwa 1770 in Hamburg der Musikalienhändler Johann Christoph Westphal, 1790 in Osnabrück der sich als ‚freier Künstler' auffassende Organist Melchior Bernhard Veltmann oder in London Johann Peter Salomon (1745–1815). Letzterer brachte 1791 Joseph Haydn nach London, wo beide durch gemeinsame Unternehmungen, unterstützt durch Zuwendungen der „Nobility and Gentry", beträchtliche Einnahmen gewinnen konnten.[1]

1849 trat allein als Geschäftsmann und ohne Musikkenntnis Phineas Taylor Barnum (1810–1891) kometengleich in diesem Geschäftsbereich auf, indem er nach Verfahren eines modernen Marketings die Gesangsleistungen einer gefeierten Sopranistin verkaufte. Daß er nichts anderes beabsichtigte, als mit der schwedischen Sängerin Jenny Lind das größte Geschäft seines Lebens zu machen, gestand er selbst in seiner Autobiographie ein: „Im October 1849 überkam mich zum ersten Male der Gedanke, Jenny Lind nach meiner Heimat zu bringen. Ich hatte sie *nie* singen hören ... ihr gefeierter Name gab den Ausschlag."[2] Barnum kalkulierte lediglich anhand der vorgegebenen publicity in Europa, daß „dies Geschäft bei guter Leistung ungeheure Zinsen tragen müsse", und prognostizierte für sich und für seine Klientin einen „ungemeinen Geldgewinn". Mit dem Slogan „working the press" und durch das Rühren der Reklametrommel schürte er bei der Menge hohe Erwartungen auf Darbietungen während einer genau kalkulierten, Kräfte verschleißenden Konzerttour, an deren Ende die stattliche Einnahme von 100000 Dollar stand. Dieses vielbeachtete, die Ware ‚Gesang' rücksichtslos ausbeutende Management, ausgewiesen durch diesen kommerziell blendenden Erfolg, machte Schule. Die totale geschäftliche Organisation weiterer Teile des Konzertwesens griff um sich, der Verwertungsdrang vor allem virtuoser Leistungen durch vermittelnde Sachwalter und Zwischenhändler erwirtschaftete beträchtliche Einnahmen, was die Unrast in einem weltumspannenden Reiseverkehr antrieb. Das Musizieren für ein Publikum wurde als eine Dienstleistung provisionsträchtig und nach den Regeln der Rentabilität eingekauft und verkauft, wobei der Interpret vertraglich Regelungen auf sich zu nehmen hatte, die ihn an einen Unternehmer banden.

Paradigmatisch für diesen kommerzialisierten Trend ist die Etablierung der im Jahre 1880 in Berlin gegründeten Konzertdirektion des Ehepaars Hermann (1845–1902; Abb. 51) und Louise Wolff (1855–1935).[3] Dieser Promotor fing wie andere Zeitgenossen bescheiden an als ein alles Technische abwickelnder Begleiter vielbeschäftigter Reisevirtuosen. Wolff reiste zunächst als Sekretär des ungewöhnlich reizbaren und hastig handelnden Stardirigenten Hans von Bülow, den er von allem Geschäftlichen entlastete, was sein künstlerisches Flair störte. Er besorgte geeignete Säle, gute Instru-

*51   Der Berliner Konzertunternehmer Hermann Wolff.
Privatbesitz*

mente, er überprüfte die Konzertdaten und Programme. Auch für den weitreisenden Pianisten Anton Rubinstein erledigte er sprachenkundig und weltgewandt alle diese belästigenden organisatorischen Nebentätigkeiten. Rasch entwickelte sich aus dieser Dienerrolle eine machtvolle Position, deren Ansehen nicht selten dasjenige der Hilfe suchenden Musiker übertraf. Auf die Anfänge einer steilen Geschäftskarriere folgten Phasen der Verselbständigung, die Übernahme der Organisation von Konzerten sowie deren finanziellen Risiken in eigener Regie. Aus dem untergeordnet Helfenden wurde der sich selbstbewußt in seinem Anspruch als Wirtschaftsunternehmer vorschiebende ‚Konzertdirektor'. Dieser etablierte sich sowohl als vermittelnder Agent wie auch als veranstaltender Direktor. Hermann Wolff, der ab 1881/1882 die Philharmonischen Konzerte in Berlin veranstaltete, der Virtuosen von Weltruf zu seinen Geschäftspartnern zählte, konnte bereits 1890 zwölf Angestellte beschäftigen und 1910 einen jährlichen Reingewinn von 200 000 Mark verbuchen. Er fungierte nicht nur als „Wegbereiter kommender Sterne" oder als „Interessenvertreter", er baute auch ein monopolisierendes Unternehmen auf, das sehr bald einflußreich genug war, um Konzertprogramme parteilich zu bestimmen, Kritiker gefügig zu machen, Virtuosen und Ensembles nach den Gesichtspunkten der Rentabilität auf Reisen zu schicken. Seine dominierende Stellung handelte dem Unternehmen sowie der Branche insgesamt bald die diskriminierende Bezeichnung einer „Wolfsschlucht" ein. Die im Hause Wolff regelmäßig sonntags stattfindenden „Philharmonischen Diners", zu denen Musiker, Gelehrte, Journalisten und Künstler geladen wurden, unterstützten auch gesellschaftlich diesen den Markt beherrschenden Rang.

Die Gründerjahre mit dem sprunghaften Anstieg von großstädtischen Ballungen, der Industrialisierung und den Amüsierbetrieben regten auch andere Unternehmer zum Eröffnen von Konzertdirektionen an. Nach 1880 schickte Jules Sachs ebenfalls von Berlin aus Solisten auf „tournées artistiques". Joseph Hellmesberger, David Popper, Engelbert Humperdinck zählten zu den von ihm ‚betreuten' Musikern. Norbert Salter versprach „nur erstklassige Künstler" vertreten zu wollen. In Wien etablierte sich um 1890 Albert Guttmann, in München waren es Emil Gutmann, Ludwig Grünfeld, Franz König, Ignaz Kugel, in Helsinki die Direktion Fazer, aus den USA sandte der Impresario Ullmann Ensembles auf Konzertreisen und so fort. In Wien konkurrierten 1905 bereits zweiunddreißig Theater- und Konzertagenten miteinander; manche davon verlangten die 50%ige Beteiligung an den Brutto-Einnahmen. Angesichts dessen ist es nicht verwunderlich, daß bald dieser „Agentenwucher", diese ausgeübte „schlimmste Gewaltherrschaft" über die Musiker und das Publikum angeprangert wurde.[4] Auch schätzte man bald die Manipulierung der Konzertprogramme zugunsten des Gängigen negativ ein, denn „der Unternehmer will die denkbar häufigste Wiederholung des schon Dagewesenen, allerdings durch die Hand oder durch den Mund eines möglichst verblüffenden Künstlers" (Adolf Weißmann, ein Berliner Kritiker, 1922).

Wenn sich während des 19. Jahrhunderts das Konzertleben einer Stadt oder eines Landes aus einem vielfältigen Nebeneinander von Veranstaltungen zusammensetzte, so veränderte sich dieses Angebot nach dem Ende des Ersten Weltkriegs zugunsten der konzentrierten Trustbildung sowie der zentralen, kommunal oder staatlich organisierten

52   Die Konzertkasse Bote und Bock in Berlin um 1900

Planung und Lenkung. Konzerte blieben seither nur mehr in wenigen Ländern der Initiative von Mäzenen, Gruppen oder Vereinen überlassen. Es setzte sich zunehmend die Vorstellung von einer „Kunst im öffentlichen Raum" durch, die auch diese Sache als Teil einer umgreifenden kulturpolitischen Aufgabe einplante. Am Wirtschaftsfaktor ‚Musik' beteiligen sich administrierend Verwertungsgesellschaften, Interessenverbände, gemeinnützige Konzertbüros, staatliche Planungsämter, internationale Künstlervermittlungen. Letztere greifen auch mittels Subventionen aus Steuergeldern korrigierend oder stützend in diesen ‚Dienstleistungssektor' ein, der somit als eine – wenngleich nicht sonderlich gewichtige – Komponente von Sozialpolitik gewertet wird. Sie verstehen sich in sozialistisch regierten Ländern als „demokratische Alternative zum kapitalistischen Musikleben" (Frank Schneider). Die geplanten gesellschaftlichen Zielsetzungen sind freilich nur sporadisch mittels dieser organisatorischen Eingriffe eingelöst worden, da der ‚Star-Kult' an Ländergrenzen nicht haltmacht und die Künstler auf dem Boden aller Gesellschaftsordnungen als rastlos Reisende dasselbe Repertoire vortragen, und zwar mit der gleichen Ertragserwartung.

1920 wurde beispielsweise die ‚Nedeka' (Neue deutsche Konzertgesellschaft) gegründet, die mit normierten Programmen Solisten auf Reisen schickte. 1933 wurden diese wie auch die anderen Unternehmen in Deutschland zentralistisch in einem ‚Reichsverband für Konzertwesen' zusammengeschlossen. In einer alles reglementierenden Reichsmusikkammer – mit den Fachschaften Konzertveranstalter und Konzertvermittler – kulminierte die staatlich überwachte Konzertwirtschaft. Diese bekam, verstärkt durch parteilich gebundene NS-Kulturgemeinden, zum Beispiel gemäß der Parole „Kraft durch Freude", die Aufgabe übertragen, das Musikleben „in eine nationalsozialistische Neuordnung überzuleiten" (Werner Korte, 1937), die entferntesten Dörfer mit in die Planung einzubeziehen, um damit „volksbildend" zu wirken. Dieser totale Machtanspruch sollte sich uniformierend gegen die bestehende „liberalistische Zersplitterung" durchsetzen.

Nach dem Ende des Zweiten Weltkrieges zerfiel mit dem Einheitsstaat auch diese Organisationsform. In der Bundesrepublik bildeten sich erneut über vierhundert Konzert- und Gastspieldirektionen, in der DDR hingegen wurde – wie in den anderen sozialistischen Ländern – eine staatliche Behörde mit der Vermittlung und Durchführung von Konzerten betraut. In Polen ‚Artes', in Bulgarien ‚Sofiaconzert', in der Tschechoslowakei ‚Slovkonzert' oder in Schweden ‚Statensinstitut för rikskonserter' genannt, besorgen diese Büros die Arrangements von der Saalmiete bis zur Honorierung. Zusätzlich sind Funktionäre der nationalen Musikräte auch im Konzertbetrieb fördernd und Prämien verteilend tätig. So schrieb 1981 der Deutsche Musikrat als Forschungsprojekt das ‚Konzert des Deutschen Musikrates' aus, das dazu dienen soll, jungen deutschen Solisten den Auftritt zu ermöglichen und neuen Kompositionen die Aufführung zu subventionieren, da sonst die primär an Platznutzungszahlen orientierte private Konzertwirtschaft diesen keine Chance einräumt.[5]

Auch in den privatwirtschaftlich orientierten Ländern wie Japan oder den USA ist das Konzertleben in dirigistisch eingreifenden Händen. Hier waltet das Diktat weniger verteilend als verwertend tätiger Agenturen vor,[6] so etwa das des ‚Kajimoto Concert Management', des ‚Columbia Artists Management' oder der ‚National Artists Corporation', die 1500 Städte in Nordamerika monopolistisch mit Musikern ‚versorgt'. Sie zahlen den wenigen Erfolgreichen zwar Spitzengagen (zum Beispiel 1957 Sängern bis zu 4000 Dollar pro Abend), sie verlangen dafür jedoch auch einen raschen Aufstieg binnen zwei Jahren zum ‚Star' und erwarten Angepaßtheit sowie die Unterwerfung unter die Strategie der Werbemanager. Concert Halls leisten sich ein abgestuftes System von managers, assistant managers, planning officers, finance officers und anderen ‚jobs', die zuweilen an Zahl diejenigen der real Musizierenden weit übertreffen. Universitäten haben sich auf diesen Berufszweig bereits eingestellt und bieten im Fach ‚Art management' Curricula mit diplomierten Abschlüssen an, die Berufschancen im gesamten Veranstaltungswesen eröffnen sollen.

Die Rolle der Konzertkritik

Funktionale sowie usuelle Musik für bestimmte Situationen und Ereignisse fordert gewöhnlich weder zur Reflektion über deren ästhetische Qualität noch gar zur distanzierenden Kritik heraus. Erfüllt ein solches Musizieren ad hoc seinen Zweck, dann geschieht dies angemessen gut. Diese eingebundene Erfüllung von vorgegebenen Zwecken in Rahmenbedingungen, die den musikalischen Anteil nie absolut oder gar dominant in Erscheinung treten lassen, blieb bestimmend etwa in der Kirchen- und Tanzmusik, aber auch in der Haus- und Hofmusik bis ins 18. Jahrhundert hinein. Man hielt sich zumeist an Normen, Konventionen, Gattungstraditionen und beachtete damit Regeln, die ein Aus-der-Rolle-Fallen zur Ausnahme werden ließen.

Mit der Verselbständigung eines öffentlichen Konzerts, das weitgehend losgelöst von außermusikalischen Bedingnissen Musik um ihrer selbst willen vermitteln soll, änderte sich dieses Verhalten gegenüber dem Eingewöhnten grundlegend. Wenn das Innovatorische, der sich profilieren wollende Virtuose und das vorrangig ästhetisch zu Praktizierende an der Musik sich vordrängen, gerät vor allem der nicht gründlich mit der Sache Vertraute in die Schwierigkeit des nicht zureichend Hören- oder auch Begreifenkönnens.

Die meist bürgerlichen anonymen ‚Liebhaber' erfahren sich als nicht Sachverständige im Nachteil gegenüber den ‚Gelehrten'. Ihnen werden im Zeitalter des Geniekults Musikwerke vorgeführt, deren ‚Einfällen' oder problemreichen Konstruktionen sie nicht ohne Vorbereitung zu folgen vermögen. Ihr Geschmack war und ist immer gemischt. In dieser Situation trat der Kritiker als Instanz auf den Plan, als ein Mittler, Begutachter, Berichterstatter und Aufklärer. Die geschlossenen Standesgesellschaften benötigten ihn nicht, weswegen Monarchen, wie etwa Kaiser Joseph II. oder König Friedrich II. von Preußen, sich insbesondere negative Kritiken an den von ihnen beaufsichtigten musikalischen Veranstaltungen strikt verbaten und durch die Zensur verhindern ließen. Kritisches Bewußtsein, vermittelt in Traktaten oder Zeitschriften, ging deshalb hervor aus der Bemühung um Aufklärung der Mittelklasse und aus deren Intention, möglichst viele mündig zu machen durch die Entwicklung der Fähigkeit zum begründeten Urteilen.

In der ersten Hälfte des 18. Jahrhunderts bezog sich dieses vorab auf die kritische Betrachtung von Musikwerken. Johann Mattheson (1681–1764) gab 1725 in Hamburg mit der ‚Critica musica' zu diesem Zweck die erste musikalische Zeitschrift in Deutschland heraus.[1] Die Kritik an den Institutionen sowie an Aufführungen kam als ein erweiternder Gesichtspunkt und ein Zeichen von Emanzipation wenige Jahrzehnte später hinzu. Johann Adam Hiller in Leipzig (1728–1804) und Johann Friedrich Reichardt (1752–1814) sind namhafte Repräsentanten dieses Entstehens einer aus der privaten Gesprächssituation herausführenden Berichterstattung und publizierten kritischen Beurteilung.[2] Letzterer war als Hofkapellmeister, Komponist, Verwaltungsbeamter und Musikschriftsteller besonders vielseitig tätig. In dem von ihm 1791 herausgegebenen ‚Musikalischen Wochenblatt' etablierte er eine die Werke wie auch deren Wiedergaben einbeziehende musikalische Fachkritik. Reichardt, der selbst Konzerte in Berlin veranstaltete, will belehren, Hörprozesse bewußt machen und „bessern". Er verfolgt aus einem starken Mitteilungstrieb heraus das philanthropisch-aufgeklärte Ziel einer allgemeinen Volksbildung zur Musik und durch Musik mittels „vollendeter Werke" und deren Reproduktion. Daher setzte er all sein Können dafür ein, gute Musik nicht mehr ausschließlich der Aristokratie zukommen zu lassen, sondern auch jenen, die willens sind, gespannt zuzuhören. Seine Kritik geht deswegen nicht allein – wie bei Mattheson – von der urteilenden Vernunft aus, sondern vom lebendigen Höreindruck, den er als ein Kenner und als Sprachrohr einer sich seinem Urteil anschließenden öffentlichen Meinung in Gestalt von Werk- und Leistungskritiken journalistisch vermittelt. Er urteilt und verurteilt mit Geschmack und Sachverstand als Vorbild für seine Leser. Fachlich-gelehrtes Analysieren vermeidet er um der Breitenwirksamkeit wegen in seinen „Kritiken und Zergliederungen"; er wertete das „kritische Verfahren als das einzig Wahre für die Künste" auf. Als Ziel erstrebte er mit seiner rastlosen Tätigkeit die „Erreichung eines höheren ästhetischen Zwecks" (Heinrich Karl Ebell, 1800) und die Bildung, Berichtigung oder Befestigung des Geschmacks von möglichst vielen Musikhörern.

Die in der Person Reichardts vereinigten Fähigkeiten des produktiven Komponisten und des reflektierenden Deuters und Kritikers fanden sich später auch bei journalistisch tätigen Musikern wie E. Th. A. Hoffmann, Robert Schumann, Hector Berlioz, Hugo Wolf oder Claude Debussy. Schumann gab bis 1844 die renommierte und noch gegenwärtig erscheinende ‚Neue Zeitschrift für Musik' heraus, die als Fachorgan 1834 gegründet worden war und mit Eifer gegen die Verflachung des Musiklebens im Biedermeier anfocht. Er hielt diejenige Kritik für die gelungenste und redliche, „die durch sich selbst einen Eindruck hinterläßt, dem gleich, den das anregende Original hervorbringt". Mit Johann Carl Friedrich Rellstab (1759–1813), der von 1808 bis 1813 für die ‚Vossische Zeitung' in Berlin schrieb, und Johann Friedrich Rochlitz (1769–1842), der 1798 die Schriftleitung der ‚Allgemeinen Musikalischen Zeitung' in Leipzig übernahm, profilierten sich in der Musikszenerie erstmals hauptberuflich zwei Kritiker, die auch die Tageszeitungen mit aktuellen Berichten und Beurteilungen von musikalischen Ereignissen versorgten. Sie komponierten zwar auch, jedoch in deutlicher Hintanstellung zur journalistischen Tätigkeit. Gleichsam als Vorredner des Publikums nahmen sie mit meinungsbildender Ausstrahlung Einfluß auf das Musikleben.

Das Urteil der meisten Kritiker im 19. Jahrhundert wurde aus der Position des individuierten Erlebens heraus abgegeben. Herkömmliche Privilegien, Tabus, Anpassungszwänge sollten sich nach Möglichkeit nicht mehr auswirken. Im Zeitalter des Liberalismus, des die Musik sachlich betrachtenden Positivismus, für den sich die Kunst restlos im Menschen gründet, wurde dem einzelnen das Recht eingeräumt, über die Berichterstattung und das Referieren hinaus *seinen* Eindruck, *seine* Stellungnahme, auch *seine* Prognosen mitzuteilen. Die dadurch gegebene gelegentliche Unverbindlichkeit wurde nicht allseits als sinnvoll akzeptiert. Bereits 1801 äußerte sich Beethoven ungehalten über deren „Geschwätz", Schönberg verachtete gar jeden ihn Kritisierenden hochmütig als zum „Gesindel" gehörig.³ „Phrasenmüll", „Wortgeklingel" sind andere Umschreibungen dessen, was diejenigen, die sich anmaßen, auf dem „Richterstuhl" (Eduard von Bauernfeld, 1835) zu sitzen, angeblich von sich geben. Mangelnde Kompetenz und Einbildungskraft, das Fehlen von Redlichkeit und „warmem Gefühl" wurde nicht nur literarisch zum Vorwurf gemacht, sondern auch in Musikwerken wie etwa Berlioz' Monodrama ‚Lélio', in Wagners Beckmesser-Figur in den ‚Meistersingern' oder in Max Regers den „deutschen Kritikern" gewidmeter Sonate op. 72 (1903) mit den Motiven a-f-f-e und s(es)-c-h-a-f thematisiert.

Ein Exponent dieser angenommenen schriftstellerischen Freiheit war der 1825 in Prag geborene Publizist Eduard Hanslick (Abb. 53).⁴ Seine Kritiken und ästhetischen Auseinandersetzungen mit Zeitgenossen setzten Maßstäbe von weitreichender Bedeutung auch etwa im Konkurrenzkampf der Wagnerianer mit den Antiwagnerianern, der Neudeutschen und Programmusiker gegen die eine absolute Tonkunst Verteidigenden seiner Zeit. Hanslick ergriff inmitten dieser Kontroversen handelnd eindeutig Partei. Er setzte sich für Johannes Brahms in Wien ebenso engagiert ein, wie sich später George Bernard Shaw für Wagner und Richard Strauss verwandte.

In dem Ausmaß, wie sich das öffentliche Konzertleben in den rasch anwachsenden Großstädten entfaltete, wuchs auch die Nachfrage nach Informationen und Belehrungen. Zahlreiche Zeitschriften wurden produziert, um den differierenden Erfordernissen zu genügen. Insbesondere Paris wurde zu einem Zentrum dieses fachlich orientierten Journalismus. Seit 1827 erschien dort die ‚Revue Musicale', seit 1833 ‚Le Ménestrel', „rédigé par des écrivains et des artistes distingués". Außerdem druckte man ‚La France musicale', ‚L'Univers musical, littéraire et artistique', ‚L'Art journal de musique militaire', Unterhaltungs- und Salonblätter sowie diverse Journaux Orphéoniques. Im Zarenreich initiierte Ale-

53 Der Musikkritiker Eduard Hanslick. Anton Bruckner gewidmetes Foto „zur freundlichen Erinnerung an die Linzer Tage". 1865. Wien, Bildarchiv der Österreichischen Nationalbibliothek, Nr. 5786

ksandr Ulybyšev (1794–1858) die Musikkritik als Herausgeber des ‚Journal de St. Pétersbourg'. In Berlin nahmen um 1900 bis zu fünfzig Tageszeitungen Notiz von den aktuellen Ereignissen. Der dort im Jahre 1913 gegründete Verband deutscher Musikkritiker mit bis zu einhundertfünfzig Mitgliedern legte vor 1933 Zeugnis ab von dem berufsständischen Selbstbewußtsein der Fachjournalisten und der Ausweitung von deren Handlungsbereich. Vom Selbstverständnis des Kritikers in dieser Zeit zeugt trefflich ein Beitrag aus Paris in der ‚Allgemeinen Wiener Musik-Zeitung' von 1841. Darin beschreibt ein Korrespondent dieses Blattes seine Lage wie folgt: „Paris ist eine Feueresse des menschlichen Geistes. In dieser ruhelosen Werkstätte werden, ruhelos, Ereignisse schaffender Intelligenzen zu Tage gefördert. Auf jede Geburt ist alsobald der richtende Chor allwissender Kritiker bei Hand. Man tödtet den neuen Ankömmling bei seinem Erstehen, oder man gibt ihm die Säugebrust der Aufmunterung, damit das Neugeschaffene stark werde und Dauer erlange und sich nach allen Seiten hin verbreite. Inwiefern aber das richtende Sanitätscomité der Kritik aus Überzeugung handle, inwiefern es zu diesem Amte mit den hiezu erforderlichen Eigenschaften begabt, inwiefern es nur der Stimme der Unparteilichkeit Gehör gebe und in wie fern die Leidenschaft aus dem Spiel bleibe, dieß will ich sogleich zu zeigen mich bestreben. Immerhin ersteht aus dieser Centralisationsbeschaffenheit in Frankreich für die Literatur und Kunst, jener unschätzbare Vortheil schneller, allgemeiner Öffentlichkeit. In andern Ländern ist in Betreff dieser Zersplitterung halbe Wärme, langsames Aufleben und schmachtendes Sterben. In Paris fällt auf ein Kunstproduct auf einmal, in einem Tage das Läuterungslicht des Urtheils, und es hat dann auch eine Allgewalt, als ob sonst in einem Orte es kein anderes befugtes Urtheil mehr gäbe. Aus dieser Urtheilseinheit entspringt auch seine Kraft und Haltung. Es ist sich demnach nicht zu verwundern, daß Künstler aller Nationen die Pilgerreise nach Paris unternehmen, um hier unter dem Probierstein der Öffentlichkeit ihr Talent zu documentirn und die Zuschrift der Meisterschaft zu erlangen. Es könnten zwar diese Künstler auf anderen Wegen eben die Zwecke erreichen, weniger schnell jedoch, weniger mit der Bedeutung, wie es in Paris geschieht."

Musikkritik handelte nach den durch Reichardt oder Rochlitz und Schumann gesetzten Maximen und Intentionen nicht stets autonom und im Interesse der nach Unterweisung suchenden Leser. Teile dieser Pressetätigkeit verkamen bereits im 19. Jahrhundert zu einer den ökonomischen Interessen von Veranstaltern, Verlegern, der Reklame und anderem dienenden „Agentenkritik" (Paul Marsop, 1919). Viele liehen ihre Feder wirtschaftlichen Zwecken, denen sie Sprache und Inhalt anpaßten, damit ihre Texte von Vermittlungsbüros als Werbematerial unternehmerisch genutzt werden konnten. Andere depravierten ihr „Geschreibsel" zu einem leicht mundenden Unterhaltungsstoff für eilige Zeitungsleser, die den Feuilletonkonsum oft auch als Ersatz für einen Konzertbesuch nahmen und gesellschaftlich verwerteten, was beispielsweise in Wien bereits 1840 mit Bedauern konstatiert werden mußte. Wieder andere schließlich wurden genötigt, sich „parteilich" (Antonin Sychra, 1952) zu verhalten, um damit, beaufsichtigt durch die Zensur und gebunden an Gesetze zur „Kontrolle von Publikationen und Aufführungen" („Staatsanzeiger der Volksrepublik Polen' Nr. 20 vom 12. 8. 1981), unter Verzicht auf die gesellschaftskritische Funktion im politischen Kampf einen Beitrag zu leisten. Diese wird damit aus einer privaten Äußerung zu einer institutionalisierten Dienstleistung. Manche Systeme befördern diese die lesende Masse erreichende und daher eine Machtstellung bedeutende Tätigkeit auch als politisch wirksam nachdrücklich, andere hingegen lehnen sie ab und bekämpfen den Musikkritiker als Sprachrohr eines „individualistischen Freiheitsbegriffs". Hierzu zählten von 1936 an die Nationalsozialisten. Hitler und sein Propagandaminister Joseph Goebbels schafften per Verordnung jegliche Kunstkritik ab. Am 27. November 1936 erging der ministerielle Erlaß: „... ich untersage mit dem heutigen Tage endgültig die Weiterführung der Kunstkritik in der bisherigen Form." An die Stelle des Kritikers trat der staatlich bevormundete „Kunstschriftleiter", das kritische Feuilleton wurde ersetzt durch den „Kunstbericht". Nur den mit der „Gesinnung des Nationalsozialisten" Schreibenden wurde bis 1945 die Möglichkeit eingeräumt, das amtlich Zugelassene „zu würdigen". Damit wurde nicht nur den Sachwaltern des „iudicare" das Arbeitsfeld entzogen, viele Kritiker wurden mit Schreibverbot belegt, politisch und antisemitisch verfolgt. Bekannte Autoren wie Alfred Einstein (gest. 1952), Oskar Bie (gest. 1938) oder Paul Bekker verloren ihre Stellungen, in denen sie geachtete Maßstäbe hatten setzen können.

Der heutige Musikkritiker mißt sein zu beschreibendes und zu beurteilendes Objekt nicht mehr wie im 18. Jahrhundert an „Schönheitsregeln", um es für kulturräsonierende Leser und Hörer zu erschließen. Sein Gegenüber – die Abnehmer der Tages- und Wochenpresse – ist kein mitsprachefähiges „Publikum" mehr, das sich mehrheitlich als kognitiv teilnehmend artikulieren kann und will.[5] Der Berufskritiker, inklusive der seit den zwanziger Jahren agierenden Medienpublizisten (zum Beispiel Frank Warschauer), schreibt zumeist in Stil, Länge und Wortwahl angepaßt an das ihn beauftragende Publikumsorgan. Er nimmt die Rolle des Marktprüfers dabei ebenso ein wie die des Kunstrichters oder der rechthaberischen Instanz des Unterhaltenden. Sein Metier schwankt zwischen „Wissenschaftlichkeit und Scharlatanerie" (Hartmuth Krones, 1986). Die einst ihm zugefallene Aufgabe des Pädagogen oder auch des Salonberichterstatters ist ihm abhanden gekommen. Die Verbesserung des Geschmacks wird er mit seinen Worten nur mehr selten erreichen können. Die Wirkung seines Wortes auf das Konzertleben und das produktive Handeln ist limitiert. Die meisten Worte werden ins Leere gesprochen, weswegen 1957 der profilierte Journalist Hans Heinz Stuckenschmidt das „Elend der Musikkritik" beklagte. Dem Pluralismus der möglichen Kunsturteile in einer gemischten, auch aus vielerlei Subkulturen bestehenden offenen Gesellschaft vermag der Kritiker nur sehr selten mitbestimmend zu begegnen. Fachtagungen für Musikkritik (zum Beispiel 1976 in Boswil) oder die Gründung berufsständischer Interessenverbände vermögen die Mängel und die Entbehrlichkeit für viele Konzertgänger nicht positiv zu verändern. Vom Vorsatz Reichardts, „bessern" zu wollen, ist man weiter denn je entfernt, zumal sich um die Schulung des Hörens und „Durchhörenkönnens" von Musik unzählige Musikschulen, Konzertführer und andere musikpädagogische Publikationen ebenfalls bemühen.

Programmgestaltungen und Konzertzettel

Zu den ein Konzert konstitutiv bedingenden ‚Vorschriften' gehören die mehr oder weniger detaillierten Mitteilungen über den zu erwartenden Inhalt und die Abfolge der beabsichtigten Darbietung. Diese Kundgabe, verbunden mit der Einladung zum Zuhören, Zeit-, Orts- wie Kostenangaben ist das ausgeschriebene Programm.

Entsprechend den vielfältigen eine Konzertveranstaltung ausmachenden Faktoren, etwa den Hörerwünschen, verfügbaren Interpreten, räumlichen Verhältnissen, der Tageszeit oder den sozialen wie politischen Umständen, kann es „Bekenntnis" (1922) ebenso wie ein „plentifull musical menu" (Baltimore, 1796) sein. Da überdies die inhaltliche wie zeitliche Ausdehnung eines Konzerts, die vom unbegrenzten Ablauf bis zur minuziösen Planung von Rundfunkmitschnitten reicht, traditionell durch Obrigkeiten, Zensurbehörden und andere Instanzen, Auswahl durch Veranstalter, Impresarii wie Agenten und erst in zweiter Linie durch den oder die Interpreten bestimmt ist, seien im vorliegenden Kapitel ausgewählte Aspekte von Programmgestaltungen vorgestellt.

Zu den frühesten Zeugnissen dieser ‚Bekanntgaben' gehören ‚Avertissements' und gedruckte Textbücher, von deren Erstellung während einer Konzertreise Johann Friedrich Reichardt in seinem vergnüglichen Musikroman ‚Das Leben des berühmten Tonkünstlers Heinrich Wilhelm Gulden' 1779 Auskunft gibt: „Nun kam's an die Bekanntmachung des Konzerts und an die Verteilung der Billette. Es sollte ein großer Zettel mit roten Buchstaben abgedruckt und an allen Ecken der Straßen angeschlagen, auch in allen Häusern durch den für die Ratz und für die Zahn handelnden Bedienten verteilt werden. Der älteste Sohn ... trat eben bei dieser Beratschlagung ins Zimmer und mußte sich hinsetzen, um nach der Vorschrift aller einen deutschen Anschlagzettel zu fabrizieren. Nach sehr häufigen Ausstreichen und Ändern stand dann folgendes Avertissement auf'm Papier: Mit allergnädigster, allerhöchster obrigkeitlichster Bewilligung wird künftigen Sonntag eine berühmte Gesellschaft von großen Virtuosen, die mit allgemeinem Beifall rund um die Welt gereist, in einem großen, zahlreichen Konzert sich öffentlich und für jedermann hören zu lassen die hohe Ehre haben ..." Wiewohl Reichardt in dieser Situationsschilderung den bestehenden Usus karikiert, indem er die damals üblichen Ankündigungsfloskeln verzerrt, sahen Bekanntgaben im 18. Jahrhundert so und ähnlich aus. Auf einem dieser Zettel, einer an „Herren und Dames" gerichteten Einladung, die wie bis heute üblich mit der Mitteilung dreier verschiedener Preisklassen schließt (Nürnberg, Germanisches Nationalmuseum, Inv. Nr. H B 1688), heißt es etwa:

Im Gegensatz zu Reichardts Avertissement, das mit der Versicherung, „ein hochgeneigtes Publikum aus Leibeskräften zu amüsieren", eine ausführliche Beschreibung des zu erwartenden Programms verbindet, für das die „Person ... einen Taler; hohe Standespersonen nach Belieben" zahlen, fehlen in der Nürnberger Ankündigung derartige Appelle an Hörerwartung und Repertoirekenntnis. Das Interesse gilt hier den „Italiänischen Sängerinnen", deren Namen überdies ungenannt bleiben. Daß diese Art der unbestimmten Einladung mehrheitlich auf das nicht eingeübte Sensationspublikum zielte, in Städten wie London jedoch bereits fachspezifischer geworden werden mußte, belegt die am 17. November 1707 im ‚Daily Courant' erschienene Notiz, wonach das Auditorium die Versicherung erhielt: „... the words of the Songs and other Particulars of the Entertainment will be printed and sold to the Audience". Damit wurde das Mitverfolgen und die aktive Teilnahme am Dargebotenen möglich, eine Chance, die wenige Jahre später auch von dem zeitlebens findigen Unternehmer Georg Philipp Telemann genutzt wurde. Er ließ 1716 zur Aufführung seiner ‚Brockes-Passion' in Frankfurt am Main Textbücher drucken und verkaufen, die zum Eintritt in die Barfüßerkirche berechtigten.

Mit Obrigkeitlicher Bewilligung
Eines Hochedeln Magistrats
Wird heute Montags den 7. Martii 1768.
Von der allhier angelangten Italiänischen Gesellschaft, welche von verschiedenen Königl. Majestäten, Churfürstl. Durchl. in Bayern, und andern vornehmen Höfen, wie auch in verschiedenen Haupt-Städten, von einem hohen Auditorio und übrigen Publico allergnädigst bewunderten und hochgeneigten Beyfall erhalten hat,

Ein Vocal- und
INSTRUMENTAL - CONCERT
aufgeführet worden.

Der Anfang wird mit einer grossen Symphonie gemacht.

Nach diesem werden unterschiedliche ernsthafte Arien, Duetten und Terzetten gesungen werden.

Auch wird der weitberühmte und bekannte Rossignol, aus Maltha, welcher die grössesten Vergnügungen an denen vornehmsten Höfen von Europa gemacht hat, mit einer Symphonie in der völligen Orchester, mit dem besonderen Nachtigall-Gesange und Nachahmung verschiedener Vögel grosse Bewunderung verursachen, indem er mit seiner natürlichen Kehle, ohne was in solcher noch in dem Munde zu haben, folglich natürlich ist, und aus keinem gekünstelten Wesen bestehet, (worüber man bey seiner Abwesenheit unzeitige Kritik, fast zu seinem Nachtheil, gefället hat,) welches er auch einer hohen Noblesse, als übrigen geneigten Publico, thätlich zu beweisen, sich das hohe Vergnügen geben wird.

Den Beschluß wird machen 4. Stimmen.

Wir hoffen also ein zahlreiches Auditorium, und wird sich die Compagnie, äusserst bestreben, daß eine hohe Noblesse, als auch ein geneigtes Publicum, ein sattsames Vergnügen haben wird, und niemand das Leggeld gereuen soll. Wir haben die Ehre, uns in Dero Gnade und Wohlgewogenheit bestens zu empfehlen.

Der Anfang ist um 5. Uhr, und dauert bis 8½. Uhr.

Dieses Concert ist allhier auf der Herren Trinkstube. Die Person zahlet auf dem ersten Platz 45. kr. auf dem zweyten 24. kr. und auf dem dritten 12. kr.

54 Konzertanzeige aus Nürnberg. 1768. Nürnberg, Germanisches Nationalmuseum, Inv. Nr. HB 1580

55 Eintrittskarte zu einem Konzert der Philharmonic Society in London. Spätes 18. Jahrh. London, Westminster Public Library

Vom Textbuch unabhängige Eintrittskarten ließ er ab 1729 in Hamburg drucken und austeilen. Damit waren jene zwei Organisationsmittel in Umlauf gesetzt, die bis heute mehrheitlich zur Ausstattung von Konzerten gehören und bisweilen in aufwendigen Broschüren an der Kasse bereitliegen. Die ältesten durch Siegel für gültig erklärten Billetts trugen freilich noch keine Sitznummern, sondern einen meist handgeschriebenen Text, etwa jenen, zu dem sich die Virtuosentruppe in Reichardts Roman „unter allgemeinen Geschrei und kräftigen Beistand von allen Seiten" entschied: „Konzert-Billett für die musikalischen Liebhaber von zwei Damen und zwei Chapeaux." Auch engagierte Veranstalter wie etwa Christian Friedrich Carl Fasch mußten sich um 1800 noch der Mühe unterziehen, dieses unentbehrlich gewordene Hilfsmittel mit großer Sorgfalt anzufertigen, sie sogar künstlerisch zu gestalten (Abb. 14 und 55), nicht zuletzt um die Karten vor Fälschungen zu bewahren. So berichtet Carl Friedrich Zelter über die Anfänge der Konzerte in der Berliner Singakademie unter Fasch: „Unter seine Eigenheiten gehörte, daß er den Eingangs-Billetten zur Singakademie, die er eigenhändig machte, eine solche Gestalt und Farbe zu geben suchte, daß sie nicht nachzumachen wären und dieß kostete ihm viel Zeit, denn er bemalte sie mit Farben und siegelte sie auf eigene Art mit Goldplättchen, wodurch sie ein wunderliches Ansehn bekamen. Ich fand ihn oft mit dieser Arbeit beschäftigt, rieth ihm auch, solche andern Händen zu überlassen; er ließ sich aber darin nicht stören, obgleich das Verbrennen des vielen Siegellacks seiner Gesundheit sehr nachtheilig war…"[1] 1808 gab Friedrich Kuhlau in Hamburg „Liebhaber-Concerte", deren Entréebillets mit einem

56 Programm des Paganini-Konzerts vom 12. 11. 1829 in Nürnberg. Nürnberg, Germanisches Nationalmuseum, Inv. Nr. HB 29425

Rätselkanon und dem Namen des Konzertgebers geziert waren, so daß sie ihm auch als Visitenkarten dienlich sein konnten.

Möglicherweise den Beginn der Herausgabe von Konzertprogrammen, die Erläuterungstexte enthalten zu dem, „was die aufeinander folgenden Abtheilungen vorstellig machen werden", signalisiert das in Augsburg im Januar 1756 auf vier Seiten gedruckte ‚Avertissement', in dem Leopold Mozart im Gasthaus ‚Zu den Drei Königen' die Uraufführung seiner ‚Schlittenfahrt' ankündigte. Zum besseren Verständnis dieser Komposition ließ er nämlich einen von ihm verfaßten Text an die „Zuhörer austheilen", welcher den „Liebhabern der Musik" den Inhalt seiner deskriptiven Musik „zum Divertissement" erklären sollte.[2] Ähnliche Absichten verfolgte man auch in Paris, als man um 1770 „espèces de Programme" an die Konzertbesucher verteilte, in denen etwa der Inhalt von „les symphonies à programmes" literarisch aufgeschlüsselt wurde. Um 1780 ließen auch die Berliner Veranstalter Reichardt und Johann Rellstab als „nothwendige Beihülfe ... Zergliederungen ..." an die Zuhörer ausgeben mit möglichst sinnfälligen Werkbeschreibungen für Dilettanten.³ Da es beiden um die Geschmacksverbesserung des breiten bürgerlichen Publikums ging, mahnten sie auch zur überlegten Konzertplangestaltung und warnten vor „sinnlosen Zusammenpassungen". Diese philanthropischen Überlegungen begleiten seither die gesamte Konzertgeschichte, die sich bekanntlich bis heute zwischen „heavy" und „light" bewegt und immer wieder nach Verwirklichung idealistischer Ziele sucht wie der „ästhetischen Bildung des Menschen" im Konzert mit Werken von „bedeutendem Werth", die jedoch ebenso umstritten waren wie die Versuche einer Reform der Gattung Oper.⁴ Zu den ersten verantwortungsbewußt Planenden gehörte unterdes der Göttinger Akademische Musikdirektor Johann Nikolaus Forkel, der 1779 die „Verschiedenheit ... an Empfindung, an Geschmack, Kunstkenntnissen" zu berücksichtigen suchte. Polemisch hieß es nur wenige Jahre später, daß man den Nutzen des nur Unterhaltenden durch „ächte Concerte" überbieten wolle, die den „wahren musicalischen Geist" nicht nur in die Häuser der Reichen, sondern auch „in die Werkstätten der Arbeiter, in die Hütten und auf die Aecker des Landmannes"⁵ bringen sollten. In eben demselben Plädoyer forderte der engagierte westfälische Pädagoge und Theologe Bernhard Natorp auch: „Jede musikalische Aufführung sollte billigst ein mehr oder weniger unter sich verbundenes Ganzes ausmachen."

Wie die Konzertgeschichte belegt, blieb die Mehrzahl der Konzerte ein „Pasticcio", „Kaleidoskop" (Julius Rietz), ein gemischtes Allerlei. Nur selten wagte es ein Veranstalter vor 1850, lediglich die „Sache der Kenner" etwa in Quartett-Unterhaltungen anzubieten. Gewöhnlich ertrug man nicht einmal eine „absichtlich" aus Sätzen „zusammengesetzte Symphonie", sondern „nur einen Satz", dem sich instrumentale wie vokale Darbietungen anzuschließen hatten, die zuweilen von „tableaux vivants" (lebenden Bildern), gemeinsamem Singen, Rezitationen und Deklamationen, Reden, Predigten oder Gebeten unterbrochen wurden.

Die autonome Musik mit Absolutheitsanspruch gelangte erst am Ende des 19. Jahrhunderts durch markante Konzertgestaltungen eigenständig handelnder Dirigenten und Solisten wie Franz Liszt, Hans von Bülow oder Gustav Mahler unter Vermeidung eines nicht werkimmanenten Vokalteils zur konzentrierten Aufführung. Sie versetzte die Zuhörerschaft zunächst in großes Erstaunen, da sie in einem Symphoniekonzert etwa folgenden Ablauf erwarteten: auf ein einleitendes Orchesterwerk hatte ein begleitetes Gesangssolo sowie ein Satz aus einem Instrumentalkonzert zu folgen. Nach einer „Conversations"-Pause, die entsprechend den Wünschen des Publikums unterschiedlich lang war, gab es Lieder oder Arien, ein Instrumentalsolo, das frei improvisiert werden konnte, sowie ein größeres Orchesterwerk.⁶ Dieser Norm eines „großen Vocal- und Instrumentalconcerts" genügte beispielsweise jenes, das der Pianist Friedrich Kuhlau 1811 in Kopenhagen gegeben hat:

Erster Theil:

1. *Ouvertüre von* Mozart.
2. *Arie, comp. von* Righini, *gesungen von Mad. Veltheim.*
3. *Pianoforte-Concert, comp. und gespielt von Hrn.* Kuhlau.

Zweiter Theil.

1. *Ouvertüre von* Mozart.
2. *Concertante für 2 Oboen, comp. von Hrn. Kapellmusikus* Bahrt *und gespielt von demselben und Hrn.* Köppen.
3. *Unwetter auf dem Meere, ein musikalisches Tongemälde, comp. und gespielt von Hrn.* Kuhlau.
   1. *Das ruhige Meer.*
   2. *Das Ungewitter nähert sich.*
   3. *Dessen voller Ausbruch.*
   4. *Es verzieht sich und der Himmel klärt sich auf.*
   5. *Das frohe Seevolk singt ein Lied und Variationen über dieses Lied beschließen das Concert.*

Derart lange und gemischte Programme entsprachen vor allem den Wünschen von Liebhabervereinen, die damit möglichst vielen ihrer Mitglieder Auftrittschancen eröffneten und „einige Stunden lang angenehm unterhalten sein"⁷ wollten.

Andere Interessen verfolgte unterdes die Berner ‚Musikalische Akademie', die 1803 in ihrer Verfassung forderte: „Es sollen in einem jeden Concerte überhaupt nicht mehr als acht Musikstücke aufgeführt werden." Pausen wurden nur eingeplant, um die „Conversation der Zuhörer" zu kanalisieren. Nachstehend mitgeteiltes Programm der ‚Sociedad Filarmónica' in Buenos Aires vom 31. Mai 1823, das den Zuhörern einen starken Anteil von Arien und Ensemblenummern italienischer Opern präsentierte, ist deshalb bemerkenswert, weil es die Darbietung durch die zu Beginn intonierte ‚Cancion Nacional' zu einer tendenziös nationalen Manifestation werden ließ, wie sie etwa in Ländern des British Empire bis heute gepflegt wird:

Programa para la function de 31 de Mayo en la
SOCIEDAD FILARMÓNICA.
INTRODUCCION.
CANCION NACIONAL.
Primera parte.
Grande obertura de la ópera de Ifigenia—por Gluck.
Concierto de piano—por el Sr. Esnaola.
Aria cantada—por el Sr. Picazarri.
Duo cantado—por los Sres. Moreno y Luca.
Aria cantada—por un Socio aficionado.
Duo de Pavessi—cantado por la Señorita Micaela Dargueira y el Sr. Mandeville.
Segunda parte.
Obertura de Mozart.
Solo de violin—compuesto por el Sr. Masoni.
Aria de la ópera la Flauta encantada de Mozart—cantada por el Sr. Moreno.
Cuarteto de la ópera el Moises en Egipto—por Rossini.
Coro—canto final.

FIG. 53 — Programa de un concierto de la *Sociedad Filarmónica,* publicado en "El Argos de Buenos Ayres", en mayo de 1823.

Programme wie dieses machen deutlich, daß selbst philharmonische Konzerte zu keiner Zeit im ausschließlich ästhetischen Raum edler Kunstübung ablaufen konnten, sondern auch zu vielerlei Demonstrationen dienten. So sollte sich das Programm des ersten Philharmonischen Konzerts am 28. März 1842 im k. k. großen Redouten-Saale in Wien, das das „Orchester-Personal des k. k. Hof-Operntheaters" gab, vor allem durch die „Erhabenheit" und „Größe" der ausgewählten Werke auszeichnen:

War dieses „große Concert" mit bereits als ‚klassisch' kanonisierten Werken der jüngsten Vergangenheit bestritten worden, hatten also in diesen Veranstaltungen fortan nur selten mehr die Zeitgenossen eine Chance, so gab es vor allem in ambitionierten Kleinstädten die auffallende Tendenz, sich mit aktuellen Programmen zu profilieren. Im Soester Wochenblatt vom 12. Juni 1824 etwa wurde den Lesern mitgeteilt: „Concert-Anzeige. Am 18ten Juni werden Unterzeichnete unterstützt durch mehrere auswärtige Liebhaber im Ressourcen-Saale in Soest ein Concert folgenden Inhalts geben: Erster Theil: Sinfonie von Girowetz. Violin-Concert von Kreutzer, vorgetragen von Herrn F. Schäffer. Variationen über Russische National-Lieder für Violoncell, von Romberg; vorgetragen von Herrn Kuithan. Clarinett-Concert von Cromert; vorgetragen von Herrn F. Giesenkirchen. Zweiter Theil. Ouverture von Rosini. Violoncell-Concert von Dotzauer; vorgetragen von Herrn Kuithan. Rondun à la Mode de Paris für Violine, von And. Romberg; vorgetragen von Herrn Schäffer. Eintrittsgeld für Concert und Ball 15 Silbergroschen à Person. Anfang 6 Uhr. Die Hautboisten des 16ten Landwehr-Regiments, 1tes Bataillon."

Nicht nur suchte man in diesem Soester Konzert Werke beliebter Komponisten aufzuführen, man begann auch die Veranstaltung rechtzeitig genug, um noch einen Ball anschließen zu können, eine damals übliche Abfolge. Diese wenigen Beispiele mögen die Programmsituation in den Jahrzehnten vor 1850 repräsentieren, ungeachtet besonderer, seit der Mitte des 18. Jahrhunderts sich etablierender Strömungen wie etwa der einer zunehmenden Nationalisierung. In Glasgow hatte man zum Beispiel begonnen, „auld Scots sangs" konzertant aufzuführen und damit dem beginnenden Folklorismus Vorschub geleistet; in Madrid konnte man nach 1790 „concertos españoles" hören. In seinen „patriotisch-National-charakteristischen Orgelkonzerten" folgte auch Abbé Vogler 1806 als reisender Orgelvirtuose diesem Trend. Er phantasierte dabei etwa in München, dem genius loci huldigend und zur „Erweckung des Gemeingeistes", über alpine Kühreigen und bayerische Volkslieder. Wenn 1831 die Königin von England ein Konzert „anordnete, was nach ausdrücklicher Anzeige als ein englisches Concert gelten" sollte, dann signalisierte dieser Schritt, daß man nicht länger die Favorisierung ausländischer Musiker dulden wollte, sondern fortan den eigenen Komponisten und Interpreten den Vorzug zu geben beabsichtigte. Diese eingrenzende Förderungspolitik führte aus dem universalen Zeitalter der Klassik und des Ancien Régime heraus in die begrenztere Lebenswelt nationalstaatlichen Denkens, wobei einstige Privilegien, etwa für italienische Musiker, abgebaut wurden, die nicht nur für Virtuosenleistungen verantwortlich waren.

Eine ebenfalls um 1790 beginnende Besonderheit war die Benutzung von Apostrophierungen wie „ancient" und „modern", die um diese Zeit bereits Kontroversen auszulösen vermochten. In London etwa gab Wilhelm Cramer 1792 ein Konzert, dessen Vortragsfolge in Werke der „modern harmonists" (Pleyel und Cramer) sowie der „experienced veterans" (dem „immortal Handel" und Geminiani) geteilt war. Offensichtlich reagierte Cramer mit dieser Programmteilung auf das retardierend konservativ eingestellte Publikum auf der einen Seite wie auf das dem Neuen aufgeschlossene auf der anderen. Diese Aufgliederung verursachte im Verlauf des 19. Jahrhunderts weitere Risse, die sich immer sensibler in den Programmen niederschlagen, bis zur heutigen sektiererhaften Zirkelbildung um diejenigen Gruppen herum, die sogenannte alte Musik auf Originalinstrumenten musizieren, worüber an anderer Stelle berichtet wird.

Allen Veranstaltungsplanungen und Programmen mußte jedoch die Frage „nach dem Geschmakke eines Orts, oder bey einer Gesellschaft nach dem Geschmakke der meisten Zuhörer..."[8] vorausgehen, die es den meisten reisenden Virtuosen mittlerer Reputation nicht erlaubte, allerorten nocturnes, fantaisies, romances oder potpourris anzubieten. Vor 1830 war es sogar noch unangebracht, Klaviersonaten öffentlich vorzutragen, da diese ebenso wie das Sololied ausschließlich der privaten häuslichen Unterhaltung vorbehalten waren. Charles Hallé lehnte es noch im Jahre 1848 in Manchester ab, eine Klaviersonate von Beethoven konzertant zu interpretieren mit der Begründung: „Impossible! ... they are not works to be played in public." Indessen wurde das „freie Phantasieren am Klavier" wie auf anderen Instrumenten gefordert. Nach genauen Schemata, die in den Instrumentalschulwerken und Etüdensammlungen vermittelt wurden, sollte der Solist beliebte, vom Publikum aufgegebene Themen bravourös variieren oder paraphrasieren und damit seine umfassende Instrumentalkenntnis unter Beweis stellen. Virtuose Leistungen wie diese gehörten im gesamten 19. Jahrhundert zu den Überraschungseffekten innerhalb des „zu jedermanns Einsicht" ausgehängten Programms, bei denen sich die Kritik zeitweilig besonders ausführlich aufhielt.

Um die Mitte des 19. Jahrhunderts zeichnet sich daneben allenthalben eine deutliche Veränderung in der Zusammenstellung von Konzertprogrammen ab. Das „grand miscellaneous concert" (etwa Norwich 1824), das vornehmlich für Liebhaber ausgerichtet war, wich vielerorts den vor allem triviale Kompositionen darbietenden Veranstaltungen einerseits wie den mit Pathos und Bildungsanspruch behafteten philharmonischen Programmen andererseits; es vollzog sich eine selektive Trennung von „heiter" und „ernst".[9] Nicht nur wurde versucht eine Reduktion der Stücke, der Vielfalt der Gattungen und der Dauer von durchschnittlich drei Stunden auf neunzig Minuten durchzusetzen, es sollten vor allem „ernst gemeinte" Symphoniesätze nicht mehr zwischen Barkarolen oder modischen Tanzarrangements placiert werden, um dort zu erbaulichen Beilagen zu gerinnen. Die parallel zu diesen Überlegungen sich anbahnende Kostenexplosion für die zunehmend geforderten professionellen Musiker und reisenden Virtuosen machten es zudem nötig, das Aufgebot an Mitwirkenden zu begrenzen, so daß sich allmählich eine Standardisierung von Repertoirenummern ergab, an die man sie gewöhnte. Begünstigt wurde die Standardisierung durch den weitverbreiteten Hang zur Historisierung und damit zur Entfernung vom Musikschaffen der Gegenwart. In dieser ästhetisch betonten Sonderwelt bürgerte sich die „Hochkunst der Programm-Klassiker" (Hellmuth von Hase, 1943) weltweit ein; tonangebend hierfür wurde der nach 1827 einsetzende Beethovenkult. Beethovens Symphonien und ‚Konzertmessen' waren seither in den USA ebenso präsent wie in Indien oder Japan, die IX. Symphonie avancierte vielerorts zu jenem ‚Kultwerk', das an bestimmten Tagen, etwa zu Jahresbeginn, auf den Spielplänen vieler Städte erscheinen muß. Vor 1870 wurden mit den Instrumentalwerken dieses Komponisten in Paris 23 % der Programme bestritten, als nächste folgten die Werke von Mozart (8 %), Mendelssohn Bartholdy (7 %) und Haydn (6 %). Komponisten wie Méhul, Chopin, Schubert oder Saint-Saëns wurden mit weniger als 1 % Gesamtanteil weit weniger favorisiert. Einschlägige Untersuchungen haben gezeigt, daß die Werke Beethovens bis zum heutigen Tage zu den meistgespielten gehören. Für 1956 zeigt die Statistik, daß in den Symphoniekonzerten der Bundesrepublik Deutschland die Werke von Johannes Brahms 34mal, die Mozarts 45mal, von Franz Schubert 19mal gespielt wurden, während Beethoven mit 84 Wiedergaben die höchste Präsenz behauptete. In den Konzerten der Wiener Philharmoniker machte der Anteil Beethovenscher Musik in den Programmen bereits 1900 bis zu 30 % aus.[10] Dieser gesetzte Standard wurde derart verpflichtend, die Fixierung auf sein Werk namentlich bei außergewöhnlichen Anlässen wie etwa dem des ersten philharmonischen Konzerts in New York am 7. Dezember 1842, das bezeichnenderweise mit Beethovens ‚Grand Symphony in C minor' eröffnet wurde, derart einengend, daß nach 1870 die Klagen über „zu viel Beethoven" immer unüberhörbarer wurden, wiewohl man in der Programmgestaltung bis heute Beethovens Orchesterstücke als Apotheosen an markanter Stelle placiert. So dirigierte am 23. November 1856 selbst Richard Wagner in Sankt Gallen als krönenden Abschluß eines Konzerts mit Werken vor allem von Franz Liszt Beethovens ‚Sinfonia eroica' unter Verzicht auf eine eigene Komposition. Er huldigte damit dem von ihm gottgleich verehrten Komponisten unter Hintanstellung seiner Person, auch wenn er in unmißverständlicher Eitelkeit seinen Namen in einer unvergleichlich auffälligeren Type auf den Konzertzetteln ausdrucken ließ als den des verehrten Meisters (Abb. 113). Eingedenk dieser Heroenverehrung beging man in Bayreuth die siebzigste Wiederkehr der Hebefeier des Festspielhauses am 1. August 1943 gar ausschließlich mit Werken von Beethoven, nämlich der Ouverture zu ‚Egmont', dem Adagio aus der IV. Sinfonie, der Ouverture ‚Leonore III' und dem Finale aus der Oper ‚Fidelio'.

Die auf den Programmen immer häufiger ausgedruckte Forderung: „Äußerungen des Beifalls oder Mißfallens" zu vermeiden, vom Beifall insgesamt Abstand zu nehmen oder die Feststellung, daß es nur der Direktion vorbehalten ist, das Programm zu ändern, nicht aber dem Publikum durch Beifallsbekundungen – wie etwa in einem Programm vom 30. November 1918 anläßlich eines „Concert Symphonique" in Genf, auf welchem zu lesen ist: „Aucun morceau ne sera répété, ni ajouté au programme. La Direction se réserve le droit d'apporter au programme toutes modifications que les circonstances pourraient lui imposer" –, zeigt, wie puristisch man darauf bedacht war, dem Publikum ein „angemessenes" Verhalten abzuverlangen.

Dieser Haltung entsprach auch die äußere Aufmachung der Programmzettel, die vor allem in den sogenannten Gründerjahren mit Ornamentik, Rahmenwerk und Bildern

57 Programm eines Konzerts zu Ehren des Congrès artistique in Antwerpen. Lithographie von V. J. S. Schoesetters. Nürnberg, Germanisches Nationalmuseum, Inv. Nr. HB 17457

Programmgestaltungen und Konzertzettel 83

58 Programm eines Wohltätigkeitskonzerts in Altona. Zeichnung von O. Schwindrazheim. 1894. Nürnberg, Germanisches Nationalmuseum, Inv. Nr. HB 16999

59 Programm eines Konzerts des Concertgebouworkest Amsterdam, geleitet von Gustav Mahler. Entwurf von Antoon Molkenboer. 1903. Den Haag, Gemeentemuseum

Programmgestaltungen und Konzertzettel

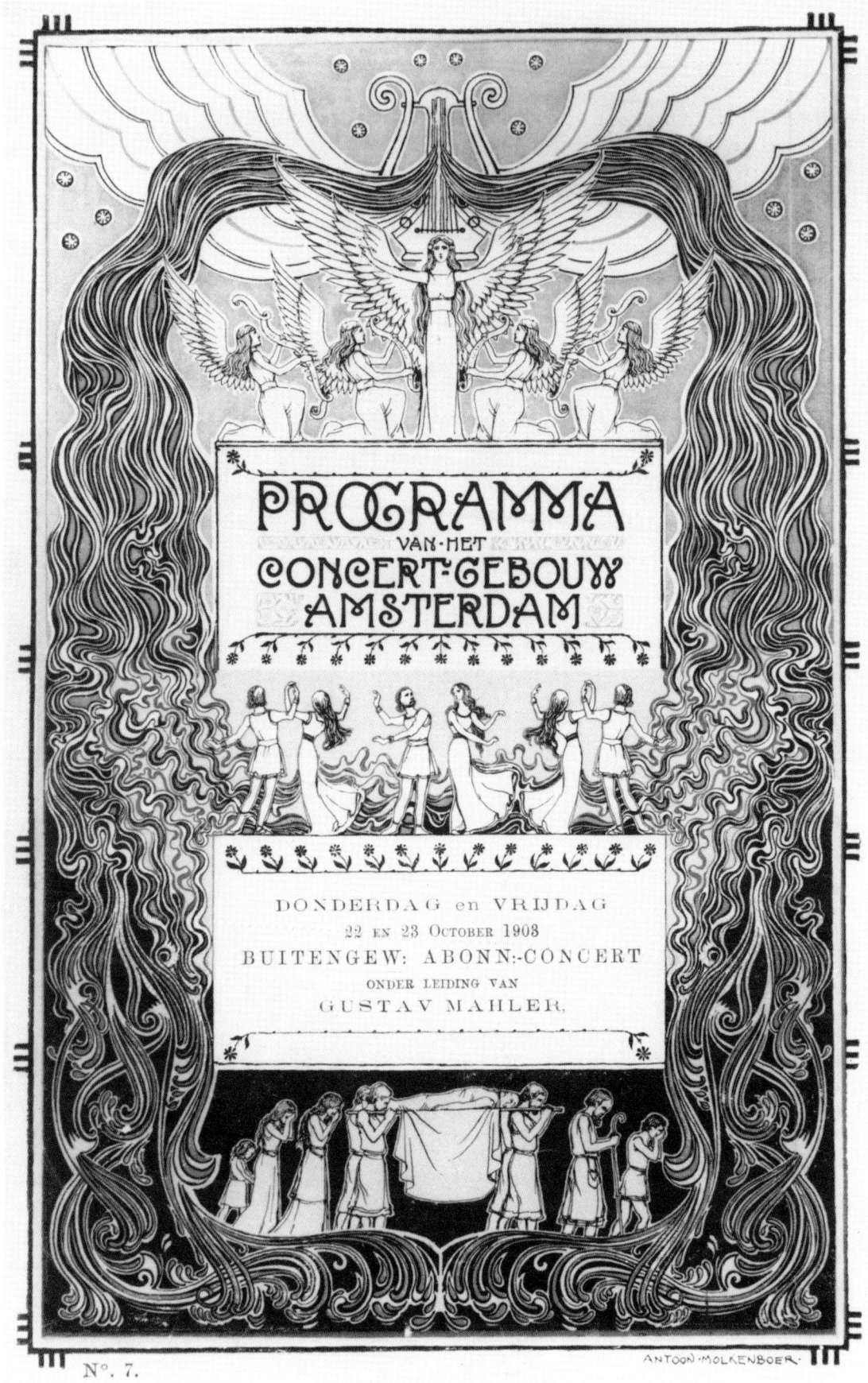

60 *Konzertprogramm aus der von der deutschen Armee besetzten Stadt Posen vom 16. 3. 1941. Privatbesitz*

aufwendig gestaltet wurden (Abb. 57 und 58). Gebrauchskünstler vor allem des Jugendstils (Abb. 59), etwa Leon Bakst, widmeten sich mit Vorliebe den Plakat-, Theater-, und Konzertzettelentwürfen als willkommener Gelegenheit, ihren Traum vom Gesamtkunstwerk zu realisieren. Sie ließen die Programmhefte zu Sinn- und Abbildern des zu erwartenden Konzerts werden, so daß sie über die verbale Vermittlung hinaus auch erweiterte künstlerische Kontexte erschließen halfen. Karl Amadeus Hartmann etwa machte aus diesem Gedanken ein Konzept und brachte für die von ihm als Forum für zeitgenössische Musik gegründeten Münchener ‚Musica-Viva'-Konzerte Programmhefte heraus, deren Ausgestaltung er ihm befreundeten Künstlern wie Joan Miró oder HAP Grieshaber antrug. Diese Hefte, denen heute bibliophiler Wert beizumessen ist, geben mancherlei Aufschlüsse über die Wechselbeziehungen zwischen der Musik und den bildenden Künsten nach 1945.

Freilich wurden Konzertprogramme zunehmend auch für Werbezwecke und Informationen über außerkünstlerische Vermarktungsinteressen genutzt. So werden nicht nur Namen von Instrumentenherstellern und Fachgeschäften, Werbetexte für Bücher und Schallplatten mitgeteilt, es wird auch von Modegeschäften modische Konzertkleidung vorgestellt oder für einen kulinarischen Konzertausklang geworben. Ebenso wurden Anweisungen betreffs der Garderobe oder der An- und Abfahrten per Droschke und Auto gegeben. Auf Konzertzetteln aus der Zeit des Zweiten Weltkrieges fand man auch Verhaltensregelungen für den Fall eines Bombenangriffs: „Bei Fliegeralarm müssen sich sämtliche Zuhörer in die Luftschutzräume begeben" (Berlin, ab 1939); stets wurden Orientierungspläne angefügt, zusammen mit dem Zusatz, man möge nicht in Panik verfallen, sondern „Ruhe bewahren". Staatlich zensurierte und gelenkte Veranstaltungen geben in Symbolen und Parolen, wie etwa „Die Kunst dem Volke" (Berlin, 1942) oder „Kraft durch Freude" mit propagandistischem Effekt parteilich geprägte Zielsetzungen kund.

In einer Fülle von Ausstattungsvarianten bis zum Verzicht auf Bildschmuck oder bis zu heutigen, an poppigen Comicstrips orientierten Programmen (Abb. 62) spiegelt dieses Medium seit mehr als zweihundert Jahren alle Phasen der geschichtlichen Entwicklung, vor allem nach 1850 wider, da die vielen Interessengruppen im sich anbahnenden Geschmackspluralismus begannen, sich um ihre Zielgruppen zu bemühen: entweder konservativ oder avantgardistisch, eklektizistisch, historistisch oder experimentell bis zur radikalen Absage an den herkömmlicherweise an eine Programmfixierung gebundenen Konzertbetrieb. Der Wiener Pianist Friedrich Gulda annoncierte 1985 freilich – nach einem überaus erfolgreichen Auskosten aller Möglichkeiten einer Virtuosenlaufbahn – Klavierabende mit dem Hinweis: „Das Programm wird während des Konzertes bekanntgegeben." Der Zuhörer hat sich mithin ähnlich wie vordem bei den Konzerten von Franz Liszt auf ein Programm einzulassen, das der Tagesverfassung des Solisten entspricht ohne das Recht des Publikums auf Verweigerung, nachdem es das Billett erworben hat.

Bekenntnishafte „Historische Symphonie-Konzerte" (16. 12. 1868, München, unter der Leitung von Hans von Bülow) wechseln mit Konzerten ab, die Musikgeschichte wieder verlebendigen wollen, etwa in München, wo bereits 1860 ein „Historisches Concert bayerischer Kapellmeister seit Ludwig Senfl" angekündigt wurde, oder nostalgischen Titeln wie „Konzerte wie anno dazumal" (Zürich, Tonhalle, 2. 7. 1977); Idole geben Konzertanlässe, etwa zu Ehren Friedrich Schillers im Jahre der 150. Wiederkehr seines Geburtstags 1909 oder Raffaels, der 1883 durch Konzerte mit Werken Mozarts geehrt wurde, in denen die vermeintliche Seelenverwandtschaft Mozarts mit dem Maler heraufbeschworen wurde, die seither die Mozart-Rezeption mitgeprägt hat. Titel wie „Ungarisches Koncert" (Budapest, 1871, veranstaltet von Franz Liszt) oder „Großes russisches historisches Konzert" (Paris, 1907, organisiert von Serge Diaghilew) legen Zeugnis ab von nationalistischen Bewegungen, die infolge ihrer Brisanz zu Zeiten hegemonialer Unterdrückung oder revolutionärer Phasen entweder boykottiert oder

61 Konzertankündigung an einer Litfaßsäule in Wien

62 Aus dem Programmbuch des NHK Symphony Orchestra Tokyo, Juli-August 1985

unangemessen hochgejubelt werden. Mit der Transkription etwa des Rákóczi-Marschs löste Hector Berlioz in Budapest 1859 Begeisterungsstürme aus. Sensible Reaktionen wie diese bestimmen als kulturpolitische Gradmesser bekanntlich bis heute Konzertprogrammgestaltungen, so daß es vor allem beim Export von Musik und Musikern immer noch Restriktionen aus Gründen politischer Opportunität gibt, etwa durch Israel, das sich die Musik des Antisemiten Richard Wagner während vieler Jahre verbat. Im zaristischen Rußland waren nach 1914 die Werke deutscher Komponisten ebenso verboten wie amerikanische Musik in Japan nach dem aktiven Eintritt dieses Landes in den Zweiten Weltkrieg. Adolf Hitlers Kulturzensur unterband ausnahmslos und mittels Überprüfung durch ‚Kulturwarte' das Aufführen der Musik jüdischer Autoren. Die dem Dirigenten Arturo Toscanini vom faschistischen Staat auferlegte Pflicht, vor jedem seiner Konzerte die Hymne ‚Giovinezza' spielen zu lassen, führte am 14. Mai 1931 in Bologna zu einem Skandal mit tätlichen Angriffen, nachdem sich der Dirigent geweigert hatte, dieser Pflicht nachzukommen. Wenn in Konzertprogrammen der DDR im Jahre 1953 klassische deutsche Musik mit 31 %, außerdeutsche mit 15 %, zeitgenössische mit 8 %, Musik aus den sozialistischen Nachbarländern ebenfalls mit 8 %, zeitgenössische Musik aus westlichen Ländern hingegen nur mit 1 % vertreten waren, so deuten diese Anteile nicht minder eindringlich darauf hin, daß Ideologieabhängigkeiten, Probleme des Urheberrechts und der Materialbeschaffung wie auch der gezielten Geschmackslenkung entscheidenden Einfluß auf Programmrealitäten nehmen.[11]

Konzertprogramme, 1917 in Wien bisweilen als „Vortrags-Ordnungen" interpretiert, sind mithin nie lediglich ästhetisch konzipierte Texte gewesen, sondern waren vom situativen Kontext abhängig. Da zum Thema Impresarii, Agenten und Management noch an anderer Stelle zu berichten sein wird, sei hier nur noch hinzugefügt, daß sich mangels Detailuntersuchungen deren Einfluß auf die Programmgestaltung derzeit nur an einigen wenigen Beispielen rekonstruieren läßt, in denen sich Künstlerkorrespondenzen erhalten haben. In ihnen ging es zumeist um Erfolg verheißende Programminteressen, die durch den Agenten als Auflage an den abhängigen Künstler weitergereicht wurden.

Konzertarten

Konzerte bei Hofe

Burgen und Schlösser sind – wie bereits angedeutet – seit dem Mittelalter bevorzugte Plätze für die Vermittlung von Musikwerken gewesen, die hier im feudalen Rahmen von aufwartenden ‚ménestrels' ausgeführt wurden. „An der Tafel" oder „in der Kammer" war deren vornehmste Placierung. Bei und für Hofhaltungen wirkten fahrende Spielleute, Hofkapellen und Hoftrompeter, reisende Virtuosen, die mit ihren Darbietungen nicht nur Kurzweil bereiten, dekorativen Zwecken dienen oder verständige Anteilnahme am Komponierten wecken sollten, sondern auch zur Glorifizierung der Herrschenden beizutragen hatten. Diese gesellschaftlichen Funktionen sind seither mit den Auftraggebern, den Dienern wie den Bedienten eng verknüpft. Der Hof war stets etwas Exklusives, eine prestigereiche Eliteformation von repräsentativ-zentraler Bedeutung für den Staat wie für die Politik. Hofkonzerte wurden in der Neuzeit ein Schmuckstück von Hofhaltungen, die im europäischen Konzert der Dynastien etwas auf sich hielten.

Bereits im 16. Jahrhundert spricht man von einem „lieblichen Concerto" in der fürstlichen „Camer", so zum Beispiel 1566 der bayerische Herzog Ferdinand, der am Hofe in Ferrara zu Besuch weilte. Diese Briefpassage besagt, daß die Vokal- und Instrumentalmusik sich damals bereits zumindest teilweise heraushob aus der untergeordneten Funktion, lediglich als Ohrenschmaus an der Tafel dienlich zu sein. Renaissancefürsten waren wahrscheinlich die ersten, die Musik – unbelastet durch störende Nebenereignisse – als solche zu vernehmen und auszukosten trachteten. Im ‚Concerto' als Gattung wie Darbietungsweise, das Dilettanten mitsamt Professionalisten ausrichteten, konnte diese Kunst als Vorführung wie auch als gemeinsam Vollzogenes zu sich selbst finden, somit ästhetischer Gegenstand werden und damit die Geschichte der „Privatkonzerte" einleiten, die von der Exklusivität und den individuellen Ansprüchen weniger bestimmt gewesen sind. Teilnehmen konnte nur derjenige, welcher dazu gebeten wurde. Damit wurde der Kunst zwar die Möglichkeit geboten, autonom zu werden, freilich mit der Einschränkung, „unter den Willen des Hofes ... subordiniert" (Wackenroder, 1797) zu sein.

Im Zeitalter des Absolutismus, als die privilegierte Aristokratie sich als „les Grandes" hochzustilisieren vermochte, wurde dem Konzert bei Hofe eine verstärkte gesellschaftliche Rolle zuteil. Auf der Suche nach Genuß in einem nachlässigen Lebensstil, nach Muße und Glück als dem höchsten Gut hatte die Musik als „amusement" oder „entertainment" vielseitig präsent zu sein. Neben der Jagd, dem Spiel und Tanz, dem Bankett, Theater sowie Maskeraden füllte diese Kunstübung den dafür ausgesparten Bereich im Alltag wie auch die zahlreichen Festtage aus. Der barocke Residenzbau, der sich vornehmlich außerhalb der Städte in flacher Landschaft, großräumig geplant, zu präsentieren strebte, sah hierfür die benötigten Räume vor. „Concertzimmer", „Concert-Stuben" (Schloß Zerbst), Musikzimmer mit einer spezifischen bildnerischen Ausgestaltung und Ausstattung wurden mit deutlichem Sachbezug im Gesamtplan einer Hofhaltung unentbehrlich. Auch diesbezüglich gab der französische Königshof mit seinem strengen Zeremoniell den Ton an. In den Luxusappartements von Schloß Versailles zum Beispiel, im „cinquième chambre" mit seiner eingebauten „tribune" für die Musiker, gab es zahlreiche kleine Konzerte „de se divertir" (‚Memoires' des Marquis de Sourches).[1] Zwei Abbildungen (Abb. 63 und 64) veranschaulichen die Atmosphäre dieses hochherrschaftlichen Genießens aufwendiger und stets „angenehmer Concerte" für wenige Hörer. Alle Blicke und Darbietungen sind zentral auf den einen, den Fürsten, gerichtet. Die Art und Abfolge der Ausführung sowie des Programms bestimmt ausschließlich sein „goût". Sein Applaus gibt den Maßstab ab für das erst danach mögliche Applaudieren des Gefolges. Sein Verhalten prägt die für den jeweiligen Hof geltenden Normen, Favorisierungen und Ablehnungen. Der ausübende Musiker befindet sich im Stande des mehr oder weniger hörigen Lakaien, der mit Divertissements „zu Diensten" steht, die eingebunden sein konnten in auch optisch fesselnde barocke Festwerke oder aber vereinzelt „celebrieret" wurden. Die zweite Darstellung (Abb. 64) zeigt zudem, daß bei Konzerten mit Kantaten – hier im Rittersaal des Eutiner Schlosses anläßlich „des gros Furstens von Ruslandt auch Herzog zu Sleswic Holstein [Karl Peter Ulrich] Hohen Gebuhrts Tages" – die gedruckten ‚Libretti' zum Mitlesen ausgeteilt wurden. Die räumliche Distanz zu den lohnabhängig mitwirkenden Musikern machen beide Bilder augenfällig. Für solche und andere Hofkonzerte bildeten sich neue, spezialisierte „compagnies" (Paris, 1656) oder „bandes de symphonistes", deren Hauptzweck es wurde, Konzertmusiken mit Raffinement, aufgeteilt in Solisten und Ripienisten, auszuführen.

Trotz der Ausweitung der aufwendigen Apparate und Mittel blieb freilich die aktive Teilnahme der Hofgesellschaft an der Ausübung von Musik eine auszeichnende Übung und galt nicht als ein ständisch diskriminierendes Tun. Ein Fürst erwies als vollendeter galant homme seine illustren Fähigkeiten auch im angemessen stilisierten höfischen Tanzen und Musizieren. Nachrichten wie die vom 5. März 1719 vom Kurfürstenhof in München waren keine Seltenheit, wonach

63 Gartenfest am Hofe Ludwigs XIV. zu Versailles. Kupferstich von François Chauveau. Um 1670 (27,7 × 41 cm). Wien, Albertina, Inv. Nr. HB CXLIII (2), p. 128

64 Hofkonzert im Rittersaal des Eutiner Schlosses. Tuschzeichnung von Johann Christian Lewon. 1743. Stockholm, Nationalmuseum

es üblich war, „... nachmittag ein concert de music mit fletten in dem großen Cabinet des Churfürsten, wo der Churfürst auf der gamba, der Pr. Ferd: aber auf der flautten gespielt, die hoff Dames saßen darbey in craiß herumb". Charles Burney berichtet 1772 aus Dresden: „Um acht Uhr versammelte sich die Kapelle des Churfürsten zu seinem Privatconcerte. Die regierende Churfürstin und die Hofdamen spielten im Musikzimmer Karten. Das Concert ward mit zwei Sinfonien von Schwindl geöfnet. Herrn Kroner, welcher die Violinen dirigirt, ist mehr ein kühner und starker Anführer eines Orchesters als ein Solospieler. Signor Panzachi sang die erste Arie. Er hat eine gute Tenorstimme, einen gefälligen Vortrag und die viele Fertigkeit der Kehle; man sagt auch, daß er vortreflich agiren soll. Nach dieser Arie sang die verwitwete Churfürstinn von Sachsen eine ganze Scene aus ihrer eigenen Oper Talestri; der Churfürst spielte mit Kroner die Violine, und Naumann accompagnirte dabey auf dem Flügel. Sie sang in einem wirklich feinen Style; ihre Stimme ist sehr schwach, aber sie zwingt sie niemals, und bleibt immer rein im Tone. Das Recitativ, welches mit Accompagnement war, trug sie in der Manier der grossen Sänger von alten und bessern Zeiten vor ... Nächst diesem spielte der Churfürst eines von den Trios von Schwindl auf

65 *Musikzimmer im Schloß Sanssouci zu Potsdam. Entworfen von G. W. Freiherrn v. Knobelsdorff. 1745–1748*

der Gambe, vortreflich. Herrn Abel ausgenommen, habe ich keinen so schönen Gambinisten gehört. Er hat eine sichre und sehr fertige Hand, sein Geschmack und Vortrag sind zum bewundern, und selten wird man einen Liebhaber antreffen, der so sicher im Tackte ist, als er ..."

Als mustergültig und daher seit dem 19. Jahrhundert auch in Historienbildern darstellungswürdig erweist sich für diese hochherrschaftliche Attitüde insonderheit die Musizierpraxis des preußischen Königs Friedrich II. Dieser absolutistisch regierende Herrscher und Feldherr residierte in Schloß Rheinsberg, in Schloß Sanssouci sowie im Stadtschloß zu Potsdam, im Neuen Palais, in Berlin-Charlottenburg oder auch im Schloß zu Breslau. In all diesen Residenzen ließ der passionierte und routinierte Musikliebhaber von seinen Hofarchitekten Konzertzimmer einbauen.[2] Das bekannteste und von Adolph von Menzel als Lokalität für sein berühmtes Gemälde (Abb. 65) ausgewählte Musikzimmer befindet sich im Schloß Sanssouci. Gebaut wurde dieses zwischen 1745 und 1748 von Georg Wenzeslaus Freiherrn von Knobelsdorff und ausgestattet mit Panneaux von Antoine Pesne, die nach dem Willen des Bauherrn ausdrücklich dazu dienen sollten, auch das Auge und nicht nur das Ohr zu beschäftigen. Mitten im Raum stehen ein Cembalo von Gottfried Silbermann sowie ein kunstvoll gefertigtes Notenpult von Johann Melchior Kambly. Der englische Reisende Charles Burney beschreibt in seinem 1773 in Hamburg erschienenen Tagebuch seine Eindrücke nach einem Besuch wie folgt:

„Das Concertzimmer des Königs hat Spiegel von ganz ausnehmender Grösse; die Bildhauerarbeit darin ist theils vergoldet, theils mit dem schönsten grünen Firniß à la martin überzogen. Alles Geräthe und alle Zierrathen in diesem Zimmer sind nach dem allerfeinsten Geschmacke. Es steht ein Pianoforte von dem neuburgischen Silberman darinn, das sehr schön gearbeitet und mit Firniß überzogen ist; für Se. Majestät stehet ein Pult von Schildpatte das sehr reich und künstlich mit Silber ausgelegt ist; auf dem Tische liegt ein Verzeichniß der Concerte, welche sich im neuen Pallaste befinden, und ein Notenbuch worin, wie Se. Majestät es nennen, Solfeggi geschrieben stehen, nemlich Preludia von schweren und geschwinden Sätzen, zur Uebung der Finger und Zunge, wie die eigentlichen Solfeggi zur Uebung für die Kehle der Sänger sind. Se. Majestät haben von dieser Art Büchern für die Flöte eines in jedem Musikzimmer aller Palläste." Nach 1740 pflegte der König „alle Tage des Abends von 7 bis 9 in der Kammer ... ein ordentliches Concert aufführen" zu lassen, wobei er meistens selbst mitwirkte, oft gar auch die Werke lieferte, die lediglich für diese Privatissima bestimmt waren und nicht für die Öffentlichkeit oder den Notenmarkt. Dieser tägliche Umgang mit Musik verschaffte ihm „Erholungsgenuß nach Regierungsgeschäften und Heldenarbeit" (Johann Friedrich Reichardt, 1793). Gemäß der Devise „so soll es nun damit bleiben", stagnierten allerdings – diktiert von einem einseitig orientierten Geschmack – sehr bald der Stil, die Spielweise sowie das Ritual des Konzertierens. Dieses versuchte Menzel treffsicher nach eingehenden Studien nachgestaltend ins Bild zu

66 Concert in einem Gartensalon.
Radierung von Daniel Nikolaus
Chodowiecki (8,1 × 10,8 cm).
Darunter die Legende:
„Der Trieb, die Übereinstimmung
zu bemerken."
München, Staatliche Graphische
Sammlung, Inv. Nr. 105484

setzen, wobei er den Besuch der Schwester des Königs, der Markgräfin Wilhelmine von Bayreuth, im Jahre 1750 zum Anlaß seiner Darstellung nahm.

Dieser Markgräfin Wilhelmine stand im Neuen Schloß zu Bayreuth ebenso ein Musikzimmer zur Verfügung wie etwa seit 1615 den Fürsterzbischöfen in Schloß Hellbrunn bei Salzburg, den Kurfürsten im Schloß Schleißheim bei München, in den Schlössern der Esterházys in Ungarn, oder im Petworth House in Sussex (England). Hofkonzerte in dafür ausgewiesenen Räumen sich leisten und Gästen anbieten zu können, war ein soziales Muß. Hier wie auch anderswo diente die Musik in einem Zerstreuung suchenden, oft handlungsarmen Dasein als Stimulanz für Emotionen und als Begleitkulisse für andere Ergötzlichkeiten. Der am Preußenhofe übliche Ernst der Darbietung wurde sonst nur selten im Milieu dieses „carefree and constant pursuit of happiness" (John Locke) erstrebenden, abgesonderten Daseins aufgeboten. Normalerweise, wenn, wie in Polen oder Böhmen, „Bediente und Vasallen" (Charles Burney) dazu verpflichtet wurden, umgeben von Haustieren, musizierend aufzuwarten, gingen die Konversation, das Kartenspiel, Rauchen und Schmausen weiter. Das Musizieren geschah dann lediglich als eine Beiläufigkeit. Unter diesem Mangel an Konzentration auf den musikalischen Vortrag hatten die Musizierenden bis ans Ende der Geschichte der Konzerte bei Hofe zu leiden. Louis Spohr erlebte es in Braunschweig, daß die Hofmusiker dort stets piano zu spielen hatten, um nicht die Konversation der Kartenspieler zu übertönen. Selbst Goethe nahm 1812 in Weimar während eines vom Herzog befohlenen Hofkonzerts den am Klavier phantasierenden Carl Maria von Weber nicht wahr, da er sich währenddessen laut mit einem Fräulein von Reitzenstein unterhielt. Erst nach 1800 weigerten sich berühmte Solisten, wie etwa die Sängerin Gertrud Elisabeth Mara, unter derart unwürdigen Umständen aufzutreten. Sie nahmen den herkömmlichen Zwang zur bedingungslosen Anpassung nicht mehr an. In Sankt Petersburg wurde erst nach 1720 durch den Herzog Karl Ulrich von Holstein-Gottorp „eine feinere und vollständigere, oder eigentliche Deutsche-Kammer-Musik" eingeführt,[3] die auch der Zar Peter der Große für seinen Hof adaptierte. Peter II. erlernte bereits als westlich orientierter Fürst das Violoncellospiel. Unter Katharina II. waren Privatkonzerte wie auch öffentlich zugängliche in Sankt Petersburg wie in Moskau fest etabliert. Ein Beobachter der Szenerie berichtet beispielsweise: „Unter der Einrichtung eben dieses großen Kenners und Liebhabers der feinen Musik, entstund nochmals im Palais des Hetmans, Grafen Kirila Grigorjewicz Razumowskij, zu Gluchov in der Ukraine, eine meist aus Russen und nur etlichen Ausländern vereinigte Hauskapelle oder Kammer-Musik, dergleichen noch bei keiner Privat-Person in Rußland zu finden gewesen war. Sie bestand in etlich und 40 sehr geschickten Musicanten, deren jeder sich auf seinem Instrument allein, und mit Ehren, konnte hören lassen ..." Höhepunkte bildeten hier wie anderswo jene ‚concerts de music', die als Gala, also als Hoffest, ausgestaltet wurden. Der Hofkalender des kurfürstlichen Hofes zu München weist zu dieser Zeit jährlich bis zu dreißig Galatage unter Mitwirkung der tüchtigsten verfügbaren Musiker auf. Sinfonien, Kammerkantaten (Abb. 66), Arien und Quartette, aber auch Vortragsstücke auf der Musette oder Drehleier – so in Versailles – wurden dabei in buntem Wechsel, oft als Vorspiel zu einem Souper, genossen.

Gegen Ende des 18. Jahrhunderts änderten sich die Gepflogenheiten bei Hofe insofern, als fortan neben den nur auf Einladung zugänglichen Privatkonzerten auch das „jedermann den Zutritt erlaubende" Konzert unter Einsatz der Hofkapellen und Opernsänger eingeführt wurde. Aufklärerische Motivationen, Intentionen der Volksbildung und allgemeinen Humanisierung wie auch soziale Zwänge zur Öffnung der ständischen Abgeschlossenheit förderten diese Differenzierung. Seither standen die besten Musiker eines Landes nicht mehr ausschließlich wenigen Privilegierten abrufbar zu Verfügung. Die Fürsten ließen ihre Untertanen an der Musik der Vorklassik und der Klassik partizipieren. In Berlin erlaubte erstmals die Gemahlin König Friedrichs II. „jedermann" den Zutritt zu „vortrefflich besetzten Konzerten". Da die Hofmusiker auch unter König Friedrich Wilhelm II. (1786–1797) „Musiken von entschiednem Werth" für eine gemischte Hörerschaft zum Besten gaben, trugen Initiativen wie diese zur allgemeinen Geschmacksbildung und Angewöhnung an die instrumentale Hochkunst bei.

In München wurde im Jahre 1784 der Schritt zur Öffentlichkeit hin vollzogen. Musikalische Akademien – reduziert zu Liebhaberkonzerten – riefen zum Abonnement auf, worüber in ‚Cramers Musikmagazin' von 1784 berichtet wurde: „Hier besteht ein Liebhaber Concert; ein schönes Institut, welches ein zahlreiches Abonnement gefunden hat. Wozu der Ertrag verwendet wird, weiß man noch nicht. Die Aufsicht darüber wird von einem Ausschuß des Adels und des Orchesters geführt. Die von dem Bürgerstande haben keine Stimme dabey; ihr Abonnement ist aber gewiß eben so beträchtlich. Ein Fremder muß sich durch einen abonirten Freund einführen lassen, und bezahlt nichts; auf andere Art kann kein auswärtiger Theil daran nehmen. Angenehmer würde es aber für diese seyn, wenn sie für baare Bezahlung Zutritt haben könnten, da nicht jeder Fremde hier Bekanntschaften hat. Indessen findet die nämliche Einrichtung auch an anderen großen Orten statt, obgleich viel Reisende wünschen mögen, daß sie überall abgeschaft würde." Die Programme waren zu dieser Zeit vom mannheimerischen Gusto geprägt, denn der Zuzug eines Teils der Mannheimer Hofkapelle wirkte sich stilistisch dominierend aus. Die am 8. Dezember 1785 gegebene „Academie" bot beispielsweise folgende Werke und Solisten an:

Simphonie de Mr. Cannabich.

Sopr.	Mr. Bologna.
Violin.	Mr. Toeschi le fils.
Ten.	Mr. Panzachi.
Clarinet.	Mr. Tausch cadet.
Air.	Mad. Lebrun.
Flute.	Mezger.
Air.	Mr. Zoncha.
Hautb.	Mr. Lebrun.

Simphonie de Mr. Toeschi.

Die zumindest halböffentliche Teilnahme am Konzert wurde bemerkenswerterweise an kleineren Höfen mit besonde-

67 Konzertprogramm anläßlich der Krönung Zar Alexanders III. von Rußland in Sankt Petersburg am 24. 5. 1883. Nürnberg, Germanisches Nationalmuseum, Inv. Nr. HB 17497

rem Interesse ermöglicht. Einer der diesbezüglich besonders engagierten war der Grafenhof zu Burgsteinfurt in Westfalen. In dem als Konzerthaus in einem Park errichteten Bagno (Abb. 13) wurden dort nämlich von 1775 bis zum Jahre 1806 an jedem Sonntag von Anfang Mai bis Ende September unentgeltlich zugängliche „öffentliche Concerte" gegeben, denen die weiterhin privatissime verbleibenden Kammermusiken für die Connaisseurs gegenübergestellt waren. Es wirkten dabei mit: Lakaien sowie Hofbeamte in Uniform mit Haarbeutel und Degen, Stadt- und Militärmusiker sowie durchreisende Virtuosen. Die Zuhörer, welche mit sanftem Druck aus der bäuerlichen Umgebung zur Anwesenheit aufgefordert wurden, hatten gewaschen und in anständiger Kleidung zu kommen. Geprobt wurde für diese Bagnokonzerte am Mittwoch und Sonnabend jeder Woche. Hier wie anderswo wurde gemäß der Auflage gehandelt: „wie es erfordert wird", was heißt, wie es der „gnädigste Befehl" verlangt. Bei Hofe und vom Hofe ausgehend, spielte sich somit

um 1780 ein von dieser Institution abhängiges dreigeteiltes Konzertleben ein, das in vielen Ländern auch außerhalb Europas sich in dieser Klassifikation bis zum Ersten Weltkrieg halten konnte:
a) das „Concertieren im Zimmer, wo blos der Hof war" (Fürstlich Waldeckscher Hof Arolsen, 1778),
b) das Konzertieren vor der Hofgesellschaft zuzüglich der „Élite du beau monde" aus dem Bürgerstand,
c) das „große, öffentliche Concert auf herrschaftliche Kosten" (Bückeburg, 1802).
Deren Programme bedurften allesamt der Genehmigung durch die Herrschaften.

Die Regelmäßigkeit der von den Höfen arrangierten Veranstaltungen wurde unterbrochen sowohl durch Trauerfälle, Phasen des Desinteresses und Herrscherwechsels als auch vor allem durch die Auswirkungen der Französischen Revolution von 1789, die das kulturelle Treiben beeinträchtigten, veränderten und etwa 1796 am Hofe zu Lippe-Detmold dazu führten, daß für längere Zeit gar „kein Concert gehalten" werden konnte. Am Beispiel dieser kleinen Residenz läßt sich deutlich ablesen, wie schrittweise der Übergang in das bürgerliche Zeitalter vollzogen wurde, die Exklusivität der Feudalschicht stilistisch wie auch geschmacklich dem gängigen Durchschnitt verfiel. Hofkapellmeister boten zwar weiterhin ihren Dienstherren „ernste Stücke" an, aber zumeist „Konversationsnummern" bestehend aus Opernpotpourris, Horn-Romanzen oder Flöten-Rondos, die als seichte Ware den gesellschaftlichen „guten Ton" beleben sollten. Resignierend ob der mediokren Verhältnisse, berichtete Johannes Brahms 1857 seinem Freunde Joseph Joachim: „hier ist eine vollständige Wüste an Musikfreunden, einige Damen abgerechnet."

Als symptomatisch für diese Aushöhlung des Anspruchs, vom Hofe aus tonangebend für die Musikkultur sein zu können, dürften die Verhältnisse am kaiserlichen Hofe zu Wien angesehen werden. 1854 wurden die Tiroler Nationalsänger, die Familie Rainer aus dem Zillertal, vom jungen Kaiser Franz Joseph nach Laxenburg zu einem Hofkonzert eingeladen. Um 1870 boten die als Nebensache betrachteten Konzerte in den kaiserlichen Appartements oder bei Staatsbesuchen nur mehr Kleinigkeiten, ja Nichtigkeiten an. Die Kaiserin Elisabeth war „dem strengen Styl nicht zugetan"; sie zog „leicht sangbare, dem Gehör schmeichelnde kurze Tonstücke großen classischen Werken vor". Die Musik von Brahms, Bruckner oder Mahler war diesem Hof nicht zugänglich. Das Hofkapellmeisteramt verkümmerte zu einer subalternen, nur der Unterhaltung dienenden Rolle eines Hausmusikers und Gefälligkeiten liefernden Arrangeurs. Am 26. Januar 1868 wurde in den Appartements I. M. der Kaiserin um 19.30 Uhr folgendes, keinen Kommentar mehr benötigendes Programm präsentiert (siehe hierzu auch Abb. 67):

Bach – (Gounod). Präludium, *Violine:* *Herr Hellmesberger.*
 Harfe: *Herr Zamara.*
 Harmonium: *Herr Zellner.*
 Clavier: *Herr Herbeck.*

Schumann – „Die Stille" *Lieder* *Frl. Magnus.*
Schumann – „Frühlingsnacht"
Taubert – „Lieb' Kindlein gute Nacht"
Volkslieder: – „Liebsscherz" *Chöre* *Mitglieder des Wiener*
 „Untreue" *Männergesang-Vereines*
Mendelssohn – „Lied ohne Worte" *Harmonium-Solo*
Weber – „Gesang der Meermädchen" aus „Oberon" *Herr Zellner*

Schubert – „Am Meer"
Schubert – „Mit dem grünen Lautenbande" *Lieder* *Herr Walter*
Schumann – „Die Lotosblume"
Schumann – „Träumerei"
Schubert – „Deutsche Tänze" *orchestriert von Herbeck*

Dirigent und Begleiter sämtlicher Gesänge am Clavier
Hofkapellmeister J. Herbeck.

68 Chor junger Kalmücken singt in Astrachan. Stich von Godefroy Durand nach einer Vorlage von M. P. Blanchard. 1857 (13,8 × 22,8 cm). Aus: ‚L'Illustration', Vol. XXIX, 1857, S. 333

Vergleicht man diese Ansammlung von Liedern und Salonstücken mit den Aktivitäten, die noch bis 1807 die Kaiserin Marie Therese in der Wiener Hofburg entfaltet hatte, bei denen sie selbst mitwirkte zur Realisierung von Werken Pergolesis oder Joseph Haydns, dann erhellt dies – neben anderen Symptomen – den Verfall einer Institution und die zunehmende Bedeutungslosigkeit gewisser Höfe gegenüber Innovationen in der Musik mit mehr als nur unterhaltendem Anspruch. Auch die am Berliner Kaiserhofe gegen Ende des Jahrhunderts vor etwa zweihundert geladenen Gästen gegebenen Donnerstags-Soireen der Kaiserin Augusta im ovalen Saale des Palais, die an runden Tischen saßen, kamen über das Niveau „musikalischer Unterhaltungen" (Anton von Werner, 1913) mit Gefälligkeiten von gestern, Arrangements von Folklorismen und ähnlichem nicht hinaus.

Angesichts all dessen ist es nicht verwunderlich, daß die als Kunst-Heroen international verehrten Virtuosen sich im 19. Jahrhundert als die neuen Souveräne im Bereich der Kunst neben die in ihren Befugnissen zunehmend geschmälerten Monarchen und Fürsten stellen konnten. Seit Beethoven, Paganini oder Liszt (Abb. 56) beanspruchten auch ausübende Musiker mit oder ohne kreative Fähigkeiten, den Adel des Geistes über den der Geburt erheben zu können. Mit herrscherlicher Attitüde baten sie fortan die Aristokratie zu sich. Die Gepflogenheiten einer streng regelnden Etikette wurden dessenungeachtet auf Musiker aller Grade der Reputation angewendet. Freilich galt weiterhin das Auftreten vor einem Monarchen als Erweis „höchster Ehre", eine „Belobigung in den gnädigsten Ausdrücken" (Berliner Hof, 1847) als höchstrangige Auszeichnung. Applaudiert wurde nur dann, wenn der Fürst sein Gefallen deutlich gemacht hatte. Das Auftreten mit Orden und Ehrenzeichen am Frack galt als Pflicht, die Unterlassung als Provokation. Brillantringe, Schnupftabaksdosen, signierte Porträts oder der Titel ‚Hofrat' (zum Beispiel 1911 in Gotha an Max Reger verliehen) ersetzten zuweilen immer noch den Lohn, denn 1853 machte der gefeierte Sänger Julius Stockhausen die Erfahrung: „ ... In Deutschland honoriert man Hofkonzerte nicht; das ist unter der Würde eines Hofes. Statt dessen wird einem ein Geschenk überreicht." Das Privileg, aufwarten zu dürfen, wog offensichtlich schwerer als die klingende Münze in einem sonst voll vermarkteten Umfeld. Kennerschaft erfuhr der Musiker bei Hofe im 19. und 20. Jahrhundert immer seltener. Vermochte noch 1847 der Balladensänger Carl Loewe vor der englischen Königin Victoria auch mit seinen Improvisationen Verständnis zu finden, so waren am Ende des Jahrhunderts kunstverständige Aristokraten wie etwa der Herzog von Meiningen, die rumänische Königin Elisabeth (Fürstin zu Wied) oder auch die selbst musizierenden Fürsten zu Sayn-Wittgenstein bereits Ausnahmeerscheinungen. In Schloß Berleburg wurden Hofkonzerte noch um 1900 ausgeführt, „bei denen Herr Bodenbänder die erste

Violine spielte, Fürst Albrecht Violine und Cello, der Pfarrer das Fagott, der Kammerdiener das Waldhorn, Lakai Krämer und Herr Riedesel die 2. Violine, Herr Gaerde die Bratsche, Lakai Ambrosius Cello, Martinelli die Baßgeige; Vetter Gustav schlug die Pauke und der alte Minister Prinz August spielte oft die Violine …" Ansonsten pflegte man in Königshöfen im Okzident wie im Orient möglichst leicht eingängigen Stücken passiv zuzuhören, die zur gleichen Zeit auch beim breiten Publikum in bürgerlichen und betont „popularen" Konzerten Anklang fanden.

Ein Kronzeuge ist der vor dem Ersten Weltkrieg gefeierte Violinist Henri Marteau, der bis um 1930 bei vielen Regierenden zu Gast sein konnte. Er musizierte mit größter Diskretion „dans la plus stricte intimité" vor der russischen Zarenfamilie, die das Dargebotene mit „Schweigen" hinnahm. Auf Sandringham Hall, dem englischen Königssitz in Norfolk, wurde er hingegen im Jahre 1900 von der Königin Alexandra mit der provokanten Frage konfrontiert, ob die Musik nur „la vapeur de l'art" sei.[4] An einem königlichen Frühstück mit „auflockernden" Musikvorträgen beteiligte er sich in Kopenhagen; ein Telegramm der deutschen Kaiserin konnte ihn 1909 dazu bestimmen, bereits eingegangene Konzertverpflichtungen aufzukündigen, um dem „ausdrücklichen Wunsche in Berlin Privatissime zu spielen nachzugeben". Der König von Bulgarien legte zu seinen Darbietungen eine Uniform mit Ordenszeichen, weißen Handschuhen und einer pelzverbrämten Mütze an, was dem Auftritt bei einem Staatsempfang gleichkam. Eine Soirée hingegen im Schloß zu Kopenhagen wurde von König Georg I. von Griechenland betont „schlicht und leutselig" gehalten. Am montenegrinischen Hofe zu Cétinje hatte Henri Marteau 1912 angesichts eines „souveränen Gebarens" des dortigen Königs die Ehre, nach einem opulenten Souper „das übliche Kartenspiel … durch Musik ablösen" zu können, was als Abwechslung von der Normalität seitens der Höflinge dankbar begrüßt wurde. Überreichte Orden wurden anschließend „dem Schubfach der Erinnerungen einverleibt". Auch der letzte türkische Sultan lud den Geiger zu sich ein an den Bosporus und zeichnete ihn mit der Bemerkung aus: „Je suis content de vous". Marteau praktizierte seine Vorlie-

69 *Konzert im Vatikan zu Ehren von Papst Johannes XXIII.*

be für Hofkonzerte bei den Hohenzollern sogar noch nach dem für die Dynastie verlorenen Ersten Weltkrieg. Noch im Jahre 1930 reiste er zu dem im Exil lebenden, zum Schein in Haus Doorn in den Niederlanden aufwendig hofhaltenden Kaiser Wilhelm II., um diesem sowie holländischen Aristokraten geschmeichelt zu Diensten zu stehen mit einem vom Gastgeber „gewählten Programm", das dieser anerkennend entgegennahm, mit der ihn kennzeichnenden Bemerkung: „Jawohl, so hat man bei mir in Berlin Musik gemacht!"

Diese Notizen aus dem Leben eines reisenden Virtuosen in der ersten Hälfte des 20. Jahrhunderts schildern unterschiedliche höfische Situationen kurz vor dem Untergang einer Gesellschaftsschicht in Europa, Asien und Afrika. Nur wenige Residenzen haben über den Zweiten Weltkrieg hinaus das „Conzert im Zimmer" der Herrschenden ungebrochen am Leben erhalten können. Hofhaltungen in Persien, Kambodscha oder Japan ließen mit westlicher oder einheimischer Musik in exklusiver Abschirmung weiterhin für sich musizieren. Exklusivität mit Zulassung der Öffentlichkeit via Rundfunk, Fernsehen oder Schallplatte pflegt gelegentlich seit dem Pontifikat von Papst Johannes XXIII. der Vatikan zu verbinden. Seither gelingt es Ensembles wie den Bamberger Symphonikern, zum Beispiel am 14. Mai 1963, oder im Sommer 1985 den Wiener Philharmonikern, geleitet von Herbert von Karajan, Audienzen für Konzertdarbietungen zu erwirken, wobei der Papst gegenüber den Musikern auf einem Thronsessel (auf Abb. 69) in der Aula Clementina, flankiert von wenigen Ehrengästen, Platz nimmt und als Zeichen der Anerkennung als erster Beifall spendet und den Mitwirkenden Medaillen überreicht. Hofkonzerte sind, da sie meistens aus Darbietungen von Repertoirestücken bestehen, seit dem 19. Jahrhundert lediglich noch Veranstaltungen für ein genießend-rezipierendes Verhalten. Impulse von wegweisender Bedeutung, produktive Förderungen seitens eines stilbildenden Mäzenatentums gehen von hier nicht mehr aus. Das 17. und 18. Jahrhundert boten diesbezüglich gewiß die optimalen Voraussetzungen und gaben die weitestreichenden Anstöße.

Concerts de Salon

Der freiheitlich gesinnte Dichter und Sprachforscher August Heinrich Hoffmann von Fallersleben faßte 1871 seine Eindrücke von einer im Großbürgertum seiner Zeit zum ‚guten Ton' gehörenden Einladung zu einer Soirée musicale trefflich in die Verse:

Bei Herren Schulz und Sohn ist Soirée,
Für diesmal aber wird nur musiziert.
Es haben mitzuwirken ihrerseits
Die ersten Künstler sich bereit erklärt.
Durch Karten und Programm geladen ward,
Was in der Künstler- und Gelehrtenwelt
Nur einigermaßen von Bedeutung ist.

Ballmäßig tritt ein jeder in den Saal,
Die Damen alle schön geschmückt, die Herrn
Im schwarzen Frack und mit Glacéhandschuhn
Und den Zylinder immer in der Hand.
Ein jeder wird mit Namen, Rang und Stand
Der übrigen Gesellschaft vorgestellt.
Dann nimmt man Platz und hört in einem fort
Und hört, sonst hat man weiter nichts zu tun.
Von vornherein versteht es sich von selbst,
Daß man das Nötige hat mitgebracht:
Recht starke Nerven und ein Portemonnaie
Mit Langmut und Geduld und ein Gesicht
Voll ewig lächelnder Begeisterung.
Es spielt Herr Eisenstein ganz wundervoll,
Noch wundervoller spielt Herr Silberstein,
Am wundervollsten spielt Herr Edelstein.
Und Fräulein Mayer singt entzückungsvoll,
Entzückungsvoller singt Frau Müller-Schulz.

Oh, wären doch die Meister alle hier,
Von denen man ein Stück zum besten gab,
Sie nähmen ihren Lorbeerkranz vom Haupt –
So denket der Salon von Schulz und Sohn –
Und reichten ihn den Virtuosen dar!

Drei volle Stunden ist Musik gemacht,
Man ist entzückt vom höchsten Kunstgenuß,
Da tritt die Pause ein: man bringt den Tee,
Bringt Himbeerwasser, bringt Konfekt
Und bringt zu guter Letzt Gefrornes noch.
Dann wird noch eine Stunde musiziert,
Und wie es Eins schlägt, da empfiehlt man sich.
Ist auch der Magen leer, ist doch das Herz
Gefüllet mit Musik, ein Luftballon,
Der nur in Himmelsräumen sich bewegt
Und auf das Irdische verzichten kann.
Und sprach man auch mit niemand, geht man doch
Getröstet heim mit der Genugtuung,
Daß man doch jedermann ward vorgestellt.

's ist wirklich ein Vergnügen eigner Art
So eine Soirée très-musicale!

Präziser läßt sich aus einem distanzierten Verhältnis zur „besseren Gesellschaft" zu Beginn der Gründerzeit heraus wahrscheinlich nicht all das in Worten wiedergeben, was den Inhalt und Ablauf eines Salonkonzertes im „Pompösen Zeitalter" ausmachte. Steife, gesellschaftliche Zwänge, wenig bedeutender Musikgenuß, dilettantische Schwärmerei für Musik „avec l'âme", der Einsatz „entzückt" brillierender Vortragskünstler, das Beisammensein ohne persönliche Nähe kennzeichneten offensichtlich viele derartige Veranstaltungen. Eingefangen in diese Zeilen ist das großbürgerliche Gehabe der sogenannten Neureichen bürgerlicher Herkunft sowie das Getue der aus niederer eingestuften Klassen kometengleich Emporgestiegenen. Auch diese übernahmen zu ihrer Legitimation die Konventionen bourgeoiser Repräsenta-

70 ‚Le Concert'. Gemälde von Augustin de Saint Aubin. 1773. Salzburg, Winterresidenz

tion und hielten ‚Haus mit einem Salon'. Darin waren ihnen bereits im 16. Jahrhundert die Handelsaristokraten vorangegangen in Villen, die als Herrschaftszeichen der Arrivierten luxuriös ausgestattet und als der Himmel der Reichen auf Erden bestaunt wurden.

Es sei betont, daß der Grenzbereich zwischen dem ‚Concert de Salon' und dem Hauskonzert ebenso breit an Übergängen ist wie im Hinblick auf die Privat-Akademien und die Liebhaberkonzerte. Dennoch sei versucht, diese Erscheinung der Konzertgeschichte in ihren spezifischen Grenzen zu erfassen. Der Salon als kulturelle Institution, Kommunikationsstätte für Politik- und Kunstinteressierte, Repräsentanz einer Lebensform im Komfort, des genossenen Müßiggangs und eines gesellschaftlichen Autoritätsprinzips war von Paris ausgegangen. Diese Einrichtung für eine sich in Sicherheit wiegende, geschlossene Gesellschaft wurde dort besonders kultiviert als ein integraler Teil eines außerhöfischen Ordnungssystems der „gens de qualité" und solcher, die sich dafür hielten. Es war eine Einrichtung von Privatiers gegen die Langeweile und zugunsten der Förderung des Modischen bis hin zu einer Sonderkunst abseits von der großen Öffentlichkeit. Das Verlangen nach dem Neuen und Neuesten verschaffte „dans la ville" in den „ruelles" den Gelehrten wie Künstlern aller Sparten „protécteurs", die freilich die engagierten Musiker zunächst lediglich als Subalterne behandelten. Der Salon war der „Treffpunkt einer das Künstlerische und das Aristokratische umfassenden Gesellschaft" (Thomas Mann), zu deren Genüssen auch das Privatkonzert, die ‚Soirée musicale', unter der Mitwirkung reputierter Musiker unabdingbar gehörte, denn dieses verschaffte Prestige im System der Ränge, Auszeichnungen und Rivalitäten. Man pflegte einen sentimentalen Sensualismus in Anmut und gezierter Höflichkeit zur Steigerung des Lebensgenusses. Dieser wurde in der Regel bestimmt vom Geschmack einer den Ton angebenden, die Konversation beherrschenden Dame. Die spezifizierte Gattung einer milieubezogenen ‚Salonmusik', einer „musique sociale" (Sophie Gay, 1837), bildete sich allerdings erst um 1830 heraus. Bis dahin nahm die abgekapselte Gesellschaft Virtuosisches und Kammermusikalisches verschiedener Herkunft in Empfang.

In Paris waren die ‚hôtels' von Aristokraten mit ihren Gesellschaftsräumen im 17. Jahrhundert die Bezugspunkte für eine vornehm-galante Lebensweise mit entwickeltem Kunstgeschmack; von hier aus bestimmten sie mustergebend die Oberschichten in ganz Europa sowie in den kolonialisierten Ländern außerhalb des Kontinents. Die meist oval angelegten Gesellschaftsräume waren zweigeteilt, wodurch die geistigen Genüsse von den materiellen örtlich abgehoben waren. In ihrer Mitte lag der oft mit korinthischen Säulen geschmückte, rund gebaute Salon (Abb. 70) als Zentrum der aristokratischen Geselligkeit, des Klatsches über ‚Affairen' des von der Karriere abhängigen Lebens im Umkreis des königlichen Hofes. In einigen dieser Salons gab die Musik lediglich die akustische Kulisse ab für die galante bis gelehrte Konversation, für Aufführungen von Theaterstücken und das Vorlesen von Literatur; in anderen hingegen bildete das Konzertieren die Hauptsache. Dementsprechend unterschiedlich war die Aufmerksamkeit auf die musikalischen Darbietungen gerichtet. Ein Gemälde (Abb. 70) mit der Beischrift „Le Concert. A Madame La Conteße de Sains Brißon" führt vor Augen, wie sich in ihrem Salon eine sorglose, zahlreiche Gesellschaft in einem glanzvollen Rahmen aufhält und neben Tändeleien sowie anderen Beschäftigungen nur beiläufig der Darbietung einer Triosonate für Traversflöte, Violine und Generalbaß lauscht, den bemerkenswerterweise eine Dame der Gesellschaft am Cembalo ausführt. Charles Burney beobachtete 1772 in einem ähnlichen Salon eines englischen Diplomaten: „Während des Konzertes gingen alle fremden Gesandten aus und ein." Daraus geht eindeutig hervor, daß man sich nicht um der Musik wegen versammelte. Vielmehr gehörten die Konversation sowie der Genuß eines erlesenen Soupers zur Abrundung solcher Assembleen stets dazu.[1] Geschätzt waren nach 1638 die festlichen Empfänge im Salon der Marquise de Rambouillet,[2] die allmonatlichen Konzerte bei dem Schatzmeister Antoine Crozat um 1725 und vor allem die Veranstaltungen des Steuer-Generalpächters Alexandre La Pouplinière (1693–1762), dessen Salon in der rue Neuve des Petits Champs unter der Regierung Ludwigs XV. „une place très speciale" war, in dem Voltaire und Rousseau freundschaftlich verkehrten, Rameau, Stamitz und Gossec gerne musizierten.[3]

Die Französische Revolution von 1789 unterbrach zwar kurzzeitig diesen Genuß der Eleganz und des schönen Scheins in prunkvoller Umgebung, vermochte jedoch nicht die bleibende Vorbildlichkeit insbesondere der Pariser Salons bei der Adaption dieser Institution und seiner Gepflogenheiten in anderen Ländern zu schmälern. Auch die Aristokratie und das aufsteigende Großbürgertum des 19. Jahrhunderts, „la finance", orientierten sich weiterhin an den Mustern französischer Provenienz. Paris blieb die Metropole der „galanten Salonmanier" (Robert Schumann), der nach 1830 so benannten „musique de salon à la mode",[4] und der vorzügliche Anziehungsort für Salonvirtuosen wie den berühmten Sänger Adolphe Nourrit aus Montpellier (1802–1839) oder den aus Polen zuziehenden Frédéric Chopin. 1846 zählte man an der Seine nicht weniger als 850 Salons mit musikalischen Aktivitäten, die ,soirées musicales', ,matinées' oder Privatkonzerte zu anderen Tageszeiten einschlossen. Sie wurden selbst in den Zeitungen Londons oder Wiens angezeigt und besprochen. Gastgeber waren der Conte Chabral, Vicomte d'Arlincourt, die Marquise de Custine, Duchesse de Duros, Madame Recamier, der Maler François Gérard und andere. In dieser Zeit überlagerte die Musik den literarischen Anteil an den Aktivitäten im Salon, die Harfe und das Klavier verdrängten die Literatur.[5] Eine auch räumliche Trennung in ein Konversationszimmer sowie einen dem stillen Genuß vorbehaltenen Musiksalon wurde zunehmend beliebter. Virtuosen wie Franz Liszt oder Sigismund Thalberg betörten die Damen und übten eine bezwingende Macht durch ihr seigneurales Auftreten aus, zum Beispiel im Salon der Prinzessin Belgiojoso oder des Mediziners Jean Orfila. Allerdings gaben nicht alle brillierenden Virtuosen dieser Epoche den Attraktionen der Salons nach und verfielen der zu Trivialitäten hin tendierenden „Salongrazie", dem mondän getönten falschen Weltschmerz oder dem gefälligen Salon-Folklorismus.[6] Der Geiger Paganini verweigerte sich, souverän als selbständiger Unternehmer handelnd, dieser Anpassung.

In Distanz gingen einzelne selbstbewußte Musiker auch deswegen, weil es ihnen nur in Ausnahmefällen vergönnt was, als Aristokraten des Geistes mit den Aristokraten von Geburt einen persönlichen Kontakt aufnehmen zu dürfen. Gewöhnlich hatten sie nach ihrem „Aufspielen"[7] wie niedere Lohndiener den Ort der Darbietung und der Noblesse zu verlassen: „par une porte de coté" (Mme d'Agoult, 1833). Die Musiker gehörten auch dann nicht „zur Gesellschaft", wenn sie im Wohlstand lebten und international reputiert waren. Zuweilen waren sie gar genötigt, halb verborgen aus Nebenzimmern heraus aufzuwarten. Soziale Diskriminierungen dieser Art gibt es in ,Herrenhäusern' auch heute noch.

Salonkonzerte boten im 19. und beginnenden 20. Jahrhundert ein möglichst buntgemischtes, von Klischees bestimmtes Repertoire an Stücken an, die von den Hörern favorisiert wurden. Beliebt waren solche Werke, die zu literarisch-poetischen Deutungen durch „l'élite du monde fashionable et artistique" (Paris 1835) anregten, denn „la fantasie reigne en musique" (Émile de Girardin). Assoziatives Partizipieren beflügelte den Hörgenuß, wenn nicht ohnehin die meisten vorgetragenen Stücke textgebunden waren. Romanzen, gesungen von anmutig und mit leichter Gebärde auftretenden Günstlingen der Gesellschaft, wie Adolphe Nourrit,[8] Arien und Duette aus Opern, von Bühnenstars interpretiert, entzückten die von Dienern in Livree versorgten Gäste. Diese reichten neben Erfrischungen mit Programmen auch die gesondert gedruckten „romances, ornées d'une vignette lithographées, imprimées sur le beau papier rose".[9] Im Salon des Barons James de Rothschild erklangen am 8. März 1843, begleitet vom Pianoforte, die folgenden Stücke:

Première Partie

1) *Quintetto: Sento, Oh Dio! (Cosi fan tutte)*   Mozart
Mmes Grisi, Viardot, MM. Mario, Tamburini et Lablache.

2) *Duo delle Nozze*   Mozart
Mmes Grisi et Viardot.

3) *Air du Stabat*   Rossini
M. Tamburini.

4) *Solo de violon.*
M. Sivori.

5) *Air delle Cantatrici*   Donizetti
Mme Viardot.

6) *Finale de I Capuleti*   Bellini
Tutti.

71 Salon de Mme Viardot. Holzschnitt von Henri Valentin. 1853 (20 × 23 cm). Aus: ‚L'Illustration', Vol. XXI, 1853, S. 184

Deuxième Partie

1) *Air de Corrado d'Alhamara* *Ricci*
   Mme Grisi.
2) *Duo delle Cantatrici* *Fioravanti*
   MM. Tamburini et Lablache.
3) *Solo de violon.*
   M. Sivori.
4) *Duo* *Gabussi*
   Mme Grisi et M. Mario.
5) *Air buffa* *Paër*
   M. Lablache.
6) *Romance* *Schira*
   M. Mario.
7) *Quatuor Ridiamo* *Rossini*
   Mme Grisi et MM. Mario, Tamburini et Lablache.

Programme wie diese unterschieden sich nur unerheblich von Darbietungen, die zur gleichen Zeit auch in „residences" Arrivierter in den USA stattfanden. ‚The Musical World and Times' berichtet beispielsweise 1854 aus New York: „It will suffice to name the artists who graced this entertainment to give an idea of its interest: Sig. C. Badiali, the well known vocalist and opera performer; Prima Donna Signora Costini Speek, just arrived from Havana after a tour through the Southern States, and the distinguished violinist Mr. Rapetti. An admirable aria from I Normandi, sung by Badiali with his accustomed remarkable talent and feeling, and a duet from La Figlia del Regimento, by the same gentleman and Signora Costini, elicited the most enthusiastic applause. A bevy of young ladies, pupils of the accomplished artist Mr. Bagioli, gave to this musical festival a peculiar piquancy. The solo from Somnambula, sung by Miss B., would have done credit to a professional singer: and Miss

S. in a Rondo from La Cenerentola, displayed the most finished musical skill. This Rondo, accompanied here and there by a chorus, was admirably given by the young ladies. Both the solo singer and the chorus succeeded so well, that the whole piece was unanimously encored. The performance of these young artists was a most interesting feature of this excellent concert, which closed with the duet of Elisire D'Amore, admirably given by Badiali and Signora Costini."

In Berlin gab es in vornehmen Häusern sowie bei Hofe ebenfalls „große Privatsoiréen", auch „musikalische Abend-Unterhaltungen" genannt, die ähnlich verliefen. 1842 berichtet zum Beispiel ein Augenzeuge: „Die musikalischen Abend-Unterhaltungen, welche früher bei dem Prinzen von Preussen, dann bei Mad. Amalie Beer, der hochverehrten Mutter des königl. Hofkapellmeisters G. Meyerbeer, und zuletzt bei dem Könige im weißen Saale des königl. Schlosses vor einer großen Anzahl eingeladener Zuhörer statt gefunden haben, ... bestanden in Solovorträgen des Herrn Liszt auf dem Pianoforte ..., Vokal-Quartetten ... und dem dramatisch grossen vierten Akt der Oper: ‚Die Hugenotten' von Meyerbeer, von Liszt am Pianoforte orchestermäßig begleitet ...".[10] „Konzerte im Privatkreise eines Salons" boten in dieser Zone Europas auch vorzüglich die Gelegenheit, Lieder von Robert Schumann, Fanny Hensel oder Carl Loewe anzubieten. Richard Wagner las in Salons aus seinen Musikdramen, um diese „durch Vorlesung und Vortrag einem intimeren Kreise näher zu bringen" (Anton von Werner, 1873). Im zu Wohlstand gekommenen Künstlermilieu machte Gustav Richter „das glänzendste Haus ..., der berühmte Portraitmaler und verwöhnte Liebling der vornehmen Welt, und seine liebenswürdige, anmutige Gemahlin Cornelie, geb. Meyerbeer, die in ihren mit dem erlesensten Geschmack ausgestatteten Salons in der Bellevuestraße die Crème der aristokratischen Welt in glücklicher Mischung mit Vertretern von Wissenschaft und Kunst um sich versammelten. Die Tradition des Hauses Meyerbeer führte die ausgezeichnetsten Musiker, die gefeiertsten Sänger und Sängerinnen von nah und fern in Gustav Richters vornehm gastliches Haus, wo sie der Gäste Schar die köstlichsten musikalischen Genüsse boten. Das luxuriös ausgestattete Atelier wurde zum Konzertsaal, und hier hörte man das unvergleichliche Ehepaar Artôt-Padilla, den genialen Liedersänger von Zurmühlen, den Geiger Emil Sauret, Ferdinand Hiller am Klavier und viele andere Berühmtheiten".[11]

Mit teuren Berühmtheiten konnte und wollte man seine „éducation privilégiée", seinen Reichtum, seine Beziehungen präsentieren und damit zum neiderfüllten Vergleich herausfordern, der zur Befriedigung des Prestiges eine Triebfeder gesellschaftlichen Handelns war (Abb. 72). Blätter wie die ‚Gazette des Salons' sorgten als ‚Journal des modes et de musique' in ihrer Berichterstattung dafür, daß dem Genüge getan wurde. Die bezüglich der Programme allgemein gültigen Präferenzen faßte der eifrige Salonbesucher Johann Friedrich Reichardt 1803 in den Satz: „Dies ist überhaupt die wahre gesellschaftliche Musik: auserlesene Instrumentalmusik von wenigen Virtuosen, ohne alle weitere rauschende Begleitung, mit angenehmem Gesang vermischt." Der Anteil der Musik war gewöhnlich in Paris, Wien, Sankt Petersburg oder Berlin größer als etwa in London, wo die Konversation über Themen aus dem Bereich der Politik, des Welthandels und des Sports einen breiteren Raum einnahm. Für die feinere Gesellschaft in Paris jedoch galt der ‚Gazette des Salons' von 1835 zufolge die Norm: „La musique est maintenant la base fondamentale de toutes les réunions".[12] Entsprechend der Nachfrage staffelten die Reisevirtuosen ihre „Preisforderungen", die sich an der „prahlerischen Sinnesweise der neuen Reichen" orientierten. In den Salons, etwa des Barons Rahl oder der Grafen Brüder Vielgorsky und Lwoff in Sankt Petersburg, suchten und fanden durch wendige Anpassung reisende Virtuosen die für ihre ungesicherte Existenz unentbehrliche Patronage.[13] Sie produzierten jene Salonmusik, die als „morceaux de salon", Nocturnes, Barkarolen, Elégies, Capriccios, Paraphrasen nach 1830, betont modisch aufgemacht, als Gattung in Erscheinung trat. Diese blieb allerdings nicht ein Privileg der mondänen Oberschicht, die zwar außerhalb, jedoch zunehmend von den Erträgen der industriellen Arbeitswelt lebte. Im Gegenteil, viele Verlagshäuser des 19. Jahrhunderts betrieben damit als Massenware einen einträglichen Handel. Verlockende Titel wie ‚Soirées de Paris. Album d'Ariette et de Nocturnes Italiens avec Piano' (1841 in Wien bei Pietro Mecchetti erschienen) versuchten dem breiten Publikum eine geborgte, scheinhafte Teilnahme am Flitter der Salons vorzutäuschen.[14] Nur wenige herausragende Komponisten und Musiker, wie etwa Frédéric Chopin, der das Idiom des Polnischen in die Salonkunst integrierte, verfielen angesichts der Versuchungen nicht der Trivialität und dem schlechten Geschmack von Snobs.

In Salons, „grands ou petits, à fauteuils dorés ou à chaises de paille" wurde freilich wie in den bürgerlichen Hauskonzerten des 19. Jahrhunderts Musik nicht nur passiv genossen. Die aktiven Leistungen, welche die Gastgeber selbst hierzu einbrachten, waren beträchtlich, denn „chaque salon ... avait sa cantatrice amateur". Oft wurden die Kinder des Hauses, besonders die „jeunes femmes", eingesetzt zum Vortrag von „rêveries" und ähnlichem, „pour charmer les convives d'un palais, d'une maison bourgeoise ou d'une chaumière" (Sophie Gay, 1837), auch mit der Nebenabsicht, für sie einen Heiratspartner zu gewinnen. „Wohlthätige Zwecke" konnten ebenfalls beabsichtigt sein.

Im Salon des Generals Moreau zu Beginn des Jahrhunderts spielte vor „Militär- und Büreau-Personen", Adeligen, Fremden und „Neureichen" die Madame Moreau selbst. Sie erschien „in höchster Eleganz" in einem Saal, in dem zwei „Erhardsche Forte-Piano's neben einander gestellt waren, zur Seite Pulte für ein Quatuor". Die Gastgeberin trug „ein sehr brillantes Concertante ... brav und fertig" vor, Variationen von Steibelt und andere Klaviersachen. Dabei war die Gesellschaft auf mehreren Reihen Stühlen hintereinander rund um den Saal placiert. Es herrschte „während der Musik eine hier ungewöhnliche Stille und Aufmerksamkeit"; das Souper wurde erst nach Mitternacht serviert.[15]

72   Soirée musicale zu Ehren von G. Rossini. 1892. Holzschnitt (22 × 32 cm). Aus: ‚L'Illustration', Vol. XCIX, 1892, S. 212

Pauline Viardot (1821–1910), zeitweise die Lebensgefährtin des russischen Dichters Turgenjew, erfreute sich, in der Rue Douai wohnhaft, eines nicht minder regen Zuspruchs für ihre Soiréen. Die von ihr donnerstags während des Zweiten Kaiserreichs arrangierten „Kunstfeste" zogen auch Komponisten wie Charles-Camille Saint-Saëns mit eigenen Beiträgen an. Nach dem Tode der bewunderten Sängerin verfaßte dieser 1911 im ‚L'Echo de Paris' einen würdigenden Nachruf, worin er die Einrichtung der Villa schildert. Darin befanden sich Salons mit unterschiedlicher ästhetischer Bestimmung. Es gab Räumlichkeiten für die Wiedergabe weltlicher Musik und einige Stufen abwärts eine wertvolle Bildergalerie mit einer von Cavaillé-Coll eingebauten Orgel (Abb. 71). „Hier war das Heiligtum für die geistliche Musik, hier erklangen Arien aus den Oratorien von Händel und Mendelssohn", welche die Sängerin in öffentlichen Konzerten wegen des „Umfangs" (Länge) nicht aufführen konnte, aber auch Kantaten von Johann Sebastian Bach oder Lieder in russischer Sprache von Glinka. Madame Viardot spielte zudem virtuos auf dem Klavier, unter anderem gemeinsam mit Klara Schumann.[16] Ähnliche produktive Hochleistungen boten in Paris die Salons der Gräfin Merlin oder der Marie d'Agoult am Quai Malaquais, die mit Franz Liszt liiert war. Dieser gefeierte Virtuose übertrug – wobei sich alles auf seine Person bezog – vieles von dieser Pariser Salonatmosphäre in seine spätere Wohnstätte in Weimar oder auch nach Bayreuth in das Haus Wahnfried von Richard Wagner.[17] Hier gab es mithin Pflanzstätten der Salonkultur, die arrivierte Künstler auch mit dem emanzipatorischen Anspruch pflegten, sich als Aristokraten des Geistes zu etablieren. Dies führte dazu, daß 1898 in München der berühmt gewordene Maler Franz von Stuck im Erdgeschoß seiner einzigartigen Künstlervilla einen ikonographisch reich ausgestatteten Musiksalon einbauen ließ, dessen Zweckbestimmung allerdings nur selten erfüllt wurde.

1869 bemängelte der Wiener Kritiker Eduard Hanslick allgemein: „Man besucht Concerte, aber man veranstaltet keine mehr."[18] Mit dieser knappen Feststellung deutete er an, daß sich die Aristokraten in den passiven Musikkonsum zurückzogen und aufhörten, produktiv anregende Mäzene zu sein. Die Zahl der musikalischen Salons ging merklich zurück. ‚Der Musiksalon. Internationale Zeitschrift für Musik und Gesellschaft' rief 1909 zur Erhaltung der „Musiksalons als Retter in der Konzertnot" auf. Reputation außerhalb von Paris erwarben sich zu dieser Zeit noch der Salon der selbst Klavierunterricht erteilenden Helene von Bednarics in Preßburg, wo Anton Rubinstein, Pablo Sarasate oder das Hellmesberger-Quartett gern verkehrten, in Hamburg die Villa des Barons von Ohlendorff, in der Max Reger konzertierte, in Berlin in der Victoriastraße das mit wertvollen Kunstschätzen gefüllte A. vom Rathsche Haus, und in der Herwarthstraße bis 1918 das Heim des Geigers Henri Marteau,[19] in dem sich „die weniger musikalisch interessierten Persönlichkeiten" zu Bridge und Konversation zurückziehen konnten. Cosima Wagner hielt ‚Hof' im Haus Wahnfried in Bayreuth, nach dem Tode ihres Mannes freilich offensichtlich mit einem deutlichen Niveauverlust. Romain Rolland berichtet 1896 über eine Soirée: „Erfrischungen und Musik, wie man sie nur in Wahnfried darbietet. Henri hält den Champagner für Zitronenlimonade ‚mit ziemlich erfrischendem leichten Säuregeschmack'. Man drischt die Klaviere mit Fäusten und singt lauthals schreiend. Risler und ein Pole spielen frenetisch einen mittelmäßigen Marsch von Schubert. Eine Actrice singt in tragischer Manier die Susannenarie aus ‚Les Noces.' Ein anderer Pianist spielt das Parzenlied von Brahms. Frau Schumann-Heink singt eine religiöse Melodie von Schubert mit außerordentlich mächtiger und dramatischer Stimme; es ist schwer, dabei häßlicher zu sein, und wenn sie den Mund öffnet, möchte man an ein ihr nicht eigenes Instrument denken, das sie mit derben Händen bearbeitet. – Zuletzt zertrümmert Risler auf dem Klavier die Meistersinger-Ouvertüre."

Insbesondere in Diplomatenhäusern blieben musikalische Soiréen, durch die beiden Weltkriege nur wenig beeinträchtigt, beliebt. Man nutzte in diesen Kreisen das Salonkonzert nicht nur dazu, bekannte Virtuosen und die Musik aus dem eigenen Lande vorzustellen, sondern auch zu dem Zweck, den erstarrten gesellschaftlichen Umgangsformen eine vom jeweiligen Missionschef bestimmte persönliche Note zu geben. Die nationalen Kulturinstitute und Kulturattachés schlossen sich dem an. Die italienische Botschaft in Berlin beispielsweise erhielt während der zwanziger Jahre in der Matthäi-Kirchstraße eigens für diesen Zweck einen durch den Architekten Heinrich Mendelssohn gestalteten Musiksaal, dessen Einrichtung aus Italien stammte und den glanzvollen Rahmen abgab auch für die Darbietung neuerer Kompositionen aus diesem Lande. Die Kleidervorschriften blieben in diesem Milieu auch über den Zweiten Weltkrieg hinweg streng. Das Erscheinen im ‚Smoking' wurde erwünscht. Abende mit „anschließendem Dîner-Buffet" (Türkische Botschaft in Bonn-Bad Godesberg, zum Beispiel am 13.1.1978) waren die Regel nach der von Theodor Fontane in dem Roman ‚Effi Briest' formulierten „richtigen Reihenfolge": „Erst Kunst und dann Nußeis." ‚Salonmusik' ist in diesem repräsentativen Milieu derzeit freilich selten mehr gefragt, da sie auch in der Wertschätzung der ‚feineren Leute' weitgehend als detestabel beurteilt wird. Auch hier spielt man bevorzugt Werke von Bach am Cembalo oder Streichquartette von Mozart (zum Beispiel im Weißen Haus zu Washington unter dem Präsidenten John F. Kennedy). Die jüngere ‚Schickeria' bevorzugt freilich auch in den wenigen verbliebenen Salons die aktuelle Unterhaltungsmusik.

Hauskonzerte

Hausmusik ist ein seit dem Beginn des 17. Jahrhunderts benutzter Begriff, der ein Musizieren meint, das im umgrenzten bürgerlichen Heim lokalisiert ist, sommertags bei gutem Wetter auch in den Hausgarten verlegt werden kann.[1] Es ist dem Bereich des Privaten zugehörig und geschieht daher eingebunden in Zirkel, die nicht mit dem ehrgeizigen Ausblick auf publizistische Resonanz oder auf eine perfekte Darbietung nachdrücklich Wert legen. In der Regel wollen Verwandte und Freunde gesellig miteinander etwas tun als „Lovers and Practitioners in Musick" (John Playford, 1652). Gemäß der Devise „all for your delight" übt man das gegenseitig anregende Musizieren zur Erbauung, Kontemplation und Rekreation als Sänger oder Instrumentalist. Im intimen häuslichen Milieu wird vor allem die „stille Musik" gehegt, ohne die für eine breitere Öffentlichkeit bestimmten lauteren Töne. Hausmusik möchte im Idealfalle ein umgreifend harmonisierendes Spiel in einer „gleichgestimmten, sinnigen Gesellschaft" (Johann Friedrich Reichardt, 1809) sein, die ihr gegenseitiges Verstehen im aufeinander abgestimmten Musizieren bekundet. Insbesondere im protestantischen Teil Deutschlands wurde diese Vorstellung und Praxis des Singens und Spielens um den häuslichen Musiziertisch herum als eine „wohl bestallte", auch christlich rechte Handlungsweise angeregt. Das spezifisch lutherische Gemeindeverständnis näherte die „Kirchen- und Hauß Musica" (Breslau, 1618), die „Kirchen- und Hauß Gesänge" (Erfurt, 1620) bis zur Identifikation einander an.

Wenn überdies 1739 der bekannte Hamburger Musikschriftsteller Johann Mattheson einräumen mußte, „... ob man gleich in Sälen und Zimmern auch wohl Kirchen-Sachen und dramatische Dinge aufführen kann", dann deutete er damit an, daß die strikte Differenzierung von Kirchen-, Theater- und Kammermusik als spezifizierten „Schreib-Arten" damals ebensowenig Beachtung fand wie deren säuberliche Zuordnung zu bestimmten „Orten". Auch in den „Zimmern" und Stuben des Mittelstandes musizierte man nämlich damals Kantaten, Opern, Triosonaten oder Concert-music, und zwar nicht nur zur ästhetischen Befriedigung in familiärer Runde, sondern auch zur Freude geladener Gäste, die passiv zuhören konnten oder sollten. Die „Privat-Concert" (Bremen, 1825), „Familienkonzert", „Musikpartie", „Convent" (Berlin, 1819) oder „Soirée musicale" benannten, halböffentlichen Unternehmungen gehören daher seit dem 17. Jahrhundert zum Spektrum des Konzertierens. Sie bilden darin die kleinste Einheit. Die Grenzen zwischen dem häuslichen Musizieren aktiver Liebhaber oder professioneller Musiker sowie dem kommerzialisierten häuslichen Konzertieren waren stets fließend selbst dann, wenn Programme gedruckt werden, bezahlte Musiker eingeladen sind und per ‚Stiftung' oder mittels einer ‚Subskription' um einen ‚Obolus' gebeten wird. Einen derartig gemischten Abend erlebte beispielsweise 1773 der bekannte englische Reisende Charles Burney in Hamburg: „Diesen Abend führte man mich nach einem Concerte im Hause des

Herrn Westphal, ein redlicher und angesehener Musikalienhändler. Ich fand hier grosse Gesellschaft und viele Spieler, die aber grössesten Theils aus Liebhabern bestunden. Diese Art von Concerten sind gewöhnlich mehr zum Vergnügen der spielenden Personen, als der Zuhörer. Indessen fand ich hier einige junge Musiker, welche auf ihren verschiedenen Instrumenten eine viel versprechende Fertigkeit zeigten, und die es durch Geduld und Erfahrung sehr weit bringen können. Uebrigens sind solche musikalische Gesellschaften noch mehr als andre in Gefahr, in eine Anarchie auszuarten, wenn sie nicht von einem geschickten Meister in Ordnung erhalten wird, der sein Ansehn zu behaupten weiß."

Gründe für die Öffnung von Häusern und Wohnungen für Hauskonzerte gibt es mehrere. So unterschiedlich die Motivation der Gastgeber sein kann, damit entweder den Rückzug ins Private, in die biedere Bescheidung – als Reaktion gegen den lauten Tand draußen – zu vollziehen, oder aber auf exklusive Weise ein Prestigebedürfnis zu befriedigen, ebenso verschiedenartig waren und sind auch der Inhalt solcher Veranstaltungen und die Art der Anteilnahme. Es gibt Hauskonzerte, die merklich als Rückzugsstätten des Alten gewertet sein möchten, und andere, die sich als Experimentierfeld für das Ungewohnte und gewagte Neue anbieten. Nicht immer beteiligen sich die Hausherren am Spielen, nicht immer handeln sie zwecklos. Sind die Einladenden selbst professionelle Musiker, dann nutzen sie das Hauskonzert auch als eine Einnahmequelle für sich oder zum Zwecke der Erprobung von Eingeübtem im kleinen Kreise vor einem darauf folgenden öffentlichen Auftritt. Werbeinteressen, die Präsentation von Debütanten, ‚Übungsabende' ohne sonderliches Risiko und Ausgesetztsein der Medienkritik können ebenfalls Veranlassungen bieten neben familiären Festen und Feiern, gesellschaftlichen Zwängen oder dem einander Freude und Abwechslung Bereiten. Gegenwärtig zählen nicht nur etwa in Nordindien Hauskonzerte zu den „elite-associated cultural performances" (B. C. Wade, 1977); vor allem auch in diplomatischen Missionen, Handelsvertretungen und ähnlichen Einrichtungen werden in nahezu allen Ländern der Erde Veranstaltungen dieser Art als Prestige einbringende Renommiergelegenheit behutsam angeboten. Seit dem 17. Jahrhundert hat man für diese Zwecke Musikzimmer eingerichtet, die bis zu einhundert Personen Platz bieten und auch mit Hausorgeln versehen sind (Abb. 77).

In England und Frankreich lassen sich die ältesten Daten ermitteln für ein regelmäßiges häusliches Musizieren vor geladenen Gästen wie auch zum Genuß zahlender Hörer. Auf den Britischen Inseln gedieh um 1640 die Heimkultur zu einer Hochblüte. ‚Harpsichords', Violen und Lauten waren in vielen drawing-rooms vorhanden. Der geschäftstüchtige Kohlenhändler Thomas Britten lud ab 1679 in sein Haus ein, der ebenfalls in London lebende Violinist John Banister nach 1672. Die Interessen beider Hausherren waren gewiß verschiedene, beide jedoch wollten damit verdienen. In Paris begann 1642 der Hoforganist Pierre de La Barre die Türen seines Hauses für Zuhörer zu öffnen, 1683 gab der Lautenist Jacques Gallot in seiner Wohnung regelmäßige Sonntags-

73 Hauskonzert. Kupferstich von J. R. Holzhalb für das LXIII. Neujahrsblatt der Musikgesellschaft Zürich. 1777. Basel, Kupferstichkabinett, Inv. Nr. 1923.210.1, p. 497

konzerte, in Dijon machte sich der Parlamentsrat Malteste von 1680 an einen Namen als Gastgeber von Privatkonzerten.

Seit dem 18. Jahrhundert gehörte es auch in Deutschland, Österreich, Italien und der Schweiz (Abb. 78) zum guten Ton, mit oder ohne kommerzielle Interessen nach Erreichen eines respektablen Lebensstandards zu ‚Concerts' einladen zu können. Musiker, Gelehrte, Beamte, die sich zu den Honoratioren zählten, waren zumeist die Gastgeber. Wurde der verfügbare Raum infolge wachsender Nachfrage zu eng, dann mieteten sie auch ersatzweise Säle in Gasthäusern an. Nennen wir einige dieser privaten Konzertveranstalter zum Zwecke einer detaillierteren Kenntnisnahme der Gegebenheiten: in Lyon verkaufte um 1715 ein Kaufmann namens Huber wöchentlich ‚billets' an etwa vierzig Liebhaber für ein „gewöhnliches großes concert", das Motetten, Opernpartien und Solokonzerte bot. In Berlin gründete am 18. September 1749 der Organist Johann Philipp Sack in seinem Hause eine ‚Musikübende Gesellschaft'. Deren Mitglieder sollten „unbedingt musikverständig" sein und sich „still und andächtig" verhalten. Der Zulauf zu den nachmittäglichen Darbietungen sonnabends nahm rasch zu, so daß ab 1751 das abwechselnde Musizieren der Anwesenden ohne vorheriges Proben öffentlich vonstatten gehen konnte. In London zog um 1730 eine Mrs. Martin Gäste in ihren häuslichen Musiziersaal, von dem der Musikhistoriker John Hawkins zu berichten weiß, „two sides of it being lined with looking-glass". In Königsberg war das Haus des Kriegsrats Lestocq eine attraktive Adresse, wo sich gern „Studierende vom preußischen, kurländischen und livländischen Adel" trafen, um „recht ernstlich Musik zu üben". „In der heiligsten Ruhe und Stille" (Johann Friedrich Reichardt) wurde in dieser Stadt um 1760 auch im Hause des Hofrats Hoyer Musik empfunden, was mit dieser Einstellung freilich damals noch nicht allgemein üblich war, da das störende Nebeneinander von Kartenspiel, Konversation und Konzertieren besonders in Italien noch als normal galt. In Lübeck zeichneten sich die Häuser des Marienorganisten Johann Paul Kunzen und des anakreontischen Dichters Heinrich Wilhelm von Gerstenberg durch vorzügliche Hauskonzerte aus. Ersterer verlangte für den Einlaß zu seinen von virtuosen Klavierkonzerten bestimmten „Winterkonzerten" im „Hörzimmer" der Amtswohnung 1½ Mark lübisch Eintrittsgeld, zum daneben gelegenen „Musiksaal" hingegen nur 1 Mark lübisch. Letzterer lud sonnabends um 17 Uhr zum Singen und Spielen ein, wobei Sinfonien, Arien, Duette und Soli für verschiedene Instrumente zu hören waren. In Basel ist besonders das ‚Blaue Haus' des Handelsherrn Lucas Sarasin (1730–1802) erwähnenswert.² Dieser ließ sich am Rheinsprung einen Musiksaal bauen, in dem der als Komponist und Violinist geschätzte Jacob Christoph Kachel (1728–1795) als Hauskapellmeister rührig tätig war. Regelmäßig leitete er Hauskonzerte, bei denen Sinfonien, Instrumentalkonzerte, Streichquartette, Arien süddeutsch-österreichischer, italienischer und französischer Provenienz aufgeführt wurden. Nicht weniger als 1241 Partituren standen ihm hier zur Auswahl zur Verfügung, womit sich dieses private bürgerliche Unternehmen in Dimensionen ausgeweitet hatte, die denen damaliger adeliger Hauskapellen nicht nachstanden. In Florenz bildete ab 1768 die Villa des dort seit dem Ende der fünfziger Jahre niedergelassenen Engländers George Cowper den Mittelpunkt einer musikalisch anspruchsvollen Geselligkeit. In dieser noblen Stätte erklangen nicht nur Händels Oratorien, das „Alexanderfest' und der ‚Messias', sondern später auch viele Kompositionen von Luigi Cherubini. Abgeschlossen sei dieser gedrängte Streifzug durch Europa mit einem Blick nach Neapel, wo Sir William Hamilton nebst seiner musizierenden Gattin Catherine (gestorben 1782) oftmals zu Konzerten einluden. Der englische Reisende Charles Burney war hier einer der vielen auswärtigen Gäste; er berichtet darüber anerkennend: „Herr Hamilton gab, um meine musikalische Neugierde zu befriedigen, ein großes Concert in seinem Hause, wo viele Gesellschaft war, und wo ich das Vergnügen hatte, die vornehmsten Musiker dieser Stadt anzutreffen: worunter Sgr. Barbella, ein berühmter Geiger, und Orgitano, einer der besten Flügelspieler und Komponisten für dieses Instrument, sich befanden. Doch übertrifft Mrs. Hamilton sowohl ihn als alle andere, die ich hier gehört habe auf diesem Instrumente. Sie spielt ungemein rund, leicht und mit mehr Ausdrucke und Gefühl, als man gewöhnlich bey den Flügelspielerinnen antrift; denn man muß gestehen, daß das Frauenzimmer, ungeachtet es oftmals viel Fertigkeit erlangt, dennoch sich selten um den Ausdruck bekümmert."

Hauskonzerte boten um 1800 die produktive Atmosphäre für viele Innovationen und Bereicherungen auf dem Gebiet

74 *Musikalische Soirée in einem dänischen Bürgerhaus. Gemälde von Wilhelm Marstrand. 1834. Öl (75 × 96,5 cm). Frederiksborg, Nationalhistoriske Museum, Inv. Nr. 281*

75   Streichquartettabend im Hause von Louis Spohr in Kassel. Kreidezeichnung von Carl Heinrich Arnold. Um 1836 (66 × 34 cm).
Privatbesitz

der musikalischen Praxis. Aus dem Hause des königlichen Cembalisten Carl Friedrich Christian Fasch und dem Milieu der damals beliebten „Singe-Tees" ging 1787 die reputierte Berliner Singakademie hervor, während bei Soiréen im Palais von Moritz Graf Fries am Josephsplatz in Wien oder bei dem russischen Grafen Rasumowsky erstmals Streichquartette von Haydn und Beethoven erklangen. Das berühmte Streichquartett des Geigers Ignaz Schuppanzigh unternahm aus einem Wiener „Privathause" heraus, wo der Zuhörer „für vier Produktionen immer fünf Gulden vorausbezahlte",[3] die „Etablierung des Quatuors" als einer der Gesellschaftsmusik entwachsenden Gattung, welche die intensivste Zuwendung erforderte. Goethes Haus am Frauenplan in Weimar wurde ab 1807 ebenfalls eine zentrale Stätte des Musizierens und der geselligen Kultur, in deren Mittelpunkt vorzüglich das beseelt vorgetragene, nuancenreiche Lied stand.[4] Nach der vom Dichter 1795 formulierten Hausregel handelnd, „alle Tage wenigstens ein kleines Lied [zu] hören", begründete er einen häuslichen „Singchor", der diesen Wunsch erfüllen helfen sollte. Instrumentalisten gesellten sich hinzu, so daß vokaliter sowie instrumentaliter Goethe

darangehen konnte, „im kleinen zu bauen und zu pflanzen, hervorzubringen und geschehen zu lassen, was dem Tag und den Umständen nach möglich ist" (Brief vom 6. 4. 1808 an Zelter). Schauspieler, Sänger, Adelige und Durchreisende nahmen teil an diesem Akt der Veredlung des Gesanges und des häuslichen Lebens. Geübt wurde an den Abenden der Donnerstage; am Sonntagvormittag wurde das Erlernte vor bis zu fünfzig geladenen Gästen zum besten gegeben. Einer der Leiter dieser häuslichen Konzerte, der Hofmusiker Karl Eberwein, schildert den Ablauf dieser Veranstaltungen während der ersten Jahre so: „Zunächst waren unsere Gesänge dem Höchsten gewidmet, dem wir alles Wahre, Gute und Schöne zu danken haben. Die Offertorien von Jomelli, Joseph Haydns Motetten, kirchliche Gesänge von Fasch, Mozart ... gestatteten eine wünschenswerte Abwechslung. Nach dem Allmächtigen wurden Natur und Welt in Betracht gezogen: ‚der Frühling' von Max Eberwein, ‚Wanderers Nachtlied' von Goethe und Reichardt, ‚das Vaterland' und ‚Generalbeichte' von Zelter, ‚der Friede' von Salieri, erfreuten sich einer beifälligen Aufnahme. Die Kanons von Mozart, Salieri, Ferrari und die Lieder von Schiller und Zel-

76 Das ‚Hellmesberger'sche Quartett' in Wien. Kupferstich um 1850–1860. Nürnberg, Germanisches Nationalmuseum, Inv. Nr. HB 9651

ter ‚An die Freude', ‚die Gunst des Augenblicks' und ‚der Zauberlehrling' von Goethe und Zelter versetzten die Zuhörer in die heitere Region der Kunst. Den Schluß bildeten komische Gesänge wie das Lied ‚Herr Urian' und das Terzett von Wenzel Müller aus der ‚travestierten Alceste':

Die verdammten Heiraten,
Wenn's nur allweil geraten taten,
Ja, hernach wär's recht.
Aber unsre Heiraten
Stechen wie die Fischgraten,
G'raten meistens schlecht.

Der Komponist hat den trivialen Text mit so viel Humor ausgestattet, daß der Effekt jedesmal durchschlagend war ... Beim Einstudieren kirchlicher Gesänge hielt sich Goethe passiv. Als ich beigezogen wurde, beschäftigten sich die Sänger mit den kleinen Soli aus dem Miserere von Fasch, später mit Kanons von Mozart, Salieri, Ferrari u.A. Goethe hörte Dergleichen sehr gern. Er fand es sehr artig, wenn die erste Stimme eine Melodie gesungen hat, die folgenden diese nacheinander rekapitulieren, während die vorhergehenden Stimmen sich neue Wege bahnen und endlich sich ein vollständiger Satz heranbildet. Auch bei diesen Gesängen ließ der Geheime Rat den Dirigenten gewähren. Aber in betreff der Lieder und humoristischen Kompositionen ergriff der Meister selbst die Zügel, bestimmte die Tempi und den Vortrag. Die Fesseln der rhythmischen Musik wurden da abgeworfen, wo sie nicht den Intentionen des Dichters entsprachen. In dieser Weise erhielten diese Gesänge eine Schärfe des Ausdrucks und eine Mannigfaltigkeit, die den Zuhörer überraschte und erstaunte."

Am Ende des langen Dichterlebens wurden andere Werke und Komponisten gewünscht; Eckermann berichtet über ein Hauskonzert vom 14. Januar 1827: „Unter den wenigen Zuhörern waren der Generalsuperintendent Röhr, Hofrat Vogel [Goethes Arzt] und einige Damen. Goethe hatte gewünscht, das Quartett eines berühmten jungen Komponisten [Felix Mendelssohn] zu hören, welches man zunächst ausführte. Der zwölfjährige Karl Eberwein spielte den Flügel zu Goethes großer Zufriedenheit und in der Tat trefflich, so daß denn das Quartett in jeder Hinsicht gut exekutiert vorüberging ... nach einer Pause, während welcher man sich unterhielt und einige Erfrischungen nahm, ersuchte Goethe Madame Eberwein um den Vortrag einiger Lieder ..."

Solche Anhörungen junger Talente im häuslichen Milieu hatten hier wie auch andernorts beträchtliche Auswirkungen auf deren weitere Entwicklung und die Geschichte der Musik. Ein Komponist wie Franz Schubert, der sich als ‚Tondichter' ohne berufliche Bindung zwischen den sozialen Klassen bewegte, erfuhr zu Lebzeiten lediglich in den Häusern seiner näheren Umgebung den notwendigen Widerhall. Sein Wirkungsfeld reichte nur selten über den intimen Rahmen häuslicher Vorführungen vor Hörern hinaus, die „ergriffen" sein wollten und ihre innere Anteilnahme auch persönlich deutlich bekundeten. Schuberts Freund Josef von Spaun schildert die Verhaltensweisen im Biedermeier: „Ein kleiner empfänglicher Kreis wurde geladen, und nun begannen die seelenvollen Lieder, die alle so ergriffen, daß nach dem Vortrage einiger wehmütiger Lieder der ganze weibliche Teil des Auditoriums, meine Mutter und Schwester obenan, in Tränen zerflossen und das Konzert unter lautem Schluchzen ein frühzeitiges Ende nahm. Eine fröhliche Jause und der treffliche Humor Schuberts und Vogls, die durch die Tränen der Versammlung mehr geehrt waren als durch den lautesten Beifall, stellte die Heiterkeit bald wieder her, und in herrlicher, sternenvoller Mondnacht machten wir höchst vergnügt den Rückzug durch die schöne Landschaft. Dem Schubert und Vogl blieb dieser Abend unvergeßlich, und sie sprachen noch oft davon. Auch in der Folge, als ich längst abwesend war, besuchte Schubert noch öfter meine Familie, die er sehr lieb gewonnen hatte ..." Hauskonzerte vor wenigen gerührt mitfühlenden, verständigen Zuhörern (Farbtafel 11) bildeten damals noch die optimalen Bedingungen für die Wiedergabe des intimen, vom persönlichen Erleben handelnden Sololiedes, bevor der öffentliche Liederabend und vor allem das Orchesterlied diese Gattung der größeren Menge zugänglich machte (siehe unten S. 165).

Auch andere Gattungen der Musik zählten während des 19. Jahrhunderts noch vornehmlich auf die Kennerschaft kleiner Zirkel, vor allem solcher, die es sich leisten konnten, geübte professionelle Musiker zur Mitwirkung zu gewinnen oder gegen Entgelt zu engagieren. Die differenzierte Kammermusik rechnete in ihrer Faktur mit dieser sachverständigen „gewählten Gesellschaft" (Carl Loewe, 1837). Gastgeber dafür waren sowohl die Komponisten dieser Werke selbst (Abb. 75) als auch Eigentümer größerer Wohnungen, die über ein Fortepiano sowie mehrere anschließende Räume verfügten, in denen gewöhnlich die Geschlechter getrennt Platz nahmen (Abb. 74). Wenn das berühmte Streichquartett der Gebrüder Müller von Braunschweig aus Konzertreisen unternahm, dann gaben sie fast täglich (zum Beispiel im Oktober 1833) morgens ein Hauskonzert und abends ein öffentliches Quartettkonzert (siehe S. 162). Häuser wie etwa diejenigen von Ludwig Rellstab oder Alexander Ernst Fesca in Berlin galten als ideale Orte der Verwirklichung komplexerer Kunstintentionen, die einer größeren Menge nicht zugänglich waren. Noch Johannes Brahms erlebte seine Kammermusik lieber in engeren Freundeskreisen denn auf dem Podium. Er konzipierte etliche seiner Kompositionen aus dieser ihn tragenden Mitwelt heraus für ihm persönlich Bekannte. Vereinsamte Tonsetzer wie etwa Jean Sibelius, die jeglichen Konzertbesuch mieden, behielten zur klingenden Kammermusik nur dadurch Kontakt, daß sie Interpreten zu sich ins Haus baten – unter anderen den Pianisten Wilhelm Kempff –, damit diese ihre individuellen Hörerwünsche konzertierend ohne Publikum erfüllten.

In intimen Hauskonzerten erklangen während des 19. Jahrhunderts alle Arten von Musik. In Riga führte man beispielsweise 1839 Beethovens Messen am Klavier auf. Der Klavierauszug ermöglichte es zudem, auch Opern und Oratorien – begleitet von ein oder zwei Flügeln – zu spielen. In Berlin bot sich hierfür ab 1819 vierzehntägig an Sonntagen der sogenannte ‚Convent' im Hause des Buchhändlers Friedrich Nikolai an. In Sankt Petersburg sang man 1824 privatim die Oper ‚Der Wasserträger' von Cherubini. In Lübeck verwirklichte man auf ähnlich reduzierte Weise 1869 im Hause der Familie Souchay de la Duboissière gar den ‚Fliegenden Holländer' von Richard Wagner. Hegel lernte in Berlin den ‚Don Giovanni' von Mozart im Hause Gustav Partheys näher kennen. Solcherlei Darbietungen waren – um Charles Burney zu zitieren – oftmals „mehr zum Vergnügen der spielenden Personen als der Zuhörer" geeignet. Trotz dilettantischer Leistungen bildeten diese Anstrengungen indessen einen Grundpfeiler der bürgerlichen Musikkultur dieser Epoche, in der die Kultivierung der Freundschaft, des

77   Musikzimmer mit Hausorgel in der Villa des Medizinalrats Neisser in Breslau. Vor 1900

gepflegten geselligen Umgangs und der großzügigen Gastlichkeit bewußt gefördert wurde. In Zimmern erklangen Chorsätze von Palestrina, das ‚Stabat Mater' von Pergolesi, Bachs Kantaten oder die ‚Lieder ohne Worte' von Felix Mendelssohn Bartholdy. Die Häuser der Mendelssohns, der Bettina von Arnim oder Joseph Joachims in Berlin,[5] Raphael Kiesewetters mit seinen bedeutenden historischen Hauskonzerten[6] und Ignaz Sonnleithners in Wien oder das des Bankiers Friedrich Riggenbach-Stehlin in Basel[7] boten, vielfältig in den Programmen und Zielsetzungen, Stunden der „seligsten Entrückung". Gedruckte Programme mit „kurzen historischen Notizen über die Componisten" wurden nicht selten den schriftlichen Einladungen beigelegt, damit ein tieferes Hörverständnis möglich wurde. Wiederholungen der Vortragsstücke am selben Abend dienten dem gleichen Zweck. Den weniger Musikverständigen wurde zuweilen mittels deklamatorischer Einlagen eine Abwechslung geboten. Elisabeth Lepsius, Gattin des Ägyptologen Richard Lepsius, beschreibt das Milieu eines abendlichen Hauskonzerts am 10. März 1867 in der Bendlerstraße zu Berlin wie folgt: „Die talentvolle Caroline Wichern, bereits durch hübsche Kompositionen bekannt, leitete bei uns am 10. März ein Konzert. Im oberen Saal war an der Querwand der Flügel aufgestellt, daneben die Orgel und auf der anderen Seite Violinen und Cello placiert. Davor der Chor, Sopran in Weiß und Rosa, Alt in Weiß und Blau ... Treppenhaus und Vorsaal waren mit grünen Büschen geschmückt. Den ersten Teil nahm der 51. Psalm von meinem Vater ein, ... dann wurden Erfrischungen gereicht. Der zweite Teil begann mit dem Präludium von Bach-Gounod (Curt v. W. und Ellen), dann folgten zwei der entzückenden Schottischen Lieder von Beethoven (Lili, Charlotte), mit Triobegleitung (Bernhard, Richard, Caroline) ... Den Schluß bildete der 23. Psalm von Schubert für vierstimmigen Frauenchor. Der allgemeine Beifall lohnte die Mühe des Einstudierens. Es waren 90 Personen anwesend, soviel hatten wir noch nicht bei uns."

In einem derart wohlhabenden großbürgerlichen Hause konnte man auf die Erhebung eines finanziellen Beitrags bei den Gästen verzichten. Nicht möglich war dies, wenn Berufsmusiker, wie etwa das Schuppanzigh-Quartett oder der Pianist Johann Nepomuk Hummel in Wien, des Gelderwerbs wegen für Abendgesellschaften spielten. Einige dieser Soiréen für Vermögende, für „sehr gewählte Gesellschaften" (Leopold von Sonnleithner), nannte man nach den Eintrittspreisen „Dukatenkonzerte".

Den Zweck der Förderung und Vorstellung junger Talente hob in seinem Berliner Heim der Geiger und Direktor der 1869 gegründeten Berliner Hochschule für Musik Joseph Joachim besonders hervor.[8] Er setzte das Hauskonzert pädagogisch wirksam ein, indem er seinen unerfahrenen Schülern die Gelegenheit bot, sich mit selbstgewählten Werken vor Freunden und Verwandten als konzertierende Musiker zu bewähren.

Kunstsammler, Diplomaten, Verleger, Musikalienhändler, Bankiers, die bis zum Ersten Weltkrieg im materiellen Wohlstand lebten, gaben in ganz Europa zahllose Hauskonzerte mit ‚dîners' oder Soupers, Bällen oder Deklamationen. Die Akzente, ob mehr das Musizieren oder die Bewirtung im Vordergrund des Interesses stand, wurden von Haus zu Haus unterschiedlich gesetzt. Die Not des Krieges setzte vielen Aktivitäten der bürgerlichen Gesellschaft ein Ende oder zumindest zeitweise eine merkliche Einschränkung. Zahlreiche Musiker und Musiklehrer wurden brotlos. Dies bewog die Witwe des Dirigenten Hans von Bülow, Marie von Bülow, in ihrer Berliner Wohnung ab 1914 Mittwochskonzerte zu geben, die als Künstlerhilfe primär sozial motiviert waren. Hier stand mithin nicht der Luxus, sondern die Überwindung der Not ein für eine Serie von achthundert Hauskonzerten und literarischen Vortragsabenden, die erst im Februar 1941 eingestellt wurde. Bekannte Virtuosen wie etwa Alfred Cortot, Edwin Fischer (Abb. 42), Claudio Arrau oder Elisabeth Schwarzkopf versagten nicht ihre Mitwirkung, unter Verzicht auf die Gage zugunsten notleidender Kollegen. Die wirtschaftliche Depression zwischen den beiden Weltkriegen regte zudem manche Hausbesitzer dazu an, jungen, zum Teil verelendeten Musikern ihre Räume und Instrumente zur Verfügung zu stellen, die das Geld für die Miete öffentlicher Konzertsäle nicht aufzubringen vermochten und – anstelle der Distanzierung vom Publikum auf dem erhöhten Podium – den persönlichen Kontakt zu den Hörern suchten.

Hauskonzerte erhielten nach 1933 zudem eine durch die gewandelten Verhältnisse verursachte politische Komponente, denn vielen, insbesondere jüdischen Musikern wurde während des Dritten Reiches, nach 1938 auch in Österreich und nach 1939 in den anderen von Hitler okkupierten Ländern, das öffentliche Auftreten untersagt. Den Behinderten, Verfolgten und Verfemten, die selbst Konzerte nicht besuchen durften, blieb oft lediglich die Möglichkeit zum Musizieren im verriegelten Haus hinter verhangenen Fenstern. Mitleidende, wie zum Beispiel Nina Schröder-Grünbaum in Berlin, wagten es, Eingeweihte in ihre Häuser zu bitten, um Musikern und auf Musikvermittlung angewiesenen Hörern eine Überlebenschance zu bieten. Programme wurden nicht gedruckt und ausgesandt, da dies den sie verfolgenden staatlichen Behörden auf die Spur geholfen hätte. Hauskonzerte konnten unter solch widrigen, isolierenden Umständen auch Manifeste des politischen Widerstandes sein; die Musik erfüllte dann einen ihrer Hauptzwecke, nämlich Trost und Hoffnung zu spenden in deprimierender bis ausweisloser Situation. Es wäre geschichtlich gewiß unzureichend und falsch, wollte man die bürgerliche Institution des häuslichen Konzerts einseitig nur unter den Gesichtspunkten eines „sanktionierten Schutzgebietes von Irrationalität" (nach Theodor W. Adorno), der philiströsen Rührseligkeit, des geltungsbedürftigen Dilettantismus und der kommerziellen Nutzung betrachten. Die Geschichte des Hauskonzerts bietet hinreichend positiv zu schätzende Aspekte, so daß solchen Verdikten mit Fug und Recht begegnet werden kann.

Ob allerdings jüngste kulturpolitische, von außen gesteuerte Anstrengungen geeignet sind, diese seit 1950 weltweit immer seltener werdenden Veranstaltungen vor dem Verschwinden zu bewahren, möge bezweifelt werden. Werden doch in Basel zum Beispiel seit 1974 „Stadt-Haus-Konzerte" angeboten mit Kammermusiken „im Hauskonzertrahmen aber öffentlich, mit Programmansage und Kommentar durch die Ausführenden". In Klosterneuburg bei Wien fand vom 25. bis 27. Oktober 1985 ein Symposion ‚Neue Hausmusik' statt mit einem Kompositionswettbewerb, einer Preisentscheidung des Publikums und Konzerten im Festsaal eines Bankinstituts. Beiden in sich widersprüchlichen Unternehmungen fehlen offensichtlich wesentliche Merkmale der im 18. und 19. Jahrhundert im Musikleben Europas wichtig gewesenen Institution und Sache, die sich administrativ nicht wird restituieren lassen.

Liebhaberkonzerte

Zwischen 1750 und 1813 dominierten im öffentlichen wie halböffentlichen Konzertwesen die „Accademia di dilettanti", „Liebhaber accademie", „La Compagnie des Amateurs" oder das „Liebhaber-Concert", Konzertarten, die etwa im Briefwechsel Wolfgang Amadeus Mozarts wiederholt Erwähnung finden. Mozart stand mit dem Liebhaberkonzert als Veranstaltungsform nicht nur zeitlebens in Kontakt, sondern belieferte es auch eifrig mit seinen Kompositionen.

Den Liebhabern, die sich während des 18. Jahrhunderts vom Künstler und Kenner abgesetzt hatten, haftete keineswegs jenes heute so verbreitete Urteil vom unqualifizierten Laien an. Vielmehr rühmte noch 1802 Michaelis diese Gruppe von „Menschen, die durch ihren Beruf auf einen gewissen Mechanismus der Thätigkeit beschränkt sind, dessen ungeachtet aber nicht nur feine Empfänglichkeit, sondern auch Talent für schöne Kunst besitzen und zu dieser in den Stunden der Muse gern Zuflucht nehmen, entweder um sich an ihren Produkten zu ergötzen, oder um sie selbst auszuüben".[1] Erst nach 1830 wurde der Begriff ‚Liebhaber' durch den des ‚Dilettanten' ersetzt, eine Bezeichnung, der seither der Mangel von den professionellen Ansprüchen nicht mehr genügenden fachlichen Fähigkeiten anhaftet. „Liebhaber der Musik" war vordem „eigentlich, der an dem Anhören, oder auch Ausüben musikalischer Stücke Vergnügen findet, ohne daß er sich weiter um die Gründe dieses Vergnügens und um die Regeln der Kunst überhaupt bekümmert ... Kenner ist der, der sich bemüht, in so weit sie nothwendig sind, ein musikalisches Stück aus Gründen beurtheilen zu können. Meister selbst ist der nur, der den ganzen Umfang der Kunst, ihre Regeln und Vorschriften genau kennt, und sie auch selbst durch Composition in Ausübung bringt."[2]

Im 18. Jahrhundert wurde die Initiative der sich zu Zirkeln, Collegia oder Auditorien versammelnden Privatleute nachhaltig herausgefordert, so daß das Musizieren und liebhabermäßige Komponieren neben dem Interesse am Malen, Lesen, Schreiben, Philosophieren oder mimischen Darstellen zur Mode wurde. In dieser Atmosphäre der Kultivierung bildeten sich Lesekabinette, Brief-Partnerschaften, Clubs für

78 Liebhaberkonzert der „Gesellschaft ab dem Music-Saal" in Zürich. Kupferstich von Johann Felix Corrodi. 1747. Zürich, Zentralbibliothek

allerlei gemeinsame Tätigkeiten und „Liebhaber-Concerte", die stets betont gesellig waren.

In der ‚Allgemeinen Musikalischen Zeitung' stellte man im Jahre 1800 befriedigt fest: „Keine Kunst, selbst die Mahlerey nicht, zählt so viele Liebhaber, im engern Sinne des Worts, als die Musik." Das Konzert avancierte neben der internen Hof- und Hausmusik zu den bei Aristokraten wie Bürgerlichen unerläßlichen „feinen Vergnügungen"; es wurde zu „einem Schlüssel zum Umgang" (Johann Georg Hamann, 1765) mit gebildeten Menschen. Das Sich-Mitteilen im Vorspielen für Freunde oder Gäste war für viele so zwingend wie der Disput oder ein reger Briefkontakt. Die zum Beispiel in Danzig zu findende Bestimmung für eine musikalische Gesellschaft: „Wer nicht zu musizieren imstande ist, darf nicht aufgenommen werden", sicherte vielerorts diesen Unternehmungen den Reiz der aktiven Teilnahme und verhinderte das Abgleiten in passives Konsumieren von Dargebrachtem, wie es in den Virtuosenkonzerten zumeist anzutreffen war.

Der konzertierend tätige Liebhaber hatte Freude an der Sache, am Vorspielen, am geselligen Tun im Ensemble und war nicht erpicht auf Perfektion oder materiellen Ertrag. Der Gedanke des musikalischen Arbeitens oder Erarbeitens lag ihm zumeist fern, jegliches Kritisieren seiner Tätigkeit galt daher als unangemessen. Gewöhnlich verzichtete er auch auf die Honorierung durch Beifallsbekundungen, denn

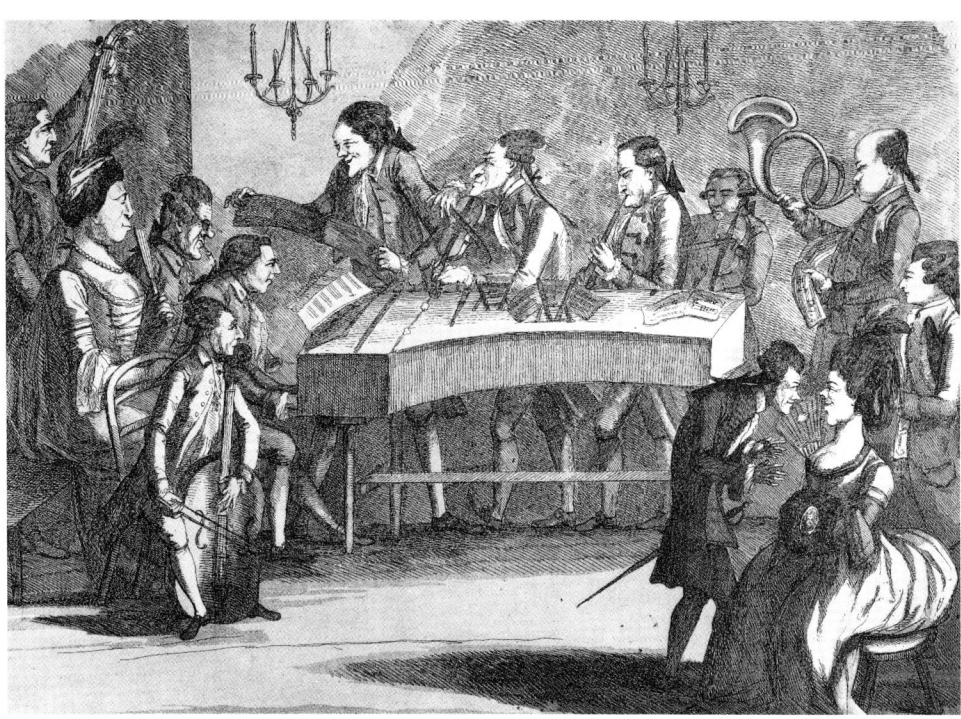

79 „A Sunday Concert". Radierung von Francesco Bartolozzi. 1782 (36,7 × 50,9 cm). Wien, Graphische Sammlung Albertina, Inv. Nr. IX (1), Bd. 2, Bl. 178

es galt (etwa in der Hansestadt Bremen) als „unanständig" und nicht fein, Leistungen unter Gesellschaftern zu beklatschen, eine Gefallensbekundung, die man den berufsausübenden bezahlten Musikern und Virtuosen vorbehielt. Die Verhaltensdifferenzierung zwischen Amateur- und professionellen Musikern ging so weit, daß man mit Profis nicht gern gemeinsam speiste, denselben Eingang benutzte oder sich ansonsten gemein machte. Wenn in England Amateure mit Musikern konzertierten, behielten die einen den Hut als Zeichen ihrer Würde auf dem Kopf, während die anderen, sozial deklassiert, barhäuptig zu assistieren hatten.[3]

Die Liebhaberkonzerte des 18. Jahrhunderts wurden von mehreren gesellschaftlichen Gruppen getragen, die sich sowohl gegenseitig abstießen als auch anzogen. Eine der rührigsten bildeten die Studenten. In Universitätsstädten wie Königsberg, Leipzig oder Würzburg waren vornehmlich sie es, die häufig mit Unterstützung von Stadtmusikanten bei Konversation, Pfeiferauchen und Trinken Sinfonien wie Solokonzerte in den Häusern von Professoren oder in Gaststätten aufführten. Damen waren hierbei (etwa in Halle) nicht zugelassen, in Göttingen jedoch im Abonnement inbegriffen. Diese „academischen Concerte" sollten dem „Vergnügen der Hörer" dienen, vor allem jedoch „zur Aufklärung und Verfeinerung der studierenden Jugend" (Daniel G. Türk, 1779) nützlich sein, diese auch „in reinlicher Kleidung" als „Courmacher" zu gesitteteren Umgangsformen erziehen.[4] Vokal- und Instrumentalwerke wurden wie allgemein üblich gemischt, auch wurden gern die Kompositionen von „geschickten Studiosi" dargeboten. Da man wenig oder gar nicht probte und die Fluktuation eine kontinuierliche Leistungsverbesserung erschwerte, gingen die „accademischen Institute" (Jena, 1770) meist noch vor 1800 durch die Konkurrenz der „Großen Concerte" unter. 1807 beklagte man in München, Studenten hätten hier früher „ein vollständiges Orchester" bilden können, „jetzt vermögen sie kaum ein Quatuor hervorzubringen".[5]

Neben den akademischen Konzerten gab es die großen, kleinen, höfischen und privaten musikalischen Akademien, eine Bezeichnung, die im 18. und 19. Jahrhundert nur undeutlich definiert und infolgedessen unspezifisch verwendet worden ist. Die in Gathy's ‚Musikalischem Conversations-Lexikon' von 1835 zu lesende Bestimmung, eine Akademie sei eine Unterhaltung, bei welcher „nur ausgezeichnete Tonkünstler das Orchester besetzen", scheint deshalb unzureichend, da diese Bezeichnung häufig sogar synonym zu „Conciertos" (Madrid, 1797) oder auch „Collegium Musicum" (Johann N. Forkel, 1783) benutzt wurde. Forkels Eingrenzung, es sei das eine „musicalische Akademie", was als öffentliche Anstalt „unter Aufsicht und Schutz der Obrigkeit steht", vermag ebenfalls nicht das breite geschichtliche Spektrum zu umreißen.

Die geschichtliche Grundlegung musikalischer Akademien ist in den Humanistenzirkeln des 16. Jahrhunderts in Italien und Frankreich zu suchen, in denen neben dem gelehrten Disput über Fragen der Philosophie oder Dichtung auch das Musizieren unter Kennern einen unverzichtbaren Platz im Umfeld der Kunstübung einnahm. Im Zuge der allmählichen Verselbständigung einzelner Disziplinen aus dem einstigen Verbund bildeten sich nicht nur die Akademien der Wissenschaften als Gelehrtenvereinigungen, sondern nahmen nach 1700 einige an italienischen Vorbildern geschulte Aristokraten die Idee der „Accademia" auch für Musikalisches in Anspruch. In London zum Beispiel hatte man 1710 eine „Academy for the study and practice of vocal

80 „A Concert in Cambridge"
im Christ's College unter
Verwendung eines Pantaleon.
Kupferstich von Abraham Hume.
1770. London, British Museum

and instrumental harmony" begründet, andernorts lud man zu privaten Akademien ein. Seither fanden musikalische Akademien auch mit „Declamation und Gemählde-Darstellungen" (München, 1821) in wechselnden Sozialbezügen statt. In Prag etwa begründeten 1713 vier Bürger eine Akademie, zu deren Exercitium „auserlesene qualificirte Virtuosen" hinzugezogen werden sollten; die „hohe Noblesse undt ein jeder Liebhaber" sollten dazu geladen werden.[6] Ein „Akademie" benanntes Liebhaberkonzert rief 1740 in Berlin der Hofmusiker Johann Gottlieb Janitsch ins Leben, und in München existierten seit 1717 Hofakademien, bei denen auch Mitglieder des regierenden Hauses mit Vorliebe musizierten. In den französischen Städten Nantes (1728), Clermont-Ferrand (1731) oder Lille (1733) etablierten sich Akademien als „assemblées d'élite", und in England benannten diverse Musical Clubs ihre „convivial meetings" als „academy".[7] In Augsburg ließ 1777 Wolfgang Amadeus Mozart als Privatveranstalter zum eigenen Vorteil eine „accademie in scena" ankündigen, am 28. März 1800 gab in Wien der Hoftrompeter Anton Weidinger „eine große musikalische Akademie mit Produzierung seiner organisirten d.h. mit Klappen ausgestatteten Trompete". In derselben Stadt setzte nach 1772 die Wiener Tonkünstlersozietät als ein Versorgungsverein für Witwen und Waisen in der Fastenzeit sowie im Advent Akademien an, die wie die Concerts spirituels vornehmlich für die Aufführung von Oratorienteilen bestimmt waren. In Erlangen stellte sich 1792 der Medizinstudent Lukas Staudinger in einem gemieteten Gasthaussaal vor in „einer Academie aus Declamation und Gesang bestehend". In Köln benannte sich ein in der Sternengasse angesiedeltes Konzertinstitut ‚Musikalische Akademie'. In München schließlich nahm sich die 1811 gegründete ‚Musikalische Akademie' vor, unter den Konzertgebern den „Geschmack am Großen" wieder zu wecken, nachdem dieser durch die „zur Mode gewordenen Potpourris und Tyrolerlieder" verkommen war.[8] Als von und für Liebhaber aller Klassen gedachte Veranstaltungen waren musikalische Akademien mithin Konzerte ohne formale oder inhaltliche Verbindlichkeit.

An der Aktivierung der Konzerte von Liebhabern beteiligten sich, entsprechend den örtlichen Verhältnissen, mehrheitlich die hohe Noblesse oder Beamte mittleren Standes, nur „Gentlemen" (Abb. 79 und 80) oder auch Frauen (Abb. 78) und Kinder. Die „Cavaillers-konsertne" (Stockholm, 1769), „Gentlemen's Concerts" (Manchester, 1770), Konzerte in Freimaurerlogen (um 1780 in Paris und Berlin) wie auch die „adeligen Liebhaber-Concerte" (Wien, 1807) genossen einen höheren Prestigewert als die sozial gemischten, die auch „niedrige Personen" (Leipzig, 1746) zuließen. Falls ein Eintrittsgeld abverlangt wurde, spendete man den Erlös meist für karitative Zwecke mit den bei „opulent citizens" nicht seltenen „sentiments of philanthropy" (Charleston, 1791). Von den ausschließlich aus Liebhaberleistungen und -kompositionen zusammengesetzten Programmen hoben sich solche ab, die sich auch der Mitwirkung von Reisevirtuosen, Stadtpfeifern, Regimentsoboisten[9] oder Hofkapellen versichern konnten. Letzteres wird beispielsweise um 1770 aus Rußland berichtet, wo sich unter die Kammermusiker des Zaren „vornehme Dilettanti" mischten, um gegen Eintritt vor „Hof-Damen und Cavalieren, als auch vom Adel, und vor der Kaufmannschaft aus der Stadt zu spielen". „Dabei wurden Erfrischungen herumgegeben; und wer eine Partie Whist oder a l'Hombre spielen wollte fand auch seine Gesellschaft".[10] Zumeist mündeten diese opulenten Vergnü-

81 Karikatur eines Liebhaber-
konzerts. Kolorierte Federzeichnung. Um 1820.
Nürnberg, Germanisches Nationalmuseum, Inv. Nr. HB 3653

gen in großen Bällen. 1791 war es in Düsseldorf gar üblich, daß „... gleich nach geendigter Symphonie, durch ein paar Schnorranten deutsche Tänze gespielet und ‚gewalzet' wurde". Diese Koppelung ließ einen um den Ernst der Sache besorgten Liebhaber 1806 die Frage stellen: „es gibt fast in jedem, oft sehr kleinen Orte ein wöchentliches Concert, aber oft folgt auf das Concert ein Ball, der, bis der Morgen graut, dauert. Ich möchte von einem Kenner des Guten und Schönen wohl die Frage gründlich beantwortet lesen: Läßt sich wohl ein Concert und ein Ball nach den Regeln des guten Geschmacks vereinbart denken?"[11]

Die Programme dieser Konzerte, an die sich allgemeiner Tanz anschloß, ein Usus, der im 19. Jahrhundert weltweit Verbreitung gefunden hat, bestanden meist aus Reihungen gut verständlicher, unkomplizierter Musik. Man spielte in zwangloser Folge das, was man ausführen konnte, und so viel, daß möglichst jeder zum Gesangsvortrag oder Vorspiel eine Gelegenheit erhielt. Abgesehen von zuweilen pionierhaft „konzertweisen" Erstdarbietungen von Opern und Oratorien, herrschten literarische Lesungen mit „interpolation pieces" vor sowie Reihungen wie die folgende aus dem Zürcher Music-Saal (1768):

Actus I.

1. *Symphonia del Sigr. Heymann.*
2. *Aria del Sigr. Galuppi: „Opprimete i contumaci".*
3. *Un Quartetto del Sigr. Schobert à Cembalo obligato, Violino e due Corni.*
4. *Aria per il Soprano del Sigr. Cocchi: „Vago del tuo sembiante".*
5. *Symphonia del Sigr. Graf.*

Actus II.

1. *Eine Partie vor die Harpfe mit Flauten, del Sigr. Nezer.*
2. *Duetto del Sigr. Morigi, a due Violini obligati.*
3. *Aria del Sigr. Hasse: „Caro sposo, amato oggetto".*
4. *Sonata del Sigr. Raupach, a Cembalo obligato e Violino.*
5. *Duetto del Sigr. Galuppi, a due soprani: „Non temer, non sono amante".*
6. *Symphonia del Sigr. Greiner.*

Johann Friedrich Reichardt erfuhr 1808 in Wien eine angenehme Unterhaltung bei den „Liebhaberkonzerten der Frau von Rittersburg, welche abends von sieben bis zehn gehalten werden. Die Einrichtung wird künftig auch für die Zuhörer vorteilhafter sein; man wird die Musik im mittleren Zimmer allein placieren und die Zuhörer in den beiden geöffneten Nebenzimmern sitzen lassen. In diesem Konzerte werden besonders angenehme, italienische Singsachen sehr gefällig ausgeführt. Die Frau von Rittersburg selbst singt sehr angenehm, und das Fräulein von Zois und die junge Frau Frank, alle auch sehr hübsche, reizende Geschöpfe, singen zusammen mit einigen italienischen und deutschen Tenor- und Baßstimmen Ensemblestücke aus italienischen Opern und Operetten mit vielem Geist und Geschmack. Man fühlt sich oft in die italienische Bühne angenehm versetzt, wozu die äußerliche, liebliche und belebte Repräsentation gewiß nicht wenig beiträgt. Ein italienischer Bankier, Bridi, dessen Tenorstimme in einzelnen Tönen noch ihre frühere Schönheit und Fülle ausdrückt, singt da oft mit vielem Vortrage und Ausdruck. An schönen Baßstimmen zeichnet sich da ein Herr von Kiesewetter, Herr von Henikstein und ein italienischer Abbé aus. Auch der Fürst von Lobkowitz nimmt mit seiner starken, vollen Baßstimme, mit der er ganz in die italienische Vortragsweise eingeht, oft lebhaften Anteil an den Ensemblestücken. Sein Orchester macht dann den größten Teil der Instrumentalmusik aus, von welchem einzelne Symphonien und Ouvertüren oft sehr brav ausgeführt werden. Mehrere gebildete Dilettanten verstärken aber auch oft das Orchester. Den allerliebsten Gitarrespieler Giuliani hört' ich in diesem Konzert auch zum ersten Male, und mich verlangte sehr danach, ihn oft wieder zu hören. Eine große Annehmlichkeit für die Unterhaltung gewährt dieses Konzert auch durch das angenehm gemischte Publikum aus allen Ständen. Man findet hier die ersten Männer des Staats und des Hofs mit den Familien des kleinen Adels und Bürgerstandes auf eine sehr gute, freie Weise vereinigt, und oft hat man noch nach dem Konzert eine angenehme Stunde der Unterhaltung."

In Nürnberg fanden sich 1813, nachdem unter der drükkenden Steuerlast der Kriegsjahre nahezu allerorten das Konzertwesen versiegt war,[12] Liebhaber zusammen zu einem großen

> Mit Hoher Genehmigung
> wird
> heute Freitags den 23ten Juny 1813.
> im Concertsaale des rothen Rosses
> Ein großes
> **Instrumental- und Vocalconcert**
> zum Besten der verwundeten Krieger
> des Vaterlandes
> von den sämmtlichen Mitgliedern der Nürnbergischen Kirchen- und Stadtmusik-Chors und unter gefälliger Mitwirkung mehrerer schätzbarer Musik-Liebhaber gegeben.
>
> Erste Abtheilung.
>
> Ouverture von Gluck.
> Scene und Aria aus Griselda von Paer, mit obligater Violine, gesungen von Dem. Nieser, gespielt von Molique jun.
> Flöten-Concert von Krommer, geblasen von Hahn jun.
> Clavier-Sonate mit Variationen, gesetzt und gespielt von Herrn Nicolai.
>
> Zweite Abtheilung.
>
> Clarinet-Piece, Tempo di Polacca a la Spagnuola, geblasen von Gottfried Backofen.
> Militairische Fantasie mit ganzem Orchestre von Mainberger.
>
> Der Anfang ist präcise halb 6 Uhr, das Ende gegen 8 Uhr.
>
> Entrée 36 kr.

Die Ausführung solcher Programme litt meist an der mangelnden Konzentration und dem zu hohen Geräuschpegel. Carl Friedrich Zelter berichtet aus Berlin von einem Gartenkonzert um 1775, daß „von dem Spiele des Flügels nichts zu hören war... Nur die Ritornelle waren stark genug, neben dem Gewirr der verschiedenen Gespräche gehört zu werden, woraus ein gar sonderbares Ganze entstand." Als Solist präsentierte sich ein junger Kaufmannsdiener „sehr geputzt, mit einem Degen an der Seite und einer köstlichen Porzellanpfeife im Munde".

Diese Unterhaltungskonzerte wurden ergänzt durch „musikalische Uebungsdivertissements, wo jedes Mitglied seine eigenen Musikalien zum beliebigen Durchspielen mitbringen" (Berlin, 1814) konnte. Diese sollten „amuse and instruct" (Sydney, 1829), da die Liebhaber Anleitung und Praxis benötigten, ein Umstand, auf den sich das neu etablierte Gewerbe des Privatmusiklehrers einzulassen begann. So erschien 1780 in Glasgow die Anzeige eines Music Masters, der eine Klasse eröffnet hatte „for instructing young Gentlemen to Play in Concert". Bezeichnend für den wachsenden Bedarf nach Unterweisung ist die große Zahl der für Dilettanten verfaßten Kompositionslehrbücher, Instrumentalschulwerke und Fachzeitschriften.

Diese Bemühungen und Investitionen führten nach 1813 lokal zu Verbesserungen des Leistungsstandards und zeitweise sogar zu einem Überangebot an „Dilettanten-Concerten". Bis etwa 1848 gehörten sie zum allgemeinen Konzertbetrieb. Danach vertrieb, wie Louise Rieter-Biedermann 1866 aus Winterthur an Johannes Brahms resignativ berichtete, vielerorts „der Materialismus die edle Kunst". Die Zahl der Konzerte nahm ab, oder deren Inhalte verfielen der Trivialisierung. Vorher jedoch konnten noch manche Beobachter optimistisch und beeindruckt feststellen, daß „les concerts d'amateurs... ont tourné en définitive au profit d'art". Der Franzose Jacques-Auguste Delaire wagte 1836 gar die Behauptung, „les populations entières d'Allemagne et d'Italie sont capables d'exécuter des symphonies d'instruments et des choeurs de voix", was in dieser Verallgemeinerung gewiß nicht zutraf.[13] Zu vermerken ist allerdings, daß es weiterhin viele „musikalische Versammlungen" gab, die ihren Mitgliedern abverlangten, „etwas Obligates zu spielen".[14] Dieser Ehrgeiz und Druck trug mit dazu bei, daß man 1820 eine schier unübersehbare Menge von Bearbeitungen favorisierter Kompositionen für zwei oder drei gleiche Instrumente (wie Flöten, Klarinetten, Violinen) publizierte. Hervorzuheben ist auch, daß es weiterhin in vielen Musikgesellschaften befähigte Harfenspieler, Oboen-, Bassetthorn- oder Kornettbläser gab, die sich Solokonzerte zutrauen konnten. In Wien zählte man nach 1850 mindestens sechzehn Dilettanten-Orchester neben vielen Zivilmusikkapellen und Gesangsvereinigungen (unter anderem „für classische Musik" oder „für populäre Musik").

Das Milieu, in dem dieser „Selbstbetrieb der Musik" stattfand, schildert trefflich Johann Peter Lyser in der Novelle ‚Der Meister und der Maestro'.[15] Zu einem „Kompagnie-Konzert" versammelten sich demnach in Norddeutschland Orchester und Sänger auf einem Podium „in einem Halbkreis". Davor stand der „Stuhl des Dirigenten, ein kollossales altes Möbel mit sehr hoher Rückenlehne, damit die Zuhörer keinen Anstoß daran nehmen möchten, daß der Dirigent ihnen den Rücken kehre".

Vom Leistungsvermögen und Geschmack eines solchen

82 *Orchesterkonzert in Den Haag. Sepiazeichnung. Um 1820 (25,4 × 37,3 cm). Den Haag, Gemeentemuseum*

Musikvereins in einer Kleinstadt möge das Programm eines Konzerts vom 3. Dezember 1880 in Soest zeugen:

1. *Variationen für Piano v. Beethoven*
2. *Chor aus „Paulus" v. Mendelssohn*
3. *Variationen für Piano v. Beethoven*
4. *Duett v. Mendelssohn*
5. *Legende für Violine v. Wieniawski*
6. *Zwei Lieder für Männerstimme von Hauptmann Schmidt*
7. *„Freudvoll und leidvoll" von Kullack und „Volksklang" von Gade, beides für Piano*
8. *Zwei Duette für Sopran u. Alt von Schumann*
9. *„Spinnenlied" von Holländer*
10. *„Die heilige Nacht" für Soli u. Chor von Gade.*

Daß es bei solchen Auftritten auch manch komische Szenen gab, hat die Karikaturisten vielmals dazu angeregt, satirisch das Mißverhältnis von innerem Eifer und äußerem Erscheinungsbild darzustellen (Abb. 81). Diese und andere Bloßstellungen haben bis zum heutigen Tag Millionen von Liebhabern der Musik indessen nicht davon abhalten können, diese Kunst nicht nur hoch zu schätzen, sondern auch die Kunstübung in Konzerten weiterhin zu betreiben trotz des oft einschüchternden Erlebens perfekter Hochleistungen von Professionellen.

Symphoniekonzerte

Den „eigentlichen Kunstzweck" erfüllten im 19. Jahrhundert jene Konzerte, die „rein", „seriös" und unabhängig von geselligen Kontexten oder dem mindernden Darbietungsvermögen von Dilettanten, um „der Kunst wegen" (Ludwig Rellstab, 1846), „aus idealen Motiven" (Lüdenscheid, 1859) stattfanden. Nur eine aller Nutzeffekte entbundene autonome Kunst – so meinte man – könne jene humanistischen Ideale vom höheren, veredelten Menschsein mitverwirklichen helfen, von denen allenthalben gesprochen wurde. Im symphonischen oder philharmonischen Konzert, in dessen Genuß vornehmlich der neue, vermögend gewordene Mittelstand kam, schienen sich alle die Musik betreffenden Bildungsideale erfüllen zu lassen. Mit Hochgestimmtheit näherte man sich seit der Mitte des 19. Jahrhunderts den pompösen Kunsttempeln, um in festlichem Rahmen Wohlstand und Professionalität zu genießen, die unerläßlichen Voraussetzungen für die Etablierung dieser Konzerte (Farbtafel 7 und Abb. 84).

Zu Zeiten einer neuerlichen ökonomisch-industriellen Expansion nach den desolaten Verhältnissen unter den Besatzungsregimes der Napoleonischen Kriege, die zwischen 1790 und 1813 dem Konzertbetrieb der meisten Höfe und Städte ein Ende bereitet hatten und viele Musiker brotlos werden ließen, begann nach dem Wiener Kongreß ein Boom an Instrumentenkäufen, Notendrucken und des fachlichen Privatunterrichts. Hatte ein Korrespondent der ‚Allgemeinen Musikalischen Zeitung' 1807 deprimiert konstatieren müssen: „Sinkender Wohlstand, sinkende Kunst", so konnte fortan „das Grosse Concert" als exklusive Veranstaltung für „die Geweihten der Kunst" (Hans Georg Nägeli, 1812) ermöglicht werden, in das die wohlhabende Elite ebenso wie Angehörige der nobility investierten. Hier erklangen die aller divertierenden Gesellschaftskunst enthobenen Symphonien der Klassiker, für deren Realisation die Akademien der Dilettanten nicht mehr zumutbar erschienen. Verbesserte Orchesterinstrumente, einschließlich der nach 1780 mehrheitlich umgebauten Violinen, und ausgearbeitete Partitu-

83 Konzert in den 1775 eröffneten Hanover Square Concert Rooms in London. Holzschnitt. 1843 (10 × 14,5 cm). Aus: ‚The Illustrated London News', Vol. 2, 1843, S. 439

ren, die den vergrößerten Orchestern Rechnung trugen, zielten auf immer größere Räumlichkeiten und Auditorien, deren Ansprüche sowohl an die Ausführenden als auch an die musikalische Faktur zunahmen.

Der Prozeß jedoch vom Liebhaber- zum Profikonzert, dem man mit gesammeltem Ernst diszipliniert zu lauschen gewillt war, vom Gelegenheitshören zum ritualisiert regelmäßigen Konzertbesuch war langwierig und vollzog sich von Ort zu Ort unterschiedlich. In London traf man sich noch 1843 leger, stehend und plaudernd, mit dem Rücken zum Podium in Symphoniekonzerten (Abb. 83); das Tonhalleorchester in Zürich lehnte es 1860 ab, Symphonien gewissenhaft zu probieren, und es gehörte zur Gewohnheit, daß Teile des Publikums nach den vorausgegangenen Diners einschliefen. Erst 1865 meinte man in der Zeitschrift ‚L'Art musical' von den geübteren Kreisen in Paris feststellen zu können: „le goût de la bonne musique s'étend chaque jour", man gewöhne sich daran, „la musique sans parole" insbesondere aus der Feder „des grands maîtres allemands" zu vernehmen, und wertete dies optimistisch als Zeichen des Fortschritts, „qui aide au bonheur de l'humanité". Wurde das Publikumsverhalten von den einen als „progrès de la musique", von den anderen jedoch als „décadence" apostrophiert, unterlag seine Beurteilung freilich der politischen Couleur, denn durch die Spaltung der Zuhörerschaft in diejenigen, die „religieusement" ernste Musik vernahmen, und jene, die der divertierenden Promenadenmusik der Gartenkonzerte zuhörten, wurde auch der gesellschaftliche Bruch deutlicher. Selbst wenn man versuchte, durch sogenannte „Philharmonische populäre Künstlerkonzerte" (Dresden, 1894) oder „Volkssinfoniekonzerte" die Kluft zwischen der vornehmen, durch Musik gebildeten Bürgerschicht[1] und den ästhetisch weniger ambitionierten Gruppen oberflächlich zu verdecken und damit zu verkleinern, blieb der Besuch bestimmter Veranstaltungen ein qualifizierendes oder disqualifizierendes Statussymbol.

Auch außerhalb der urbanen Zentren setzte die Mittelklasse einsatzfreudig erstaunliche Energien frei, um das philharmonische Abonnementskonzert zur Zelebrierung klassischer Hauptwerke der Hochkunst zu etablieren.

Das Ziel eines „Kunstgenusses höherer und edlerer Art" sowie einige unabdingbare Bedingungen zu ihrer Einlösung wurde unterdes in einer Einladung formuliert, die an alle Interessenten im Winter 1835/1836 am Beginn einer neuen Ära der Concert-Direction des Leipziger ‚Gewandhauses' ausgesandt wurde:

Das seit vier und fünfzig Jahren bestehende Institut des Concerts im Gewandhause verdankt bekanntlich seine Entstehung der Vereinigung einer kleinen Zahl von Privatpersonen, welche lediglich aus Liebe für die Kunst und zu Beförderung eines Kunstgenusses höherer und edlerer Art, ohne irgend eine Rücksicht auf persönlichen Gewinn oder andre Nebenzwecke, es unternehmen, mit Benutzung der dazu in Leipzig sich darbietenden Mittel den Winter über eine bestimmte Anzahl von Concerten zu veranstalten und in selbigen die vorzüglichsten zur Concertmusik zu rechnenden Gesang- und Instrumentalstücke zu Gehör zu bringen. Das Unternehmen ward im Vertrauen auf den seit langer Zeit in Leipzig sehr verbreiteten Sinn für die Tonkunst begonnen und durch sein vieljähriges Bestehen ist dieß Vertrauen vollkommen gerechtfertigt worden. Die, welche den ersten Begründern nach und nach als Vorsteher der Anstalt folgten, wirkten in demselben uneigennützigen, nur auf den ursprünglichen Zweck gerichteten Sinne und verwendeten die durch das jährlich erneuerte Abonnement ihnen dargebotenen Mittel nach ihrer besten Einsicht und unter Berathung mit Männern vom Fache, indem sie bei der Wahl der auszuführenden Stücke mit fortwährender Anerkennung dessen, was unter den Werken der Tonkunst zu allen Zeiten vortrefflich bleiben wird, die Beachtung des jedesmaligen Zeitgeschmacks möglichst zu vereinigen, der Ausführung selbst aber, so weit es geschehen konnte, allmählig immer höhere Vollendung zu verschaffen suchten. Auch die gegenwärtigen Mitglieder des unterzeichneten Directoriums sind sich des redlichen Strebens bewußt, bei Leitung der Anstalt den von ihren Vorgängern ihnen bezeichneten, vom Publicum gebilligten Weg zu verfolgen und sie haben sich davon weder durch Schwierigkeiten, welche in den erhöheten Ansprüchen an öffentliche Kunstleistungen liegen, noch durch einseitige oder leidenschaftliche Urtheile, denen kein öffentliches Unternehmen entgehen kann, abhalten lassen; den Lohn ihrer Bemühungen aber finden auch sie nur in der Überzeugung von dem günstigen Einflusse, welchen die Concertanstalt auf Ausübung der Tonkunst und Veredlung des Sinnes für dieselbe bisher gehabt hat. Unmöglich zwar würde es seyn, die so sehr verschiedenen und einander nicht selten geradezu widersprechenden Wünsche aller einzelnen Musikfreunde zu befriedigen; aber begründete Urtheile über ihre Anstalt haben die Vorsteher stets dankbar vernommen und möglichst beachtet; billigen Erwartungen sind sie jederzeit gern entgegen gekommen. Nur bleiben die Ansprüche an die Leistungen des Concerts stets in gewisse Gränzen gewiesen, die hauptsächlich das Publicum selbst durch den jedesmaligen Grad seiner Theilnahme an dem Concerte bezeichnet. Denn einzig auf der jährlichen Erneuerung des Abonnements beruht die Fortdauer der aller andern Fonds entbehrenden Anstalt, und ist auch zuweilen von dieser und einigen unbeträchtlichen Nebeneinnahmen ein Überschuß verblieben, so hat er nur dazu dienen können, die nothwendigsten Verpflichtungen für das nächste Jahr zu decken; – wovon sich die geehrten Abonnenten des vorigen Winters näher überzeugen werden, wenn ihnen gefällig ist, bei unserm Cassirer, Herrn Wilhelm Härtel, die vorjährige Rechnung einzusehen.

Mit der angelegentlichen Bitte um gütige Berücksichtigung des vorstehend Gesagten laden wir das musikliebende Publicum zur Unterzeichnung für die im bevorstehenden Winter zu veranstaltenden Concerte, deren erstes am 4. October d.J. gegeben werden soll, ergebenst ein.

Für die Leitung der Vocal- und Instrumentalmusik in diesen Concerten haben wir den als geistvollen Tonsetzer und trefflichen Dirigenten, so wie als ausgezeichneten ausübenden Künstler allgemein anerkannten und geehrten Herrn Musikdirector Felix Mendelssohn-Bartholdy gewonnen, – ein Ereigniß, von dem man nicht nur für die Leistungen des Concerts den erfreulichsten Erfolg sich versprechen darf, sondern welches hoffentlich auch in weitern Beziehungen Würdigung finden und von wesentlichem Einflusse auf die Pflege und das Gedeihen der Tonkunst in Leipzig überhaupt seyn wird.

Steigende Einnahmen, ein wachsender Eifer bei den Mitwirkenden, die Qualifikation des „vir clarissimus" Mendelssohn und die erlesenen Programme hatten hier nachhaltige Veränderungen bewirkt, ähnlich wie in den Jahren nach 1828 dank der ‚Société des Concerts du Conservatoire' in Paris, 1836 in London,[2] 1842 in Wien, 1853 in Budapest, 1860 in Sankt Petersburg, 1869 in Prag, 1879 in Lissabon, 1866 in Bukarest oder nach 1881 in Tokio. Selbst in russischen Provinzstädten wie Nikolaew oder Taschkent fanden „Symphonie-Abende" statt, wie man den um 1900 veröffentlichten Berichten entnehmen kann, in denen allerdings auch vermerkt wird, daß es dort ‚Symphonie'-Konzerte gegeben hat ohne symphonische Werke, der Anspruch folglich höher war als das Leistungsvermögen.[3] Vom 26. Oktober 1853 an wurde die Großherzogliche Hofkapelle Darmstadt für den Dienst an der Öffentlichkeit verpflichtet und wartete seither mit qualifizierten Konzertleistungen auf; andernorts formierten sich eigens philharmonische Orchester, in denen das vordem unübliche kollektive Einstimmen und Probieren zur Norm wurde, womit man sich auf das geforderte disziplinierte Publikumsverhalten einstellte. Nicht nur hatte das Publikum sich an die Unterbrechung der Konversation bei Beginn des Musikstücks zu gewöhnen, es rückte auch in weitere Distanz zu den Ausführenden, denn die um die Bühne locker aufgestellten Sessel und Stühle wurden nunmehr durch Stuhlreihen (Abb. 82) mit numerierten Sitzen ersetzt. Die Einführung reservierter Sperrsitze erhöhte nicht nur den Preis, sondern trennte fortan die Honoratioren und das ‚Großkapital' vom mittleren Verdiener und Stehplatzkäufer, der seither wie in den Opernhäusern auch als Minderbemittelter das Schlußlicht bildet innerhalb der illustren philharmonischen Versammlung. Es entsprach also keineswegs den Realitäten, wenn 1856 in der ‚Neuen Zeitschrift für Musik' zu lesen war: „Im öffentlichen Concertsaale sind alle Stände gleich, weil alle gleiches Entrée zahlen" (I, S. 18). Ebenso utopisch mutet Richard Wagners Sozialklassifikation an, wenn er 1843 an Robert Schumann schreibt: „Das ist ein großes Glück; Ihr habt es mit Einer Classe zu thun, und wir mit vielen... Es ist ein Grauen, für ein solches Gemisch Musik machen zu sollen...", wobei er Symphoniekonzerthörer den Opernhörern gegenüberstellte und sich auf die lange Zeit gerühmte Hörerhomogenität bei den Leipziger ‚Gewandhaus'-Konzerten bezog.

Über den Beginn der „philharmonischen Konzerte" in Wien 1842, die auf die Initiative Otto Nicolais zurückgehen, berichtet dieser in seinem Tagebuch:

Das Bedeutendste, was ich in diesen drei Jahren in Wien getan, ist die Gründung der philharmonischen Konzerte. In diesen Konzerten habe ich bis jetzt durchaus nur klassische Musik zur Aufführung gebracht, und in diesem Sinne sollen sie auch fortbestehen. Es finden alljährlich zwei solche Konzerte statt; ich vereinige dabei sämtliche Mitglieder meines Orchesters, die auch durch einige andere Künstler aus der Stadt – Dilettanten sind ganz ausgeschlossen – verstärkt werden, um die Zahl von sechzehn ersten Violinen usw. zu erreichen. Die Harmonie besetze ich immer einfach und brauche dazu also keine fremden Kräfte. Im Kärntnertortheater sind 9 erste, 9 zweite Violinen, 4 Bratschen, 5 Violoncelle, 5 Kontrabässe, 3 Flöten, 3 Oboen, 3 Klarinetten, 3 Fagotte, 6 Cor-

Farbtafel 7 ‚Konzert'. Gemälde von Hans Looschen. Vor 1923. Öl auf Holz (38 × 44 cm). München, Bayerische Staatsgemäldesammlungen, Inv. Nr. 8890

Farbtafel 8 Orchesterkonzert. Gemälde von Max Liebermann. Um 1910. Öl auf Papier (38 × 50 cm). Ehemals Kassel, Staatliche Kunstsammlungen, Inv. Nr. MM 1966/3

ni, 4 Tromben, 2 Timpani, 4 Tromboni, eine große Cassa und eine Triangel engagiert. Als erster Orchesterdirektor fungiert Georg Hellmesberger; ich schätze ihn als tüchtigen, braven Mann und Musiker, nur ist er ein wenig zu ruhig für mich. Da die Konzerte durchaus keinem anderen Grund ihr Bestehen verdanken, als meinem freien Willen und dem freien Willen sämtlicher Orchestermitglieder, so fällt mir in jedem Jahr die neue Schererei zu, die Leute dazu zu vereinigen, da sich diesen herrlichen Aufführungen selbst dennoch einige Querköpfe entgegensetzen. Die Einnahme wird unter die Orchestermitglieder gleichmäßig verteilt, wobei jedoch die Komiteemitglieder je einen Teil mehr, Hellmesberger noch einen Teil mehr, und ich das Vierfache eines jeden Mitgliedes profitiere. Die sechs Konzerte ergaben einen Überschuß von 8000 Gulden. – Wir haben uns bis jetzt hauptsächlich an Beethovensche Symphonien gehalten und damit gut getan. Besonders hat die Aufführung der großen Neunten mit Chören, von der ich dreizehn Proben gemacht habe, wahre Sensation erregt und ist den Leuten zum ersten Male klar geworden.

Demnach zeichnete sich ein philharmonisches Konzert dadurch aus, daß es als freiwillig künstlerische Unternehmung, unabhängig von Dienstpflichten, profitabel und „hauptsächlich an Beethovensche Symphonien" gebunden war, die es erstmals für das besondere Konzertereignis gründlich einzustudieren galt. Betont distanzierte man sich in diesen und ähnlichen Berichten von den Kunststücken der Virtuosen, den Trivialitäten der Liedertafeln und der „Liebhaberei". Vielmehr verherrlichte man in der Gattung ‚Symphonie' den von einer liberalen Kunst ersehnten gesellschaftlich harmonisierenden Effekt in relativer Freiheit. 1848, im Jahr der Revolution, charakterisierte ein Frankfurter Korrespondent diesen Sozialaspekt in der ‚Allgemeinen Musikalischen Zeitung' für die damalige Situation überaus treffend:

Ein Orchester tritt doch nie selbständiger auf wie in der Symphonie, in welcher es weder durch ein fremdes Element noch durch irgend Zufälliges gestört oder beschränkt wird. Die Symphonie bildet für das Orchesterpersonal einen eigenen Staat, worin jedes Mitglied ein freier Bürger, „ein kleiner König rund für sich" ist. Sie bildet ein Capri der Kunst, und vereinigt mit ihren tausend unsichtbaren Fäden alle Mitwirkenden zu einem Bunde, wo alles Irdische abgestreift, jedes Herz die Religion der Tonkunst inniger als jemals fühlt. Wie alle Glieder durch ein Haupt, so ist dieses wieder durch seine Glieder bedingt, und so bilden alle Theile nur einen einzigen durch göttlichen Hauch belebten Körper. Man sollte Todfeinde eine Symphonie mitspielen lassen, und sie würden von geheimer Sympathie umschlungen Brüder sein müssen. Wenigstens so lange, als die Symphonie dauert![4]

Im selben Jahr führte diese Idealisierung vor allem der Beethovenschen Symphonik in den USA zur „Germanization of New York's music". Unter diesem Schlagwort betrieb Carl Bergmann in der nordamerikanischen Metropole Konzerte unter Ausschluß amerikanischer Komponisten, wie fortan auch andernorts eine allgemeine „Westernization" aller „Grandes Conciertos Sinfónicos" (Rio de Janeiro) stattfand. Nach wenigen Jahren führte die rasche Angewöhnung an ein stagnierendes Repertoire jedoch zu einem merklichen Leistungsabfall und in leere Routine, die gespannte Erwartung unter den Hörern schlug in Langeweile um. Zu den kritischen und spottenden Beobachtern dieser Zeitläufte gehörte unter anderen George Bernard Shaw, der in einer Kritik zur abermaligen Aufführung der IX. Beethovenschen Sinfonie in der St. James' Hall zu London am 23. Juli 1890 bedauert, daß es nicht möglich sei, in der Halle „eine statistische Abteilung" zu eröffnen, „um festzustellen, wie viele Personen aus der Menge, welche die Neunte Sinfonie jedesmal herbeilockt, das Werk wirklich lieben". Knapp beschließt er die Besprechung schließlich: „In den Richter-Konzerten sind wir überzeugt, aber unbefriedigt, im Kristallpalast dankbar, aber nicht gerade überzeugt, im Philharmonischen Konzert gelangweilt und erbittert. Im Falle Richter liegt der Mangel einzig und allein an ungenügendem Probieren."

Der hier angegriffene Dirigent Hans Richter war es auch, der mit den traditionellen Terminierungen zu brechen suchte, wenn er etwa in Wien das ‚Philharmonische Concert' am Sonntag, dem 30. Dezember 1877, „Mittags präcise halb 1 Uhr im grossen Saale der Gesellschaft der Musikfreunde" beginnen ließ mit Werken von Mendelssohn, Mozart, Brahms und Johann Sebastian Bach. In den Jahren, in denen er das Amt als Wiener Hofopernkapellmeister bekleidete, löste er sich mithin von dem Usus, daß Konzerte auf die Dunkelheit des Abends angewiesen seien, weil sie bei hellichtem Tage als „unbehaglich" abgelehnt wurden (Carl Maria von Weber); er brach überdies mit der bis dahin verbindlichen Sitte der christlichen Sonn- und Feiertagsruhe zur Mittagszeit. Statt dessen bot er den Abonnenten dieses Konzerts zur „Veredelung des Aesthetischen im Menschen" durch die das Programm beschließende Bach-Bearbeitung von „Präludium und Fuga mit Choral, orchestrirt von Abert" eine quasi sakrale künstlerische Feierstunde, ein Bemühen, das damals als unverzichtbare Kompensation im nüchtern kalkulierenden, „verständigen, speculierenden und practisirenden Zeitalter" (Bernhard Ch. Natorp, 1805) geschätzt wurde. Man war sich dessen bewußt, daß gegen die Übermacht des Rationalen in der Arbeits- und Handelswelt die Pflege von Phantasie, schönem Schein, irrationaler Emphatik und Humanität unerläßlich war.

Wie in anderen Zusammenhängen bereits betont, herrschte in den Konzertsälen um 1900 allenthalben Emphatik und pompöser Orchestervollklang vor. 1899 etwa ließ Gustav Mahler Beethovens Streichquartett op. 95 vom gesamten Streichorchester der Wiener Philharmoniker spielen, Lieder und Tänze wurden orchestriert in volltönenden Arrangements dargeboten, unbegleitete Solo-Partiten erschienen nicht klangvoll genug und wurden mit Generalbässen unterlegt. Freilich gehörten leibliche Genüsse um 1900 noch ebenfalls zum Festcharakter der „Sinfonie-Konzerte". Der Königliche Musikdirektor Benjamin Bilse etwa musizierte in Berlin mit seiner aus „70 Künstlern bestehenden Kapelle" (Farbtafel 13), aus der 1882 das Berliner Philharmonische

84 Konzert im ‚Alten Gewandhaus' zu Leipzig. Anonymer Stich. Um 1850. Nürnberg, Germanisches Nationalmuseum, Inv. Nr. HB 15315

Orchester und die regelmäßigen philharmonischen Konzerte hervorgingen, vor essenden und „während des Sinfonie-Concerts rauchenden Hörern". Eine erstmalige Beeinträchtigung der intendierten Exklusivität erfuhr ein „Wagner-Abend" am 13. Februar 1883 in der Berliner ‚Philharmonie', der „durchs Telephon" in einen Nebenraum übertragen wurde.⁵ Versuchte man damit die neue Errungenschaft des Mikrophons für Konzertübertragungen nutzbar zu machen, um möglichst eine breite Öffentlichkeit zu erreichen, so hatte man andernorts „populäre Symphonie-Konzerte" eingeführt (Zürich, Tonhallegesellschaft, 1895), um „den weitesten Kreisen der Stadt Gelegenheit zu geben, die Meisterwerke unserer Klassiker ohne bedeutende finanzielle Opfer in vollendeter Weise zu hören". Bei einem Durchschnittsbesuch von 1223 Hörern waren die Tonhallekonzerte von kürzerer Dauer und fanden ohne kostspielige Solistenauftritte statt.

Diese und andere Aktivitäten zur „Verallgemeinerung veredelnder Genüsse" (Eduard Hanslick) im Sinne einer demokratischen Verbreitung des symphonischen Angebots konnten indessen nicht verhindern, daß insbesondere junge Hörer sich abwandten und um 1910 sich nicht mehr überzeugen ließen von klangmächtigen Orchestern und feierlich brausenden Orgeln. Der gesellschaftliche und ästhetische Friede wurde zudem gestört durch „concerts scandaleux" (Paris, 1914). Namentlich der Ausbruch des Ersten Weltkriegs löste in den Kunsttempeln „depressing influences" und Skepsis am etablierten Kunstbetrieb aus. Selbst noble Dirigenten wie Bruno Walter dirigierten in den Kriegsjahren zu wohltätigen Zwecken in den Münchener Bierkellern und ‚The Musical Times' resümierte 1919, die Konzerte in diesen Jahren „showed a decline in standard, both in regard to choice of music and its performance. War conditions interfere little with a soloist's powers." In den auf den Krieg folgenden Notjahren um 1920 war man schließlich genötigt, frierend in ungeheizten Sälen zu musizieren, während der Inflation von 1923 und der Weltwirtschaftskrise um 1930 wurden die kostspieligen Konzertveranstaltungen zu ruinösen ‚Defizitunternehmungen'. In Städten wie Darmstadt etwa schrumpfte in der Saison 1923/1924 die Konzerttätigkeit auf ein Viertel der Vorjahre. In diese Zeit fällt nicht nur die endgültige Aufgabe der Klassentrennung zwischen Aristokratie und Bürgertum, sondern auch der Bedeutungswandel des Begriffes ‚Philharmonie' von einer Exklusives signalisierenden Veranstaltungsbezeichnung zu einem Fachwort innerhalb der musikalischen Volksbildung. In der Sowjetunion wurden in den Jahren nach 1921 allein hundertdreißig ‚Philharmonien' gegründet, die die organisatorische Verantwortung für das gesamte Musikleben in den Städten und Bezirken zu bestreiten hatten. Mit deren Hilfe wurde fortan verstärkt symphonische Musik aufs Land gebracht.

Eine weitere Zäsur bewirkte der Zweite Weltkrieg. Nach 1939 wurde „das alte Philharmonische Leben" in vielen Ländern gründlicher gestört als vordem, indem zum Beispiel am 30. Januar 1944 in Berlin die ‚Philharmonie' in der Bernburger-Straße durch Bomben zerstört wurde (Abb. 29), indem etwa am 8. Februar 1940 das dortige ‚Philharmonische Orchester' ‚kriegsverpflichtet' wurde zum Musizieren im Reichsbahnausbesserungswerk Potsdam, indem man die Besucher aufforderte, für die Saalheizung Kohlen mitzubringen, und jene oft nur mehr in zerschlissener Kleidung und ausgehungert den Weg in den Konzertsaal fanden. Stets war man gefaßt auf Unterbrechungen durch Luftalarm, bei denen sich die Konzertbesucher „gemäß polizeilicher Anweisung unverzüglich" in unterirdische Schutzräume zu begeben hatten. Die bürgerliche Prosperität schien dahin zu sein. Je mehr Leid und Zerstörung um sich griffen, um so mehr erlebte man jedoch den Trost und die zeitweilige Entrückung aus der Wirklichkeit und betrachtete das Orchester-Konzert als Überlebensanker, eine Wertschätzung, der Wolf von Niebelschütz (1913–1960) in dem folgenden Gedicht Ausdruck verlieh:

Mozarts Klavierkonzert d-moll
im Théâtre Chaillot während des Krieges

Es fiel Schnee, doch hier erklang Musik
vor kargen Kriegern in dem ernsten Saal,
und unterm Waffenrock verschlossen schwieg
bei jedem eine kleine, stille Qual.

Was Gott uns zu ertragen je befahl,
wir tragens gerne, denn so wills der Krieg.
O fühlt nicht Scham, weil unter süßem Strahl
ein Blütentraum aus armem Erdreich stieg!

Da tönte die Romanze vom Klavier,
ein einsam Weltgesang ob dunklen Geigen
und rief und rieselte und wärmte tief in mir

all was erfroren schien in Winters Schweigen,
und hieß vom Lichtgewölk mich fern hernieder neigen
auf mein verschneites Haus, als wär ich noch bei dir.

Trotz der ganz Europa und andere Länder erfassenden Not und Verzweiflung, im militärisch besetzten Polen sogar der radikalen Beschränkung des Konzertierens auf Gaststätten, wofür Komponisten wie Witold Lutosławski reduzierte Klavierarrangements verfaßten, um des Überlebens willen, war es die Institution des Sinfonie-Konzerts, die wenige Wochen nach Beendigung des Krieges wieder aktiviert werden konnte. Im nahezu gänzlich zerstörten Berlin fand bereits am 13. Mai 1945 ein Konzert des Berliner Kammerorchesters statt, am 26. Mai des Jahres waren die Berliner Philharmoniker wieder spielbereit. Die Dresdener Philharmonie war am 8. Juni zum Konzertieren präsent, in der durch 15000 Obdachlose stark belasteten Stadt Innsbruck konnten schon am 23. Juni Sinfonien erklingen. 1949 nahmen im grauenvoll zerstörten Polen bereits wieder 561952 Hörer am Konzertgeschehen teil, in Israel gelang es gar, bis zu 50% der ländlichen Bevölkerung zu Abonnenten zu gewinnen. Heute gehören das Abonnement-Sinfoniekonzert, die philharmonischen Konzerte der diversen Reiseorchester, Jugendsinfoniekonzerte, Sonntagsmatineen weltweit zum gewohnten städtischen Unterhaltungsangebot, das einen Hauptfaktor im urbanen Kulturbudget ausmacht. An den Eintrittspreisen, Saalmieten, Agenturanteilen und bisweilen extrem hohen Ausfallzahlungen verdient heute wie im 19. Jahrhundert ein Netz von sekundären Mitarbeitern vom städtischen Angestellten bis zum freiberuflichen Konzertagenten.

Chorkonzerte

Carl Philipp Emanuel Bach versah sein 1769 komponiertes Oratorium ‚Die Israeliten in der Wüste' mit dem Vermerk, dieses Werk könne „nicht just bey einer Art von Feyerlichkeit, sondern zu allen Zeiten, in und außer der Kirche" musiziert werden. Mit diesem ausdrücklichen Hinweis forderte er die Benutzer dazu auf, sich des Chorwerks auch außerhalb des Kirchenraums und Kirchenjahrs ungehindert zu bedienen, er gab es frei für die Wiedergabe in Konzerten. Das, was für Komponisten wie Georg Philipp Telemann, Georg Friedrich Händel oder Johann Heinrich Graun bereits längst zum Usus gehörte, nämlich leicht faßliche, voll tönende Vokalkompositionen für eine möglichst große Hörerschaft einzurichten, die sowohl „auf das Große gestimmt" ist (Musikverein Bochum, 1910) und Erbauung sucht, als auch unterhalten werden wollte („for entertainment", Georg Friedrich Händel), war somit auch für den Hamburger Bach zur Realität geworden. Zum Wesen von Chorkonzerten gehörten von jeher Andacht und Vergnügen. Dieser geforderten Abwechslung wegen wurden daher mehrheitlich lediglich „Theile" oder Nummern längerer Oratorien aufgeführt (so 1785 in London) oder die Programme durch Orgelkonzerte (mit Händel als Solisten) und Zwischenspiele aufgelockert, was in England zur Regel gehörte, abgesehen davon, daß sich aus der Aufeinanderfolge von „older style"-Oratorien und „modern style"-Instrumentalstücken die bemerkenswerte Mischung von „two styles" ergab. Die ‚Gesellschaft der Musikfreunde in Wien' bot ihren Vereinsmitgliedern in ihrem ersten Gesellschaftskonzert am 3. Dezember 1815 ein solches stilistisches Gemisch an mit dem Programm:

Eine Symphonie von Mozart in D dur.
Eine große Arie von Righini.
Ein Rondo für das Piano-Forte von Hummel, mit Begleitung
*   des Orchesters.*
Ein Chor aus Händls Athalia.
Die Ouverture aus Cherubinis Oper: Faniska.

85 Oratorienkonzert im Covent Garden Theatre. Zeichnung von Thomas Rowlandson. 1808. Aus: ‚Ackermann's Microcosm of London', Vol. I, Pl. 27

Das erste Finale aus Salieris Oper: Cäsar in Pharmacusa.

Ein Chorsatz aus Händels Oratorium ‚Athalia' erklang mithin neben Nummern diverser Opern, einer Symphonie und einem Rondo für Klavier und Orchester des Zeitgenossen Johann Nepomuk Hummel.

Mit Darbietungen von Liebhaberchören begann im 18. Jahrhundert vielerorts das „öffentliche Concert", bevor man sich Soloveranstaltungen kostspieliger Virtuosen leisten konnte, etwa 1764 in Magdeburg, wo im Hause der Seidenkramer-Innung Chorkonzerte stattfanden. In anglikanischen oder protestantischen Städten wurde es auch üblich, Konzerte zur Subskription aufzulegen, die in Kirchen und Domen stattfanden.¹ Zur vorzüglichen Absicht solcher Veranstaltungen gehörte es seit Händels Zeiten, mit einem möglichst großen Aufgebot an Mitwirkenden in den hallenden Kirchenräumen große Wirkung auf die Massen zu erzielen, was, unterstützt durch volltönende Orgeln (Abb. 106) und das würdevolle Zelebrieren leicht eingängiger Vokalstücke mit breiten Tempi, allerorten auf großen Zuspruch stieß. Der Kanon von Standardwerken im 19. Jahrhundert reicht von Johann Heinrich Grauns ‚Der Tod Jesu' über Joseph Haydns ‚Schöpfung', Karl Rombergs ‚Lied von der Glocke', Felix Mendelssohn Bartholdys ‚Elias', seit 1829 Johann Sebastian Bachs ‚Matthäus-Passion' bis zu Händels ‚Messias', der 1786 bereits in der St.-John-Church in Kalkutta zu hören war. Diese Werke bereiteten „Stunden wahrer Andacht", sie galten als „würdig", „fromm und feierlich" und erfüllten die breitenwirksame Funktion, gesicherte Gehalte zu vermitteln und damit gesellschaftliche Zustände zu bewahren. Akademische Singvereine nahmen sich dieser „grossen Gegenstände" ebenso an wie Volks- und Arbeitergesangvereine, die in ihren Konzerten „echte ruhige Beschaulichkeit",² „leicht fassliche Melodien" und „kräftige Harmonien" zu vermitteln suchten. Wie sehr man inhaltlich gebunden und das Oratorienrepertoire nach 1820 auf einige wenige Werke beschränkt blieb, möge eine Aufführungsliste aus Heilbronn am Neckar zeigen. Man führte hier folgende Oratorien auf: 1858 ‚Paulus' von Mendelssohn, 1859 Händels ‚Messias', 1860 den ‚Elias' von Mendelssohn, 1861 ‚Des Heilands letzte Stunde' von Spohr, 1862 Händels ‚Judas Makkabäus', 1863 die ‚Schöpfung' von Haydn, 1864 ‚Paulus' von Mendelssohn, 1865 dessen ‚Elias', 1867 ‚Jephtha und seine Tochter' von Reinthaler, 1868 Händels ‚Messias', 1869 Händels ‚Judas Makkabäus', 1871 dessen ‚Samson', 1872 bereits zum dritten Male in zwölf Jahren Mendelssohns ‚Elias', 1873 Mozarts ‚Requiem' und Rossinis ‚Stabat mater', 1875 Reinthalers ‚Jephtha', 1876 Verdis ‚Requiem', 1877 zum dritten Male seit 1858 Mendelssohns ‚Paulus', 1878 zum dritten Male seit 1859 Händels ‚Messias', 1879 Haydns ‚Schöpfung' und so fort. In der Münsterland Halle im westfälischen Münster führte man noch 1949 wie ehedem Händels Oratorium ‚Saul' szenisch massenwirksam auf mit 100 Orchestermusikern, 260 Mitgliedern des Männergesangvereins Sängerbund, 36 Sängern der Städtischen Bühnen, 100 Mädchen und 80 Knaben der Schulen, 30 Mitwirkenden des Bewegungschors der Städtischen Bühnen und 120 Mitgliedern diverser Laien-Bewegungschöre der Stadt.

Sogenannte „sonstige Gesangwerke" spielten gegenüber den Oratorien lediglich eine untergeordnete Rolle, mit Ausnahme bearbeiteter Chor-Liedersätze, die in ‚Liederkonzerten' dargeboten wurden, deren qualifizierende Merkmale ihr „Schwulst und falsches Pathos", ihre „schlichte Natürlichkeit", ihre Apostrophierung als „im Volkston" gesungen oder ihre „eherne Größe" waren. Dies waren freilich auch Kriterien, an denen sich die Kritik entzündete. Träger dieser Veranstaltungen waren Liedertafeln, Männergesangvereine, Frauenkränzchen, Knaben- oder Kinderchöre. Das Programm etwa eines Festkonzerts, das der Lüneburger Männergesangverein 1864 gab, war in acht Abteilungen gegliedert:

Man jubelte, träumte versunken, man besang Berg und Tal, Tag und Nacht, Liebe und Kindlichkeit, Vaterland, Heldentum und „die holde Kunst". Nahezu unverändert gehören diese Inhalte nach wie vor zum Repertoire von Chorvereinigungen, das an Vereinsabenden oder bei Sängerfesten „zum besten gegeben" wird. Durch Arrangements von populären Songs aus Musicals oder sogenannten Evergreens sucht man freilich daneben dem Schwund an Chormitgliedern zu begegnen.

Eine die soziale Eintracht störende weitere Komponente brachten die Arbeiter- und Massenchöre seit dem Ende des 19. Jahrhunderts in dieses Rückzugsgebiet trauter Biederkeit. Sie intonierten lautstark ihre proletarischen Themen mit kämpferischem Elan. Programme bestanden nun nicht selten aus dem Nebeneinander von politischer Propaganda und traditionellem Strophenlied, etwa ein am 8. September 1929 in Leipzig veranstaltetes Massenchor-Konzert, bei dem alle Anwesenden ‚Die Internationale' in einer Bearbeitung von Hermann Scherchen sangen. Das Konzert wurde eröffnet mit Beethovens Festspiel ‚Die Ruinen von Athen' und beendet mit Mendelssohns ‚Erster Walpurgisnacht', unterbrochen von „Freiheits- und Kampfgesängen", in denen klassenkämpferisch von „Sturm und Sieg" die Rede war. Später gesellten sich, zum Beispiel bei Musiktagen des Verbandes deutscher Komponisten und Musikwissenschaftler der DDR 1958 in Weimar, Kantaten zu Ehren Lenins und Stalins dazu nebst Gesängen ‚An meine Partei' oder der ‚Rote Platz' in Moskau. Sie wurden unterstützt durch illustrierende Lichtbilder, die Gestik von Bewegungschören und die eindringliche Deklamation von Sprechern.³

Einige spektakuläre Chorkonzerte wurden von Malern und Stechern absichtsvoll dokumentarisch festgehalten und gingen in die Bildgeschichte ein. Ausgewählte Beispiele seien im folgenden genauer betrachtet. Auf einem Aquarell Balthasar Wigands (Abb. 86) ist Joseph Haydn dargestellt, der am 27. März 1808 im Festsaal der Wiener Universität durch eine Aufführung seines Oratoriums ‚Die Schöpfung' geehrt wurde. Während die Damen der Darbietung sitzend folgen, stehen die Herren. Die Zahl der Zuhörer wie der Ausführen-

I. Gruss an die Stifter des Männergesangvereins:
   „Stiftungsfeier', Männerchor von Mendelssohn.
II. Jubel-Ouverture von C. M. v. Weber, für grosses Orchester
III. Männerchöre: (älteste Zeit).
   1. Franz Schubert (1797–1828) Deutsche Messe: „Zum Eingang"
   2. Conradin Kreutzer (1780–1849) An das Vaterland
   3. C. M. v. Weber (1796–1826) Schwertlied
   4. H. Marschner (1796–1861) Liedesfreiheit
IV. Arie aus Achilleus von Max Bruch (Noch lagert Dämmerung über Berg und Thal.)
   Fräulein Emma Vermehren.
V. Männerchöre: (neuere Zeit).
   1. F. Silcher (1789–1860) Volkslied
   2. Carl Zöllner (1800–1860)

   3. Fr. Kücken (1810–1882) Die jungen Musikanten.
   4. Fr. Abt (1819–1885) Mir träumte.
VI. Männerchöre: (neueste Zeit).
   1. Ferdinand Möhring (1816–1887) Das Dichtergrab am Rhein.
   2. E. J. Engelsberg (1825–1879) So weit.
   3. Max Weinzierl (geb. 1841) Herbstnacht
   4. Alfred Dregert (1836–1893) Zieh' hinaus.
VII. Lieder, vorgetragen von Fräulein Emma Vermehren.
   1. C. Bohm, Still wie die Nacht.
   2. A. Rubinstein, Neue Liebe.
   3. F. Schubert, Aufenthalt.
   4. H. Harthan, Wiegenlied.
VIII. Männerchöre mit Orchesterbegleitung:
   1. Wilh. Tschirch, Sei du bei mir.
   2. F. Mendelssohn, Festgesang an die Künstler.

Chorkonzerte 123

86 Aufführung der ‚Schöpfung' von Joseph Haydn am 27. 3. 1808 im Festsaal der Wiener Universität. Farblichtdruck nach Aquarell von Balthasar Wigand. Wien, Historisches Museum der Stadt, Inv. Nr. 33.860/1

87 „Séance générale de l'Orphéon" in der Grande Salle de la Sorbonne zu Paris. Holzschnitt von A. Guesdon. 1843 (15,2 × 20,3 cm). Aus: ‚L'Illustration', Vol. I, 1843, S. 73

88 „Concert de bienfaisance donné par la Société de Musique sacrée au Cirque de l'Impératrice" zu Paris am 27. 3. 1869. Holzschnitt (15,7 × 22,7 cm). Aus: ‚L'Illustration', Vol. LIII, 1869, S. 224

den scheint exklusiv begrenzt gewesen zu sein, obwohl dieses Liebhaber-Konzert als eine Festveranstaltung angekündigt wurde, was in der Regel die Teilnahme eines Massenpublikums signalisierte. So stellt der Aquarellist lediglich 24 Sänger und 57 Instrumentalisten dar. Um den sitzenden greisen Komponisten, der, mit dem Zweispitz auf dem Kopf und geschmückt mit einer goldenen Medaille von Gatteaux, die Ovationen entgegennimmt, haben sich Adelige, der Dirigent des Abends Antonio Salieri und andere Berufskollegen, unter ihnen Ludwig van Beethoven, Adalbert Gyrowetz und Johann Nepomuk Hummel, versammelt. Trompeter blasen eine huldigende ‚Orchesterfanfare', die Streicher klappern, Beifall spendend, mit den Bögen gegen das Holz ihrer Instrumente, während die Solisten vorn an der Rampe des Podiums stehen und Konradin Kreutzer den im Halbkreis vor dem Orchester placierten Chor vom Cembalo aus leitet; dies ist eine hier deutlich ins Bild gebrachte Chorposition, die erst später zugunsten seitlich oder hinter dem Orchester aufgestellter Chöre aufgegeben wurde (vgl. Abb. 88).

Im Gegensatz zu dem relativ kleinen Sängeraufgebot – einschließlich einiger Sängerknaben – der vorangegangenen Abbildung, geben weitere Bilder (Abb. 97 und 98) einen Eindruck von Chormassen wieder. So zeigt ein Holzschnitt (Abb. 88) ein Wohltätigkeitskonzert der ‚Société de Musique sacrée' im Jahre 1869 in Paris. Die Chorvereinigung hat vor dem Orchester und der zentralen Orgel Platz genommen, die Frauenstimmen sind an der Rampe vor den Männerstimmen placiert. Unter Vermeidung der noch als unschicklich angesehenen Haltung mit dem Rücken zum Publikum steht der Dirigent seitlich, die Solisten sind in der Mitte vor dem mit Blumen geschmückten Podiumsabgang postiert. Auf einem anderen Holzschnitt (Abb. 87) ist die Generalversammlung der Orphéon-Bewegung im großen Saal der Pariser Sorbonne zu sehen, eine Massenvereinigung die, von dem Gesangslehrer Guillaume Louis Wilhem (1781–1842) gegründet, vornehmlich Handwerker und Arbeiter erfaßte und 1843 über zweitausend geschulte Sänger verfügen konnte. Die hier ins Bild gebrachte „séance solennelle" stand unter der Leitung von Joseph Hubert, der die Sänger, amphitheatralisch gestaffelt, um sich herum aufgestellt hat, die von den Zuhörern umrahmt werden. Die Zeitschrift ‚L'Illustration' berichtet dazu:

Il y avait là six cents, sept cents exécutants peut-être, inspirés par le même souffle et animés du même esprit. Un chœur

Chorkonzerte 125

89 *Festkonzert mit der ‚Schöpfung' von Joseph Haydn, geleitet von Hermann Levi im Odeon zu München. Gemälde von René Reinicke. Um 1890. Öl auf Karton (58,5 × 79 cm). München, Stadtmuseum, Inv. Nr. 38/1499*

90 *Festkonzert des Wiener Männergesangvereins in der Winterreitschule. Zeichnung v. M. Ledeli. 1893. Aus: ‚Die Gartenlaube', 1893*

91 J. S. Bachs ‚Matthäuspassion' mit dem Concertgebouworkest, geleitet von Willem Mengelberg im Concertgebouw Amsterdam. 1916. Den Haag, Gemeentemuseum, Stichting Mengelberg

de Berton, un hymne de Gossec, deux marches instrumentales de Mozart et de Chérubini, disposées en vocalise, et plusieurs morceaux écrits par Wilhem, y ont été exécutés avec une exactitude, une précision, et surtout une délicatesse de nuances qu'on chercherait en vain dans nos établissements musicaux les plus richement dotés par le gouvernement ou par le public, au Théâtre-Italien, par exemple, ou à l'Académie royale de Musique. Là, cependant, il n'y a pas d'orchestre qui guide les chanteurs et soutienne leurs intonations. On n'y emploie aucun autre aide instrumental que le diapason, qui détermine le point de départ. Mais combien la voix humaine toute seule, avec les effets qui lui sont propres, avec ses vibrations pleines et douces, avec son harmonie calme et solennelle, est plus puissante que tout cet attirail instrumental qui encombre nos théâtres! Comme elle pénètre! comme elle remue! De quel repos délicieux elle fait jouir les oreilles, et quel bien elle fait à l'âme!

Das Festkonzert des traditionsreichen Wiener Männergesangvereins anläßlich seines Goldenen Jubelfestes in der Winterreitschule in Anwesenheit des Kaisers ist in einer Zeichnung von M. Ledeli festgehalten (Abb. 90). Der Chor, feierlich in Fräcken, wird unterstützt von einem Kammerensemble. Sänger und Zuhörer tragen die zu derartigen Festakten häufig geprägten Erinnerungsmedaillen am Revers des Festgewandes oder der Uniform. Augenblicke wie dieser zählten zu den Sternstunden bürgerlicher Vereine und deren renommeeorientierten Mitgliedern, die man wie im vorliegenden Falle würdig malen ließ und stolz in der vielgelesenen Zeitschrift ‚Die Gartenlaube' mit dem Ehrenzeichen des Vereins (rechts im Bild) veröffentlichte.

Bilder wie das Foto (Abb. 92), das einen Festakt von 1934 im Norden der USA zeigt, mögen den Wandel verdeutlichen, der sich angesichts der vorausgegangenen Abbildungen im Laien- wie Profichorwesen vollzogen hat, das sich in Deutschland im Zeichen der Jugendbewegung expressis verbis gegen verstaubte Formalitäten zur Wehr zu setzen begonnen hatte. Mit der ‚Klampfe' in der Hand, zogen die Chöre „aus grauer Städte Mauern...", veranstalteten sogenannte „Offene Singen" und trugen dazu bei, daß ehemals als bürgerlich geltende Sangeseinträchtigkeiten mit Frack und Zylinder mehr und mehr zu lockeren Umgangsformen fanden. Das in diesem Bild wiedergebene erste Chorfestival im Norden der USA zeigt ein in einem Park unter dem Banner des Landes verborgenes Denkmal, das umgeben

Chorkonzerte 127

92 *Chorkonzert beim Ersten Choral Festival in Fort Ridgely State Park (Minnesota, USA). 1934*
93 *Konzert des Chors und Orchesters Gulbenkian im großen Auditorium der Fundaçao Calouste Gulbenkian in Lissabon. 1985*

94 Konzert des 1980 in München gegründeten Vokalensembles ‚Die Singphoniker' mit dem Thema ‚Maskenball im Gänsestall'

wird vom Dirigenten, von den Sängern und Zuhörern in legerer Kleidung und von Mikrophonen, da der Rundfunk den Festakt aufzeichnete. Weil der Chor auf das Klavier als Stützinstrument nicht verzichten wollte – (oder konnte) –, steht das Instrument rechts vorn bereit. Man sang allerdings nicht stets im Chor unter Begleitung von einem oder mehreren Instrumenten. Bei Massenveranstaltungen konnte man darauf verzichten, da bei derartigen Gelegenheiten zumeist simple homophone Sätze gesungen wurden, die jedem Teilnehmenden hinreichend bekannt waren. Den vollen Klang ergab die Menge. Man kultivierte daneben jedoch auch bereits im 19. Jahrhundert ein Chorideal, das bewußt auf das Zusammenwirken mit Instrumentalisten verzichtete um des ‚reinen' Vokalklanges willen und zwecks erneuter Verwirklichung einer „reinen musica sacra". Diese Strömungen orientierten sich an der niederländisch-römischen Vokalpolyphonie des 16. Jahrhunderts, die man einseitig als Paradigma des a-cappella-Singens verherrlichte. Damit steuerte man historistisch gegen das voluminöse Pathos symphonischer Orchestermusik. Als ein Zeugnis dafür sei das Programm eines elitären Singkränzchens aus Basel zitiert, welches im dortigen ‚Kettenhof' Chormusik aufführte, und zwar sowohl „mit Begleitung" als auch die ältere „ohne Begleitung":

> **I. Sechzehntes und siebzehntes Jahrhundert.**
>
> Altdeutsche Schule.
>
> (Ohne Begleitung.)
>
> 1) „Wachet auf, ruft uns die Stimme," vierstimmiger Choral, Text und Melodie von Dr. Phil. Nicolai, Satz von Prätorius.
> 2) „Maria wallt zum Heiligthum," sechsstimmiges Kirchenlied von Johannes Eccard.
>
> **II. Sechzehntes und siebzehntes Jahrhundert.**
>
> Altitaliänische Schule.
>
> (Ohne Begleitung.)
>
> 3) Vierstimmiges **Kyrie** von G. P. da Palestrina.
> 4) Sechsstimmiges **Crucifixus** von Ant. Lotti.
>
> **III. Achtzehntes Jahrhundert.**
>
> (Mit Begleitung.)
>
> 5) Schlußchor aus der **großen Passions-Musik** nach dem Evangelium Johannis von Joh. Seb. Bach.
> 6) Solo-Quartett mit Chor aus dem **Stabat mater** von Jos. Haydn.
>
> **IV. Neunzehntes Jahrhundert.**
>
> (Mit Begleitung.)
>
> 7) **Kyrie** aus der **Missa Solemnis** in D. Op. 123, für vier Solostimmen und Chor von Ludwig van Beethoven.
> 8) Der 114te **Psalm** für achtstimmigen Chor von F. Mendelssohn-Bartholdy.

Musikfeste

Längst gehören zum nahezu ganzjährigen Tourismusangebot Musikfeste, über die sich der Interessierte anhand der ‚Books of British Music Festivals' (Richard Adams, 1986) oder der Werbeprospekte der ‚Association Européenne des Festivals de Musique' informieren kann. Er hat die Wahl zwischen kulturellen Gemischtangeboten, in denen neben musikalischen Darbietungen auch Ausstellungen, Filme, Literaturseminare, Meisterkurse, Wettbewerbe und Theatervorstellungen zum Programm gehören, oder jenen, in denen bestimmte Gattungen und Spitzenleistungen vermittelt werden sollen. In dem Maße, wie Kongreßzentren, restaurierte Schlösser oder zu bestimmten Zeiten ungenutzte Opernhäuser sich als Freiräume dafür anbieten, mehrt sich die Zahl der Festivals, die sich an unterschiedliche Zielgruppen wie „the young People", die Freunde Alter wie Neuer Musik oder des Jazz wenden und – nach Lokalitäten, Regionen oder Nationen benannt – werbewirksam angepriesen werden. Festspiele sind zu einem kommerziellen Fremdenverkehrsfaktor geworden, der Steuergelder zur Subventionierung erfordert, damit, wie etwa im Falle der ‚Salzburger Festspiele', Spitzengagen an die Künstler bezahlt werden können. Sie sind so zu einem komplizierten Produkt mit Prestigeeffekten geworden, an dem in gleicher Weise die Fremdenverkehrsindustrie wie Fanclubs, Novitätenhersteller und die daran beteiligten Musiker interessiert sind, abgesehen von den Rundfunk- und Fernsehanstalten sowie den das Außergewöhnliche suchenden Hörern. Ein Blick in die Geschichte von Musikfesten als Zelebrationen des Außerordentlichen möge zeigen, daß der Interessenverbund stets ein komplexer war.

Seit der Antike kennt man Feste, die an geheiligten Orten mit feierlichen Ritualen gefeiert wurden; in der italienischen ‚festa' verband man seit dem 16. Jahrhundert festliche Unterhaltungen der Aristokraten mit pomphaften Aufzügen für das ‚gemeine Volk';¹ die christlichen Glaubensgemeinschaften begehen ihre Feste zu Ehren Gottes (zum Beispiel Fronleichnam) und der Heiligen seit vielen Jahrhunderten mit großem musikalischen Aufwand. Eines dieser Feste, das zu Ehren der heiligen Cäcilie am 22. November gefeiert wird, erfuhr in England während des 17. Jahrhunderts dadurch eine Wendung ins Säkulare, daß dort fortan nicht mehr der legendären Heiligen gehuldigt wurde, sondern vielmehr der Musik als einer Kunst, deren Patronin sie war. Dichter wie John Dryden, Komponisten wie Henry Purcell und Georg Friedrich Händel schrieben Oden zum Ruhme dieser Kunst, die wahlweise sowohl als sakrale als auch als profane gelten konnte. Chöre waren es, die sich in Kathedralen aufstellten, um der „Musica" als einer „edlen Kunst", personifiziert und bildlich vorgestellt in der Gestalt der musizierenden heiligen Cäcilie, sie besingend ihren Respekt zu bekunden. Diese Feiern wurden gewöhnlich mit karitativen Absichten verbunden. Die Kollekten etwa der ‚Three Choirs Festivals' nach 1713 in Worcester, Gloucester und Hereford kamen den ‚Sons of the Clergy' wie auch armen Waisen zugute. Große Teilnehmerzahlen, kollektiver Enthusiasmus, rauschhafte Erregung und Expression in der Masse waren von Anfang an Kennzeichen dieser organisierten Großveranstaltungen, die nach Leeds (1767), Birmingham (1768) und Norwich (1770) auch von Chören in anderen Städten angesetzt wurden. So blieb die Aufführung exquisiter Vokalwerke durch Liebhaber im Verbund mit der sozialen Fürsorge zunächst der Hauptzweck dieser Feste.

Einen besonderen Akzent erhielten diese vornehmlich in Kirchen und Kathedralen abgehaltenen Festveranstaltungen in London dadurch, daß man 1784 damit begann, anstelle der Musikheiligen dem damals populärsten Komponisten, Georg Friedrich Händel (1685–1759), zu huldigen (Abb. 85 und 98), der damit in den Rang eines ‚Musikheiligen' erhoben wurde. Bereits ein Jahr, bevor sich sein Geburtstag zum hundertstenmal jährte, 1784, baute man die Westminster Abbey für ein ‚Commemorative Festival' zu einem Konzertsaal um; man installierte im Altarraum eine mächtige Orgel sowie eine Bühne, auf der 525 Musiker Platz fanden. Hier kam es zu der gigantischen Massenaufführung des ‚Messiah', die an Pracht und Ausdehnung Maßstäbe zu setzen vermochte für künftige Festivals zum Ruhme dieses „Heroen der Musik", in denen man fortan viertausend und mehr Ausführende (zum Beispiel in London 1882) aufgeboten hat. Überall dort, wo Episcopal Churches errichtet wurden, etablierte sich seither die Verehrung Händels als des Inbegriffs von ‚Sacred Music', zu deren Aufführung man alle verfügbaren Kräfte versammelte. Selbst in Buenos Aires fanden sich 1832 zu einem ‚Musical Festival' „several Gentlemen, professionals and amateurs" zusammen, um ausschließlich Songs und Chorusses aus seinen Oratorien aufzuführen.²

Händel, der sich zu Lebzeiten in Vauxhall Gardens selbst ein Monument setzen ließ, gab namentlich im Verlauf des 19. Jahrhunderts Veranlassung zu einer Folge von Festkonzerten und Festivals, die als „Klassiker-Ehrungen" stattfanden und den Ausgangspunkt für den Genie- und Autoritätskult mit seinen zahllosen Apotheosen bildeten. Neben Heiligen, Märtyrern, Königen und Feldherren schmücken seither auch Bildnisse von Musikern zentrale Plätze und fordern Respekt. Denkmalsenthüllungen waren stets Anlässe für

95 „Grand Festival de l'industrie, dirigé par M. Berlioz" in der Halle der Industrieausstellung zu Paris. Holzschnitt. 1844 (15,2 × 20,3 cm). Aus: ‚L'Illustration', Vol. III, 1844, S. 372

96 Satirisches Bild auf ‚Ein Concert im Jahre 1846',
dirigiert von Hector Berlioz in Wien. Stich von Andreas Geiger in
Bäuerles Theaterzeitung. Wien, Historisches Museum der Stadt,
Inv. Nr. LW 74.596

große Feiern mit Festkonzerten, etwa 1842 in Salzburg zu Ehren Mozarts oder 1845 in Bonn zu Ehren Beethovens mit 509 Mitwirkenden; weitere Gedächtniskonzerte folgten in späteren Gedenkjahren. So wurde in Berlin am 27. Januar 1827 des Geburtstags von Mozart in einem „Concert, Souper und Ball" gedacht,[3] in Mailand 1872 desjenigen Beethovens „mit grosser Festlichkeit". „Die Notabilitäten der Kunst, Wissenschaft und des Dilettantismus wohnten der Feier bei. Das Bildnis des unerreichten Meisters war reich mit Blumen geschmückt" („Neue Berliner Musikzeitung' 27, 1873, S. 31). Todestage beging man mit Trauergesängen und Hommage-Kompositionen. Stets standen die Büsten der Geehrten in der Mitte der Konzertstätten (Abb. 97). Durch Fackelzüge und Freudenfeuer bekam der Heroenkult beschwörende Züge, in den bildende Künstler wie Dichter ebenso einbezogen wurden.[4] Verstorbene wie lebende Musiker boten gleichfalls Anlaß zu Festivitäten, so daß heute Bach-, Chopin-, Schumann-, Rossini- oder Brucknerfeste[5] gar neben „Gedenkstätten-Konzerten" stehen, die etwa die Stadt Wien im Geburtshaus Schuberts, im Haydn-Haus oder in anderen bedeutsamen Gebäuden durchführt. Im Jahre 1846 genoß die beispiellos verehrte Sängerin Jenny Lind in Aachen Huldigungsfestwochen ebenso wie Richard Wagner 1877 in London oder Max Reger 1910 in Dortmund, der dort von seinen Verehrern mit der Aufführung seines gesamten Œuvres als Garant des „Fortschrittes"[6] geehrt wurde. Gewürdigt durch Festschriften und -bücher, Vorträge, Glückwünsche, Ehrenbürgerurkunden und Titelverleihungen, fanden diese Veranstaltungen ihre Fortsetzung bis in die jüngste Vergangenheit mit Richard-Strauss-Festivals in Salzburg (1934), Michael-Tippett-Ehrungen in London (1985) oder dem Pierre-Boulez-Fest in Baden-Baden.

Wenn auch die Ehrungen bedeutender Klassiker einen überaus gesuchten Anlaß für Musikfeste boten, so suchte das Bürgertum im gleichen Maße auch nach Gemeinschaftserlebnissen, etwa durch die Zusammenschlüsse zu Musikvereinen oder bei großen Treffen von Gleichgesinnten. Namentlich in der restaurativen Phase nach den Napoleonischen Kriegen artikulierte die Feste feiernde Gesellschaftsschicht, die sich vom politischen Handeln weitgehend ausgeschlossen sah, ihre patriotisch-nationalen Ziele, humanitäre Gesinnung und ihren Einsatz für die Wohlfahrt aller in demonstrativen Volksfesten mit Musikaufführungen als deren Herzstücken. Als Feste, die den Rang der antiken Olympiaden in Hellas einnehmen sollten, gerieten sie zur Manifestation der „Höhe der Kunst" (Wilhelm von Zuccalmaglio) und sollten zur Festigung eines nationalen Bewußtseins beitragen. Zu diesem Zweck schloß man Städtebündnisse, oder es begannen in der Schweiz 1808 einzelne Musikgesellschaften mit Veranstaltungen, die sich – etwa 1811 in Schaffhausen – „gegenseitig erfreuten, belehrten und Proben der getanen Fortschritte ablegten" (Carl Maria von Weber), aber auch „Nationallieder im Dialekt" sangen. Nach 1810 hatte im mitteldeutschen Thüringen, in der „vaterländisch mahnenden Nachbarschaft des Kyffhäuser", gar der Musikdirektor Georg Friedrich Binkoff (1780–1841) gemeinsam mit Louis Spohr die Musikliebhaber zu einer Bewegung angefeuert, die der „deutschen Tonkunst" in besonderer Weise huldigen sollte. Im Zeichen der Musen und der heiligen Cäcilie versammelt, genoß man die „Ruhe der Völker und des Friedens im Lande", man besang triumphierend ‚Das befreite Deutschland' (Kantate von Louis Spohr, 1815) und trug mit lautstarken „patriotischen Tendenzen" (Carl Maria von Weber) nationalen Eifer und chauvinistische Überheblichkeit in das vermeintlich erhaben-reine Reich der Kunstübung hinein. Frankenhausen, Bückeburg und Pyrmont waren die ersten Treffpunkte. Am Niederrhein (nach 1817),[7] in Preußen (1833 im Rempter der Marienburg),[8] in Norddeutschland (Abb. 106) oder in Westfalen (nach 1852 bis 1909) formierten sich regionale Gruppierungen, zu deren Treffen vornehmlich Kaufleute, Industrielle, Musiker und Musiklehrer, „Partikuliers", Studenten und Beamte in Fuhrwerken anreisten oder zu Fuß kamen, Bürger mithin einer mittleren Einkommensschicht, die in der Lage waren, ein Wocheneinkommen für diese Veranstaltungen zu investieren.[9] Die Teilnehmer hatten sich mit Schleifen und Bändern zu schmücken. Gewählte Komitees sorgten für ausgedruckte Festmappen, den Flaggenschmuck, die Betreuung der Ehrengäste und die Organisation der Probenarbeit, die erst unmittelbar vor dem Fest beginnen konnte, da die Mitwirkenden aus vielen Orten zusammenströmten. Die Erträge wurden nutzbringenden Einrichtungen gespendet und für die Gründung von Musikschulen oder Hospitälern verwendet. Zur Aufführung gelangten bei diesen Musikfesten die Werke verschiedener Komponisten; freilich dominierten – wie in den symphonischen Konzerten auch – Kompositionen Ludwig van Beethovens. Das dreitägige Gesamtprogramm etwa des 34. Niederrheinischen Musikfestes in Düsseldorf, das vom 11. bis 13. Mai 1856 unter der Leitung von Julius Rietz stattfand, hatte folgenden Ablauf:

1. Tag.

Elias, *Oratorium von Mendelssohn-Bartholdy.*

2. Tag.

1) Ouverture zu den Abencerragen von Cherubini.
2) Adventlied von Robert Schumann.
3) Das Alexanderfest von Händel, nach der Mozart'schen Bearbeitung.
4) Symphonie in D-moll Nr. 9 von Beethoven.

3. Tag.

1) Concert-Ouverture von Tausch.
2) Arie aus der Entführung von Mozart (Fräul. Tietjens).
3) Bass-Arie aus der Schöpfung von Haydn (Herr Du-Mont-Fier).
4) Concert für Pianoforte, Violine und Violoncell mit Orchester von Beethoven (die Herren Tausch, Laub und Grützmacher).
5) Arie aus Jean de Paris von Boieldieu (Herr Stockhausen).
6) Ouverture zur Zauberflöte von Mozart.
7) Liederkreis an die ferne Geliebte von Beethoven (Herr Schneider).
8) Zwei Lieder von Schubert und Marschner (Herr Du-Mont-Fier).
9) Violin-Concert von Mendelssohn-Bartholdy (Herr Laub).
10) Arie aus Fidelio von Beethoven (Fräul. Tietjens).
11) Drei Lieder von Schubert, Mendelssohn-Bartholdy und Schumann (Herr Stockhausen).
12) Schluss-Chor aus dem ersten Theile des Elias von F. Mendelssohn-Bartholdy.

Feste großen Stils mit Ovationen, gemeinsam gesungenen Hymnen, Komponistenwettstreiten und Bekenntnissen zur guten Sache gab es außer in England und Deutschland bald auch in den Niederlanden, nach 1838 in Sydney (Australien), in einigen Städten Nordamerikas, in Südafrika, in Belgien (1873 „nach dem Muster deutscher Musikfeste") und anderswo. Meist wurden diese angeregt und durchgeführt durch Musikvereine, wie etwa in den Niederlanden die Maatschappij tot bevordering der Tonkunst. Anlässe für aufwendige Festivitäten boten jedoch auch Weltausstellungen oder andere industrielle Großveranstaltungen (Abb. 95). Im Zug komplizierter und technisch anspruchsvoller werdender Partituren geriet der Liebhabermusikant, der noch zu Beginn des Jahrhunderts der vornehmliche Träger dieser Veranstaltungen war, in die Lage, sich vom Orchesterpult zurückzuziehen. Es wurde sogar nötig, wie zum Beispiel 1852 in Hamm beim Westfälischen Musikfest, die „Mitwirkung der Dilettanten zur Verstärkung der Streicher auszuschließen". Zudem gerieten die Musikfeste mehr und mehr als Tonkünstlerfeste in die Nähe nationaler Leistungsschauen mit seriöseren künstlerischen Zielsetzungen und „Konzentrationsprogrammen", wie sie etwa Hans Richter in London ab 1879 im Rahmen der Orchestral Festival Concerts eingeführt hatte. Feierlichkeiten mit spezialisierten Themen, Musiktage, Kleine (seit 1938 in Lüdenscheid) und Große Musikfeste, die einer bestimmten Gattung oder kompositorischen Strömung gewidmet wurden, waren eine Folge davon.

Von Anfang an breiter angelegt und stärker auf Wettstreit und Geselligkeit konzentriert, nahmen und nehmen Sänger- und Liederfeste den breitesten Raum ein im Gesamt der Musikfeste. Unter der Devise: „Sängerfeste [dürfen] nicht allein im abgeschlossenen Rahmen gefeiert werden und blos Vornehmen und Reichen zugänglich sein", die treffend bereits 1841 bei der Eröffnung des Altonaer Sängerfestes von dessen Präses formuliert wurde, suchte man das soziale Miteinander und traf sich zunächst bei Veranstaltungen in der Schweiz, später auch in Deutschland, nach 1873 in Lettland[10] oder nach 1924 in Litauen. Um den stets großen Menschenmengen hinreichend Platz zu bieten, baute man basilikale, oft mit Tischen und Stühlen ausgestattete Sängerhallen aus Holz, die bis zu 100000 Zuhörer fassen sollten (Abb. 99 und 100).[11] Bei den Festen der Schweizer Eidgenossen stand das Besingen von Volk und Heimat im Vordergrund, bei liberalen Männergesangvereinen bevorzugte man republikanisch-revolutionäre Vokalwerke nach dem Motto ‚Einigkeit und Freiheit' oder „dem deutschen Lied eine machtvolle Kundgebung zu bereiten" (Hagen 1911). Unter Eichenlaubgehängen, Flaggen und Fahnen verführte die Festtagsstimmung mit patriotischen Zurufen, wie „Heil deutschem Wort und Sang", nicht selten zu tumultuösen Trinkgelagen. Für die fünfzig Sängerfeste, die allein im Jahre 1846 im Deutschen Reich gefeiert wurden, komponierten Louis Spohr, Carl Loewe, Heinrich Marschner oder Friedrich Schneider nach Bedarf Festtagskompositionen. In der Schweiz oder in Lettland bezog man hierbei die landeseigenen folkloristischen Instrumente ein, die dadurch zum hochstilisierten Symbol für nationale Ergriffenheit wurden. Stellvertretend für viele, bis zum heutigen Tage im wesentlichen unverändert gebliebene Vortragsfolgen sei ein 1887 in Lübeck während des X. Niedersächsischen Sängerbundfestes durchgeführtes Programm mitgeteilt:

1. Bergpsalm, mit Baritonsolo . . . . *E. Hoffbauer*
2. a) Durch den Wald (A.D.B. Nr. 145) . . . . *H. Schäffer*
   b) An den Sonnenschein (A.D.B. Nr. 44) . . . . *V. Lachner*
3. Symphonischer Prolog zu Shakespeares „Othello" *A. Krug*
4. a) Märznacht (A.D.B. Nr. 79) . . . . *C. Kreutzer*
   b) Der frohe Wandersmann (A.D.B.
   Nr. 38) . . . . *F. Mendelssohn-Bartholdy*
5. Sechs Altniederländische Volkslieder, mit
   Bariton- und Tenorsolo . . . . *Ed. Kremser*

97 Festkonzert anläßlich des 100. Geburtstags von Friedrich Schiller im Cirque de l'Impératrice am 10. 11. 1859 zu Paris. Holzschnitt von Jules Gaildrau (19,4 × 22,7 cm). Aus: ‚L'Illustration‘, Vol. XXXIV, 1859, S. 357

6. Am Rhein . . . . C. J. Brambach
   a) Rheinabend
   b) Fröhliches Fest
7. „Archibald Douglas". Baritonsolo mit
   Orchester . . . . K. Loewe
8. a) Treue Liebe. . . . . N. W. Gade
   b) An das Vaterland (A. D. B. Nr. 5) . . . . C. Kreutzer
9. Siegesgesang der Griechen nach der
   Schlacht bei Salamis, mit Baritonsolo . . Fr. Gernsheim

Religiös Getöntes wechselte in diesem Konzert mit sentimentalischer Naturschwärmerei, Volksliedern, ideologisch geprägten Rheinliedern und patriotischen Gesängen ab.

Fand 1792 bereits in Belfast ein ‚Harp-Festival‘ statt, auf dem man das nationell Besondere ebenso feierte wie bei den bis heute durchgeführten flandrischen Glockenspiel-Festspielen oder dem im Jahre 1966 in Dakar arrangierten ‚Festival des Arts Nègres‘, so gehören ‚Gitarren-‘ und ‚Orgelfeste‘ neben ‚Early Music Festivals‘, den ‚Landshuter Hofmusiktagen‘, den ‚Synthesizer Music-Festivals‘ oder dem ‚Festival deutsches Volkslied‘ (Freiburg i.B., 1977), auf Zeltplätzen und Freilichtbühnen inszenierte ‚Rock-‘ oder ‚Folk-Festivals‘, deren Konzertdarbietungen „nach Laune von Sängern und Zuhörern" dauern können, zum jährlichen Musikbetrieb. Letztere haben dabei die deutliche Tendenz einer unkonventionellen Gegenströmung zum kommerzialisierten Freizeitangebot und suchen sogar ohne Subventionierung durch öffentliche Geldgeber auszukommen, was freilich nicht immer gelingen will.

Gegen diese spezialisierten Angebote und Separierungen des Musizierens in Sparten mit Sonderinteressen richten sich

Veranstaltungen, die in ihren mit kommunikativen Absichten verbundenen Zielen dem entsprechen, was derzeit in ihrer Architektur viele ‚Performing Art Centers' und Kongreßgebäude vorgeben. Neben den Festen „der geistlichen Musik" (Bozen, 1971), der Kammermusik (Donaueschingen, 1921), den Ein-Mann-Festivals (1928 bis 1941 in Rapallo durch Ezra Pound, seit 1967 zu Ostern in Salzburg durch Herbert von Karajan oder nach 1948 durch Benjamin Britten in Aldeburgh) nehmen solche Festspiele einen breiteren Raum ein, wobei mehr als nur Musik und Opern angeboten werden. So heben etwa die ‚Festivals of Arts' in Adelaide (Australien) seit 1960 diese Isolation auf und trachten danach, allen kreativen Bestrebungen mit Tanz, Musikseminaren, Feuerwerk, künstlerischen Workshops, Gottesdiensten, historisierenden Tischgelagen und Serenaden Entfaltungsmöglichkeiten zu bieten. Ereignisse wie die Wiener Festwochen wollen ebenfalls die gesamte Stadtbevölkerung aktivieren, indem eine große Zahl der Veranstaltungen auf Straßen und Plätze, in Schulen und Werkstätten verlegt worden ist. In diese Richtung einer Ablösung vom Konzept ehemaliger Musikfeste gehen auch die Bemühungen des Berliner ‚Metamusik-Festivals', das seit 1972 stattfindet. Ein globales Angebot von ‚performances' soll hier auf die Realisierung einer künftigen Weltmusik hinsteuern, die gestörte „harmonie zwischen himmel und erde" durch die Kenntnisnahme fremder Kulturen, Tanz, Elektronik, „sonic meditations", light-environments, spontanes Musizieren und historisierendes Reproduzieren wiederhergestellt werden.

Concerti Monstri

Traditionell gehört zum Erlebnis eines Musikfestes, einer Klassikerehrung oder einer gigantischen Weltausstellung der berauschende Effekt in der Menge, das pompöse Pathos und der Jubelklang, mit dem man sich lautstark bestärkt und betäubt. Klangmächtiger Einsatz, „grans sons" von möglichst vielen Spielleuten, Trompetern und Paukern gehörten bereits zu den aufwendigen Festen und Aufzügen mittelalterlicher Fürsten, die mit festlichem „schal" geehrt werden wollten und sich darin gegenseitig zu übertrumpfen trachteten. Mit dem „grand bruit" konnte man beim Bankett, bei Königskrönungen und Hochzeiten die Gäste und Untertanen beeindrucken und von Machtfülle und Reichtum überzeugen. Der polnische König brachte zu einer Fürstenhoch-

98 Händel-Feier am 15. 6. 1857 im Kristallpalast zu Sydenham. Holzschnitt (33,5 × 49,5 cm) nach einer Fotographie. Aus: ‚The Illustrated London News', Vol. XXX, 1857, S. 630f.

zeit in Wien 1515 nicht weniger als 300 Musiker im Gefolge mit, die seine Macht akustisch darzustellen hatten. Für die „rappresentatio maiestatis" im Himmel bei der Fronleichnamsprozession in der niederländischen Stadt Termonde bot man 1477 nicht weniger als 71 Bläser auf.[1] Auch suchten die Dogen in Venedig des 16. Jahrhunderts oder geistliche Fürsten des 17. Jahrhunderts durch mehrchörige Repräsentationskunst raumfüllende Großklänge zu erwirken. Dank der Gunst des Kardinals Pietro Ottoboni konnte um 1700 Arcangelo Corelli in dessen römischem Palast zu festlich-pomphafter Entfaltung bis zu 120 Violinisten einsetzen. Georg Friedrich Händel stattete in London seine ‚Feuerwerksmusik' nicht minder grandios aus. In Königsberg ehrten Studenten der Universität im Jahre 1690 den Kurfürsten dadurch, daß sie huldigend „eine herrliche Musik, dabei 150 Violen in 2 Parteien außer den anderen Instrumenten", ausführten.

Die Gigantomanie in der Musik hat somit eine lange Tradition. In der Geschichte des Konzerts ist die Tendenz zur Vollbesetzung von Orchestern und Chören stets dann verwirklicht worden, wenn es galt, das Außergewöhnliche vor einer größtmöglichen Öffentlichkeit zu demonstrieren. Dies war beispielsweise der Fall anläßlich der Feier des Gedenkens an Georg Friedrich Händels 25. Todestag im Jahre 1784 in der Westminster Abbey in London. Hierbei kamen mehr als 1000 Sänger und Instrumentalisten, geleitet von Joah Bates und neun „Direktionsgehülfen", zum Einsatz. Zur Verstärkung des überwältigenden Eindrucks wurden eigens größere und klangstärkere Instrumente vor allem in der Baßlage (‚Doppelbaß-Pauken', ‚Tower-Pauken', ‚Doppelfagott') gebaut.

Eine rauschende Orgel wurde in der Mitte des Raumes aufgestellt. Seither orientierten sich Oratorienchöre, Festgestalter und Komponisten gern an diesem denkwürdigen Ereignis einer Bekundung der „Macht der Tonkunst" und der sie tragenden Gesellschaft. In der Folgezeit gab man häufig mit Stolz und Nachdruck bekannt, daß etwa 1810 im Berliner Schloß zum Geburtstag der Königin das ‚Te Deum' von Righini mit 200 Choristen und 172 Instrumentalisten erklingen konnte, daß 1821 im Dom zu Braunschweig das beliebte Oratorium ‚Weltgericht' von Friedrich Schneider von 240 Sängern und 100 Orchestermitgliedern realisiert wurde. Selbst ein Kirchenkonzert unter der Leitung des französischen Dirigenten und subtilen Pianisten Alfred Cortot (gestorben 1962) wurde mit dem Hinweis auf „300 exécutants" als außergewöhnlich annonciert.

1841 gab Johann Peter Lyser die das Pathos und die Begeisterung unter seinen Zeitgenossen, das Eintauchen in das kollektive ‚Wir' ausdrückende Losung aus: „Ohne Masse kein Effekt". Das häuslich Private, Intime und kammermusikalisch Sublime wurde kompensiert durch das Gigantische, Monströse, durch Kompositionen und Konzerte, die als ‚grand' oder als „Symphonie der Tausend" (Gustav Mahler) betitelt wurden. Daß zu dieser Zeit die vornehmlich als Orchesterinstrument verstandene Orgel in viele Konzertsäle eingebaut wurde, wo sie überwältigend brausen sollte, hängt mit dieser Vorliebe für wuchtige, plakative Instrumentierungen zusammen. Den aufgebotenen Apparat zu steigern gehört zum konkurrierenden Spiel, zum Erfolgserlebnis von Unternehmern und Vereinen. Hierzu zählt auch die Massierung von Klangmitteln außermusikalischer wie musikalischer Art. 1857 organisierte in Pittsburgh Harry Kleber ein Konzert des ‚Anvil Chorus', mit dem er den Amboß-Chor aus Giuseppe Verdis ‚Il Trovatore' aufführen ließ. Der Klaviervirtuose und clevere Businessman Henri Herz arrangierte während seiner Tournee durch die USA 1845 bis 1851 die populäre Melodie des Songs ‚O Susanna' von Stephen Foster für acht bis zehn Pianos. Dies war „financial music", welche die Massen insbesondere dann anzog, wenn bekannte ‚national airs' in zugkräftiger Aufmachung angeboten wurden. Auch der Pianist Louis Moreau Gottschalk aus New Orleans wartete 1851 in Madrid umjubelt mit Arrangements von ‚national airs' für zehn Pianofortes und Kanoneneffekte auf. Dies machte ihn zum musikalischen Idol des Landes, zumal sich darunter das Werk ‚El sitio de Zaragoza' befand. Gottschalk setzte andernorts auch bis zu 40 Klaviere auf dem Podium ein, was die Möglichkeit eröffnete, gefeierte Virtuosen gemeinsam mit Dilettanten auftreten zu lassen, was wiederum den Absatz dieses Instruments anregte. In späteren Jahren spielten in den USA bei einem Treffen von Klavierlehrerinnen 300 Damen gleichzeitig Beethovens Klaviersonate Opus 26, 1928 wurden in Philadelphia 30 Harfen aufgeboten, um ‚La Cathédrale engloutie' von Debussy aufzuführen. Wenn gegenwärtig 12 Cellisten – der Berliner Philharmoniker – oder 1984 in Chicago 14 Kontrabassisten auftreten (Abb. 101), so hat sich dies inzwischen derart eingebürgert, daß es nicht mehr als etwas „Monströses", Außergewöhnliches oder auch ästhetisch Befremdliches empfunden wird.

Denkwürdige Ereignisse von öffentlichen ‚grands concerts' mit monströsen Klangballungen gehen auf die Initiative von Repräsentanten des bürgerlichen Zeitalters, wie etwa Hector Berlioz, Louis Antoine Jullien oder Johann Strauß Sohn, zurück. Berlioz komponierte nicht nur zum Schwelgen in massivem Pathos und patriotischem Prunk kraftvolle Werke, für die er acht Paar Pauken, vier Gruppen Blechblasinstrumente, drei Chöre, 600 Kinderstimmen vorsah, er inszenierte auch mit fanatischem Eifer und der imponierenden Geste eines Imperators (Abb. 95 und 96)[2] Massenspektakel. Sein Hang zur Gigantomanie begann 1837 in Paris anläßlich des von seiten der Regierung unterstützten Versuchs der Restaurierung von erhabener Kirchenmusik in Frankreich. Berlioz wurde beauftragt, eine ‚Grande messe des morts' (op. 5) zum Gedenken an die Opfer der Revolution von 1830 zu schreiben. Mit „außergewöhnlichen und furchtbaren Mitteln, die keiner bis dahin versucht hatte" (‚Mémoires', 1870), wollte der Komponist in „schrecklichen Kakophonien" mit „furchtbaren Fanfaren" die Schrecken des Jüngsten Gerichts heraufbeschwören, von denen der Pariser Invalidendom widerhallen sollte. Zu den „großartigen Feierlichkeiten ... zur Verherrlichung des zehnjährigen Jubiläums der Revolution von 1830 und der Überführung der

99 Festkonzert beim ‚Deutschen Sängerfest' in Nürnberg 1861. Stahlstich, Atelier J. Ritter. Nürnberg, Germanisches Nationalmuseum, Inv. Nr. HB 23761

mehr oder minder heldenhaften Opfer der drei Tage in das Monument, das für sie auf der Place de la Bastille soeben errichtet worden war", wurde ebenfalls Berlioz der Auftrag für eine ‚Symphonie funèbre et triomphale' erteilt. Da sie unter freiem Himmel aufgeführt werden sollte, entschloß er sich, „eine große Anzahl von Blasinstrumenten" einzusetzen mit „schmetternder Fanfare ..., wie von Erzengeln geblasen, einfach, aber großartig ..., die strahlend, siegesbewußt, alles übertönend und weithin reichend erschallt, dem Himmel und der Erde zu verkünden, daß die Tore zu den seligen Gefilden offenstehen" (‚Mémoires'). Zur „Feierlichkeit" hatte Berlioz „eine Militärkapelle von zweihundert Mann" engagiert und war damit so erfolgreich, daß er 1844 zum Pariser ‚Grand Festival de l'Industrie' eine „ungeheure Masse von Instrumenten und Stimmen" (Abb. 95) – insgesamt 1022 Mitwirkende unter 8 Dirigenten – aufbot, um am 1. August ein „großes, ernstes" Konzert zu geben. 1855 setzte er bei einer Aufführung sogar ein „métrome électrique"[3] ein.

Berlioz stand mit dieser Gigantomanie freilich nicht allein. Vielmehr hatte er sich zu diesen ‚Riesenkonzerten' nicht zuletzt etwa 1843 durch eine Wiedergabe von Joseph Haydns ‚Schöpfung' in Wien mit 660 Choristen und 320 Instrumentalisten anregen lassen. Man gefiel sich zwar namentlich bei der Zelebration wichtiger Ereignisse, etwa des Händel-Festes am 15. Juni 1857 im Kristallpalast zu Sydenham, zu dem die ‚Sacred Harmonic Society', jetzt mit immerhin 2500 Mitwirkenden, vor 12000 Zuhörern im Angesicht dreier zu Ehren Händels aufgestellter Büsten, mit Riesenorgel und „monster bass drum" von einem Durchmesser von etwa zwei Metern, Händels Oratorien sensationell aufführten, mußte sich jedoch auch den Spott der Karikaturisten gefallenlassen (Abb. 98).[4] Sie geißelten diese Zeiterscheinung als grenzenlose Überschätzung und verbreiteten Bilder von Schlachtenlärm-Konzerten und infernalischen Orgien, bei denen den Zuhörern lediglich die Rolle einer uniformen Masse zukommt. Auch die Massenveranstaltungen großer Chöre wurden gnadenlos entlarvt, wiewohl deren Zusammenkünfte nicht selten zu klassenkämpferischen Solidaritätskundgebungen benutzt wurden.[5] So gaben sich 1859 im Palais de l'Industrie zu Paris die ‚Orphéonistes' ein Grand Festival (Abb. 87). Diese französischen Männerchöre setzten sich zumeist aus „les jeunes gens de la classe ouvrières" zusammen, die zu ihrem Festival mit 6000 Sängern, Subdirigenten sowie Kontrabaßverstärkungen auftraten; mit deutlich aufgestellten Vereinsfahnen beschwor man die Zusammengehörigkeit.

Auch in Deutschland strömten aus patriotisch-sozialen oder ästhetischen Motiven Massen von Männerchören zu Sängerfesten zusammen (Abb. 99), die sich nach ihren Ein- und Festzügen beim Schlußkonzert stets alle zu hymnischem Jubel vereinigten.

Außerhalb Europas wurde das monströse Klangspektakel vor allem durch Louis Gottschalk und Johann Strauß Sohn eingeführt. In Brasilien erhielt Gottschalk 1869 die Mittel, mit 28 Pianisten und „duas grandes orchestras ... a Famosa marcha do Tannhäuser" (von Richard Wagner) als „concertos monstros" in Gegenwart des brasilianischen Kaisers zu inszenieren.[6] Am 24. November desselben Jahres präsentierte er sich im Theatro Lyrico Fluminense in Rio de Janeiro mit 650 Musikern, die seine Arrangements spielten. Die Presse würdigte dieses Ereignis als „chose de grandiose, de solennel". Im ‚Journal da Tarde' wurde sogar ein detaillierter Bericht vom notwendig gewordenen Aufwand einschließlich etwa der Auflistung von 15 000 verbrauchten Seiten Notenpapiers veröffentlicht:

100 Johann Strauß Sohn dirigiert beim Weltfriedensfest in Boston. Holzschnitt. 1872. Wien, Bildarchiv der Österreichischen Nationalbibliothek, Inv. Nr. L 30.394 C

Ha oito semanas que o Sr. Gottschalk trabalha incessantemente ajudado por onze copistas na composição e distribuição das partes: o numero de paginas copiadas sobe a mais de 15 000! A despeza está orçada em 7 000$. Só as estantes, estrados, aluguel do theatro, etc., etc., montão a 2 400$. O theatro será illuminado por ainda mais mil bicos de gaz, e adornado com bandeiras, flores, etc., etc. A orquestra compoz-se de 44 rabecas, 4 violoncellos, 7 rabecões, 11 flautins, 6 flautas, 65 clarinetas, 60 cornetins, 55 saxhorns, 62 tambores, 16 caixas, 60 trombones, 50 figles e trompas, etc., etc., etc.

Allenthalben ließ man sich dort von der „grandeza", „novidade" und „curiosidade publica" einfangen und verpflichtete Gottschalk, dasselbe Spektakel auch im Teatro Solis in Montevideo zum besten zu geben. Die geplante Vorstellung in Buenos Aires mußte einer grassierenden Cholera-Seuche wegen ausfallen.

Beim Weltfriedensfest vom 17. Juni bis 4. Juli 1872 in Boston gelang Johann Strauß Sohn die sensationelle Rekordleistung, in einer fahnengeschmückten Halle an der Rock Bay vor 100 000 Zuhörern mit insgesamt 20 000 Sängern, 1000 Orchestermusikern sowie 1000 Militärmusikern ein Konzert zu veranstalten (Abb. 100),[7] deren mitwirkende Kapellen aus Kanada, Frankreich, England, Belgien, Rußland, Österreich und anderen Ländern entstammten. Von 100 Unterdirigenten geleitet – bezeichnenderweise mit einem Kanonenschuß als Auftakt –, spielten sie Wagners ‚Rienzi'-Ouverture, Mendelssohns ‚Abschied vom Walde' und die 1814 etablierte Hymne der USA: ‚The Star-spangled Banner'. Dem Wiener Hofballmusikdirektor wurde für die Durchführung dieses Ereignisses die damals unvorstellbar hohe Summe von möglicherweise 100 000 Dollar bezahlt; er wurde als „the waltz king" auf Postern gefeiert, den Globus mit dem Taktstock-Zepter regierend. Dieses „Heidenspektakel", wie Johann Strauß selbst resümiert, riß das Auditorium zu „brüllendem Beifall" hin und führte zu Apostrophierungen der Kritiker wie „magnetic", „mercurial", „dazzling", „irresistible" oder „monstrous".

In Australien krönte man 1880 die Weltausstellung in Melbourne mit einem Großen Musikfest,[8] im südafrikanischen Durban veranstaltete man 1887 ein Jubilee Festival in der Town Hall. Weder Franz Liszt als Dirigent seines Oratoriums ‚Die heilige Elisabeth' (Pest, 1865) noch Leopold Stokowski[9] konnten den bombastischen Klangeinsatz verschmähen. Letzterer führte 1916 mit einem Massenchor und

Concerti Monstri 137

Farbtafel 9 Sonntägliches Militärkonzert im Hafen von Algier. Gemälde von Max Friedrich Rabes. Vor 1944. Öl auf Leinwand (33 × 41 cm). München, Neue Pinakothek, Inv. Nr. 8548

Farbtafel 10 ‚Linzer Klangwolke', visualisierte Bruckner-Symphonie mit einem Laser-Ballon vor dem Brucknerhaus in Linz. 1979

101   Konzert während der ‚Chicago Convention' der ‚International Society of Bassists' in der Northwestern University Chicago (USA). 1984

dem Philadelphia Orchestra Gustav Mahlers 8. Symphonie erstmals in den USA auf. Bei einer „Kundgebung für die deutsche Kunst" vereinte man 1929 in München neben dem Staatstheater-Orchester 1000 Kinder der Städtischen Zentralsingschule sowie die Mitglieder sieben weiterer Chöre, um plakativ eindringlich eine ‚Pfitzner-Ehrung' unter Leitung von Hans Knappertsbusch einem deutschnationalen Massenpublikum vermitteln zu können. Bei Großveranstaltungen wie Olympischen Weltspielen oder Jugend-Spartakiaden bedient man sich massensuggestiv immer noch der Monsterkonzertveranstaltung, wiewohl mit zunehmender Lautsprechertechnik bis hin zur Linzer Klangwolke (siehe S. 220 und Farbtafel 10) das Massenaufgebot an Mitwirkenden unnötig geworden ist. Rolf Liebermanns 1964 inszenierte Sinfonie für 156 Schreibmaschinen, die während der Schweizerischen Exportausstellung, durch Datentechniker und mit Hilfe von Lochstreifen gesteuert, uraufgeführt wurde, war bereits eine Persiflage des einst Gemeinten.

Komponistenkonzerte

Seit sich die Komponisten aus anderen institutionellen Bindungen gelöst haben, zeigen sie ein besonders vitales Interesse an der Nutzung der Chance, sich im Konzert vorteilhaft zu präsentieren. Sie, die seit dem 18. Jahrhundert ihre ungebundene Existenz im Mittelstand im Bewußtsein, Auserkorene und Genies zu sein – auskosten, sind materiell wie ideell auf die diversen Arten von Konzerten angewiesen. Nur das Konzert, im 20. Jahrhundert erweitert um die technischen Medien, ermöglicht ihnen ein Komponieren zum Selbstzweck, das weitgehend unabhängig ist von außermusikalischen Beeinträchtigungen und mithin die optimale Verwirklichung der ihrer Selbstbestimmung entstammenden Werke erlaubt. In „Componisten-Concerten" (Wien 1835), in denen die Autoren als Musiker auftreten, oder in Konzerten, in denen mehrere Komponisten ihre Werke vorstellen, suchen sie die Gunst und das Verständnis des Publikums.

Unter den Virtuosen, die am Anfang der Konzertgeschichte in Salons, Tavernen oder in der Öffentlichkeit auftraten, gab es viele, welche ihre Fertigkeiten vornehmlich vermittels eigener Kompositionen und Improvisationen präsentierten. Sie zeigten Kunststücke, bewiesen aber auch im Extemporieren ihre schöpferischen Fähigkeiten und ein spontanes Handlungsvermögen. Das um 1770 in Hamburg im Hause der Handlungsakademie abgehaltene „Bachische Privatconcert" war ein solches Ereignis, bei dem Carl Philipp Emanuel Bach sich als ein augenblicklich seine Empfindungen mitteilender Ausdrucksmusiker am Klavier produzierte, der aber auch mit Vorgefertigtem aufwartete, dem in zweckgebundenen Bezügen kein Platz mehr zukam. Hatte man den Ehrgeiz, etwa im Milieu einer Stadt ohne Hofhaltung oder ‚Musical Club' Instrumentalformen zu kreieren, die keine Für-Bestimmung hatten und nicht einem Auftrag zuzuschreiben waren, dann mußten sich auch in festen Diensten stehende Musiker darum bemühen, diese einem abonnierenden Publikum vorführen zu können. Der zum Beispiel damals in Lübeck amtierende Kirchenmusiker Adolf Carl Kunzen veranstaltete in eigener Regie entweder

102   Abschiedskonzert von Béla Bartók in Budapest am 8. 10. 1940, Dirigent: János Ferencsik

in seiner Dienstwohnung oder im Konzertsaal des seit 1754 stehenden Theaters in der Beckergrube Abonnementskonzerte vor allem, um seine Cembalokonzerte realisieren zu können, für die es anderswo keine Darbietungsmöglichkeit gab. Hohe Eintrittspreise, eine massive Werbung und eine ausreichende Nachfrage waren unerläßlich für solch kostspielige Privatunternehmen, eine für das Konzert geschaffene autonome Musik durchzusetzen und damit der Gattung des Solokonzerts Reputation zu verschaffen.

Ein anderer tonangebender Komponist dieser Epoche war auf „Akademien" und „Concerte" noch mehr erpicht und angewiesen: Wolfgang Amadeus Mozart. Von Jugend an war er genötigt, zwecks Finanzierung der risikoreichen Tourneen durch mehrere Länder seine stupenden Fähigkeiten konzertierend „zum eigenen Vortheil" anzubieten. In Paris fertigte er 1764 ein Billet an, „das auf einem Kartenblatt geschrieben, und mein Bettschaft beygedruket ist", welches er durch Freunde verteilen ließ. In einem Brief vom 1. April erläuterte er: „wer kein Billet hat, wird nicht eingelassen, er seye auch wer er wolle." Hier wie später in London und anderswo spekulierte er auf einen „profit", der schwer zu gewinnen war, denn die Unkosten betrugen „für den Saal ohne Beleichtung und Musick Bulter etc. 5. guinées. für iedes Clavier, deren ich 2. haben muste, wegen der Concert mit 2. Clavecins, einen halben guinée. iede Person, deren 2. waren, nämlich ein Sängerin und ein Sänger, bekommt 5 bis 6 guineés. Der erste Violinist 3. guinées, etc. so auch alle die Solo und Concert Spiellen, 3, 4 und 5 guinées. Die gemeinen Spieler ieder einen halben guinée etc. allein ich hatte das Glück, daß mich die ganze Music nur 20. guinées sammt dem Saal und allem gekostet hat; weil die Music die meisten nichts angenohmen haben." Der nach Eigenbestimmung drängende junge Künstler hatte somit ständig mit vielerlei materiellen Sorgen zu kämpfen. Sein Publikum wechselte entsprechend den jeweiligen gesellschaftlichen Gegebenheiten. Mal konnte er, so zum Beispiel 1770 in Bologna, „der ersten Nobleße" seine Kunst vorführen, mal mußte er sich an „pauvre" Verhältnisse anbequemen, wie er sie etwa 1778 in Straßburg vorfand, denn „ich werde übermorgen samstag den 17ten, ich ganz alleine: damit ich keine unkösten habe: etlichen guten freünden, liebhabern, und kennern zu gefallen, per Suscription ein Concert geben; – denn, wenn ich Musique dabey hätte, so würde es mir mit der illumination über 3 louisd'or kosten, und wer weis ob wir so viell zusammen bringen..."[1] Mozart pflegte dabei stets zu „phantasieren" und Kompositionen vorzutragen, die oft ad hoc entstanden und erst „am Tage selbst" per Anschlagzettel pauschal bekanntgegeben wurden. In Leipzig erfuhren die Interessierten zum 12. Mai 1789 daraus lediglich:

Erster Theil.	Zweyter Theil.
Sinfonie.	*Concert, auf dem Pianoforte.*
Scene. Mad. (Duschek)	*Scene. Mad. (Duschek.)*
Concert, auf dem Pianoforte.	*Fantasie, auf dem Pianoforte.*
Sinfonie.	*Sinfonie.*

Alle diese Musikstücke sind von der Composition des Herrn Kapellmeister Mozarts.

In Frankfurt am Main ließ der Virtuose und Komponist verlauten:

> **Mit gnädigster Erlaubniß**
> Wird Heute Freytags den 15ten October 1790.
> **im grosen Stadt-Schauspielhause**
> Herr Kapellmeister Mozart
> ein grosses
> # musikalisches Konzert
> zu seinem Vortheil geben.
>
> ### Erster Theil.
> Eine neue grose Simphonie von Herrn Mozart.
> Eine Arie, gesungen von Madame Schick.
> Ein Concert auf dem Forte-piano, gespielt von Herrn Kapellmeister Mozart von seiner eigenen Komposition.
> Eine Arie, gesungen von Herrn Cecarelli.
>
> ### Zweyter Theil.
> Ein Konzert von Herrn Kapellmeister Mozart von seiner eigenen Komposition.
> Ein Duett, gesungen von Madame Schick und Herrn Cecarelli.
> Eine Phantasie aus dem Stegreife von Herrn Mozart.
> Eine Symphonie.
>
> Die Person zahlt in den Logen und Parquet 2 fl. 45 kr.
> Auf der Gallerie 24 kr.
>
> Billets sind bey Herrn Mozart, wohnhaft in der Kahlbechergasse Nro. 167. vom Donnerstag Nachmittags und Freytags Frühe bey Herrn Cassier Schreiweiler und an der Casse zu haben.
>
> **Der Anfang ist um Eilf Uhr Vormittags.**

Das Komponistenkonzert hatte stattgefunden anläßlich der Kaiserkrönung Leopolds II. Mozart unternahm diese Reise auf eigene Kosten in einer aussichtslosen Situation, denn als „in wirklichen Diensten Sr. Kaiserl. Königl. Majestät" stehender Kapellmeister war er nicht mit offiziellen Aufgaben während der Festlichkeiten betraut worden, er zählte nicht zum Hofgefolge und war daher genötigt, privat beim Rat der Stadt um Konzerterlaubnis zu bitten, die ihm „ohne consequenz auf andere Fälle" erteilt wurde. Der riskante Übergang vom Hofmusikus zum bürgerlichen „Compositeur" wurde damit ebenso besiegelt wie die Möglichkeit zum Scheitern, angesichts der Tatsache, allein aus Konzerterträgen den Lebensunterhalt bestreiten zu sollen. Mozart fehlte jene soziale sowie finanzielle Absicherung, die Joseph Haydn noch zugute gekommen war. Auch Beethoven war erheblich auf Konzerte „zu seinem Benefiz" angewiesen. Reichardt schildert einen dieser nicht immer glücklichen Auftritte 1808 in Wien: „Beethoven gab im großen, vorstädtischen Theater ein Konzert zu seinem Benefiz, in welchem lauter Kompositionen von seiner eigenen Arbeit aufgeführt wurden. Ich konnte dieses unmöglich versäumen und nahm also den Mittag des Fürsten von Lobkowitz gütiges Anerbieten, mich mit hinaus in seine Loge zu nehmen, mit herzlichem Dank an. Da haben wir denn auch in der bittersten Kälte von halb sieben bis halb elf ausgehalten und die Erfahrung bewährt gefunden, daß man auch des Guten – und mehr noch, des Starken – leicht zu viel haben kann. Ich mochte aber dennoch so wenig, als der überaus gutmütige, delikate Fürst, dessen Loge im ersten Range ganz nahe am Theater war, auf welchem das Orchester, und Beethoven dirigierend mitten drunter, ganz nahe bei uns stand, die Loge vor dem gänzlichen Ende des Konzerts verlassen, obgleich manche verfehlte Ausführung unsere Ungeduld in hohem Grade reizte. Der arme Beethoven, der an diesem seinen Konzert den ersten und einzigen, baren Gewinn hatte, den er im ganzen Jahre finden und erhalten konnte, hatte bei der Veranstaltung und Ausführung manchen großen Widerstand und nur schwache Unterstützung gefunden. Sänger und Orchester waren aus sehr heterogenen Teilen zusammengesetzt, und es war nicht einmal von allen aufzuführenden Stücken, die alle voll der größten Schwierigkeiten waren, eine ganz vollständige Probe zu veranstalten, möglich geworden. Du wirst erstaunen, was dennoch alles von diesem fruchtbaren Genie und unermüdeten Arbeiter während der vier Stunden ausgeführt wurde. Zuerst eine Pastoralsymphonie, oder Erinnerungen an das Landleben. Erstes Stück: Angenehme Empfindungen, welche bei der Ankunft auf dem Lande im Menschen erwachen. Zweites Stück: Szene am Bach. Drittes Stück: Frohe Unterhaltungen der Landleute; drauf fällt ein viertes Stück: Donner und Sturm. Fünftes Stück: Wohltätige mit Dank an die Gottheit verbundene Gefühle nach dem Sturm. Jede Nummer war ein sehr langer, vollkommen ausgeführter Satz voll lebhafter Malereien und glänzender Gedanken und Figuren; und diese eine Pastoralsymphonie dauerte daher schon länger, als ein ganzes Hofkonzert bei uns dauern darf. Dann folgte als sechstes Stück eine lange, italienische Szene, von Demoiselle Killitschgy, der schönen Böhmin, mit der schönen Stimme gesungen. Daß das schöne Kind heute mehr zitterte als sang, war ihr bei der grimmigen Kälte nicht zu verdenken: denn wir zitterten in den dichten Logen in unsere Pelze und Mäntel gehüllt. Siebentes Stück: ein Gloria mit Chören und Solos, dessen Ausführung aber leider ganz verfehlt wurde. Achtes Stück: ein neues Fortepianokonzert von ungeheurer Schwierigkeit, welches Beethoven zum Erstaunen brav, in den allerschnellsten Tempis ausführte. Das Adagio, ein Meistersatz von schönem, durchgeführtem Gesange, sang er wahrhaft auf seinem Instrumente mit tiefem, melancholischem Gefühl, das auch mich dabei durchströmte. Neuntes Stück: eine große, sehr ausgeführte, zu lange Symphonie. Ein Kavalier neben uns versicherte, er habe bei der Probe gesehen, daß die Violoncellpartie allein, die sehr beschäftigt war, vierunddreißig Bogen betrüge. Die Notenschreiber verstehen sich hier freilich aufs Ausdehnen nicht weniger als bei uns die Gerichts- und Advokatenschreiber. Zehntes Stück: ein Heilig, wieder mit Chor und Solopartien; leider wie das Gloria in der Ausführung gänzlich verfehlt. Elftes Stück: eine lange Phantasie, in welcher Beethoven seine ganze Meisterschaft zeigte, und endlich zum Beschluß noch eine Phantasie, zu der bald das Orchester und zuletzt sogar das Chor eintrat. Die sonderbare Idee verunglückte in der Ausfuhrung durch eine so komplette Verwirrung im Orchester, daß Beethoven in seinem heiligen Kunsteifer an kein Publikum und Lokal mehr dachte, sondern drein rief, aufzuhören und von vorne wieder anzufangen."

Es gehört zu den herausragenden Ereignissen der Geschichte des Konzerts, wenn zwei derart profilierte Komponisten wie Haydn und Beethoven gemeinsam bei einer musikalischen Akademie mitwirkten. Dies geschah am 30. Januar 1801 in Wien im Großen Redoutensaal. Dieses Konzert wurde nicht „zum eigenen Vortheil" bestritten, sondern zugunsten „der im Kriege verwundeten Soldaten" gegeben. Haydn dirigierte „zwo Sinfonien" aus eigener Feder, die „nach jedem Stücke beklatscht" wurden, „Beethoven spielte sein Phantasiekonzert auf dem Pianoforte".[2] Hier stellten sich somit Komponisten in den Dienst einer karitativen Sache, was den aus dem Auftritt resultierenden Werbeeffekt nicht minderte.

Im 19. und 20. Jahrhundert ist das Komponistenkonzert sowie das ausschließlich Novitäten bietende „Kompositions-Konzert" eine das Renommee wesentlich mitbestimmende Einrichtung geworden, deren Erfolg oder Mißerfolg lange Zeit von der Fähigkeit des Tonsetzers abhängig gemacht wurde, seine eigenen Werke selbst vorzutragen, als Künstler selbst „concertant aufzutreten". Vermochte er dies nicht, so konnte ihn, wie zum Beispiel 1841 in Wien einen gewissen Ferdinand Füchs, die Härte der Kritik treffen, die sich daran stieß, daß der Anspruch eines „Concerts" nicht eingelöst wurde.[3]

Komponisten jedoch wie Richard Wagner, Franz Liszt, Maurice Ravel, Edvard Grieg, Max Reger, Béla Bartók oder Leonard Bernstein, deren Zahl sich beliebig erweitern ließe, waren und sind die besten Anwälte ihrer Kompositionskunst auf dem Konzertpodium, um das sie sich bisweilen mit allen zu Gebote stehenden Mitteln bemühten. Wagner, der in seinen Briefen stets zutiefst bedauert, kein Konzertpianist zu sein, verband seine Dirigentengastspiele mit der Absicht, geradezu missionarisch auch dort um Verständnis für seine Werke zu werben, wo bislang die Zustimmung fehlte. Seine Konzerte waren daher oft Demonstrationen, Werbefeldzüge im heftig entflammten Streit der Parteien um ästhetische Positionen sowie gezielte Aktionen, die „dem Besten des Bayreuther Unternehmens" dienen sollten, das der finanziellen Stützung bedurfte. In Prag leitete er am 8. Februar 1863 folgende „grosse Musikaufführung" („velké hudební produkci"):

1. Eine Faustouverture.
2. a) Versammlung der Meistersingerzunft (für Orchester allein) neu.
b) Pogners Anrede an die Versammlung, gesungen von Herrn Rokitanský, neu.
3. Vorspiel zu den „Meistersingern", neu.
4. Vorspiel zu „Tristan und Isolde".
5. Siegmunds Liebesgesang, (gesungen von Herrn Bernhard) neu.
6. Ouverture zu „Tannhäuser".

Sämmtliche Compositionen von Richard Wagner.

Wagner organisierte zu seinem eigenen Nutzen, wie auch für den seines Festspielunternehmens ‚Richard-Wagner-Vereine' und ‚Gemeinden', deren Hauptzweck es sein sollte dem Werk eine Gefolgschaft und möglichst häufige Wiedergaben zu sichern. Seinem Vorbild folgend, haben sich unzählige Vereine konstituiert, die sich pflegerisch für Bach oder Händel ebenso im Konzertleben einzusetzen versuchen wie für Michael Haydn, Hector Berlioz, Hans Pfitzner oder Julius Weismann. Zu diesem Zwecke veranstalten sie – oft schon zu Lebzeiten – Künstlerfeste, Vortragsveranstaltungen, Ausstellungen oder Fahrten zu Gedächtnisstätten. So gab es etwa 1887 in Paris ein César-Franck-Fest, dessen erste Hälfte Jules Pasdeloup leitete, den zweiten Teil der Komponist selbst. Max Reger ließ sich 1910 in Dortmund spektakulär ehren.[4] Dieser Komponist, Organist, Dirigent und Pianist nahm zudem das gehetzte Dasein eines Reisevirtuosen auf sich, um mit Kompositions- wie Improvisationsabenden in den wichtigsten Konzertsälen präsent zu sein, mit dem erklärten Ziele: „eigene Propaganda" zu betreiben und eine „Tradition zu schaffen, damit man weiß, wie ich die Werke gespielt haben will" (1907). Die Strapazen eines rastlosen Aufführens eigener Werke nahm auch Bartók auf sich, der neben einer ausgedehnten Lehr- und Forschertätigkeit jede

103 ‚Bach Birthday Feast' mit Dinner-Konzert am 27. 3. 1983 in Somerville (Massachusetts, USA). Privatbesitz

Gelegenheit nützte, um zwischen Ägypten und den USA am Klavier viele seiner Werke ‚authentisch' zu vermitteln (Abb. 102).

1905 wurden in Wien sechzehn „Kompositions-Konzerte" mit Titeln wie: Hermann-Grädener-Abend, Hugo-Wolf-Liederabend, Kralik-Abend, Max-Reger-Abend oder Fürst Reuß'sches Kompositions-Konzert veranstaltet, die das Bemühen um das Œuvre eines Komponisten und dessen Förderung widerspiegeln. Unterdes wuchs mit der Zahl freischaffender Komponisten auch deren Sorge, jemals aufgeführt und zur Kenntnis genommen zu werden, so daß man begann, sich in Interessenverbänden zusammenzuschließen, um als Gruppe handeln zu können. Seit dem Bestehen derartiger Verbände, etwa der Wiener Tonkünstler-Societät von 1771, der bemerkenswerterweise Mozart und Josef Lanner nicht angehören durften, bewerben sich viele Vereine, „so der freyen Thonkunst zugethan", auf den Podien und in den Massenmedien um die Gunst des Publikums. Einige dieser Verbände suchten um spezielle ästhetische Positionen zu werben, andere verbanden nationale wie regionale Zielsetzungen oder kommerzielle Interessen im Zusammenhang mit urheberrechtlichen Forderungen. Die zunehmende Vereinsamung der Komponisten nach dem Zweiten Weltkrieg hat viele von ihnen in Europa und in den USA in „Composers Forums" vereinigt, die neben Informationstreffen auch die Rolle von Konzertmanagern übernehmen. Sie veranstalten Workshops, Gesprächskonzerte, Fellowships, Studio Performances, Schulkonzerte, Happenings, vergeben Kompositionsaufträge und sorgen für Publicity.

Virtuosenkonzerte

In dem 1791 in Berlin erschienenen ‚Musikalischen Wochenblatt'¹ gibt ein Mannheimer Beobachter seinen Unmut über dort gewonnene Konzerteindrücke in folgenden Bemerkungen kund: „Wie ein Virtuose spielt und singt, und über seine Kunst und andre Dinge dieser Welt, die zur Kultur des Geistes gehören, spricht, das sind öfters sehr verschiedene Dinge. Mancher hat nur allein Kultur vor dem Pulte, und wenn man's recht genau nimmt, auch da wohl nicht einmal. Denn der Günstling der Musen verprasst zuweilen sein Talent in üppigen Tändeleien, wie sie nur eigener Übermuth und der Leyerstil des Modegeschmacks hervorbringt, und spielt so auf und ab, daß er die Manen wahrer Kunstgenies, wenn sie seine agirende Person umschweben sollten, in Verzweiflung bringen, und manche noch lebende Komponisten, welchen er die Ehre anthut, ihre einfachen, sinnigen Werke mit seinem Flitterstaate zu verbrämen, sich darüber wehmütig aus dem Koncertsaale herausschleichen würden." Nach 1740 sprach man der zunehmend in Verruf geratenen Berufsgruppe der Virtuosen in verallgemeinernden Feststellungen wie dieser die Fähigkeit ab, „denkende Künstler" zu sein oder gar über kreatives Vermögen zu verfügen, da ihr exhibitionistisches Auftreten längst zum Selbstzweck geworden sei.

Diese pejorative Auffassung vom Virtuosen wurde zwar nicht von allen geteilt, blieb jedoch belastet mit negativen Attributen wie „eingebildet", „sogenannt" im Gegensatz zum „rechtschaffenen", „wahren" oder „wahrhaften" Virtuosen, den unter anderem E. Th. A. Hoffmann als angemessenen Interpreten verbal gegen belastende Vorurteile zu verteidigen suchte.

Aus diesen negativ – wie positiv – wertenden Beiwörtern zur Berufsbezeichnung ‚Virtuose' geht hervor, daß das betont solistische Auftreten von Musikern in Konzerten recht verschiedenartige Erlebnisse bei den Hörern und Zuschauern auslöste. Virtuosen standen als Einzelfiguren stets im vollen Rampenlicht, sie gaben sich preis mit ihrem Können, dem Äußeren ihrer Person wie auch mit ihrem Geschmack. Ihnen war ein verstärkter Mitteilungsdrang eigen, der sie seit dem 17. Jahrhundert rastlos auf Reisen trieb und sie zwang, sich zeitlebens für Höchstleistungen körperlich und geistig ‚fit' zu halten. Die Fähigkeit zu improvisieren und mit eigenen Kompositionen aufwarten zu können, galt bis ins 19. Jahrhundert hinein als unerläßlich, wenn man nicht dem Verdikt verfallen wollte, lediglich ein technisch brillanter Fingerakrobat zu sein, dem „das Rechte versagt blieb" (Richard Wagner, 1861).

Dem öffentlichen Auftreten von Virtuosen gingen Kunstreisen mit einer nur ungefähr geplanten Reiseroute voraus, wobei es galt, an möglichst vielen Orten gewinnträchtig auftreten zu können. Hauptziele waren zunächst für Sänger und Instrumentalisten die Höfe, von deren Gunst und Honorierung man vornehmlich abhängig war. Konkurrenzdruck, Brotneid, die Unberechenbarkeit der potentiellen Hörer lasteten stets auf ihrem Vorgehen. Anliegen all derer, die sich als Einzelunternehmer durchschlagen mußten, war es, rasch an Reputation zu gewinnen, sich möglichst „allerhöchster Empfehlungsschreiben" bedienen zu können und ein anpassungsfähiges Repertoire zu haben. Wie dies in eine zugkräftige Werbung umgesetzt wurde, das belegt ein Avertissement von 1766 aus Nürnberg: „Es wird dem Publico zu wissen gemacht, daß der allhier angekommene und an vielen Orten und grossen Höfen bekannte Hoch-Fürstl. Salzburgische Kammer-Virtuos, Mr. Criselli, auf künftigen Montag, als den 24. dieses, ein grosses Concert aufführen werde, darbey erstlich in seinem Fagotto, nebst unterschiedlichen Abwechslungen neuer Sinfonien, Solo, und Menuets de Variation (um das Frauenzimmer zu amusiren) produciret. Dahero alle respectivè Herren Liebhaber der Music freundlichst eingeladen seynd. Die Person bezahlt vor dem Eingang 36 kr. Der Anfang ist Abends um halb 6. Uhr der kleinern im goldenen Reichsadler. NB. Die Logis ist in bemeldten Ort, da man stündlich die Billets haben kan."² Dieser Fagottist Criselli operierte damit, daß er weit gereist war, auf die Bekanntschaft „großer Höfe" verweisen konnte und vor allem befähigt war, ein „grosses Concert" anzubieten mit den unterschiedlichsten Abwechslungen von Neuigkeiten, die teils die Herren Liebhaber erfreuen sollten, in Gestalt einfacherer „Menuets de Variation" aber auch nachgeordnet deren weibliche Begleiter „zu amusiren" vermochten. Die Billetts waren direkt beim Veranstalter und Ausführenden in dessen Logis zu besorgen.

Dieses Muster eines Virtuosenauftritts gilt auch für unzählige Auftritte, die vordem absolviert wurden, mit dem Unterschied allerdings, daß die ‚Abwechslung' zumeist auch durch vokale Nummern anzustreben war. Souverän waren die Solisten angesichts dieser Anpassungszwänge nur sehr selten. Für die meisten fahrenden Karrieristen, die mit der Buntheit des Programms für sich werben mußten, galt die Beobachtung von Johann Nikolaus Forkel: „Hier ist der Künstler wie ein Kaufmann zu betrachten, der solche Waaren zeigt, wonach am meisten gefragt wird."

Wie wirkte der zur Schau gestellte Glanz, der Sinnenkitzel mit Effekten auf sensationshungrige Hörer? Als einen frühen Zeugen lassen wir den 1656 in London vom Spiel des Violinisten Thomas Baltzar aus Lübeck enthusiasmierten John Evelyn zu uns sprechen, der in sein Tagebuch notierte: „This night I was invited by Mr. Roger L'Estrange to hear the incomparable Lubicer on the violin. His variety on a few notes and plain ground, with that wonderful dexterity, was admirable. Though a young man, yet so perfect and skilful, that there was nothing, however cross and perplexed, brought to him by our artists, which he did not play off at sight with ravishing sweetness and improvements, to the astonishment of our best masters. In sum, he played on the single instrument a full concert, so as the rest flung down their instruments, acknowledging the victory. As to my own particular, I stand to this hour amazed that God should give so great perfection to so young a person. There were at that time as excellent in their profession as any were thought to be in Europe, Paul Wheeler, Mr. Mell, and others, till this prodigy appeared. I can no longer question the effects we read of in David's harp to charm evil spirits, or what is said some particular notes produced in the passions of Alexander, and that King of Denmark." Akkordische Spielweise, Variabilität, die Süße der Tongebung, das Vom-Blatt-Spielen waren die besonderen Eindrücke und vornehmlich bewunderte Wirkmomente.

Vielfalt der ‚entertainments' waren in Virtuosenkonzerten gefragt und nicht der gesammelte Ernst für eine zu interpretierende, mit Fachproblemen belastete Sache. Ein englischer Verseschmied brachte 1701 den Verbund der ‚pleasures' auf die knappe Formel:

Good Musick, Dancing, and good Wine;
Fine Beauties to delight our Eyes,
Some vertuous, and some otherwise.

Diesem Verlangen nach Genuß entsprach eine Annonce im ‚Amsterdamschen Courant' vom 13. Juli 1751, wonach „Joan Fredrik Groneman zal morgen wederom Vocael en Instrumentael Concert geven in de Vauxhall op de Weg van den Overtoom, zullende beginnen ten half vyf uuren, ook zullen zig verscheide Virtuosen laten horen, en zal driemael in de week s'Maendags, Woensdags en Saturdags daer mede continueeren: ook zal voor een premie van f 25, een Mast beklommen werden, en kunnen die geene die daer toe be-

104 Konzert des ‚Philharmonischen Duos Berlin' Jörg Baumann und Klaus Stoll in der Binka Kaikan Hall, Tokio, am 7. 7. 1976

kwaem zyn zig by hem adresseeren." Um das Angebot möglichst abwechslungsreich und deshalb zugkräftig und unverbraucht erscheinen zu lassen, wurde allerorten das Versprechen abgegeben, man bekäme etwas Neues, nie zuvor Vernommenes dargeboten. Es galt nicht nur mit neuen Stücken, sondern vor allem auch mit neuen und vielseitig verwendbaren Instrumenten Eindruck zu erzielen. Dafür einige Beispiele: in Danzig spielten 1794 zwei Waldhornvirtuosen ein Adagio, „worinnen 3 Thöne in einem harmonischen Accord auf einem Horn ausgehalten werden";[3] 1797 brachte ein russischer Kontrabassist dort „den Ton der Harmonica heraus". In demselben Jahr konzertierten in mehreren Städten ein Maultrommelvirtuose sowie ein Paukenvirtuose.[4] 1774 wartete „Signora Castella ... with several airs in the Harmonica or Musical Glasses" in Charleston (South Carolina) auf, Kastraten reizten mit ihrem Ziergesang. 1769 spielte in London ein „Sig. Merchi several new Pieces on a new Instrument invented by him, called The Liutino Moderno". In dieser Stadt ließen sich damals mit derartigen Effekten Spitzengagen herausholen.[5] Besonders bevorzugt waren Ausländer „imported from Italy", die man hoch schätzte wegen deren „exaltation" beim Vortrag, eine massenwirksame Komponente, die geschäftstüchtig später vor allem Niccolò Paganini für sich auszubeuten wußte.

In der Regel wurden diese Auftritte von mehreren Instrumenten oder einem Ensemble begleitet. Es bedeutete daher einen emanzipatorischen Schritt in Richtung auf eine die volle Aufmerksamkeit auf sich ziehende Solistenleistung, wenn beispielsweise Johann Wilhelm Häßler stolz 1774 in seiner Autobiographie vermerken konnte, er habe in Göttingen „die meisten Professoren der Universität auf ein Konzert ohne alle Begleitung eingeladen" und „einige Sonaten mit untermischten freien Fantasien auf dem Klavier" gespielt. Das Ausmaß dieses Erstlingsversuchs wird dann recht deutlich, wenn man zur Kenntnis nimmt, daß sich Pianisten noch um 1840 weigerten, Klaviersonaten öffentlich zu spielen, weil diese Gattung damals noch nicht aufs Podium gehörte. Durch Beispiele dieser Art wurde das die konzentrierte Anteilnahme der Hörer fordernde ‚Recital' (London, 1840) allmählich möglich, das den Spielraum der ‚Abwechslung' deutlich einschränkte und den Bezug auf *einen* Spieler oder gar nur auf *einen* Komponisten erforderte. Damit kamen die schrankenlose Ich-Bezogenheit von Virtuosen, deren eleganter Luxus- und Modeprotagonismus zu ihrem Ziel, über das freilich viele im 19. Jahrhundert allzu selbstbewußt hinausschossen. Johann Friedrich Reichardt kreidete diese Neigung bereits 1805 an: „Indem sich unsere Künstler und Virtuosen mit Recht über das Gemeine und Alltägliche erheben wollen, geraten einige von ihnen auf das andre Extrem, auch über die Gränze der Natur und Wahrheit hinauszugehen." Tabus, daß zum Beispiel „a female" kein Violin- oder Flötenkonzert spielen dürfe (London 1817), wurden damit gleichzeitig aufgegeben.

Der Reiseradius der konzertierenden Solisten wurde mit der Zeit beträchtlich ausgeweitet, 1799 reiste Pierre Rode durch Spanien, 1835 der italienische Geiger Carlos Bassini nach Buenos Aires, 1843 der Norweger Ole Bull in die USA, 1844 der Pianist Leopold von Meyer nach Konstantinopel und 1850 der Violinist Michael Hauser nach Australien.[6] Persien, Indonesien und China wurden von Europäern nach 1860 per Schiff erreicht. In Kanada waren es die von außen kommenden Virtuosen, die hier *vor* den gebildeten Liebhabern ein anspruchsvolleres Musikleben anregten und belebten. Die durchgehenden Nachtzüge der Eisenbahnen ermöglichten es vielen gehetzten Interpreten anzugeben: „wohnhaft in der Eisenbahn" (Max Reger, 1905). Die frühere Vielfalt der Instrumente schrumpfte, so daß Klavieristen und Geiger seither diesen lukrativen Markt beherrschen. In der Saison 1982/1983 zählte man in Paris unter 795 Recitals 416 Konzerte am Klavier; diese machten ein Siebtel des gesamten Konzertangebots aus, von denen die meisten im Monat März stattfanden. Um 1970 registrierte man am Niederrhein unter 182 Solistenabenden gar 70 Klavierabende, da unverändert das Pianoforte das attraktivste Soloinstrument ist.

Wegweisend für die neuere Geschichte des Virtuosentums wurden die scheinbar fleckenlos strahlenden Vorbilder, die Franz Liszt und Niccolò Paganini abgaben. Liszt wurde als „le roi des pianistes" (1854) in ganz Europa gefeiert, der es sich leisten konnte, nach 1839 solistisch mit einer heroischen Gestik aufzutreten und hochrangige Aristokratinnen zu bitten, auf dem Podium neben seinem Flügel Platz zu nehmen. Mit seinem Publikum sprach er „mit der gnädigsten Herablassung eines Fürsten". In Paris stellte er bis zu drei Klaviere um sich herum auf und gewährte in späteren Jahren Improvisationen nur noch als belohnende Zugaben. Zum Zwecke der Befriedigung frenetisch Beifall spendender Hörer entwickelte er die Improvisation, Fantasie, Caprice, Etude und Paraphrase zu einer virtuosischen Kompositionsgattung, in der mit Bravour ausschließlich manuelle Spitzenleistungen erbracht werden sollten. Er wurde zum verehrten Idol, so daß er 1838 unter anderem aus Wien befriedigt berichten konnte: „Ich bin die große Mode. In 24 Stunden sind fünfzig Exemplare meines Portraits gekauft worden."

Die Programme blieben für den „Ohrenschmaus" der Gourmets im Konzertsessel (Wien, 1818) auf Brillanz, Effekte und lockere Reihungen dessen berechnet, was technisch ‚geht'. Liszt zeigte um 1840 seine stupende Fingerfertigkeit anhand einer Fantasie über Themen aus einer Pacini-Oper ebenso wie in einer Umspielung des Scherzos und Finales aus Beethovens Pastoralsymphonie, der Bearbeitung von Liedern Schuberts, einer Paraphrase über das Studentenlied ‚Gaudeamus igitur' oder Konzertétuden. Popular Gewordenes wurde mondän-salopp verpackt, ornamental verbrämt, monumental-pathetisch glorifiziert. Er brillierte mit dem Technischen ebenso wie mit der romantischen Ausdruckskomponente. 1841 spielte er im Leipziger ‚Gewandhaus' laut einer Zeitungsnotiz „Sextett von Hummel. – Rheinweinlied von Herwegh, komponirt von Liszt. – Phantasie über Themen aus Don Juan, komponirt und vorgetragen von Liszt. – Lied aus Goethe's Faust für Männerstimmen, komponirt von Liszt. – Adelaide von Beethoven und Erlkönig von Franz Schubert, für das Pianoforte übertragen und gespielt von Liszt. – Hexameron, für zwei Pianoforte eingerichtet von Liszt, gespielt von ihm und Frau Dr. Klara Schumann." Rücksichtnahmen kannte er nicht, denn 1839 behauptete er als „das Recht des Künstlers, der Menge das Schöne und Erhabene aufzuzwingen".

Nicht anders präsentierte sich der zum „Kaiserlich-Königlichen Oesterreichischen Kammer-Musikus" avancierte Geiger Niccolò Paganini. Heinrich Heine beschrieb dessen Auftreten in Hamburg im überfüllten Komödienhaus wie folgt: „Obgleich es Posttag war, erblickte ich doch, in den ersten Ranglogen, die ganze gebildete Handelswelt, einen ganzen Olymp von Bankiers und sonstigen Millionären, die Götter des Kaffees und des Zuckers, nebst deren dicken Ehegöttinnen, Junonen vom Wandrahm und Aphroditen vom Dreckwall. Auch herrschte eine religiöse Stille im ganzen Saal. Jedes Auge war nach der Bühne gerichtet. Jedes Ohr rüstete sich zum Hören. Mein Nachbar, ein alter Pelzmakler, nahm seine schmutzige Baumwolle aus den Ohren, um bald die kostbaren Töne, die zwei Taler Entreegeld kosteten, besser einsaugen zu können. Endlich aber, auf der Bühne, kam eine dunkle Gestalt zum Vorschein, die der Unterwelt entstiegen zu sein schien. Das war Paganini in seiner schwarzen Gala. Der schwarze Frack und die schwarze Weste von einem entsetzlichen Zuschnitt, wie er vielleicht am Hofe Proserpinens von der höllischen Etikette vorgeschrieben ist. Die schwarzen Hosen ängstlich schlotternd um die dünnen Beine. Die langen Arme schienen noch verlängert, indem er in der einen Hand die Violine und in der anderen den Bogen gesenkt hielt und damit fast die Erde berührte, als er vor dem Publikum seine unerhörten Verbeugungen auskramte. In den eckigen Krümmungen seines Leibes lag eine schauerliche Hölzernheit und zugleich etwas närrisch Tierisches, daß uns bei diesen Verbeugungen eine sonderbare Lachlust anwandeln mußte; aber sein Gesicht, das durch die grelle Orchesterbeleuchtung noch leichenartig weißer schien, hatte alsdann so etwas Flehendes, so etwas blödsinnig Demütiges, daß ein grauenhaftes Mitleid unsere Lachlust niederdrückte. Hat er diese Komplimente einem Automaten abgelernt oder einem Hunde? Ist dieser bittende Blick der eines Todkranken, oder lauert dahinter der Spott eines schlauen Geizhalses? Ist das ein Lebender, der im Verscheiden begriffen ist und der das Publikum in der Kunstarena, wie ein sterbender Fechter, mit seinen Zuckungen ergötzen will? Oder ist es ein Toter, der aus dem Grabe gestiegen, ein Vampir mit der Violine, der uns, wo nicht das Blut aus dem Herzen, doch auf jeden Fall das Geld aus den Taschen saugt?" Goethe teilte zu derselben epochemachenden Einzelerscheinung 1829 aus Weimar dem Freunde Zelter distanziert und weniger ironisch mit: „Paganini hab ich denn auch gehört und sogleich an demselben Abend Deinen Brief aufgeschlagen, wodurch ich mir denn einbilden konnte, etwas Vernünftiges über diese Wunderlichkeiten zu denken. Mir fehlte zu dem, was man Genuß nennt und was bei mir immer zwischen Sinnlichkeit und Verstand schwebt, eine Basis zu dieser Flammen- und Wolkensäule."

Herrn Ritter Paganinis brennender Ehrgeiz und suggestives Darstellungsvermögen war einzig auf das Improvisieren und die optimale Ausnutzung einer singulären Leistung gerichtet. Es machte die Runde, wenn zum Beispiel 1829 in München schmalzende „Cantabile mit Doppelgriffen" annonciert wurden, oder „Auf Verlangen: Adagio Cantabile Spionato und Variationen über die neapolitanische Canzonette: O mamma, mamma Cara" in Aussicht gestellt waren. Die Eintrittspreise waren hoch, die solistischen Kunststücke wurden mit Orchesterstücken ‚garniert', so daß dem streichelnd Sentimentalen wie dem triebhaft peitschend Pathetischen, dem düsteren ‚Maestoso' wie dem glitzernden Ohrenkitzel Genüge geleistet wurde. Wie ein Eroberer tauchte der Künstler-Bohemien aus Genua, ab 1828 durch Europa reisend, unnahbar und selbstsüchtig auf. Das Ethos, Musikwerken getreu dienend zu ihrer vollen Verwirklichung zu verhelfen, kannte er nicht. Robert Schumann bemerkte: „Paganini ist der Wendepunkt der Virtuosität."

Viele Virtuosen haben seither diesen beiden Protagonisten nachgeeifert, indem auch sie „vor Eifer brannten" (Louis Spohr), ihre mühsam erworbene Virtuosität vor „einem größern Publikum zu produciren". Kunstreisen waren Bewährungsproben, Erwerbsquellen, sie wurden aber auch Unternehmungen mit missionarischem Anspruch. Von einer erzieherischen „Mission" im Dienste „des Ächten und Wahren", der „Popularisierung klassischer Musik" anstelle der eigenen Phantasien spricht sehr eindrücklich der Pianist Hans von Bülow, der 1876 als Konzertreisender in Nordamerika ein vertraglich gebundenes „Vagabundenleben" führte. Dieses brach er nach 139 physisch wie psychisch stark belastenden Konzertabenden in Saint Louis angewidert ab. Der Mutter berichtete er: „Eine Beschreibung der Strapazen und der Unerquicklichkeit des Konzertierens selbst – gute Musik vor unmusikalischen Menschen oder leeren Bänken in ungeheuren Sälen, wo es konfus, leer, und trocken klingt, auf durch Transport schadhaft gewordenen Klavieren zu spielen – erlässt du mir wohl. Es ist über alle Begriffe scheusslich – dieses Leben." Die Erschöpfung nach dieser „Art Galeerenarbeit" war bei ihm radikal, kein äußerer Glamour, keine Spitzengagen, keine Lorbeerkränze, Huldigungsgedichte und ehrenden Fackelzüge konnten die Enttäuschung aufwiegen. So wie von Bülow erfuhren viele verzweifelt in Kutschen oder später in Flugzeugen Reisende den Glanz und das Elend des karrieresüchtigen Solisten. Oft blieb das Publikum gänzlich „teilnahmslos" (so 1861 in Detmold bei Auftritten Klara Schumanns), oft griff die Zensur in die Programmgestaltung ein oder verweigerte die Polizei den Erlaubnisschein, oft forderten die Behörden hohe abzuliefernde Quoten aus den Einnahmen, oft mußten auch wegen der Reklame an illustre Personen derart viele Freikarten verteilt werden, daß kein Gewinn zu erzielen war. Nicht selten galt es Claques zu rekrutieren, um den Saal zu füllen, denn nicht von allen Virtuosen konnte man stets behaupten, daß sie „an automatic sellout" für den Veranstalter bedeuteten, wie dies 1969 Donal Henaken für Vladimir Horowitz in Anspruch nahm. Wurde man durch einen Unternehmer vermarktet, dann war selbst einer Jenny Lind kein Einspruch möglich gegen den Auftritt in den USA in einem Schweineschlachthaus oder gegen das Repetieren von Favoritnummern Abend für Abend. Erwiesen sich Orchester zur Begleitung von Solokonzerten als zu teuer, dann beschränkte man sich auf die Mitwirkung von Quartett- oder Klavierbegleitung. War das zu erwartende Publikum ungenügend auf Musik vorbereitet, dann hatten Showeffekte und über die Presse lancierte Sensationsberichte vor dem ästhetischen Zweck zu rangieren. Es ist daher nicht verwunderlich, wenn neben vielen Erfolgreichen manche, wie etwa der Kanadier Glenn Gould, den öffentlichen Auftritten entsagten und sich nur mehr vor Mikrophonen, abgeschieden vom Lärm der Menge, produzierten.

Virtuosenkonzerte waren und sind situationsbezogen, von Trends abhängig und aus Rücksicht auf das anonyme Publikum meist „gemischten Inhalts". Erfolgsträchtig waren Potpourris, Bravourstücke, Fantasien mit Zitaten aus Werken bekannter Meister, Romanzen.[7] Das zyklische Interpretieren von Standardwerken des Repertoires ohne nebensächliche Arrangements auf der Grundlage sorgfältigen Studierens und Einübens wurde erst seit dem Ende des 19. Jahrhunderts denen möglich, welche die dazu notwendigen Prozeduren durchhielten. Zu diesen die Spitzenleistung sportiv anreizenden Anforderungen gehören seit 1890 auch die öffentlichen Interpretationswettbewerbe, von denen es im Jahre 1985 80 international gefragte und beschickte gab. Diese zwingen zunehmend den Spezialisten heraus, der sich etwa nur auf Werke Bachs, Beethovens oder Debussys einläßt und versucht, mit diesen Markenzeichen international zu reüssieren. Sängerinnen pflegen sorgsam die letzten Reste des Primadonnenkults der italienischen Oper in Arienabenden, während einige Pianisten sich weiterhin als „Klaviertitan" oder „Visionär" verkaufen lassen. Improvisieren können nur mehr sehr wenige, zumeist sind es Organisten, die dies noch vermögen. Eigene Kompositionen aus der Feder von Solisten hört man ebenfalls immer seltener. Das jahrelange und ununterbrochene Einstudieren eines möglichst für mehrere Konzertveranstaltungen ausreichenden Repertoires erfordert – wofür auch der Perfektionsanspruch der technischen Medien mitverantwortlich ist – ihre volle Konzentration.

Concerts spirituels

Im Leipziger Adreßkalender des Jahres 1800 steht verzeichnet: „Concerts spirituels werden im Advent und in der Fasten gegeben." Diese Zeitangabe weist darauf hin, daß damals im Unterschied zu heute die Veranstaltung von Konzerten abhängig war von äußeren Faktoren wie Landestrauer, Amusie, Kriegen oder auch dem Kirchenjahr, die es zu berücksichtigen galt. Der christliche Kalender rief während der ‚stillen' Wochen vor dem Weihnachts- und Osterfest zur Buße und zu Entsagungen von Genüssen auf. Es sollte Verzicht geleistet werden auf Kulinarisches, auch auf Ohrenschmaus und blendende Augenweide. Demzufolge setzten selbst die ansonsten in Festivitäten schwelgenden absolutistischen Hofhaltungen zeitweise Opernvorstellungen oder profane Konzerte aus. Da man indessen diese Unterhaltungen während etlicher Wochen nicht völlig entbehren wollte, suchte man einen Ersatz und fand diesen in der Bemäntelung von „concerts spirituels". Oratorien als bildlose Opern, Kantaten und geistlich anmutende Instrumentalwerke sollten den Schein des Verzichts und der religiösen Verinnerlichung anzeigen.

Die Initiative zur Begründung einer 35 Tage des Jahres füllenden geistlichen Konzertserie für den Adel in Paris ging von Anne Danican Philidor (1681–1728) aus.[1] Die zeitweilige Schließung der Oper bot die Anregung für eine kirchlich „erlaubte öffentliche Belustigung" (Charles Burney, 1770), im Salle des Suisses des Palais des Tuileries mit königlicher Erlaubnis religiös gemeinte Musikaufführungen anzubieten. Der Schweizersaal wurde für diesen klangästhetischen Zweck eigens eingerichtet. Laut einer Beschreibung im ‚Mercure en France' baute man darin „pour placer les symphonistes et ceux qui doivent chanter une espèce de tribune en amphithéâtre, fermée par une balustrade ... dont les balustres, en forme de lyre, sont posés sur un socle peint en marbre. Tout le mur sur lequel la tribune est adossée est décoré d'une perspective de très bon goût qui offre un point de vue fort agréable; cette peinture a été faite sur les dessins de M. Berin [Bérain], dessinateur ordinaire du Roi, par le sieur Le Maire, peintre fort entendu dans ces sortes d'ouvrages. Ce salon est éclairé par douze lustres et par quantité de girandoles" (1725, S. 615). Die geistlichen Konzerte fanden in diesen dekorierten Räumen abends von 18 bis 20 Uhr statt. 1748 wurde zur Unterstützung des geistlichen Charakters, der Chöre und Gesangssolisten durch Nicolas-Pancrace Royer eine große Orgel aufgestellt. Trotz dieser Heraushebung des Spirituellen ließ man sich aber auch in den Fasten das normalerweise musikalisch Favorisierte nicht entgehen.

Man gab Opernszenen konzertant wieder, man brillierte in Solokonzerten, die als Zwischennummern fungierten, und genoß mit dem Ausruf „c'est superbe!" somit „gemischte Akademien", bei denen auch lateinische Kirchenmusiken losgelöst von der Liturgie Aufnahme fanden. Bis in die Tage der Großen Revolution reichte diese inhaltliche Ausrichtung von Konzerten in der Fastenzeit.

Nach dem Pariser Muster breiteten sie sich über mehrere Länder aus. 1787 wurden in Madrid Conciertos espirituales im Coliséo de los Caños del Peral gegeben „... para beneficio de los Reales Hospitales", verbunden mit der Vorschrift: „No se permitirá se repitan bayles". In Sankt Petersburg kam 1764 „eine Art Deutscher Concerts Spirituels auf, die der Theolog. Doctor und Pastor an der Deutschen St. Petri-Kirche, in dem dasigen neuen Schulhause veranstaltet hatte. Darzu war der Sonnabends-Nachmittag bestimmt, und für den Eintritt zur Anhörung dieses geistlichen Concerts, wobei manchmal auch andre Soli, Sinfonien und Concerte gespielt wurden, zalte die Person 1 Rub. und es fehlte selten an einer Menge Zuhörer aus der Stadt: ja sie stellten sich öfters so häufig ein, daß der ziemlich große Saal zu enge schien, und die Musikanten reichlich bezalt werden konnten. Diese waren meist Deutsche von der Hof-Kammer und Ball-Musik; zum Ripieno oder Ausfüllung aber, und zugleich zur eignen Uebung, ließen sich einige Schullerer und die besten von den Schülern brauchen, als welche bei dieser Schule auch im Singen und in der Instrumental-Musik unterrichtet werden."[2] Wahrte man in Spanien wie in Rußland den ursächlich gemeinten geistlichen, ja sogar einen kirchlich eingebundenen Sinn dieser Veranstaltungen, so hieß es hingegen 1777 aus Wien, diese hätten dem „Vergnügen der Liebhaber der Künste" zu dienen, oder 1775 aus Leipzig, „die sogenannten Concerts spirituels" seien „nützliche Anstalten zur Beförderung des Musik- und Gesangsstudiums" (Johann Adam Hiller). Hier hatte sich somit die religiös-erbauliche Sinngebung nahezu verflüchtigt.

Eine andere, ebenfalls profanisierte Version erfuhren die der Befriedigung vornehmlich religiöser wie ästhetischer Bedürfnisse dienenden Concerts spirituels in Berlin dank der Initiative des dortigen, bei Hofe nicht mehr gebrauchten Hofkapellmeisters Johann Friedrich Reichardt (1752–1814).[3] Als rühriger Aufklärer verlagerte der Musiker und Komponist den Zweck dieser Veranstaltungen mehr auf die Geschmacksbildung im Bürgertum sowie auf die Vermittlung von altehrwürdiger italienischer Vokalpolyphonie des 16. und 17. Jahrhunderts. Bis um 1780 waren die Musikliebhaber Berlins am Konzertleben der Stadt nur wenig beteiligt gewesen. Außer den Kammerkonzerten des Königs für wenige geladene Gäste gab es lediglich Liebhaberzusammenkünfte, die freilich höheren Kunstzielen nicht genügten. Männern wie Marpurg, Friedrich Nicolai und den „ehrenwerten Herren Räten, die neben ihren Dienstgeschäften rühmliche Konzerte hielten", war es bis dahin überlassen, zu musikalischen Veranstaltungen einzuladen. Da es zudem vor 1803 in Berlin an geeigneten Konzerträumen mangelte und man sich mit Behelfssälen im Wirtshaus zur Stadt Paris, im

Englischen Hause oder im Gebäude zur Loge ‚Royal York' begnügen mußte, war ein allgemeiner Aufschwung nur dadurch zu erwarten, daß ein begeisterungsfähiger Fachmann sich rührig einschaltete. Diese Möglichkeit beflügelte Reichardt zu emsiger Aktivität. Er wollte fortan als Höfling nicht mehr nur zur angenehmen Unterhaltung musizieren, sondern überdies „ein feines, geschmackvolles Auditorium" heranbilden. Also organisierte er während der sechs Fastenwochen Dienstag abends von 17 bis 20 Uhr seine geistlichen Konzerte, wozu er Mitglieder der kgl. Kapelle sowie durchreisende Virtuosen heranzog. Da die Eintrittspreise recht hoch waren (ein Einzelbillett kostete 1 Taler), konnten sich nur „bemittelte und angesehene Leute dabei einfinden, und das legte der Versammlung etwas vorzügliches bei". Störendes Applaudieren wurde höflich unterbunden. Der Zuspruch aus dem „vornehmsten" Bürgertum war lebhaft, zumal jeder Zuhörer ein Textbuch ausgehändigt erhielt, „damit die Aufmerksamkeit nicht auf heterogene Dinge gerichtet werde". Diese Einführungen in das Programm waren für Berlin neu. Ungewöhnlich war aber auch das Bemühen eines noblen Hofkapellmeisters, einem Abonnentenpublikum in gemeinverständlicher Sprache den Zugang zu musikalischen Kunstwerken erleichtern zu helfen. Neu war schließlich auch die Programmfolge und die strenge Gestaltung der Konzerte. Reichardt wollte seinen Hörern mittels dieser Einrichtung nicht als niederer Vergnügungsbereiter dienen, er beabsichtigte vielmehr, die Kenner und Liebhaber zu sich und seinen Kunstanschauungen heranzuziehen. Der erste Teil der ‚Concerts spirituels' war stets geistlichen Werken vorbehalten. Er ließ Werke zeitgenössischer und alter Meister spielen; vornehmlich führte er jedoch sein eigenes instrumentales und vokales Schaffen vor. So brachte zum Beispiel das sechste Konzert vom 15. April 1783:

Extrait de la Passion de Metastasio, mise en Musique par J. F. Reichardt. – Simphonie de J. F. Reichardt. – Sonate pour le Violon, composé par François Benda. – Aria, composée par Piccini. – Concert pour l'Obois, joué par Mr. Ebeling. – Aria, composée par Gazaniga. – Concert pour le Violon, composé et joué par Mr. Haak. – Simphonie de J. Haydn.

Auf dem Programm des ‚Concert Spirituel' vom 25. März 1784 standen folgende Werke:

„*Partie I, Carmen Saeculare d'Horace composé par Philidor. Parti I. II. & III., Monsieur Concialini chanterà la Partie du Soprano, Monsieur Grassi celle du Tenor, et Monsieur Franz celle du Basse.*" Darauf folgte eine Einführung in das Werk, beginnend mit dem Satz: „*Die Musik kann an und für sich selbst durch eine angenehme Folge und Mischung von Tönen durch sanfte oder lebhafte, oder vermischte und abstechende Bewegung, durch Mannigfaltigkeit der Stimmen und Instrumente sehr ergötzen ohne eben bestimmte Leidenschaften ausdrücken oder erregen zu wollen...*" Es schloß sich an: „*Partie II. Simphonie de Dittersdorf. Scene de l'Opera Didone abandonata composée par J. F. Reichardt. chanté par Msr. Concialini. Quartetto pour le Piano Forte l'Obois et 2 Corps de Chasse par J.F. Reichardt. Aria de Majo chanté par Msr. Grassi. Concert pour le Basson composé par Msr. Eichner joué par Msr. Knoblauch. Simphonie de Vanhall.*"

Mit einer derart anspruchsvollen Werkfolge eröffnete Reichardt dem Publikum Berlins neue Gehörseindrücke und unbekannte musikalische Gehalte. Die klassische Symphonie Haydns führte er wirkungsvoll ein, er warb für das Oratorienschaffen Händels und die altklassische Polyphonie Leonardo Leos sowie anderer verehrter ‚Musikheiliger'.

Wurde schon vor 1791 in Paris der auf religiöse Gehalte verweisende Anspruch der Bezeichnung ‚concert spirituel' nur brüchig eingelöst, vielmehr den Ohren der „amateurs de la bonne musique" (‚Le Journal de musique' No. 2, 1773) geschmeichelt, so verflüchtigte sich später der ursächliche Anlaß meistenorts gänzlich. Die Advents- und Fastenzeit wurde zumeist nicht mehr als verpflichtend angesehen. Der berühmte Orgelvirtuose Abbé Vogler gab beispielsweise in München am 16. November 1812 ein Concert spirituel, assistiert von Giacomo Meyerbeer und Caspar Ett als Registranten. Im Februar 1811 nahm Goethe in Weimar im Stadthause an einer ebenso bezeichneten Veranstaltung mit Werken Haydns und Mozarts teil. In Berlin war es am 7. Mai 1802 in der Garnisonkirche möglich, „spirituel" konzertieren zu wollen. Wohltätigkeitszwecke etwa „zum Besten milder Anstalten" (1816) wahrten noch am ehesten den traditionellen Zusammenhang. Nicht einmal der Sinnwandel von ‚geistlich' zu ‚geistig ernst' wurde etwa in Paris durchgehalten, wo nach 1805 zunächst in der Salle Louvois, später im Salle Le Peletier mehrmals eine Restituierung versucht wurde bis hin zu den Concerts spirituels de la Sorbonne von 1898. Freilich fehlte es daneben auch nicht an Bemühungen um eine strengere Befolgung des mit diesem Terminus Gemeinten, zusammen mit einer spezifischen ästhetischen Zielsetzung. Restaurativ wirkte Franz Xaver Gebauer, als er 1818/1819 in Wien eine Konzertserie „mit Ausschließung aller Konzertmusik und alles Bravourgesanges" begann. Er ließ „bloß Sinfonien und Chöre zur Aufführung" zu und bot 1840 in dieser Stadt erstmals Werke von Johann Sebastian Bach öffentlich an. Diese selektionierende Programmgestaltung gab einen der Übergänge ab, die hinführten zum weihevollen „Großen Symphoniekonzert" im Dienste einer emanzipierenden Kunstreligion.

Kirchenkonzerte

Religionsgemeinschaften haben immer schon ein zwischen Lob, Duldung und Tadel angesiedeltes Verhältnis zur Musik als Kunst und Praxis gehabt. Deren Zulassung innerhalb wie außerhalb des Kults in Tempeln, Moscheen, Synagogen und Kirchen war stets abhängig von der unterschiedlichen Bewertung von Musikinstrumenten, mehrstimmigem Gesang oder der Beteiligung von Frauen an der Musikübung, die entweder „ad laudem Dei" taugte oder Sache des Teufels und der Sünde war. Wird die Kultstätte als tabuisierter Sa-

kralraum verstanden, dann kann darin lediglich in dienender Funktion musiziert werden. Ist sie hingegen ein ungeweihter Ort der Versammlung einer Gemeinde und des Gebets, dann ist die Bereitschaft größer, die Musik auch als Mittel der geistlichen Erbauung oder der geistigen Beschäftigung sowie der sozialen Kommunikation darin zuzulassen. Rigoroser Aussperrung etwa in orthodoxen Kirchen und Moscheen stehen seit Jahrhunderten obrigkeitliche Verhaltensweisen gegenüber, die von der Anerkennung der Vorführung von Musik als eines Schmucks für gottesdienstliche Handlungen bis hin zum betonten Einsatz selbst für außerreligiöse Zwecke reichen. Ist somit „musica ecclesiastica" nicht gleich der „musica religiosa" oder geistlich gemeinter Musik und den vielfältig anderes intendierenden Musiken, so ist dementsprechend mannigfaltig auch das Spektrum der Öffnung und Nutzung von Kultstätten für eine auf sich verweisende Darbietungsweise von Musik. Die daraus in jedem Falle resultierende Veränderung im Umgang mit der Musik wiegt bis heute hin schwer. 1855 beschrieb sie ein amerikanischer Briefschreiber an den ‚Newark Daily Advertiser' mit den Worten: „The singers have become mere performers. The people ... have become listeners. The singers sing to the congregation, not to God ... All this is fearful unreality. Christians should go to church to worship, and not as they would go to an Opera, to listen to fine music."

In Europa hatten seit dem 16. Jahrhundert die Kirchen diesen theologischen wie auch praktischen Fragenkomplex entsprechend ihrem jeweiligen Verstehen der ‚ars musica' zu beantworten. Die Bereitschaft, Gotteshäuser für Konzerte zur Verfügung zu stellen, läßt sich am frühesten in den Niederlanden belegen (siehe S. 13). Hier wurde vor und nach der Reformation – außerhalb der calvinistischen Gemeinden – die ‚musica' als Gott wohlgefällige Kunstübung von hohem Wert geachtet. Organisten wurden von den Städten als öffentlich Bedienstete gehalten und besoldet, damit sie „ad laudem Dei" und zur Rekreation der Menschen auch außerhalb gottesdienstlicher Übungen „tüchtig" handeln konnten.[1] Die städtischen Organisten waren sowohl Kirchendiener als auch gesellschaftlich geachtete Stadtmusici. Diese Doppelfunktion ermöglichte es ihnen am Ende des 16. Jahrhunderts, solistische Orgelmusik im Auftrag der Stadtverwaltungen öffentlich vorzutragen. Damit wurde das subventionierte, regelmäßig stattfindende Orgelkonzert aus der Taufe gehoben, welches Erbauung und Ergötzung an wohlklingender Musik und Verwendung popularer Melodien zum Inhalt haben sollte. Jan Pieterszoon Sweelinck leistete in der Oude Kerk zu Amsterdam so wie viele Berufskollegen als einer der ersten diesen Dienst, denn Kirchen wurden in den Niederlanden nicht nur als Stätten des Gebets, sondern auch als öffentliche Versammlungsräume benutzt. Viele Gemälde aus dieser Zeit zeigen plaudernde und geschäftig herumgehende Kirchgänger. Die tägliche Orgel-

105 Musikalische Darbietung in einer Kirche. Kupferstich von Johann Ernst Mansfeld. Zweite Hälfte 18. Jahrhundert. Wien, Bildarchiv der Österreichischen Nationalbibliothek

106 Festkonzert in der Lübecker Marienkirche. Getuschte Federzeichnung von Carl Julius Milde. 1839 (17 × 11,5 cm). Lübeck, Sankt-Annen-Museum

stunde wurde als kommunale Dienstleistung im zentralen Haus der Stadt unabhängig vom kultischen Dienst und von pastoralen Einbindungen genossen. Norddeutsche, dänische und englische Städte folgten dem Beispiel der Einrichtung „continuirlicher" Musiken (siehe auch oben S. 13 ff.) im 17. und 18. Jahrhundert. Für diese Aktivitäten seien hier einige Beispiele genannt: am 7. Dezember 1641 gab der Rat der Stadt Danzig dem Lübecker Organisten Heinrich Wolff „eine Verehrung, daß er sich etzliche Sonntage auff der Orgel hat hören lassen", was bedeutet, daß es neben den fahrenden Spielleuten und Stadtmusikanten vereinzelt auch bereits reisende Organisten gab, die gegen Lohn mit besonderer Spielfertigkeit in befreundeten Städten aufwarteten. In London wurden nach Überwindung des regressiven Puritanismus ab 1701 „by subscription" jeden Sonntag um 11 Uhr „performances of divine music ... for the entertainment of the lords spiritual and temporal" angeboten. In Williamsburg (USA) beauftragte 1716 der Gouverneur den Organisten Peter Pelham von der Bruton Parish Church damit, am Abend für die Bürger ein bis zwei Stunden lang Werke von Händel, Vivaldi oder Felten vorzuführen. Durch Veranstaltungen dieser Art

107 Konzert im Basler Münster. Linolschnitt von Burkhard Mangold. 1917 (28,2 × 21,1 cm). Basel, Öffentliche Kunstsammlung, Inv. 1917.25

ohne Wortverkündigung wurden Kirchen zeitweise als Konzertsäle genutzt, Geistliches und Profanes kamen sich räumlich nahe, solistischer Darbietungsdrang und die Weckung von „Andacht und Erhebung" schlossen sich nicht aus. Christoph Raupach in Stralsund versorgte um 1710 die Zuhörer bei seinen Orgelvorträgen mit gedruckten Erläuterungen der Gehalte seiner Werke. Mit Hilfe literarischer Vorlagen richtete er seine Belehrungen auf sie aus. In einer Sonate stellte er der Einbildungskraft die Aufgabe: „Die sich in ihrer Anfechtung beklagenden und mit den seligmachenden Worten tröstenden Kinder Gottes" sich möglichst bildhaft vorzustellen.

Die liturgisch nicht eingebundene Vokal- und Instrumentalmusik, dazu bestimmt, ‚spirituell' wirken zu können, wurde in Kirchenräumen des 17. Jahrhunderts nächst der solistischen Orgelmusik mit der Darbietung pompöser Festmusiken in den Bereich des öffentlichen Konzerts überführt. Das höfische Prunkbedürfnis ließ mit festlich stimmenden Klängen nicht nur die Schlösser, Theater und Parks beleben, sondern auch die dem feudalen Zeremoniell ebenfalls angeschlossenen Kirchen, in denen sich die absoluten Fürsten „von Gottes Gnaden" stellvertretend für den Schöpfer der Welt feiern ließen. Zur Krönung Ludwigs XIV. in der Kathedrale zu Reims wurden im Jahre 1654 als konzertartig dargebotene, der Verherrlichung des Königs dienende Festmusiken von Hoftrompetern, Hautboisten und „toute la Musique de la Chapelle du Roy" intoniert: Fanfaren, Te-Deum- und Meßkompositionen in starker Besetzung. Auch Solokonzerte und triumphal wirksame Trompetenstücke fanden bei derartigen Gelegenheiten Verwendung. Komponisten wie etwa Michel-Richard de La Lande[2] oder André Campra sorgten für angemessen glanzvolle und dekorativ einsetzbare Werke à la mode. In Kirchen, wie dem 1628 eingeweihten Salzburger Dom oder der geräumigen Marienkirche in Lübeck, wurden entsprechend diesen pompösen Ansprüchen Tribünen und Emporen eingebaut, damit mehrchörig besetzte, raumfüllende Kompositionen effektvoll ausgeführt werden konnten. Die Abb. 105 läßt Einblick nehmen in ein Kircheninneres jener Tage, in dem bemerkenswerterweise auch unter Beteiligung von Sängerinnen mehrstimmige Messen derart attraktiv aufgeführt wurden, daß die Gottesdienstbesucher den Mitwirkenden mindestens ebensoviel Aufmerksamkeit schenkten wie der kultischen Handlung. Giuseppe Tartini fesselte in der Basilica del Santo in Padua mit seinem virtuosen Violinspiel die Gottesdienstbesucher ebenso stark.[3] Auch kirchliche Festtage (zum Beispiel das Reformationsjubiläum 1717) wurden feierlich ausgeschmückt „mit Läutung der großen Glocken und einem musikalischen Concert, in denen Kirchen" (Dortmund, Reinoldikirche, 1717), als Ausdruck protestantischer Freude. Der Auftrag der kirchlichen Verkündigung und der Wunsch der Musiker, sich möglichst frei in ihrer Kunst entfalten zu können, wurde bei solchen Gelegenheiten und Einbindungen noch am ehesten in ein ausgewogenes Verhältnis gebracht.

Einen Schritt weiter führte es, wenn wie im Jahre 1784 in der Westminster Abbey zu London anläßlich der weithin beachteten ‚Commemoration of Handel' zum Zwecke überwältigender Vorführungen von Oratorien der Kirchenraum mit einer Chor- und Orchesterbühne sowie einer „magnificent Box for their Majestie" versehen wurde, die der Baumeister James Wyatt entwarf. Diese Veränderung des Kirchenraums sollte mit dazu beitragen, „ein großes und prächtiges Concert" vor nahezu 3000 Zuhörern möglich zu machen, „dem kein anderes in der Welt gleich kommen würde" (Charles Burney). In der Mitte der Kathedrale wurde eine Orgel placiert, die „blos für diese feyerlichen Musiken" aus Anlaß des auch als politische Demonstration gemeinten Gedenkens an Händels 25. Todestag „erected" worden war. Damit war die Umstrukturierung einer Kirche zum Konzertsaal eindeutig vollzogen, zumal die Erhebung von Eintrittsgeld oder des weniger obligaten „Unkostenbeitrags" die Instituierung des Kirchenkonzerts bekräftigten, wenngleich unter der Devise „ad pias causas".

Eine geschichtsträchtige Initiative ging auch in dieser Richtung 1716 von dem damals in Frankfurt am Main tätigen Georg Philipp Telemann aus. Dieser sich zeitlebens wendig anpassende Komponist und Musiker hatte für die Hauptkirche die Passion ‚Des für die Sünden der Welt gemarterten und sterbenden Jesus' von Barthold Brockes geschrieben; in seiner Autobiographie von 1740 bemerkte er dazu: „Zum prächtigen Freudenfeste, welches Franckfurt,

108   Aufführung der ‚Missa Solemnis' von Beethoven in der Kreuzkirche zu Dresden unter der Leitung von Rudolf Mauersberger. 14. 6. 1958

wegen der Geburth des österreichischen Ertzhertzogs und Printzens von Asturien, feierte, lieferte ich eine umfängliche Serenate, die unter freiem Himmel, auf einem Gerüste, auf dem Römerberge, von vielen vortrefflichen, verschriebenen Virtuosen verstärcket; überhaupt aber mit mehr, als 50. Personen, besetzet, sich hören ließ: und die ich hernach Seiner Kaiserl. Majestät dedicirte. Weiter machte ich mich über das Meisterstück des Passions-Oratorio Sr. Hochweish. Herrn B. H. Brockes, Herrn des Raths in Hamburg: und hiernächst über dessen Vergnügung des Gehörs im Frühling; über eben desselben Wassermusik; welchen hernachmahls in Hamburg der Herbst und Winter folgeten. Die erste wurde, an etlichen ausserordentlichen Tagen in der Woche, in der Hauptkirche, starck und ausbündig bestellet, bey Anwesenheit verschiedener grosser Herren, und einer unsäglichen Menge von Zuhörern, zum Besten des Waisenhauses, aufgeführet. Es ist hieben, als etwas sonderbares, zu mercken, daß die Kirchenthüren mit Wache besetzt waren, die keinen hineinließ, der nicht mit einem gedruckten Exemplar der Passion erschien, und daß die mehresten Glieder E. Ehrw. Ministerii am Altare mit ihren Pontificalkleidern Platz nahmen. Sonst hat diese Passion in vielen Städten Deutschlands die Chöre und Klingsäle erschallen gemacht." Aus Gläubigen, die ungehindert den Kirchenraum aufsuchten, wurden Konzertbesucher, die sich ausweisen mußten. Daß diese die Heiligkeit des Ortes nicht stets respektierten, erhellen nicht nur die Berichte über die Lübecker Abendmusiken unter der Leitung von Dietrich Buxtehude (siehe oben S. 13), sondern auch viele weitere, unziemliches Verhalten mißbilligende Dokumente. Beispielsweise verbreitete 1803 ein Korrespondent aus Paris die folgende Meldung: „Bey dem Fest der heiligen Cäcilia in der Kirche des heiligen Rochus war die Absicht wohl gut, aber die Ausführung desto schlimmer ... Cäcilia ist die Schutzheilige der Mad. Bonaparte. Es sollte ein feyerliches Amt gehalten und glänzende Musik gegeben werden. Einlassbillets wurden – verkauft. Man erschien im vollen Glanze, wie zu einem Konzert der Strasse Cléry. Die Damen legten die Shawls ab, die Herren lorgnirten, alles war in Bewegung, und oft konnte man vor dem Geräusch der lebhaften Konversation etc. kaum die Musik hören. Diese bestand aus Hauptsätzen der Haydn'schen Schöpfung, wel-

109   Konzert des ‚Hofhaymer-Ensembles', geleitet von Gerhard Winkler, in der Christuskirche Salzburg am 2. 11. 1983

chen man – die Worte der Messe untergelegt hatte! Kreutzer führte das Orchester an, das äusserst reich mit den Orchestern der grossen Oper, und der Oper des Theaters Feydeau besetzt war. Dass mithin die Musik vortrefflich ging, brauche ich nicht erst zu sagen. Das Ganze konnte aber keinen angenehmen Effekt machen; und wer vollends gar, durch den Namen der heil. Cäcilia und des heil. Rochus bestimmt, etwas Religiöses erwartet hatte, der konnte kaum aus seiner widerlichen Verstimmung kommen."[4]

Die lockere, auch an der gesellschaftlichen Konversation interessierte Teilnahme an Kirchenkonzerten änderte sich zumindest in Frankreich während des 19. Jahrhunderts gewöhnlich nicht. Der gesammelte Ernst und das Erscheinen in möglichst schwarzer Feiertagsgewandung wurden erst zu Beginn des 20. Jahrhunderts meistenorts gefordert (Abb. 107 und 108). Dies geschah freilich nicht immer zur Freude der Musiker. Carl Maria von Weber empfahl 1812 seinen Kollegen, deswegen nicht in Kirchen aufzutreten, „... teils geht manche kleine Nuance in dem großen Lokale unter, und teils geht der einzige Lohn des Künstlers, der augenblickliche Enthusiasmus eines Beifall zollenden Publikums verloren, und eine gewisse tötende Kälte bemächtigt sich des Ganzen". Ungeachtet solcher Vorbehalte wurden, so etwa 1839 anläßlich des Ersten Norddeutschen Musikfestes (Abb. 106), Festkonzerte in Kirchen mit dem Ziel gegeben zu imponieren. Auch international umworbene Virtuosen, wie die schwedische Sängerin Jenny Lind, traten – ruhmreich vor allem als ‚Cäcilie' der Musik oder als ‚Spielmann Gottes' – in Kirchen auf, was ihrer Karriere zugute kam.

Organisten handelten bereits im 17. Jahrhundert nicht ausschließlich funktional. Im 18. Jahrhundert erschlossen sie sich einen erweiterten Wirkungsbereich auch dadurch, daß sie sich unter die reisenden Virtuosen einreihten, die als ‚Passagiers' in Gasthäusern logierten. Nach 1714 unternahm der „Organiste du Roy" Louis Marchand von Paris aus Orgelreisen, die unter anderem bis an den Hof zu Dresden führten, wo kein geringerer als Johann Sebastian Bach 1717 seine „Geschicklichkeit" als Solist schätzen lernte.[5] Der Sohn des Thomaskantors Wilhelm Friedemann Bach – nach seinem Zerwürfnis mit der bürgerlichen Umwelt und Aufgabe der traditionellen kirchlichen Pflichten – führte sich 1774 in Berlin als geachteter „erster Orgelspieler" seiner Zeit mit Orgelkonzerten in der Nicolai- und Marienkirche ein mit dem Ziel, als emanzipierter Solist Anerkennung zu finden. An diesem damals noch nicht konfliktfrei realisierbaren Vorhaben der Umfunktionierung der dienend eingesetzten Kirchenorgel zur verselbständigten „concert-Orgel" (Burgsteinfurt, 1802) scheiterte er. Dies schaffte indessen kurz darauf der aus Süddeutschland stammende, vielseitig begabte Abbé Georg Joseph Vogler (1749–1814),[6] der alle Länder zwischen Schweden und Italien bereiste. Er verstand sich als „Orgelkapellmeister", der im vollends profan gemeinten Solistenauftritt dieses volltönende Instrument als Orchesterersatz nützte und es in dieser Rolle in das öffentliche Konzertleben bleibend integrierte. Er „traktierte die Orgel ... zu aller Erstaunen" (Darmstadt, 1790) und nahm so an diesem Tasteninstrument den erst mehrere Jahrzehnte später möglichen ‚reinen' Klavierabend voraus. Vogler handelte antitraditionell publikumswirksam und verdiente gut damit. Er „äffte durch ungewohnte Verbindungen von Registern verschiedene Instrumente nach", er phantasierte über Zitate aus Opern, Balletten und der Popularmusik, er baute eine Piano-Forte-Orgel und überführte damit den nicht dynamisierbaren Orgelklang in denjenigen, der das 19. Jahrhundert äs-

110 ‚The Johnny Thompson Singers' mit Negro Spirituals im Fraumünster Zürich am 9. 12. 1985

thetisch ansprechenderen „Swell organ". Den zahlenden Hörern kam er deutlich entgegen durch die abwechslungsreiche Interpretation von Stücken, in denen er deskriptiv Ereignisse und Lautungen der Umwelt nachzuahmen versuchte. Effekte wie Wind, Regen, Donner, Jagdmusik oder Tongemälde mit griffigen Titeln, wie eine ‚Spazierfahrt auf dem Rheine, vom Donner unterbrochen', animierten die Zuhörer. Am 30. April 1801 bot er beispielsweise in der Leipziger Nikolaikirche folgendes gemischte Programm an: „1. Marsch der Seraphinen (Ritter von Stockholm). 2. Barcarole de Venise. 3. Choral in hypomixophrygischer Tonart. 4. Terrassenlieder der Afrikaner, wenn sie „Kalch" stampfen, um ihre Terrassen zu befestigen. 5. Flötenkonzert für Orgel. 6. Belagerung von Jericho: a) Israels Gebet, b) Trompetenschall, c) Umsturz der Mauern, d) Siegreicher Einzug. 7. Großes Halleluja von Händel." Anbiederungen und Trivialisierungen dieser Art von Selbstdarstellung fanden allerdings insbesondere in Deutschland nicht den Beifall aller. Der bis heute vielgelesene Freiherr von Knigge hörte sein Spiel 1789 in Hannover und äußerte zu den dargebotenen Unschicklichkeiten: „Man hat hier wie an andern Orten nicht ganz damit zufrieden sein wollen, dass der grosse Künstler solche Gegenstände, als die Belagerung von Jericho, der Rettertod des Herzogs Leopold von Braunschweig sind, musikalisch zu schildern sucht ... Hätte nun der Herr Abt auf seinen Zettel gesetzt: Ich werde zuerst den Ausdruck der Andacht und das Sehnen nach einem glücklichen Erfolg schildern. Durch Trompetenstimmen werde ich das muthvolle Unternehmen eines grossen Werkes, dann die Verwirrung, die durch tapferes Wirken und Gegenwirken entsteht, und endlich den Triumph des siegreichen Erfolgs ausdrücken – so würden wir an dieser Schilderung leidenschaftlicher Gefühle kaum Etwas auszusetzen gefunden haben. Allein nun dachte er sich das anwendbar auf eine bekannte Begebenheit, versinnlichte das Bild und sagte kurz: Ich stelle die Belagerung von Jericho, Israels Gebet zu Gott, Trompetenschall dar, Umstürzen der Mauern, siegreicher Einzug. Und was ist nun anstössig bei dieser Art von Darstellung, die noch dazu äusserst täuschend ausfiel?"

Nach dem Vorbild des Abbé Vogler erklangen nach 1800 in vielen „heiligen Räumen", katholischen wie protestantischen, Künsteleien und „populäre Unterhaltungen" dieser Machart. Der Virtuose Nardini erzielte 1846 den Effekt des Donners vom Jüngsten Gericht mittels einer dicken Holzleiste, die er mit den Füßen auf dem Pedal hin und her schob. Unbekümmert um die romantische Ideologie einer „Reinheit der Tonkunst" (Anton Friedrich Justus Thibaut), um cäcilianistische und andere puristische Strömungen, holten die reisenden Virtuosen eine Vielzahl klangsinnlich fesselnder Effekte aus diesem Instrument heraus. Für das virtuose Orgelkonzert konzipierte die Komponistengeneration um Felix Mendelssohn Bartholdy und Franz Liszt ein neues Repertoire konzertanter Orgelstücke mit zeitlichen Ausdehnungen, die der Beethovenschen Symphonik gleichkamen. Für virtuose Orgelkonzerte entstanden Orgelsonaten, Charakterstücke, Choralfantasien[7] oder „Concert-Fantasien"

111 Der Orgelvirtuose Adolf Friedrich Hesse. Lithographie von Josef Kriehuber. 1831. Berlin/DDR, Deutsche Staatsbibliothek

(Johann Gottlob Töpfer, 1859). Diese Literatur wurde gesteigert bis zum Anspruch der „Symphonie pour orgue" (Charles Maria Widor und Gunther Schuller, 1981). Damit konnte man in eine gleichwertige Konkurrenz treten zu den brillierenden Klaviervirtuosen in Salon und Konzertsaal.

Zwischen der Vorführmusik in der Kirche, der Theatermusik, Salon- und Konzertmusik gab es keine Schranken mehr. Wenn Franz Liszt 1843 in Paris in einem Kirchenkonzert Beethovens Kreutzersonate spielte, dann verstand er diese Violinsonate als eine ‚religiöse Musik', die an jedwedem Ort von Dignität erklingen konnte. Andererseits wurde der Ausdruck des ‚religioso' fern jeder Kirchlichkeit, der lediglich die Stimmung des feierlich Erhabenen und zuweilen auch Archaischen vermittelte, ebenso wie der säkularisierte ‚Choral' ohne Worte in mancherlei Musik zur Unterhaltung oder Erbauung angetönt. Man spielte auch wie am Klavier vierhändig und arrangierte Stücke „for two performers" (Samuel Wesley, um 1820).[8] Noch war man primär an aktuellen Orgelwerken orientiert und nicht an einem historisch festgeschriebenen Repertoire. Der Nicolaiorganist Georg Christian Apel spielte in Kiel am 13. November 1823 das für diesen Sachverhalt sprechende Programm:

112 Orgelkonzert in den Ateliers von M. A. Cavaillé-Coll. 1870. Holzschnitt (31,5 × 22,2 cm). Aus: ‚L'Illustration', Vol. LV, Paris 1870, S. 196

Erste Abtheilung.
1) Praeludium und Fuge für die Orgel von J. Sebastian Bach (über seinen Namen).
2) Lied von Klopstock (Gesangbuch Nr. 16). Musik von Meyerbeer.
3) Orgel-Sonate mit Fuge, von William Russel (Organist in London).

Zweite Abtheilung.
4) Adagio und Allegro für die Orgel, von Rink.
5) Die Frühlingsnacht (aus Wilibalds Ansichten des Lebens) von Ernst Wagner. Musik von Eberwein.
6) Orgel-Sonate von Knecht.[9]

Hierzu ist anzumerken, daß solche Konzerte regelmäßig die Erlaubnis des Stadtkonsistoriums erhalten mußten, das oft theologisch wie ästhetisch gespaltene Ansichten vertrat, und daß Eintrittsbillets zum Preise von 1 Mark lübisch nicht an der Kirchentür verkauft werden durften, da dies die Würde des Ortes nicht zuließ.

Wenngleich die Orgelvirtuosen des 19. Jahrhunderts zumeist an kirchliche Dienstverhältnisse gebunden blieben (zum Beispiel César Franck in Paris, Benjamin Jacob in London), vermochten sich einige wenige für ein den Pianisten adäquates Eigendasein freizuspielen. Dies gelang zeitweise dem 1809 in Breslau geborenen Adolf Friedrich Hesse (Abb. 111), der 1828/1829 seine erste Virtuosenreise unternahm.[10] Während dieser Fahrt spielte er in der Hauptkirche St. Martini in Kassel folgende Stücke:

1) Fuge e moll von J. S. Bach
2) Choral: Wer nur den lieben Gott läßt walten von Hesse
3) Fuge (cis moll fünfst.) von J. S. Bach
4) Variationen von Abt Vogler
5) Präludium und Fuge (es moll) von Hesse
6) Fantasie und Fuge (c moll) von Hesse
7) Variationen (As dur) von Hesse
8) Fuge (cis moll dreistimmig) von J. S. Bach
9) Präludium und Schlußfolge aus dem Oratorium: „Die letzten Dinge" von Louis Spohr.

Das Programm wies ihn mustergültig aus sowohl als einen Hüter alter Spieltradition, wofür damals bereits Johann Sebastian Bach paradigmatisch einstand, als auch als extemporierenden Spieler und Komponisten von Werken für den „Concertvortrag". Die Kunst des Phantasierens, Variierens oder Improvisierens wurde noch als ‚freies' Spiel hochgeschätzt und geübt. Eine „freye Fantasie auf der Orgel mit abwechselnden Registern" (Konrad Ludwig Rothert, Osnabrück, 1814) gehörte noch ebenso zum Erweis virtuoser Fähigkeiten wie der kommunizierende Akt zum Publikum hin, sich „über ein zu gebendes Thema" phantasierend mitteilen zu wollen (Carl Heinrich Zöllner, 1830). Dieser Gestus, auf die Hörer zuzugehen, sie auch an der Abfolge der Stücke teilnehmen zu lassen durch den nichtprogrammierten Vorschlag freier ‚Themen', wird bis zur Gegenwart hin praktiziert. Max Reger führte in seinen zuweilen „Musikalische Andacht" bezeichneten Orgelabenden häufig „Freie Orgelnachspiele" vor. Zu den besonderen Attraktionen etlicher Organisten der Gegenwart gehört es, auch gesamte Konzerte mit Improvisationen zu füllen und sich im Extemporieren in Wettbewerben, die zum Beispiel in Holland regelmäßig veranstaltet werden, zu messen.

Mit Beginn des 20. Jahrhunderts änderten sich die Inhalte der Orgelkonzerte, die Spielweise wie auch die Instrumente erheblich. Organisten wie der blinde David Wood mit seinen strengen Bach-Programmen ohne ‚sweet-tunes' in Philadelphia, Max Reger, Karl Straube, Albert Schweitzer setzten entweder innovatorisch oder reformerisch international neue Maßstäbe. Legte man sich einerseits auf die Kunst Johann Sebastian Bachs als eines unverzichtbaren Vorbildes fest, selektionierte man andererseits die Fülle des komponierten Angebots dergestalt, daß etwa Karl Straube ab 1898 Konzerte ausschließlich mit Werken Max Regers gab (zum Beispiel am 4. 3. 1903 in der Thomaskirche zu Leipzig), daß zyklisch sämtliche Orgelwerke Dietrich Buxtehudes dem Publikum zugemutet werden konnten oder daß historisch-belehrende Programme mit „Werken alter Meister" ab dem 15. Jahrhundert von Spezialisten mit strengem ‚aufführungspraktischen' Engagement eingeübt wurden. Internationale Orgelwochen und -akademien verstärkten nach dem Einsetzen der Orgelbewegung um 1905 diesen Trend zum ausgeteilten Interpretieren für Kenner mit Vorliebe für das Alte.

Werke der Alten erklangen vermehrt in Konzerten, vorgetragen auch in katholischen Kirchen, die sich in einigen Regionen nur zögernd gegen den Einspruch des Klerus dafür öffnen ließen. Auch in Synagogen, sofern diese mit großen Konzertorgeln ausgestattet werden konnten (zum Beispiel im Jahre 1818 in Hamburg und 1900 in Dortmund), wurden fortan Werke von Bach, Liszt oder Guilmant dargeboten. Franz Liszt spielte 1879, Camille Saint-Saëns später an der Orgel der Synagoge in Budapest. Neu war auch, daß die 1903 auf den Markt gebrachte Organola, ein mechanisches Spielgerät, Eingang in Kirchen fand und bei Konzerten eingesetzt wurde, oder daß die 1922 in Mecheln gegründete Carillon-Schule mit Konzerten auf sich aufmerksam machte. In der Stephanskirche in Straßburg hatte eine Demonstration dieser Maschine mit Werken von Guilmant, Liszt („Les Préludes'!), Bach und Händel am 9. Oktober 1905 offensichtlich „einen vollen Erfolg und feierte einen gewaltigen Triumph", der freilich nur kurzzeitig wirksam blieb.

Da sich die Einheit zwischen dem kirchlichen Anlaß, der liturgischen Bestimmung und dem musikalischen Werk seit dem Ende des 18. Jahrhunderts immer weniger aufrechterhalten ließ, wurde es als religiös-überkonfessionelle Objektivation verstanden und musikalisch isoliert gepflegt. Von gregorianischen Messen bis hin zu Bachs Kantaten oder Motetten, von Brahms bis Hindemith reicht der weitgespannte Bogen von Werken, die in vielen Ländern der Erde ohne gottesdienstliche Handlung in „concerts solennels" (Straßburg, Münster) erklingen. Die innere Nähe zu Kanzel und Altar wird zwar von vielen Ausführenden weiterhin gesucht (zum Beispiel in kirchenmusikalischen Weihestunden, Orgelvespern, Thomaner-Motetten in Leipzig), jedoch nicht mehrheitlich intendiert. Kennzeichnend für diese Unverbindlichkeit sind Ereignisse wie etwa jenes Konzert, das Arturo Toscanini 1898 in Turin in der Nuova Chiesa del Sante Cuore di Maria unter der Bezeichnung „Concerto Sacro e Classico" gab, welches auch eine Aria aus der Suite ‚Aus Holbergs Zeit' von Edvard Grieg einschloß. Bachs sechs ‚Brandenburgische Konzerte', die einst als exclusive höfische Kammermusik gebraucht wurden, werden derzeit in Kirchenkonzerten (so 1985 in der Markuskirche zu München) angeboten.

Die Entgrenzung des sakralen und des kirchenmusikalischen Bereiches führte auch dazu, daß Carl Orffs ‚Carmina Burana' 1980 im Dom zu Braunschweig realisiert wurden oder daß in Frankreich, in der DDR oder in England (Abb. 119 und 120) Kirchen in Konzerthallen umgewidmet werden. In Brüssel wurde die Augustinerkirche bereits nach der belgischen Revolution von 1830 dem Gottesdienst entzogen und im Zeichen der ‚Liberté' als Konzertsaal benützt. In Lindau am Bodensee dient seit 1905 die ehemalige Barfüßerkirche als Konzertsaal; in Halle[11] wurde 1976 die ehemalige Ulrichskirche zur Konzerthalle umgebaut. In Magdeburg wird die romanische Klosterkirche Unser Lieben Frauen seit 1977 nur mehr für profane Veranstaltungen genutzt. Dieser Prozeß der Umwandlung von einstigen Sakralräumen in allseits offene Mehrzweckhallen hält gegenwärtig an. In England wurden bis 1987 mehr als tausend Kirchen für anderweitige Nutzungen verkauft. Die lange Zeit umstrittene Frage, ob konzertierende Musiker in der Kirche vor dem Altar Aufstellung nehmen dürfen oder nicht, wird immer seltener gestellt. Nur wenige Religionsgemeinschaften versagen rigoros und fundamentalistisch argumentierend weiterhin der Musik als selbständiger Kunst sowie dem selbstzwecklichen Musizieren den Eingang durch die Pforten ihrer mit Tabus belegten Kultstätten. Allerdings ist zu konstatieren, daß selbst den Koran rezitierende Scheichs in Moscheen (zum Beispiel in Kairo) mit selbstgefälligem Gestus vor der Öffentlichkeit der Fernsehkameras aufzutreten belieben, also nicht nur vor der geschlossenen Gemeinde von Moslems, sondern auch vor einem anonymen, weltweit verstreuten Publikum. Es sei ausdrücklich auch darauf hingewiesen, daß der buddhistische Nishi-Honganji-Tempel in Tokio eine Orgel enthält, die zum Konzertieren eingesetzt wird.

Theaterkonzerte

Oper, Schauspiel, Deklamation und Konzert sind als verschiedenartige Veranstaltungsformen seit dem 17. Jahrhundert zu keiner Zeit streng voneinander isoliert gewesen. Es gab vielmehr stets eine Vielzahl von Wechselbeziehungen, die eine mehr oder weniger enge Verflechtung zwischen diesen Darbietungsweisen von Wort- und Tonkunst herstellten. Sie resultierten nicht lediglich aus dem Umstand, daß an vielen Orten (zum Beispiel in Italien oder in Südamerika) lediglich Opernhäuser als überdachte Räume für größere Auditorien verfügbar waren, die Konzertmusik zu hören wünschten. Auch die Doppeltätigkeit von Orchestern, Dirigenten und Sängern (so etwa der Wiener Philharmoniker, Richard Wagners, vgl. Abb. 113, Bruno Walters oder Dietrich Fischer-Dieskaus) sowohl im Opernbetrieb als auch in sämtlichen Bereichen des öffentlichen Konzerts hält diese Übergänge lebendig. Hinzu kommt, daß in der Praxis der Verquickung von Lieder- und Arienabenden, des eingeschobenen Vortrags von Konzertstücken in Opernaufführungen, der konzertanten Wiedergaben von Opern ohne Szenarium, der öffentlichen Deklamationen von Opernlibretti sowie der räumlichen Nähe von Bühne und Podium in den Centers for the Performing Arts es bislang nie und nirgendwo zu einer Abkapselung oder gar Konfrontierung der einen Institution – oder Gattung – gegen die andere gekommen ist.

Zeugnisse für diese Übergänge und Wechselbeziehungen sind überaus zahlreich überliefert. Im Zeitalter des Absolutismus und der spektakulären fürstlichen Repräsentation boten die als Abbilder der prunkvollen hierarchischen Standesordnung errichteten Hoftheater wiederholt die Kulisse für Darbietungen von Huldigungskantaten oder virtuosen Konzerten (Abb. 64). Die Herrschenden ließen sich in diesen festlich drapierten Räumen besonders wirkungsvoll feiern.

113   Richard Wagner dirigiert die IX. Sinfonie von Beethoven im Opernhaus Bayreuth anläßlich der Grundsteinlegung des Festspielhauses. Zeichnung von Louis Sauter. 1872. Bayreuth, Richard-Wagner-Museum

So präsentierte unter anderen Georg Friedrich Händel seine Orgelkonzerte in Theatern, und zwar entweder als selbständige Solowerke oder aber auch als Einleitungs- und Zwischenaktmusiken zu Opern und Oratorien. Im Skeldonian Theatre zu Oxford trat er zum Beispiel 1733 als Solist auf. Antonio Vivaldi spielte um 1715 in Venedig bei Opernvorführungen Violinsoli. Der elfjährige Franz Liszt debütierte in Preßburg im Opertheater vor einer Ballettaufführung mit einem präludierenden Solovortrag auf dem Klavier. In dem von Goethe geleiteten Theater zu Weimar wurden Solistenauftritte zum Auffüllen von Theaterabenden ebenso häufig verlangt wie etwa in Dresden, wo unter anderem 1818 ein Quartett für vier Fagotte in den Zwischenakten der Oper ‚Le donne cambiate' erklang.

Diese stets intendierte Nähe von Theater und Konzert hatte zur Folge, daß man seit dem 18. Jahrhundert häufig auch Bühne und Podium unter einem Dach vereinigte. So baute man etwa 1787 in Moskau an das Staryj Petrovskijteatr einen für Konzerte und Redouten benutzbaren Saal an. In Lissabon geschah dasselbe 1795 im Teatro de São Carlos, im Hoftheater zu Dessau 1822 und im Schauspielhaus zu Berlin im Jahre 1821 (Abb. 15). Letzteres Gebäude wurde nach seiner Zerstörung während des Zweiten Weltkrieges in dieser Mehrzweckrolle als sogenanntes ‚musikalisches Mehrfamilienhaus' ab 1984 reaktiviert.

Wenn in Wien ein öffentliches Konzertleben nach 1750 mit Burgtheater-Akademien seinen Anfang nehmen konnte, wozu Adelige oder andere Musikliebhaber und Musiker dieses Haus tageweise mieteten, dann spielten in anderen Städten, wie etwa in Berlin, die „Theaterkonzerte" (1796), die „Opera Concerts" (London, 1795) oder auch „Concertaufführung" genannten Veranstaltungen gesellschaftlich, wirtschaftlich wie musikgeschichtlich eine nicht minder beachtliche Rolle. Hierbei ging es auch um die Beschäftigung zeitweise beschäftigungsloser Sänger und Musiker sowie um die Nutzung von leerstehenden Räumen. Letzterer Grund ist etwa ablesbar aus einem Bericht im ‚Wiener Diarium' von 1750, wo es heißt: „Demnach bey vorseyender heiliger Fastenzeit alle Schauspiele und Comödien eingestellet seynd, so werden in dem kais. Theatro nächst an der Burg zur Unterhaltung des hohen Adels, wie auch des Publici alle Woche dreymalen, als Sonntag, Dienstag und Donnerstag, Musikalische Academien gehalten." Im katholischen Wien füllten somit Konzerte nutzbringend die in der Fastenzeit

114 ‚Gala der Stars', Konzertabend in der Wiener Staatsoper am 22. 1. 1986 mit Gesangssolisten, Wiener Philharmonikern und Konzertverein Wiener Staatsopernchor

nicht bespielbaren Theater. Auch andernorts stellten die fürstlichen Dienstherren ihre Hoforchester dem Mittelstande während der theaterfreien Zeit „gnädig" zur Verfügung. Gesangvirtuosen zerlegten dann Opern in ihre Teile und führten zur Überbrückung im Kirchenjahr konzertant die brillantesten Nummern vor, und zwar, wie Johann Friedrich Reichardt 1796 kritisch bemerkt, „ohne Wahl aufeinander". Diese Praxis wird bis zur Gegenwart hin geübt und kommerziell weidlich ausgenutzt, so etwa seit 1883 in der Metropolitan Opera zu New York oder auch bei jenem Konzertabend in der Wiener Staatsoper am 22. Januar 1986, der sogenannten ‚Gala der Stars' (Abb. 114), als nämlich international reputierte „Luxussänger" (Egon Seefellner) einem von weither angereisten Publikum ‚favorits' potpourriartig ‚serviertenʻ. In manchen Opernhäusern füllen Konzerte dieses Inhalts bis zu einem Drittel des Jahresprogramms.[1]

Im 19. Jahrhundert verbanden sich überdies Musikvorträge häufig mit literarisch-mimischen Darbietungen zu einer publikumswirksamen Mischung, wobei freilich die Musikstücke nicht selten „nur ausfüllend benutzt" wurden. Es gab vielerlei durch Schauspielerinnen und Schauspieler dargebotene „Improvisationen" und „musikalisch-declamatorische Soiréen", die durch die Vorführung lebender Bilder (Tableaux) zusätzlich angereichert wurden. Dabei erklangen Ouvertüren, „Große Symphonien" und Solostücke jeglicher Faktur.[2] Im Städtischen Theater zu Brünn gastierte beispielsweise am 18. August 1845 die Sängerin Marietta Alboni von der ‚Scala' in Mailand in folgendem gemischten Programm:

Erste Abtheilung

Ouverture.

1. *„Erdenfluch und Himmelssegen", Gedicht von M. G. Saphir*
2. *Arie aus der Oper „Sigismondo" von Rossini, vorgetragen von der Konzertgeberin*
3. *„s' Pfnod-Winkerl", Gedicht von J. G. Seidl*

Zweite Abtheilung

1. *Große Arie aus der Oper „Semiramide" von Rossini, vorgetragen von der Konzertgeberin*
2. *„Der Liebe und des Ruhmes Kranz", Gedicht von M. G. Saphir*
3. *Arie aus der Oper „Bettly" von Donizetti, vorgetragen von der Konzertgeberin.*

115 Vorführung neuer Blasinstrumente durch Adolphe Sax in der Salle Sax zu Paris, rue Saint-Georges. Holzschnitt von Jules Gaildrau. 1864 (10,9 × 16,3 cm). Aus: ‚L'Illustration', Vol. XLIV, 1864, S. 48

In der Art der Vermittlung waren die Künste offenbar auch während des 19. und 20. Jahrhunderts weniger streng geschieden, als es die zeitgenössische Ästhetik oft postulieren zu müssen meinte (siehe z. B. Abb. 164).

Kammerkonzerte

Kammermusik ist eine historisch nicht eindeutig definierbare Sammelbezeichnung, die sich auf den sozialen und den innermusikalischen Aspekt sowie auf die Zahl der Ausführenden bezieht. Der Terminus „musica da camera" entstammt dem 16. Jahrhundert. Man meinte damit musikalische Ereignisse, die in den Gemächern, Sälen und Zimmern von Schlössern oder vornehmen Villen stattfanden. Der Ort der Verwirklichung, der gesellschaftliche Rang sowie die damit harmonierenden stilistischen Besonderheiten waren miteingeschlossen in die Bedeutung dieses Fachworts. Kammermusik war die „stillere Musik" für elitäre Kreise in der ständisch gegliederten Gesellschaft. Sie entwickelte sich als ein Abbild aristokratischer Geisteskultur und Lebensgewohnheiten, wovon möglichst nichts oder nur wenig nach draußen dringen sollte.[1] Es war eine gemischte Gattung, die mit der Bestimmung zum Exklusiven vornehmlich in Italien, Frankreich und Deutschland zur Geltung kam. In England hingegen, wo der Terminus „chamber music" seit 1630 verbreitet wurde, sprach diese Art Musik auch die Mittelschichten an, die sich zu ‚consorts' gesellten. Es gehörte jedoch auch hier zum Wesen dieses Musizierbereiches, daß kein breiteres Publikum und somit keine nur passiv sich verhaltenden Zuhörer daran teilnahmen. Kammermusiken wurden mit dem Anspruch auf besondere Subtilität für kleine Zirkel geschrieben, die auf Lautheit und pathetische Gestik mit Blickrichtung auf massiv zu beeindruckende Hörer verzichtete. Es war eine Musik für Experten mit einer gesellschaftlichen Bestimmung, die auf Zurückhaltung, Geselligkeit und Ensembleleistung, mit der Neigung zur Esoterik hin, angelegt war.

Im 18. Jahrhundert wurde die Gattung der „musica da camera" funktionell und strukturell erheblich verändert. Sie erklang nicht mehr allein in den Kammern der Begüterten. Auch blieb es nicht dabei, daß mit „Alla-camera-Spielen" eine solistische Besetzung der Stimmen gemeint war, schrieb doch zum Beispiel Johann Adolf Scheibe 1739 dazu: „Eigentlich aber nennet man das Kammermusic, was man in den

116 Konzert zur Eröffnung des Bösendorfer-Saals in Wien, IV. Bezirk, Graf Starhemberggasse 14, am 19. 11. 1872, mit Hans von Bülow. Wien, Klavierfabrik Bösendorfer

Zimmern, auf Sälen und bey der Tafel musiciret. Man brauchet sie aber auch auf öffentlichen Abendmusicken ..., insbesondere auch zu allen Privatmusicken, sie mögen nun stark oder schwach [besetzt] seyn." Mithin verwischten sich die Konturen, ausgenommen die Abgrenzung gegenüber der Vokalmusik. Erst zu Lebzeiten Joseph Haydns hob sich wieder deutlicher absetzbar ein als spezifisch kammermusikalisch verstandener Musizierbereich ab, der fortan Instrumentalwerke vom Duo bis zum Dezett meinte und mit hohen Höransprüchen vornehmlich die Kenner der Sache zu erreichen suchte. Die Überführung in große Konzertsäle für ein zahlreiches zahlendes Publikum scheint diesen Intentionen nicht zuträglich zu sein, wenngleich etwa auch Joseph Haydn – angeregt durch den Geiger und Impresario Johann Peter Salomon – in London 1793 dazu überging, Streichquartette (op. 71 und 74) direkt für den Konzertsaal zu konzipieren, und er damit selbst als höfischer Kapellmeister diese gesellschaftliche Öffnung für die Gattung aktiv mitvollzog. Der Terminus „Cammer-Concert" wurde bereits 1747 in Frankfurt am Main verwendet, wo in einem Gasthaus eine so bezeichnete Veranstaltung stattfand.

Das Streichquartett wurde zum Inbegriff von Kammermusik, nachdem es dank mustergültiger ‚Quatuors' von Haydn (ab op. 33) dem Bereich des Divertimentos entwachsen war und, mit höchster Dignität ausgestattet, von Kennern und Liebhabern ästimiert wurde. Es wurde von vier Streichern gespielt und sowohl in „kleinen musikalischen Gesellschaften" (Heinrich Ch. Koch, 1793),[2] von Studenten in Gasthäusern der Wiener Vorstädte, bei sogenannten „Conventen" in Häusern von Intellektuellen, in ‚Privat'- und Hofkonzerten als auch in öffentlichen Matineen oder Soireen vorgeführt. Damit wurde der intime Bereich „einer vertraulichen Unterhaltung" (Johann Adolf Scheibe) am Musiziertisch verlassen. Der adelige Dilettant gab das Mitspielen auf und überließ bei zunehmenden spieltechnischen Anforderungen das Feld den Professionellen. Zu den ersten sich öffentlich vorstellenden Kammermusikern von Rang gehörte Haydns Konzertmeister Luigi Tomasini (1741–1808), der möglicherweise mit drei Berufskollegen in Gegenwart des Kaisers am ersten Weihnachtstag 1781 in einem gewichtigen Konzert – mit Werken Haydns – einen Markstein setzte, indem er diese Gattung aus dem Privaten in das Milieu der vornehmlich Kenner anziehenden Öffentlichkeit überführte.

Diesem Beispiel folgte alsbald in Hamburg das Quartett des Geigers Ernst Schick, das 1782/1783 erstmals eine Kon-

```
                Saal Bösendorfer.

                       Sechs
              Kammermusik-Abende
                     Streich-Quartett:
        Hans Kreuzinger      │    Anton Stecher
           (Erste Violine)   │         (Viola)
        August Siebert       │    Theobald Kretschmann
          (Zweite Violine)   │         (Violoncell)
               an folgenden Samstagen u. z.:
              27. November, 18. Dezember 1886,
           8. Jänner, 5. Februar, 12. März, 2. April 1887,
                     Abends halb 8 Uhr.

                     III. Abend
                Samstag den 8. Jänner 1887:

        Haydn . . . . Quartett.
        Hummel . . . Quintett für Clavier und Streich-
                         Instrumente.
                      Clavier: Fräulein Lilly v. Weil.
        Brahms . . . Sextett in B-dur, op. 18.

                     Preise der Plätze:
        Cerclesitz 2 fl., Parterresitz 1 fl. 50 kr. und 1 fl., Entrée 50 kr.
        Verkauf der Karten in der k. k. Hof-Musikalienhandlung des Herrn
        Gutmann im Operngebäude, in den Musikalienhandlungen der Herren:
        Haslinger Tuchlauben 11, Rebay & Robitschek Bräunerstrasse 2 (Graben-
        hof), C. A. Spina (A. Cranz) Kohlmarkt 16, Em. Wetzler (Jul. Engelmann)
        Kärnthnerring 11, Weinberger & Hofbauer Kärnthnerstrasse 34 und
                       Abends an der Cassa.

        Der vierte Kammermusik-Abend findet am 5. Februar 1887 statt.

                   Wallishausser's Buchdruckerei.
```

117 Programm eines Kammermusikabends im Saal Bösendorfer in Wien. 1887. Privatbesitz

zerttournee durch Nord- und Mitteldeutschland unternahm. Es spielte „mit bewundernswürdiger Annehmlichkeit und Fertigkeit" und vermochte so sehr „zahlreiche Zuhörer" zu fesseln, daß das Hamburger Schauspielhaus angeblich niemals vorher voller besetzt gewesen war. In Königsberg begründete 1791 der Hofkantor Zander das erste öffentlich musizierende Streichensemble. In Wien führte binnen weniger Jahre das Quartett des Ignaz Schuppanzigh (1776–1830) nach dem Urteil von Carl Czerny für Quartettmusiken „sozusagen das goldene Zeitalter der Musik" ein. Dieser Violinist trat am Ende des 18. Jahrhunderts in der Donaumetropole selbständig als Unternehmer der Augarten-Konzerte hervor und ab 1804 als Primgeiger des nach ihm benannten Quartetts. Die ‚Allgemeine Musikalische Zeitung' berichtete hierzu: „Den vorigen Winter hat sich hier in Wien eine musikalische Anstalt gebildet, welche durch reichliche Unterstützung noch fortdauert, und die in ihrer Art wirklich vollkommen ist. Dies sind Quartetten, welche in einem Privathause auf die Art gegeben werden, daß der Zuhörer für vier Produktionen immer fünf Gulden vorausbezahlt."

Schuppanzighs hervorragendes Spiel ermöglichte es vor allem Beethoven, dem er sich uneingeschränkt zur Verfügung stellte, seine damals höchstes Können abverlangenden Streichquartette von op. 18 bis hin zum op. 135, unabhängig von Zweckbindungen und ohne Rücksichtnahme auf mangelnde Technik, zu komponieren. Der 1808 in Wien weilende Berliner Komponist Johann Friedrich Reichardt erlebte diese Sonderleistung „auf Subskription", die in Privathäusern, im ‚Hotel zum römischen Kaiser', später auch in dem Saal des Musikvereins stattfanden, wie folgt: das Quartett wird „alle Donnerstage von zwölf bis zwei Uhr in einem Privathause stattfinden. Den vorigen Donnerstag hörten wir es zum erstenmal; es war noch eben keine große Gesellschaft da, sie bestand aber aus lauter sehr eifrigen, aufmerksamen Musikfreunden, und das ist eben das rechte Publikum für diese feinste und gemütlichste aller Musikvereine. Hätte Haydn auch nur dieses Quartett gegeben und in anderen genialischen Künstlern erzeugt, so wäre er schon ein großer Wohltäter der ganzen feinen musikalischen Welt. Es ist eine Musik, die, so schwer sie auch ist, zur Vollkommenheit in der Ausübung zu bringen, weil das Ganze und jeder einzelne Teil so ganz vernommen wird, und erst in der vollkommensten Reinheit, Vereinigung und Verschmelzung ganz befriedigend wird, dennoch, wo nur irgend feine Musikfreunde sich zusammen finden, zum teilnehmenden Genuß am ersten zu veranstalten ist. Und da es in der menschlichen Natur wohltätig gegründet ist, daß Bedürfnis und Vermögen meistens so ziemlich Schritt miteinander halten und Hand in Hand gehen, so findet denn auch jeder wenigstens einen gewissen Grad von Befriedigung in der Ausübung, sobald er dazu alles angewendet hat, was er durch sich und seine nächste Umgebung vermag. Nicht selten findet daher der strenge Kenner und Kritiker solchen musikalischen Verein mit großer Lust und Behaglichkeit beschäftigt, wenn er, durch seine überfein ausgebildete Kunstnatur getrieben, davon laufen möchte."

Dank dem hervorragenden Spiel von Schuppanzigh und anderer Musiker vermochte insonderheit das Streichquartett, unbekümmert um die Wirkung auf das Publikum, dem Standard des sich emanzipierenden bürgerlichen Geistes Ausdruck zu geben. Diese „Diskurse ... vier vernünftiger Leute" (Goethe) verstiegen sich einerseits zur Esoterik, andererseits kamen die für reisende Virtuosen eingerichteten „quatuors brillant", die großen Konzertquartette, etwa von Ignaz Pleyel mit dominierender Primgeige, und die populare ‚airs' verwendenden Quartettmusiken dem Durchschnittshörer entgegen. Die Spaltung des ästhetischen Bewußtseins machte auch vor dem Kammermusikkonzert nicht halt. Freilich setzte es sich bei diesen Veranstaltungen am ehesten durch, so daß ungezwungen laute Unterhaltungen während des Spiels verpönt waren und sich konzentriertes Hören und verzückte „religiöse Andacht" am deutlichsten als ein spezifisches Verhalten von Eliten herausbildeten, die sich in Zirkeln zusammenschlossen. Letztere konstituierten sich in Paris, Wien oder 1819 auch in Breslau. Initiator war in Schlesien der Sänger und Musikdirektor Mosewius, der mit Unterstützung der Freimaurerloge Horus sich für „Quartett-Unterhaltungen" einsetzte mit „vorher wohlprobirten und eingeübten" Werken. Die bessere Gesellschaft der schlesischen Stadt erwärmte sich an den Darbietungen. Als stiftende Mitglieder schlossen sich am 19. Januar 1819 27 Kunstfreunde zu einem Verein zusammen, der in einem Winter 24 Unterhaltungen anbot. Ein Teilnehmer resümierte 1846: „Es ist nicht die Bedeutung des in Rede stehenden Vereins, noch die Ansicht, daß er irgendwie besonders anregend auf unser Musikwesen eingewirkt habe, welche ihm die Widmung dieses Artikels zugezogen hat, vielmehr wünscht der Verfasser durch ihn nur darauf aufmerksam zu machen, daß die Pflege der Quartett-Musik allein auf zweifache Weise sich geltend machen könne. Die Theilnahme des größern Publikums kann nur durch besondere Auswahl ansprechender, leicht verständlicher, oder sehr auffälliger Compositionen erlangt werden, und vor Allem gehört hierzu eine vollkommene virtuosenhafte, höchst sauber und rein aus einem Geiste fein nüancirte Ausführung der Tonwerke, eine auch mit dem besten Willen des Einzelnen nicht überall zu erfüllen mögliche Bedingung. Ohne auf die Musik zu horchen, (bloßes Hören genügt nicht) ohne auf jede kleine Nüance zu lauschen, ohne ganz und gar mit aller Aufmerksamkeit sich dem Vortrage hinzugeben, ohne sich in das Tonstück mit seinem geistigen Leben zu versenken, wird Quartett-Musik am wenigsten in großen Räumen den Hörer befriedigen, noch viel weniger so ergreifen und fesseln, als sie es ihrer Natur nach, fast vor aller anderer Musik, kann. – Sie ist ein vertrauliches Gespräch vier gleichgestimmter Seelen, die sich einander ihre Empfindungen mittheilen; jede Phrase erfordert einen ausdrucksvollen Vortrag; sie will nicht nur in ihrem Verhältnisse und in ihrer Beziehung zum Ganzen verstanden und gefühlt, sie will auch mit Ausdruck vorgetragen, sie will deklamirt sein."

Zum „Caviar für das Volk" verfiel zwar vielerorts die kammermusikalische Praxis nach 1839, in London wurden 1859 Kammermusiken als „Popular Concerts", als „Monday Pops" verkauft, jedoch nicht überall. Herausragendes leisteten auch für die weltweite Wirkung der Sache – 1837 wurde erstmals ein Streichquartett von Beethoven aus op. 18 in Sydney gespielt! – Ensembles wie das des königlichen Musikdirektors Karl Möser (1774–1851) in Berlin, das Quartett Baillot in Paris oder das der Gebrüder Müller in Braunschweig.[3] Die Möserschen „Abonnements-Quartette" begannen im Konzertwinter 1813/1814. Von Anfang an wurden sie gerühmt nicht nur wegen der „höchsten Genauigkeit und Eleganz" der Ausführung, sondern auch wegen der Fähigkeit, daß „sämmtliche Spieler als denkende Künstler den Charakter jedes Stücks richtig" aufzufassen vermochten.[4] Ein „sehr gebildetes Publikum" wußte insbeson-

118 Serenade vor dem Wallpavillon des Zwingers zu Dresden. 1932

dere den Anteil des Kognitiven „mit ungetheilter Aufmerksamkeit" aufzunehmen und zu würdigen. Auch die Benutzung „ganz vorzüglicher Instrumente" trug dazu bei, Konzertereignisse von ausnehmendem Rang zu realisieren und damit einen exzeptionellen Standard insbesondere für esoterische Kammermusiken zu setzen. Carl Friedrich Zelter meinte gar 1829 gegenüber Goethe: „ich darf zweifeln, ob Haydn, Mozart und Beethoven ihre Quartette so rein und sicher und gesund wiedergenossen haben."

Wenngleich bei den im Abonnement veranstalteten Möserschen „Quartettsoiréen" instrumentale Kammermusik gleich- oder gar höhergeachtet als Symphonien aufgeführt werde konnte, war es ihm dennoch nicht stets möglich, diese „rein", also ohne den Wechsel mit Gesangsstücken anzubieten. Möser spielte auch mit zum Beispiel bei Gesangskonzerten von Carl Loewe, so wie etwa am 26. 3. 1828 Franz Schubert sein einziges „Privat-Concert" aus einer Mischung von Liedern und einem Trio sowie einem Satz eines „neuen Streich-Quartetts" in Wien anzubieten hatte. Dies gelang freilich dem 1819 mit Quartettkonzerten in Braunschweig startenden älteren Reisequartett der Gebrüder Müller (Carl Friedrich, 1797–1873, Georg, 1809–1855, Gustav, 1799–1855 und Theodor, 1802–1875). Die vier Streicher, später ergänzt durch vier Söhne von Carl Friedrich (das jüngere Müller-Quartett) wuchsen als Familienunternehmen enger zusammen als die bis dahin meist ad hoc gebildeten Ensembles. Sie waren selbst den „grösseren Quartetten Beethovens" voll gewachsen und unternahmen, international reputiert, ab 1831 beachtenswerte „Kunstreisen", die 1839 auch nach Prag und 1845 nach Sankt Petersburg führten. Ein Berichterstatter aus Berlin schrieb dazu 1833: „Herr Musikdirektor Möser eröffnete zunächst einen Cyclus von sieben Symphonie- und fünf Quartett-Abenden durch drey Quartette der Meister Haydn, Mozart und Beethoven in gewohnter Weise... Dennoch fand das selten so treffliche Ensemble der auf einer grossen Kunstreise hier anwesenden Hrn. Gebrüder Müller aus Braunschweig noch lebhaftere Theilnahme ... in der Präzision des Ganzen unübertreffliche[n] Spieler ... Die Herren Müller gaben hier vier Quartett-Soiréen und ein grosses Concert. Der Enthusiasmus der Musikfreunde für ihr Spiel übersteigt die gewöhnlichen Grenzen." Die Nachfrage nach ihren Darbietungen war derart rege, daß die vier Männer Tourneen erfolgreich unternehmen konnten, die in der Dichte der Auftritte bereits vor dem Eisenbahn- und Jet-set-Zeitalter mit heutigen prall gefüllten Terminkalendern international gefragter Reisevirtuosen vergleichbar sind. Das im Konzertwinter 1833/1834 von Georg Müller[5] angelegte Tagebuch verzeichnet (hier gekürzt wiedergegeben) die folgenden Daten und Aufführungen:

9. 10. Abfahrt von Braunschweig nach Hannover
10. 10. Hauskonzert in Hannover mit 6 Quartetten
11. 10. Weiterreise von Hannover nach Bremen
12. 10. dort Erstes Quartett-Konzert
13. 10. dort zwei Hauskonzerte
14. 10. Reise nach Oldenburg, „Konzert daselbst"
15. 10. Zurück nach Bremen, dort zwei Konzerte
16. 10. „Zweites Quartettkonzert"
17. 10. Reise von Bremen nach Hannover, Erstes Quartettkonzert
18. 10. „Bei Herren Hausmann gespielt"
19. 10. Zweites Quartett-Konzert
20. 10. Reise von Hannover nach Halberstadt
21. 10. Morgens Hauskonzert, abends Quartett-Konzert
22. 10. Reise von Halberstadt nach Magdeburg, abends Konzert
23. 10. Reise von Magdeburg nach Berlin
24. 10. Abends Konzert bei Herrn Fesca
25. 10. Abends bei Herrn Jacques
26. 10. Abends bei Herrn Manheimer
27. 10. Abends bei Herrn Regierungsrat Seiffert mit drei Quartetten von Beethoven
28. 10. Abends bei Herrn Rellstab
29. 10. Konzert bei Herrn Birnbach
30. 10. Abends Mösers Quartett gehört
31. 10. Erste Quartett-Unterhaltung im Salle des Hotels de Russie
1. 11. Abends bei Herrn Bankier Seiffert
2. 11. Bei Herrn Behrend
3. 11. Abends bei Herrn General v. Reiche, Quartett von Beethoven Nr. 2
4. 11. Zweite Quartett-Unterhaltung
5. 11. Abends bei Herrn Hammermeister
6. 11. „Musik" in drei Häusern
7. 11. Dritte Quartett-Unterhaltung
8. 11. Abends bei Herrn Grafen von Rodern
9. 11. Abends bei Herrn Jordan
10. 11. Mittags bei Herrn Fesca, Abends bei Herrn la Croix
11. 11. Vierte Quartett-Unterhaltung
12. 11. Abends bei Herrn Mendelssohn-Bartholdi, Quartett von Mendelssohn Es-Dur
13. 11. Abends Mösers Symphonien
14. 11. Großes Konzert im Saale des Königl. Schauspielhauses...

Die Reise ging mit täglichen Verpflichtungen sowohl in Privathäusern als auch in öffentlichen Sälen weiter über Potsdam, Dessau, Halle, Leipzig, Dresden, Wien (mit 10 „Quartett-Unterhaltungen" im Saale der Gesellschaft der Musikfreunde) nach München, Augsburg und am 15. Februar 1834 nach Paris, wo ebenfalls eine Serie von Konzerten gegeben wurde.[6]

Das Müller-Quartett machte zwar das Streichquartett zu seiner Domäne, es wirkte indessen auch bei Trios, Septetts und anderen kammermusikalischen Besetzungen mit. Seine Leistungen trugen mit dazu bei, daß aus nebensächlichen Quartetteinlagen, denen in Solistenkonzerten meist die Aufgabe zufiel, den Auftritt des Virtuosen einzuleiten, Übergänge zu füllen und dem Hauptdarsteller Gelegenheit zu bieten, sich auszuruhen, in mehr und mehr Städten eine Hauptsache werden konnte. Dies wurde etwa in München, wo sich 1858 ein ‚Verein für klassische Kammermusik' organisierte, oder in Köln, wo Ferdinand Hiller eine ‚Gesellschaft zur Veranstaltung von Soireen' anregte, oder in New York, wo William Mason, Theodore Thomas (ab 1855) und andere wirkten, zumeist erst nach 1850 möglich. Bis dahin fehlten meistenorts für „Reunions" diesen Anspruchs ein zureichendes spezifisches Interesse und ein angemessener gesellschaftlicher Rahmen, der vor allem darauf abzielte, „die sogenannte Blüte der Gesellschaft", „die edelsten Krinolinen" (Theodor Kirchner, 1864) an sich zu ziehen, nachdem deren Veranstaltungen in Salons musikalisch oft ins Triviale abgesunken waren. Markante Daten für die Förderung der professionellen Aufführung von Kammermusiken mit und ohne das Modeinstrument Klavier setzten die ab 1859 sehr rege ‚Russische Musikalische Gesellschaft', die 1867 in Rio de Janeiro gegründete ‚Club Mozart' und ab 1882 der ‚Club Beethoven', in Buenos Aires die ‚Sociedad del Cuarteto' (gegründet 1875), in London die von Ignaz Moscheles eingerichteten ‚Classical Chamber Concerts' sowie die ‚South Place Concerts' (ab 1878). Vereine für Kammermusik bildeten sich in Hannover, Braunschweig (1879), Lüneburg (1858) und vielen anderen Orten, wo man sich um die „Kultivierung" des „Intimen" in einer sich sonst immer lauter und pathetischer gebärdenden Umwelt bemühte.

In Paris konkurrierten zu dieser Zeit bereits mehrere Vereinigungen um die Gunst des Publikums, was zu Spezialisierungen führte, die sich nicht nur produktiv auswirkten. 1878 stellte ‚La Revue et Gazette musicale de Paris' befriedigt fest: „On ne comptera bientôt plus les sociétés de musique de chambre" (S. 70). Es gab hier seit 1833 eine ‚Société de Musique de Chambre', von 1852 bis 1870 eine ‚Société des Derniers Quatuors de Beethoven', die sich als „die Apostel Beethovens" so lange halten konnte, wie dessen Spätwerke noch nicht auf den Programmen vieler Konzertgeber standen. 1856 etablierte sich die ‚Société des Quatuors de Mendelssohn', die im Salle Erard als ihr erstes Programm anbot:

Mendelssohn: Klaviertrio No. 2 in c-Moll, Op. 66
Mozart: Streichquartett ‚Nr. 9'
Beethoven: ‚Andante con variazioni' und das Finale der ‚Kreutzer'-Violinsonate
Mendelssohn: Streichquartett in D-Dur, Op. 44

Hinzu kamen 1870 eine ‚Société Schumann', 1879 die ‚Société de Musique de Chambre pour instruments à vent' von Paul Taffanel, eine ‚Société des quatuors français', die ‚Société Alard et Franchommé' (seit 1847) und viele andere mehr (siehe auch Abb. 115).

Diese Ensembles sprachen vornehmlich die „Elite der Gesellschaft" mit Höchstleistungen an, die lange Vorbereitungen und intensive Proben erforderten. Das von dem Mannheimer Konzertmeister Jean Becker geführte ‚Florentiner-Quartett', das ‚Joseph-Hellmesberger-Quartett' in Wien, das sich seit 1882 in rund 3500 Konzerten bewährende Quartett von Arnold Rosé (1863-1946) oder das seit 1869 öffentliche Soireen gebende Joachim-Quartett[7] (vgl. auch Abb. 41) zählten zu den namhafteren Garanten eines hohen Leistungsvermögens im Ensemble zur Zeit von Brahms und Tschaikowski. Ihre exquisiten Darbietungen wurden zu ähnlichen gesellschaftlichen Ereignissen wie die philharmonischen Konzerte, wenngleich die Atmosphäre nicht derart unpersönlich-pathetische, quasi sakrale Züge annahm wie in Erwartung von „Grands Concerts". Andreas Moser berichtet von Joseph Joachims Quartett-Abenden in der Berliner Singakademie: „Wenn man in die Berliner Singakademie zu einem Joachim-Quartettabend kam, so begrüßten sich alle freudig und vertraut; man kannte sich gegenseitig – wußte man doch, daß alle der gleiche Zweck hier zusammengeführt: der Schönheit zu huldigen. Joachim stand, die Geige unterm Arm, in einer Ecke des dichtbesetzten Podiums und unterhielt sich mit diesem und jenem; er plauderte und scherzte wie zuhaus, und wenn er ans Pult trat, wars als wollte er nur die Unterhaltung mit seinen Gästen fortsetzen." Das Großbürgertum traf sich hier somit wie in einem erweiterten Salon, wobei allerdings anstelle der Gastgeber und der Hausherren allein die ausführenden Musiker in den Mittelpunkt rückten. Es bildeten sich ‚Gemeinden' von Bewunderern, die für die „letzten Quartette" (Beethovens) ebenso schwärmten wie – nach längerem Zögern – für Brahms.

Ein deutliches Zeichen für die Wertschätzung, aber auch die Absonderung der Kammermusik vom übrigen Musizierbetrieb sind die speziell arrangierten Kammermusikfeste, die besonders auf die ‚connaisseurs' hin zugerichtet waren und noch sind. Joseph Joachim bestimmte mit seinem Auftreten wesentlich die ab 1890 in Bonn um das dortige Beethovenhaus herum gefeierten Feste. Max Reger, Felix Weingartner oder Frieda Kwast-Hodapp waren hingegen bei den nach 1908 in Darmstadt unter dem Protektorat von Großherzog Ernst Ludwig stattfindenden Kammermusikfesten profilierend tätig. 1910 bot dieses beispielsweise am 5. Juni im Saalbau an:

Dritter Festtag

1) *Stephan Krehl*   *Klaviertrio D-dur op. 32*
2) *Hans Pfitzner*   *Zwei Lieder: Abendrot, Nachtigallen*
3) *Max Reger*   *Zwei Lieder: Schlecht Wetter op. 76/7, Waldeinsamkeit op. 76/3*
4) *Max von Schillings*   *Julinacht*
5) *Hans Pfitzner*   *Klavierquintett C-dur op. 23*
6) *Felix Woyrsch*   *Streichquartett a-moll op. 55*
7) *Claude Debussy*   *Romance, Paysage sentimental*
8) *Hans Pfitzner*   *Zwei Lieder: Sonst, Wie Frühlingswind weht es durch die Lande*
9) *Max Reger*   *Klavierquartett d-moll op. 113*

Liest man diese und andere Programme, so wird man feststellen, daß Kammermusikkonzerte um 1900 sowohl in der huldigenden Repetition des „Erbes der Klassiker" anhand traditioneller Schemata[8] erstarrten, daß sie gelegentlich auch depraviert wurden zu „Musikalischen Erbauungsstunden" an Sonntag-Vormittagen oder zu „Populären Kammermusikkonzerten" (Bonn, 1910), die während des Ersten Weltkriegs in Leipzig auch „Volks-Kammermusikkonzerte" benannt wurden, daß indessen diese als Domäne des Elitären verstandene Gattung primär zur Geltung kam bei der Einführung und Durchsetzung des Neuen in der Musik. Diese wurde, zumal mehr und mehr virtuose Spitzenleistungen von den Ausführenden und die Bereitschaft zur Hingabe an das innovatorisch Ungewohnte von den Hörern – zum Teil radikal – gefordert wurden, vollends aus dem häuslichen Privatbereich und der Intimität der ‚Kammer' herausgenommen und definitiv in den Konzertsaal überführt. Die Kompromißlosigkeit, ja zuweilen gegen das Publikum gerichtete strenge Eigenwilligkeit führte zu Auseinandersetzungen, die spektakulär wurden anläßlich der Aufführung von Arnold Schönbergs zweitem Streichquartett am 21. Dezember 1908 im Bösendorfer-Saal zu Wien (vgl. auch Abb. 117). Das vornehme Wohlverhalten der ‚besseren Gesellschaft' schlug hier um in peinliche Lärmszenen. Das gewohnte Applaudieren machte dem Opponieren mit ungezügeltem Lärmen und rohem Stampfen Platz. Damit war ein Skandal entfacht, der die Institution ‚Konzert' provokant erschütterte und das manierliche gesellschaftliche Benehmen im vergoldeten Konzertsaal nachhaltig störte. Die Kammermusik war damit als das „zarteste aller musikalischen Gebilde"[9] verletzt, aus einem verklärten, ästhetisch-schönen Sonderreich herausgenommen und zur Zielscheibe kompromittierender Angriffe in einem leidenschaftlich geführten Kampf um ästhetische Positionen gerückt worden. Das Ringen um die Durchsetzung der ‚modernen Musik' als einer sich vom üblichen Repertoire deutlich absetzenden Musik wurde in aller Öffentlichkeit vom Boden des einst ‚intim' Gewesenen aus geführt. Als institutionelle Mittel hierzu dienten sowohl die ab 1921 in Donaueschingen veranstalteten ‚Kammermusik-Aufführungen zur Förderung zeitgenössischer Tonkunst', woraus unter anderem die neue Gattung des ‚Kammerkonzerts' (Paul Hindemith, Paul Dessau) hervorging,[10] als auch der von Arnold Schönberg im November 1918 in Wien gegründete ‚Verein für musikalische Privataufführungen' oder auch etwa die 1949 in Braunschweig initiierten ‚Festlichen Tage neuer Kammermusik'.[11] Die fordernde Rigorosität, die Schönberg für sich und seine Werkintentionen beanspruchte, spiegelt der von Alban Berg konzipierte Prospekt dieses Vereins mit folgenden Grundsätzen wider:

1. Bei der Wahl der zur Aufführung gelangenden Werke wird keine Stilart bevorzugt. Von Mahler und Strauß bis zu den Jüngsten soll die gesamte moderne Musik, und zwar alles, was Namen oder Physiognomie und Charakter hat, dargebracht werden. Während also selbst Komponisten älteren Stils aufgeführt werden können, wenn sie bekannt sind, kommen neue nur in Betracht, wenn sie Physiognomie haben. Im allgemeinen ist der Verein bestrebt, den Mitgliedern das an solchen Werken darzutun, die geeignet sind, das Schaffen eines Komponisten von seiner charakteristischen und zunächst womöglich auch ansprechendsten Seite zu zeigen. Es kämen daher nebst Liedern, Klavierstücken, Kammermusik und kleineren Chorsachen auch Orchesterwerke in Betracht, welche – da der Verein heute noch nicht die Mittel besitzt, sie in der Originalgestalt aufzuführen – vorderhand nur in hierzu besonders geeigneten Arrangements zu 4 bis 8 Händen reproduziert werden können, auf deren konzertmäßige Wiedergabe aber großes Gewicht gelegt wird.

2. Die Einstudierung der Werke erfolgt mit einer im heutigen Konzertleben nicht zu findenden Sorgfalt und Gründlichkeit. Muß dort nämlich im allgemeinen mit einer von vornherein festgesetzten und immer zu gering bemessenen Probenzahl schlecht und recht das Auslangen gefunden werden, so ist für die Zahl der Proben im Verein immer nur die Erzielung der größtmöglichen Deutlichkeit und die Erfüllung aller aus dem Werke zu entnehmenden Intentionen des Autors maßgebend. Bevor nicht diese Grundbedingungen einer guten Wiedergabe gegeben sind: Klarheit und Präzision, kann und darf im Verein ein Werk nicht aufgeführt werden.

3. Die Aufführung der solcherart einstudierten Werke erfolgt in den wöchentlichen Vereinsabenden, welche als Konzerte aufzufassen sind. In der kommenden Saison [Mitte September 1919 bis Mitte Juni 1920] werden diese Konzerte jeden Freitag Abend im Kleinen Konzerthaus-Saal stattfinden.

Die Einführung der wöchentlichen Veranstaltungen ermöglicht einerseits die Bewältigung eines ungewöhnlich gro- *ßen Repertoires innerhalb einer kurzen Zeit, andererseits ist dem Verein damit ein weiteres Mittel gegeben, den aufgeführten Werken zum richtigen Verständnis zu verhelfen, nämlich:*

4. Das der oftmaligen Wiederholung. Jedes Werk wird meist nicht einmal, sondern so oft in verschiedenen Konzerten gebracht, daß es verstanden werden kann, im allgemeinen zwei- bis viermal.

5. Derselbe Zweck wird durch die Abhaltung einführender Besprechungen der aufgeführten Werke erreicht werden. Diese werden bei genügender Anmeldung fallweise außerhalb der Konzertabende stattfinden.

6. Die Aufführungen selbst sind dem korrumpierenden Einflusse der Öffentlichkeit entrückt. Die Mitglieder sollen hier nicht zur Beurteilung angeregt werden. Es wäre im Gegenteil erwünscht, sich vorschnelles Urteilen abzugewöhnen, um den Hauptzweck zu erreichen: Kenntnisnahme. Öffentliche Beurteilung lenkt von diesem Zweck ab, daher sind
a) die Aufführungen in jeder Hinsicht nicht öffentlich. Gäste (auswärtige ausgenommen) sind ausgeschlossen. Besprechungen der Aufführungen in Zeitungen sowie jede Reklame für Werke oder Personen unzulässig.
b) Bei den Aufführungen sind alle Beifalls-, Mißfalls- und Dankesbezeugungen ausgeschlossen. Der einzige Erfolg, den der Autor hier haben soll, ist der, der ihm der wichtigste sein müßte: sich verständlich machen zu können.
c) Die Aufführenden sind vorerst solche, die sich dem Verein aus Interesse an der Sache zur Verfügung stellen. Durch strenge Auswahl wird jenes Virtuosentum ausgeschaltet, dem das aufzuführende Werk nicht Selbstzweck ist.
d) Das Programm der einzelnen Konzerte wird vorher nicht bekanntgegeben, um einen gleichmäßigen Besuch zu sichern.[12]

In der Geschichte ließ sich das Kammermusikkonzert nicht durchwegs in diesen zur Abgeschlossenheit bereiten Zirkeln halten. Auch den reinen Genuß oder die stille Kontemplation störende Zeitereignisse tangierten das Spielfeld des Elitären und gaben der Kammermusik einen in die politischen und sozialen Wirrnisse eingebundenen Platz. Während des Zweiten Weltkrieges beispielsweise verlagerte sich im von Bomben geplagten England ein Teil des Konzertlebens aus den durch nächtliche Luftangriffe gefährdeten großen Symphoniekonzerten in den kleineren Rahmen von „Lunch hours Concerts", die beispielsweise vom 10. Oktober 1939 an in der ‚National Gallery' zu London stattfanden als Ersatz für geschlossene Theater und deportierte Museumsstücke. Die Folge davon war unter anderem die Gründung des ‚Carter String Trio' (1940), der ‚London Wind Players' (1942) oder des ‚London Baroque Ensembles' (1943).

Einen tragischen Aspekt liefert auch diesbezüglich der im Dritten Reich grausam praktizierte Antisemitismus. Als nach der Machtübernahme Hitlers 1933 jüdischen Musikern das Auftreten in der Öffentlichkeit verwehrt wurde, gründete man in Berlin den ‚Jüdischen Kulturbund' als Not- und Hilfsorganisation, der bis 1941 600 Konzerte veranstaltete.

119 „Soirée musicale au cercle des artistes de la rue Drouot in Paris". Holzschnitt von Jules Worms. 1859 (16 × 22,5 cm). Aus: ‚L'Illustration', Vol. XXXIII, 1859, S. 228

Isoliert vom öffentlichen Musikleben, zogen sich die Diskriminierten in die abgeschirmte Häuslichkeit zurück, um dort notdürftig künstlerisch wie materiell überleben zu können. Hauskonzerte ‚im kleinen Rahmen' und zu mäßigen Preisen sollten notleidenden Musikern Unterstützung bieten. Speziell im Hause von Frau Gertrud Weil in Berlin gab es ‚Kammermusikalische Veranstaltungen' mit Ausweispflicht und unter Aufsicht der Gestapo, die für viele Verfolgte die letzte Gelegenheit boten, am Musikleben, umgeben von Leid und Elend, teilzunehmen. Die Opfer des Nationalsozialismus wurden gar dazu genötigt, in Konzentrationslagern, zum Beispiel in Theresienstadt, ihren Peinigern unter dem zynisch gemeinten Vorwand der ‚Freizeitgestaltung' Kammermusikwerke darzubieten.[13]

Liederabende, Song Recitals

Programmhefte, die zu Konzerten des renommierten Liedersängers Dietrich Fischer-Dieskau (Abb. 122) gedruckt werden, enthalten die Bitte an die Zuhörer, „die einzelnen Liedgruppen nicht durch Beifall zu unterbrechen und nicht umzublättern, ehe das Lied und seine Begleitung beendet sind". Diese Steuerung des Verhaltens von willigen Zuhörern, die gegenwärtig in Ausnahmefällen selbst große Konzertsäle und Opernhäuser fullen, um sich konzentriert Sologesänge mit Begleitung des Pianofortes, der Gitarre oder anderer Begleitinstrumente anzuhören, zielt auf eine Atmosphäre des ablenkungsfreien und kollektiv akzeptierten autonomen Kunstgenusses. Es wird damit eine ungestörte Hingabe, der gesammelte Ernst eines die Texte mitlesenden Publikums gefördert, das sich der besonderen Schwierigkeit des Rezipierens von Werken bewußt ist, in denen Texte zum Klingen und Musik zum Sprechen gebracht werden soll. Der obengenannte gefeierte Sänger, der von sich berichtet, daß ein mit Akribie vorbereiteter und in allen Details arrangierter Liederabend ihm die gleiche Kraft abverlange wie drei Opernabende, sucht dieser Forderung durch interpretatorische Höchstleistungen zu entsprechen. Das begleitete Sololied hat aus mehreren Gründen als ein opus musicum nur zögernd und unter Vorbehalten, ausgestattet mit einer inzwischen akzeptierten Dignität, als Vortragslied Einlaß in die Konzertsäle finden können. Bis über die Mitte des

19. Jahrhunderts hinaus gehörte nämlich diese Gattung dem Bereich des Privaten an und erklang, auf angemessen vorgebildete Zirkel angewiesen (Abb. 119), fast ausschließlich in Salons oder Musikzimmern. Stellt doch selbst noch im Jahre 1858 Josef von Spaun, einer der engsten Freunde Franz Schuberts, eingrenzend fest: „Seine [Schuberts] Lieder passen auch nicht für den Konzertsaal, für die Produktionen. Der Zuhörer muß auch Sinn für das Gedicht haben und mit ihm vereint das schöne Lied genießen, mit einem Wort: das Publikum muß ein ganz anderes sein als dasjenige, das die Theater und Konzertsäle füllt."

Lieder wurden im 17. und 18. Jahrhundert zumeist als Freundesgaben geschrieben und für gesellige Anlässe oder als unterhaltende Beilagen für Modejournale verwendet. Die kleinen Singstücke sollten erbauen oder erfreuen. Die gesellschaftliche Einschätzung der Arietten, Canzonetten, Oden, geistlichen Gesänge und „Lieder geselliger Freude" (Johann Friedrich Reichardt, 1796) verwies die strophischen Gebilde in die Häuslichkeit der Liebhaber des Gesangs. Mit Liedern produzierte man sich nicht. Man sang sie mehr oder weniger kunstfertig selbst „beim Klavier" (Johann Abraham Peter Schulz). Nur selten kam es vor, daß man damit aus dem Intimbereich heraustrat, wie etwa am 26. Februar 1733 in Charleston (South Carolina), wo in einem Liebhaberkonzert „none but English and Scotch songs" dargeboten wurden, oder in Stuttgart, wo in Konzerten der 1784 gegründeten Lesegesellschaft Lieder und Oden schwäbischer Komponisten erklangen.

In Privatkonzerten „musikalischer Cirkel" und in „Soirées" begüteter Häuser erfolgte um 1800 die Anhebung der Wertschätzung dieser zumeist als ‚Kleinigkeit' behandelten Sache in Verbindung mit Dichtungen (Klopstock, Herder, Schiller, Goethe), deren Anspruch und Geltung ebenfalls stiegen. Hatten sich bis dahin auch die Opernsänger bei konzertanten Vorträgen auf die Interpretation bravouröser Arien, also „excerpts" aus Opern und Oratorien beschränkt, so nahmen sie nunmehr ebenfalls „Sologesänge beym Pianoforte" in die Programme von Solistenkonzerten auf. Franz Schubert, der seine Werkintentionen vorzüglich auf die differenzierte Vertonung von Lyrik ausrichtete, präsentierte seine Lieder indessen noch lediglich bei sogenannten „Schubertiaden" vor geladenen Gästen zu Imbiß und Trank, „in Gesellschaft", wo es „lustig" war, sowie gelegentlich im Rahmen gemischter Darbietungen von „Abendunterhaltungen der Gesellschaft der Musikfreunde" in Wien (zum Beispiel am 18. 1. 1827), die außerdem seine Chorgesänge ausführten. In vornehmen Häusern begleitete er zwischen 1820 und 1828 wiederholt Liebhaber wie Professionelle am Klavier. Der gesellige Zweck seiner Lieder wurde dadurch hervorgehoben, daß beispielsweise 1826 sein Opus 21 in Wien mit dem Titel ‚Gesänge mit Gitarre-Begleitung' herausgegeben wurde. Lediglich ein einziges Mal trat er als „Concertgeber" an die Öffentlichkeit. Am 28. März 1828 veranstaltete er im Saale des niederösterreichischen Musikvereins (Wien, Tuchlauben Nr. 558) ein „Privat Concert" mit eigenen Werken, wobei die Gesänge „vorgetragen von Herrn Vogl" wurden, der erstmals am 28. Februar 1819 ein Schubert-Lied in einer „musikalisch-deklamatorischen Akademie" öffentlich vorgestellt hatte. Freilich unternahm der Komponist knapp vor seinem Tode diesen Schritt nicht aus eigenem Antrieb, denn der Freund Eduard von Bauernfeld berichtet in seiner Autobiographie über die Hintergründe dieser Veranstaltung: „Auf einem Spaziergange erzählte ich dem Freunde frohen Muthes von meinen Hoffnungen und Plänen. ‚Mit Dir gehts vorwärts!' sagte er, in sich gekehrt. ‚Ich sehe Dich schon als Hofrath und als berühmten Lustspieldichter! Aber ich! Was wird mit mir armen Musikanten? Ich werde wohl im Alter wie Goethe's Harfner an die Thüren schleichen und um Brod betteln müssen!' Ich sah den hypochondrischen Freund groß an und rieth ihm zu einem Concert, nur von seinen eigenen Sachen und unter Mitwirkung der tüchtigen Wiener Virtuosen, welche sich's gewiß zur Ehre schätzen würden, dem Maestro mit ihren Talenten beizustehen. – ‚Du magst vielleicht recht haben!' versetzte der Freund nachdenklich, ‚wenn ich die Kerls nur nicht bitten müßte!' Er bat sie doch und das Concert kam im Frühjahr 1828 zustande. In der nachfolgenden Einladung ist das Programm enthalten.

EINLADUNG

zu dem Privat Concerte, welches Franz Schubert am 26. März, Abends 7 Uhr im Locale des österreichisch. Musikvereins unter den Tuchlauben Nr. 558 zu geben die Ehre haben wird.

Vorkommende Stücke.

1. *Erster Satz eines neuen Streich-Quartetts, vorgetragen von den Herren Böhm, Holz, Weiss und Linke.*
2. a. *Der Kreutzzug von Leitner*
   b. *Die Sterne von demselben*   *Gesänge mit Begleitung des*
   c. *Der Wanderer a. d. Mond*   *Piano Forte, vorgetragen*
   d. *v. Seidl Fragment aus*   *von Herrn Vogl, k. k. pen-*
      dem Aeschylus   *sionirten Hofopernsänger.*
3. *Ständchen von Grillparzer, Sopran-Solo und Chor, vorgetr. v. Fräulein Josephine Fröhlich und den Schülerinnen des Conservatoriums.*
4. *Neues Trio für das Piano Forte, Violin und Violoncell, vorgetragen von den Herren Carl Maria von Boklet, Böhm und Linke.*
5. *Auf dem Strome von Rellstab, Gesang mit Begleitung des Horns und Piano Forte, vorgetr. von den Herren Tietze und Lewy dem Jüngeren.*
6. *Die Allmacht, von Ladislaus Pyrker, Gesang mit Begleitung des Piano Forte, vorgetragen von Herrn Vogl.*
7. *Schlachtgesang von Klopstock, Doppelchor für Männerstimmen.*

Sämmtliche Musikstücke sind von der Composition des Concertgebers.

Eintrittskarten zu fl. 3 W. W. sind in den Kunsthandlungen der Herren Haslinger, Diabelli und Leidesdorf zu haben.

Der Saal war vollgepfropft, jedes einzelne Stück wurde mit Beifall überschüttet, der Compositeur unzähligemale hervorgerufen. Das Concert warf einen Reinertrag von beinahe achthundert Gulden (Wiener Währung) ab – was damals für eine Summe galt! Die Hauptsache aber: Schubert hatte sein Publicum gefunden und war mit dem frischesten Muthe erfüllt!"

Dieses Kompositions-Konzert stand mit seinem gemischten Programm leider sehr im Schatten des damals in Wien aufspielenden Violinvirtuosen Niccolò Paganini, der wie ein „Komet am musikalischen Himmel" (‚Dresdener Abendzeitung' vom 12. 6. 1828) alle Blicke auf sich zu lenken wußte. Lieder und Kammermusik konnten sich dagegen nicht behaupten.

Nach 1830 veränderten sich diese Gegebenheiten für das Sololied, das fortan dem geselligen Gebrauch enthoben zu werden trachtete. Der berühmte französische Tenor Adolphe Nourrit führte ab 1835 neben Romances auch Lieder Schuberts in Pariser Salons ein. Die gefeierte Sängerin Pauline Milder-Hauptmann hatte sich 1824 brieflich bei Schubert erboten, Lieder „in Konzerten vorzutragen", allerdings äußerte sie auch den Wunsch, „für ein großes Publi-

kum die Komposition zu berechnen", was für den Komponisten eine ungewohnte Herausforderung bedeutete. In Siegen bot am 24. Februar 1828 im Gasthaus zum ‚Goldenen Löwen' der Tenorist Ernst Pape vom Stuttgarter Hoftheater ein Programm mit Liedern an. Als Pionier des „deklamatorischen Gesangs" profilierte sich der Opernsänger Wilhelm Ehlers, der 1814 in Breslau das Publikum „durch seinen declamatorischen Gesang zur Guitarre erfreute". Den Durchbruch, Lieder und Balladen allein und ohne Instrumentalbeigaben „im Saale aufzuführen", erzielte der singende und sich selbst begleitende Komponist Carl Loewe aus Stettin (1796–1869). Er hatte wohl erstmals mit der Offerte Erfolg, selbstgesetzte ‚Cyclen' vorzutragen. Beglückt über die Resonanz, die er in Wien, Frankreich, England oder Norwegen finden konnte, berichtet er in seinen autobiographischen Notizen des öfteren über sein Alleinsein „vor dem Publikum", was man 1830 in Berlin noch als „unerhört" bestaunte, ebenso sein „auswendig" Singen in Tenorlage, die Anwesenheit von bis zu 200 „aufmerksamen" Hörern oder einem „gewählten Publikum" in Hotels, Salons, Logenhäu-

120 Eigenhändiger Brief des Liedsängers Julius Stockhausen vom 10. 4. 1870. Privatbesitz

sern und Konzertsälen. Aufsehen erregte vor allem die „Verheissung der Improvisation eines Liedes oder einer Ballade". Dies war stets eine besondere gesellschaftliche Attraktion, denn Loewe ließ sich aus dem Publikum Gedichte überreichen, die er sogleich extemporierend am Klavier vorsang. Aus Berlin berichtet er darüber im März 1831:

Im zweiten Theile hatte ich eine improvisirte Composition verheissen. Viele Gedichtbücher, sogar Manuscripte, warteten meiner. Zelter war eben im Begriff, mir Goethe's ‚Kennst Du das Land' zu geben, als der Fürst Anton Radziwill mir durch den Dr. Foerster den Zauberlehrling sandte. – Die Aufgabe war in der That sehr schwierig; jede mittelmässige Lösung hätte wenigstens zum Gelächter geführt; z. B. bei den Worten ‚welch' entsetzliches Gewässer': oder ‚Herr, die Noth ist gross'. – Mein Muth wuchs indess; ich erfand mir eine Melodie, die ich mit steigendem Affect des Vortrages auf alle Strophen zugleich anwenden konnte, sowie eine obligate Figur im Accompagnement und ging frisch auf den Lindwurm los, den ich früher wohl schon in effigie besiegt hatte. – Es gelang. Anhaltender, langer Beifall war Beweis dafür, dass ich die Idee einer musikalischen Improvisation nicht ganz unrichtig in's Leben hatte treten lassen. – Die Idee der Improvisation im Allgemeinen verdanke ich der Lesung der Corinna von der geistreichen Fr. v. Staël, die überhaupt manches Neue im Gebiet der Kunst, sowohl von der Gefühlsseite her als auch von Seiten echter Spontaneität, edelster Auffassung des Lebens, in mir angeregt hat; ohne die Lesung der Fr. v. Staël hätte ich überhaupt nicht den Gedanken in Berlin ein Concert als Sänger und Virtuos zu geben, festgehalten.

In Leipzig, wo ihm unter anderem die junge Pianistin Klara Wieck zuhörte, notierte Loewe:

Gleich beim Auftreten wurde ich mit anhaltendem Beifall empfangen. Ich hatte recht saubere Toilette gemacht, und hatte meinen beau-jour in Spiel und Stimme. Meine ‚Alpenphantasie' ging, wie ich sie mir nur wünschen konnte, und wurde lebhaft applaudirt, was in Dresden nicht der Fall war. Hofmeister freute sich besonders über dies Werk, das er so eben von mir acquirirt hat. ‚Oluf' trug auch hier den Preis davon, das Ding reisst Alles mit sich fort; ‚der Mutter Geist' verbreitete eine Grabesstille bei den Zuhörern, wurde aber auch applaudirt von denen, die es kannten. Die ‚nächtliche Heerschau' entzückte sehr. Hier wurde ja des grossen Feldherrn Schicksal entschieden, und er mochte wohl in lebhafter Erinnerung an dem Geiste der Hörer als Schatten vorüber und durch den Saal schreiten. Der Saal ist in meinem Hôtel [de Pologne] und es war für mich bequem, gleich aus meinem Zimmer wie ein Professor auf das Katheder zu treten. Das Trio kam hier wegen Furchtsamkeit des Cellisten nicht zu Stande, dem eine falsche Scham oder Ambition nicht erlaubte, ein Werk zu spielen, was ein Kummer in Dresden kurz vorher gespielt hatte. Und so war ich denn, wie ich es eigentlich am liebsten habe, mit meinen Zuhörern ganz allein, und die Instrumentalsätze nahmen nicht die Zeit weg.

In Düsseldorf vermochte Loewe zu seinem Balladenzyklus „die gebildete Welt" um sich zu versammeln, „die sich in dem ungeheuren Saal dicht um" ihn scharte. In Danzig wurde ihm als dem Pionier des Liederabends 1838 eine weitere Auszeichnung und Erfolgsbestätigung zuteil: „Das Concert Dienstags war überfüllt, die Hitze backofenartig, indess bin ich das gewohnt; die Sache ging prächtig von Statten; das Publicum war befriedigt, und die Vorsteher des Artushofes, die hier einen prächtigen Concertsaal haben, wie man ihn sonst nicht findet, haben mir zu einem zweiten Cyclus ihren Saal angeboten, eine Auszeichnung, deren sich sonst fremde Künstler selten zu erfreuen haben."¹ Carl Loewe hat somit wegweisend darauf hingewirkt und das interessierte Publikum daran gewöhnt, daß Sololieder fortan aus dem Bereich des Privatgesellschaftlichen in die Situation des Vorzutragenden überführt wurden, was beträchtliche Auswirkungen auf die Kompositionsweise nach sich zog.

Wenngleich Kritiker wie Paul Marsop noch im Jahre 1889 gegen reine ‚Liederabende' mit ihrer Feder zu Felde zogen zugunsten gemischter Kammermusikprogramme, war deren allmähliche Etablierung insbesondere seit dem öffentlichen Auftreten von Julius Stockhausen (1826–1906) nicht mehr aufzuhalten.² Nach seinem Debüt als Bariton in der Pariser ‚Opéra Comique' wandte sich dieser Sänger von 1854 an gänzlich dem Konzertieren, insbesondere mit deutschen Liedern, zu. 1855 beklagte der in Paris Geborene, daß man sich in Frankreich nur mit „Nichtigkeiten in der Musik wie Romanzen und Arrangements für das Klavier" befasse nach der Devise „Est-ce amusant?" Von dieser oberflächlichen Frage unbefriedigt gelassen, konzentrierte er seine interpretatorischen Bemühungen auf die Liedkunst von Schubert und Brahms, die dank seinem Einsatz zunehmend in das international anbietbare Repertoire aufgenommen wurden. Die Konkurrenz mit der bis dahin dominierenden italienischen Arie wurde seither ebenfalls für das Lied positiver entschieden. Stockhausen sang 1851 erstmals in London ‚Die Winterreise' von Schubert und 1856 in Wien öffentlich den gesamten Zyklus ‚Die Schöne Müllerin', was freilich vom Publikum als allzu monotone Darbietung noch nicht sonderlich geschätzt wurde.³ Sein Ansehen als weit reisender Solist kam dennoch dem der großen Virtuosen seiner Zeit gleich, so daß er es sich 1861 in Hamburg gar leisten konnte, begleitet von Johannes Brahms, ‚Die Schöne Müllerin' als ‚Volkskonzert' zum geringen Eintrittspreis von 12 Schilling anzubieten. Im Kölner ‚Gürzenich' fanden sich zu einem dieser „populären Konzerte" nicht weniger als 2000 Hörer ein; Stockhausen notierte daraufhin in sein Tagebuch: „Auf die Dauer muß die Demokratie den Sieg davontragen!" Es ging dem Sänger folglich in seinem Eifer für das in der Öffentlichkeit zu verbreitende deutsche Lied nicht nur um ästhetische Problemstellungen, sondern auch um gesellschaftspolitische Ziele (Abb. 120).

Liederabende oder Liedermatineen, meist mit Kammermusik untermischt, wurden nach 1870 für einige Jahrzehnte in Städten wie Wien, München oder Leipzig zu favorisierten Veranstaltungen. Komponisten wie Johannes Brahms, Ri-

Liederabende, Song Recitals

121 Programmheft zu einem Liederabend der Salzburger Festspiele, am 28. 7. 1965, mit einem Autogramm der Sopranistin Grace Bumbry. Privatbesitz

chard Strauss, Max Reger oder Hans Pfitzner saßen dabei oft selbst als Begleiter von Sängern am Klavier, die sich zunehmend auf dieses Gesangsfach einließen und spezialisierte Meisterklassen für die Liedinterpretation einrichteten. Ihnen wurde das „Podiumslied" (Werner Oehlmann) als eine den Applaus herausfordernde Komposition auf den Leib zugeschrieben. Hugo Wolf und andere Tondichter nahmen die theatralische Deklamation, den Sprechgesang und das „lyrische Rezitativ" in ihr Konzept mit auf. Claude Debussy entfaltete in dieser Gattung seine Vorstellung einer „prose lyrique". Das nach 1870 erweiterte Ausdrucksvermögen bestimmte Opernsänger wie den Tenoristen Gustav Walter oder den Bariton Gerhard Hüsch dazu, sich konzentriert auf die Gattung einzulassen, sogenannte „Schubert-Abende" (ab 1876) zu geben oder bereits 1882 einen „Abend mit historischen Liedern" anzukündigen, der mit Gesängen des Troubadours Thibaut de Navarre (13. Jahrhundert) begann. Auch die Klavierbegleitung wurde zu einer eigenständigen

virtuosen Praxis herausgebildet von Spezialisten wie etwa Michael Raucheisen, Gerald Moore oder Erik Werba. Reich an Konflikten war das Zusammenwirken von Sängern und Pianisten, ging es doch in der Komposition wie in der Ausführung nicht nur um das ausgewogene Verhältnis von Singstimme und Instrument, sondern vor allem auch um einen „geistvollen Vortrag", um den der Gattung Lied angemessenen Ton. Aus Begleitern wollten gleichberechtigte Partner werden. Max Reger und andere Musiker haben sich mit der Eitelkeit etablierter Opernsänger und deren ‚Größe' herumschlagen müssen, selten befriedigt durch eine die Komplexität des Liedes erfassende und geistvoll interpretierende Vortragsleistung, was auch seitens der Karikaturisten gern aufs Korn genommen wurde.[4] Gerald Moore stellte aus dieser konkurrierenden Situation heraus in seiner Autobiographie die provokante Frage ‚Bin ich zu laut?'

Unerörtert bleibe hier das Problem des orchestrierten Liedes sowie der Jugendkonzerte um 1900, die aus erzieherischen Gründen betont auf die Vermittlung von Liedern ausgerichtet wurden, da „instrumentale, absolute Musik" als langweilend abgelehnt wurde.⁵ Nach der Mitte des 20. Jahrhunderts hat das Interesse an Liederabenden merklich abgenommen, wie ja auch die Komposition von Liedern an Zahl und Qualität seither zurückging. Nur wenigen herausragenden Sängern gelang es danach noch, große Konzertsäle mit ihrem Angebot zu füllen (Abb. 122). Bei Veranstaltungen wie etwa den ‚Salzburger Festspielen' ist die Einplanung von Liederabenden traditionell üblich geworden. Kommunikationsfreudige Solisten, wie Grace Bumbry (Abb. 121), versagen sich auch Autogrammjägern nicht, die einen Eintrag in das Programmheft zu erlangen hoffen. Diesbezüglich reservierter reagierende Sänger wie der eingangs dieses Kapitels erwähnte, seit 1948 international umjubelte Dietrich Fischer-Dieskau möchten mit ihrer Zurückhaltung, Interpretationskunst und Programmgestaltung weiterhin der Sache Lied die ihr gebührende Gewichtigkeit sichern und halten sich gänzlich aus dem geselligen Milieu und dem gesellschaftlichen Gebrauch heraus. Namentlich der letztgenannte Sänger pflegt seine Konzerte nach strengen ästhetischen Prinzipien einzurichten. Er scheut nicht davor zurück, außer Liederzyklen auch die Lyrik-Vertonungen nur eines Dichters oder eines Komponisten in einem Raum vorzutragen, in dem von der Lichtregie und Plazierung des Pianofortes, vom Auf- und Abtritt bis hin zum erbetenen Verhalten des Publikums alle Komponenten der Bedeutung des Dargebotenen angemessen zusammenwirken sollen, damit der elitäre Anspruch eines Liederabends gewährleistet bleibe. Daß daneben auch weiterhin der Konzertvortrag von weniger anspruchsvollen Scherzliedern nach dem Motto „Ein heiterer Abend mit Wilhelm Busch" oder mit Gesängen von Michael Bellman seinen Platz hat, ist unbestritten, zumal die vom deutschsprachigen Lied und seinem gehobenen Kunstanspruch ausgehende Veranstaltung eines Liederabends oder Song Recitals gegenwärtig weltweit anzutreffen ist.

Kaffee- und Promenadenkonzerte

Leopold Mozart schrieb am 28. Juni 1764 aus London an Lorenz Hagenauer in Salzburg: „Vauxhall ist etwas, daß mich in Erstaunung gesetzt hat, und unmöglich zu beschreiben ist. Ich habe mir die Eliseischen Felder vorgebildet. Stellen sie sich einen ungemein grossen Garten vor, der alle Arten von Alleen hat, die alle wie der helle Tage mit viel 1000 Lampen, die alle in den schönsten Gläsern eingeschlossen, beleuchtet sind. In der Mitte ist ein Art von einem hohen offnen Sommerhause, darin eine Orgel und die Musik mit Trompeten und Paucken und allen Instrumenten zu hören ist. Auf allen Seiten Eggen und Plätzen sind gedeckte Tische, dan gewisse NB: regulair angelegte Gebäude, wie Logen mit Tischen; Ein grosser Saal der sehr schön ist, mit einer Orgel und Musick Chor; die Beleuchtung an dem Ende der Alleen theils wie Pyramiten, theils wie Bögen bezau-

122 Liederabend mit Dietrich Fischer-Dieskau

123 Konzert in Vauxhall Gardens zu London. Aquatinta nach Thomas Rowlandson. 1784 (48,6 × 74,3 cm). Coburg, Kunstsammlungen der Veste, Inv. Nr. XI, 70, 34

bernd angeordnet, und so, daß ich nicht wuste, wo ich meine Augen hinwenden sollte..." So erlebte ein aus einer kleinen fürstbischöflichen Residenz kommender Vizekapellmeister eines der ersten Unternehmen der sich in Großstädten etablierenden Vergnügungsindustrie. Daß diese frühkapitalistische Organisierung von Großveranstaltungen, die einen kalkulierten Musikgenuß bieten sollten, von England ausging, ist gewiß, wirtschaftsgeschichtlich betrachtet, kein Zufall. Hier wurde erstmals in einem durchkalkulierten Verbund ein Angebot von ‚Pleasure Gardens' (heute nennt man diese ‚Tivolis' oder ‚Freizeitparks') unterbreitet, das Tausende Besucher ansprechen und befriedigen sollte. Gartenkunst, kulinarische Genüsse, Wasserspiele, Feuerwerke, Gauklervorführungen und Konzerte im Sommer, von einem Pavillon herab im Freien oder wintertags in einem Saal mit Orgel verabreicht, ergänzten einander als Attraktionen für jeden, der einen Schilling für das „Ticket of Admission to the Gardens" zu zahlen gewillt war. Die ‚Vauxhall Gardens' waren 1730 eröffnet worden (Abb. 123).[1] Vorher hatte es an der Themse bereits den ‚tea garden' Marylebone (bis 1776) und ‚The Spring Gardens' gegeben. Sie vermochten jedoch keine vergleichbare Reputation über die Meere hinweg auszustrahlen wie jener heute noch im Südteil der Stadt liegende Park, in dem 1738 die Händel-Statue von Louis-François Roubiliac aufgestellt worden war,[2] denn diesem Muster nachgestaltete ‚Vauxhalls' gab es bereits 1767 in Charleston (USA), in Paris, im westfälischen Minden (1784) oder noch um 1910 als „concerts symphoniques du Waux-Hall" im belgischen Gent. Die Devise lautete hier, „to please the vulgar" (John Hawkins) mit jeder Art von „musical entertainment". Man bot gewöhnlich zwölf bis zwanzig Stücke an, in zwei ‚acts' gegliedert, nämlich „songs and ballad airs" untermischt mit Instrumentalmusik, wobei die Gartenbenützer auf den Wegen promenierten, die Herren barhäuptig mit dem Hut unter dem Arm. Die in London um 1740 komponierten Orgel- und Klavierkonzerte waren hauptsächlich für diese Lokalitäten bestimmt. Berühmte Interpreten wurden engagiert und namhafte Komponisten wie Thomas Arne, William Boyce oder Johann Christian Bach damit beauftragt, „Music for Vauxhall" als „musical entertainments" zu liefern. Das Geschäft blühte. Auch Besucher wie Joseph Haydn waren beeindruckt von dem abwechslungsreichen Angebot für den Abend, mit der Möglichkeit, in der Dunkelheit zu wandeln und auch einsam versunken „to listen to the orchestra".

Ab 1742 konkurrierten in London mit diesem bis 1859 zugkräftig sich haltenden Unternehmen die ‚Ranelagh Gardens', die, bereits 1765 von John Johns in New York organisiert, in den USA einen Ableger fanden. Darüber berichtet ebenfalls Leopold Mozart enthusiasmiert: „Der Garten zu

Ranelagh ist nicht groß, aber artig, dieser wird alle Montag, Mittwoche und Freytag illuminiert. In demselben ist ein erstaunlich grosser Runder Saal zu ebenfuss hinein, welcher mit einer unbeschreiblichen Menge grossen Hängleuchter, Lampen und Wandleuchtern beleuchtet ist. An einer Seite ist die Musick staffelweis angebracht, und an der Höhe eine Orgel. 3. Stunde dauert die Musick, von 7. Uhr bis 10. Uhr: dann eine Stunde und oft länger, nämlich bis 11. und 12. Uhr werden quartetten gespielt von Waldhorn, Clarinetten und Fagott. In der Mitte ist ein grosser Camin, da man, wenns kalt ist feur macht, dann dieser Garten wird schon im Merz oder april eröffnet; dann die meiste diversion ist im Saal. Um den Camin sind vielle Tische, und an den Wänden des ganzen Saales sind lauter einbüge oder Arten von alcofen oder kleine Capelln, in iedem ein Tisch, und über eine Stiege hinauf eben so viele Logen, wie in einem Comoedien Haus, auch mit so viel Tischen. Auf iedem Tische stehet alles was zum Coffeé und Theé trincken nötig ist. Beym Eingange in den Garten zahlt jede Person 2 ½ Schilling. Für dieses hat er Coffeé, Theé Butter und Brod, so viel er essen und trincken mag. Hier hat man Platz noch über daß in der Mitte spatzieren zu gehen, wie dann auch immer 2. bis 3. auch 4,500 Menschen in der Runde herumspazieren und immer einander begegnen. Damit aber theils linder zu gehen ist, theils kein Lerm von gehen entstehe: so ist der Boden durchaus mit einer von Strohe fein geflochtnen Matte oder Teppich bedeket. im Garten und Saal haben wenigst 6000 Menschen Platz. Der Saal allein fasset bequemme 3000. Menschen. Jeder Bedienter oder Aufwarter hat einen Schild auf der Brust, darauf die Numern sind von der Loge oder Capellen die er zu bedienen hat. Hier ist ieder Mensch gleich, und kein Lord giebt zu, daß man mit blossen Haupt vor ihm stehet: für sein Geld ist iedermann gleich" (Farbtafel 1). Das ‚Herumspazieren' um das ‚orchestra' begründete eine Tradition, die zum Beispiel fortdauern in jenen Promenadenkonzerten, die in der ‚Royal Albert Hall' bis zur Gegenwart hin veranstaltet werden.[3]

Diese erfolgreichen Unternehmungen in der Unterhaltungsbranche des 18. Jahrhunderts mit ihren Konzertdarbietungen für „das gesammte Publikum" (Breslau, 1810) – und nicht nur für die ‚besseren Kreise' – machten Schule. In Edinburgh konzertierte man 1750 in den ‚Heriot's Gardens', in Paris in den ‚Champs Elysées', in Königsberg am Schloßteich, in Wien im Belvedere oder ab 1782 im Augarten. Hier bot sich ebenfalls das Vergnügen, „um billige Preise manche Virtuosen beyderley Geschlechts dabey zu bewundern, und sich auf das angenehmste in der schönen Gesellschaft zu unterhalten". Auch in der Handelsstadt Leipzig gab es während des 18. Jahrhunderts in Verbindung mit etlichen Kaffee- und Bierhäusern „alle Sonn- und Feyertage so wie auch an Montägen und Freytägen, mit Einschluß des Concerttages der Mittewoche, Garten- und Tanzmusik". Bemerkenswert ist, daß „die Musici allhier ... kein Entree nehmen, sondern auflegen lassen", das heißt sie sammelten ein nach Art der um Lohn aufspielenden Tanzmusiker. Wie gering dieses ‚Auflegen' geachtet wurde, zeigt ein Vorkommnis am Ende des 18. Jahrhunderts im Großbosischen Garten: „Sonst ließ allemal einer dieser Musicorum mit einem Notenblatt in der Hand die Zuhörer auflegen, anjetzt aber wird am Eingange des Gartens eine in des Eingängers Belieben freygestellte willkührliche Entree genommen, wodurch denn nun dieser Ort um einen großen Theil konvenabler geworden ist." Demnach entschied auch die Art der Besoldung der Musiker über den gesellschaftlichen Rang eines ‚Concerts'. Freilich wurde diese lockere Weise der Darbietung von Musik in geselligem Rahmen den Bürgern nicht allerorten vergönnt. Wurde doch beispielsweise 1768 in Zürich ein Verbot an alle Gastwirte ausgesendet: „es sollen

124 Johann „Strauss [Vater] Concert bei Dommayer" in Wien. 1848. Lichtdruck-Postkarte nach einem Gemälde von Eduard Adrian Dussek. Wien, Bildarchiv der Österreichischen Nationalbibliothek, Inv. Nr. NB 526.558

125   Konzert in der Canterbury Music Hall, Lambeth upper Marsh London. Aus: ‚The Illustrated London News' vom 6. 12. 1856

fürohin Concerte auf den eigens eingeräumten Music-Saalen und in Privathäusern, keineswegs aber in öffentlichen Wirtshäusern dörffen gegeben werden".

Mit dem Anwachsen der städtischen Bevölkerung sowie der Industriegebiete im 19. Jahrhundert nahm die Zahl der Vergnügungslokale sprunghaft zu. Gastwirte luden ein zu „großen Concerten" oder zu „ordinairen", wobei Ensembles von zwei bis zu acht Musikern mitwirkten. „Restaurations-Concerte", „Thés musicals", „Frühschoppenkonzerte bei Bier und Tabak" (Carl Friedrich Zelter in Berlin, 1775 ff.), „Lunchtime Concerts" (Wellington, Neuseeland, 1986) oder „Concerts à la Strauss" mit anschließendem Ball gehörten zum urbanen Flair dieser Epoche und späterer Dezennien. Verzehr und Musik, die in dieser Kombination selbst zum kulinarischen Genuß wurde und lediglich die Rolle einer Beiläufigkeit einnahm, steigerten sich gegenseitig in der Anziehungskraft zum Nutzen der Unternehmer. Diese investierten Kapital in eine möglichst attraktive Form der Musikdarbietung – oft kombiniert mit einem Feuerwerk –, um damit den Gesamtumsatz erhöhen zu können (Abb. 124 und 126).

Trotz des eindeutig kommerziellen Zwecks von Konzerten in Gartenlokalen oder Hotelsälen waren deren Inhalte nicht ausschließlich aus ‚leichter Ware' zusammengesetzt. Wenn man berücksichtigt, daß ja auch bei Hof- und Salonkonzerten selbst die elitäre Kammermusik in einem möglichst angenehmen gesellig-gesellschaftlichen Rahmen aufgenommen wurde, sollte es auch in diesen selbstverständlich mit mehr Geräuschen belasteten öffentlichen Konzerten möglich gewesen sein, Symphonien oder Solokonzerte zur Aufführung zu bringen, ohne daß sie – nach damaligem Konsens – allzusehr dabei Schaden litten. In der Tat spielte man Sinfonien und Ouvertüren neben Potpourris, Tänzen und Chorwerken. Ausführende waren häufig Militärkapellen, ad hoc zusammengestellte Orchester, Vereinskapellen, Stadtmusiker, Wandermusikanten, russische Hornorchester oder auch Alpensänger und Zigeunerkapellen. Das Spektrum war somit ein sehr breites; es bot jedem etwas. Freilich beklagten manche diese „generisch zweifelhaften Gartenkonzerte, die Beethoven und Strauss in bunte Reihen mischen".[4] Das Mischen geschah zum Beispiel 1862 in Lüneburg im Ausflugslokal Wilschenbruch auf folgende Weise:

1. Ouverture zu „Die Belagerung von Corinth" von Rossini
2. Potpourri von Rheinisch
3. Nocturno von Oldendorf
4. Fanfare militaire von Ascher
5. Chor der Zigeuner a. d. Op.: Der Troubadour von Verdi
6. Letzter Satz aus der c-moll Symphonie v. Beethoven

7. Ouverture zu Oberon v. Weber
8. Rondo militaire v. Merkel
9. Finale a. d. Op. Oberon v. Weber
10. Abendreihn, Lied v. Kücken
11. Klänge am Harz, Walzer v. Beck
12. Sextett a. d. O. Don Juan v. Mozart

Auch das Auftreten eines Damenorchesters während einer Tournee durch Rußland kann darüber Aufschluß geben (in Übersetzung):

*Stadt Suwalki
mit Erlaubnis der Regierung*

*Sonntag, den 5. Aug. 1879
Im Städtischen Garten*

Es wird auf der Durchreise durch diese Stadt das bekannte Preußische Damenorchester die Ehre haben, auf Kupferinstrumenten unter der Leitung des Direktors G. Sonnemann ein großes musikalisches Konzert in vier Teilen zu geben.

PROGRAMM
I. Teil

1	*Schneller Marsch*	*Parlow*
2	*Potpourri von russischen Liedern*	*Tuwolsky*
3	*Walzer*	*Schmidt*
4	*Potpourri aus der Oper „Grab von Oskaldowa"*	*Werstowsky*
	15 Minuten Pause	

II. Teil

1	*Trabpolka*	*Zander*
2	*Potpourri aus der Oper „Troubadour"*	*Verdi*
3	*Jäger-Quadrille*	*Frantz*
4	*Mazurka aus der Oper „Das Leben für den Zaren"*	*Glinka*
	15 Minuten Pause	

III. Teil

1	*Polonaise aus der Oper „Grab von Oskaldowa"*	*Werstowsky*
2	*Kuß-Walzer*	*Arditi*
3	*Potpourri aus „Lukretia Borgia"*	*Welin*
4	*Krakowjak*	*Donizetti*
	15 Minuten Pause	

IV. Teil

1	*Arie Ludwig XIII.*	
2	*Potpourri aus russischen Liedern*	*Schubert*
3	*Mazurka*	*Welemawski*
4	*Zum Abschluß „Volkshymne"*	

*Beginn 4 ½ Uhr nachmittags
Eintritt in den Garten 10 Kopeken, Kinder 5 Kopeken
Im Falle schlechten Wetters wird das Konzert auf einen Tag mit besserem Wetter verlegt.
Druck erlaubt in Suwalki am 3. Aug. 1879*

*Polizeimeister
A. Gruschetzki.*

Während der Kirmes in Hagen-Haspe im Jahre 1864 gab es ein „Schauturnen mit Konzert", es gastierte auch im Festzelt auf der Wiese „eine Gesellschaft Müller aus Nassau" mit einem „Vocal- und Instrumental-Concert, ausgeführt von den Violinisten Herren A. Müller und Sohn, nebst 3 Damen. Die Vorträge bestehen in Violin-Solo's, Arien, Duetten, sowie in tragischen und komischen Liedern. Die komischen Lieder werden in den dazu passenden Kostüms vorgetragen." Dieses erbaulich-unterhaltende Gemisch war den Verhältnissen und Bedürfnissen offenbar angepaßt, wenn man der populären Zeitschrift ‚Die Gartenlaube' von 1886 vertrauen darf, die das Ambiente aus Berlin so schildert: „ ... im December und gar im Januar schwillt die Hochfluth der Koncerte mächtig an. In den populären Koncerten sitzen die Zuhörer eng an einander gefügt, wie die Feigen in der Kiste, und nur der aalglatten Gewandtheit der Kellner, die ihre Körperverhältnisse allen Umständen anzupassen wissen, ist es zu danken, wenn Hunger und Durst nicht in bedenklicherem Grade überhand nehmen. Es gewährt einen eigenthümlichen Anblick, wenn man während der C-moll-Symphonie Beethoven's ringsherum Gänseklein, Hühnerfrikassee, ja sogar Klappstullen mit duftendem Harzer Käse verzehren sieht; geräuschlos gleiten Gabel und Messer durch Schnitzel und Koteletten, so geräuschlos wie die stählernen und hölzernen langen und kurzen Nadeln in den Händen der Damen, die, der Musik lauschend, endlose Tischläufer, zierliche Theeservietten, warme wollene Capuchons und Schlummerrollen entstehen lassen."

In den morgens wie abends stattfindenden Kaffee- und Gartenkonzerten des 19. Jahrhunderts gab es demnach noch ein Nahverhältnis zwischen der ‚U'- und der ‚E'-Musik, zwischen Wagner und Strauß, das von der Mehrheit nicht beanstandet wurde. Im Gegenteil, viele begrüßten dies als die einzige sich ihnen bietende Gelegenheit auch die ‚Klassiker' kennenzulernen, die sonst nur in den der großen Menge verschlossenen, würdig-ernsten Tonhallen zu hören waren.

Nach 1850 war allerdings auch bei Gartenkonzerten oder Parkkonzerten mit Musikpavillons oder bei Serenaden (Abb. 118) die Tendenz stark, das Ernste vom nur angenehm Unterhaltenden zu trennen. Dies geschah etwa dadurch, daß man die ‚klassischen' Werke in der ersten Hälfte anbot, das Genrehafte hingegen nach der Pause, da dann das Gläserklirren, der Tabakdunst, die Teilnahmslosigkeit und Lautheit der Konversation gewöhnlich zunahmen. Daß letztere Sparte auch dazu benutzt wurde, um, losgelöst von der Funktion der Tanzbegleitung, als verselbständigte Darbietungsmusik

126 Café-Concert im Palais chinois de BA-TA-CLAN zu Paris. Holzschnitt von Michel-Charles Fichot. 1865 (21,9 × 31,2 cm). Aus: ‚The Illustrated London News', Vol. XLVI, 1865, S. 269

nobilitiert zu werden, ist an den „Concerts à la Strauss" ablesbar.

Diese Bezeichnung prägte sich weltweit als ein stehender Begriff ein. Seinen Ausgang nahm diese Art der Konzert- und Freiluftmusik von Wien. Es war die zu einem vollen Streichorchester erweiterte Kapelle des Tanzgeigers Joseph Lanner,[5] die am 1. Mai 1824 im Ersten Kaffeehaus des Praters mit Streichern debütierte anstelle der bis dahin üblichen Bläser. Johann Strauß Vater setzte die damit erfolgreich begonnene Karriere fort und erweiterte 1833 sein Orchester auf 28 Musiker, mit denen er auch auswärts gastierte. In Berlin wurde er bereits 1834 gewürdigt als ein „großer Tanz-Tonkünstler", dem es gestattet war, im Saale des königlichen Schauspielhauses „eigene Tanz-Concerte" zu geben.[6] 1838 übernahm bemerkenswerterweise die englische Königin das Patronat über ein „Grand Concert" in den ‚Hanover Square Rooms'. Angestachelt durch die Nachfrage, formierten sich nach diesem Muster von 1840 an vielerorts Privat- oder Salonorchester „à la Strauß", die neben Ballmusiken und Hotelunterhaltungen ehrgeizig und zum Billigpreis mit ad-hoc-Verstärkungen auch Konzerte vor sitzendem Publikum spielten, um mit diesem erweiterten Angebot ‚gute Geschäfte' zu machen. Die ‚elegante Welt' strömte solchen Darbietungen ebenso zu wie die Masse der kleinen Leute. Vornehmes Auftreten in Frack und unbekümmerte Vulgarität wechselten dabei oft ab, entsprechend dem gesellschaftlichen Rang der Lokalität. Josef Gungl aus der Steiermark, Hans Christian Lumbye im 1843 eröffneten Tivoli zu Kopenhagen oder Louis Jullien in London avancierten in den Vergnügungszentren zu Publikumslieblingen.

Zum ‚König' im Bereich der konzertmäßig dargebotenen ‚leichten Muse' etablierte sich mit einer steilen Karriere Johann Strauß Sohn.[7] Er trat am 15. Oktober 1844 erstmals mit einer eigenen Kapelle in Wien in dem 1823 eröffneten Casino von Ferdinand Dommayer in Hietzing auf. Seine Walzersuiten, sein feuriges Geigenspiel, sein charmierendes Auftreten betörten die Massen. Er stieg auf zu einem begüterten Unternehmer eines ertragreichen Wirtschaftszweiges, in dem er in Personalunion den Manager mit dem Komponisten, Arrangeur und Kapellmeister geschickt zu vereinen vermochte. Richard Wagner bewunderte ihn ob dieser Erfolgstüchtigkeit als den „Dämon des Wiener musikalischen Volksgeistes". Strauß revanchierte sich für dieses Lob, indem er ab 1854 Ouvertüren aus Wagners Opern zugkräftig in seine popularen Konzertprogramme aufnahm und 1860 dem Kollegen zu Ehren eine „Wagner-Soirée" gab.

127 Orchesterstand im Garten des Hôtel de Paris in Monaco. Um 1930

Johann Strauß gelang es, als reisender Prinzipal ein Imperium in der Branche der Vergnügungsindustrie zu begründen. Ihm schlossen sich Spekulanten an, die für derartige Zwecke pompöse „Paläste", wie etwa den Apollo-Palast in Wien, das Krollsche Etablissement in Berlin oder die diversen Cafés mit Konzerteinrichtung, wie das Gran Caffè Pedrocchi in Padua, Tivolis, Eldorados und Elysien anderswo luxuriös für Leckerbissen aller Art einrichteten.[8] 1847/1848 unternahm er mit einem gemischten Programm, bestehend aus „verschiedenen Ouverturen und Opern Piecen" sowie eigenen Kompositionen, Konzertreisen auf den Balkan und nach Berlin. Er spielte zum Plaisir an Höfen und in Palästen; Strauß unternahm Konzertfahrten zu Volksgärten, dem ‚Covent-Garden' in London, dem ‚Pawlowsk Vauxhall' bei Sankt Petersburg (ab 1855) oder 1872 zum Weltfriedensfest in Boston (Abb. 100), wo er gar von 100000 Hörern rauschend umjubelt wurde. Sein Name stand seither ein für prunkvoll dekorierte, gehobene Unterhaltungsansprüche und musikalische ‚Picknicks'. Strauß zog alle Register der Überredungskunst, um seine Hörer zu fesseln. Bei Auftritten in Rumänien ließ er bei dem Erfolgsstück ‚Pompa di Festa' selbst Kanonendonner und Glockenklang ertönen; zu der musikalischen Humoreske ‚Bacchus-Polka' ließ er seine Musiker nach Art rumänischer Tänzer Rufe brüllen.[9] Eine als „Großes Concert à la Strauß" angekündigte Veranstaltung fand und findet meist genügend Absatz für die Billetts, denn zuletzt noch im Sommer 1986 warb etwa das ‚Minnesota Orchestra' in Minneapolis mit Programmen, die auf wienerische „Midday Coffee Concerts" mit „pre-concert lectures, fashion shows, coffee and donuts" einstimmen sollten.

Eine Spezies unter den Veranstaltungen, die breite Schichten angenehm unterhalten wollen, bilden die Promenadenkonzerte. Diese aus Lokalitäten in Paris und englischen ‚Pleasure Gardens' des 18. Jahrhunderts hervorgegangene Darbietungsweise, nämlich ohne intellektuellen Anspruch einem flanierenden Boulevard-, Park- oder Badepublikum, das sehen und gesehen werden will, Musik zu präsentieren, wurde im 19. Jahrhundert in manchen überdachten Vergnügungspalästen, Wandelhallen oder auch in großräumigen Konzertsälen übernommen. Das Promenieren zu einer begleitenden „Wandel-Musik" (Innsbruck, 1893) war in der bürgerlichen Gesellschaft mit ihrem Prestigebedürfnis, ihrer Geltungssucht und ihrem Konkurrenzstreben ein Ritual, das sie mit Anstrengung vollzog. Man tat dies in Warschau im Etablissement ‚Schweizertal' ebenso gern wie unter der Leitung von Joseph Lanner nach 1832 in Wien, in Wriedts Etablissement in Kiel oder nach 1845 im ‚Drury Lane Theatre' in London. In dieser Metropole behielten die sogenannten ‚Proms' in den ‚Surrey Gardens', der während des Zweiten Weltkriegs zerstörten ‚Queens Hall', sowie jetzt in der ‚Royal Albert Hall' ihre massenwirksame Zugkraft.[10] Es bildete sich das Hobby der ‚Promenadors' heraus, die sich als ein Teil von „the general public" durch sie beherrschende Dirigenten wie Philippe Musard (1793–1859), Louis Antoine Jullien (1812–1860) oder Henry Joseph Wood (1869–1944) unterhalten und bilden ließen. Jullien war als der „Napoleon of the Promenade Concerts" und vieler Bals Masqués ein sehr populärer Musiker, der 1853 von seinen Verehrern einen mit Gold und Diamanten verzierten Dirigentenstab entgegennehmen durfte. Die Galanterie der Quadrillen, Walzer und Polkas in seinen Programmen, aber auch „Concerts Monstres" und „Congrès Musicale" benannte Aufführungen, wobei exzellente Solistenleistungen und attraktive Dekorationen nebst lebenden Bildern geboten wurden, entzückten das viktorianische Publikum. Ein für ihn typisches Programm der vierziger Jahre, vom 7. September 1841, lautete:

Part I

Overture–Guillaume Tell	Rossini
Valse–Künstler *Ball Tänze*	Strauss
Quadrille–Napoleon, *with solos for all the stars, composed expressly for these concerts by*	Jullien
The celebrated Pot-pourri Le Bouquet des Dames, *including such effects as Chinese Chimes, sledge party, post horn, cracking of whips, description of an earthquake, coronation procession, God save the Queen, firing of cannon, flourishing of trumpets, ringing of bells, and shouts of thousands of spectators, by*	Strauss
Quadrille, de Vénus, *with five Tableaux vivants.*	
Quadrille, Les Huguenots, *the massacre of St. Bartholemew.* *1. Chorus of Nobles. 2. Cavatina. 3. Air of the page. 4. Gipsies' rondo. 5. Alarm, chorus of assassins, Choral de Luther, Battle and Conflagration*	Jullien

Part II

Locke's celebrated music to Macbeth, *with* Hecate *by Mons.* Prospère *on the ophicleide,* 1st Witch *by Herr Koenig on the cornet,* 2nd Witch *by Mons.* Barret *on the oboe,* 3rd Witch *by Mons.* Jancourt *on the bassoon.*	
Valse – The Nightingale, *variations piccolo obbligato composed and played by Mons. Jullien.*	
New Royal Irish Quadrilles, with solos	Jullien
Galop–Camille	Musard

Breitenwirksam wurde auf diese Weise nicht nur der Geschmack für das Preziöse, Brillante, Charmante geweckt, auch das Interesse an komplexer strukturierten Musikwerken konnte bei vielen seiner Hörer belebt werden.[10]

Henry Wood leistete in der Rolle des Erziehers von begeistert ihm anhängenden concertgoers noch einiges mehr. Er wurde als Autorität und Instanz derart hoch geachtet, daß eine derzeit, noch Jahrzehnte nach seinem Tode von der BBC präsentierte Konzertserie als ‚Henry Wood Promenade Concerts' bezeichnet wird, wobei in der Arena (= Parkett) weiterhin Promenaders zu einem geringen Eintrittspreis – unbehindert durch Gestühl – sich frei bewegen können. Sir Henry Wood übernahm 1895 die Leitung dieser Konzerte, die ihm bis 1944 überantwortet blieben. Er wurde verehrt als „a national institution ... He has purified and enriched the musical taste of at least two generations ..." (Arnold Bax). Mittwochs war durch viele Jahre hindurch der Bach-Händeltag, donnerstags das ‚British Composers Concert', freitags der Beethoven-Tag. Auf solche und andere Standards richtete sich das Publikum in seinen Erwartungen ein und ließ sich vorab mit Werken Wagners, Beethovens, Tschaikowskis, Mozarts, Mendelssohns, Händels, Webers, Bachs, Saint-Saëns' und Elgars in reicher Folge vertraut machen. Dankbar erinnern sich viele Proms-Besucher vor allem an die Jahre vor 1930, als es Henry Wood gelang, vielen Engländern den Zugang zu symphonischer Musik zu erschließen. Am 20. September 1930 bot er beispielsweise als ein betont ‚popular Concert' in der Thirty-Sixth Season der „Promenade Concerts' an:

Part I.

Symphonic Poem „*Le Chasseur maudit*" ..	César Franck
Overture „*Der Freischütz*"	Weber
Aria „*Caro mio ben*"	Giordani
Symphonic Variations *for Pianoforte and Orchestra*	César Franck
Symphonic Poem „*Don Juan*"	Strauss
Aria „*Tell fair Irene*" (Atalanta)	Handel
Suite No. 2 „*Peer Gynt*"	Grieg
Military March „*Pomp and Circumstance No. 5, in C*"	Elgar
(First performance)	

Part II.

Suite „*Casse-Noisette*"	Tchaikovsky
Songs *(with pianoforte)*	
March to the Scaffold *(Fantastic Symphony)*	Berlioz

Im Programmheft dazu wurde bekanntgegeben, daß ‚Encores' im ersten Teil des Programms unmöglich seien, was sichtlich eine Einschränkung bedeutete, denn diese sollten ebenfalls den Zugang zur Konzertmusik vertiefen helfen. Der weitere Hinweis „Smoking permitted" zeigte, daß man bei allem höheren Kunststreben weiterhin „for amateurs" eine legere Atmosphäre bevorzugte. Das Promenieren findet derzeit leider selten statt, da der Andrang in der Arena nur mehr ein Stehen in der Menge erlaubt.

Kurkonzerte

Brunnen- oder Kurkonzerte bilden unter den Veranstaltungen, die akustische Genüsse liefern, seit dem 18. Jahrhundert eine besondere Art der Darbietung (Abb. 129). Ihr Zweck war und ist es, Menschen, die zugleich Erholung und Amusement an Orten suchen, die als „Residenzen des Glücks" mit großer Hotellerie und Bequemlichkeiten aller Art ausgestattet sind, täglich kurzweilig zu unterhalten. Georg Philipp Telemann, der in der Geschichte des Konzerts vielseitig initiativ tätig war, gehört als anpassungsgewandter Komponist auch zu den ersten, die derartige Lokalitäten des Wohlstands und des Wohlergehens mit Werken bedienten. 1734 schrieb er ‚Scherzi Melodichi, per divertimento di coloro che prendono l'acque minerali in Pirmonto, con Ariette semplici e facili'. Abnehmer für diese komponierten Kleinigkeiten waren höfische Musiker und Hautboisten, die mit ihren Herren Orte wie etwa das vornehme Bad Pyrmont aufsuchten, um dort täglich mit „Allee-Musiken ... aufzuwarten". Den dabei gewonnenen Ohrenschmaus reflektierte um 1800 der Bückeburger Kirchenrat Karl Gottlieb Horstig in dem Gedicht ‚An die Quelle zu Pyrmont':

> ... Andre nahen sich mit leichtern Schritten,
> Heiter von den Wandelnden begrüßt,
> Horchen auf die süßen Töne,
> Wenn die Flöte mit dem Horn in schöne
> Lebensreiche Harmonieen sich ergießt ...

Die Aristokratie, später auch das Großbürgertum einschließlich der arrivierten Künstler, genossen in diesem lippischen Bade ähnlich wie in dem englischen Bath mit seinen vielfältigen musikalischen Darbietungen, in Spa, in Baden-Baden oder Bad Ischl, meist nur leichte Stücke, 1796 in Bad Driburg aber auch „eine Symphonie von Mozart". „Bey Tische und in der Allee" ließen sich sogenannte Prager (-böhmische Musikanten) neben Stadtmusici mit Militärmusiken hören, um aus den mittels Verpachtung erworbenen saisonalen Konzessionen hohe Einkünfte zu beziehen. Hinzu kamen Solisten mit Reputation, die freilich bis ins 20. Jahrhundert hinein ohne Entlohnung, nur der „Ehre wegen, vor den höchsten Herrschaften musizieren zu dürfen" (Fritz Busch), sich in den Sommermonaten einstellten. Selbst Max Reger beteiligte sich, innerlich widerstrebend, jedoch der Karriere wegen noch im Jahre 1910 konzertierend an diesem Amüsierbetrieb, gegen das Honorar eines gnädig überreichten Ordens.

Zu diesem Zwecke der Vorführung von zumeist „gefälliger Musik" ersetzte man in vielen Bädern im Laufe des 19. Jahrunderts die bis dahin lediglich kurzzeitig engagierten Ensembles durch langfristig angestellte Kurkapellen (Abb. 129), so geschah es zum Beispiel 1873 in Bad Hofgastein, 1874 in Davos oder 1894 in Bad Salzuflen; dort bestand die Kapelle 1909 aus 18 Musikern, 1914 aus 32. Sie zählten fortan zu den unverzichtbaren ‚comforts' eines Unterhaltungsbetriebs, der vom Vormittag bis zum Abend angeboten wurde. Man musizierte – meist von Spendern abhängig – in Wandelhallen, Alleen, Hotels, Konversationshäusern und etwa in Travemünde auch in einem „Musiktempel" (Thomas Mann) um 9 Uhr, 11 Uhr, 16 Uhr und 20 Uhr. Diese dienstfreige Berieselung der flanierenden Patienten oder Urlauber nahm in seiner organisierten Geschäftigkeit schon vieles von jenem undifferenzierten, stundenlangen Musikkonsum voraus, den die stimulierenden elektronischen Massenmedien derzeit bescheren. Wunschkonzerte wechselten im 19. Jahrhundert ab mit Vorführungen von Novitäten. Für letztere boten die Badeorte besonders effektiv die Chancen des Marktes durch eingewöhnende tägliche Wiederholungen. Die Programme der Konzerte spiegeln die Hörpräferenzen des Publikums und die rasche Beliebtheit von Werken Rossinis, Richard Wagners oder von Franz Lehár wider. Arrangierte Tanzmusik erklang neben dem ritualisierten ‚Morgenchoral'; Potpourris, Romanzen und Märsche dominieren nicht nur in den Programmen der ‚Badekapellen', sondern auch den höher ästimierten, weil aus Be-

128 Konzert in Pillnitz bei Dresden. Gemälde von Fritz Beckert. 1947. Öl auf Holz (34,5 × 27 cm). Dresden, Sammlung Pappermann

129 Kurmusik in Bad Ischl (Österreich). Bleistiftzeichnung von Hentschel. 1875. Bad Ischl, Heimatmuseum

rufsmusikern gebildeten ‚Kurkapellen'. So erklangen im Kurgarten von Travemünde am Sonntag den 27. August 1911, um 20 Uhr, folgende Werke:

1. Nibelungen-Marsch . . . . H. Sonntag.
2. Ouv. „Orpheus in der Unterwelt" . . . . . J. Offenbach.
3. Lieb mich und die Welt ist mein, Lied . . . R. Ball.
4. Die Völkerschlacht bei Leipzig, milit. Tongemälde . . . . R. Eilenberg.
5. Ouv. „Rienzi" . . . . R. Wagner.
6. Wo die Zitronen blüh'n, Walzer . . . . J. Strauss.
7. Potpourri aus „Die keusche Susanne" . . . J. Gilbert.
8. Zwei Armeemärsche . . . . R. Henrion.

Dieses Gemisch aus Gefälligkeiten und Repertoirestücken ist seitdem nahezu stagnierend gleichgeblieben, denn beispielsweise bot am 17. Juli 1986 das ‚Kurorchester St. Moritz mit zwölf Musikern' im Konzertsaal des dortigen Heilbadzentrums an:

J. Strauss	Accélérations – Walzer
V. Bellini	Norma – Ouverture
E. Grieg	Peer Gynt – Suite Nr. 1
C. Chaminade	Concertino, Flötensolo: Jürg Frei
P. Mascagni	Iris – Fantaisie d'opéra
F. Lehár	Clo-clo – Operettensuite.

Möglichst anspruchslose Musikvorführungen sollen in den Bade- und Ferienorten als ein „seelisches Kurmittel" entspannend wirken, „leicht eingehen" und keine kognitiven Probleme aufgeben. Man sprach vom „Kurgebrauch" der Musik und hegte vor 1870 im allgemeinen auch bezüglich der Qualität der Ausführung angesichts der Überbeanspruchung der Musiker, die täglich fünf und mehr Stunden zu musizieren genötigt waren und dies teilweise noch heute tun, lediglich geminderte Erwartungen. Städtische Kurorchester, wie sie etwa in dem Renommier- und Luxusbad Wiesbaden 1915 für die Uraufführung der Mozart-Variationen op. 132 von Max Reger zur Verfügung standen, hoben sich selbstverständlich im Standard beträchtlich ab etwa von jener Badekapelle, die Felix Mendelssohn Bartholdy 1823 in Bad Reinerz antraf und mit der er qualitätvoll zu musizieren suchte. Sebastian Hensel berichtet darüber: „ . . . man legte Felix ein Konzert von Mozart vor. Nachdem man das erste Solo eine Stunde lang wiederholt hatte, sah Felix ein, daß es auf diesem Weg nicht gehen würde. Der Kontrabaß, der zugleich die Stelle des Cello's vertrat, stimmte nicht, die meisten Instrumente fehlten ganz, und der Rest, würdige Dilettanten des Städtchens, verstanden weder zu spielen, noch zu pausieren: es war eine tolle Katzenmusik. Er schlug also vor zu phantasieren, ließ den Schulmeister die Ursache

130 *Programm eines Militärkonzerts in Bruck an der Leitha vom 12. 6. 1882. Privatbesitz*

dieser Veränderung bekannt machen, wählte einige Themata von Mozart und Weber und spielte mit allgemeinem Beifall. Gleich nach dem Konzert reiste er ab und empfing noch beim Einsteigen in den Wagen von einem hübschen Mädchen einen Blumenstrauß." Trotz solcher Fehlleistungen kommt den Kurkonzerten bis heute ein von vielen geschätzter, vornehmlich sozialer Zweck zu, nämlich Menschen aus der Vereinzelung der Gesundheitspflege kommunikativ herauszuführen, geselligen Umgang zu stiften. Dementsprechend bestimmen zumeist der Durchschnittsgeschmack, das Hörbedürfnis der Menge das tägliche Programmangebot gemäß der 1910 in Travemünde ausgesprochenen Devise: „Bademusik hat Unterhaltungsmusik zu sein."[1]

Platzkonzerte

Am 14. August 1888 war in der Münchener Zeitung ‚Die Presse' folgender Bericht über ein Platzkonzert des österreichischen Infanterie-Regiments Nr. 84 unter der Leitung von Karl Komzák zu lesen: „Die hier concertirende Capelle des österreichischen Infanterie-Regiments FZM Frh. v. Bauer Nr. 84 war schon bei ihrem ersten Auftreten der Gegenstand begeisterter Ovationen. Von Nah und Fern strömten

Fremde herbei, um den flotten Wiener Weisen zu lauschen. Man war gekommen, um die Productionen einer Militair-Capelle zu hören, was man aber vernahm, waren Kunstleistungen allerersten Ranges. Man wußte nicht, was man zuerst bewundern sollte: die an ein Streichorchester gemahnende Feinheit und Zartheit des Tones, den diese Musiker den harten und spröden Instrumenten zu entlocken verstehen; die minutiöse Ausarbeitung der Details, so daß jede Feinheit der vorgetragenen Tonstücke zur Geltung kommt, überhaupt den von erlesenem Geschmack geleiteten Vortrag, der jedes lärmende Zuviel vermeidet, der kein vorlautes Heraustreten eines Instruments duldet, sondern den Ehrgeiz der einzelnen Musiker in die Schranken der künstlerischen Mäßigung verweist und nur Ein Ziel kennt: ein geordnetes, wohlabgetöntes und klangschönes Ensemble."

Im Musikpavillon der Internationalen Kunstgewerbe-Ausstellung in München hatte Komzák ein Programm präsentiert mit eigenen Werken, unter anderem mit seiner Polka Mazurka ‚Gruß vom alten Steffel', dem „in tiefster Ehrfurcht" dem Prinzregenten Luitpold gewidmeten ‚Bavaria-Marsch' und der Polka ‚München – Wien, gleicher Sinn'. In ihm feierte man den Garanten für ein „aufrichtiges Freudengefühl beim Klange der einfachen, leicht faßlichen und melodischen Musik", denn „nach den neuesten modernen Symphonien, bei welchen man gewöhnlich mehr Lärm als erhabene, gute Musik zu hören bekommt, ist es ein wahrer Genuß, ein Konzert anzuhören, bei welchem melodische Walzer, lustige Polkas, leichte Ouvertüren und phantastische Potpourris, meist aus Opern und Operetten, einander abwechseln" (‚Badener Zeitung' Nr. 12 vom 14. Februar 1903). Enthusiasmiert begrüßte man so oder ähnlich seit 1815 die Stand- und Platzkonzerte uniformierter Kapellen, deren Musik als „eines der besten hygienischen Mittel" angesehen wurde „für den durch physische Arbeit erschöpften menschlichen Organismus" (1903). Mit und ohne Programm spielten sie in Biergärten, bei Paraden, nationalen Feiern, Promenadenkonzerten oder besonderen öffentlichen Anlässen wie Denkmalsenthüllungen, Aufmärschen und politischen Demonstrationen. Sie handelten meist auf Befehl ihrer Vorgesetzten und zogen die gesamte Bevölkerung in Stadt und Land an. Trotz dieser bis heute anhaltenden Popularität entzieht sich die Fülle einstiger Blasmusikkonzerte im Freien weitgehend noch der wissenschaftlichen Reflexion.

Vor allem in Frankreich wurden Militärkapellen unter Napoleon zur Institution. Durch Vergrößerung und Umstrukturierung der Infanterie, der Jäger, der Schützen sowie der Kavallerie gingen sie aus den Hautboistenkorps hervor. Nach 1815 begaben sich diese neuen Ensembles und reinen Blaskapellen auf das harte Konkurrenzfeld des Konzertlebens, wo viele um Marktanteile kämpften. Ihr Auftreten neben den Liebhaberensembles, Stadt-, Tanz- und Orchestermusikern verlief nicht immer problemlos, denn sie waren ihnen ob ihres Klangvolumens und ihrer eingängigen Literatur vielfach überlegen. Zu Zeiten des aufkeimenden Nationalismus, der regressiven Interessen der um ihren Bestand kämpfenden Monarchien, der Industrialisierung und der Be-

Platzkonzerte 181

*Farbtafel 11   Ein ‚Private Concert' in Bath.
Federzeichnung und Aquatinta von Thomas Rowlandson.
Um 1785 (19 × 12,5 cm). London, Victoria Art Gallery*

*Farbtafel 12   Grammofon. Gemälde von István Czók. 1927.
Öl (86,4 × 91 cm). Budapest, Magyar Nemzeti Galéria,
Inv. Nr. 1927–2055*

völkerungsmassierung in den Städten kam diesen Kapellen die repräsentative Rolle prunkvoller Demonstrationen zu, die auf das Publikum großen Eindruck machten.

Im pompösen Zeitalter ließen sich die Herrschenden durch prunkvoll uniformierte Armeen bombastisch repräsentieren, das Publikum verlangte nach immer satteren Vollklängen, aber auch nach einem Musizieren mit „Präcision und militärischer Pünktlichkeit". Man liebte den markierten Takt. Militärbanden, brass bands, nahmen fortan einen unüberhörbaren Platz im öffentlichen und unterhaltenden Musikbetrieb ein; es waren Militärmusiker, die beispielsweise ab 1869 in Japan den Transfer europäischer Musik besorgten und die nach 1871 die Organisation und Ausbildung der dortigen kaiserlichen Armeemusiker übernahmen. In China wird bereits 1797 von einer „European band of music" im Umkreis des englischen Botschafters berichtet, die für die chinesischen Gäste „formed a concert every evening in the Embassador's apartments".[1] Selbst in die Kirchenmusikpraxis wirkten sie tonangebend hinein, denn die Aufstellung kirchlicher sogenannter Posaunenchöre (= Flügelhornchöre) zum Zwecke der „Posaunenmission" war ab 1842 auf deren Mithilfe und Vorbild angewiesen.[2] Auch in der kirchlichen Erneuerungsbewegung suchte man die massenwirksame bläserische Pracht „glitzernder, anspringender", vollstimmiger Chöre von Bügel- und Flügelhörnern, militärisch gedrillt, einzusetzen.[3] Selbst die Festsetzung eines vereinheitlichenden Kammertons 1850 in Paris wurde von Militärmusikern gefordert und gelenkt; sie geschah primär deshalb, um den Erfordernissen in den Harmoniekorps entgegenzukommen.

Den Übergang von der funktionalen Feldmusik im Kampfe zur Ausführung „militärischer Musikstücke" zur Unterhaltung kann man deutlich ablesen an der Konzertgeschichte der Stadt Braunschweig. Hier wirkten von 1773 bis 1795 „Hautboisten des Herzogl. Leibregiments" zur Aufbesserung des Soldes und zwecks Auslastung bei illuminierten Abendveranstaltungen im „Medizinischen Garten" mit. Sie spielten Janitscharenmusiken und andere akustisch attraktive Stücke. Von 1830 an ging diese Praxis nach Art der ‚Pleasure Gardens' in regelmäßige Gartenkonzerte über, bei denen dem Publikum Ouvertüren, Arien, Potpourris und Tänze, später auch ‚symphonische Musik' angeboten wurden. In Berlin traten 1821 erstmals eine Militärkapelle sowie ein Militärsängerchor in einem Konzertsaal mit einem Mischprogramm auf, womit deutlich der Anspruch bekundet wurde, auch im Bereich der Kunstmusik mitsprechen zu können. Selbst die ‚Allgemeine Musikalische Zeitung' berichtete über dieses Ereignis: „Am 1sten Dezember [1821] gab das Musikcorps des zweyten Garderegiments Concert im Jagorschen Saale, in dem die gewählten Stücke ... richtig auf Blasinstrumente berechnet, so wie die Saiteninstrumente und zum Theil die Singstimmen auf die Klarinetten, Oboen, Fagotts, Bassons übertragen waren. Der Chor aus B. A. Webers ‚Hermann und Thusnelda', der erste Scythenchor aus Glucks ‚Iphigenia' und der Volksgesang von Spontini, wurden von den militärischen Sängern aus mehrern hiesigen Regimentern unter Einwirkung des Hrn. Chordirector Leidel rein und fest vorgetragen. Die zweckmäßige Leitung des Ganzen stand unter dem Director des Musikcorps, I. H. Weller, dessen Adagio und Polonoise den einzelnen Instrumenten Gelegenheit zu angenehmen Soli gab" (1822, Sp. 39).

So wie in Berlin etablierten sich auch in vielen anderen Garnisonsstädten die Militärmusiken zu Institutionen, die sehr rasch ihr Können zu respektablen Leistungen zu stei-

131 Österreichische Regimentsmusik konzertiert auf dem Markusplatz in Venedig. Vor 1866. Wien, Bildarchiv der Österreichischen Nationalbibliothek, Inv. Nr. H 909

132 „Vue de l'Alameda à Mexico".
Nach einer Skizze von M. Spès.
1865 (14,6 × 21,9 cm). Aus:
‚L'Illustration', Vol. XLVI, 1865,
S. 124

gern vermochten (Abb. 130 bis 134 und Farbtafel 9). 1831 berichtete die Zeitschrift ‚Iris' (S. 136): „Unter den Musikaufführungen, die jetzt Interesse verdienen, nennen wir die, welche das Musikkorps des zweiten Garderegiments unter der Leitung des Herrn M. D. Weller im Blumengarten vor dem Potsdammer Thore veranstaltet. Es werden daselbst unter vielen anderen Musikstücken auch Haydn's, Mozart's und Beethoven's Symphonien vortrefflich ausgeführt. Dergleichen ist sehr schätzbar, denn es verbreitet den guten musikalischen Geschmack immer weiter. Mit wahrem Vergnügen haben wir es erlebt, daß die Theilnahme, welche bei andern Musikstücken ganz zertheilt und gleichgültig war, bei der Ausführung der Symphonie in C moll von Beethoven förmlich gespannt wurde." Man nahm somit unter anderem auch die Symphonien Beethovens in die Programme auf. Da dies selbst in Kleinstädten vorkam oder 1818 in Bielefeld Haydns ‚Schöpfung' nur mit Infanteristen aufgeführt werden konnte, fiel den Militärkapellen eine gewichtige vermittelnde Rolle zu. Sie trugen dazu bei, mittels Arrangements für Bläser wie auch in originaler Besetzung Werke aus dem großstädtischen Konzertsaal in die Vorstadtgärten, Vergnügungsetablissements und auf die Plätze von Gemeinden zu befördern, wo sie sonst nicht hätten gehört werden können. Dank der Blaskapellen konnte man selbst in Manila auf den Philippinen um 1890 Sätze und Stücke von Beethoven, Meyerbeer oder Verdi vernehmen, die dort in originaler Besetzung durch Symphonieorchester erst nach 1930 aufgeführt worden sind. Dieser Verbreitungs- und Popularisierungseffekt mit seinen geschmacksverändernden Komponenten ist ein für die breit gestreute Musikrezeption im 19. Jahrhundert wesentlicher Aspekt solcher Aktivitäten.

Militärkapellen gaben ‚Großkonzerte' oder ‚Massenkonzerte' (München, 1888) mit Feuerwerk und anderen Attraktionen für viele Tausend Zuhörer, womit sie selbst kritische Hörer wie Hector Berlioz zu faszinieren vermochten. Der französische Komponist berichtet 1843 aus Berlin: „Was die Militärkapellen betrifft, so müßte man es böswillig darauf abgesehen haben, nicht wenigstens einige von ihnen zu hören, da sie zu jeder Tageszeit durch die Straßen Berlins ziehen. Diese kleinen vereinzelten Truppen können indessen keinen Begriff von der Majestät der großen Ensembles geben, die Wiprecht, der Dirigent und Instruktor der Berliner und Potsdamer Militärkapellen, zusammenbringen kann, wenn er will. Stellen Sie sich vor, daß er eine Masse von mehr als sechshundert Musikern unter sich hat, die alle gut vom Blatt lesen, den Mechanismus ihrer Instrumente gründlich kennen, rein spielen und von der Natur mit unermüdlichen Lungen und ledernen Lippen bedacht worden sind. Daher die außerordentliche Leichtigkeit, mit der die Trompeten, Hörner und Cornets die hohen Noten geben, die unsere Künstler nicht erreichen können. Es sind nicht Regimentsmusiker, sondern Regimenter von Musikern." Der genannte Wilhelm Friedrich Wieprecht (1802–1872) war 1838 zum Direktor „der sämmtlichen Militärmusikchöre der Garde" in Preußen ernannt worden.[4] Er leitete richtungsweisende Reformen ein, die internationale Beachtung fanden und in der Fachpresse mit Lob bedacht wurden. Selbst die ‚Signale für die musikalische Welt' ließen sich 1845 zu der Würdigung herab: „Obwohl ich Ihnen grundsätzlich keine Mitteilungen über die Gartenkonzerte mache, so dürfte man doch wohl da eine Ausnahme gestatten, wo sich ein wahrhaft künstlerisches Streben im Gegensatz zu den gräßlichen Geschmacksverderbungs-Tendenzen geltend macht, die jetzt sogar die bessere Musik an den öffentlichen Orten beherrscht. Der Ruhm, im guten Sinne nach dieser Seite hin zu wirken, gebührt offenbar Wieprecht, dem Direktor der sämmtlichen Militairmusikchöre der Garde … Wir gehen zu der Ausführung des Concertes selbst über. Die Zahl der

133 Konzert der Kapelle des Regiments Préobrajensky im Garten des Elysée-Palastes zu Paris. 1897 (22 × 31,8 cm). Aus: ‚L'Illustration', Vol. CX, 1897, S. 405

Mitwirkenden bestand aus ohngefähr 130 Militair-Musikern. Den Beginn machte die Ouvertüre zum Rienzi von Rich. Wagner... (Weiter wurden gespielt: Meyerbeer, Ouvertüre zum Feldlager, und Mendelssohn, Meeresstille und glückliche Fahrt.) Der Matador des Abends war die Sinfonia eroica... auch der Matador der Ausführung. Von großer Wirkung waren mehrere Märsche und ein Fackeltanz von Meyerbeer..." (S. 229f.)

Von voll einsatzfähigen, „stark und präcise" musizierenden Militärmusikern forderte man fortan, daß sie der Konkurrenzfähigkeit wegen Blas- wie Streichinstrumente spielen konnten und in Tanz- oder Salonorchesterbesetzung aufzutreten vermochten. Nur wenige Musiker von Rang verschlosssen sich diesem Leistungsstandard. Ein Komponist wie Richard Wagner rechnete es sich zur Ehre an, zum Beispiel auf dem Markusplatz in Venedig seine ‚Rienzi-Ouvertüre' bei einem Platzkonzert hören zu dürfen (Abb. 131). Brahms wünschte sehr, daß seine ‚Akademische Festouvertüre' auch von den Blaskapellen adaptiert würde. Freilich wurden auch Stimmen laut, die aus naheliegenden Gründen diese Verfügbarmachung aller großen Orchesterwerke einzugrenzen versuchten. In der ‚Neuen Zeitschrift für Musik' fragte 1883 (vergebens) A. Kalkbrenner: „Welches ist der Ort für die Wirksamkeit der Militärmusik? der Concertsaal nicht, wie überhaupt nicht der geschlossene Raum. Diese Erwägung ganz allein scheint beinahe genügend die hier in Rede stehende Frage zu lösen. Auf freien Plätzen, Promenaden, Gärten etc. producirt sich die Militärmusik. Solche Oertlichkeiten lassen aber bei den Zuhörern eine geistige Sammlung und concentrirte Aufmerksamkeit, wie sie im Concertsaal möglich ist, gar nicht aufkommen, zuvielerlei Aeußerlichkeiten treten dem störend entgegen. Ferner liegt es in der Natur der Sache, daß alle besonderen Feinheiten der Ausführung im Freien mehr oder minder unausführbar sind, oder aber dann wirkungslos bleiben müssen. Drittens sind die Gelegenheiten, wo im Freien musicirt wird, auch gar nicht danach angethan, mit hochklassischen Werken aufzuwarten. Auf Wachtparaden, wo die Officiercorps ihre dienstlichen Angelegenheiten erörtern, das Publicum zu weit abseits placirt ist und noch durch allerlei Umstände fortwährend gestört wird, gehört der ernste, künstliche, complicirte Stil am Allerwenigsten; da ist eine Musik, die auf Gefühl und Verständniß zu wirken bestimmt ist, völlig am unrechten Platze und wenn erhabene Kunstschöpfungen hier dennoch gebracht werden, so gilt dies als nichts anderes denn eine Herabwürdigung und Profanierung derselben. Bei

Platzkonzerte 185

134   Platzkonzert vor dem Nationaltheater in Weimar anläßlich der Konstituierung der Weimarer Republik. 1919

135   Konzert auf der Fischerbastei in Budapest. Kreidezeichnung von Mészáros Mihály (40,7 × 47 cm). Budapest, Magyar Nemzeti Galéria, Inv. Nr. F. 7028

136 Platzkonzert am Bahnhof in Moskau. 1964

solchen Gelegenheiten verlangt auch Niemand mehr als heitere, einfache, melodische und leicht faßbare Musik, die sich von selbst aufdrängt und ohne besondere geistige Anstrengung zu verstehen ist ..." (S. 103).

In der Österreichisch-Ungarischen Monarchie begann mit den Brüdern Joseph und Philipp Fahrbach eine Ära ambitionierter Kapellmeister, die über den als Hofkapellmeister nach Mexiko berufenen Josef Rudolf Sawerthal,[5] über Karl Komzák bis hin zu Franz Lehár und Julius Herrmann insbesondere auf dem Konzertpodium, im Pavillon oder auf einem Dorfplatz in Galizien mit den Elite-Militärkapellen in Stadt und Land neben Märschen und Darbietungen à la Strauß auch Opernteile und Symphonisches vermittelten. Bereits 1836 wurde in Bregenz als „musikalische Abendunterhaltung" von der dortigen ‚Militair-Bande' vorgetragen:

Erste Abtheilung.

1. Ouverture aus der Oper: die Stumme von Portici von Auber.
2. Aria aus der Oper: Somnambula von Bellini.
3. Scena und Cavatina aus: Anna Buolena von Donizetti.

} für türkische Musik

4. Adagio und Polonaise für Fagott mit Begleitung des Orchesters von Geißler, vorgetragen von M. J. Reisinger.

Zweyte Abtheilung.

5. Polonaise von Joseph Pollischansky.
6. Merkurs Flügel, Walzer von Johann Straus.
7. Magyar von G. Rotkrepf.
8. Die Werber, Walzer von Joseph Lanner.
9. Triumph-Marsch für türkische Musik, von Joseph Pollischansky.

Um 1900 konkurrierten einhundert Militärkapellen miteinander um die Gunst des breiten Publikums, davon waren zehn in Wien stationiert. Sie fuhren zu Militärmusik-Wettbewerben mit Wertungsstücken, wie zum Beispiel mit Franz Liszts ‚Ungarischer Rhapsodie' in f-moll zur Weltausstellung 1880 nach Brüssel, sie konzertierten auch im Wiener ‚Großen Musikvereinssaal' gemeinsam mit Hofopernsängern, etwa in einem Wohltätigkeitskonzert am 4. Januar 1902 mit folgendem Programm:

1. R. Wagner: Ouverture zu ‚Rienzi'
 die Capelle des k. u. k. Infanterie-Regimentes No. 60

2. a) Schumann: ‚Aufschwung' (aus op. 12)
 b) Chopin: ‚Nocturne'
 c) Schubert-Liszt: ‚Erlkönig'
 Herr Philipp Beran

3. a) Guido Papini: ‚Caro mio ben'
 b) Schumann: ‚Du bist wie eine Blume'
 Herr Alex. D'Israeli
 Accomp. Herr R. Pahlen

4. a) Wieniawski: Andante aus dem D-moll-Concert
 b) Hubay: ‚Csardas-Scene'
 Frl. Gertrude Popper
 Accompagnement: Herr Leo Pavia

5. a) Donizetti: Wahnsinns-Arie aus ‚Lucia' mit Flötenbegleitung
 Flöte: Herr Prof. Ghisas von der k. k. Hofoper
 Frau Elise Elizza
 k. k. Hof-Opernsängerin

6. Declamation
 Frl. Claire Wallentin
 Mitgl. d. D. Volkstheaters

7. a) R. Wagner: Liebeslied a. d. ‚Walküre'
 b) Grieg: ‚Ein Traum'
 c) Jensen: ‚Margreth am Thore'
 Hr. Erik Schmedes
 k. u. k. Kammer- und Hofopernsänger
 Accomp. Herr R. Pahlen

8. Humoristische Vorträge
 Fr. Hansi Niese-Jarno

9. Couplets
 Herr Leop. Natzler
 Mitgl. des k. k. priv. Theaters an der Wien

Im 20. Jahrhundert schlugen die Militärmusiker – auch die ehemaligen – bei ihren konzertierenden Tätigkeiten über diese Bereiche hinausgehende und sich verzweigende Richtungen ein. In den Vereinigten Staaten von Nordamerika setzte namentlich John Philip Sousa (1854-1932) neue Akzente. Er entwuchs der ‚US Marine Band' und verselbständigte sich 1892 als band-leader auf eigene Rechnung, der mit seiner Privatkapelle ab 1900 Europatourneen und 1910/1911 erstmals eine Welttournee unternahm.[6] Sein Einfluß auf die Geschmacksbildung in vielen Ländern kam demjenigen von Johann Strauß gleich. Sousa wies die Möglichkeiten der kommerziellen Nutzung von show-bands in der Unterhaltungsindustrie auf. Englische Militärmusiker wie John William Fenton oder der Franzose Dacron wirkten außerhalb Europas und trugen bei zur ‚Verwestlichung' etwa der japa-

137 Galakonzert der Konservatoriumszöglinge in Venedig. Gemälde von Francesco Guardi. 1782. Öl auf Leinwand (67 × 90 cm). München, Bayerische Staatsgemäldesammlungen, Inv. Nr. 8574

nischen Hofmusik, indischer Musiziergepflogenheiten und anderer mehr.

In Europa hingegen setzten die beiden Weltkriege neue Aufgaben in mörderischen Zeiten und Situationen. Die ‚Musicians in Battle-dress', die auch Krankenträgerdienste zu leisten hatten, wurden nunmehr eingesetzt zur ‚Truppenfürsorge', zur ‚Truppenbetreuung' und Ablenkung der Zivilisten vom grausamen Geschehen. Entsprechend dem Einsatz und der befohlenen ‚Zielgruppe' war ihr Wirken ein Propagandamittel, Trost und Hilfe in schwerer Zeit des Überlebens. In England wurde für diese kriegsbedingten Zwecke 1940 die ‚National Service Entertainments Association' und der ‚Council for the Encouragement of Music and the Arts' gegründet, der alle mobilisierbaren Musiker, Tänzer und Sänger in den Kriegsdienst einbezog und sie an den Standorten im gesamten Empire einsetzte. Platz- und Standkonzerte gaben und geben daneben auch – nunmehr in jedem Land der Erde – paramilitärische, uniformierte Kapellen, Polizei- und Werksorchester, Universitätsbands, Schülerkapellen, Church Bands, Dorfkapellen,[7] denen eine große Nachfrage gilt innerhalb der gesamten Palette vom ritualisierten pathetischen Konzert bis hin zum Zapfenstreich, den Auftritten neben dem Sportfeld oder auf großen Plätzen an nationalen Feiertagen (Abb. 135 und 136).

Schüler- und Jugendkonzerte

Obwohl Kinder und Jugendliche früher in der Regel von der Teilnahme an ‚philharmonischen' Genüssen ausgeschlossen blieben, zu denen im 18. Jahrhundert mehrheitlich nur die „Herren und Dames höflich invitirt" wurden mit dem deutlichen Vermerk, „children cannot be admitted" (London, 1789), gehörte ihre Mitwirkung an öffentlichen Konzertveranstaltungen immer schon zur Realität. Auch außerhalb der sensationslüsternen Favorisierung reisender Wunderkinder hatten ‚Zöglinge' in Wettbewerben oder Wohltätigkeitskonzerten ihr Können zu präsentieren, namentlich zu Zeiten pädagogisch-philanthropischer Strömungen.

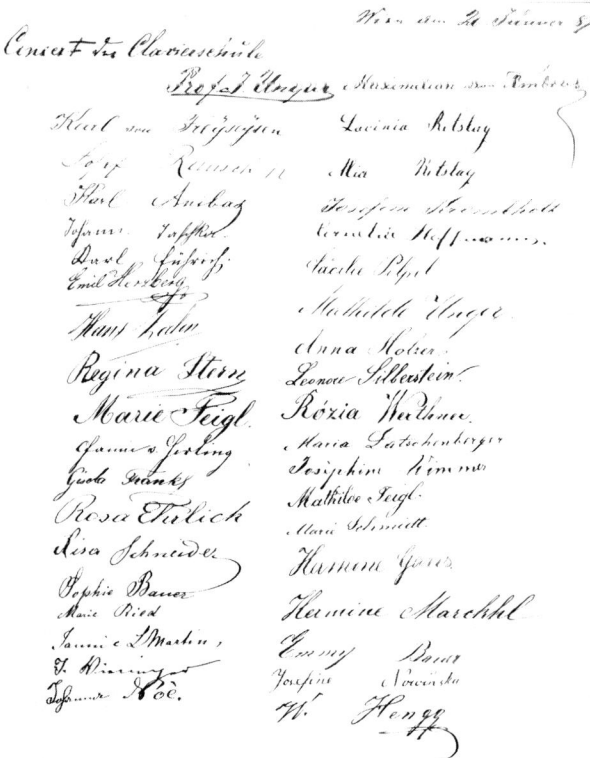

138 „Concert der Clavierschule Prof. J. Unger" im Bösendorfersaal zu Wien am 21. 1. 1878. Eintragungen der Schüler in das Stammbuch des Saalvermieters. Wien, Gesellschaft der Musikfreunde

Das hier vorgestellte Gemälde von Francesco Guardi aus dem Jahre 1782 (Abb. 137) gewährt einen Einblick in eines der Galakonzerte, das von Zöglingen venezianischer Ospedales und Konservatorien bestritten wurde. Die in diesen Ospedales ausgebildeten verwaisten Mädchen wurden nämlich seit dem 16. Jahrhundert auch zu Musikerinnen erzogen, erlernten sogar das Spielen auf gewöhnlich nur männlichen Musikanten vorbehaltenen Instrumenten, wie Traversflöten, Hörnern oder dem Violone, und hatten, wie im hier abgebildeten Falle, noblen Gesellschaften aufzuwarten. Uniform gekleidet, musizieren die Waisen von einer Tribüne herab zu Ehren des Großfürsten Paul Pavlovitch sowie der Erzherzogin Maria Fedorowna von Rußland, denen Erfrischungen gereicht werden.

Mit der Etablierung des verselbständigten bürgerlichen Berufs des privaten Musiklehrers wurde die öffentliche Präsentation der von den Schülern erreichten Leistungen zur Notwendigkeit für die hart um ihr Auskommen ringenden Instrumentallehrer. So berichtet Carl Friedrich Zelter (1758–1832) in seiner Autobiographie von einem Rheinsberger Klavierlehrer namens Johann August Patzig, der „ein monatliches Konzert zur Übung seiner Schüler unterhielt", das um 3 Uhr nachmittags begann und mit einem „frugalen Abendessen" sowie nachfolgendem Tanz endigte, bei dem zusätzlich Gelegenheit bestand, die „neuen Touren" auf dem Tanzboden zu erproben.

Dieses Konzertieren erfüllte Übe- und Vorführzwecke und gehört seither zur Unterrichtsmethode. Es diente und dient der Begabtenauslese ebenso wie zur Demonstration pädagogischer Absichten in der Öffentlichkeit. So führte in Berlin der Klavierlehrer Girschner 1826 seine Schüler, die er nach der „Logier'schen Methode" unterwies, in einem Privatzirkel vor; 1919 annoncierte in Bayreuth die Musiklehrerin Anna Mann ein ‚Kinder-Konzert' mit dem ausdrücklichen Hinweis, daß sie „im Klavierspiel nach der Lehre von E. Caland" vorgehe. Drei Enkel Richard Wagners stellten sich dabei neben anderen Scholaren im Saale des Lönehauses mit folgender ‚Vortragsfolge' vor:

„Walzer", *4 hdg.*	C. Zuschneid
„Schlaf Kindlein, schlaf"	Volkslied
Regina Schobert	
„Suse, liebe Suse"	Volkslied
Lydia Müller	
„Thema mit Variationen" . . .	C. Gurlitt
Frieda Dümler	
„Im Ährenfeld"	E. Breslauer
Elsemarie Klein	
„Im Prater"	Alt-Wiener Tanz
Philipp Hausser	
„Es sangen drei Engel", *altes Lied*	bearb. v. Reinecke
Irene Klein	
„Lasset uns die Engel loben", *aus „Der Bärenhäuter", 4 hdg.*	Siegfried Wagner
Elsemarie und Irene Klein	
„Lobet den Herrn"	Choral
„Festmarsch", *4 hdg.*	J. Löw
Wolfgang Wagner	
„Kleines Stück"	Jos. Haydn
Gustav Weber	
„Vom Schornsteinfeger"	Kinderlied
„Das Fischen auf dem See" gesungen von Hildegard Klein, Ruth Weber und Gabriele Schmitz, begleitet am Klavier von Gustav Weber	Spiellied aus Schleswig
„Das Schaukelpferd"	L. Schytte
Wilfried Knarr	
„Die Spinnerin"	P. Zilcher
Irene Vollrath	
„Torgauer Gagliarde", *aus dem 17. Jahrhundert*	Farina
Rudolf Baudler	
„Einleitung" *zum II. Akt aus „Der Bärenhäuter"*	Siegfried Wagner
Friedelind Wagner	

139 Carl V. Lachmunds „Juvenile String Orchestra" in Minneapolis. Zeichnung von Eggleston. 1888. Saint Paul, Minnesota Historical Society

„Pilgerchor" aus „Tannhäuser", 4 hdg. .... Richard Wagner
Heinz Beck und Wieland Wagner

„Brautlied" aus „Lohengrin" Richard Wagner
Wieland Wagner

„Reiterstück" .... R. Schumann
Herbert Kneitz

„Eine kleine Geige" .... Hoffmann v. Fallersleben

„Ich bin ein Musikante" .... Volksweise
Gemeinsamer Gesang, begleitet am Klavier von Dora Kalb

„Trotzköpfchen" .... St. Heller
Irene Schüßler

„Türkischer Marsch" ...... B. Wolff
Albert Ellwanger

„Arioso" für: Klavier, Violine und Cello .... Fr. Händel
Geschwister Schüßler

„Menuetto" op. 78 .... Fr. Schubert
Dora Kalb

„Kindersymphonie" I. Satz, Allegro, 4 hdg. .... Jos. Haydn
Albert Ellwanger und Rudolf Bandler.

In Wien mietete man für solche Zwecke auch den Bösendorfer-Saal (Abb. 138), worin unter anderem am 22. April 1876 die bemerkenswerte „1. Eleven Production des Wiener Musiklehrer Vereins" zu hören war. Der gigantisch sich ausweitenden Musikindustrie des 20. Jahrhunderts gelang es, auch diesen die persönlichen Nahbeziehungen von Eltern ansprechenden Bereich des Konzertierens monströs werden zu lassen. Die japanische Firma Yamaha, die weltweit nach einem firmeneigenen System Kinder musikalisch ausbilden läßt, aktivierte im Jahre 1982 30.000 Kinder, jünger als 15 Jahre, zur Teilnahme an den ‚Junior Original Concerts'. Dies ist eine jährliche Leistungsschau mit der zusätzlichen Attraktion, daß dabei aus den Federn der Kinder stammende Stücke aufgeführt werden können.

Der Terminus ‚Zöglings-Konzert' wurde während des 19. Jahrhunderts allgemein gängig und deckte auch die Auftritte von Schülern in Gymnasien oder Konservatorien ab. In Berlin trat um 1819 ein „musikalischer Verein der Zöglinge des berlinisch-cölnischen Gymnasiums zum grauen Kloster" mit Konzerten auf, bei denen Symphonien, Solokonzerte und Oratorien neben Gesängen zu hören waren. In Schlesien stiftete der Kantor Jacob in Conradsdorf einen aus Kindern gebildeten ‚Verein für Volksliederfeste', mit denen er am 17. Oktober 1847 ein ‚jugendliches Volksliederfest' feierte, worüber die ‚Breslauer Zeitung' berichtete: „Nachdem die jugendlichen Sänger auf dem Festplatz angekommen waren, stellten sie sich in Ordnung rund um die preußische Flagge auf. Ein Trommelwirbel zeigte gegen 2 Uhr den Beginn des Festes an. Der Gegenstand des jugendlichen Volksliederfestes waren ‚Preußens-Helden': Das Ganze zerfiel in zwei Abtheilungen und wurden in den beiden Abschnitten acht Lieder von dem Vereine ‚gemeinschaftlich' vorgetragen. Zwischen diesen Piecen fanden Lieder-Kämpfe der einzelnen Schulen statt. Alle Lieder wurden nach ‚wirklichen Volksweisen' in vierstimmiger Bearbeitung auswendig gesungen. Nur einzelne vom Dirigenten bezeichnete Strophen trugen die jungen Festgenossen gemeinschaftlich unisono vor. Nach der Liederfeier beschäftigte sich die Jugend unter Aufsicht und Anleitung, in gesonderten Abtheilungen, durch allerlei erheiternde Spiele mit und ohne Gesang. Es war ein Kinder- und Schulfest, wie wir es noch nie gesehen haben, das wir aber zur Nachahmung mit gutem Gewissen empfehlen können. Es herrschte auf allen Punkten die lauteste Freude und der kindlichste Frohsinn." Aus dem Angedeuteten geht hervor, daß es hierbei sowohl um patriotische Indoktrination ging als auch um die Belebung eines spezifischen Volksschulgesangs auf der Basis von Bearbeitungen „ad usum scholae". Das sogenannte ‚Schullied', später die didaktischen Zwecken dienende ‚Schulmusik', wurde in diesen Jahren aus der Taufe gehoben.

Konzerte von und für Kinder und Jugendliche wurden in streng obrigkeitlich reglementierten Staaten niemals der Beliebigkeit überlassen. Sie waren genehmigungspflichtig und inhaltlich der Staatsräson unterworfen. Als Beispiel dafür sei die Eingabe eines Schulrektors in Hamm vom 8. November 1891 an die vorgesetzte Behörde mitgeteilt. Der Bittsteller schrieb folgenden Brief und legte ein projektiertes Programm bei, das bezeichnenderweise mit dem Chorsatz ‚Deutschland über Alles' abschließen sollte: „Einem Wohllöblichen kath. Schulvorstande berichte ich gehorsam, daß die kath. Lehrer hier beabsichtigen unter Mitwirkung der Schulkinder gegen Ende Januar 1892 ein Konzert zum Besten des Kindersiechenhauses zu veranstalten. Da zu einem derartigen Unternehmen die Erlaubnis der königl. Regierung notwendig ist, so ersuche einen Wohllöblichen Kath. Schulvorstand ich gehorsamst, bei der königl. Regierung die erforderliche Genehmigung geneigtest erwirken zu wollen." Die Antwort der vorgesetzten Behörde war abschlägig, denn laut Verfassung von 1886 war die „Verwendung von Schulkindern zu öffentlichen Aufführungen" zu unterbinden. Auch der gute Zweck heiligte hier nicht das ungebilligte Mittel eines Schülerkonzerts.

Produzierten sich junge Musiker in Serien wie den ‚Juvenile Concerts' (Abb. 139), so richtete man unter pädagogischen Auspizien auch Serien für jugendliche Hörer ein, die erzieherische Auswirkungen zeitigen und dem im 19. Jahrhundert nachlassenden Interesse der Erwachsenen am Konzertbetrieb aufhelfen sollten.[2] Unternehmer und Musiker erkannten die zwangsläufig immer größer werdende ‚Kluft' zwischen den jugendlichen Hörgewohnheiten und dem schwierigen, pathetischen Konzertrepertoire. Sie versuchten daher, durch ‚Young People's Concerts', die auf die kindliche Aufnahmefähigkeit zugeschnitten waren, dem Hörerschwund zu begegnen. „Der Concertsaal ... sollte die Jugend langsam zu sich emporziehen." Für nur 25 cents wurden am 4. Juli 1858 erstmals innerhalb der ‚Philharmonic Society' in Cincinnati (USA) Jugendkonzerte angeboten, die später in New York, Berlin oder Wien Nachahmung fanden[3] und heute bisweilen so ambitioniert gestaltet werden, daß sie für Schulfunkzwecke von Rundfunkstudios mitgeschnitten oder als Lehrschallplatten vertrieben werden. Sie sollten möglichst kurz sein und alles „Virtuosenhafte, Verlogene, Affectirte" vermeiden zugunsten des „Gesunden, Frischen, Guten" (Berlin, 1902), wobei Vokalwerke den Veranstaltern probater für das ungeduldige Kinderpublikum erschienen als unanschauliche ‚absolute Musik'. Zum leichteren Verständnis engagierte man ‚Präsentatoren', etwa in einer Reihe von Sonderkonzerten der Wiener Konzerthausgesellschaft, oder überließ die einführenden Kommentare Dirigenten wie Leonard Bernstein oder Gerd Albrecht, die auch auf diesem Feld derzeit international zu den gesuchtesten Moderatoren gehören.

Heute sind Konzerte der Schüler- und Jugendorchester der Musikschulen oder Großorganisationen wie ‚Jeunesse musicale', ‚Jugend musiziert' oder ‚The National Children's Orchestra' (1978 in England gegründet) aus dem öffentlichen wie halböffentlichen Konzertbetrieb mit weltweitem Austausch nicht mehr wegzudenken (Abb. 140). Zusammen mit den Preisträgerkonzerten regionaler oder internationaler, hochdotierter Wettbewerbe versorgen sie zumeist unter großem administrativem Aufwand ein vornehmlich junges Publikum und fördern in nahezu allen Ländern und Kulturen das Streben nach Höchstleistungen.[3] So verwundert es längst nicht mehr, wenn Neunjährige virtuose Solokonzerte brillant vorführen können oder Zehn- bis Vierzehnjährige „a full symphony orchestra" zu bilden vermögen.

Programm des Schülerkonzertes.

I. Teil

1. Orchesterstück (noch unbestimmt)
2. Motette Jes. 46, 2–4 v. Klein (Kinderchor)
3. Loreley v. Silcher (Terzett für einzelne Stimmen)
4. a In einem kühlen Grunde v. Glück
   b Wohin mit der Freud v. Silcher
       (Männerchöre der kath. Lehrer)
5. 74. Quartett von Haydn. (Musikabteilung der kath. Lehrer)
6. Soviel der Mai auch Blümlein beut v. Abt (Gemischter Chor. Lehrer u. Schüler)
7. Der rote Sarazan – Russisches Volkslied. (Terzett für einzelne Stimmen)
8. Der Mühlknappe v. Zöllner. (Kinderchor)

II. Teil.

9. Jubelouvertüre v. Weber Klavier vierhändig
10. Abendchor v. Kreutzer (Kinderchor)
11. Des deutschen Kriegers Traum vor der Schlacht. Streichquintett v. Eule.
12. Torgauer Marsch. (Kinderchor)
13. Waffentanz v. Kreutzer (Männerchor)
14. Gefangennahme Napoleons (Kinderchor mit Klavierbegleitung)
15. Deutschland über Alles. Von Haydn (Kinderchor)

140 Konzert für Kinder in Braunschweig. 1985

Volkskonzerte

Der englische Komponist Ralph Vaughan Williams formulierte im Jahre 1934 aus seiner demokratischen Überzeugung heraus den Leitsatz, der für ihn selbst zeitlebens eine Verpflichtung bedeutet hatte: „one day perhaps we shall find an ideal music which will be neither popular nor classical, highbrow or lowbrow, but an art in which all can take part." Er erhoffte diese Verwirklichung einer alle Schichten versöhnenden Kunst just in einer Epoche, in der Esoterik und Avantgarde einerseits und die davon streng geschiedene Popularmusik für den Massenkonsum andererseits immer mehr auseinanderdrifteten. Das gespaltene ästhetische Bewußtsein prägte sich in allen Realisationen von Musik entsprechend ein. Es gab Schwellenängste, radikale Feindschaften, wirtschaftliche Schranken, Privilegien, gelegentlich auch noch Tabus, die es unmöglich machten, daß alle an allem teilnehmen konnten. Auch das öffentliche Konzert blieb vielerorts ein Reservat der Bourgeoisie, die hinreichend über materielle Güter verfügte, in exklusiven Villenvierteln oder anderen bevorzugten Gegenden wohnte, Dienstpersonal beschäftigte und besonders an die Musik erhebende Bildungsansprüche stellte. Vornehmlich von den pathetisch gefeierten philharmonischen Konzerten war der gemeine Mann ausgeschlossen. Mehrere Gründe veranlaßten seit dem 19. Jahrhundert Veranstalter und Interpreten dazu, diese nur für eine Minderheit bestehende Institution auszuweiten, damit auch wirtschaftlich auf einer gesellschaftlich breiteren Basis abzusichern und diese Art von Konzerten für alle zugänglich werden zu lassen. Die philanthropisch oder politisch motivierte Zielvorstellung, ‚alle' für die Tonkunst zu begeistern, meinte indessen noch nicht tatsächlich den jedermann, sondern – von Ausnahmen abgesehen – lediglich den gesamten Bürgerstand in den Städten. Konzertsäle waren der Mehrzahl der Bevölkerung so unnahbar fremd wie Bibliotheken oder Museen, die sich betont akademisch wie Tempel präsentierten. Initiativen hierzu gingen vor allem von Frankreich aus, wo im Gefolge der Revolutionen für ein sozialeres Handeln in die Breite mehr Aufgeschlossenheit herrschte als anderswo. Es stieß zwar von Anfang an auf Schwierigkeiten, die zunächst als unüberwindbar erscheinen mußten. War es doch nicht allein damit getan, „die freie Kunst den arbeitenden Kreisen" zu verbilligten Tarifen zugänglich zu machen und ihnen Werke Beethovens oder Schumanns vorzuführen. Den meisten Interessierten aus den Unterschichten fehlte eine hinlängliche fachliche Ausbildung, eine Gehörschulung sowie der aktive Umgang mit der Kunst etwa im eingewöhnenden Gebrauch als Hausmusik.

Dennoch richteten einige Unternehmer ein Zweiklassensystem von Konzerten ein, indem sie das ‚Große Konzert' absetzten vom ‚Concerto Orchestrale popolare'. In Lyon begann diese Differenzierung von Musikdarbietungen für verschieden eingestufte bürgerliche Gruppen 1826,[1] später folgten Toulouse, 1858 London mit den ‚Monday Popular Concerts' in der St. James's Hall, 1865 Brüssel. Ein besonderes Augenmerk verdient in diesem Zusammenhang der gefeierte Sänger Julius Stockhausen, der seine Liederabende für alle Einkommensklassen zugänglich machte mit einer deutlichen demokratischen Tendenz. 1861 schrieb er beglückt einem Bekannten: „... Wissen Sie aber auch schon ..., daß bereits die zwölfhundert Sitzplätze (zum Volkskonzert in Hamburg zu zwölf Shilling Entree) vergriffen sind und nur Stehplätze an der Kasse verkauft werden? Es freut mich zu sehen, daß nicht nur die Reichen, sondern auch die Unbemittelten was von mir und meiner Schönen Müllerin wissen. Brahms meint, es wird ein recht lustiges Konzert werden. Er wird sämtliche Lieder begleiten." In Paris war Jules Étienne Pasdeloup (1819–1887) stimulierend in dieser Richtung tätig.² Er begann im Kleinen mit der Gründung der ‚Société des Jeunes Artistes' (1852), die sich vornehmlich um die Aufführung unveröffentlichter Werke junger Komponisten bemühte. Dieser Versuch scheiterte an den unzureichenden Einkünften. Daraufhin änderte er seine Planungen und griff ins Große aus. 1861 mietete er den ‚Cirque Napoléon' mit der Absicht, die mehr als 5000 Plätze dieses Gebäudes mit Hilfe eines auf 101 Musiker erweiterten Orchesters füllen zu können mit „Concerts Populaires de Musique Classique". In fetten, werbewirksamen Lettern setzte er auf seine Plakate die Namen: BEETHOVEN, MOZART, HAYDN, WEBER, MENDELSSOHN, womit er diktatorisch seinen zahlreichen Hörern zu signalisieren trachtete, daß einzig die deutschen Klassiker es wert seien, an ihre Ohren zu dringen. Das erste Programm am Sonntag den 27. Oktober 1861 bot an:

1) die Ouverture zu Oberon von C. M. v. Weber
2) die 6. Sinfonie von Beethoven
3) das Violinkonzert Op. 64 von Mendelssohn
4) Haydns ‚Hymne' (Poco adagio aus dem Streichquartett Op. 76, No. 3), arrangiert für Streichorchester, sowie
5) die Ouverture zu ‚Jeune Henri' von Méhul.

Diese einseitige Ausrichtung, unter der mißachtete französische Komponisten wie Camille Saint-Saëns oder Charles Gounod sehr zu leiden hatten, konnte er erfolgreich durchhalten bis zum Beginn des Krieges von 1870. Am Sonntag den 10. November 1861 führte er zum Beispiel auf:

1. Jubel-Ouverture, de Weber.
2. Symphonie en si bémol, d'Haydn.
    Allegro, Adagio, Menuet, Finale.
3. Concerto pour piano, en sol mineur, de Mendelssohn, exécuté par M. Lubeck.
4. Fragments du septuor de Beethoven, exécutés par MM. Auroux (clarinette), Espeignet (basson), Paquis (cor), et tout les instruments à cordes.
    Thème et variations, Scherzo, Finale.
5. Ouverture de Sémiramis, de Rossini.

Der wachsende antideutsche Nationalismus zwang ihn fortan auch ästhetisch zu einer Umstellung und stärkeren Beachtung der französischen Schule.

Der sozial streuenden Vermittlung der ‚musique classique' galt nicht nur ein dringendes, erzieherisch motiviertes Bemühen Pasdeloups, auch Adolph Samuel in Brüssel, Sergej Wassilenko in Moskau (ab 1907), Arturo Toscanini in Turin,³ die 1896 in Rio de Janeiro gegründete ‚Sociedad de Concertos Populares' oder Graf Scheremetjeff in Sankt Petersburg setzten sich tatkräftig für die Popularisierung der großen Meister zu „recht billigen Preisen" ein. In Berlin brachte im Freien wie in Sälen Benjamin Bilse (1816–1902) um 1885 Werke der ‚geheiligten' Klassiker den Minderbemittelten nahe (Farbtafel 13), was in der aufstrebenden Industriestadt Dortmund dank des dortigen ‚Dortmunder Concert' bezeichneten bürgerlichen Vereins schon seit 1830 möglich gemacht worden war.⁴ In München führte die Familie Kaim, die 1893 ein vom dortigen Hof unabhängiges eigenes Orchester gegründet und 1895 einen eigenen Konzertsaal gebaut hatte, von 1898 an drei Arten von Konzerten ein: die ‚Kaim-Konzerte' (Solistenkonzerte), die ‚Volkssymphonie-Konzerte' sowie die ‚Populärkonzerte'. Kaim kalkulierte dabei nüchtern als Manager, der seine Ware gut verkaufen muß. Er rechnete mit den Tausenden „von sogenannten kleinen Leuten, die gewohnt waren an den Plakaten der teuren Konzerte achtlos vorbeizugehen, weil sie ja doch nicht ihnen zu gelten schienen". Er nannte die zum Preise von -,30 M bis 1,50 M offerierten Konzerte ‚Sessel-Konzerte', da er während der Pausen ein Buffet zur Verfügung stellte. Die ‚Populärkonzerte' (an Sonntagen von 15 bis 18 Uhr sowie montags von 20 bis 23 Uhr) fanden mit „Restauration an gedeckten Tischen" statt. Dank dieser Initiative konnten auch in dieser königlichen Residenzstadt erstmals die ärmeren Bewohner an den als „veredelnd" gedachten Einwirkungen klassischer Meisterwerke teilhaben und an jener Sendung, die verbal aus dem Schlußsatz von Beethovens IX. Sinfonie harmonisierend auf die ‚Millionen' ausstrahlen sollte, welche die ‚Neue Tonhalle-Gesellschaft' in Zürich am 16. April 1901 als einzige Programmnummer in einem „populären Symphonie-Konzert" anbot.

Zwar gab es zudem seit 1891 in Hamburg, seit 1894 in Stockholm sowie in Wien ‚Volkskonzerte', die in Bielefeld 1902 auch hochtrabender als ‚Philharmonische Volks-Concerte' ausgegeben wurden, dennoch bewirkte erst der Beginn des Ersten Weltkriegs einen durchgreifenden Wandel. Die Not des Krieges, dessen ruinöse Auswirkungen, ein sich ausbreitendes Gefühl der Solidarität sowie die Umwandlung vieler Orchester in kommunal oder staatlich abhängige Gruppierungen trugen zu den Veränderungen bei. Die hohe Kunst verlor weitgehend ihr etabliertes, aristokratisch-bürgerliches Publikum und stieg daher herab auch zu den Jugendlichen und newcomers. Diesen Prozeß markieren deutlich etwa das Orgelspiel Max Regers am 13. Dezember 1915 in der Stadtkirche zu Jena in einem „Volkstümlichen Konzert, veranstaltet vom Komitee für Volkshochschulkurse und Volksunterhaltungsabende", die von Hermann Abendroth 1919 zu herabgesetzten Preisen begonnenen ‚Städtischen Volkssinfoniekonzerte', welche aus Steuermitteln subventioniert wurden, oder eine 1922 in Helsinki von Armas Launis begonnene Serie. In Innsbruck kam man 1921 dem ‚Volk' auch dadurch entgegen, daß man es ‚sein' Programm auswählen ließ. Sonst nahm man jedoch nur selten Rücksicht auf die besonderen, oft auch geminderten Hörfähigkeiten eines weniger trainierten Publikums. In den 1927 in Darmstadt eingeführten ‚Volkskonzerten' spielte man aus Rücksicht gegenüber dem Durchschnittsverlangen keine Werke des 20. Jahrhunderts, in Lübeck konnten die Programme der Symphoniekonzerte deswegen zum Billigpreis wiederholt

Farbtafel 13 Bilsekonzert des Kapellmeisters Benjamin Bilse in Berlin. Aquarell von Adolph Menzel. 1871 (178×120 cm). Berlin, Nationalgalerie

werden, weil man zum Beispiel 1948/1949 anstelle auswärtiger, teurer Solisten einheimische Musiker einsetzte; so spielte etwa am 28. Februar 1949 in einem ‚Volkstümlichen Konzert' Ina Stolterfoht die Solovioline in Max Bruchs Konzert in g-moll op. 26.

Die politischen Strategen griffen auf fatale Weise auch in diesen popularisierenden Zweig des Konzertlebens ein, indem sie das Stichwort ‚Volksnähe' propagandistisch für ihre Zwecke mißbrauchten. Unter dem Motto ‚Die Kunst dem Volke' ließ etwa während des Zweiten Weltkriegs der Propagandaminister Joseph Goebbels in Berlin von Wilhelm Furtwängler geleitete philharmonische Konzerte annoncieren, die mit dazu dienen sollten, die ideologisch behauptete Gleichheit aller kurz vor der Katastrophe vorzutäuschen.

Arbeiter- und Werkskonzerte

Der Genuß von Kunstwerken als eines bürgerlichen Freizeitvergnügens schloß für lange Zeit die Zugehörigkeit von Musik zum Arbeitsleben und zu den ‚arbeitenden Kreisen' aus. Die bäuerliche oder industrielle Arbeitswelt und die erhabene Schönheit von Kunst schienen nicht miteinander vereinbar zu sein. Aus diesem Grunde konnte das von der körperlichen Arbeit lebende Proletariat im 19. Jahrhundert nicht als zu beachtender Adressat und Partner für die als höherwertig eingestufte Kunst gelten. Das von Schiller und Beethoven pathetisch angetönte Motto „Seid umschlungen Millionen" war real für die Mehrzahl der Bevölkerung in Stadt und Land nicht einlösbar. Der Tagelöhner, der arme Handwerker oder der Bergmann wurden mit diesem utopischen Postulat nicht erreicht. Der Sozialist Emil Reich stellte 1894 daher nüchtern fest: „Hie Bourgeoisie, hie Proletariat: in diese beiden Schichten zerfällt die Welt mehr und mehr." Die Begünstigten und weniger sorgenvoll Genießenden betrachteten teilnahmslos oder auch verächtlich die Besitzlosen und ‚Enterbten', die auf höhere Schulbildung und andere an ein Prestige gebundene Förderungen zeitlebens verzichten mußten. Trotz mancherlei Diskriminierungen und Vorenthaltungen war dennoch ein „starkes Kunstbedürfnis, das nach Befriedigung verlangt",[1] bei den Unterprivilegierten vorhanden. Es bedurfte lediglich deren Ausbildung und des sozialreformistischen pädagogischen Einsatzes, wenn das Ideal „alle Menschen werden [auch mit Hilfe der Musik] Brüder", nicht auf lange Zeit verfehlt werden sollte.

Ohne eine kritische Distanz zum Musikbetrieb mit seinen etablierten Strukturen war dies nicht zu bewerkstelligen. Die arbeitenden Unterschichten, der sogenannte vierte Stand, konnte auf zweierlei Weise zur Teilnahme am Kunstgeschehen gebracht werden: entweder durch die Aktivierung und Verbesserung des Musizierens von Arbeitern und Gesellen selbst oder durch ein Entgegenkommen im Rahmen des Bestehenden mittels Veranstaltungen für diese Abnehmer. Beides wurde noch in der ersten Hälfte des 19. Jahrhunderts begonnen.[2] Selbsthilfe sowie die Unterstützung von außen mußten zum gemeinen Besten zusammenwirken.

Die Basis hierzu bildeten die Anfänge der Arbeiter- und Volksbildungsbewegung, die es sich zur Aufgabe machte, Erwachsene zum kulturellen Lernen und Einüben anzuregen. Dies war eine Bestrebung, die nach den Devisen „Rettet den Geschmack" oder „Bildung macht frei" handelte, teilweise revolutionäre Vorstellungen durchsetzen wollte und neben ästhetischen Aspekten stets auch politisch-soziale Ziele im Auge hatte. Das liberale Bürgertum der dreißiger Jahre wirkte dabei mit, Arbeiterbildungsvereine möglich und effektiv werden zu lassen. Eine proletarische Musikkultur mit klassenkämpferisch agitatorischen Inhalten, die als antibürgerlich auch das politische Bewußtsein stärken sollte, wurde damit zwar projektiert, jedoch nur lokal und zeitlich limitiert mit Leben erfüllt. Wenn beispielsweise der 1848 in Lüneburg gegründete Arbeiterbildungsverein am 25. November 1867 folgendes Programm anbot, dann spricht daraus der deutliche Trend, das bürgerliche Repertoire möglichst ohne Abstriche auch den Arbeitern zugute kommen zu lassen:

I. Abtheilung

1) *Don Juan, Ouverture, von*	*Mozart*
2) *Die Schwalben, „Sieh' die Schwalben vor dem Fenster", Lied für Tenor m. Violoncello-Begleitung v.*	*Kiel*
3) *„Es ist das Lied mein Gotteshaus", Chorgesang von*	*Hermes*
4) *Präludium u. Chor a.d. Oper „Das Pensionat" von*	*Suppé*
5) *Der Seeräuber, „Schwarz wie ein Flor hängen die Wolken nieder", Lied für Bass von*	*Gumbert*
6) *Declamation*	
7) *Recit. u. Duett aus „Belisar", für Tenor und Bariton von*	*Donizetti*

II. Abtheilung

8) *Die Deserteure, Ouverture, von*	*Conrad*
9) *Die Post, „Im Walde rollt der Wagen", Doppel-Quartett mit Trompete von*	*Schäffer*
10) *„Am Neckar, am Rhein", Solo für Bariton von*	*Abt*

Gewichtige Impulse gingen von England und Frankreich aus. In Paris wurden nach 1830 sozialutopisch orientierte Initiativen belebt, die Ordnung im Verbund mit Fortschritt prolongieren helfen wollten und kulturelle Güter für die Armen zugänglich zu machen suchten. Proletarier sollten an Kunst gewöhnt und darin trainiert werden. Boquillon Wilhem entwarf Perspektiven für die Massen ansprechenden Chorvereinigungen mit der antikisierenden Bezeichnung ‚Orphéon' (Abb. 87). Freie Konzerte für die Menge gehörten zu ihren Zielen, wobei unter anderem verstärkt die soziale Funktion von Kunst genützt werden sollte. Populäre Darbietungen für „les ouvriers" ersehnte man sich a) um

141   Konzert im 1902 eingeweihten ‚Arbeiterheim' in Wien. Holzschnitt (22 × 33,6 cm) nach einer Vorlage von Emil Limmer. 1902. Aus: ‚Illustrirte Zeitung Leipzig', Bd. 119, 1902, S. 912

„adoucir les moeurs" und b) zwecks gesellschaftlicher „pacification" durch harmonisierend wirkende Musik. Die Überwindung der Klassengegensätze war somit eine hauptsächliche Intention. Hierbei trat besonders rührig der 1833 wegen seines Engagements für die polnische Revolution aus Preußen geflohene Trierer Abbé Joseph Mainzer (1801–1851) in Erscheinung. Seine Tätigkeit im Bereich der ‚musikalischen Volkserziehung' begann in Paris an der Basis mit unentgeltlichen Singstunden im Hôtel de Quinze-Vingt oder im Amphitheater beim Pantheon und mit der Gründung von Massensingchören. Vom Gesang ging der Impuls aus und nicht vom Instrument, das ohnedies für die meisten in Anschaffung, Unterhalt und Erlernung nicht erschwinglich war. Unterstützung boten ihm hierbei selbst reputierte Komponisten wie Giacomo Meyerbeer, Ferdinand Ries, Ferdinando Paër oder der berühmte Romanzensänger Adolphe Nourrit an. Schlummernde Fähigkeiten wurden geweckt, die einer ‚gesellschaftlichen Reform' im allgemeinen ebenso zugute kommen sollten wie dem großstädtischen Konzertleben im besonderen.

Politische Schwierigkeiten zwangen Mainzer 1841, erneut zu emigrieren, und zwar nach England, wo er vornehmlich in Edinburgh und Manchester sein Ziel weiterverfolgte, die „Kunst des Gesanges als ein allgemein menschliches sittlich-religiöses Bildungsmittel unter die Massen des Volkes einzuführen."[3] Er richtete Konzerte von und für Arbeiter ein „at unprecedentedly low rates of admission". Diese ‚Pennyconcerts' bürgerten sich ein und wurden für die ersten Zentren der Großindustrie eine ebenso dauerhafte Einrichtung wie die ab 1858 in der ‚Free Trade Hall' zu Manchester von dem aus Hagen gebürtigen Charles Hallé (1819–1895) der arbeitenden Bevölkerung für einen Shilling zugänglich gemachten Serien mit als „classisch" geltender Musik. 1882 bekamen diese Veranstaltungen den das soziale Engagement deutlich herausstellenden Titel ‚Workman's Concerts'. Ihnen folgten von 1883/1884 an Konzerte „for the working people" in New York durch den ebenfalls aus Deutschland stammenden Theodore Thomas (1835–1905) oder in Turin seit 1872 die ‚Concerti popolari'.

Um 1900 bemühte man sich in vielen Städten darum, Arbeitern durch Bildung und Teilnahme an kulturellen Unternehmungen mittels Konzerten den sozialen Aufstieg sowie die Eingliederung in die bessere Gesellschaft zu ermöglichen. In Leipzig spielte 1898 Hans Winderstein mit seinem Philharmonischen Orchester erstmals ausschließlich vor Arbeitern, wozu die Eintrittskarten für 20 Pfennige direkt in Fabriken und Geschäften ausgegeben wurden. Bis zu 6500 Kartenbestellungen gingen pro Abend ein. Da die einst als Zirkusraum bestimmte Alberthalle mit 3000 Plätzen nur die Hälfte der Ansuchenden aufnehmen konnte, mußten viele potentielle Hörer zurückstehen. Beobachter stellten mit Erstaunen fest, daß in diesen Konzerten die Arbeiter sich ruhiger, konzentrierter zuhörend verhielten als das „sogenannte bessere Publikum" in den seinigen. Im Tonhallesaal zu Zürich und andernorts sangen für Arbeiter die im Arbeitersängerbund organisierten Männerchöre und gemischten Chöre, wobei – wie zum Beispiel in der ‚Neuen Zürcher Zeitung' vom 18. Juni 1900 zu lesen ist – der „Glaube an eine bessere Zukunft und der Sozialdemokratie überhaupt" als gesellschaftspolitische Triebfeder die Begeisterung und erlebte Solidarität in der Klasse zu schüren vermochte.

Musikgeschichtlich ertragreiche Bildungsbemühungen gab es auch in Wien. Hier konkurrierte am Fin de Siècle der ‚Wiener Volksbildungsverein' (1893 mit 2877 Mitgliedern) durch seine Konzerte und Rezitationen, die im Winter 1893/1894 von 3300 Besuchern wahrgenommen wurden, mit den 1867 gegründeten lokalen Arbeiterbildungsvereinen, die sich ebenfalls um die Vermittlung von Wissen, die Aussprache über allgemeine Tagesfragen, um die Förderung der Geselligkeit sowie um politische Aktivitäten mit dem Ziel des Abbaus von Bildungsprivilegien bemühten. In Arbeiter-Gesangvereinen waren die „Hintersassen der Kultur" (David Josef Bach) in dieser Stadt seit 1878 musikalisch aktiviert worden. Kein geringerer als Arnold Schönberg hatte sich seit 1895 in Stockerau, Mödling und Donaufeld der Chorarbeit mit „einfachen, sinnigen Volksliedern, kräftigen Freiheits- und Arbeitsliedern" angenommen. Dieser Komponist, der bald darauf die Avantgarde tonangebend prägen sollte, erkannte sich jedoch nach anfänglichem Sympathisieren in der Konfrontation mit dem vierten Stand als ‚Bourgeois' und wandte sich davon ab, ohne freilich enge Vertraute wie die Schüler Polnauer oder Anton Webern daran zu hindern, ebenfalls in der Arbeitermusikbewegung tätig zu werden.[4] Diese lokal enge Verknüpfung von moderner Kunst und ihren Organisationen mit der Arbeiterbildung gab den Konzerten von und für Arbeiter ein besonderes Gepräge. Begonnen wurden die ‚Arbeiter-Sinfonie Konzerte' im Jahre 1905 im Großen Musikvereinssaal durch den Organisator David Josef Bach, der als späterer Präsident der Internationalen Gesellschaft für Neue-Musik-Österreich, Kunstberater der Stadt Wien und Herausgeber der Zeitschrift ‚Der Merker' viele Ämter und Funktionen an sich zu ziehen wußte. Auch andere Konzertsäle wurden gemietet, Orchester und reputierte Dirigenten verpflichtet sowie gedruckte Einführungen in die Werke verteilt. Ohne daß man dem proletarischen Publikum sonderliche Konzessionen einräumte, waren die Konzerte stets ausverkauft. Man ließ sich von dem Grundsatz leiten: „Die höchste Kunst ist die revolutionärste" und ging damit Trivialitäten aus dem Wege. 1902 wurde im X. Bezirk ein Arbeiterheim, das ‚Rote Haus' (Abb. 141), als Mehrzweckgebäude nebst einer Gastwirtschaft eröffnet, dessen mit Galerien ausgestatteter Saal 1500 Personen aufnehmen konnte. Die prunklose Inneneinrichtung wurde beherrscht durch Kolossalbüsten von Karl Marx und Friedrich Engels als den Vorkämpfern des Sozialismus. Beim Essen und Trinken – es servierten schwarzbefrackte Kellner – und beim Beschreiben von Ansichtskarten wurden Ouvertüren, Lieder, Märsche und Tänze von der erhöhten Orchesternische herab musiziert. Andere Geräusche wurden nicht geduldet. Wenn das ‚Arbeiterlied' intoniert wurde, dann erhob sich jeder von seinem Sitz und sang kräftig mit. Solche Manifestationen der Solidarität wirkten berauschend und waren ein gewichtiger Teil des proletarischen Konzertlebens. Fortan gehörten zumindest die Klassiker nicht mehr der Bourgeoisie allein, sie wurden nun auch mit Hilfe der sozialdemokratischen ‚Arbeiter-Zeitung' populär gemacht. Dem neugewonnenen Publikum bescheinigte man bald eine „echte Empfänglichkeit ohne Nebengedanken".

Diese sollte nach 1922 in Wien auch verstärkt auf die Neue Musik ausgedehnt werden. Anton Webern wurde der Leiter

142 Konzert der ‚Volkssingakademie Leipzig' unter Otto Didam in der dortigen Alberthalle. Um 1932. Leipzig, Volkssingakademie

143 Konzert während des Zweiten Weltkriegs in einer Fabrikhalle, geleitet von Wilhelm Furtwängler

dieser schichtenspezifischen Konzerte. Er konfrontierte das Arbeiterpublikum fortan mit der zeitgenössischen Kunstentwicklung in ihrer ungeschmälerten Breite. Moderne Kompositionen wurden auch dann wohldosiert in die Programme eingeplant, wenn Parteifunktionäre gelegentlich ihren Widerwillen bekundeten. Am 4. November 1921 fand das 100. ‚Arbeiter-Sinfonie-Konzert' statt, vom 17. bis 19. April 1926 bereits die Feier des 200. mit Gustav Mahlers 8. Sinfonie, wobei Webern den Singverein der Sozialdemokratischen Kunststelle und die Chorvereinigung ‚Freie Typographia' der Gewerkschaft Druck und Papier einsetzen konnte. Im Beethoven-Gedenkjahr 1927 wurde gar der Anteil der Moderne noch erhöht, denn laut Parteitagsbeschluß sollte „die Arbeiterklasse das Jubiläum eines wahrhaft revolutionären Geistes nicht ausschließlich nach rückwärts gerichtet sehen". Obwohl man in Wien an der Kunstauffassung und der Form der Darbietung von Musik im feierlichen Konzertsaal keine Kritik mit Reformabsichten übte, wollte man dennoch nicht aus dieser etablierten Institution eine beschauliche museale Veranstaltung werden lassen. Internationales Aufsehen erregte besonders ein Konzert, das 1932 im Rahmen des in Wien tagenden ‚Internationalen Kongresses für Neue Musik' gegeben wurde, denn dieses offerierte den Arbeitern kompakt Werke von Mahler, Berg und Schönberg, wozu man sich anderswo nicht getraut hätte. Vokalkompositionen etwa von Hanns Eisler oder Paul A. Pisk, die in inhaltlichem Zusammenhang mit der Arbeiterbewegung standen, wurden ebenfalls vom Ende der zwanziger Jahre an in die Programme einbezogen.

Außerhalb von Wien wurde das von Paul Marsop 1919 geforderte „Recht aller auf Kunst", das „Sozialisieren" von Kammermusik⁵ als Leistung einer „sozialen Kunstfürsorge" zum Nutzen Unterprivilegierter stärker mit Hilfe des geschichtlich bewährten Repertoires eingelöst. Arthur Nikisch präsentierte den Arbeitern in Leipzig in einer „Friedens- und Freiheitsfeier in der Sylvesternacht 1918" Beethovens IX. Sinfonie, Ismail Hakki Bey (1866–1927) leitete in Istanbul Konzerte „für das Volk", die mit der „leichten Muse" unterhielten. Der Chorverein Lübeck sang in Konzerten im Gewerkschaftshaus traditionelle Volkslieder in mehrstimmigen Bearbeitungen, Haydns ‚Jahreszeiten' oder von Hector Berlioz ‚Das Lied von der Glocke'. In Leipzig traten marxistisch orientierte Arbeiterchöre gar in Kirchen vor die Öffentlichkeit und führten Bachs Passionen und Kantaten auf. 1926 fand ein ‚Arbeiter-Händelfest' statt, das als eine Pionierleistung innerhalb der Arbeiterbildungsbewegung besonders gewürdigt wurde.⁶ Diese Annäherungsversuche an das bürgerliche Musikvereinsrepertoire gingen nicht ohne Zwistigkeiten vonstatten, da die revolutionäre Agitation und Politisierung der Arbeiterchöre gleichzeitig mit dem Ziel Lenins verstärkt wurde, das Lied und den Gesang als Waffe im Klassenkampf einzusetzen. Dieser Tendenz genügte der unverbindliche Genuß von kulinarischen Werken ebensowenig wie die introvertierte Erbaulichkeit religiös geprägter Oratorien. Als Kompromiß deutete man deswegen die geistlichen Sujets von Vokalwerken in allgemein menschlich berührende um, oder man veränderte die vorgegebenen Texte gänzlich durch profanisierende Umdichtungen.

Die radikalste Einbeziehung der arbeitenden Bevölkerung in eine sozial orientierte Musikpflege und Kulturpolitik geschah selbstverständlich dann, wenn man sie an ihren Arbeitsplätzen in den Fabriken oder in ihren Gewerkschaftshäusern aufsuchte beziehungsweise ‚betreute' (Abb. 143). Erste Ansätze hierzu lassen sich nach 1848 ausfindig machen, als nämlich Bergmusiker und Werkskapellen von den Industrieunternehmungen zu Dienstmusiken und Belegschaftskonzerten im Bereich der Fabriken eingesetzt wurden.[7] Sie musizierten à la Strauß bei Festen in den Kantinen, interpretierten aber auch „vornehme Kunst" („Generalanzeiger Elberfeld' vom 22. 10. 1913) in „Großen Konzerten" zum Zwecke der „Geschmacksveredelung" der Arbeiterschaft oder der Beamten, die sich nicht selten eigens sozial absondernde ‚Beamtenkonzerte' geben ließen mit Mitteln, die sie privat dafür aufbrachten. In Konzerten von Fabrik-Kapellen konnte man zum Beispiel am 14. Oktober 1904 in Mettlach an der Saar hören:

PROGRAMM.

– 1. Teil –

1. „Unsere Marine" Marsch . . . . von R. Tiehle
2. „Mignonmette" Ouverture . . . . von J. Baumann
3. „Aus vollem Menschenherzen" Lied von C. Franke
4. Dollar Walzer a. „Die Dollarprinzessin" . . . . von L. Fall

– 2. Teil –

5. „Konzert Ouverture". . . . . von C. Franke
6. Fantasie a.d. Op. Lucia di Lammermoor . . . . von Donizetti
7. „Saarlied" (Auf Verlangen) . . . . . . von E. Simon
8. „Frühlingsluft" Walzer nach Jos. Strauß'schen Motiven. . . . . von O. Fetras

– 3. Teil –

9. Carmen Marsch. . . . . von G. Bizet
10. „Im Sängerkreise" Potpourri . . . . . . von Scalla
11. „Der verliebte Trompeter" Polka . . . von Kirner
12. „Militair Galopp" . . . . von R. Strauß

Konzerte dieser Art sollten der Geselligkeit dienen, der Stärkung der Identifikation der Belegschaft mit dem Betrieb, der Repräsentation der wirtschaftlichen Bedeutung des Unternehmens, oft zudem aber auch der politischen Einflußnahme. Sie konnten entsprechend der jeweiligen Situation als system-bejahende Proklamation wirken oder auch als Ausdruck eines systemüberwindenden Protestes Geltung beanspruchen. In der Sowjetunion wurde bald nach der Revolution von 1917 damit begonnen, in einer Flut von Konzerten alle Arten von Musik in Arbeiterlokalen und Fabriken erklingen zu lassen, unter dem Motto, „kulturelle Werte jedermann zugänglich" zu machen. Der berühmte Bassist Fjodor Schaljapin[8] berichtet aus dem Jahre 1918, daß er „in einer gewaltigen, militärischen Reitschule sang, für nahezu 15.000 Matrosen, Soldaten, Lokomotivführer, Heizer und einige Frauen. Die meisten Männer waren schmutzig und ungewaschen…" Jeder Ort der Vermittlung erschien auch unter den unwirtlichsten Bedingungen recht zu sein. Alexander Gretschaninow erlebte diese postrevolutionäre Phase leidvoll so: „In den ersten Jahren der bolschewistischen Revolution fanden in verschiedenen Distrikten Moskaus Konzert-Vorträge für Arbeiterkinder statt… Während der Pause gab man uns Hering und (scheußliches) Schwarzbrot, um uns bei Kräften zu halten. Anstelle eines Honorars erhielten wir Mehl, Getreide und manchmal, als besondere Prämie, ein wenig Zucker und Kakao… Meine Gesundheit war durch Unterernährung und Kälte so sehr untergraben, daß ich mich kaum auf den Füßen halten konnte. Meine Hände waren so voller Frostbeulen, daß ich das Klavier nicht berühren konnte… Ich hatte eine Gelegenheit, die Seidenbänder von meinen Lorbeerkränzen für Mehl, Gemüse, Äpfel und andere landwirtschaftliche Produkte einzutauschen… (In diesem Sinne) waren die Konzerte ‚produktiv'… Der Dichter Iwanow erhielt anstelle eines Lorbeerkranzes zwei Birkenklötze, die er wie einen gehüteten Schatz nach Hause trug und in seiner Wohnung verwahrte, aus Angst, sie könnten ihm im Hof gestohlen werden."

Parteipolitisch motiviert waren auch jene ‚Werkskonzerte', die nach dem Überfall des Deutschen Reiches 1938 auf Österreich in dortigen Fabriken angeordnet und über den Rundfunk mit propagandistischen Effekten in den Äther ausgestrahlt wurden (zum Beispiel im Innsbrucker Elektrizitätswerk am 26. 10. 1938). Sie sollten ebenso zu einer beschwichtigenden Zufriedenstellung vieler schlecht Entlohnter beitragen wie die ‚Werkspausenkonzerte' in den Mittagsstunden oder die Lehrlingskonzerte mit lehrhaftem Programm. Dieses politische Verständnis von Konzertdarbietungen in Fabriken ist seitdem virulent geblieben. In den Volksdemokratien werden unter Stichworten wie ‚Konzerte für Werktätige' (auch mit Werken komponierender Arbeiter, so in Leipzig, 1966) oder der „zielgerichteten Konzertplangestaltung in einer sozialistischen Musikkultur"[9] gesellschaftspolitische Absichten nicht minder verfolgt, als dies in

144 Konzerteinführung für Arbeiter. Gemälde von Karlheinz Jakob. 1962. Öl auf Leinwand (150 × 150 cm). VEB Steinkohlenwerk ‚Martin Hoop' Zwickau

145 Konzert der ‚Berliner Philharmoniker' am 25. 4. 1964, geleitet von Herbert von Karajan, in der Versuchshalle des Volkswagenwerks in Wolfsburg

der Praxis des italienischen Komponisten Luigi Nono der Fall ist, der sich 1967 dezidiert zu diesem Einsatz des „Musikers in der Fabrik" bei den „Empfängern der revolutionären Kultur" geäußert hat.[10] Andere Wege gehen Institutionen wie etwa das Leipziger ‚Gewandhaus', das die ‚Werktätigen' dadurch zum organisierten Konzertbesuch bewegt, daß es die begehrten Plätze mittels eines sogenannten ‚Betriebsanrechtswesens' verteilt. In solchen Fällen werden Arbeiter und auch Angestellte mittels eines Verteilerschlüssels programmiert zum Konzertbesuch gebracht.

Weniger politisch scheinen jene Auftritte prominenter Musiker und Orchester zu sein, die sich nicht davor scheuen, symphonische Programme im Angesicht von Maschinen und Werkbänken zu musizieren. Indessen ist auch diesbezüglich auf die propagandistische Komponente zu achten. Wenn etwa am 28. Dezember 1942 die ‚Berliner Philharmoniker', geleitet von Herbert von Karajan, in einem Rüstungsbetrieb aufzuwarten hatten, dann lag dies deutlich im staatlichen Interesse zur Aufmunterung von Arbeitern, deren Einsatz und Durchhaltewillen man inmitten des Grauens bedurfte (siehe auch Abb. 143). Wenn dagegen der Geiger Henri Marteau nach 1920 in seinem ländlichen Wohnort Lichtenberg in der Papierfabrik Rosental Kammermusik aufführte, oder wenn die soeben erwähnten Philharmoniker nach dem Ende des Krieges im Gelände des Volkswagenwerks in Wolfsburg auftraten (Abb. 145), dann sind hierfür andere Beweggründe maßgebend gewesen. Die Entfernung aus den nobel und akustisch raffiniert ausgestatteten normalen Konzertsälen bleibt dennoch ein besonderes Faktum.

Folklore auf dem Podium

Auf dem Grabstein eines der erfolgreichsten folkloristischen Musiker des 19. Jahrhunderts, des Zillertalers Ludwig Rainer, steht der selbstverfaßte Spruch: „Ausgelitten, ausgerungen/ viel gereist und viel gesungen." Diese resignativ erscheinende Bilanz des Lebens eines sogenannten Natursängers aus dem Alpenmilieu faßt paradigmatisch Erfahrungen vieler reisender Musikanten zusammen, die seit nahezu zweihundert Jahren mit folkloristisch getönten Musikprogrammen unterwegs sind. Diese Fahrenden bieten vom Podium herab Musiken an, die als ‚echt', ‚urwüchsig', ‚eigentümlich' angenommen werden sollen, denen freilich die Distanz, die das Podium zu den Hörern hin setzt, nicht ange-

146 Tiroler ‚Nationalsängergruppe Leo'. Lithographie von Otto Speckter. Um 1825/1830. Innsbruck, Tiroler Landesmuseum Ferdinandeum, Inv. Nr. FB 4510/49

messen ist. Geschah doch einst innerhalb der ‚traditionellen Weltkulturen' usuelles Musizieren aus der Nähe des ‚Aufspielens', ‚Bedienens' oder des individuellen sowie gemeinsamen Tuns heraus. Infolgedessen war die Situation der ‚Aufführung' im Sinne der Interpretation von Vorgefertigtem vor einem passiven Publikum in diesem Bereich nicht üblich. Musizieren wurde zumeist vollzogen in der Eingebundenheit konkreter Anlässe des Lebens, der jeweiligen Lokalität und sozialen Klasse. Mit der Differenzierung der Gesellschaft und der Erfahrung des Gegensatzes Land-, Stadt- und Hofkultur, der zunehmenden Reize der Ferne und des Andersartigen in der Welt wurden jedoch diese Einbindungen aufgerissen. Die Entdeckung aller Kontinente durch die Europäer, die Bildung von Kolonialreichen und die Intensivierung des globalen Verkehrs weckten das Interesse am Fremdartigen, vermeintlich Natürlichen und Altertümlichen.

Bereits seit dem späten 16. Jahrhundert läßt man sich im Rahmen der pompös-barocken höfischen Festkultur das Ungewohnte als das Exotische in Gestalt von verkleidet musizierenden Türken, Zigeunern, slawischen Bauern oder Indianern zum Bestaunen vorführen. Am Ende des 18. Jahrhunderts gelangten Folklorismen auch in die Theater; war es doch üblich, die Vorstellung einer Oper oder Komödie durch Kurzweil bereitende Einlagen für das Publikum abwechslungsreicher zu machen. In Theatern der Stadt Wien, im Weimarer oder Stuttgarter Hoftheater, in der königlichen Oper in Berlin traten seither zum Zwecke der Unterhaltung insbesondere „Alpensänger" auf mit „gefälligen Nationalliedern".[1] Auch „allerhöchste Herrschaften" ließen sich diesen Genuß des vorgeblich Originalen, Reinen und Natürlichen nicht entgehen. Aus dem bis dahin unprätentiös gebrauchten Gewöhnlichen wurde das von „Musiker-Gesellschaften produzierte" (Graz, 1818) Triviale.

Den Übergang von der stimulierenden Theatereinlage „mit National-Liedern" zum öffentlichen Konzertvortrag und damit zur dislozierten Verfremdung des angeblich Naturhaften beleuchtet ein Bericht aus Paris von 1818, wonach dort vier österreichische Sänger „in die Mode gekommen waren". Deren ‚Tyrolerlied' fand allerorten Zuspruch, „in allen Salons muss es wiederholt werden, selbst vor Damen, denen sonst wol der zu laute Gesang ihres Canarienvogels Nervenzufälle verursacht ... Sie hatten sich mit der Direction des Theaters de la Porte St. Martin vereinbart. Der Zulauf, den sie daselbst erhielten, machte die königlichen Theater eifersüchtig, und schleunig ward jener Direction die nur Vaudevilles auf ihrem Theater singen darf, untersagt, die vier Sänger ferner auftreten zu lassen. Jetzt singen sie wöchentlich zwey Male in einem eigenen Saale."[2]

Diesen markanten Schritt zum verselbständigten Konzertieren in Eigenregie vollzogen zur gleichen Zeit auch andere Gruppen, die damit den Bereich des auf der Darbietung von Musikwerken basierenden Musiklebens ausweiteten auf jenen, in dem es zwar Operables, jedoch keine Opera gab. Das populare Musizieren wurde fortan weltweit denaturiert, umstilisiert und damit in ein gewandeltes Dasein versetzt. Durch diesen Prozeß wurde das zum öffentlichen Vortrag bestimmte Genre, das volkstümlich Gemachte zum Massenprodukt befördert. Der Folklorismus, der ein Lokalkolorit, ein nationelles Gepräge oder auch eine altertümliche Schlichtheit repräsentieren sollte, zog vermarktet in Salons und Konzertstätten ein. Das breit gestreute triviale Bewußtsein im Biedermeier, das sehnsüchtig nach fingierten Welten von Geborgenheit Ausschau hielt und sich gern aus der grauen Alltagswirklichkeit in pittoreske Fernen und Idyllen entführen ließ, kam konsumierend diesem Trend willig entgegen. Komponisten wie Carl Czerny oder Franz Liszt lieferten mit ihren das Populare zitierenden Vortragswerken aus anerkannter Hand die gewünschten sentimental-brillanten Stücke zu dieser Szenerie. Hinzu kam, daß im Zeichen des wachsenden Nationalismus und der Vermassung als Gegenmittel ‚Nationalmusik' und regional getönte Folklore mehr gefragt waren als das Universale. Folkloremode (zum Beispiel in Gestalt von Konzerten für Alphorn oder Orchester) und Folkloretourismus gewannen für sich einen stetig verbreiterten Markt. Die genuinen Volksmusiken verkümmerten dabei zu meist spaßig angebotenen Vorführprodukten.

Wenngleich vereinzelt bereits 1789 in Paris „un jeune nègre des colonies" als Konzertgeiger zu hören gewesen war, begann das folkloristisch kostümierte Konzertieren freilich erst nach 1820 breitenwirksam zu werden. Es waren vornehmlich die sogenannten Natur- oder Alpensänger, die dies zuwege brachten. Das Sehnen vieler Großstädter nach Freiheit, unverfälschter Natur, touristischen Attraktionen im Gebirge trug zum sensationellen Erfolg dieser Sing- und Spielgruppen aus der Steiermark, aus Tirol, der Schweiz und später auch aus Oberbayern erheblich bei. Die aus dem Zillertal stammende Familie und Sängergesellschaft Rainer, die 1819 in der Christmette zu Fügen erstmals das wohl popularste und in die meisten Sprachen übersetzte Lied ‚Stille Nacht, heilige Nacht' gesungen hatte, reiste nach 1824 in

147 ‚Ukranian National Chorus of the Twin Cities'. 1933. Saint Paul, Minnesota Historical Society

nahezu alle Länder Europas, im Jahre 1838 auch in die USA. Sie gaben – laut Adolf Pichler – „in kokettem Aufputz ihre ‚Gsangeln' in den Concertsälen preis". Hatte ihnen doch der englische König Georg IV. 1827 ein prunkhaft wirkendes, hermelin-verbrämtes Phantasiekostüm schneidern lassen, womit sie fortan publikumswirksam auftraten. Andere, zum Beispiel „obersteyrisch geigende à la camera Virtuosen", folgten als „Concert-Sängergesellschaften" diesem Muster. Dazu zählte die ebenfalls aus dem Zillertal stammende Familie Leo (Abb. 146), die nach Art der reisenden Virtuosen kommerziell einträgliche Fahrten in die Ferne unternahm und bereits 1829 in Zell ihr Repertoire ‚Tiroler Nationalgesänge' gedruckt auf den Markt brachte. Die von diesen und anderen entwurzelten Salontirolern verbreiteten Klischees gewannen mit der dazugehörenden Edelweiß- und Zithersymbolik derart rasch die internationalen Podien für sich, daß man bereits 1834 in Berlin einen Überfluß an Konzerten von ‚Alpensängern' feststellen mußte. Der meistenorts gespendete Beifall führte sogar dazu, daß 1832 in Leipzig „einige Tyroler National-Lieder" in der Pause eines feinen Abonnement-Konzerts zugelassen wurden. Auch das Münchener ‚Odeon' sowie die Tonhalle-Gesellschaft Zürich öffneten diesen Sängern ihre Tore. Im Palmengarten traten beispielsweise am 6. Oktober 1883 Alpensänger aus dem Berner Oberland gemeinsam mit dem Tonhalle-Orchester auf, wobei neben Werken von Mendelssohn, Gounod, Wagner und Brahms auch eine orchestrierte ‚Bauernmusik' für die Aktionäre der Konzertgesellschaft erklang. Die von geschickten Arrangeuren zustande gebrachte Mixtur von Jodler- und Ländlerfloskeln mit beliebten Wendungen à la Rossini (siehe Bäuerles Theaterzeitung, Wien 1828, S. 503) ließ bald darauf mit vergleichbaren Mischungen auch ‚Bandas dos Allemaes' in Rio de Janeiro und anderen Städten Südamerikas in Theatern oder Hotels zur modischen Attraktion werden. Zur gleichen Zeit favorisierte Virtuosen wie etwa Ignaz Moscheles oder Franz Hünten nahmen an diesem folkloristischen Boom teil, indem sie „Divertissements sur des Airs tiroliens, chanté par la famille Rainer, pour le Pianoforte" (Leipzig 1829) paraphrasiert zum Salongebrauch einrichteten. Zur Ehre der Zeitgenossen bleibe nicht unerwähnt, daß kritische Beobachter dieses Geschäfts mit dem ‚Alpengesang', wie etwa Goethe, Heinrich Heine, Hans Georg Nägeli, Friedrich Theodor Vischer, Ludwig Thoma oder Mark Twain, peinlich „von diesem Gejodle" berührt wurden und als Warnung davor einen „Abschreckungs-Baedeker" für ahnungslose Touristen forderten.

In den USA allerdings öffnete sich dessenungeachtet für das „Tyrolean Business", in „Tyrolean costumes" mit Gesängen „as the Rainers did", ein breitgestreuter Markt.[3] Das Vorbild dieser „Tyrolese Minstrels" und des von ihnen ein-

*148 Die Truppe ‚Bozeschniki' (‚Hornbläser') in Paris. Holzschnitt von H. Tairiat (15 × 21,8 cm) nach einem Photo. 1892.
Aus: ‚L'Illustration', Nr. 2559, Paris 1892, S. 216*

geführten „mountain style" regte dort unverzüglich zur Nachahmung an. Viele „singing families" versuchten ebenfalls ihr Glück auf dem Podium mit dem geschminkten Aussehen von „a touch of nature and the outdoor life". Insbesondere aus den hügeligen Staaten Vermont und New Hampshire zogen in Jodelmanier singende ‚Newhampshire Rainers' aus, um rasch Karriere zu machen. Anklang fand nach 1839 besonders die Hutchinson Family, die, aus Farmermilieu kommend, die ersten öffentlichen „vocal entertainments" in lokalen Baptistenkirchen mit „hymns, anthems and glees" angeboten hatte. Nach der Mitte des Jahrhunderts erzielte dieses Quartett auch mit Gesängen gegen Alkohol, Sklaverei und Frauendiskriminierung Abendgagen bis zu tausend Dollars.[4] An Orten, wo den Negern der Zutritt verboten wurde, verweigerten sie standhaft ihren Auftritt. Sonderliche Ansprüche an das Vorführmilieu stellten sie nicht; sie sangen vor Abraham Lincoln ebenso wie vor den Massen in Parks oder in den ärmlichen Räumen von Kolonistenbehausungen. In London stellten sie sich 1846 dem königlichen Hof, Charles Dickens und anderen als ‚American Minstrels' vor mit Stücken wie ‚The Cot Where I was born', ‚The Grave of Bonaparte', aber auch ‚The Alpine Hunter's Song'.

Den Alpensängern folgend, machten sich auch aus anderen Teilen Europas, die als Reservate naiven Lebensglücks angesehen wurden, Musikanten auf, um mit vornehmlich anspruchslosen, ‚gemachten' Gesängen und Instrumentalstücken Beifall zu finden. Vorführungen slawischer Provenienz zollte man wegen der gesuchten unbekümmerten Vitalität bis in die Tage der weltweit reisenden Don-Kosaken-Chöre und anderer Gruppierungen (Abb. 147 und 148) ein besonderes Augenmerk. Bereits im Jahre 1819 gastierte in Essen ein russischer Sänger namens Abraham Jakob mit zwei Begleitern. Ab 1834 gab das aus 22 Musikern bestehende Ensemble Koslof im Weimarer Schauspielhaus und anderswo Vorführungen der ‚Rogowaja Musyka' (vgl. auch Abb. 148). Dies war eine Kuriosität im Vorführgeschäft: eine Gruppe aus gedrillten Leibeigenen. Jeder Bläser der Hornmusik brachte, in Bauernkittel gekleidet, lediglich einen Ton hervor. Ensembles und Orchester dieser Art schlossen sich auch in anderen Ländern zu Konzertzwecken zusammen, so zum Beispiel auf der Insel Java die Angklung-Orchester (Abb. 149), von denen eines im Herbst 1985 zum vierzigsten Jahrestag der Begründung der UNO in der Wiener UNO-City auftrat. 1886 vermochte die russische Sängergesellschaft Dimitri Slaviansky d'Agreneff die Züricher

Konzertbesucher davon zu überzeugen, daß sie noch das „den westlichen Kulturvölkern längst abhanden gekommene unverfälschte, eigentliche Volkslied" darzubieten vermöchten, eine vermeintliche „elementare Poesie", in der die weite Steppe atme.

‚Böhmacken' jodelten durch Europa, ungarische Instrumentalsänger waren 1846 mit ‚Nationalweisen' ebenso auf Tournee wie Volkssänger aus den Pyrenäen, galizische Klezmer, schottische Sackpfeifer oder die französische Sängergruppe ‚Montagnards Basques', die 1856 besonders in Kanada umjubelt und imitiert wurde. 1832 wurden in Stockholm zur Schlüsselfidel schwedische Volkslieder in einem öffentlichen Konzert gesungen, 1900 auch „alte norwegische Volkslieder". Armenische Volksmusik erklang in Konzerten seit 1880 mittels der Bearbeitungen des Komponisten Khristofor Kara-muza. Wandermusikanten aus der Westpfalz erreichten auf Ozeandampfern gegen Ende des Jahrhunderts bereits Ägypten, Südafrika, China und Australien. In Schlesien wurde 1840 ein ‚Verein für Volksliedfeste' gestiftet. Dies alles bewirkte die internationale Verbreitung von Repertoires, die in Form von konvenablen Versatzstücken seither zur Nutzung im Bereich der kommerziellen Unterhaltungsmusik und der Werbebranche dienen. Millionen Hörer vermögen derzeit unreflektiert den Sound des Zigeuners, des Andalusiers, des Schotten, des Schweizers oder des Kosaken zu assoziieren, wenn sie live oder durch technische Vermittlung zur Gewohnheit gewordene Floskeln und Rhythmen hören.

Gefördert wurde während des 19. Jahrhunderts dieser Transport von Folklorismen insbesondere durch die glanzvollen Weltausstellungen in den Metropolen Westeuropas, Amerikas und Australiens. Walter Benjamin kennzeichnete zu Recht diese Veranstaltungen als „Wallfahrtsstätten zum Fetisch Ware". Die Kolonialmächte ließen neben Attraktionen europäischer Herkunft aus ihren Reichen alle zugkräftigen Exotismen heranbringen, die transportabel waren. Während der Pariser Weltausstellung von 1876 traten daher in ihren Trachten nicht nur Serben, Ungarn, Russen und Rumänen (Abb. 150) konzertierend auf, sondern auch Annami-

149 ‚Angklung-Ensemble' in Djakarta. Um 1945

150 ‚Les lautars roumains' in Paris. Holzschnitt von F. de Haenen 1889 (32 × 22 cm). Aus: ‚L'Illustration', Vol. XLIV, 1889, S. 304

ten mit ihrem „heimathlichen Höllenspektakel" (‚Die Gegenwart' 36, 1889, S. 196), Tunesier und Sudanesen mit Bauchtänzen und ‚darbouka'. Über letzteres Ensemble berichtete die Zeitschrift ‚L'Illustration' in recht oberflächlicher Weise: „La taille est petite, le corps est maigre. Ils ont une moustache très courte, le nez court et aplati, les lèvres fortes. La physionomie est douce. Ils portent un maillot marron, une culotte courte, de couleur bleue, une ceinture rouge; les jambes sont nues. Leur coiffure ressemble à une longue perruque, avec un diadème orné de miroirs et de coquillages. Un poignard est accroché au bras droit, au-dessus du coude ... Voulez-vous savoir leurs noms? Les joueurs de tam-tam ou de guitare s'appellent Cheik Abdallah Douchach (c'est le chef), et les deux autres Farag; les danseurs sont Hamada et Abdallah Moustapha ... Ils dansent sur une mélopée monotone, en remuant beaucoup les pieds et en faisant résonner leur ceinture, composée de nombreux pieds de chèvre, qui s'entrechoquent ... Ils simulent aussi un combat avec leurs poignards à manches sculptés, leurs longues lances, leurs boucliers en cuivre, ornés d'une sorte de croix rouge qui se détache sur un fond vert ... Pendant que les danseurs s'agitent, le musicien se tient debout, dans sa

151 Programmzettel des zweiten Zitherfestes Japan am 28. 9. 1985 in Tokio. Privatbesitz

longue robe bleue. Il pince la lyre ou la guitare qui donne le rhythme et qui est orné de foulards bariolés ... Ils racontent volontiers que la guitare dont ils se servent au Champ-de-Mars est sacrée, qu'ils ne la vendraient point pour tout l'or du monde ... Pendant qu'ils dansent ou qu'ils jouent, les Soudanais considèrent le public qui est devant eux, surtout les femmes, qui ne paraissent pas très rassurées. Ils les regardent avec beaucoup de curiosité et presque un peu d'effroi. Il y a pourtant moins de danger pour eux que pour elles, certainement."

Selbstverständlich trugen gemischte Darbietungen wie diese dazu bei, die Zersplitterung des ästhetischen Bewußtseins zu fördern, den Folklore-Tourismus mit seinen nivellierenden Wirkungen zu beschleunigen. Der Europäisierung der Musik nahezu aller Völker der Erde antwortete eine wenngleich schwächer wirksame Afrikanisierung und Asiatisierung in Teilbereichen. Der folkloristische Pluralismus, der verfremdete Kuriositäten-Kitsch machte die Runde um den Globus.

Amerika trug hierzu nicht nur mittels singender Familien wie den Hutchinsons bei, die alpine ‚Natursänger' talmihaft zu kopieren versuchten, sondern auch durch reisende Negro Minstrels oder Virtuosen wie dem in Louisiana geborenen Louis Moreau Gottschalk, der 1851 erstmals in seinen Klavierkonzerten ein europäisches Publikum mit afro-karibischen Rhythmen vertraut machte.

Die ‚Negro-Minstrelsy' begann um 1840 im Staate Virginia. Es bildeten sich companies, zum Beispiel 1842 ‚E. P. Christy's Original Band of Virginia Minstrels', die publikumswirksam Gesang, Banjospiel, Tanz und Pantomime gemischt vorzuführen vermochten.[5] Am 21. Mai 1843 landete die erste Truppe in Liverpool, von wo aus sie mit ihrer „eccentric show" durch mehrere europäische Länder reiste. 1869 traten ‚Los Bufos Negros Americanos' im Coliseum zu Buenos Aires auf, selbst der rassistisch unduldsame Kaiser Wilhelm I. ließ sich 1880 in Potsdam die Kunststücke der ‚Blacks' nicht entgehen. In „dandy costume à la Jullien" gekleidete Gruppen, die sich ‚Ethyopian Serenaders' nannten, oder um 1863 von Nashville aus die ‚Fisk Jubilee Singers' erregten Aufsehen und ersangen sich hohe Gagen. Einige Truppen, die erstmals Spirituals international bekannt machten, bestanden tatsächlich aus Schwarzen, andere freilich aus maskierten Mischlingen und Weißen.

Das Auftreten der gefälschten Negermusiker kommentierte die ‚Leipziger Illustrirte Zeitung' vom 18. April 1846 wie folgt: „Es waren sehr begabte und zugleich höchst muntere Künstler – mit kohlschwarz gemalten Gesichtern, hochroten Lippen und aufgeworfenem Munde; und da sie ihre Rolle vortrefflich zu spielen wußten, war die Täuschung so groß, daß Wetten angestellt wurden, es seien ächte Schwarze. Freilich konnte man durch ihr Spiel zu keinem echten Schlusse über die Aechtheit der afrikanischen Melodien kommen, namentlich da sie sich auch die Compositionen großer europäischer Meister in ihrer grotesken Manier zurecht gemacht hatten. Die Gesellschaft besteht aus fünf Leuten: Einer spielt das Schellenbecken, der Zweite die Daumenklappen, der Dritte das Accordion und die anderen Beiden die afrikanische Guitarre. Der Castagnettenspieler singt nicht, seine vier Kollegen aber haben gute Stimmen und sind tüchtig eingeübt, besonders auf Wechselgesänge. In einem Quartett, einer Parodie auf den Geisterchor aus der Nachtwandlerin, und in einem Rundgesange: ‚You'll see them on the Ohio' – Ihr seht sie auf dem Ohio – zeigten sie sich besonders eingeschult; unnachahmlich aber sind sie in ihren Bouffonerien, welche den rauschendsten Beifall ernteten. Der Tambourinspieler gibt sich einer lächerlichen Empfindsamkeit hin, während der Castagnettenspieler sich in allerlei Possen und Schwänken ergeht, und an Schnelligkeit und Genauigkeit seines Spiels mit jedem Spanier wetteifert. Eine ‚Eisenbahnouvertüre' erregte das allgemeinste Gelächter und läßt sich in ihrer Beweglichkeit und Mannigfaltigkeit gar nicht beschreiben. Als eine wirkliche Neuigkeit zogen ihre Concerte zahlreichen Besuch an und sie machten gute Geschäfte, namentlich da sie mit Empfehlungsbriefen vom Präsident Polk und einigen andern Großen der Vereinigten Staaten versehen waren" (S. 260). 1843 hatte ihr Programm im ‚Masonic Temple' zu Boston diese Abfolge gehabt:

Part I	
Air Johny Bowker	by the Band
Song Old Dan Tucker, a Virginian Refrain in which is described the ups and downs of Negro life	Full Chorus by the Minstrels
Song Goin ober de Mountain, or the difficulties between Old Jake and his Sweet Heart	Full Chorus
Song Old Tar River – or the Incidents attending a Coon Hunt	Full Chorus
A Negro Lecture on Locomotives in which he describes his visit to the Wild Animals, his scrape with his Sweetheart, and show[s] the white folks how the Niggers raise Steam	by Billy Whitlock
Part II	
Song Uncle Gabriel – or a chapter on Tails	Full Chorus
Song Boatman Dance – a much admired Song, in imitation of the Ohio Boatman	Full Chorus
Song Lucy Long – a very fashionable song which has never failed to be received with unbounded applause	Full Chorus

Mit derartigen Angeboten stiegen selbst sonst diffamierte Subkulturen auf in den Bereich des internationalen showbusiness und zogen mit ihren Repräsentanten meist ungehindert ein in die Konzertsäle der Welt. Selbst während eines am 24. März 1913 von Max Reger im Hoftheater zu Meiningen geleiteten Wohltätigkeitskonzerts stellte sich die Lautensängerin Käthe Pirschel mit einem ‚Niggersong‘ vor, der den Allerweltstitel ‚Oh, my Baby‘ hatte.

Im 20. Jahrhundert wurden in allen Erdteilen die traditionellen sozialen Strukturen aufgelöst, revolutionär verändert oder evolutionär an die industrialisierte Umwelt angepaßt. Damit wurde auch das traditionelle Musizieren vollends aus den gewohnten Bindungen entlassen. Königshöfe in Korea oder Mittelafrika (zum Beispiel in Uganda), Residenzen von Maharadschas in Indien wurden aufgegeben; Palastmusiken wurden, da ihnen die notwendige Umgebung fehlte, nicht mehr gebraucht. Die entlassenen Palastmusiker orientierten sich neu; sie konservierten das Erlernte als akustisches Relikt einer feudalen Vergangenheit und münzten es um in exportierbare Konzertmusiken. Stichwörter wie ‚westernization‘, ‚urbanisation‘ oder ‚modernization‘ bewirkten zudem nachhaltige Veränderungen. Für Ägypten war dieser Wandel beispielsweise ab 1925 unabwendbar, als die Hochschule für arabische Musik mit einem eigenen Konzertsaal gegründet wurde, noch weniger ab 1932, als dort ein arabischer Musikkongreß stattfand, der ägyptische Musik im Konzertmilieu für die teilweise von weither angereisten Teilnehmer vermittelte.[6]

In Teheran fand 1906 in einem der vornehmen Gärten ein großes Konzert statt, in dem ein Ensemble das Genre ‚pishdarāmad‘ orchestral im Unisono, arrangiert von Darvish

152 Das ‚Tunesische Nationalensemble‘ während des III. Nationalen Festivals der Andalusischen Musik am 13. 10. 1972 in Algier. Aus: ‚Musikgeschichte in Bildern‘ I, 8, Leipzig 1983, Abb. 75

Khan, vorführte. Im südindischen Madras wird Carnatic Music seit dem Ende des 19. Jahrhunderts konzertant in Veranstaltungen dargeboten, die zunächst vier bis sechs Stunden dauerten, seit 1920 jedoch nur mehr drei bis vier. In Korea existiert die Musik des 1910 aufgelösten Königshofs seitdem lediglich noch als Konzertrepertoire. In Japan bewirkte die Öffnung des Landes seit 1867 für westliche und andere Einflüsse das allmähliche Verklingen der Musik der Edo-Zeit, die in Restbeständen lediglich in Konzerten oder mittels des Schutzes von Verordnungen bewahrt werden kann, die eine staatliche Kommission für die Erhaltung kultureller Güter (Bunkazai Hogo Jinkai) erläßt. Sogenannte ‚klassische‘ Koto-Musik kann seither in Konzertsälen wie dem Brahms-Saal des Wiener Musikvereins (zum Beispiel 1985) gehört werden, andererseits präsentierte der Zitherverein Japan in der Soogetsu-Halle in Tokio während eines ‚Zitherfestes‘ 1985 ‚Tänze aus dem Alpenland‘ vor 1100 Zuhörern (Abb. 151). In Bulgarien wurden 1977 unter 16 868 Konzerten 3 397 als ‚concerts folkloriques‘ registriert, in Schweden schätzten zur selben Zeit 11 % der Bevölkerung die Darbietungen von ‚Folkmusik‘.

Die Zahl der Beispiele ließe sich beliebig vermehren. Folklore erklingt gegenwärtig auf den Podien in aller Welt (Abb. 152). Meist wird bei derartigen Darbietungen betont das Heitere und Vitale hervorgekehrt. Folkloristen pflegen sich lächelnd vorzustellen. Folkloristische Konzerte dienen in vielen Ländern der Werbung, insbesondere der Anwerbung und Unterhaltung von Touristen, der staatlichen Propaganda, der Demonstration nationaler Eigenständigkeit oder auch der Manifestation gesellschaftlicher Ansprüche ethnischer Minderheiten. Folkloristische Musik wird sowohl angeboten als Zeichen von Fortschritt und Befreiung als auch der musealen Reliktpflege mit konservierender Tendenz. Es finden Wettbewerbe statt, die sich von denen im Bereiche der Virtuosenkonzerte lediglich graduell in den gesetzten Ansprüchen unterscheiden. Es gibt ‚Festivals der Weltkulturen' mit Konzertserien ‚traditioneller Musik' (zuletzt das 3. Festival 1985 in Berlin), wobei diese sich als verselbständigt zu erkennen gibt und im Zuspruch der sogenannten E-Musik und U-Musik nicht nachsteht. In Schweden reicht der Beliebtheitsgrad der ‚Folkmusik' gegenwärtig an den der ‚Klassisk Musik' heran.[7]

Historische Konzerte und die Wiederbelebung Alter Musik

Auf einer Eintrittskarte zu den Hickford's Rooms in London aus dem späten 18. Jahrhundert, die zum Besuch eines ‚Concert of Ancient Vocal and Instrumental Music' berechtigte, ist das Motto aufgedruckt: ‚Renascentur quae jam cecidere'.[1] Nach diesem Satz hat die in bestimmten Konzerten wiederzugebende Musik die Aufgabe, bereits Verklungenes erneut zu beleben, vergangene Musikwerke sich abermals anzueignen. Historisches sollte zum Beispiel an bestimmten Gedenktagen ins Gedächtnis gerufen oder als Dokument verklärt, aus verehrten früheren Zeiten aktualisiert werden. Dieser Hang zum Beharren beim Alten förderte seither jenes Mischangebot und jenen Stilpluralismus im Konzertsaal, der derzeit vorherrschend ist. Mit konservierender Absicht soll Vergangenes gerettet werden in der zeitlichen Rückkehr zu Früherem oder zwecks restaurativen Eingedenkens im ‚Neo', in der Wiederholung bereits aktuell gewesener Formen. Mittels des praktizierten Historismus sucht man in Kostüm (Abb. 154), Frack oder auch mittelalterlicher Gewandung (Abb. 155) die musikalische Vergangenheit im Gedächtnis zu bewahren, unter Verzicht allerdings auf ihre einstige Aura. Die Musiken vergangener Jahrhunderte müssen sich vielmehr dem veränderten technischen Komfort und den Verhältnissen fügen, die eine nahezu totale Vermarktung bedingen. Funktionale Staatsmusiken des 16. Jahrhunderts oder Tafelmusiken des 17. Jahrhunderts werden ihrer einstigen zeremoniellen und gesellschaftlichen Bewandtnis enthoben und als an sich Fremdgewordenes in die sachfremde Vorführsituation des Konzerts vor Zuhörern überführt, die den zugehörigen Kontext nicht mehr einzulösen vermögen. Aus der einstigen Komplexität bleibt dabei hauptsächlich die ästhetische Komponente von den zum geschichtlichen Standort gehörenden Merkmalen übrig, den das Werk auch in seiner Entfremdung nie verleugnen kann.

Alte Musikwerke können von Ausführenden wie Rezipienten auf verschiedene Weise und mit unterschiedlichen Mitteln wieder angeeignet werden: a) mit dem Wert des historisch repräsentanten Kulturdenkmals, b) des als ‚klassisch' bewerteten, Stabilität verheißenden Musters oder c) des Sicherheit im Gewohnten, in der Redundanz bietenden Spielstücks, das den Problemen der Gegenwart entrückt. Das Alte kann man musizieren, angepaßt im Klang an

153 Das ‚Ensemble Louis Diémer' vor 1914. Staatliches Institut für Musikforschung Preußischer Kulturbesitz, Berlin, Kat. Nr. Re 4 I (Hs 24)

154 Mitglieder der ‚Schola Cantorum Basiliensis' bei der Aufführung einer Bach-Kantate als ‚Dramma per musica' in der Basler Martinskirche. 1980

die eigene Zeit, oder aber rekonstruiert im Bemühen um die reflektierte Wiederaneignung einer vermeintlich authentischen Wirklichkeit. In jedem Falle wird das Historische als ein dem Aktuellen Entgegengesetztes verstanden und programmatisch eingesetzt. Eines der ersten Zeugnisse hierfür ist jenes historische Konzert, das am 31. Mai 1643 Sigmund Theophil Staden in Nürnberg in dem Bemühen gegeben hat,[2] alle damals vorstellbaren Stufen der Entwicklung der „edlen Music" bis hin zur mit Stolz verehrten „Music iziger Zeit" in einer „Oration" vorzuführen.

Ein anderes rückwärts gewandtes Interesse bekundeten die vom Earl of Sandwich in London 1776 begründeten und von dem auch als Musiksammler berühmten Viscount Fitzwilliam of Merrion (1745–1816) mitfinanzierten ‚Concerts of Antient Musick', denen durch das Beisein des Königs sowie von Adeligen ein auszeichnendes Sozialprestige zukam. Die damit intendierte Exklusivität für die high society wurde derart streng gewahrt, daß es selbst dem 1785 dort anwesenden preußischen Hofkapellmeister Johann Friedrich Reichardt nur mittels besonderer Fürsprache gelang, die Erlaubnis zur Teilnahme zu erhalten. Hier galt als ‚alt', was mindestens vor 25 Jahren komponiert worden war und somit vor dem von vielen beklagten Stilumbruch um 1750 der feudalen Welt des Barock zugehört hatte. Aufführungen von Werken Händels und italienischer Meister nahmen den Hauptplatz in den Programmen ein, die Hörern zugute kamen, welche auch gesellschaftlich ein traditionalistisches Interesse verband.

Das im 19. Jahrhundert zu einer Sonderform sich etablierende ‚historische Konzert' diente außer der Wiederholung älterer Kompositionen auch der Kritik am vorherrschenden

155 Eberhard Kummer als mittelalterlicher Spielmann im Bettlerkostüm in Wien konzertierend. 1985

156 Das ‚Gamben-Consort Bad Hersfeld' konzertiert im Museum der Stadt. 1982

Konzertbetrieb, am Virtuosenkult und verflachenden Dilettantismus, an der Profanisierung und am Verfall der musica sacra, am bunten Programmgemisch sowie an der zu engen Standardisierung des gängigen Repertoires.³ Mit älteren Kompositionen sollte ein vertiefender Sachverstand beim Publikum und bei den Interpreten herausgefordert werden, ein historisch orientiertes Qualitätsbewußtsein gefestigt sowie eine Ernst und Strenge verbürgende Linie garantiert werden. Johann Friedrich Reichardt war 1783 in den von ihm veranstalteten ‚Concerts spirituels' in diesem Bestreben vielen vorangegangen. Er hatte sich bei seinen Kunstreisen nach Italien sehr darum bemüht, Werke von Palestrina und anderen „älteren großen Italiänern" zu kopieren. Diese wollte er erstmals in Berlin „bekannt machen" als unvergängliche Muster einer abhanden gekommenen Polyphonie und Geistlichkeit. Im Konzert wurde damit aus der funktional gemeinten, liturgisch eingebundenen Kirchenmusik durch Verlagerung eine pflegerisch betreute geistliche Erbauungsmusik „vom alten Geschmack". Noch geschah dies aus „Liebe zum Alten, die in keine blinde Vorliebe ausarten" sollte, auch nicht aus einer „sträflichen Verachtungssucht des Neuern" heraus.⁴ Vielmehr sollte sie eine bereichernde Ergänzung bieten und Ansporn sein für ein Lernen am Beispiel der verlorenen „hohen Einfalt" und an „brauchbaren Materialien".

Die Tendenz des unproduktiven Historismus war, verglichen hiermit, einseitiger, wie er sich in den 273 ‚Academies of ancient music' oder in den ‚Historischen Hauskonzerten' zeigte, die von 1816 bis 1842 im Hause des Wiener Hofrats Raphael Georg Kiesewetter (1773–1850) stattfanden.⁵ Seine Absicht war es, für „Freunde echt klassischer Musik" alle „verschiedenen Stile der alten Musik, von dem stile stretto und a cappella bis zu dem kunstreichsten und instrumentierten Satze eines Händel und Bach vorzuführen". Zu diesem Zwecke legte er eine Praktika-Sammlung „in Denkmälern" an, eine „Galerie der alten Contrapunctisten". Nur geladene Gäste waren zu den „Privat-Musiken" zugelassen. Die Flucht aus der Gegenwart, in der beispielsweise Franz Schubert in nächster Nähe lebte, begründete er mit seiner Abneigung gegen die „frivolere neuere vermeintliche Kirchen-Musik", wogegen der Gastgeber die sakrale Erhabenheit im „strengen Stil" des a-cappella-Singens verklärend hochschätzte. Dieses Haus mit seinen Darbietungen von Werken Palestrinas, Caldaras oder Marcellos zog viele Politiker, Geistliche, Dichter und Komponisten an. Unmittelbar wirkten sich die pflegerischen Bemühungen auf den k. k. Militär-Verpflegs-Oberverwalter Simon Molitor (1766–1848) in Wien aus. Bei ihm konnte man Kompositionen von Nikolaus Gombert, Monteverdi, Bach, Lully und Corelli hören, die oft unter einem musikgeschichtlichen Motto zusammengestellt wurden, zum Beispiel am 12. Dezember 1835 aus dem Themenbereich „Instrumental-Kompositionen von niederländischen und deutschen Meistern aus der Zeitperiode von 1500 bis 1800".⁶

Parallel hierzu wie auch zu den Aktivitäten der Singakademie in Berlin unter Fasch und Zelter legten in Paris und Brüssel Étienne Alexandre Choron (1771–1834) sowie der Musiklehrer und Bibliothekar des Conservatoire François-Joseph Fétis (1784–1871) den Grund für eine historisch-katholizistische Bewegung in der Musik. Choron nahm sich ab 1822 anhand der Muster mittelalterlicher Maîtrisen mit Hilfe eines aus Schulkindern und Arbeitern zusammengesetzten Chors, der „maîtrise exceptionelle", Werken des 16. bis 18. Jahrhunderts an. Der „musique religieuse" sollte in einer

157 Das ‚Consortium Classicum',
geleitet von Dieter Klöcker,
konzertiert in den ehemaligen
kaiserlichen Gärten zu Peking. 1980

sich liberal-kirchenfern entwickelnden Bourgeoisie ein neuer Auftrieb verliehen werden. Palestrina wurde divinisiert als „le Racine, c'est le Raphaël, c'est le Jésus-Christ de la musique". Seine Vokalpolyphonie erklang in altmeisterlichen „exercises", nicht Konzerte benannten Aufführungen mit „beaucoup d'onction et de douceur". Das sensualistische Genießen geistlicher Werke wurde hier zum Selbstzweck. Kirchenmusik einschließlich des gregorianischen Chorals wurde des stillen Innewerdens wegen, abgezogen vom liturgischen Kontext, säkularisiert. Der Konzertsaal löste als Stätte für ein ‚reineres' Hören den Kirchenraum ab. Choron konnte bis zur Juli-Revolution von 1830 seine restaurativen Absichten zur Wiedererrichtung der Maîtrisen verfolgen. Mangelnde Unterstützung und Resonanz im großstädtischen Publikum ließ diesen Versuch scheitern. Fétis freilich setzte puristisch ab 1832 mit deutlicher Abkehr von der zeitgenössischen Musik, etwa Berlioz', das Unternehmen der ‚concerts historiques' fort.[7]

Will man altgewordene Musik ohne das Erbe einer kontinuierlichen Musiziertradition wiederbeleben, dann bedarf es dazu einer erneuten Versicherung des historisch Gültigen durch Spezialstudien, außerhalb der normalerweise in den Studiengängen vorgesehenen Lehrinhalte. Einer der ersten, der als belehrender Musikhistoriker den Gebildeten seiner Zeit Brücken des Verstehens anzubieten trachtete, war der Leipziger Schriftsteller Friedrich Rochlitz (1769–1842). An Goethe, dem er den Titel eines Sachsen-weimarischen Hofrats zu verdanken hatte, adressierte er 1829 das Konzept eines zu praktizierenden Historismus, das auch im Hinblick auf die Anfänge des Gesprächskonzerts mit seinem Hörhilfen anbietenden Zweck bemerkenswert ist: „Ich denke mich in einem ziemlich großen und nicht niedrigen Zimmer, umgeben von vier Sängerinnen und vier Sängern, je zwei zu jeder Stimme; neben mir Herr Häser, der, von mir vorbereitet, mich im Begleiten auf dem Pianoforte ablösen kann, wenn meine Kräfte nicht mehr ausreichen wollen. Vor uns, mit möglichst großem Zwischenraume, befinden sich die Zuhörenden. Mit den allereinfachsten Worten, in möglichster Kürze, lege ich eine Übersicht des Zustandes, Sinnes und Zwecks deutscher und italienischer Tonkunst in einer ihrer Hauptperioden vor, und nach jedem Hauptmomente wird sogleich ein oder der andere Gesang ausgeführt, der, was ich behaupte, beweist, es anschaulicher und in den Teilnehmenden lebendiger macht. Man bekömmt durchaus nichts zu vernehmen außer dort: letzte Resultate lebenslänglicher Forschungen, hier: von dem Allerschönsten, was an eigentlicher Kammermusik jeder Gattung die Welt besitzt und jemals besessen hat. (Theater- und Instrumental-Musik bleiben gänzlich ausgeschlossen; darum auch kein Kapellmeister, kein Virtuos als solcher.) Von da anfangend, wo die Tonkunst als eigentliche Kunst auftrat, mithin von etwas über dreihundert Jahren bis zu dem heutigen Tage, nehme ich fünf Hauptperioden für beide Nationen an." Wissenschaftliche Unterweisung und Aufführung („mit möglichst großem Zwischenraume" zu den Zuhörenden hin!) sollten somit zusammenwirken und eine Optimierung des historisch eingedenkenden Hörens möglich machen.

‚Historische Konzerte' wurden im 19. und frühen 20. Jahrhundert zumeist musiziert mit den Mitteln und Vorstellungen der eigenen Zeit. Ein historisierendes Rekonstruieren lag den meisten Interpreten noch fern. Der praktizierte Traditionalismus konnte auf vielerlei Weise motiviert werden. Zum einen waren es das nationale Geschichtsbewußtsein, die aufkommende Verehrung auch von musikalischen

*158 Das ‚Clemencic Consort'
Wien konzertiert im Palazzo
Labia in Venedig*

Werken als Denkmälern einer erinnerungswürdigen Vergangenheit, zum andern bot auch der Genie- und Heroenkult Anlässe zu Feiern mit musikalischen Reminiszenzen. So gab es beispielsweise 1851 in Berlin den „Treubund zur Feier des Geburtstages Friedrichs des Großen", der in einem Konzert mit preußisch-nationalistischem Gepräge „vorzugsweise Compositionen Friedr. des Großen" spielen ließ. Die Frage, ob hierbei etwa die Flûte traversière oder ein Cembalo einzusetzen seien, wurde noch nicht gestellt. In Lüneburg gab 1855 ein ‚Verein für geistliche Musik' ein ‚Historisches Konzert' unter anderem mit „2 Minneliedern vom Fürsten Witzlaw (um 1300)" in einem Arrangement von „Text und Melodie alt, Satz neu". 1841 vergegenwärtigte das königliche Opernhaus in Berlin in einer „Dramatisch-musikalischen Akademie", gegliedert in zehn Decennien von der Grundsteinlegung des Gebäudes an, die markanten Ereignisse seiner Geschichte mit der Absicht, „die Fortschritte der dramatischen Musik vorzuführen".[8] Felix Mendelssohn Bartholdy gedachte 1838 in vier historischen Konzerten „der berühmtesten Meister, von vor 100 Jahren bis auf die jetzige Zeit". Sein geschichtliches Interesse ging im Rahmen von Abonnementkonzerten im ‚Gewandhaus' zu Leipzig lediglich zurück bis zu Johann Sebastian Bach, es endete bei Beethoven. In demselben Saale erinnerte man sich auch am 9. März 1843 des ersten Leipziger „Abonnement-Concerts" vom 11. März 1743, das mit einer Motette von Doles eingeleitet wurde. In Wien gab 1838 Otto Nicolai ein Konzert mit Werken „im Styl und Geschmacke anderer Jahrhunderte".

Die Lust an der Retrospektive, am Antiquarischen, griff auch in den Bereich der unterhaltenden Musik über. Eduard Strauß gab am 18. November 1883 ein Monsterkonzert mit dem Titel ‚Chronik der Wiener Tanzmusik', wobei Stücke aus den k.k. Redoutensälen seit der Zeit der Kaiserin Maria Theresia in Bearbeitungen repetiert wurden. In den USA vermarktete um 1860 eine von Massachusetts ausgehende, ‚Old Folks' genannte Gruppe von Puritanern, die sich als „the most popular Concert Company in the World" anpries, „Old fashioned Entertainments ... in Ancient Costumes". Die folkloristischen Konzerte (siehe S. 200) sind an dieser Stelle ebenfalls zu berücksichtigen, da auch sie Vergangenes, nostalgisch aufgebreitet, reproduzierten. Die Vorliebe zum „Antiquen" und dinglich zur Antiquität drang somit in das gesamte Konzertleben ein.

Pflegte man um 1910 im allgemeinen alte Musik angepaßt und ‚eingerichtet' für den Geschmack der eigenen Zeit, also beispielsweise Bachs Cembalowerke auf dem Fortepiano mit den Zusätzen Busonis,[9] so setzte sich daneben allmählich jedoch auch die Tendenz der historischen Stilkopie, der puristischen Authentizitätssuche durch. Eine auf das ‚Alte' spezialisierte Subkultur distanzierte sich im Zeichen der „Historischen Musikaufführung" (Basel, 1902) vom klassisch-romantisch geprägten Konzertbetrieb.

Man versuchte so viel als möglich an ‚Werktreue' zu erreichen. Als ein wesentliches Mittel hierzu erschien die Benutzung vermeintlich originaler, ‚authentischer' Instrumente, die man in Museen sammelte und kopierte. Vereinzelt komplettierte man in dieser Zeit neogotisch stilisierte Zimmereinrichtungen, sogar mit Nachbauten von Instrumenten, die nur mehr anhand von Bildern des 15. oder 16. Jahrhunderts in Erfahrung gebracht werden konnten.[10] Früheste Ansätze hierzu lassen sich bemerkenswerterweise bei dem als Klaviervirtuosen brillierenden Ignaz Moscheles (1794–1870) finden. Gemäß seinem Leitspruch: „Ein guter Reiter muß auf jedem Pferde gut sitzen können", veranstaltete er ab 1836 in London – angeregt durch die dortigen ‚Ancient Concerts' – ‚Classical Chamber Concerts' oder ‚Historische

159   Hauskonzert mit alten Instrumenten. 1987

Soiréen für Claviermusik', in denen er Werke von Scarlatti oder Bach auf dem ‚Harpsichord' vortrug.[11] Die letzten Cembali waren in London von Joseph Kirkman um 1809 gebaut worden. Seither gehört der Versuch der Wiedergabe alter Musik „im Klang ihrer Zeit", mit und ohne Kostümierung in alten Gewändern (Abb. 156 bis 161), zu den schwer einlösbaren Anstrengungen vieler Interpreten.

1861 wurde in Basel die ‚Johannespassion' von Johann Sebastian Bach programmatisch mit historischen Instrumenten aufgeführt. In dieser Stadt am Rhein gingen weitere entscheidende Impulse vom Historischen Museum, der Universität sowie der 1933 gegründeten ‚Schola Cantorum Basiliensis' als von einem privaten „Lehr- und Forschungsinstitut für alte Musik" aus.[12] Am 16. Mai 1882 feierte man im Museum das fünfundzwanzigjährige Bestehen der „mittelalterlichen Sammlung" mit einem historischen Konzert unter Verwendung einer Viola d'amore sowie eines Cembalos. Später gesellte man das Clavichord, die Laute sowie die Viola da Gamba aus den Museumsbeständen hinzu. Auch im 1899 gegründeten musikhistorischen Museum zu Stockholm ließ man Hammerklaviere des 18. Jahrhunderts wiedererklingen. Der Pariser Klaviervirtuose Louis Joseph Diémer (1843–1919) präsentierte sich 1889 während der Weltausstellung am Cembalo und initiierte die ‚Société de concerts des instruments anciens'. Man spielte dieses Kielinstrument zu dieser Zeit und später noch undifferenziert nach Art des großen Flügels (so zum Beispiel 1895 Max Reger im Konservatorium zu Wiesbaden). In Leipzig wies der holländische Gambenvirtuose Paul de Wit (1852–1925) nach 1879 vielen Musikern den Weg zurück auch mittels der Herausgabe einer Zeitschrift für Instrumentenbau. Hier begründete Hermann Kretzschmar 1890 die Serie der ‚Akademischen Konzerte', womit dieser Universitätsmusikdirektor speziell die musikhistorisch interessierten Hörer anzusprechen suchte. Betont auf die Orgel oder orchestrale Begleitung verzichtende Ensembles wie die ‚Association des chanteurs de Saint Gervais' in Paris, der ‚Wiener a-cappella-Chor' (gegründet 1902 von Eugen Thomas), die ‚Deutsche Vereinigung für alte Musik' oder auch, 1890 in London formiert, ‚The Renaissance Dance Troupe' mit ihren „performances à la Watteau" machten die Palette des im Konzertleben Dargebotenen am Fin de Siècle bunter.

Denkwürdige Impulse gingen nach 1900 vor allem von Arnold Dolmetsch (1879–1959) aus.[13] Dolmetsch wollte den originalen Instrumentalklang und die Spielmanieren früherer Zeiten wiederbeleben. 1890 begann er mit kommentierten Konzerten, wobei Violen, Knickhalslauten, Blockflöten, Cembali und Clavichorde benutzt wurden, von denen eines 1897 durch Edward Burne-Jones im Stile der Präraffaeliten bemalt worden war. Für die ‚Arts and Crafts Exhibition' von 1896 in London baute er zudem, angeregt durch William Morris, das berühmt gewordene ‚Green Harpsichord' (bemalt von Herbert Horne). Aufsehen erregte seine Konzertreise in die USA 1903, wo er „for the first time some of the most characteristic of the old-time instruments in the performance of the music that was written for them" präsentierte und damit ein Interesse weckte, das später in diesem Lande Paul Hindemith sowie insbesondere die vielen Aktivitäten in und um Boston herum (Abb. 161) weiter hegten. Ab 1917 machte er sein neogotisch eingerichtetes Domizil in Haslemere im Süden Englands zu einem Pilgerort für die Freunde alter Musik. Das erste historisch orientierte ‚Haslemere Festival' fand 1925 statt.

Die polnische Pianistin Wanda Landowska begann als Wunderkind am Klavier, später entwickelte sie einen Enthusiasmus für Bach, verbunden mit dem Wissenwollen wie es gewesen war.¹⁴ 1903 gab sie ihr erstes Cembalokonzert in Paris; darauf folgten Tourneen, die sie mit ihrem Instrument in viele Länder (zum Beispiel 1907 nach Rußland) brachten. Leo Tolstoi, Camille Saint-Saëns oder Albert Schweitzer zählten zu ihren frühesten Bewunderern. Auf dem Gelände ihres Landsitzes Saint-Leu-la-Forêt baute sie einen mit vier Cembali ausgestatteten Konzertsaal, in dem sie von 1927 bis 1940 zu attraktiven Sonntag-Nachmittag-Konzerten einlud. 1912 hatte sie sich durch die Firma Pleyel ein großes zweimanualiges Konzertcembalo mit einem 16-Fuß-Register und modernisierter Mechanik bauen lassen, das es ihr ermöglichte, auch etwa anspruchlose ‚Danses polonaises du XVIe siècle' (Paris, 1911) oder intime ‚petits morceaux' des 18. Jahrhunderts in großen Sälen und vor Mikrophonen zu interpretieren. Dieses Dilemma des Anpassungszwanges von ‚stillen' Instrumenten an die Bedingungen des öffentlichen Marktes besteht bis heute fort. Die historische Treue endet bei vielen dann, wenn es darum geht, aus Konzerten einen möglichst hohen Ertrag zu ziehen, ‚Kammer'-Musiken unbekümmert vor mehreren Tausenden Zuhörern zu spielen, Cembali auch mit den modernsten elektronischen Mitteln zweckdienlich zu verstärken.¹⁵ Der Gagen wegen geht man jeglichen Kompromiß ein. Man spielt auf Stahlsaiten oder mit langen Bögen und Geigenhälsen, auf dem Violoncello statt auf einer Viola da Gamba, wenn die Umstände dies verlangen. Nur die Esoteriker unter den Spezialisten entsagen den eklektizistischen Vermischungen zugunsten des puristisch intendierten ‚Wahren' und ‚Echten'.

Sollte die ‚Pflege' alter Musik einst vielfach zur Bewältigung von Krisen in der neuzeitlichen Gesellschaft dienen und mit dazu beitragen, „eine neue Musikgesinnung, einen neuen Stil" (Paul Sacher, 1927) unter Überwindung der subjektiven Bekenntnismusik der Romantiker mitzuprägen, so verflüchtigte sich dieses von den Neo-Strömungen, der Jugend- und Singbewegung, den auf Handwerkliches erpichten Reformern und „musical antiquarians" mitgetragene ‚Anliegen' im Laufe des 20. Jahrhunderts zusehends. Die noch um 1935 weitverbreitete Ablehnung von ‚alter Musik

160 *Konzert eines Blockflötentrios. Um 1975*

im Konzert' nahm ab. Historisch-kritische Einwände gegen die völlige Vermarktung wurden spärlicher, auch das Ethos esoterisch sich verhaltender Gruppierungen geriet ins Hintertreffen. Ensembles wie das 1933 in London gegründete ‚Boyd Neel Orchestra', der ‚Concentus Musicus' oder das ‚Clemencic-Consort' in Wien, das 1968 gegründete ‚Consortium Classicum' (Abb. 157), die nach 1933 konzertierende Vereinigung ‚Pro Musica antiqua' von Safford Cape oder das ‚Ensemble London Baroque' absolvieren die gleichen hektischen Tourneen wie alle anderen Reisevirtuosen auch. Vorgespielt und technisch reproduziert werden notierte Musiken aus allen erreichbaren Epochen und Ländern. In Städten wie Tokio wird Minnesängerisches oder aus der Renaissance Stammendes auch ohne jeglichen kulturellen Kontext oder Reformeifer aufgeführt. Die beispielsweise in Dresden noch im Jahre 1927 umstrittene Frage, ob im Konzert ein Cembalo eingesetzt werden sollte oder *nur* ein Knabenchor die Passionen Bachs singen dürfe, wird nur selten mehr gestellt. Die Angewöhnung an alte Klänge greift um sich. 1985 hieß es plakativ „Kontra-Tenöre erobern den Konzertsaal", Drehleiern und anderes, mittelalterlich anmutendes Gerät ist nicht mehr verpönt, seitdem 1924 erstmals in der Hamburger Musikhalle ‚Musik des Mittelalters' unter Anleitung von Musikhistorikern öffentlich aufgeführt worden ist. Spezielle Interpretationswettbewerbe (zum Beispiel 1985 bei den ‚Tagen Alter Musik' in Herne), Konzertserien wie die ‚Landshuter Hofmusiktage' oder das spektakuläre ‚Holland Festival Oude Muziek Utrecht 1986' mit seinem spezialisierten ‚Oude Muziek Markt' wirken dabei mit, den Trend zur alten Musik zu verfestigen. Beiträge hierzu liefern selbst die Protagonisten von heute (K. Stockhausen, M. Kagel, K. Hashagen, P. Hindemith), indem sie „Neue Musik auf alten Instrumenten" zur Aufgabe für Interpreten stellen, wobei die Blockflöte und das Cembalo besonders häufig bedacht werden.¹⁶

Sonderkonzerte für Neue Musik

Seit dem 19. Jahrhundert ist das öffentliche Musikleben fraktioniert in Gruppeninteressen, Subkulturen, Geschmackspluralismen, in einen traditionalistischen Trend und einen dem entgegengesetzten Progressismus. In dem Maße, wie das öffentliche Konzert stagnierend im Rahmen eines eng begrenzten Repertoires verfestigt wurde, mußten die daraus ausgeschlossenen zeitgenössischen Komponisten sich dagegen zur Wehr setzen und aus der Sackgasse herausführende Alternativen anbieten. Wenn in London 1697 „consorts of new musick" annonciert werden konnten oder 1772 „A Grand Concert, In which will be introduced the favourite pieces composed for the Harmonical Meeting", dann hatten diese Hinweise auf die Novität des Dargebotenen nicht denselben Effekt, als wenn sich nach 1850 „verpönte Zukunftsmusiker" (‚Basler Nachrichten' vom 19. 11. 1865) vorzustellen suchten oder wenn im Jahre 1985 eine Institution in Italien „Musica nel nostro tempo" zu prolongieren beab-

161 Programm eines Dinner-Konzerts während des ‚Early Music Festivals' in Boston 1985. Privatbesitz

sichtigt. Der Rang des jeweils ‚Neuen' ist abhängig vom Zustand des jeweiligen ‚Alten', dessen autoritärer Geltung oder gar Dominanz. Das Neue steht in einer Geschichtsphase der Suche nach Fortschritt, des visionären Schauens in die Zukunft, des von der Allgemeinheit nicht Gebrauchten und Geforderten antithetisch zum Alten mit der Gefahr, an die Peripherie des Geschehens abgedrängt zu werden und der Bequemlichkeit des Eingewohnten zum Opfer zu fallen. Ist ein derartiger Zustand erreicht, dann kann die neue Musik nur eine Existenz im Getto einnehmen, getragen von Spezialisten, die für wenige Hörer das interessante Novum parat halten. Hierbei können die musikalisch interessierten, isolierten Neuerer nicht einmal der zustimmenden Anteilnahme aus dem gesamten Umfeld modernen Kunstschaffens sicher sein, haben doch beispielsweise avantgardistisch tätige Maler, wie etwa Paul Klee, als praktizierende wie auch rezeptive Musiker sich paradoxerweise den konservativen Tendenzen im Konzertwesen beifälliger angeschlossen als den progressiven.

Die Akzentuierung beim Anbieten von neuer Musik geht hervor aus den seit dem 18. Jahrhundert üblichen Komponistenkonzerten und ‚Novitätenkonzerten' ohne kämpferisch abwehrende Programme, wie etwa dem vom ‚Wiener Concert-Verein' am 25. Januar 1902 gegebenen Konzert mit Werken von „Franz Schmidt, Symphonie, E-dur. (Ausgezeichnet mit dem Beethoven-Preise der Gesellschaft der Musikfreunde.) Unter Leitung des Componisten. Leone Sinigaglia, Violin-Concert, A-dur. (Violine: Herr Arrigo Serato aus Bologna.) Siegmund von Hausegger ‚Barbarossa'. Symphon. Dichtung in drei Sätzen. Unter Leitung des Componisten." Als jedoch die Komponisten den Konsens mit der Mitwelt lockerten und emanzipatorisch aufkündigten, das unerfahrene Publikum es sich versagte, bemüht oder gar beleidigt dem Ungewohnten zuzuhören, waren die Konzertsäle mit privater Anstrengung nicht mehr zu füllen. Die sich als progressiv einschätzenden Komponisten trafen auf ein regressives Publikum, von dessen Wohlwollen und materieller Unterstützung sie freilich abhängig blieben. Der unermüdlich innovatorische Aktivitäten fördernde Franz Liszt, der am 22./23. Juni 1852 aus einer ästhetischen Kampfposition heraus ein ‚Zukunftsmusikfest' in Ballenstedt arrangiert hatte, nahm teil an der Gründung des ‚Allgemeinen deut-

162 *Konzertanzeige in den Musikblättern des 'Anbruch', Jg. 1, Wien 1919, S. 32*

schen Musikvereins' von 1861. Diesem wurde im Konflikt mit dem ausgeweiteten Historismus der Wahlspruch mitgegeben: „Leben mit den Lebenden". Mit den vereinten Kräften vieler sollte der Erstarrung der Konzerte im Gestrigen entgegengewirkt werden, aber auch zur Abgeltung der steigenden Kosten insbesondere von Orchesterkonzerten ein breiterer Fundus zur Verfügung stehen. In Paris formierte sich am 25. Februar 1871 mit ähnlichen Zielsetzungen die ‚Société nationale de Musique'. Diese nahm zusätzlich die Aufgabe auf sich, für die Anerkennung der vernachlässigten Französischen Schule insgesamt Sorge zu tragen. Ohne öffentliche Subventionen, einzig gestützt durch Zuwendungen der Instrumentenbaufirmen Pleyel und Érard, suchte man einen ausschließlich künstlerischen Absichten dienenden Mittelweg zu finden zwischen einer Veranstaltungsform im engsten Kreis für Experten und dem Großen Konzert mit all seinen kommerziellen Belastungen. In Sankt Petersburg und Moskau wurde der aus dem Kunstkreis ‚Mir Iskusstwa' (‚Welt der Kunst') heraus entwickelte Verein für moderne Musik tätig, der die l'art-pour-l'art-Tendenzen um 1900 förderte, aber auch 1906 für eine Gage von 1 000 Rubel Max Reger die Gelegenheit bot, sich mit Liedern und Kammermusik in Rußland vorzustellen.

Die Absonderung des mehr und mehr exklusiven Neuen, betont sich als Moderne Verstehenden vergrößerte nach 1910 die Kluft zwischen diesem und den „Konventionen im Konzertbetrieb". Radikale künstlerische Forderungen standen einem Desinteresse und der Abkehr des Publikums gegenüber. Deutlich läßt sich diese fortschreitende Polarisierung ablesen an dem Stellenwert, den die zeitgenössische Musik einnehmen konnte in den Veranstaltungen des Lesezirkels Hottingen (einer Vorstadt in Zürich), der sich 1882 in einem Wirtshaus aus Kreisen des ansässigen bildungsbeflissenen Bürgertums heraus zusammengeschlossen hatte. Dieser traf sich zu Lesungen, wobei der Musik ein integraler und nicht lediglich schmückender Anteil zugebilligt wurde. Lieder schweizerischer und anderer Komponisten wurden häufig dargeboten. Das Publikum gab Werken des jungen Richard Strauss, Hugo Wolfs, Hermann Suters widerspruchslos seine Zustimmung. Mit dem Auftreten jedoch von Othmar Schoeck, Siegmund von Hausegger oder Volkmar Andreae nahm die Teilnahme der Zuhörer um 1914 merklich ab. Es stieß sich am „künstlerischen Raffinement", am Mangel an „Gemeinverständlichkeit", an der vorgeworfenen „Misshandlung der Lyrik" in den Vertonungen der neueren Arrivierten.

Diese auch andernorts feststellbare Aufkündigung des gegenseitigen Einverständnisses, des kommunikativen Zueinanders besiegelte, radikal eingreifend, Arnold Schönberg in Wien mit der Begründung eines ‚Vereins für musikalische Privataufführungen' im Jahre 1918, nachdem er vorher in mehreren Konzerten etwa des ‚Akademischen Verbandes für Literatur und Musik in Wien' ein entrüstet feindseliges Verhalten des Publikums mit ungewohnten Kompositionen herausgefordert hatte. Progressive Musik und das Ereignis des ‚Skandalkonzerts' schienen zusammenzugehören. Der aus ausgesuchten Mitgliedern bestehende, durch Satzungen in seinem Verhalten festgelegte, weder Beifall noch Kritik äußernde Verein sollte als ein Exklusivunternehmen die Ruhe wiederherstellen und dem am breiten Publikum nicht mehr orientierten Komponisten die allein ihm zumutbare Kennerschaft vermitteln, die das sachlich notwendig verstehende Gegenüber bildet. Die Virtuosenverehrung war hier ebenso verpönt wie die Einbettung des Konzerts in opulente Geselligkeit. Die ab 1909 gedruckte Zeitschrift ‚Der Merker' sowie die ab 1919 erscheinenden ‚Musikblätter des Anbruch. Halbmonatsschrift für moderne Musik' unterstützten diese Befreiung vom Joch des „rein geschäftlichen Charakters" im Musikbetrieb und der Cliquenwirtschaft (Abb. 162).

Nach dem das Bewußtsein aufrüttelnden Ende des Ersten Weltkriegs separierte sich auch in vielen weiteren Städten die Moderne vom herkömmlichen Betrieb. In Königsberg konstituierte sich am 10. Februar 1919 aus mehr als 200 Musikfreunden und Berufsmusikern in optimistischer Zukunftserwartung der ‚Bund für Neue Tonkunst'. In Berlin bildete sich um Herbert Graf herum und in dessen Landhaus die ‚MELOS-Gemeinde'; hinzu kam die ‚November-Gruppe',

163 Konzert des Ensembles ‚die reihe', geleitet von Friedrich Cerha, in der Kassenhalle der Zentralsparkasse Wien III, Gigergasse. 1968

die 1927 ihre Anhänger zu gequält-erregten Reaktionen herausforderte mit folgendem teilweise brüskierendem Programm:

Die Novembergruppe E.V.
erlaubt sich, Sie auf Ihren am Donnerstag, den 21. April 1927, abends 8 Uhr im Vorsaal, Potsdamer Straße 4, stattfindenden

19. Musikabend
aufmerksam zu machen.
Zur Aufführung kommen:
Hansjörg Dammert I. Sonate für Klavier,
  Op. 12, No. 1 . . . . Franz Osborn
Stefan Wolpe I. Sonate für Klavier . . . . . . Else C. Kraus
H. H. Stuckenschmidt I. Sonate für
  Klavier . . . . Stefan Wolpe
*
Nach den Aufführungen wird Tee gereicht.
Danach wird das Programm wiederholt.
Der Eintrittspreis beträgt einschließlich Teegedeck
Mk. 2,50.
Karten:
Geschäftsstelle der Novembergruppe, W 50, Achenbachstr. 21; Benedikt Lachmann, Buchladen am Bayrischen Platz; K.u.E. Twardy, Potsdamerstr. 11; Neue Kunsthandlung Tauentzienstr. 6 und an der Abendkasse.
*
Bemerkungen:
Es handelt sich bei den drei Klaviersonaten um eine Musik formal experimentellen Charakters, bei der das Thematische und Modulatorische zugunsten rein rhythmischer und dynamischer Gestaltung in den Hintergrund tritt.
Man kann auf diese Stücke am besten den Ausdruck „stehende Musik" anwenden, da die formalen Spannungen und Entspannungen hier aus dem Prinzip der Wiederholung (im Gegensatz etwa zur Variation) entwickelt werden.
Es wird in dieser Musik versucht, den Begriff der musikalischen Zeit bis an die Grenze des Möglichen zu analysieren.
So entstehen Wirkungen und Formen, die in der überlieferten Musik nur wenige Beispiele haben, die aber annähernd etwa von Schönberg im dritten der Orchesterstücke Op. 16 oder von Strawinsky in der Piano Rag Music erstrebt wurden.
Wenn diese Musik vom Interpreten die Verwendung von Faust und Unterarm verlangt, so ist das keine besondere Extravaganz, sondern lediglich eine Erweiterung der pianistischen Möglichkeiten, die keinen größeren Widerstand verdient, als ihn z.B. Beethoven mit seiner immensen Erweiterung der orchestralen Techniken gefunden hat.
Diese Einladung gilt als Programm.

In Brüssel etablierten sich 1921, initiiert durch Paul Collaer, ‚Pro-Arte-Konzerte', in Hagen richtete 1923 Hans Weisbach ‚Frühjahrsmusiktage der Moderne' ein, in Salzburg entstand 1921 die ‚Internationale Gesellschaft für Neue Musik', in Donaueschingen als ‚Versuchsstätte' für das Neue die vom Fürstenhaus zu Fürstenberg materiell getragenen Festspiele. In Darmstadt begann im selben Jahr die ‚Freie Gesellschaft für Musik' mit einer deutlich artikulierten Opposition gegenüber dem „üblichen Konzertbetrieb" aktiv zu werden. Vorträge „mit erläuternden Beispielen auf dem Schallplatten-Apparat" gehörten mit zum Angebot einer „zielbewußten Bemühung um die Neue Musik". In Leningrad versammelte sich 1923 eine ‚Gesellschaft für Vierteltonmusik', in Moskau gab es neben Autorenkonzerten Prokofievs die Studioreihe ‚Zeitgenössische Klaviermusik' des Staatlichen Instituts für Musikwissenschaft, in München 1927 eine ‚Vereinigung für zeitgenössische Musik'. Die meisten dieser Gruppierungen blieben eingebunden in die produktiv anregende Atmosphäre kleiner Zirkel, die sich lieber in gastfreundlichen Häusern oder Studios trafen als in den herkömmlichen Konzertsälen.

In Wien öffnete der Musikverleger Bernhard Herzmansky in seinem in der Dorotheergasse gelegenen Barocksaal eine solche Stätte. Hier versammelte er Gleichgesinnte in einer geschichtsträchtig-behaglichen Umgebung für ‚Moderne Hauskonzerte'. In der Einladung zu den am Beginn der Saison 1925/1926 aufgelegten Abonnements wird das Bemühen so formuliert: „Immer drängender wird in der Presse und in den Kreisen ernst gerichteter Musikfreunde der Ruf nach einer gesunden Umgestaltung unserer Konzertprogramme laut, die unter dem Druck geschäftlicher Erwägungen oder einer falsch verstandenen Musikpolitik in stereotypen Formen zu versteinern drohen. ‚Bringt Neues!' ist auch heute die Forderung aller Musikhungrigen, welche die enge Fühlung mit der musikalischen Gegenwart nicht verlieren wollen... Bedeutende Künstler von ausgezeichnetem Ruf sind zur hochwertigen Durchführung des weitgespannten, vielgestaltigen Programms gewonnen", das „in wohl vorbereiteten zyklischen Aufführungen das zeitgenössische Schaffen des In- und Auslandes in seinen wertvollsten, markantesten Erscheinungen ohne jede parteiliche Beengung aufzeigen soll." Der von Otto Siegl redaktionell betreute ‚Musikbote' sollte dieses Engagement publizistisch unterstützen, welches der Verlag Ludwig Doblinger speziell für österreichische Komponisten der Gegenwart seither einsatzfreudig gewahrt hat. Die Weltwirtschaftskrise von 1930 beendete wegen der nicht mehr beschaffbaren Mittel viele dieser lokalen Aktivitäten. Auch ideologische Verengungen und politisch motivierte Verfemungen, etwa westlicher Moderne in der UdSSR zur Zeit des Stalinismus oder anderswo in Machtgebieten faschistischer Diktaturen, beeinträchtigten den Spielraum erheblich. Hier war die Moderne genötigt, entweder zu emigrieren oder zu versuchen, im Untergrund zu überleben. Hauskonzerte, die zum Beispiel in Berlin im Hause von Karla Höcker oder bei geheim sich treffenden Arbeitsgruppen stattfanden, ersetzten mit Hilfe von Schallplatten das Live-Konzert. Solche Aktivitäten waren Teil des ‚Widerstandes' gegen ein Regime, das diktatorisch alles beherrschen wollte.

Andere Unternehmen wurden indessen weitergeführt, neue Versuche begonnen. Genannt seien etwa die Studiokonzerte, die Ernest Ansermet 1931 in der Schweiz als „une heure de musique nouvelle" mit Hilfe des ‚Orchestre de la Suisse Romande' einführte oder der ‚Verein Fylkingen', der ab 1933 in Stockholm auch für experimentelle Bestrebungen auf sich aufmerksam machte. In Siena öffnete 1932 die ‚L'Accademia Musicale Chigiana' ihre Palasttore für die Moderne von Casella bis Boulez.[2] Zürich begann am 17. September 1934 damit, der Neuen Musik ein ständiges Forum zu bieten, das bis heute lebendig geblieben ist. In Witten an der Ruhr wurden ab 1936 durch Robert Ruthenfranz die Kammermusiktage eingerichtet, denen viele Komponisten eine kritische und wagemutige Förderung verdanken. In Münster gelang es dem dortigen Generalmusikdirektor Heinz Dressel selbst im Kriegsjahr 1942 zu erwirken, daß eine ‚Gesellschaft der Freunde des musikalischen Fortschritts' ein ‚Studio für neue Musik' unterstützte.

Nach dem Zweiten Weltkrieg nahm die Polarisierung der Neuen Musik zur herkömmlichen weiter zu. Moderne Musik wurde zumeist für Spezialisten in ‚Sonderkonzerten' vermittelt oder in der alternativen Szenerie angesiedelt, wo neuartige Kompositionen und Verfahren „auf dem Prüfstand" präsentiert wurden und werden, wo man mit Materialien experimentiert und kritische Wertungen gefragt sind. Nur wenige dieser von der großen Menge umgangenen Veranstaltungen vermögen sich aus eigenen Mitteln zu erhalten. Sie bedürfen der Unterstützung und planvollen Förderung durch Mäzene, den Staat oder die Kommunen. Konzertserien mit Titeln wie ‚Musik unserer Zeit' (Stuttgart), ‚Nutida Musik' (Stockholm), das ‚Neue Werk' (Norddeutscher Rundfunk Hamburg), ‚Domaine musical' (Paris), ‚Incontri musicali' (Mailand), ‚Festival de Musique Experimentale' (Brüssel), ‚Internationale Ferienkurse für Neue Musik' (Darmstadt) schießen oft im Verbund mit Vorträgen oder Kursen hervor, so zum Beispiel am 9. Mai 1966 in Lübeck wie folgt:

SONDERKONZERT
„Moderne Musik"
– Moderne Gesprächskonzerte –
*in Verbindung mit dem III. Fernsehen
des Norddeutschen Rundfunks*

Dirigent: Gerd Albrecht
Solistin: Charlotte Berthold *Sopran*

Anton von Webern: 6 Orchesterstücke op. 6
Milko Kelemen: Die Wörter *(nach Jean Paul Sartre)*
Uraufführung einer Auftragskomposition der Hansestadt Lübeck in Anwesenheit des Komponisten.

Dirigent und Komponist werden zu den Werken sprechen.

Dieses Konzert wird vom III. Fernsehen des Norddeutschen Rundfunks während der Aufführung aufgezeichnet.

‚The Composer's Workshop' läßt in Israel das Publikum auch an den Proben teilnehmen, um der ‚Erarbeitung' einer sich nicht nur zum Genuß anbietenden Sache bei Musikern wie Hörern eine verbesserte Chance zu geben. Großveranstaltungen von internationalem Rang, wie ab 1956 der ‚Warschauer Herbst'[3] als Stätte der Begegnung der Avantgarde in Ost und West, oder die in Prag organisierte ‚Schau' mit ‚Musik der Gegenwart', die 1984 80 Werke verschiedenster Art anbot, suchen Wege heraus aus dem Abseits zu finden. Wie dornenreich diese sind, erfuhren viele Manager und Interpreten, wenn etwa wegen eines als zu hoch empfundenen Anteils moderner Werke in Konzertprogrammen Abonnenten scharenweise ihre Gefolgschaft aufkündigten. Hierbei werden zum Teil programmatisch traditionelle Gepflogenheiten bei Kammer- oder Symphoniekonzerten, Standardisierungen des benützten Instrumentariums aufgegeben. Der Komponist und Bratschist Paul Hindemith ließ sich als „philharmonischer Spielmann" auf dem Podium hören, beim 15. ‚Festival polnischer zeitgenössischer Musik' in Breslau 1986 spielte man auf „urtümlichen", nicht für den Kunstgebrauch bestimmten Volksinstrumenten aus der Tatra. Folklorismus und historische Reminiszenzen jeglicher Art finden hierbei Anwendung neben dem Einsatz allen technischen Geräts von heute.

Unter den vielen Veranstaltungen, die das Neue befördern wollten, vermochten sich einige wenige besonders zu profilieren. Unter ihnen befand sich die in München mit der Behauptung ‚Musica viva' aufwartende Konzertserie, die der als Organisator sehr geschickte und engagierte Komponist Karl Amadeus Hartmann (1905–1963) nach Jahren der Zurückgezogenheit in innerer Emigration am 7. Oktober 1945 mit einer Matinee begonnen hatte.[4] Die Benennung ging auf Hermann Scherchen zurück, der 1936 eine in Brüssel herausgegebene internationale Zeitschrift so betitelt hatte. Nur zwanzig fröstelnde, in schäbige Mäntel gehüllte Interessierte hörten im eiskalten Zuschauerraum des Prinzregententheaters durch die Kulturpolitik im Dritten Reich fremd gewordene Klänge. Mit unbeugsamem Willen führte Hartmann sein Unternehmen gegen vielerlei Widrigkeiten aus diesen bescheidenen Anfängen mit klug gemischten Programmen und ab 1948 mit Unterstützung des Bayerischen Rundfunks zu einer Reputation, die zeitweise weltweit Beachtung fand, was kein Geringerer als Igor Strawinsky 1970 in einem Grußwort bestätigte. Weltläufig und stets am Aktuellen orientiert waren Planung und Wirkung. Gesichertes wurde neben divergierend Umstrittenem in eigenwilligen Kombinationen aufgeführt. Besonders auffällig und positiv stimulierend wirkten auch die Programmhefte, vor allem die künstlerische Qualität der bildnerischen Ausgestaltung. Hartmann wollte auf das Verbindende zwischen den Künsten optisch wie akustisch hinweisen. Er sah in Picasso und Strawinsky zwei einander entsprechende Künstler seiner Zeit. Viele bildende Künstler vermochte er zur produktiven Mitarbeit zu gewinnen; so schrieb 1959 Le Corbusier, den Hartmann um Zeichnungen gebeten hatte: „... Ich werde ihm positiv antworten, da ich diese Absicht, auf eine heutige Weise das Denken und die Ästhetik in ihren musikalischen, plastischen und selbst literarischen Kundgebungen zu verbinden, durchaus billige." Aus nützlichen Plakaten und Programmheften als Orientierungshilfen entstanden angewandte Kunstwerke mit Originalbeiträgen von Fritz Koenig, Joan Miró, H. A. P. Grieshaber, Antonio Corpora, Jean Cocteau und anderen. Die Reihe ‚Musica viva' wurde derart attraktiv, daß „bei einem Konzert mit neuer Musik" statt der gewohnten Leere „hier der Andrang" vorherrschte. Zeitweise schien es gar, als ob dadurch „das Wort von der abseits stehenden jungen Generation ad absurdum geführt" worden sei.[5] Man schlug Brücken des Verstehens, statt Klüfte zu vertiefen, und suchte den Vergleich zwischen dem übermächtigen „Gestern und Heute" (Programmheft vom 19. 11. 1955).

Die Aufführung Neuer Musik geschieht zumeist nicht nur in gesonderten Konzerten, sondern erfordert auch den sachverständigen Experten als Interpreten. Diese Sparte mit ihren vom Herkömmlichen oft abweichenden Notaten, Vortragsanweisungen und Spielfertigkeiten ist auf den Spezialisten angewiesen. Sie herauszubilden war teilweise Angelegenheit von Instituten und Seminaren, von finanziell gut ausgestatteten Rundfunkstationen sowie von Privatinitiativen. Zentren der Pflege zeitgenössischer Musik wurden unter anderem der Westdeutsche Rundfunk in Köln mit darauf eingestellten Tontechnikern,[6] die belgischen Radiostationen oder der Südwestfunk in Baden-Baden mit seinem ‚Hans-Rosbaud-Studio' und dem 1946 gegründeten Sinfonieorchester. Geschult durch Hans Rosbaud, Ernest Bour und vielen Gastdirigenten war es vorzüglich dazu befähigt, komplizierte aleatorische Spiele oder graphische Notations-Experimente als interpretatorische Aufgabe anzunehmen. Es zog zu seinen Konzerten, ob bei den ‚Donaueschinger Musiktagen' oder bei Weltmusikfesten mit Erfolg ein Kenner-Publikum an. Dies gelang auch sich kompromißlos der Moderne verschreibenden Ensembles, wie etwa der von Friedrich Cerha (geb. 1926) seit 1961 geleiteten Gruppe ‚die reihe' in Wien (Abb. 163), dem seit 1965 bestehenden Ensemble ‚Kontrapunkte' (Leiter Dr. Peter Keuschnig) oder dem ‚Basler Kammerorchester' (geleitet von Paul Sacher) (Farbtafel 14). Es sind dies Vereinigungen von Solisten, die den früheren Effekt des Bürgerschrecks weitgehend verloren haben und nur selten mehr Aufruhr im Publikum hervorrufen, zumal sich zu ihren Aufführungen zumeist fachkundig interessierte Hörer einzufinden pflegen.

Museumskonzerte und multimediale Vorführungen

Nach 1800 hat es in der Musik- und Kunstgeschichte Phasen und parallel verlaufende Strömungen gegeben, in denen über das inhaltliche und stilistische Miteinander der Künste hinaus sowohl das Ineinander verwirklicht werden sollte als auch – dem entgegengesetzt – deren Absolutheit in unvermischter Eigenart. Die einen erstrebten die zu *einer* Kunst vereinigende „Akademie der Künste" (Franz Liszt, 1865) und deren „correspondances", die anderen hingegen forderten ein beziehungsloses Nebeneinander sich von einander lösender Künste. Der etwa von dem romantischen Dichter Novalis utopisch erwogenen Verschmelzung der verschiedenen Sinnesbereiche nach der Devise „l'oeil écoute" (Paul Claudel) widerstritten jene mehr fachlich orientierten ‚reinen' Musiker, die das Heteronome in der Kunst ablehnten, somit auch die Programmusik oder illustrative Kompositionen als „Bastarde in der Kunst" verurteilten.[1] Diese galten ihnen als inferior, weil dadurch nicht das höchste Ziel des ‚Absoluten' im Tonkunstwerk verwirklicht wird. 1859 postulierte Moritz Carrière in seiner Ästhetik die Ansicht: „Nur in ihrer Sonderung und Selbständigkeit werden die einzelnen Künste groß." Für Anhänger dieser Autonomieästhetik schien das Hören von Musik mit verschlossenen Augen und in konzentrierter Stille in einem dafür eigens errichteten und abgesonderten Konzerthaus die einzig der Sache zuträgliche Realisationsweise zu sein. Indessen waren ja auch diese pathetisch eingerichteten, mit spezieller Ikonographie, Skulpturen und anderem Augenfang eingerichteten Gebäude offensichtlich nicht dazu bestimmt, das Anschauen, das synästhetische Vernehmen zu unterbinden (siehe Abb. 22). Im Gegenteil, nicht nur gedieh das Geflecht der Wechselwirkungen unter den Künsten während des 19. und 20. Jahrhunderts zu einem zunehmend dichter werdenden Zusammenspiel, auch verzichtete die Rezeption von Musik nie auf ein assoziatives Hören, ein aus mehreren Erfahrungen gespeistes Verstehen, das über den engeren Wirkungsbereich einer Kunst hinausweist.

Angesichts dieses differenzierten, die Musikinteressierten in zwei heftig sich befehdende Lager spaltenden ästhetischen Bewußtseins ist es nicht verwunderlich, daß einige Konzerte auch in jenen Häusern veranstaltet wurden, in denen die bildenden Künste museal untergebracht sind. Das Konzertieren im Umkreis der zur Aufbewahrung stummer Bildwerke bestimmten Museen und Galerien geschah und geschieht aus zweierlei Gründen: a) um die dort vorhandenen Räume zu nutzen ohne Bezugnahme auf die Sammel- oder Ausstellungsobjekte (zum Beispiel ab 1853 im Prunksaal des ungarischen Nationalmuseums in Budapest oder ab 1939 in der National Gallery in London), b) um zwischen dem Erklingenden und dem Anzuschauenden eine in der Sache angelegte übergreifende Beziehung herzustellen, etwa im Sinne der „audition colorée" (Farbenhören) oder des multimedialen Verbundes. Letzteres Bestreben läßt sich in Frankfurt am Main am Beispiel der 1808 als ‚Museum' gegründeten Akademie nachzeichnen. Mit dieser Bezeichnung war zunächst der Sitz der Musen gemeint und nicht etwa ein Gebäude für historische Ausstellungsstücke. Diese Gesellschaft verstand sich als „Sammelpunkt für Liebhaber geistiger Erhebung" ohne Sonderung der Künste. Die auf 150 Mitglieder be-

164 Visualisierte Musik in einem Konzert mit verfremdenden Kulissen im Stadttheater Würzburg mit dem ‚Ensemble Modern', geleitet von Matthias Bauszern. 1985

grenzte, privilegierte Gesellung von „Hochgebildeten" umschloß in ihren vier Klassen sowohl Gelehrte und Literaten als auch bildende Künstler und Freunde der Musik. Die Verpflichtung zu aktiver Mitarbeit war – zumindest bis zur Eröffnung des auch weitere Abonnenten zulassenden Saalbaus von 1861 – Voraussetzung für die Mitgliedschaft. Eine Versammlung des ‚Museums' am 10. April 1808 hatte folgenden Verlauf: zunächst erklang eine Symphonie, dann folgten Dialoge des Perikles, darauf Deklamationen, eine „zweite vorzüglich schöne Symphonie, und auf diese die Kunstbeschauung, welche dadurch besonders interessant wurde, daß man an diesem Abend nur Kunstwerke von Frankfurter Künstlern aufgestellt hatte".[2] Hierzu gab es Kommentare durch die Maler und Sammler. Eine Kantate ‚Das Saitenspiel' beschloß den Abend. Auch in den folgenden Jahren traf man sich zur „Kunstbeschauung" und zum damit abwechselnden Hören von Dichtung und Musik, darunter auch solcher von fahrenden jodelnden Alpensängern (1832). Musiziert wurde vorzüglich Zeitgenössisches, Neues. Die Darbietungen folgten als Nummern nacheinander, nahmen inhaltlich nur selten Bezug aufeinander, suchten jedoch die Künste gleichgewichtig im Neben- und Miteinander zur Geltung zu bringen. 1848 wurde erstmals „kein einziger Redevortrag gehalten".[3] Am Ende des Jahrhunderts dominierte vollends die Musik, so daß zum Beispiel am 18. Januar 1907 Gustav Mahler in Frankfurt ein gängiges Abonnementkonzert, bestehend aus Beethovens op. 62, seiner eigenen 4. Symphonie sowie aus op. 38 von Schumann, dirigieren konnte. Aus dem ‚Museum', das die Künste allesamt präsentieren wollte, war eingeschränkt die ‚Museumsgesellschaft' als ein bürgerlicher Abonnentenverein für Musik geworden.

Das integrale Miteinander der geschiedenen Künste zu einer zusammenwirkenden Darbietung wurde auch außerhalb von Frankfurt auf mannigfaltige Weise verwirklicht. 1790 gab der englische Deklamator Lange in Hannover eine aus Deklamationen und theatralischen Gemälden bestehende Vorführung, „die er auf eine ingeniöse und gefühlvolle Art mit Musik verband". 1839 schrieb Franz Liszt erstmals ein Programmstück, ‚Lo Sposalizio', anhand einer Bildvorlage von Raffael; 1865 ließ er in Rom seine ‚Dante-Symphonie' aufführen im Angesicht von 27 Bildern zur ‚Divina Comedia' von Buonaventura Genelli.[4] In Berlin schätzte man die „Aufstellung lebender Bilder, verschönt durch begleitende Vokal- und Instrumentalmusik" nahezu das gesamte 19. Jahrhundert hindurch hoch ein. So wurde hier 1852 eine Ausstellung von „6 Transparent-Gemälden mit Gesangsbegleitung des K. Domchors" gezeigt. In Minneapolis malte Henry Lewis 1849 ein vier Meilen langes Teilstück des Mississippi auf ein zu entrollendes Panoramabild. Dieses soll derart präsentiert werden, daß, vergleichbar einem späteren Tonfilm, beim Abrollen beziehungsreich Musik erklingt. 1856/1857 fand in Manchester eine große Kunstausstellung statt, vor deren Hintergrund Charles Hallé für mehrere tausend Besucher hier erstmals außerhalb des für viele unzugänglichen Konzertsaals Werke der Klassiker musizierte. In

165 Eröffnung der Ausstellung ‚Musik optisch' durch Klaus Hinrich Stahmer im ‚Spitäle' zu Würzburg auf Klangskulpturen von Gerlinde Beck. 1985

Düsseldorf wurde 1863 Beethovens Pastoralsymphonie Nr. 6 ‚illustriert' von Landschaftsmalern des Künstlervereins ‚Malkasten' aufgeführt und vorgestellt; die ‚Kölnische Zeitung' schilderte dies wie folgt: „Neuerdings aber genügt den Meistern in diesem Fache das gewöhnliche lebende Bild nicht mehr, – man ist zu einer Art von halbdramatischen Darstellungen übergegangen: wechselnde Gruppen und wandelnde Decorationen mit musikalischer, manchmal auch declamatorischer Begleitung. In dieser Weise ist Ende vorigen Monats, bei Gelegenheit eines Festes der Künstler-Liedertafel in Düsseldorf, eine Illustration zu Beethoven's Pastoral-Symphonie dargestellt worden in einer Reihe von beweglichen lebenden Bildern, in welchen pantomimisch und malerisch die Situationen erscheinen, welche der Tondichtung zum Grunde liegen. Wie die Symphonie, zerfiel auch die Darstellung in drei Haupttheile. Das erste Bild bringt eine heitere Sommer-Land-Baumgruppe mit einer weidenden Heerde und ihrem Hirten. Schnitter ziehen heran und die Ernte beginnt, der Dorfpfarrer tritt herzu, eine städtische Familie kommt lustwandelnd heran und läßt sich nach dem Dorfe weisen. Der Mittag und der Aufbruch der Schnitter schliesst die erste Bilderreihe. Der zweite Satz beginnt, und die Landschaft verwandelt sich, indem sie sich leise seitwärts zieht, als drehe der Beschauer sich auf seinem Standpunkte herum; ein reizendes Thal zwischen waldigen Hohen, von einem lustigen Bache durchzogen, schattende Bäume, durch deren Laub die Sonnenstrahlen blitzen; holzlesende Kinder erscheinen und spielen am Bache; die Städterfamilie kommt heran, die Eltern lagern sich im Schatten, ein junges Liebespaar sucht Blumen und fängt Schmetterlinge, lagert sich endlich zu den Eltern ins Gras. Mit einer ruhigen, idyllischen Gruppe schliesst der zweite Satz. Beim dritten Satz finden wir uns mitten im Dorfe vor dem Wirtshause, wo die Bauern lustig tanzen, Streit unterbricht den Tanz; er wird geschlichtet und der Tanz beginnt von Neuem, aber das Gewitter bricht herein. Alle Figuren verschwinden und nur die entsprechende malerische Darstellung begleitet die Musik. Das Gewitter zieht vorüber, es zeigt sich ein Regenbogen, einzelne Landleute treten aus ihren Häusern heran, die Sonne sinkt und beleuchtet noch zuletzt das hohe Kirchendach, der Pfarrer tritt herzu, und wie die Abendglocke herüber tönt, beten Alle den Abendsegen. Damit schliesst das Ganze. Wenn eine Darstellung wie die geschilderte von ernsten Musikfreunden auch vielleicht als eine den Zuhörer zerstreuende Spielerei betrachtet werden mag, so bot sie doch dem Unbefangenen einen wirklich erfreuenden, begeisternden Genuss, um so mehr, als die ganze Aufführung im höchsten Grade gelungen war. Die vortrefflichen landschaftlichen Decorationen waren von Oswald Achenbach mit seiner gewöhnlichen Meisterschaft gemalt, die Maschinerie hatte Otto Windscheid geschaffen." Man suchte den ‚Totaleffekt' zu erreichen mittels der „Zuthat" des konkretisierend Bildnerischen. In Hamburg boten der Kammersänger Alois Pennarini und der Pianist Alexander Dillmann aus München am 24. April 1917 einen „Wagner-Abend. Klingende Bilder aus Richard Wagners Werken" an mit der Erläuterung: „Sämtliche Vorträge Dillmanns, sowie seine Durchführung des orchestralen Teiles bei den Gesängen, sind eigene freie Übertragungen der Orchester-Partitur, gewissermaßen nach dem Vorbild der Wagnerschen Orchester-Gemälde auf dem Flügel in Schwarz-Weißtechnik nachgeschaffene Radierungen." Im Sommer 1986 gab es in der Londoner ‚Hayward Gallery' eine Ausstellung skandinavischer Gemälde „at the turn of the century" in Verbindung mit „afternoon concerts" nordeuropäischer Werke aus derselben Zeit (Grieg, Nielsen, Sibelius, Stenhammar). Zahlreiche weitere Konzert-Vorstellungen ließen sich nennen, die dem Zusammenwirken oder der Verschmelzung der Künste dienen sollten.

Im 20. Jahrhundert rückten die Künste einander zunehmend näher. Es kam zu einem interdisziplinären „Wildern in der Kunst" (Dieter Schnebel, 1983), zu unzertrennbaren multimedialen Aktionen. Bereits um 1880 gewann in einigen Gruppen von Malern in Paris, die sich als „peintres symphoniques" verstanden,[5] das musikalisch-akustische Moment eine unverzichtbare Relevanz. Der von 1884 bis 1892 innovatorisch in Brüssel tätige ‚Cercle des XX', bestehend aus impressionistischen, pointillistischen und symbolistischen Malern, verband seine Ausstellungen regelmäßig mit Kammerkonzerten. Strukturen und Klangfarben der Musik sollten ergänzend und vervollständigend zum analog gestalteten Bildnerischen wirksam werden. Andererseits schrieb ab 1914 der russische Futurist Lurié (1892–1966) graphische Kompositionen, die er Pablo Picasso widmete. Alexander László legte 1925 ‚Präludien, op. 10. für Klavier und Farblicht' mit vier Farbtafeln nach Aquarellen von Mathias Holl vor. Man intendierte die Verfließung der „Farbraumkunst" mit der „Farbzeitkunst", realisiert im „Farbspielhaus".[6] Die während des 19. Jahrhunderts überwiegend zur Norm gewordene Eingrenzung der Künste wich, insbesondere nach dem Ersten Weltkrieg, einer zunehmenden Entgrenzung. Variable Lichteffekte spielten bei Konzerten mit. Zu Aufführungen etwa von Paul Dessaus ‚Deutschem Miserere' (1966) wurden synchron Kriegsbilder projiziert. Mobil konzipierte Plastiken, Klangskulpturen (Abb. 165, 166 und Farbtafel 15) verlangten nach der Hörbarmachung im Museum, denn „der Klang vermischt sich mit der Bewegung in einer Zusammenfügung von Formen" (Ausstellungskatalog ‚Plastik und Musik', 1972 in der Akademie der Künste zu Berlin). Ausstellungen von Sichtbarem, einschließlich der ‚Eye Music' und ‚performances' griffen bei ‚happenings' oder dem ‚Fluxus movement', repräsentiert von Autoren wie John Cage oder Cornelius Cardew, eng ineinander und bedingten einander im völligen Aufeinander-Angewiesensein. Der sich darauf einstellende ‚performance artist' sucht in einer neugewonnenen Freiheit der variativen Entscheidung von Gelegenheit zu Gelegenheit offen darauf zu antworten. Der „act of creation" etwa eines Jackson Pollock soll sich im performer ohne den Zwang zur Repetition von etwas detailliert Vorgeschriebenem fortsetzen. Die sich so verstehende ‚performance art' ist niemals nur Musik, nur Konzert, nur Vorführung. Sie möchte vielmehr mehrere Barrieren beseitigen, auch diejenige zwischen dem Podium und dem stummen Parkett etwa mit der Einladung „a performance up to 99 bamboo flutes. Participants welcome" (Mike Adcock 1986 in der Serpentine Gallery in London).

Museen in aller Welt suchten auch auf andere Weise die Kluft zwischen den Künsten zu überbrücken. So veranstaltete man im Gobelinsaal der Gemäldegalerie in Dresden Konzerte mit ‚Musik der Tizianzeit', im Tropenmuseum Amsterdam spielen Gamelan-Orchester vor indonesischen Schaustücken, das ‚Moderne Museum' in Stockholm gab 1962 Non-stop-Konzerte mit Computermusik, 1985 vergab das ‚Henie-Onstad Kunstsenter' in Høvikodden (Norwegen) anläßlich einer Ausstellung ‚Klee og musikken' eigens Kompositionsaufträge für Konzertwerke nach Bildern von Paul Klee. Auf diese Weise wird bei Happenings und ähnlichen Veranstaltungen der Kontakt zwischen den ‚Kunsttempeln', die sich herkömmlich durch weihevolle Stille auszeichnen sollten, und musikalischen Aktionen stets enger. Die gegenseitige Bezugnahme und Öffnung für multisensuelle Spektakel fand bislang eine der spektakulärsten Manifestationen bei dem Avantgarde-Festival ‚Ars Electronica', das seit 1979 in Linz stattfindet (Farbtafel 10). Hier wurden die Bruckner-Konzerte im Brucknerhaus mittels großangelegter Lautsprechersysteme ins Freie, über die Donau hinweg

Museumskonzerte und multimediale Vorführungen 221

Farbtafel 14 Konzert des Basler-Schlagzeug-
ensembles, geleitet von Paul Sacher. 1983.
Basler Kammerorchester

Farbtafel 15 Christoph Wünsch spielt seine
Komposition ‚Kaleidoskop' in einer Ausstellung
während der ‚Tage Neuer Musik' in Würzburg
1985

166 Ballett mit Klangskulpturen im Stadttheater Würzburg 1985

übertragen. Als ‚Linzer Klangwolke' wurde das ‚Klangbild' der Symphonien durch Laserstrahlen ‚visualisiert'. 1980 gestaltete der Aktionist Otto Piene den ‚Blue Star Linz'. 1986 wurde Wagners ‚Rheingold', verbunden mit einer Visualisierung in Licht und Laser, konzertant aufgeführt. Aus dem festlichen Konzert im Raum für wenige wird dadurch ein ‚Musikspektakel' für bis zu 100000 Zuschauer im Freien. Hören und gleichzeitiges Sehen wird hier wie anderswo deutlich gefordert. Dem Musikhören mit geneigtem Kopf und geschlossenen Augen erteilt man damit programmatisch eine Absage, der sich kein Teilnehmer widersetzen kann.

Gesprächskonzerte

Aus der Konzerttätigkeit des Balladen-Komponisten Carl Loewe wird berichtet, er habe 1826 in Stettin „die Programme mit Andeutungen über den Werth und Sinn der Musikstücke eingeführt". Diese verbalen Vermittlungen von Werk- und Wiedergabeintentionen durch den Interpreten waren zu jener Zeit atypisch. Zwar hatte bereits 1713 der aufgeklärte Hamburger Schriftsteller und Musiker Johann Mattheson dafür plädiert, man möge in Privatkonzerten über das Dargebotene sachbezogene Gespräche führen, um damit zu einer verstehenden, mündigen Rezeptionsfähigkeit zu gelangen, indessen wurde aus dieser damals noch einsamen Anregung zunächst kein breiteres Verlangen. Die Entwicklung sowohl der zur puren Unterhaltung bestimmten Konzerte als auch der pathetisch ernst gemeinten schloß im allgemeinen das erläuternde Wort, ein ergründendes Nachdenken über das Aufgeführte, aus. Das Kunstwerk sollte nämlich möglichst ‚rein', das bedeutete ‚geschaffen' und nicht rational ‚gemacht', in Erscheinung treten. Der verinnerlichte Genuß wurde der Anstrengung des ‚Erarbeitens' durch den Hörer vorgezogen. Dies kulminierte im weihevoll in disziplinierter Stille vollzogenen Konzert. Der Musiker, erhöht auf dem eine merkliche Distanz herstellenden Podium agierend, enthielt sich auch seinerseits jeglichen kommunikativen Kommentars; er präsentierte sich als der Anwalt einer allem Dinglichen, auch Kognitiven enthobenen Sonderwelt „himmlischer Töne".

Diese Einstellung des Publikums, das mehrheitlich vom Ereignis gefesselt war und weniger vom diskutierbaren Gehalt des Aufgeführten, veränderte sich erst gegen Ende des 19. Jahrhunderts. Eine wegweisende Initiative ging diesbezüglich von dem Juristen, Schriftsteller, Pianisten und Dirigenten Hans von Bülow (1830–1894) aus. 1852 hatte er die ‚Neue Zeitschrift für Musik' gewürdigt wegen ihrer „prinzipvollen, wissenschaftlichen Haltung"; in diesem Sinne bemühte auch er sich in seiner Praxis nicht nur um eine die Gehalte von Musikwerken deutlich herausstellende Interpretation. Er war zudem ein ambitionierter Pädagoge, der seine Hörer zu einem wissenden Vernehmen zu erziehen trachtete.[1] Zu diesem Zweck publizierte er Klaviersonaten Beethovens mit Kommentaren und bereitete in Konzerten das Publikum durch Erläuterungen vor. 1866 gab er unter anderem in Mülhausen im Elsaß im Hause des Musikliebhabers Bock wöchentliche ‚conférences', wobei er jeweils erst durch verbale Vermittlung einen Komponisten vorstellte und anschließend einige von dessen Kompositionen am Klavier spielte. Er analysierte nicht für Fachstudenten, sondern für „musikalische und ästhetische" Liebhaber. „Erziehung des Publikums" schien ihm unerläßlich zu sein für eine der

167 Werkstattkonzert ‚Jazz zum Anfassen' mit dem ‚Joe-Viera-Sextett' im Großen Stadtsaal Innsbruck am 7. 7. 1986

Sache angemessene innere Aufgeschlossenheit. Während seiner Konzertreise 1875 in die USA übertrug er dieses Verfahren auch in die Neue Welt; sein ‚speech' wurde hier als neu und entgegenkommend begeistert angenommen. Zur gleichen Zeit (1867) offerierte in Paris in der Salle Pleyel der Schriftsteller A. de Gasperini im Abstand von zwei Wochen sogenannte ‚conférences musicales'. Dabei erläuterte auch er Werke der Klassiker und Romantiker, welche der Pianist Georges Pfeiffer, der Geiger Sarasate oder auch die Sängerin Marie Battu anschließend vortrugen.

Im 20. Jahrhundert setzten sich Veranstaltungen nach dem Motto „meet the artist" oder „Pre-Concert Talks" nicht nur in Amerika allgemein durch. Beweggründe dafür gab es etliche. Einerseits wollten willige Hörer durch Belehrung und Kommentare zu ‚connaisseurs' werden, andererseits versuchten die Konzertveranstalter – mit vor allem in Notzeiten verstärkten Anstrengungen – einen breiteren Zulauf für sich zu motivieren. Man bemühte sich um Kinder und Jugendliche, um Arbeiter oder in bestimmten Gattungen oder historischen Epochen unerfahrene Hörer. So gab etwa um 1910 das ‚Wiener Tonkünstlerorchester' in einer Zeit der teilweise radikalen Ablehnung des Konzerts als Institution durch Jugendliche dem entgegenwirkende ‚Populäre Jugend-Konzerte' mit einführenden Vorträgen. Der bis 1910 in der Schulgemeinde Wickersdorf tätige Reformpädagoge August Halm pflegte seine ‚Musikvorspiel' (nicht Konzert!) genannten Darbietungen einzuleiten mit sogenannten ‚Konzertreden'. Diese „dienten in keiner Weise der ‚allgemeinen Bildung'. Was man von Musik, Musikgeschichte, den Komponisten und ihrem Leben ‚wissen muß' – davon kam nichts vor. Sie handelten nur von der Musik selbst und ihrem Leben, ihren Formen und Gesetzen. Aber wiederum kam eigentlich auch nichts vor von dem, was man auch aus Büchern lernen kann. Es waren keine Kurse in Harmonie- oder Formenlehre, sondern Stücke einer musikalischen Kunstlehre. Nie wurde das Mittel zum Selbstzweck (wie es etwa ein mechanischer Unterricht mit der Grammatik macht); auch das musikalische Mittel wurde besprochen, aber nur, um zu zeigen, wie es verwandt wird, um der künstlerischen Wirkung zu dienen" (Gustav Wyneken). Beim Tübinger Brucknerfest von 1928 bot Karl Grunsky einen „Vorbereitungsabend zum Symphoniekonzert" mit Werkerläuterungen als Hilfe an, da dieser Komponist damals noch weitgehend unbekannt und unerkannt war. Die zur gleichen Zeit im Verlag Breitkopf und Härtel erscheinenden ‚Kleinen Konzertführer', herausgegeben von Hermann Kretzschmar, oder die in Philipp Reclam's Universal-Bibliothek für den Massenabsatz zum Niedrigpreis herausgegebenen ‚Erläuterungen zu ...' dienten publizistisch demselben Zweck, nämlich der angestrebten „ernsthaften Bewußtseinsbildung".

Andere Ziele verfolgte am Anfang des Jahrhunderts in England und Nordamerika Arnold Dolmetsch. Er setzte sich, zum Beispiel im Jahre 1910 während einer Tagung der ‚National Education Association', dafür ein, die „music and instruments of the seventeenth and eighteenth centuries" wiederzubeleben. Da die dazu gehörigen Spieltraditionen, das Wissen um die verklungenen klanglichen und rhythmischen Eigentümlichkeiten, abhanden gekommen waren, mußte zur Erreichung dieses Zieles das „lecture/recital" Hilfen anbieten.[2] Fortan bedurfte sowohl die historisch abgelegte als auch die avantgardistisch-innovatorisch überraschende Musik der vermittelnden verbalen Erklärung. Dem Alten wie dem Neuen fehlte jenes Maß an selbstverständlich erscheinend Konvenablem, welches es genügend Hörern möglich machte, auch unvorbereitet einer musikalischen Darbietung folgen zu können. Die lecture-demonstration mit alten Instrumenten, wie auch die zum Beispiel 1986 in London seitens des ‚British Music Information Centre' arrangierten ‚Pre-Concert Talks' dienen demselben Zweck: das nicht mehr oder noch nicht Eingewöhnte wenigstens teilweise als perzipierbar erscheinen zu lassen. Freilich bleiben derartige Bemühungen zumeist peripher, da weder Gespräche noch belehrende kurze lectures eine zum Verstehen notwendige gründliche Ausbildung zu ersetzen vermögen.

Diskussions- oder Gesprächskonzerte sind seit dem Ende des Zweiten Weltkrieges vermehrt gefördert worden. Man will oder man soll Musik begreifen lernen. Ideologisch motivierte Planungsziele wie „Musik dem Volke" oder Erziehung „im Geiste eines edlen Humanismus" (Eberhard Rebling, 1953), oder „Konzerte aufs Land" ließen sich nur mit Hilfe von Volkshochschulen (zum Beispiel 1964 bei den ‚Hagener Musiktagen'), Journalisten, Wissenschaftlern sowie den Interpreten selbst (etwa des weltweit geschätzten, am Klavier erläuternden Publikumslieblings Leonard Bernstein) ansteuern. Fachtagungen (Abb. 168), wie zum Beispiel die Konferenz über ‚Kontrabaß und Baßfunktion' (1984) in Innsbruck oder die ‚Tage Alter Musik in Herne', stellen betont handwerkliche und andere Probleme der Interpretation auch praktisch zur Diskussion in der Hoffnung auf Klärung. Zur Überwindung der Sprachlosigkeit und Erleichterung der Aufnahme insbesondere des ungewohnt Neuen richten Institutionen auch gesonderte Veranstaltungen ein.[2] Seit 1967 stellt die Komische Oper in Berlin ‚Kammermusik im Gespräch' vor, wobei sowohl zu Beginn als Einführung wie auch am Schluß als ‚Nacharbeit' Veranstalter, Spieler und Hörer ins Gespräch zu kommen suchen. Neue Konzerthäuser, wie zum Beispiel das 1984 in Berlin wiedereröffnete Schauspielhaus oder das ‚Neue Gewandhaus' in Leipzig, werden bei der architektonischen Planung speziell für diesen Zweck eingerichtet. Im Berliner Schauspielhaus wurde zur Vorbereitung auf Konzerterlebnisse oder zu nachträglichen Gesprächen darüber der ‚Musikclub' gebaut, ein 180 m² großer Raum mit elektronischen und videotechnischen Einrichtungen, Büfett und loser Bestuhlung. Im Leipziger ‚Gewandhaus' trifft man sich im Hauptfoyer zur ‚big' (begegnung im gewandhaus) (Abb. 169), wobei die Musiker kommentierte sowie zur Beantwortung von Fragen dienende Ausschnitte aus den Konzertprogrammen vorführen und dem Veranstalter ihre Planungen verständlich zu machen suchen.

Hörhilfen, Informationen zur Sache bieten seit ihrem Beginn auch die Institutionen Rundfunk und Fernsehen mit dem Ziel an, die Grenzen der Interaktion zwischen den Darbietenden und den Aufnehmenden schrittweise aufzuheben. Kurt Weill analysierte beispielsweise bereits am 14. März 1926 in der ‚Berliner Funkstunde' das erste Streichquartett von Béla Bartók, da sich dieses offensichtlich nicht von sich aus den Hörern erschloß. Programmhefte, „erweiterte Ansagen", Vortragsserien sind seither weltweit angebotene Service-Leistungen, die im Fernsehen ergänzt werden durch die Einblendung von Bildern, Partituren und andern Hilfsmitteln. Präsentationen dieser Art, so etwa die Sonntagskonzerte des Zweiten Deutschen Fernsehens, vermögen die Aufmerksamkeit von mehr als 4 Millionen Zuschauern an sich zu ziehen.

Fernkonzerte

1882 schrieb der Wiener Hofballmusikdirektor Eduard Strauß an das dortige Fremdenblatt über seine ersten Versuche im Neuland der ‚Telephonconcerte': „Ich beehre mich,

168 Werkstattkonzert bei einer Fachtagung während der Landshuter Hofmusiktage 1986

Ihnen mitzutheilen, dass ich gestern (Montag) mit meiner Capelle den Versuch einer orchestralen Production durch telephonische Leitung machte und dass dieser Versuch glänzend und überraschend ausfiel. Benutzt wurden vier Mikrophons Ader'schen Systems. Telephons waren acht in einem von dem Produktionsorte der Capelle im selben Hause etwas entfernten Locale aufgestellt, welche Entfernung jedoch durch Kabellegung auf vier deutsche Meilen künstlich verlängert war. Die Klangwirkung der ganzen Capelle war eine überraschende..." 1888 gab der amerikanische Schriftsteller Edward Belamy in seinem Roman ‚Looking backward' (Rückblick aus dem Jahre 2000) dem Wunsche Ausdruck: „Wir würden uns an den Grenzen menschlicher Glückseligkeit glauben und aufgehört haben, weitere Verbesserungen zu erstreben, könnten wir eine Einrichtung ersinnen, die jedem Musik ins Haus sendet. Eine Musik, die vollkommen in ihrer Art, unbeschränkt in ihrer Dauer und jeder Stimmung angepaßt wäre und die darüber hinaus nach Wunsch beginnen und aufhören könnte."[1] Aus der Aufführung von Musik als direkter Mitteilung war somit eine durch technische Medien vermittelte Wiedergabe geworden. Die Sichtnähe im Konzertsaal war der anonymen Ferne ohne persönliche Fühlungnahme gewichen. Am 2. April 1877 hatte in der New Yorker ‚Steinway-Hall' erstmals ein Pianist mittels Fernübertragung Musik in das über 200 Kilometer entfernte Philadelphia aussenden lassen und damit das Zeitalter der Fernkonzerte eingeführt. Technisch war dies realisierbar geworden durch die ab 1861 von Johann Philipp Reis betriebene Anlage von elektrischen Fernleitungen.[2] Per Aufnahmeapparaturen und Telephon wurden die alle sozialen und räumlichen Schranken aufhebenden Massenübertragungen möglich, die auf Traditionen, Aura sowie das Präsenzpublikum verzichten. Der Transfer in die Wohnungen von Kunden erfolgte zunächst via Kopfhörer. Budapest, Wien, Paris, München waren erste Orte dieser von den herkömmlichen Aufführungsmodalitäten losgelösten Teilnahme an drahtgebundenen Konzertübertragungen mit sensationellem Erfolg, was von vielen als ein Zeichen des industriellen Fortschritts gewertet wurde.

Das passive Zuhören verlegte man fortan auch in die Privatsphäre. Selbst Musik für den Hausball wurde 1891 in Morristown (New Jersey) per Telephon aus den ‚Madison Square Gardens' bezogen, wo das ‚Johann-Strauß-Orchester' spielte. Für die Musiker brachte dies den Wechsel vom feierlich geschmückten Konzertsaal in das technisch nüchtern eingerichtete Aufnahmestudio, wo man unbekümmert um ein Gegenüber in Hemdsärmeln statt im Frack oder mit einer Uniform gekleidet leger aufspielen konnte (Abb. 170). Ein Berichterstatter erlebte 1899 die Aufnahmebedingungen wie folgt:

Au terme de notre ascension, c'est-à-dire aux combles, mon guide poussa une porte ... Quel ne fut pas mon étonnement de me trouver en présence d'une équipe d'une douzaine de musiciens, chambrés dans une sorte de rotonde de quelques mètres carrés, où le soleil caniculaire, à travers un vitrage d'atelier, entretenait une température de serre chaude. Aussi, sans souci du décorum, s'était-on mis à l'aise.

Au moment de notre entrée, un morceau venait de finir; mais la pause fut de courte durée. A peine les instrumentistes avaient-ils eu le temps de s'éponger et de reprendre haleine, que le chef, après avoir distribué de nouvelles partitions, escaladait lestement une haute chaise, et, assis non pas sur le siège, mais sur le dossier, afin de mieux dominer sa troupe, ses genoux lui servant de pupitre, levait son bâton de mesure en signe d'avertissement. Au même instant, ayant déclanché le mouvement d'une série d'appareils réglés en vue d'un fonc-

169 ‚big' = Begegnung der Veranstalter und Interpreten mit dem Publikum im ‚Neuen Gewandhaus' Leipzig. 1981. Gewandhaus, Leipzig

170 ‚La Marche Lorraine', aufgenommen vor einem Phonographen. Zeichnung von Georges Bertin Scott. 1899 (10,5 × 22,3 cm). Aus: ‚L'Illustration', Vol. CXIV, 1899, S. 123

tionnement simultané, un spécialiste vêtu d'une longue blouse blanche s'avançait vers le pavillon d'un des grands cornets de carton braqués en face de l'orchestre ainsi qu'une batterie de tromblons, et annonçait de sa plus belle voix ce titre destiné à la reproduction phonographique: La Marche lorraine!³

Zum Telephonkonzert gesellte sich das Grammophonkonzert (Farbtafel 12) mittels der als Ware in Tüten verpackten, konservierten und beliebig reproduzierbaren Musik, sowie die drahtlose Funktelephonie ab 1904. Diese technische Errungenschaft ließ einen neuen Typ, nämlich den des Phonohörers, zu, der als Käufer von Walzen oder Grammophonplatten im Deutschen Reich davon im Jahre 1907 18 000 000 Stück abnahm. Peter Altenberg, der 1919 verstorbene österreichische Poet, schrieb anhand der frühesten gewonnenen Eindrücke folgendes satirische Gedicht:

Grammophonplatte

(Deutsche Grammophonaktiengesellschaft.) C2–42531. Die Forelle von Schubert. In Musik umgesetztes Gebirgswässerlein, kristallklar zwischen Felsen und Fichten murmelnd. Die Forelle, ein entzückendes Raubtier, hellgrau, rot punktiert, auf Beute lauernd, stehend, fließend, vorschießend, hinab, hinauf, verschwindend. Anmutige Mordgier! Die Begleitung auf dem Klavier ist süßes sanftes eintöniges Wassergurgeln von Berggewässer, tief und dunkelgrün. Das reale Leben ist nicht mehr vorhanden. Man spürt das Märchen der Natur! In Gmunden wußte ich es, daß täglich in den Nachmittagsstunden eine Dame in dem Laden des Uhrmachers die Grammophonplatte C2–42531 zwei bis dreimal spielen ließ. Sie saß auf einem Taburett, ich stand ganz nahe beim Apparate. Wir sprachen niemals miteinander. Sie wartete dann später immer mit dem Konzerte, bis ich erschien. Eines Tages bezahlte sie das Stück dreimal, wollte sich dann entfernen. Da bezahlte ich es ein viertes Mal. Sie blieb an der Türe stehen, hörte es mit an bis zu Ende. Grammophonplatte C2–42531, Schubert, Die Forelle. Eines Tages kam sie nicht mehr. Wie ein Geschenk von ihr blieb mir nun das Lied zurück. Der Herbst kam, und die Esplanade wurde licht von gelben spärlichen Blättern. Da wurde denn auch das Grammophon im Uhrmacherladen eingestellt, weil es sich nicht mehr rentierte.

Es war im Frühjahr 1914, daß im königlich-belgischen Schloß zu Laeken ein Hofkonzert stattfand, welches erstmals von Amateurfunkern und Hörerklubs aufgenommen, über einen Sender ausgestrahlt wurde und damit die Exklusivität dieser Veranstaltung – unter dem Protektorat der technisch interessierten Königin – preisgab.

1915 wurde das Konzert auch in die Entwicklung des ‚Broadcasting' überführt. Die Initiative ging von der amerikanischen Marinebasis Arlington aus, die ein Monsterkonzert von dort versammelten Militärmusikern mit Hilfe von 300 Radioröhren bis in die Entfernung von 3800 Meilen „in the air" übertrug. 1916 beteiligte sich die auf dem Technologiemarkt erfolgreiche Firma Westinghouse in Pittsburgh (mit der Station KDKA) an dieser privaten Nutzung der Funktelephonie. Im Dezember dieses Jahres wurden sodann zweimal wöchentlich Konzertveranstaltungen ausgestrahlt, die in den Zeitungen angekündigt wurden.

Nach 1920 beschleunigten sowohl kommerzielle Gesellschaften, zum Beispiel bei Paris die ‚Radiola', als auch staatliche Post- und Telegraphenverwaltungen diesen Prozeß der Etablierung eines „Podiums ohne Grenzen" (Frank Warschauer, 1928) bis hin zur ‚Endloswelle' von heute, die um den Erdball herum zu jeder Stunde nahezu alles akustisch Wünschbare funktionserweiternd, räumlich diffus und von jedermann wählbar ‚überträgt'. Der Hörer ist souverän in der Benutzung der Apparatur, er kann zur empfangenen Musik jeden ihm beliebigen Kontext assoziieren. In Königswusterhausen bei Berlin trat das Medium Funk mit der Vermittlung von Musik am 22. Dezember 1920 in Erscheinung, ab dem 23. Oktober 1923 die Funkstunde A. G. Berlin mit regelmäßig gesendeten Konzertprogrammen. Die erste Ansage lautete: „Hier Sendestelle Berlin, Vox-Haus, Welle 400. Herr Kapellmeister Otto Urack, Herr Fritz Goldschmidt, Herr Kammersänger Alfred Wilde, Herr Konzertmeister Rudolf Dreman, Frau Ursula Windt, Herr Alfred Richter vom Deutschen Opernhaus, Herr Konzertsänger Alfred Liebhan!" Aus der Berliner Philharmonie wurde im Herbst 1924 erstmals eine Live-Sendung für ein Hörerpublikum ausgestrahlt. Die ‚British Broadcasting Corporation' (BBC) begann 1922 als Vereinigung von Firmen der englischen Funkindustrie ihre Tätigkeit; ab 1924 wurden öffentliche Konzerte gesendet. In Holland konnte man seit 1919 die Sonntagabendkonzerte vernehmen, in Mexiko begann man 1923 damit, Musik aus der Ferne zu vernehmen, die RAVAG in Wien bot am 1. Oktober 1924 ihr erstes Konzert an, mit einem

RICHARD WAGNER-KONZERT
der Künstlerkapelle Bert Silving
1. Ouverture zu „Rienzi"
2. Siegfried-Idyll
3. Lohengrins Abschied
   (Gesang)
4. Fantasie aus „Tannhäuser"
5. Gesang der Rheintöchter
   aus „Götterdämmerung"
6. Tanz der Lehrbuben
   aus „Meistersinger"
7. Brautchor aus „Lohengrin"
8. Kaiser-Marsch

8 Uhr abends:
ERÖFFNUNGSKONZERT
unter Mitwirkung namhafter Kunstkräfte.

In Tokio kam am 22. März 1925 die NHK (Abb. 171) hinzu. 1927 begann in Buenos Aires eine Rundfunkstation mit Übertragungen, die eigens zu dem Zweck gegründet wurde, live aus dem ‚Teatro Colón' zu senden. Hierbei wurde sogleich alles technisch Machbare aufgeboten, um den originalen ‚Raumton' möglichst ohne akustische Verluste stereophon zu übertragen. Der versierte Dirigent Leopold Stokowski experimentierte 1933 mit einer Raumtonübertragung

171 Das NHK ‚Symphony Orchestra Tokyo', geleitet von Kurt Wöss bei Rundfunkaufnahmen. Um 1950

von Philadelphia zur ‚Constitution Hall' in Washington. Binnen weniger Jahre wurde ein weltumspannendes Sendenetz um die Erdkugel herum gelegt, das dazu beitrug, Differenzen zwischen Stadt und Land, den Kulturen und Bevölkerungsgruppen zu verringern.

Dieser allgemeinen Verfügbarmachung von Musik jeglicher Art über soziale und auch politische Grenzen hinweg, diesem Überangebot an Darbietungen durch den Schallwandler war zwar bald eine breitenwirksame Nachfrage und manches hymnische Lob sicher, aber auch manche herbe Kritik. Arnold Schönberg gehörte zu den ersten, die dieser für viele passiv Hinhörende zur berieselnden Droge degenerierenden musikalischen Kommunikationsmöglichkeit den Spiegel der Kritik vorhielten. 1931 warnte er in einer Rundfunkansprache, in der er seine Variationen op. 31 für Orchester erläuterte, vor der Gefahr der drohenden Verkommenheit von Musikprogrammen des Rundfunks, die allzu willfährig dem Massenkonsum entgegenzukommen bestrebt seien und Minderheiten kaum beachteten. In der Tat unterlagen insbesondere die aus privaten Mitteln und Werbeeinnahmen finanzierten Sendeanstalten diesen Anpassungszwängen bis hin zu jenen, die im Machtkampf um möglichst hohe Einschaltquoten ausschließlich die von Mehrheiten favorisierten internationalen Standardrepertoires ausstrahlen, nach dem Motto von Goethe handelnd: „Wer vieles bringt, wird manchem etwas bringen." Andere hingegen bauten neben sogenannten Mischprogrammen mehrkanalige Kontrastprogramme auf, differenziert nach dem gängigen Schema U(nterhaltungs)- und E(rnste)-Musik. Für das exklusive Hören von Minderheiten und Kennern spezieller Stile und Gattungen wurden gesonderte Sendezeiten eingeräumt. Vor allem jedoch differiert das Angebot der Institutionen im Hinblick auf die Dienstleistung der Übertragung von Musikereignissen aus Konzertstätten oder aber der Eigenproduktion von radiophoner Gebrauchsmusik, von ‚Frühkonzerten', von Konzertserien für Abonnenten und solchen, die von eigenständigen Orchestern und Chören ausgeführt wurden. Noch vor 1930 wurde „Musik für Rundfunk" in Auftrag gegeben als eine spezifisch mediale Musik, die sich verstärkt der elektronischen Mittel bediente und auf die Eigenart der techni-

172 *Das Radio-Sinfonie-Orchester des Hessischen Rundfunks, geleitet von Dean Dixon im Frankfurter Fernsehstudio. 1970*

173 ‚Konzert'. Gemälde von Max Oppenheimer. Um 1912. Öl auf Leinwand (112 × 142,5 cm). Wien, Hochschule für Angewandte Kunst, Inv. Nr. 1181/B

schen Reproduzierbarkeit hin angelegt war,⁴ somit nicht jenen verändernden Eingriffen ausgesetzt ist, die an anderen Musikwerken vorgenommen werden. Am 19. Oktober 1932 brachte die Berliner Funkstunde erstmals ein Konzert mit ausschließlich elektro-akustischen Instrumenten wie dem Trautonium, dem Hellertion, dem elektrischen Violoncello und dem Neo-Bechstein-Flügel. Hiermit nahmen Redakteure im Rundfunk mit Hilfe technisch passionierter Studiomusiker unbekümmert um Hörerwünsche die Rolle der Avantgardisten ein, die ihre Institution auch dazu benutzen, ‚Musikpolitik' zu machen, bis hin zu dem autoritären Versuch der Geschmackslenkung über den Lautsprecher.

Rundfunkanstalten, die es sich leisten konnten, Musiker in Eigenregie in Dienst zu nehmen, gingen noch einen Schritt weiter. 1926 wurde in Kaunas (Litauen) ein Radio-Sinfonieorchester gebildet, 1930 begann das aus 114 Musikern bestehende ‚B.B.C. Symphony-Orchestra' mit seiner Tätigkeit.⁵ Diese und andere Apparate sollten zwar mittels „broadcast music" auch den Ansprüchen der „amateurs" (Programmheft der B.B.C. vom 20. 9. 1930) genügen. Daneben leistete man sich freilich auch dank finanzieller Unabhängigkeit den Luxus des nur sehr wenigen Zuträglichen und Zumutbaren. Einzelne Sendeleiter machten es sich zur Aufgabe, im öffentlichen Konzertleben nicht reüssierende Randgebiete der Moderne mit den Finanzmitteln des Rundfunks zu fördern, oder, anders gesagt, „weniger ausgetretene Wege der Programmgestaltung zu gehen, Impulse zu setzen" (Aussendung des ‚Österreichischen Rundfunks' 1979). Die staatlich subventionierten Anstalten können es sich leisten, Interpreten zur Verfügung zu haben auch für Komponisten, die sich nicht „für das Publikum" zu schreiben vornehmen, sondern zuweilen gar erklärtermaßen dagegen. Das Ziel solcher Aktivitäten ist nicht der „volle Saal", denn Rundfunkanstalten des öffentlichen Rechts nehmen für sich einen „kulturellen Auftrag", eine Mäzenatenrolle im technischen Zeitalter in Anspruch, die nicht die einschränkenden Handlungsbedingungen des Marktes anzunehmen braucht. Der österreichische Komponist Gottfried von Einem äußerte sich als ein Nutznießer davon wie folgt hierzu: „Die Rundfunk- und Televisionsanstalten sind die Vermittler der Information. Der Componist hat im Gegensatz zu diesen Weltanstalten eine Welle, seine eigene. Wird er als Informator seiner Meinung zeitweise zugelassen, hat er Glück. Wird er nicht berücksichtigt, bleibt seine Ansicht verborgen. Im Massenangebot muß der Hauptabteilungsleiter die Funktion des Prinzen Lobkowitz übernehmen, ohne daß die Gelder, die er als Beauftragender ausschüttet, seine Gelder sind. (Es sind Steuergelder). Wer darf sich persönlichen Geschmack leisten? Der Chef des Massenmediums. Wer sollte es sich leisten können, zu sagen, was er meint? Der Autor. Da es zahllose Autoren, aber nur wenige Hauptabteilungsleiter gibt, ist die Chance, bedeutsame Werke durchzusetzen, gering. Was gut, was schlecht ist, wird durch die Zeit entschieden. Die Massenmedien leisten sowohl Vorschub als auch Demaskierung. Fazit: Ich bin dankbar, angenommen statt abgelehnt zu werden. Der Zauberwald der Massenmedien erhält Farbe durch das persönliche Vertrauen des Menschen zum Menschen."

Nach 1950 gesellte sich zum bildlos übertragenen Konzert das photographierte, das gefilmte hinzu (Abb. 172). Das Fernhören wurde ergänzt durch das Fernsehen, wodurch die Illusion des Dabeiseins ohne physische Nähe und soziale Eingebundenheit verstärkt wurde. Mit einer auf die Partitur abgestimmten Kameraregie versucht man gar durch Hervorhebung von Bildausschnitten und Überblendungen dem Seher-Hörer Strukturen der Komposition und Schwerpunkte der Interpretation verdeutlichend nahezubringen. Diese Tonmeister- und Kameraregie tritt als interpretierender Akt zu dem vordem Gewohnten hinzu. Solopassagen werden durch Großaufnahmen herausgestellt, eingeblendete Bildwerke oder Schwenks in den Raum sollen Atmosphärisches in die Ferne vermitteln oder auch bildhafte Assoziationen wecken. Der Hörer wird zum von Tontechnikern und Kameraleuten beherrschten Objekt, in dessen Vorstellungsfähigkeit und Hörgewohnheit man eingreift.

Mithin steht heute der Musikhörer vor der nie dagewesenen Situation, allerorts mehr oder minder gelenkt und manipuliert Musik wahrnehmen zu können. Nahezu rund um die Uhr versorgen die Rundfunk- und Fernsehstationen die Konsumenten, so daß es paradox erscheint, daß diese Omnipräsenz die Attraktion eines Live-Erlebnisses im Konzertsaal bislang nicht einschneidend zu schmälern vermocht hat. Die immer noch gigantisch geplanten Konzerthallen und Centers wie die vielfältigen Programmangebote in den Städten aller Erdteile weisen dies aus. Marktanalysen führen weiterhin dazu, das Musikangebot an die Trends anzupassen, um die Saalkapazitäten gewinnbringend auszunutzen und die Werbung gruppenspezifisch zu gestalten. Die „RES SEVERA" steht dabei neben der Unterhaltungs-, Rock- und Popmusik und wird vielerorts längst durch altersspezifische Präferenzen in den Hintergrund gedrängt. Dennoch, so gewiß es ist, daß viele junge Musiker weiterhin an der Konzertliteratur aus mehreren Jahrhunderten üben werden, ebenso gewiß ist, daß die bereits mehrmals totgesagte Institution des Konzerts einstweilen nicht aufgegeben werden wird. Im Gegenteil, so wie wir es erleben, daß nahezu alle Musiken aus sämtlichen lebenden Kulturen global zum Aufführen vor jedwedem Auditorium hergerichtet werden, ebenso ist damit zu rechnen, daß diese Weise der Realisierung derzeit dominierend bleibt. Alle hinreichend im Musizieren Geübten drängen auf die Podien, die ihnen oftmals die Welt bedeuten, alle zum Hören Fähigen möchten nah oder fern an Aufführungen teilhaben. Jedes Konzert wird auch in Zukunft ein Ereignis sein, das im Dargebotenen oder in seinen Rahmenbedingungen einmalig neu ist. Dem möge man mit Offenheit begegnen, eingedenk der dazu ermunternden Maxime von Johann Wolfgang von Goethe:

Bist du beschränkt, daß neuer Ton dich stört,
willst du nur hören, was du schon gehört?
Du schreite fort, wie es auch weiter klinge,
schon längst gewohnt der unerhörten Dinge.

Anhang

Anmerkungen

Benutzte Abkürzungen

AfMw	Archiv für Musikwissenschaft
AMZ	Allgemeine Musikalische Zeitung
Fs.	Festschrift
IRASM	International Review of the Aesthetics and Sociology of Music
JAMS	Journal of the American Musicological Society
Jb.	Jahrbuch
KmJb	Kirchenmusikalisches Jahrbuch
MGG	Die Musik in Geschichte und Gegenwart
MQ	Musical Quarterly
NZfM	Neue Zeitschrift für Musik
ÖMZ	Österreichische Musikzeitschrift
PRMA	Proceedings of the Royal Musical Association
RdM	Revue de Musicologie
SIMG	Sammelbände der Internationalen Musikgesellschaft
ZfMw	Zeitschrift für Musikwissenschaft
ZIMG	Zeitschrift der Internationalen Musikgesellschaft

Vorformen (S. 11)

1. Hierzu siehe G. Wille, Einführung in das römische Musikleben, Darmstadt 1977, S. 142 ff.; M. Bieber, The History of the Greek and Rome Theater, Princeton 1961, S. 174 ff.; E. Simon, Das antike Theater, Heidelberg 1972, S. 49 ff.; Th. Kraus und L. v. Matt, Pompeji und Herculaneum, Köln 1977, S. 29 f., Abb. 47 und 48; R. Chevallier, Römische Provence, Zürich 1979, Abb. 121.
2. Dazu siehe W. Salmen, Musikleben im 16. Jahrhundert, Leipzig ²1983, S. 130, sowie MGG VIII, Sp. 951.
3. Vgl. die Abb. 83 in W. Salmen, Musikleben im 16. Jahrhundert, S. 131; die gesammelte Ruhe beim Anhören eines Musikvortrags verlangte auch die 1570 in Paris gegründete Académie de poésie et de musique von ihren Mitgliedern.
4. G. Bayer, Memmingen in historischen Bildern, Memmingen 1983, S. 120.
5. R. Strohm, Music in late medieval Bruges, Oxford 1985, S. 85 f.
6. W. Stahl, Die Lübecker Abendmusiken im 17. und 18. Jahrhundert, Lübeck 1937; G. Karstädt, Buxtehude und die Neuordnung der Abendmusiken, in: Fs. für Bruno Grusnick, Stuttgart 1981, S. 119 ff.; K. J. Snyder, Lübecker Abendmusiken, in: 800 Jahre Musik in Lübeck, T. II, Lübeck 1983, S. 63 ff.
7. Ein Faksimile ist abgedruckt in MGG I, Tafel IV.
8. K. Nef, Die Collegia Musica in der deutschen reformierten Schweiz, Sankt Gallen 1896; E. Preußner, Die bürgerliche Musikkultur, Kassel 1950; G. Pinthus, Das Konzertleben in Deutschland, Straßburg 1932, S. 22 ff.; Hugo Riemann hat nach 1900 die Bezeichnung Collegium Musicum zunächst für Ensembles wieder verwendet, die sich der Kammermusik mit Generalbaß annahmen, später auch für Universitätsorchester. Auch wurden Kammerorchester, z. B. das 1941 in Zürich von Paul Sacher gegründete, so bezeichnet.
9. M. Seiffert, Matthias Weckmann und das Collegium Musicum in Hamburg, in: SIMG 2 (1900/1901), S. 100 ff.
10. Siehe z. B. J. G. Walther, Musikalisches Lexikon, Leipzig 1732, Faksimile-Nachdruck Kassel 1953, S. 179.
11. W. Kahl, Das Nürnberger historische Konzert von 1643 und sein Geschichtsbild, in: AfMw 14 (1957) S. 281 ff.
12. J. Hawkins, A General History of the Science and Practice of Music, London 1776, S. 762; H. A. Scott, London's earliest public Concerts, in: MQ 22 (1936), S. 446 ff.
13. Mehr dazu bei P. M. Young, The concert tradition, London 1965, S. 96 ff.
14. J. Hawkins, A. General History of the Science and Practice of Music, 1776, S. 807.
15. Am 15. 7. 1780 gab es z. B. in Osnabrück ein „Concert mit Feuerwerk".
16. V. L. Redway, A New York Concert in 1736, in: MQ 22 (1936), S. 170 ff.
17. M. Tilmouth, The beginnings of provincial concert life in England, in: Music in Eighteenth-Century England, hrsg. v. Chr. Hogwood und R. Luckett, Cambridge 1983, S. 10.
18. O. Sonneck, Early Concert Life in America (1731–1800), New York 1949.

Konzertstätten (S. 22)

1. R. Klein, Traditionsstätten der Wiener Konzertpflege, in: ÖMZ 25 (1970), S. 290 ff.
2. L. Lockwood, Music in Renaissance Ferrara 1400–1505, Oxford 1984, S. 145.
3. Th. Mace, Musick's Monument, London 1676, Chapter II.
4. Der alte Musiksaal beim Fraumünster, 106. Neujahrsblatt der Allgemeinen Musikgesellschaft in Zürich, 1918.
5. E. Long, The History of Jamaica, London 1774, II, S. 7 f.
6. Beschreibung des Lustschlosses und Gartens ... zu Reinsberg, Berlin 1778, S. 26; hierzu siehe auch M. Girouard, Life in the English Country House, New Haven 1978; D. Fitz-Gerald, The Norfolk House Music Room, London 1973.
7. W. Salmen, Geschichte der Musik in Westfalen I, Kassel 1963, S. 225 ff.
8. E. Kruttge, Geschichte der Burgsteinfurter Hofkapelle 1750–1817, Nachdruck Hagen 1973, S. 127 ff.
9. R. Elkin, The Old Concert Rooms of London, London 1955, S. 88 f.
10. MGG X, Sp. 507; M. Forsyth, Buildings for Music, Cambridge Mass. 1985, S. 36 f.
11. W. H. Grattan Flood, Crow St. Music Hall, Dublin, from 1730 to 1754, in: SIMG 11 (1910), S. 442 ff.
12. MGG VI, Sp. 630.
13. M. Sands, Invitation to Ranelagh 1742–1803, London 1946, nach S. 59.
14. Dazu vgl. W. Salmen (Hrsg.), Zur Orgelmusik im 19. Jahrhundert, Innsbruck 1983, S. 75 ff.
15. H. W. Schwab, Konzert, Abb. 118 und 121.
16. J. Meyer, Akustik und musikalische Aufführungspraxis, Frankfurt 1981; L. Cremer und H. A. Müller, Die wissenschaftlichen Grundlagen der Raumakustik, Stuttgart 1978.

17. AMZ 1799/1800, Sp. 622.
18. AMZ 1821, Sp. 196ff.; siehe auch E. Gißke, Das Schauspielhaus in Berlin, Berlin 1984 sowie F. Börsch-Supan, Die Bedeutung der Musik im Werke Karl Friedrich Schinkels, in: Zeitschrift für Kunstgeschichte 34 (1971), S. 257ff.
19. AMZ 1827, Sp. 113 sowie G. Schünemann, Die Singakademie in Berlin 1791–1941, Regensburg 1941, S. 37ff.
20. H. Habel, Das Odeon in München, Berlin 1967.
21. F. Grasberger und L. Knessl, Hundert Jahre Goldener Saal, Wien 1970; H. und K. Blaukopf, Die Wiener Philharmoniker, Wien 1986, S. 26ff.
22. P. Rollin, Sankt Gallen. Stadtveränderung und Stadterlebnis im 19. Jahrhundert, Sankt Gallen 1981, S. 466ff.
23. R. Schoch, Hundert Jahre Tonhalle Zürich 1868–1968, Zürich 1968.
24. H.-Ch. Hoffmann, Die Theaterbauten von Fellner und Helmer, München 1966, S. 123f.
25. Dazu siehe W. Salmen, Die Deckengemälde im Großen Tonhallesaal, in: Generalprogramm der Tonhalle-Gesellschaft Zürich 1972/1973, S. 9ff.
26. R. Bothe, Kurstädte in Deutschland. Zur Geschichte einer Baugattung, Berlin 1984.
27. A. Sabat, Palau de la musica catalana, Barcelona 1974.
28. In der Casa di Riposo per Musicisti, Fondazione Giuseppe Verdi, zu Mailand gibt es einen Salone dei Concerti, der geschmückt ist mit den Porträts von acht italienischen Musikern: Palestrina, Frescobaldi, Monteverdi, A. Scarlatti, Pergolesi, Cimarosa, B. Marcello und Rossini.
29. P. Lorenz, Zur Geschichte des Bösendorfersaals, in: ÖMZ 28 (1973), S. 504ff.
30. R. v. Seydlitz, Reform des Konzertsaales, in: Die Musik II, 4 (1903), S. 96ff.
31. Ph. Wolfrum, Die Heidelberger Konzertreform, Stuttgart 1914; Neue Musik Zeitung 25 (1904), S. 57.
32. M. Kyrova, Antoon Molkenboer, Ontwerpen voor muziek en toneel 1895–1917, den Haag 1983.
33. P. Ehlers, Das deutsche Symphoniehaus, in: Almanach der deutschen Musikbücherei auf das Jahr 1921, Regensburg 1920, S. 47ff.
34. Th. Heuss, Hans Poelzig – Das Lebensbild eines deutschen Baumeisters, Stuttgart 1985.
35. Vgl. den Ausstellungskatalog Vom Klang der Bilder, Staatsgalerie Stuttgart 1985, S. 164ff.
36. NZM 146 (1985), S. 29.
37. H. H. Stratham, The Structure and Arrangement of Concert Halls, in: PRMA 38 (1911/1912), S. 67ff.
38. Hingewiesen sei zum Vergleich auf die Abbildungen in L. L. Beranek, Music, Acoustics and Architecture, New York 1979, S. 99ff.; Alvar Aalto Synopsis, Basel 1970, S. 160ff.; MGG X, Sp. 1411; The World of Music 3 (1961), S. 150; MGG VII, Sp. 1613 und Tafel 66, 2; MGG VIII, Sp. 1169; NZM 119 (1958), S. 352 und 376; Arte oggi 25/26 (1966), S. 50ff.
39. L. Küpper, Musikprojektion im elektroakustischen Raum, in: ÖMZ 41 (1986), S. 293ff.
40. J. Hurst, Nashville's Grand Ole Opry, New York 1975.
41. M. Pomeroy Smith, Sydney Opera House, Sydney 1984 sowie V. Smith, The Sydney Opera House, Sydney ⁴1981.

Ausführende (S. 45)

1. Siehe A. Carse, The Orchestra in the XVIIIth Century, Cambridge 1950.
2. R. Head, Corelli in Calcutta, Colonial music-making in India during the 17th and 18th centuries, in: Early Music 13 (1985), S. 551.
3. J. F. Reichardt, Über die Pflichten des Ripien-Violinisten, Berlin 1776, S. 79ff.
4. D. Cvetko, Instruktion für das Orchester der Philharmonischen Gesellschaft in Laibach (1805), in: Fs. für H. Federhofer, Mainz 1971, S. 204; über weitere Unzulänglichkeiten im Konzertwesen des 19. Jahrhunderts informiert u.a. die Neue Berliner Musikzeitung 27 (1873), S. 172f.
5. Die Dienstordnung z.B. für die städtische Kurkapelle in Bad Homburg von 1911 schrieb vor: „Bei allen öffentlichen Aufführungen haben die Orchestermitglieder in schwarzem Anzug und schwarzer oder weißer Halsbinde, je nachdem das eine oder das andere angeordnet wird, zu erscheinen."
6. G. Gugitz, J. F. Reichardt, Vertraute Briefe, geschrieben auf einer Reise nach Wien, I, München 1915, S. 164.
7. Salmen, Musiker im Porträt, Bd. III, S. 65.
8. C. F. Cramer, Magazin der Musik I, Hamburg 1783, S. 437.
9. G. Schünemann, Geschichte des Dirigierens, Leipzig 1913, S. 257.
10. Melos/NZfM 1975, S. 91ff.; K. Geitel, Hans von Bülow in seiner Zeit, Jahresgabe 1980 der Gesellschaft der Freunde der Berliner Philharmonie.
11. Salmen, Musiker im Porträt, Bd. V, S. 77.
12. Emilio Ferrari besang 1874 den Virtuosen Isaac Albéniz mit den preisenden Versen: „A Isaac Albéniz! Genio que el vuelo desplegas;/eres gigante y no llegas/a la barba de un enano,/eres niño, y, niño juegas/con el corazón humano."
13. Salmen, Musiker im Porträt, Bd. IV, S. 44 und S. 92.
14. Dazu vgl. W. Salmen, Der Spielmann im Mittelalter, Innsbruck 1983, S. 38ff.
15. Diese umjubelte Sängerin wurde in einem Ehrengrab in der Westminster Abbey zu London beigesetzt.
16. R. Hohenemser, Wunderkinder, in: Die Musik 4 (1904/1905), Bd. XIII, S. 147ff.; F. Hoffmann, Miniatur-Virtuosinnen, Amoretten und Engel. Weibliche Wunderkinder im frühen Bürgertum, in: NZfM 145 (1984), S. 11ff.

Die Hörer (S. 56)

1. F. Feldmann, Breslaus Musikleben zur Zeit Beethovens aus der Sicht L. A. L. Siebigks, in: AfMw 19/20 (1963), S. 160ff.
2. Nr. 1614 vom 6.6.1874.
3. Dazu weitere Informationen bei J. Simon, Handel. A Celebration of his Life and Times, London 1985, S. 249ff.
4. Siehe die Festschrift für Kurt Dorfmüller, Tutzing 1984, S. 159.
5. AMZ 1799/1800, Sp. 846.
6. W. Furtwängler, Der Musiker und sein Publikum, Zürich 1955, S. 12.
7. W. Weber, Music and the Middle Class. The Social Structure of Concert Life in London, Paris and Vienna, London 1975, S. 44ff.
8. AMZ 1804, Sp. 290; ebda. 1808, Sp. 379. Fanny Burney bemängelte in ‚Evelina': „I am quite astonished to find how little music is attended to in silence."
9. C. Reinicke, Erinnerungen an den alten Gewandhaussaal zu Leipzig, in: Velhagen und Klasings Monatshefte 7 (1902), S. 55.
10. Th. Lockemann, Die Anfänge des Jenaer akademischen Konzerts, in: Fs. für Armin Tille, Weimar 1930, S. 227.
11. Allgemeine Wiener Musik-Zeitung 1 (1841), S. 51.
12. So offerierte z.B. zum 10.2.1985 der Westdeutsche Rundfunk in Köln seinen Hörern ein „Alban Berg-Wunschkonzert: das Hörerpublikum wird eingeladen, selbst Präferenzen zu nennen."
13. AMZ 1804, Sp. 337f. und Sp. 507.
14. 1934 wurde im Hamburger Conventgarten von Hermann Erd-

len ,Die Saarkantate' mit ,Volksgesang' uraufgeführt, wobei alle Anwesenden die Strophen des politisch damals brisanten Saarliedes als antifranzösische Demonstration mitsangen.
15. Kritisch hierzu D. de la Motte, Konzerte im Wandel(n), in: Musica 25 (1971), S. 121 ff.
16. H.-W. Heister, Der Konzert-Beifall, in: IRASM 15 (1984), S. 91 ff.
17. Vgl. damit auch H. Love, The Golden Age of Australian Opera, Sydney 1981, S. 137, oder H. Sievers, Musikgeschichte von Hannover II, Tutzing 1984, S. 242.
18. H. Ulrich, The education of a concert-goer, New York 1949.
19. M. Berger und V. Donner, Wir gehen ins Konzert, Berlin 1976.

Konzertvereine (S. 68)

1. A. Werner, Freie Musikgemeinschaften alter Zeit im mitteldeutschen Raum, Wolfenbüttel 1940, S. 41 f.
2. T. J. Rishton, An eighteenth-century Lichfield Music Society, in: The Music Review 44 (1983), S. 83.
3. W. Feldmann, Versuch einer kurzen Geschichte des Dortmunder Concerts, Dortmund 1830.
4. J. Cooper, A renaissance in the 19th century. The rise of French instrumental music and Parisian concert societies, Diss. Cornell University 1981.
5. Hermann. Zeitschrift von und für Westfalen 5 (1818), S. 688.
6. W. Feldmann, Versuch einer kurzen Geschichte des Dortmunder Concerts, 1830, S. 53.
7. C. d'Isoz, Die Geschichte der Philharmoniker 1853–1903, Budapest 1903.
8. AMZ 61 (1934), S. 452.
9. Vgl. hierzu auch F. Henkel, Die Bremer Waage-Konzerte, Bremen 1968.

Konzertunternehmer (S. 71)

1. M. M. Scott, The Opera Concerts of 1795, in: The Music Review 12 (1951), S. 24 ff.
2. Leben und Abenteuer P. T. Barnums, vormaligen Theaterdirectors in New York. Von ihm selbst beschrieben, III, Pest, Wien und Leipzig 1855.
3. E. Stargardt-Wolff, Wegbereiter großer Musiker, Wiesbaden 1954.
4. P. Marsop, Zur „Sozialisierung" der Musik und der Musiker, Regensburg 1919, S. 24 und 46.
5. Vgl. Ch. Hartmann, Die Entwicklung der Konzertdirektionen in der Bundesrepublik unter wirtschaftlichen Gesichtspunkten, in: Das Orchester 32 (1984), S. 625 ff.
6. M. Goldin, The Music Merchants, London 1969; A. Holde, Glanz und Elend der Solisten in USA, in: NZfM 118 (1957), S. 94 ff.

Die Rolle der Konzertkritik (S. 74)

1. G. und W. Salmen, Musiker im Porträt, Bd. III, S. 28; G. Cowart, The Origins of Modern Criticism, Epping 1981.
2. G. und W. Salmen, Musiker im Porträt, Bd. III, S. 106 und S. 156; S. Langford, Musical Criticism, London 1929; W. Salmen, J. F. Reichardt, Zürich 1963, S. 198 ff.; G. Bucky, Die Rezeption der Schweizerischen Musikfeste 1808–1867 in der Öffentlichkeit, Düsseldorf 1934.
3. R. Federhofer-Königs, „Der Merker" (1909–1922) – ein Spiegel österreichischen Musiklebens, in: Fs. für H. Hüschen, Köln 1980, S. 118 ff.
4. G. Salmen, Musiker im Porträt, Bd. IV, S. 120.
5. L. Lesle, Der Musikkritiker – Gutachter oder Animateur?, Hamburg 1984, S. 14 ff.

Programmgestaltungen (S. 77)

1. G. und W. Salmen, Musiker im Porträt, Bd. III, S. 122.
2. Mozart. Briefe und Aufzeichnungen, hrsg. von W. Bauer und O. E. Deutsch, Bd. I, Kassel 1962, S. 29 f.
3. Musikalisches Kunstmagazin 1, Berlin 1782, S. 52.
4. Siehe etwa P. Ehlers, Zur Konzertreform, in: Die Musik 9 (1903), S. 109.
5. B. Ch. L. Natorp, Unsere Concerte, in: Westfälischer Anzeiger 13 (1804), S. 1585 ff.
6. In der AMZ 39 (1837), Sp. 126 wird empfohlen: „Im Concerte mache eine kräftige Ouvertüre oder der erste Satz einer Sinfonie den Anfang. Nun trete der Concertist auf, in dessen Vortrag durch Solo's und Tutti's schon Abwechslung liegt. Ihm folge ein Gesangstück, Scene oder Ensemble, am liebsten für's Concert geschrieben. Lieder, Romanzen im beliebten französischen Nasenton, Barcarolen, Kuhhirtenlieder aus Tyrol oder Schweiz gehören nicht ins Concert, wenn man es nicht herabwürdigen will. Der zweite Satz beginne mit dem Mittelsatz einer Sinfonie und dazu gehörigem Allegro, oder wenn man will, zur Abwechslung einem Ensemble für Blas- und Streichinstrumente, wie Beethoven's, Hummel's, Winter's, Kalkbrenner's Septette und Sextette. Nun komme weiter ein Gesangstück, am liebsten eine Arie, zum Ausruhen vom Instrumentenspiel. Zum Schluß käme am zweckmäßigsten der rauschende Schlußsatz einer Sinfonie. Allein da die Eitelkeit des Concertisten verlangt, daß er den letzten Eindruck mache, so sei ihr nachgegeben, und er schließe mit Variationen oder Rondo, oder wie er sonst will."
7. Dazu siehe etwa J. F. Reichardt, Vertraute Briefe aus Paris, geschrieben in den Jahren 1802 und 1803, Bd. 1, Hamburg 1804, S. 128 f.
8. J. S. Petri, Anleitung zur praktischen Musik, Leipzig 1782, § 5.
9. Dazu M. Lichtenfeld, Triviale und anspruchsvolle Musik in den Konzerten um 1850, in: Studien zur Trivialmusik des 19. Jahrhunderts, hrsg. von C. Dahlhaus, Regensburg 1967, S. 143 ff.
10. K. H. Mueller, Twenty-Seven Major American Symphony Orchestras, Bloomington 1973, S. XLIV f.; W. Renz, Verleger-Konzerte, in: Die Musik 13 (1904/1905), S. 169.
11. Siehe dazu z. B. den Sonderdruck zu Musik und Gesellschaft H. 8, 1953, mit den Vorschlägen des Verbandes Deutscher Komponisten und Musikwissenschaftler „zur weiteren Entwicklung unseres Musiklebens."

Konzerte bei Hofe (S. 88)

1. A. P. de Mirimonde, L'iconographie musicale sous les rois bourbons I, Paris 1975, S. 182 f.
2. C. v. Lorck, Preußisches Rokoko, Hamburg 1964, Abb. S. 2, 17, 29 und 36; G. Kinsky, Geschichte der Musik in Bildern, Leipzig 1929, Abb. S. 267, Nr. 1; AMZ X (1875), Sp. 563.
3. J. v. Stählin, Nachrichten von der Musik in Rußland, Riga und Leipzig 1769.
4. B. Marteau, Henri Marteau. Siegeszug einer Geige, Tutzing 1971.

Concerts de Salon (S. 96)

1. Marquis De Luchet, Paris en miniature d'après les dessins d'un Nouvel Argus, Amsterdam 1784, S. 34; P. Verlet, The Eighteenth Century in France, Vermont 1967; S. Gay, Salons célèbres, Brüssel 1837.

2. L. Batiffol, Le Salon de la Marquise de Rambouillet au XVIIᵉ siècle, in: Les Grands Salons Littéraires ‚17ᵉ et 18ᵉ Siècles', Paris 1928, S. 32. D. Fitz-Gerald, The Norfolk House Music Room, London 1973.
3. G. Cucuel, La Pouplinière et la musique de chambre au XVIIIᵉ siècle, Paris 1913, S. 410 ff.
4. Siehe auch H. Romagnesi, L'art de chanter les romances, les chansonettes, les nocturnes et généralement toute la musique de salon, Paris 1846.
5. W. Salmen, Haus- und Kammermusik, Privates Musizieren im gesellschaftlichen Wandel zwischen 1600 und 1900, Leipzig 1983, Abb. 99 ff.; vgl. auch M. Warner, Tissot, London 1982, S. 13.
6. C. Laforêt, La Vie Musicale au temps romantique, Paris 1929.
7. Ch. Moscheles, Aus Moscheles' Leben, I, Leipzig 1872, S. 68.
8. F. Rogers, Adolphe Nourrit, in: MQ XXV (1939), S. 11 ff.
9. Revue musicale, tome 12 (1832), S. 61.
10. AMZ 44 (1842), Sp. 291.
11. A. v. Werner, Erlebnisse, 1913, S. 98.
12. J. F. Reichardt, Vertraute Briefe aus Paris, geschrieben in den Jahren 1802 und 1803, Bd. 1, Hamburg 1805, S. 331.
13. The Musical World and Times VIII (1854), S. 3 ff.
14. Dazu vgl. NZfM 124 (1963), S. 48 ff. sowie ebenda 146 (1985), S. 9 ff.
15. J. F. Reichardt, Vertraute Briefe aus Paris, geschrieben in den Jahren 1802 und 1803, Bd. 1, Hamburg 1805, S. 315 ff.
16. Siehe den vollen Text in Reclams Universalbibliothek Nr. 741, Leipzig 1978, S. 120 ff.
17. Z. László und B. Mátéka, Franz Liszt. Sein Leben in Bildern, Kassel 1967, Abb. S. 201 und 215.
18. A. M. Hanson, Musical Life in Biedermeier Vienna, Cambridge 1985, S. 109 ff.
19. B. Marteau, H. Marteau, 1971, S. 371 ff.

Hauskonzerte (S. 102)

1. Dazu allgemein W. Salmen, Haus- und Kammermusik. Privates Musizieren im gesellschaftlichen Wandel zwischen 1600 und 1900, Leipzig 1983.
2. H. P. Schanzlin, Basels private Musikpflege im 19. Jahrhundert, in: Basler Neujahrsblatt 139, Basel 1961, S. 9.
3. AMZ 7 (1805), Sp. 534.
4. W. Bode, Die Tonkunst in Goethes Leben, Bd. II, Berlin 1912, S. 8 ff.
5. K. Höcker, Hauskonzerte in Berlin, Berlin 1970; siehe auch ÖMZ 16 (1961), S. 151 ff.
6. H. Kier, Kiesewetters historische Hauskonzerte, in: KmJb 52 (1968), S. 57 ff.
7. H. P. Schanzlin, Basels private Musikpflege im 19. Jahrhundert, in: Basler Neujahrsblatt 139, Basel 1961, Abb. 8 und 9.
8. A. v. Werner, Erlebnisse und Eindrücke 1870–1890, Berlin 1913, S. 254.

Liebhaberkonzerte (S. 109)

1. AMZ 1802, Sp. 209.
2. J. F. Reichardt, Über die Deutsche comische Oper, Faksimile-Nachdruck hrsg. von W. Salmen, München 1974, S. 20.
3. R. D. Leppert, Men, Women, and Music at Home: The Influence of Cultural Values on Musical Life in Eighteenth-Century England, in: Imago Musicae 1985, Abb. 9.
4. Th. Lockemann, Die Anfänge des Jenaer akademischen Konzerts, in: Fs. für Armin Tille, Weimar 1930, S. 222.
5. AMZ 1807, Sp. 707.
6. P. Nettl, Zur Geschichte des Konzertwesens in Prag, in: ZfMw 5 (1922/1923), S. 157.
7. R. Nettel, The oldest surviving English Musical Club, in: MQ 34 (1948), S. 97 ff.
8. H. Bihrle, Die Musikalische Akademie München 1811–1911, München 1911.
9. Westfälischer Anzeiger vom 24. 7. 1804, Sp. 937 ff.
10. J. v. Stählin, Nachrichten von der Musik in Rußland, Riga und Leipzig 1769, S. 184 f.; B. Brévan, Les changements de la vie musicale parisienne de 1774 à 1799, Paris 1980, S. 177 ff.
11. Westfälischer Anzeiger vom 24. 1. 1806, Sp. 112.
12. AMZ 1803/1804, Sp. 359.
13. J.-A. Delaire, Des amateurs de musique et des concerts d'amateurs, in: Annales de la société libre des beaux-arts 6 (1836), S. 123.
14. ZIMG 12 (1910/1911), S. 10.
15. In: Orpheus, Musikalisches Taschenbuch hrsg. v. A. Schmidt, Wien 1841, S. 28.

Symphoniekonzerte (S. 114)

1. C. Alberti, Die Musik als Bildungsmittel, in: Neue Berliner Musikzeitung 27 (1873), S. 289 f.
2. Musical World 1 (1836), S. 5.
3. ZIMG 2 (1900), S. 2.
4. AMZ 1848, Sp. 129.
5. P. Muck, 100 Jahre Berliner Philharmonisches Orchester I, Tutzing 1982, S. 32.

Chorkonzerte (S. 120)

1. Vgl. AMZ 1802, Sp. 695 ff.
2. Rheinisch-Westfälische Zeitung vom 15. 5. 1898.
3. Zeitschrift für Musik Juni 1932, S. 512.

Musikfeste (S. 128)

1. F. Sieber, Volk und volkstümliche Motivik im Festwerk des Barocks, Berlin 1960.
2. V. Gesualdo, Historia de la musica en la Argentina, Buenos Aires 1961, S. 405.
3. AMZ 1842, Sp. 780 ff.
4. Siehe auch R. Noltenius, Dichterfeiern in Deutschland, München 1984; G. Wagner, Die Gutenbergfeiern 1837 und 1840 als musikgeschichtliche Ereignisse, in: Mitteilungen der Arbeitsgemeinschaft für mittelrheinische Musikgeschichte 46 (1983), S. 230 ff.
5. Festbuch 1. westfälisches Brucknerfest vom 22. bis 25. Mai 1930, Münster 1930.
6. Max-Reger-Fest, Dortmund 7.–9. Mai 1910. Festbuch, Dortmund 1910; G. Salmen, Musiker im Porträt, Bd. V, S. 63.
7. 19th Century Music 3 (1980), S. 211 ff.
8. AMZ 1833, Sp. 475 ff.
9. J. Alf, Geschichte und Bedeutung der Niederrheinischen Musikfeste in der ersten Hälfte des neunzehnten Jahrhunderts, Düsseldorf 1940, S. 69 ff.
10. L. Apkalns, Lettische Musik, Wiesbaden 1977, S. 162 ff.
11. A. Maissen, Glion/La Foppa, Ilanz 1977, S. 87.

Concerti Monstri (S. 133)

1. Dazu detaillierter in W. Salmen, Der Spielmann im Mittelalter, Innsbruck 1983.

2. Siehe Y. Fromrich, Musique et Caricature en France au XIXe siècle, Genf 1973, Planche 88.
3. Ebenda, Planche 121 und 122.
4. The Illustrated London News Nr. 864 vom 20. 6. 1857, S. 601; NZfM 50 (1859), I, S. 212f.; H. E. Smither, Messiah and Progress in Victorian England, in: Early Music 13 (1985), S. 339ff.
5. Vgl. dazu H. W. Schwab, Konzert, Abb. 71, und Y. Fromrich, Planche 123 sowie 124.
6. Revista de Estudios Musicales 2 (1950), S. 120ff.
7. W. A. Fisher, Music Festivals in the United States, Boston 1934, S. 8; NZfM 68 (1872), I, S. 275; Neue Berliner Musikzeitung 27 (1873), S. 158f.
8. H. W. Schwab, Konzert, Abb. 118; G. S. Jackson, Music in Durban, Johannesburg 1970, Abb. 23.
9. P. Opperby, Leopold Stokowski, New York 1982, S. 31.

Komponistenkonzerte (S. 138)

1. Mozart. Briefe und Aufzeichnungen, Bd. II, S. 496.
2. A. Kellner, Musikgeschichte des Stiftes Kremsmünster, Kassel 1956, S. 568f.
3. Vgl. Allgemeine Wiener Musik-Zeitung 1 (1841), S. 15.
4. Dazu vgl. die Fest-Postkarte in Salmen, Musiker im Porträt, Bd. V, S. 63.

Virtuosenkonzerte (S. 142)

1. IV. Stück, S. 27.
2. Germanisches Nationalmuseum Nürnberg, Inv. Nr. HB 1598.
3. Cramer, Magazin der Musik, 1783, S. 1039.
4. H. Roth, Franz Koch der Maultrommelvirtuose aus dem Pinzgau, in: Sänger- und Musikantenzeitung 28 (1985), S. 409ff.
5. AMZ 1799/1800, Sp. 5f.
6. Dazu siehe H. Herz, Mes Voyages en Amérique, Paris 1866.
7. Bekende pianisten uit het verleden, Ausstellungskatalog Gemeentemuseum den Haag 1984.

Concerts spirituels (S. 146)

1. C. Pierre, Histoire du Concert Spirituel 1725–1790, Paris 1975.
2. J. v. Stählin, Nachrichten von der Musik in Rußland, Riga 1769, S. 164.
3. W. Salmen, J. F. Reichardt, Freiburg 1963, S. 48ff.

Kirchenkonzerte (S. 147)

1. A. Edler, Status und Funktion des Organisten in protestantischen Ländern, in: Innsbrucker Beiträge zur Musikwissenschaft Bd. II, hrsg. v. W. Salmen, Innsbruck 1978, S. 27ff.
2. W. Salmen, Musiker im Porträt, Bd. II, S. 152ff.
3. H. W. Schwab, Konzert, Abb. 2; L. Frasson, Giuseppe Tartini primo violino e capo concerto, in: Il Santo 12 (1972), S. 65ff.
4. AMZ VI (1804), Sp. 290.
5. W. Salmen, Musiker im Porträt, Bd. II, S. 172.
6. G. und W. Salmen, Musiker im Porträt, Bd. III, S. 146.
7. H. Muschg, Die Choralfantasie im 19. Jahrhundert, in: Innsbrucker Beiträge zur Musikwissenschaft, hrsg. v. W. Salmen, Bd. 9, Innsbruck 1983, S. 49ff.
8. H. J. Busch, Orgelmusik zu vier Händen, ebenda, S. 85ff.
9. A. Edler, Der nordelbische Organist, Kassel 1982.
10. H. Seyfried, Adolph Friedrich Hesse als Orgelvirtuose und Orgelkomponist, Regensburg 1965.
11. H. Steffens, Musikland DDR, Berlin 1977, Abb. 104.

Theaterkonzerte (S. 155)

1. Dazu siehe auch H. Love, The Golden Age of Australian Opera, Sydney 1981.
2. AMZ 20 (1818), Sp. 6.

Kammerkonzerte (S. 158)

1. W. Salmen, Haus- und Kammermusik 1600–1900, 2. Aufl. Leipzig 1983, S. 10ff.
2. Joseph Haydn schrieb am 23. Januar 1790 an Marianne v. Genzinger beispielsweise: „Berichte Euer Gnaden, wie daß zu der, an künfftigen freytag zwischen uns verabredten kleinen quartetten Music alle Anstalten getroffen sind."
3. L. Köhler, Die Gebrüder Müller und das Streichquartett, Leipzig 1858.
4. Studien zur Musikgeschichte Berlins im frühen 19. Jahrhundert, hrsg. von C. Dahlhaus, Regensburg 1980, S. 333.
5. AMZ 1833, Sp. 821f.
6. Handschriftlich im Niedersächsischen Staatsarchiv Wolfenbüttel, Inv. Nr. VI Hs 11 Nr. 171; vgl. damit u.a. G. Busch-Salmen, Materialien zu einer Solistenkarriere. Henri Marteaus Reisejahr 1910, in: Mitteilungen des Hauses Marteau in Lichtenberg/Ofr., IV, Tutzing 1985, S. 11ff.
7. G. Salmen, Musiker im Porträt, Bd. IV, S. 129.
8. Dazu vgl. A. Heuß, Zur Neugestaltung der Kammermusikprogramme, in: ZIMG 11 (1909), S. 51ff.
9. Elsa Bienenfeld im Neuen Wiener Journal vom 25. 12. 1908.
10. M. Rieple, Musik in Donaueschingen, Konstanz 1959, S. 22ff.
11. Siehe z.B. J. Fiala, Spolek pro komorní hudbu v Karlových Varech, in: Hudební věda 19 (1982), S. 176ff.
12. Dazu W. Szmolyan, Die Konzerte des Wiener Schönberg-Vereins, in: ÖMZ 36 (1981), S. 82ff.
13. J. Karas, Music in Terezín, New York 1985, S. 37ff.

Liederabende (S. 165)

1. C. H. Bitter, Carl Loewes Selbtbiographie, Berlin 1870, Neudruck Hildesheim 1976; AMZ 34 (1832), Sp. 232ff.
2. E. F. Kravitt, The Lied in 19th-Century Concert Life, in: JAMS 18 (1965), S. 207ff.; J. Wirth, Julius Stockhausen – der Sänger des deutschen Liedes, Frankfurt 1927.
3. E. Hanslick, Aus dem Concertsaal, Wien 1870, S. 100f.
4. O. Schreiber, Max Reger in seinen Konzerten, T. I, Bonn 1981, S. 87ff.
5. H. W. Schwab, Konzert, S. 178.

Kaffee- und Promenadenkonzerte (S. 170)

1. W. B. Boulton, The Amusements of old London, London 1901, Reprint 1971, Chapter VII.
2. G. und W. Salmen, Musiker im Porträt, Bd. III, S. 36f.
3. M. Tegen, Populär musik under 1800 – talet, Stockholm 1986, S. 46ff.
4. AMZ 1848, Nr. 51, Sp. 827; siehe auch K. Storck, Musik-Politik, Stuttgart 1911, S. 102ff.
5. G. Salmen, Musiker im Porträt, Bd. IV, S. 70.
6. AMZ 1835, Sp. 28f.
7. G. Salmen, Musiker im Porträt, Bd. IV, S. 122.
8. Romi, Petite Histoire des Cafés Concerts parisiens, Paris 1950; M. Tegen, Populär musik under 1800–talet, Stockholm 1986, S. 44f.; R. Cohen, Les gravures musicales dans l'Illustration de 1843 à 1899, in: Revue de Musicologie 62 (1976), S. 128f.; G. Salmen, Musiker im Porträt, Bd. V, S. 175.

9. F. Mailer, Johann Strauß (Sohn), Leben und Werk in Briefen und Dokumenten, I, Tutzing 1983.
10. Th. Russell, The Proms, London 1949, S. 14ff.; A. Carse, The Life of Jullien, Cambridge 1951; H. J. Wood, My Life of Music, London 1938, 3. Aufl. 1948.

Kurkonzerte (S. 177)

1. A. Graßmann, „Travemünder Ostseeklänge". Zur Kurmusik des Seebades, in: 800 Jahre Musik in Lübeck, Lübeck 1982, S. 121 ff.

Platzkonzerte (S. 180)

1. The Earl of Macartney. An Authentic Account of an Embassy from the King of Great Britain to the Emperor of China, hrsg. von G. Staunton, II, London 1797, S. 162.
2. W. Salmen, Geschichte der Musik in Westfalen, II, Kassel 1967, S. 136 ff.
3. Sundelin, Instrumentierung für sämmtliche Militär-Musik-Chöre, Berlin 1828.
4. A. Kalkbrenner, Wilhelm Wieprecht, sein Leben und Wirken, Berlin 1882; siehe auch H. G. Farmer, The Rise and Development of Military Music, London 1912, ND 1970; S. Strand, Militärmusikern i svenskt musikliv, Stockholm 1974.
5. J. Sawerthal, Über einige Regimentskapellen in Ungarn, in: Wiener Allgemeine Musik-Zeitung, Juli 1845, S. 63 ff. Richard Wagner notierte 1858 zu einem Auftritt Sawerthals auf dem Markusplatz in Venedig (vgl. Abb. 131): „Geehrtester Herr Kapellmeister! Ich konnte Sie gestern nicht mehr auf dem Platze finden, um Ihnen meinen Dank für die schöne Aufführung der Rienzi-Ouvertüre zu sagen, und hole es demnach heute schriftlich nach. Es machte mir große Freude, daß Ihre Musiker sich alles so gut gemerkt hatten und richtig herausbrachten. Der Anfang sogleich war ganz vortrefflich. Mit dem Tempo vollkommen einverstanden. Nur (4 Takte vor dem Allegro) mehr Trommeln und sehr stark. Die Stelle war matt. – Nochmals – schönsten Dank, und die Versicherung, daß Sie mir viel Freude gemacht haben!"; siehe auch E. Brixel, Das ist Österreichs Militärmusik, Graz 1982.
6. P. E. Bierley, John Philip Sousa, American Phenomenon, New York 1973.
7. Materialien hierzu u. a. bei Ch. Weir, Village and Town Bands, Aylesbury 1981.

Schüler- und Jugendkonzerte (S. 187)

1. Staatsarchiv Münster, Regierung Arnsberg, II B N. 765.
2. M. Steuer, Jugendconcerte, in: Illustrirte Zeitung Leipzig vom 13. 11. 1902, Nr. 3098, S. 729.
3. Vgl. R. Brejka, Výchovný koncert, in: Musicologica Slovaca 9 (1985), S. 17 ff.

Volkskonzerte (S. 191)

1. A. Sallés, Les premiers essais de Concerts populaires à Lyon 1826–1876, Paris 1919.
2. E. Bernard, Jules Pasdeloup et les Concerts Populaires, in: RdM 57 (1971), S. 150 ff.
3. G. Depanis, I concerti popolari ed il Teatro Regio di Torino, I, Turin 1914.
4. W. Feldmann, Versuch einer kurzen Geschichte des Dortmunder Concerts, Dortmund 1830, S. 53; NZfM 55 (1861), S. 208 sowie ebda 93 (1897), S. 206.

Arbeiter- und Werkskonzerte (S. 194)

1. E. Reich, Die bürgerliche Kunst und die besitzlosen Volksklassen, 2. Aufl. Leipzig 1894, S. 13; H. W. Schwab, Zur Geschichte des Arbeiterkonzertes, in: Musik und Industrie, Regensburg 1978, S. 85 ff.; W. Fuhr, Proletarische Musik in Deutschland 1928–1933, Göppingen 1977.
2. Vgl. auch Th. Hagen, Civilisation und Musik, Leipzig 1846; E. D. Mackerness, A Social History of English Music, London 1964, S. 127 ff.; H. Grebing, Geschichte der deutschen Arbeiterbewegung, 5. Aufl. München 1975.
3. AMZ 45 (1843), Sp. 620.
4. W. Jank, „Wenn schon, dann bitte Genosse von Webern", in: ÖMZ 36 (1981), S. 73 ff.
5. P. Marsop, Zur „Sozialisierung" der Musik und der Musiker, Regensburg 1919, S. 8 ff.
6. I. und G. Hempel, Musikstadt Leipzig, Leipzig 1984; Bach-Jb. 1985, S. 96 ff.
7. R. Hahn, Die Saarländische Bergmusik, Saarbrücken 1969, S. 17 ff.
8. G. Salmen, Musiker im Porträt, Bd. V, S. 58.
9. Vgl. G. Nauck, Orchesterarbeit und Publikum, in: Musik und Gesellschaft 31 (1981), S. 67 ff.
10. L. Nono, Texte, Zürich 1975, S. 104 ff.

Folklore auf dem Podium (S. 199)

1. AMZ 27 (1825), Sp. 562; ebda 29 (1827), Sp. 92; ebda 33 (1831), Sp. 513 u. ö.
2. AMZ 20 (1818), Sp. 245.
3. W. Salmen, „Tyrolese Favorite Songs" des 19. Jahrhunderts in der Neuen Welt, in: Fs. Karl Horak, Innsbruck 1980, S. 69 ff.
4. C. Brink, Harps in the Wind. The Story of the Singing Hutchinsons, New York 1947, S. 30 ff.; Ch. Kaufman, Music in New Jersey, 1655–1860, London 1981, Plate 50.
5. H. Nathan, Dan Emmett and the Rise of Early Negro Minstrelsy, University of Oklahoma Press 1977; E. Southern, The Music of Black Americans, New York 1971, S. 250 ff.; W. W. Austin, The Songs of Stephen C. Foster, New York 1975, S. 282 ff.
6. Melos 1932, S. 188 f.
7. B. Kjellström u. a., Folkmusikvågen, Stockholm 1985.

Historische Konzerte (S. 206)

1. Westminster Public Library London Box 47, No. 2e.
2. Siehe oben S. 18.
3. ZIMG XI (1909), S. 53.
4. Hierzu siehe auch K. G. Horstig, Studium der alten Musik, in: AMZ 1807, Sp. 551 ff.
5. H. Kier, Kiesewetters historische Hauskonzerte, in: KmJb 52 (1968), S. 95 ff.
6. Vgl. hiermit auch H. P. Schanzlin, Basels private Musikpflege im 19. Jahrhundert, Basel 1961.
7. R. Wangermée, F. J. Fétis, musicologue et compositeur, Brüssel 1951.
8. AMZ 1842, Sp. 12 ff.
9. Robert Schumann beispielsweise begleitete Bachs Violinpartiten am Klavier.
10. Z. B. wurde 1861 in Schloß Loppen bei Brügge ein Positiv mit

zirkular angeordneten Pfeifen aufgestellt, welches ausschließlich nach Bildvorlagen gebaut worden war.
11. Ch. Moscheles, Aus Moscheles' Leben, Bd. 2, Leipzig 1872.
12. R. Reidemeister und V. Gutmann, Alte Musik. Praxis und Reflexion, Winterthur 1983.
13. M. Campbell, Dolmetsch: the Man and his Work, London 1975; H. Schott, Wanda Landowska, in: Early Music 7 (1979), S. 467 ff.
14. W. Landowska, Musique ancienne, 1909.
15. H. Neupert, Das Orchester-Konzert-Cembalo, in: Musica 18 (1964), S. 8 ff.
16. Vgl. J. Christensen, Per Noergård's Works for Early Music Ensemble, in: Journal of the Viola da Gamba Society of America 22 (1985), S. 35 ff.; H.-M. Linde, Neue Musik für alte Instrumente, in: Basler Jb. für Historische Musikpraxis 1983, S. 395 ff.

Sonderkonzerte für Neue Musik (S. 212)

1. R. Federhofer-Königs, „Der Merker" (1909–1922) – ein Spiegel österreichischen Musiklebens, in: Fs. für H. Hüschen, Köln 1980, S. 118 ff.
2. L. Pinzauti, L'Accademia Musicale Chigiana da Boito a Boulez, Milano 1982.
3. T. Kaczyński und A. Zborski, Warszawska Jesień, Krakau 1983.
4. G. Salmen, Musiker im Porträt, Bd. V, S. 166, und H. Pringsheim, Karl Amadeus Hartmann und die Musica viva, München 1980.
5. Neue Zeitung in München vom 25. 11. 1948.
6. S. Goslich, Funkprogramm und Musica viva, Lippstadt 1961.

Museumskonzerte (S. 217)

1. C. L. Fernow, Römische Studien, II, Zürich 1806, S. X.
2. Frankfurter Staats-Ristretto 59. Stück vom 11. 4. 1808, S. 293.
3. AMZ 1848, Sp. 129.

4. W. Salmen, Programmusik nach Werken bildender Kunst, in: Kunst, Musik, Schauspiel, Bericht über den XXV. Internationalen Kongreß für Kunstgeschichte Wien 1983, Bd. 2, S. 133 ff.
5. W. Salmen, Reflexionen über Bach in der bildenden Kunst des 20. Jahrhunderts, in: Bach-Jb. 1986, S. 91 ff.
6. H. L. Stoltenberg, Reine Farbkunst in Raum und Zeit, 2. Aufl. Berlin 1937.

Gesprächskonzerte (S. 222)

1. Briefe und Schriften, hrsg. von M. von Bülow, I–VIII, Leipzig 1896–1908.
2. 1966 wurde z. B. in Leipzig an Jugendliche folgende Ankündigung verteilt:
Zu Gast bei
Prof. Paul Dessau, Nationalpreisträger
GMD Herbert Kegel, Nationalpreisträger
und
Dr. Fritz Henneberg
Gespräche über Musik anläßlich der Leipziger Uraufführung des „Deutschen Miserere" von Paul Dessau und Bertold Brecht
am 21. 9. 1966, 19.30 Uhr in der Alten Handelsbörse am Naschmarkt.
Wir laden hierzu alle Freunde guter Musik recht herzlich ein.

Fernkonzerte (S. 224)

1. Jahrbuch der Musikbibliothek Peters 1926, S. 37.
2. B. Winzheimer, Das musikalische Kunstwerk in elektrischer Fernübertragung, Augsburg 1930; V. Ergert, 50 Jahre Rundfunk in Österreich, Bd. 1: 1924–1945, Salzburg 1974.
3. L'Illustration Vol. CXIV (1899), S. 123.
4. S. Goslich, Musik im Rundfunk, Tutzing 1971, S. 164 ff.
5. N. Kenyon, The BBC Symphony Orchestra. The first fifty years 1930–1980, London 1981.

Auswahlbibliographie

Abert, H., Geschichte der Robert Franz-Singakademie zu Halle a. S. (1833–1908), Halle 1908
Adams, R., A Book of British Music Festivals, London 1986
Al'brecht, E., Obščij obzor dejatel'nosti Vysočajše utverždennogo s. Peterburgoko Filarmoničeskogo obščestva, Sankt Petersburg 1884
Alf, J., Geschichte und Bedeutung der Niederrheinischen Musikfeste in der ersten Hälfte des 19. Jahrhunderts, Düsseldorf 1940/1941
Amster, I., Das Virtuosenkonzert in der 1. Hälfte des 19. Jahrhunderts, Wolfenbüttel 1931
Andersson, O., Musikaliska Sällskapet i Åbo, 1790–1808, Helsingfors 1940
Andres, H., Beiträge zur Geschichte der Musikkritik, Greifswald 1938
Arnheim, A., Zur Geschichte der Liebhaberkonzerte in Berlin im 18. Jahrhundert, Berlin 1912/1913
Avé-Lallemant, B., Die Philharmonischen Concerte in Hamburg 1828–1878, Hamburg 1878
Ayestarán, L., La música en el Uruguay, I–II, Montevideo 1953

Balmert, F.-J., Gasteig Kulturzentrum, München 1985
Batka, R. und Werner, H., Hugo Wolfs musikalische Kritiken, Leipzig 1911
Batley, Th., Sir Charles Hallé's Concerts in Manchester, Manchester 1896
Behr, A., und Hoffmann, A., Das Schauspielhaus in Berlin, Berlin 1984
Benker, G., Reise durch das konzertante Bayern, München 1968
Bennett, J., und Spark, F. R., A History of the Leeds Festivals 1858 to 1889, Leeds 1892
Beranek, L., Music, Acoustics and Architecture, New York 1979
Berger, M., und Donner, V., Wir gehen ins Konzert, Berlin 1976
Bihrle, H., Die Musikalische Akademie München 1811–1911, München 1911
Blankenburg, W., Zur Geschichte des Kirchenkonzerts, in: Musik und Kirche 44 (1974), S. 165 ff.
Blum, K., Musikfreunde und Musici. Musikleben in Bremen seit der Aufklärung, Tutzing 1975
Bohn, E., Fünfzig historische Concerte in Breslau, 1881–1892, Breslau 1893

Bottenheim, S. A. M., Geschiedenis van het Concertgebouw, I–II, Amsterdam 1948–1949, III, ebenda 1950

Bouws, J., Die musieklewe van Kapstad (1800–1850) en sy verhouding tot die musiekkultuur van Wes-Europa, Kapstadt 1966

Brenet, M., Les concerts en France sous l'ancien régime, Reprint New York 1970

Brink, C., Harps in the Wind. The Story of the Singing Hutchinsons, New York 1947

Brito, M. C. de, Conciertos en Lisboa a fines del siglo XVIII, in: Revista de Musicologia 7 (1984), S. 191 ff.

Bruce, G., Festival in the North. The Story of the Edinburgh Festival, London 1975

Burton, G., A musician's guide to the road, New York 1981

Busby, Th., Concert-Room and Orchestra, I–III, London 1825

Busch-Salmen, G., Materialien zu einer Solistenkarriere. Henri Marteaus Reisejahr 1910, in: Mitteilungen des Hauses Marteau in Lichtenberg/Ofr., Bd. IV, Tutzing 1985, S. 11 ff.

Camner, J., Great Conductors in Historic Photographs, 193 Portraits from 1860 to 1960, New York 1982

Campbell, M., Dolmetsch. The Man and his Work, Seattle 1975

Carpentier, A., La música en Cuba, Havanna 1961

Carse, A., The Life of Jullien, Cambridge 1951

Clark, R., The Royal Albert Hall, London 1958

Cohen, H. R., Les Gravures musicales dans l'Illustration, 1843–1899, I–III, Quebec 1982

Cooper, J., The Rise of Instrumental Music and Concert Series in Paris 1828–1871, Ann Arbor 1983

Cosma, V., Zweitausend Jahre Musik auf dem Boden Rumäniens, Bukarest 1980

Cox, D., The Henry Wood Proms, London 1980

Cremer, L., und Müller, H. A., Die wissenschaftlichen Grundlagen der Raumakustik, I–II, Stuttgart 1978

Cron, Th., und Goldblatt, B., Portrait of Carnegie Hall, New York 1966

Cucuel, G., La Pouplinière et la musique de chambre au XVIIIe siècle, Paris 1913

Cvetko, D., Academia Philharmonicorum Labacensis, Ljubljana 1962

Dahlhaus, C. (Hrsg.), Studien zur Musikgeschichte Berlins im frühen 19. Jahrhundert, Regensburg 1980

Dandelot, A., La Société des Concerts du Conservatoire de 1828 à 1923, Paris 1923

Depanis, G., I concerti popolari ed il Teatro Regio di Torino, I–II, Turin 1914/1915

Döhmann, K. G., Das Bagno, I–II, Burgsteinfurt 1907–1909

Dörffel, A., Geschichte der Gewandhausconcerte zu Leipzig, Reprint Leipzig 1980

Dollase, Rainer, u. a., Demoskopie im Konzertsaal, Mainz 1986

Drummond, R. P., Early German Music in Philadelphia, New York 1970

Eberhardt, H., Die ersten deutschen Musikfeste in Frankenhausen am Kyffhäuser 1810, 1811, 1812 und 1815, Jena 1934

Edelmann, B., Händel-Aufführungen in den Akademien der Wiener Tonkünstlersozietät, in: Göttinger Händel-Beiträge 1 (Kassel 1984), S. 172 ff.

Ehlers, P., Das deutsche Symphoniehaus, in: Almanach der deutschen Musikbücherei auf das Jahr 1921, Regensburg 1920, S. 47 ff.

Ehrlich, C., The Music Profession in Britain since the Eighteenth Century, Oxford 1985

Elkin, R., Queen's Hall 1893–1941, London 1944
 – The Old Concert Rooms of London, London 1955

Elwart, A., Histoire des concerts populaires de musique classique, Paris 1864

Endler, F., Musik auf Reisen. Unterwegs mit Wiener Ensembles, Wien 1982

Ergert, V., 50 Jahre Rundfunk in Österreich, Bd. I: 1924–1945, Salzburg 1974

Erskine, J., The Philharmonic-Symphony Society of New York. Its First Hundred Years, New York 1943

Ewen, D., Musicians since 1900. Performers in Concert and Opera, New York 1978

Farmer, H. G., Old Aberdeen Concerts, Edinburgh 1949

Favre, G., Histoire musicale de la Principauté de Monaco du XVIe au XXe siècle, Monaco 1974

Fehr, M., Der alte Musiksaal beim Fraumünster (1717–1897), Zürich 1918

Fénelon, F., und Routier, M., The Musicians of Auschwitz, London 1979

Ffrench, F., Music and Musicians in Chicago, Chicago 1899

Findeisen, N., Konzerte in Rußland, in: ZIMG 2 (1900), S. 1 ff.

Fisher, W., Music Festivals in the United States, Boston 1934

Forner, J., Die Gewandhaus-Konzerte zu Leipzig 1781–1981, Leipzig 1981

Forsyth, M., Buildings for Music, Cambridge Mass. 1985

Frassati, L., Maestro. Arturo Toscanini e il suo mondo, Turin 1967

Foster, M., History of the Philharmonic Society in London: 1813–1912, London 1912

Furtwängler, W., Der Musiker und sein Publikum, Zürich 1955

Geck, M., Deutsche Oratorien 1800 bis 1840. Verzeichnis der Quellen und Aufführungen, Wilhelmshaven 1971

Gerson, R. A., Music in Philadelphia, Philadelphia 1940

Gesualdo, V., Historia de la música en la Argentina, I–II, Buenos Aires 1961

Gill, B., John F. Kennedy Center for the Performing Arts, Washington 1981

Gißke, E. (Hrsg.), Das Schauspielhaus in Berlin, Berlin 1984

Goldin, M., The Music Merchants, London 1969

Gondolatsch, M., Die schlesischen Musikfeste und ihre Vorläufer, Görlitz 1925

Goslich, S., Musik im Rundfunk, Tutzing 1971

Grasberger, F., und Knessl, L., Hundert Jahre Goldener Saal. Das Haus der Gesellschaft der Musikfreunde am Karlsplatz, Wien 1970

Grattan Flood, W. H., Crow St. Music Hall, Dublin, from 1730 to 1754, in: SIMG 11 (1910), S. 442 ff.

Gutmann, A., Aus dem Wiener Musikleben: Künstler-Erinnerungen 1873–1908, Wien 1914

Haefeli, A., Die internationalen Musikfeste in Zürich, in: Neujahrsblätter der Allgemeinen Musikgesellschaft Zürich 161, Zürich 1977

Härtwig, D., Die Dresdner Philharmoniker. Eine Chronik des Orchesters 1870 bis 1970, Leipzig 1970

Haiger, E., Der Tempel. Das Apollinische Kunstwerk der Zukunft, in: Die Musik 6 (1906/1907), S. 350 ff.

Hall, B., The Proms and the men who made them, London 1981

Hanslick, E., Geschichte des Concertwesens in Wien, Wien 1869
 – Aus dem Concertsaal, Wien 1870
 – Concerte, Componisten und Virtuosen der letzten fünfzehn Jahre 1870–1885, Berlin 1896

Karl Amadeus Hartmann und die Musica Viva, Ausstellungskatalog der Bayerischen Staatsbibliothek München, München 1980

Hawkins, F., The story of two thousand concerts, London 1969

Head, R., Corelli in Calcutta. Colonial music-making in India du-

ring the 17th and 18th centuries, in: Early Music 13 (1985), S. 548 ff.
Heister, H.-W., Das Konzert. Theorie einer Kulturform, I–II, Wilhelmshaven 1983
– Geldloses Geschenk und archaisches Zeremoniell. Der Konzert-Beifall als Honorar- und Aktivitätsform, in: IRASM 15 (1984), S. 91 ff.
Heitor, L., 150 Años de Música no Brasil (1800–1950), Rio de Janeiro 1956
Höcker, K., Hauskonzerte in Berlin, Berlin 1970
Hogarth, G., The Philharmonic Society of London, London 1862
Holland, H. S., und Rockstro, W., Jenny Lind, I–II, Leipzig 1891, New York 1893
Huldt-Nystrøm, H., Fra Munkekor til Symfoniorkester. Musikliv i det gamle Christiania og i Oslo, Oslo 1969
Hutschenruyter, W., Het Beethovenhuis. Teekeningen naar het ontwerp van H. P. Berlage, Amsterdam 1908

d'Isoz, C., Die Geschichte der Philharmoniker 1853–1903, Budapest 1903
Israël, C., Frankfurter Concert Chronik 1713–1780, Frankfurt 1876, ND hrsg. von P. Cahn, Frankfurt 1986

Jackson, G. S., Music in Durban, Johannesburg 1970
Jakob, F., Die Orgel im Konzertsaal, Männedorf 1981
Johnson, D., Music and Society in Lowland Scotland in the Eighteenth Century, London 1972
Johnson, H. E., Symphony Hall Boston, Boston 1950

Kahl, W., Das Nürnberger historische Konzert von 1643 und sein Geschichtsbild, in: AfMw 14 (1957), S. 281 ff.
Kallmann, H., A History of Music in Canada 1534–1914, Toronto 1960
Karstädt, G., Die „extraordinairen" Abendmusiken Dietrich Buxtehudes, Lübeck 1962
Kaszyński, T., Warsaw Autumn, Krakau 1983
Kaufman, Ch. H., Music in New Jersey, 1655–1860, London 1981
Kehler, G., The piano in concert, I–II, London 1982
Kemp, R., A History of the old Folk's Concerts, Boston 1868
Kenyon, N., The BBC Symphony Orchestra. The first fifty years 1930–1980, London 1981
Kennedy, M., The Hallé Tradition. A Century of Music, Manchester 1960
Kier, H., Kiesewetters historische Hauskonzerte, in: KmJb 52 (1968), S. 95 ff.
Kipper, H., Zur Geschichte der Gürzenichkonzerte, Köln 1907
Klein, R., Traditionsstätten der Wiener Konzertpflege, in: ÖMZ 25 (1970), S. 290 ff.
Klier, K. M., Die Steirischen Alpensänger, in: Jahrbuch des österreichischen Volksliedwerkes 5 (1956), S. 1 ff.
Kolisch, R., Zur Theorie der Aufführung, in: Musik-Konzepte H. 29/30, München 1983
Kravitt, E. F., The Lied in 19th-Century Concert Life, in: JAMS 18 (1965), S. 207 ff.
Küpper, L., Musikprojektion im elektro-akustischen Raum. Von der Monophonie zum Raumklang (Kinephonie), in: ÖMZ 41 (1986), S. 293 ff.
Kuttruff, H., Gelöste und ungelöste Fragen der Konzertsaalakustik, Opladen 1978

Lamaña, L., Barcelona Filarmónica. La Evolución musical de 1875 a 1925, Barcelona 1927
László, V., A zene büvöletében, Budapest 1982
Locke, R., Music, Musicians and the Saint-Simonians, Chicago 1986

Long, J., Oh Lord, Won't You Build Me a Symphony Hall? in: Symphony Magazine 34 (1983), S. 35 ff.
Lucas, E., Les concerts classiques en France, Paris 1876

Mark, D., Zur Bestandsaufnahme des Wiener Orchesterrepertoires, Wien 1979
Marsh, J. B. I., The Story of Jubilee Singers, London 1877
Marsop, P., Zur Reform des Concertwesens, in: Die Gegenwart 35 (1889), S. 52 ff.
– Der Musiksaal der Zukunft, in: Die Musik 2 (1902), S. 3 ff.
Meadmore, South Place Popular Concerts, London 1927
Mee, J. H., The Oldest Music Room in Europe, London 1911
Mengelberg, R., 50 jaar Concertgebouw, 1888–1938, Amsterdam 1938
Metzger, H.-K., und Riehn, R., Schönbergs Verein für musikalische Privataufführungen, in: Musik-Konzepte 36 (1984), S. 4 ff.
Milligan, Th., The Concerto in London 1790–1800, phil. Diss. Rochester 1978
Moberg, C.-A., Från kyrko- och hovmusik till offentlig konsert, Uppsala 1942
Mohr, A., Musikleben in Frankfurt am Main, Frankfurt a. M. 1976
Mooser, R.-A., Annales de la musique et des musiciens en Russie au XVIIIe siècle, I–III, Genf 1948–51
Muck, P., Einhundert Jahre Berliner Philharmonisches Orchester, I–III, Tutzing 1982
Mueller, J. H., The American Symphony Orchestra. A Social History of Musical Taste, Bloomington 1951
Munter, F., Beethoven-Programme. Ein Beitrag zur Ästhetik des Konzertprogramms, in: Neues Beethoven-Jb. 3 (1927), S. 114 ff.
Myers, R. H., Music since 1939, London 1947

Nef, K., Die Collegia Musica in der deutschen reformierten Schweiz, Sankt Gallen 1896
Nettel, R., The Orchestra in England, London 1946
Neue Musik in der Bundesrepublik Deutschland. Dokumentation 1960/1961, hrsg. von der Deutschen Sektion der Internationalen Gesellschaft für Neue Musik, Kassel 1961
Nösselt, H.-J., Ein ältest Orchester 1530–1980, München 1980
Nováček, Z., Hudba v Bratislave, Bratislava 1978

Orchard, W. A., Music in Australia, Melbourne 1952
Orga, A., The Proms, Newton Abbot 1974
Otto, L., Garten-Concerte, in: NZfM 25 (1846), S. 46 ff.

Pearsall, R., Victorian Popular Music, Newton Abbot 1973
Pereira Salas, E., Historia de la música en Chile (1850–1900), Santiago de Chile 1957
Peyser, E., The House that Music built. Carnegie Hall, New York 1936
Pierre, C., Le concert spirituel 1725 à 1790, Paris 1900
Pincherle, M., The World of the Virtuoso, London 1964
Pinthus, G., Das Konzertleben in Deutschland, Straßburg 1932
Pinzauti, L., L'Accademia Musicale Chigiana da Boito a Boulez, Mailand 1982
Porter, C. H., The New Public and the Reordering of the Musical Establishment: The Lower Rhine Music Festivals, 1818–1867, in: 19th Century Music 3 (1980), S. 211 ff.
Porterware, W., und Lockard, Th. C., P. T. Barnum presents Jenny Lind, Baton Rouge and London 1980
Posener, J., Hans Poelzig, Berlin 1970
Poulain, R., Salles des spectacles et d'auditions, Paris o. J. [1933]
Preußner, E., Die bürgerliche Musikkultur. Ein Beitrag zur deutschen Musikgeschichte des 18. Jahrhunderts, Kassel 1950
Procházka, R., Der Kammermusikverein in Prag, Prag 1926

Proctor, G., Canadian Music from 1920 to 1945: the End of the Beginning, in: Studies in Music from the University of Western Ontario 9 (1984), S. 2ff.
Pujebet-Bruder, D., Le piano dans les concerts parisiens au cours de la saison 1982–1983, in: Revue Internationale de Musique Française 5 (1984), S. 47ff.

Rees, C. B., One Hundred Years of the Hallé 1858–1958, Norwich 1957
Reidemeister, R., und Gutmann, V., Alte Musik. Praxis und Reflexion, Winterthur 1983
Rieple, M., Musik in Donaueschingen, Konstanz 1959
Riva, P. I., 150 Años de música uruguaya, Montevideo 1975
Romi, Petite Histoire des Cafés Concerts parisiens, Paris 1950

Sàbat, A., Palau. De la música Catalana, Barcelona 1974
Salmen, G. u. W., Musiker im Porträt, I–V, München 1982–1984
Salmen, W., Johann Friedrich Reichardt, Freiburg 1963
– Geschichte der Musik in Westfalen, I–II, Kassel 1963–1967
– und Schwab, H. W., Musikgeschichte Schleswig-Holsteins in Bildern, Neumünster 1971
Sands, M., Invitation to Ranelagh 1742–1803, London 1946
Schiørring, N., Musikkens Historie i Danmark, I–II, Kopenhagen 1978
Schmaler, R., Theater und Konzerthäuser, Stuttgart 1958
Schmitt-Thomas, R., Die Entwicklung der deutschen Konzertkritik im Spiegel der Leipziger Allgemeinen Musikalischen Zeitung (1798–1848), Frankfurt a. M. 1969
Schock, R., Hundert Jahre Tonhalle Zürich, Zürich 1968
Schoute, R., Muziek omlijst: 20 Portretten in het Amsterdamse Concertgebouw, Haarlem 1984
Schreiber, O., Orchester und Orchesterpraxis in Deutschland zwischen 1780 und 1850, Berlin 1938
– Max Reger in seinen Konzerten, I–II, Bonn 1981
Schünemann, G., Die Singakademie zu Berlin 1791–1941, Regensburg 1941
Schwab, H. W., Konzert. Öffentliche Musikdarbietung vom 17. bis 19. Jahrhundert, Leipzig 1971
– Zur Geschichte des Arbeiterkonzertes, in: Studien zur Musikgeschichte des 19. Jahrhunderts, Bd. 54, Regensburg 1978, S. 85ff.
Scott, H. A., London Concerts from 1700 to 1750, in: MQ 22 (1936), S. 446ff.
Shanet, H., Philharmonie. A History of New York's Orchestra, New York 1975
Seltzer, G., The Professional Symphony Orchestra in the United States, Metuchen (N. J.) 1975
Sittard, J., Geschichte des Musik- und Concertwesens in Hamburg, Altona 1890
Smith, V., The Sydney Opera House, Sydney 1974
Sonneck, O., Early Concert Life in America (1731–1800), New York 1949
Stargardt-Wolff, E., Wegbereiter großer Musiker, Wiesbaden 1954
Steegmann, M., Das Solistenkonzert im rheinischen Musikleben der Gegenwart, Köln 1973

Steffens, H., Musikland DDR, Berlin 1977
Stockhammer, R., Franz Liszt. Im Triumphzug durch Europa, Wien 1986
Stoll, D. G., Music Festivals of the World, Oxford 1963
Strumiłło, T., Szkice z polskiego zycia muzycznego XIX wieku, Krakau 1954
Stuckenschmidt, H. H., Zum Hören geboren. Ein Leben mit der Musik unserer Zeit, München 1979
Subirá, J., Conciertos espirituales españoles en el siglo XVIII, in: Fs. für K. G. Fellerer, Regensburg 1962, S. 519ff.

Tegen, M., Musiklivet i Stockholm 1890–1910, phil. Diss. Uppsala, Stockholm 1955
Thackrah, J. R., The Royal Albert Hall, Lavenham 1983
Tilmouth, M., The beginnings of provincial concert life in England, in: Music in 18th-Century England, hrsg. von Ch. Hogwood und R. Luckett, Cambridge 1983, S. 1ff.
Tintori, G., Cronologia, Opere, balleti, concerti 1778–1977, Gorle 1979
Tran Van Khe, Le public de concert en orient devant les changements d'ordre sociologique, in: The World of Music 5 (1963), S. 16ff.

Urbano, J. d', Cómo escuchar un concierto, Buenos Aires 1953

Verg, E., Hamburg philharmonisch. Eine Stadt und ihr Orchester, Hamburg 1978
Vojtěch, J., Der Verein für musikalische Privataufführungen in Prag, in: A. Schönberg, Katalog der Gedenkausstellung, hrsg. von E. Hilmar, Wien 1974, S. 83ff.
Vretblad, P., Konsertlivet i Stockholm under 1700-talet, Stockholm 1918

Weber, H., Das „Museum". Einhundertfünfzig Jahre Frankfurter Konzertleben 1808–1958, Frankfurt a. M. 1958
Weber, W., Music and the Middle Class. The Social Structure of Concert Life in London, Paris and Vienna, London 1975
Weinreich, O., Zur Musikwissenschaft. Konzertkritiken, Amsterdam 1975
Weißmann, A., Die Musik der Sinne, Berlin 1925
Widdowson, K., New dimensions in concert programs, Dayton (Ohio) 1977
Wirth, J., Julius Stockhausen – der Sänger des deutschen Liedes, Frankfurt a. M. 1927
Wolfe Howe, M. A. de, The Boston Symphony Orchestra, 1881–1931, Boston 1931
– The Tale of Tanglewood, Boston 1946
Wroth, W., und Wroth, A. E., The London Pleasure Gardens of the Eighteenth Century, London 1896
Wucher, D., Konzerte für Kinder, Regensburg 1977

Young, P. M., The Concert Tradition from the Middle Ages to the twentieth Century, London 1965

Personenregister

Abell, John 20
Abendroth, Hermann 192
Adcock, Mike 66, 220
Adorno, Theodor W. 59
D'Agreneff, Dimitri Slavianky 202
Aiken, Conrad 64
d'Albert, Eugène 22
Alboni, Marietta 157
Albrecht, Gerd 216
Altenberg, Peter 226
Amar, Licco 9
Andreae, Volkmar 214
Ansermet, Ernest 65, 216
Apel, Georg Christian 153
Arne, Thomas 171
Arnim, Bettina von 108
Arrau, Claudio 56, 108
Auguste, Kaiserin 94

Bach, Carl Philipp Emanuel 120, 138
Bach, David Josef 196
Bach, Johann Christian 171
Bach, Johann Sebastian 16, 18, 30, 38, 49, 69, 121, 130, 141, 145, 147, 152, 207, 211
Bach, Wilhelm Friedemann 152
Bahr, Hermann 53
Bakst, Leon 86
Baltzar, Thomas 143
Balzac, Honoré 52
Banister, John 20, 71, 103
Barenboim, Daniel 55
Barnum Taylor, Phineas 47, 71
Barre, Pierre de la 103
Bartók, Béla 139, 141
Bassini, Carlos 144
Battu, Marie 223
Bauernfeld, Eduard von 75
Baumann, Jörg 143
Bauszmern, Matthias 218
Bayreuth, Wilhelmine Markgräfin von 91
Becker, Jean 163
Beecham, Thomas 51
Beer, Amalie 100
Beethoven, Ludwig van 7, 30, 38, 40, 44, 55, 58, 60, 61, 67, 75, 82, 124, 130, 141, 151, 163, 197, 222
Bekker, Paul 76
Belamy, Edward 225
Bellman, Michael 170
Benjamin, Walter 203
Berg, Max 40
Bergman, Ingmar 53
Bergmann, Carl 118
Berlioz, Hector 51, 66, 74, 75, 87, 129, 130, 134, 135, 141
Bernhard, Thomas 53
Bernstein, Leonard 67, 141, 224
Bey, Ismail Hakki 197
Bie, Oskar 76
Bilse, Benjamin 118, 192
Binkoff, Georg Friedrich 130

Bösendorfer, Ludwig 32
Boulanger, Nadia 51
Boulez, Pierre 130
Bour, Ernest 217
Boyce, William 171
Brahms, Johannes 38, 66, 75, 82, 93, 107, 113, 168
Briegel, Wolfgang Carl 12
Britten, Benjamin 133
Britton, Thomas 20, 71, 103
Brocke, Barthold 150
Bruckner, Anton 130, 220
Bülow, Hans von 45, 47, 50, 64, 71, 80, 145, 159, 222
Bülow, Marie von 108
Bull, Ole 144
Bumbry, Grace 169
Burne-Jones, Edward 211
Berney, Charles 23, 90, 91, 102, 104
Busch, Wilhelm 170
Buxtehude, Dietrich 13, 14, 151

Cage, John 66, 220
Campra, André 150
Cardew, Cornelius 220
Carrière, Moritz 217
Cavaillé-Coll, Aristide 154
Cerha, Friedrich 215, 217
Champion de Chambonnières, Jacques 18
Chabon, Étienne Alexandre 208
Chopin, Frédéric 82, 100, 130
Chrysander, Friedrich 49
Claudel, Paul 217
Clemencic, René 210
Cocteau, Jean 217
Collaer, Paul 215
Corelli, Arcangelo 134
Corpora, Antonio 217
Cortot, Alfred 108, 134
Costa, Michael 50
Cowper, George 104
Cramer, Wilhelm 81
Criselli (Cristelli), Kaspar 142
Czerny, Carl 200

Daumier, Honoré 62
Debussy, Claude 74
Delaire, Jacques-Auguste 113
Delius, Frederick 61, 62
Dessau, Paul 164, 220
Diaghilew, Serge 86
Didam, Otto 196
Diémer, Louis Joseph 211
Dillmann, Alexander 220
Ditters von Dittersdorf, Carl 27
Dixon, Dean 228
Dolmetsch, Arnold 211, 223
Domitian, Kaiser 11
Dressel, Heinz 216
Dryden, John 129

Eberwein, Karl 105
Eccard, Johann 49
Ehlers, Wilhelm 167
Einem, Gottfried von 230
Einstein, Alfred 76
Eisler, Hanns 197
Engels, Friedrich 196
Eschenbach, Christoph 39
Ett, Caspar 147
Eulenburg, Ernst 67
Evelyn, John 143

Fahrbach, Joseph 186
Fahrbach, Philipp 186
Fasch, Christian Friedrich Carl 79, 105
Faustini, Marco 71
Fenton, Johan William 187
Ferencsik, János 48, 139
Fesca, Alexander Ernst 107
Fétis, François Joseph 208
Finsterlin, Hermann 36, 39
Fischer, Edwin 53, 64, 108
Fischer-Dieskau, Dietrich 155, 165, 170
Fontane, Theodor 102
Forkel, Johann Nikolaus 18, 80, 110, 143
Franck, César 141, 154
Friedrich Wilhelm II., König von Preußen 22, 23, 90, 92, 96
Fries, Moritz Graf 105
Fuchs, Ferdinand 141
Furtwängler, Wilhelm 36, 51, 63, 64, 194, 197

Gallot, Jacques 103
Gasperini, A. de 223
Gastgeb, Peregrin von 38
Gay, Sophie 97, 100, 156
Gebauer, Franz Xaver 147
Geminiani, Francesco 20, 26, 71
Gerstenberg, Heinrich Wilhelm von 104
Gille, Sighard 44
Gluck, Christoph Willibald von 30
Goebbels, Joseph 76, 194
Goethe, Johann Wolfgang von 7, 48, 56, 91, 105, 106, 145, 147, 156, 230
Gossec, François-Joseph 24
Gottschalk, Louis Moreau 134, 135, 202
Gould, Glenn 9, 145
Gounod, Charles 192
Grädener, Hermann 142
Graun, Johann Heinrich 120
Grieg, Edvard 141
Grieshaber, HAP 86, 217
Grillparzer, Franz 52
Grünfeld, Ludwig 72
Gulda, Friedrich 86
Gungl, Josef 175
Gyrowetz, Adalbert 124

Habeneck, François Antoine 46
Hadrian, Kaiser 11

Händel, Georg Friedrich 26, 38, 61, 69, 120, 121, 122, 129, 133, 134, 135, 147, 150, 156, 171, 197
Hässler, Johann Wilhelm 143
Hallé, Charles 82, 195, 219
Halm, August 223
Hamann, Johann Georg 109
Hamilton, Willram 84, 104
Hansen, Theophil von 32
Hanslick, Eduard 7, 47, 75, 101, 119
Hartmann, Karl Amadeus 86, 217
Hase, Hellmuth von 82
Hassler, Hans Leo 49
Hausegger, Siegmund von 213, 214
Hauser, Michael 144
Haydn, Joseph 15, 69, 71, 121, 122, 123, 125, 130, 135, 141, 147, 159, 171
Haydn, Michael 141
Hebenstreit, Johann Friedrich 20
Hellmesberger, Joseph 72, 118, 163
Henakan, Donald 63, 145
Hensel, Fanny 100
Hermann, Ehepaar 71
Herrman, Julius 186
Herz, Henri 134
Herzmansky, Bernhard 216
Hesse, Adolf Friedrich 153, 154
Hickford, John 26
Hiller, Ferdinand 28, 100, 162
Hiller, Johann Adam 146
Hindemith, Paul 65, 164, 211, 217
Hitler, Adolf 87
Höcker, Karla 216
Hoffmann, Ernst Theodor Amadeus 74, 142
Hoffmann von Fallersleben, August Heinrich 96
Holl, Mathias 220
Holzamer, Wilhelm 39
Horne, Herbert 211
Horowitz, Vladimir 145
Horstig, Karl Gottlieb 178
Hubert, Joseph 124
Huch, Ricarda 38
Hünten, Franz 201
Hüsch, Gerhard 169
Hugo, Victor 27
Hummel, Johann Nepomuk 55, 108, 124
Humperdinck, Engelbert 72
Hutchinson, Family 202

Ives, Charles 40

Jacobs, Benjamin 154
Jakob, Abraham 202
Janitsch, Johann Gottlieb 111
Joachim, Joseph 52, 53, 93, 108, 163
Johannes XXIII., Papst 96
Johns, John 171
Jones, John 61
Jullien, Louis Antoine 134, 175, 176

Kachel, Jacob Christoph 104
Kaim, Familie 192
Kambly, Johann Melchior 90

Kant, Immanuel 54
Karajan, Herbert von 96, 133, 199
Karkoschka, Erhard 66
Katharina II., Zarin von Rußland 91
Kaulbach, Wilhelm 30
Kempff, Wilhelm 107
Keuschnig, Peter 217
Kiesewetter, Raphael 108, 208
Kirkman, Joseph 211
Kleber, Harry 134
Klenze, Leo von 30
Klinger, Max 44
Klingler, Karl 64
Klöcker, Dieter 209
Knappertsbusch, Hans 138
Knigge, Adolf Freiherr von 67
Knobelsdorff, Georg Wenzeslaus Freiherr von 90
König, Franz 72
Koenig, Fritz 217
Kokoschka, Oskar 61
Kolisch, Rudolf 9
Komzák, Karl 180, 186
Korte, Werner 73
Kräuter, Philipp 20
Kraft, Walter 15
Kretzschmar, Hermann 67, 223
Kreutzer, Konradin 124
Krones, Hartmuth 76
Kugel, Ignaz 72
Kuhlau, Friedrich 79, 80
Kummer, Eberhard 207
Kunzen, Adolph Carl 15, 138
Kunzen, Johann Paul 15, 104
Kwast-Hodapp, Frieda 163

Lande, Michel-Richard de la 150
Landowska, Wanda 211
Langhans, Karl Gotthard 29
Lanner, Josef 142, 175, 176
Lasso, Orlando di 12
László, Alexander 220
Launis, Armas 192
Le Corbusier 217
Lehár, Franz 186
Leo, Familie 200, 201
Lepsius, Elisabeth 108
Levi, Hermann 62
Lewis, Henry 219
Liebermann, Rolf 138
Lind, Jenny 53, 71, 130, 152
Liszt, Franz 52, 53, 55, 80, 82, 86, 98, 100, 136, 144, 153, 155, 156, 200, 213, 217, 219
Locke, John 91
Loeillet, Jean Baptiste 71
Loewe, Carl 94, 100, 106, 131, 161, 167, 168, 222
Ludwig I., König von Bayern 11, 30
Lumbye, Hans Christian 175
Lurié 220
Lutoslawski, Witold 120
Lyser, Johann Peter 113, 134

Mace, Thomas 22
Mahler, Gustav 40, 44, 80, 85, 118, 134, 214, 219
Mainzer, Joseph 195
Mann, Anna 188
Mann, Thomas 9, 97
Mara, Gustav Elisabeth 52, 91
Marc, Franz 9
Marchand, Louis 152
Maria Theresia, Kaiserin 94
Marpurg, Friedrich Wilhelm 146
Marschner, Heinrich 131
Marsop, Paul 39, 76, 197
Marteau, Henri 95, 96, 102, 199
Marx, Karl 196
Mason, William 162
Mattheson, Johann 16, 102, 222
Méhul, Étienne 82
Mendelssohn, Heinrich 102
Mendelssohn Bartholdy, Felix 50, 51, 82, 106, 108, 116, 121, 179
Mengelberg, Willem 126
Menzel, Adolph von 56, 61
Mersenne, Marin 18
Meyer, Leopold von 144
Meyerbeer, Giacomo 147
Milder-Hauptmann, Pauline 167
Miró, Joan 86, 217
Möser, Karl 161
Molitor, Simon 208
Molkenboer, Antoon 39
Moore, Gerald 169
Moscheles, Ignaz 201, 210
Mosewius, Johann Theodor 161
Motte, Diether de la 66
Mozart, Leopold 20, 58, 79, 82
Mozart, Wolfgang Amadeus 26, 55, 111, 120, 130, 139, 140
Muck, Carl 50
Müller, Carl Friedrich 161
Müller, Georg 161, 162
Müller, Wenzel 106
Musard, Philippe 176

Nägeli, Hans Georg 38, 114
Nardini, Pietro 153
Natorp, Bernhard Ch. 80, 118
Neutra, Richard 67
Nicolai, Friedrich 107, 146
Nicolai, Otto 116
Niebelschütz, Wolf von 120
Nikisch, Arthur 197
Nixon, John 61
Nono, Luigi 199
Nourrit, Adolphe 98, 167

Öser, Christian 27
Offenbach, Jacques 56
Ormandy, Eugène 51
Ottmer, Karl Theodor 30
Ottoboni, Pietro 134

Paderewski, Jan Ignaz 53
Paganini, Niccolò 53, 79, 98, 143, 144, 145, 167

Palestrina, Pierluigi 208
Palm, A. 59
Pape, Ernst 167
Partheys, Gustav 107
Pasdeloups, Jules Étienne 141, 192
Patzig, Johann August 188
Pelham, Peter 149
Perikles 11
Pesne, Antoine 90
Peyfuss, J. Karl 38
Pfitzner, Hans 8, 51, 64, 138, 141, 169
Philidor, Anne Danican 146
Picasso, Pablo 220
Piene, Otto 222
Pirschel, Käthe 205
Pisk, Paul A. 197
Playford, John 102
Pleyel, Ignaz 160
Poelzig, Hans 39, 40
Poppel, David 72
Pound, Ezra 133
Pouplinière, Alexandre La 98
Procter, Ernest 62
Purcell, Henry 129

Quantz, Johann Joachim 58

Rabe, Max Friedrich 137
Raffael 86
Rainer, Familie 93
Rainer, Ludwig 199
Raßmann, Friedrich 63
Raucheisen, Michael 169
Raupach, Christoph 150
Ravel, Maurice 141
Reger, Max 15, 22, 40, 75, 94, 102, 130, 141, 154, 163, 169, 178, 179, 192, 205, 211, 214
Reich, Emil 194
Reichardt, Johann Friedrich 45, 54, 66, 74, 77, 90, 100, 102, 112, 144, 146, 147, 208
Reichardt, Luise 51
Reinecke, Carl 64
Reinicke, René 61
Reis, Johann Philipp 225
Rellstab, Johann Carl Friedrich 74, 79
Rellstab, Ludwig 107, 114
Richter, Hans 118, 131
Riemann, Hugo 27
Rieter-Biedermann, Louise 113
Rietz, Julius 80, 131
Riggenbach-Stehlin, Friedrich 108
Robert, Ludwig 58
Rochlitz, Johann Friedrich 74, 209
Rode, Pierre 144
Rolland, Romain 102
Romberg, Karl 121
Rosbaud, Hans 217
Rossini, Gioacchino 58, 101, 130
Rousseau, Jean Jacques 54
Royer, Nicolas-Pancrace 146
Rubinstein, Anton 53, 55, 72, 101
Ruthenfranz, Robert 216

Sacher, Paul 212, 217, 221
Sachs, Jules 72
Sack, Johann Philipp 103
Saint-Saëns, Charles-Camille 82, 101, 155, 192
Salieri, Antonio 124
Salomon, Johann Peter 159
Salter, Norbert 72
Samuel, Adolph 192
Sandwich, Earl of 207
Santurini, Francesco 71
Sarasate, Pablo 101, 223
Sarasin, Lucas 104
Sauret, Emil 100
Sawerthal, Josef Rudolf 186
Sax, Adolphe 158
Schaljapin, Fjodor 198
Scheibe, Johann Adolf 158
Scherchen, Hermann 122, 217
Scheremetjeff, Graf 192
Schick, Ernst 159
Schiller, Friedrich 86, 132
Schilling, Gustav 7
Schinkel, Karl Friedrich 29
Schmidt, Franz 213
Schnebel, Dieter 220
Schneider, Frank 73
Schneider, Friedrich 131, 134
Schnitzler, Arthur 56
Schoeck, Othmar 214
Schönberg, Arnold 56, 67, 75, 164, 196, 214
Schröder-Grünbaum, Elisabeth 108
Schubert, Franz 82, 106, 130, 166
Schuller, Gunther 153
Schumann, Klara 52, 56, 66, 101
Schumann, Robert 50, 74, 76, 98, 100, 130, 145
Schuppanzigh, Ignaz 105, 160
Schuyt, Cornelius 13
Schwarzkopf, Elisabeth 108
Schweitzer, Albert 154, 212
Schwind, Moritz von 52
Seemann, C. H. 61
Senfl, Ludwig 86
Shaw, George Bernard 75, 118
Siegl, Otto 216
Sonnleithner, Ignaz 108
Sousa, John Philip 186
Spohr, Louis 50, 91, 105, 130, 131, 145
Spontini, Gasparo 51
Staden, Sigmund Theophil 18, 207
Stahmer, Klaus Hinrich 219
Staudinger, Lukas 111
Stockhausen, Julius 94, 167, 168, 191
Stockhausen, Karl Heinz 66
Stokowski, Leopold 227
Stolberg, Auguste Gräfin zu 7
Stolberg, Leopold Graf zu 7
Stoll, Klaus 143
Straube, Karl 154
Strauß, Eduard 210, 224
Strauß, Johann, Sohn 47, 134, 136, 173, 175, 225
Strauß, Johann, Vater 172, 175

Strauss, Richard 130, 169, 214
Strawinsky, Igor 217
Streicher, Andreas 38
Stuck, Franz von 101
Stuckenschmidt, Hans-Heinz 45, 76
Suters, Hermann 214
Sweelinck, Jan Pieterszoon 149
Sychra, Antonin 76
Szell, George 47, 55

Tartini, Giuseppe 150
Telemann, Georg Philipp 16, 21, 77, 120, 150, 177
Thalberg, Sigismund 98
Thibaut, Anton Friedrich Justus 153
Thomas, Theodore 162, 195
Tipett, Michael 130
Töpfer, Johann Gottlob 153
Tolstoj, Leo 212
Tomasini, Luigi 159
Toscanini, Arturo 50, 51, 87, 192
Türk, Daniel Gottlob 110
Tunder, Franz 13

Ulybyšev, Aleksandr 75

Veltmann, Bernhard 71
Veracini, Francesco 20
Viardot, Pauline 100
Viera, Joe 223
Virtel, Sylvia 55
Vivaldi, Antonio 156
Vogler, Georg Joseph Abbé 81, 147, 152

Wackenroder, Wilhelm Heinrich 64, 88
Wagner, Cosima 102
Wagner, Richard 8, 48, 50, 51, 56, 69, 75, 82, 87, 100, 101, 130, 141, 155, 156, 175, 184, 188, 220, 227
Wallington, Ben 19, 20
Walter, Bruno 50, 51, 155
Walter, Gustav 109
Warschauer, Frank 76
Wassilenko, Sergej 192
Weber, Carl Maria von 49, 50, 56, 91, 118, 130, 152
Weber, Ludwig 65
Webern, Anton 196
Weckmann, Matthias 16
Wedekind, Frank 53
Weidinger, Anton 111
Weill, Gertrud 165
Weingartner, Felix 163
Weisbach, Hans 215
Weismann, Julius 141
Weißmann, Adolf 50, 52, 72
Werba, Erik 169
Westphal, Johann Christoph 71
Wheeler, Paul 143
Widor, Charles Maria 153
Wieniawski, Henryk und Joseph 54, 55
Wieprecht, Wilhelm Friedrich 183
Wilhem, Guillaume Louis 124, 194
Williams, Ralph Vaughan 191
Winderstein, Hans 195

Winkler, Gerhard 151
Wit, Paul de 211
Wöss, Kurt 227
Wolf, Hugo 74, 142, 214
Wolff, Heinrich 149
Wolff, Hermann 72
Wolff, Louise 71
Wolfrum, Philipp 39
Wood, David 154
Wood, Henry Joseph 67, 176, 177
Wünsch, Christoph 211
Wyatt, James 150
Wyneken, Gustav 223

Zelter, Carl Friedrich 30, 79, 113, 145, 188
Zöllner, Karl Heinrich 154

Foto- und Bildquellennachweis

Aus: ‚Ackermann's Microcosm of London‘, 1808, Vol. I   Abb. 85
Aus: ‚Anbruch‘, Jg. 1, 1919   Abb. 162
Archiv der Hochschule für angewandte Kunst, Wien   Abb. 173
Archiv Eva-Maria Kraft, Lübeck   Abb. 6
Archiv der Wiener Philharmoniker, Wien   Abb. 39, 61
Attualità, Rom, Massimo Freccia   Abb. 69
Jürgen Banse, Bühnen der Stadt Magdeburg   Abb. 34
Bayerische Staatsgemäldesammlungen München   Abb. 36, 137
Bayerische Staatsgemäldesammlungen München, Artothek – Blauel/Gnamm   Farbtafel 6, Farbtafel 7, Farbtafel 9
Kurt Bethke, Kelkheim/Taunus   Abb. 172
Bibliothèque Nationale, Paris   Abb. 3
Bildarchiv Foto Marburg   Abb. 15, 20, 26, 33, 41, 77, 136
Bildarchiv der Österreichischen Nationalbibliothek Wien   Abb. 53, 70, 100, 105, 124, 131
Aus: Bildbeilage zu ‚Die Musik‘, 1904/1905   Abb. 43
Niggi Bräunig, Basel   Farbtafel 14
British Museum, London   Abb. 9, 79
Caisse Nationale des Monuments Historiques et des Sites, Service photographique, Paris   Abb. 127
Friedrich Cerha, Wien   Abb. 163
René Clemencic, Wien   Abb. 158
Collections of the Library of Congress, Washington   Abb. 37
Comet, Zürich   Abb. 110
Den Haags Gemeentemuseum   Abb. 59, 82
Den Haags Gemeentemuseum, Stichting Mengelberg   Abb. 91
Denkmalamt Brno, Foto Z. Secký   Abb. 22
Deutsches Archäologisches Institut, Rom   Abb. 2
Deutsche Staatsbibliothek, Berlin/DDR – Musikabteilung   Abb. 111
Dietrich Fischer-Dieskau, Berlin   Abb. 122
Aus: ‚Fliegende Blätter‘, Jg. 21, H. 2243   Abb. 46
Foto Bartók-Archivum Budapest   Abb. 102
Foto Murauer, Innsbruck   Abb. 167
Fundaçao Calouste Gulbenkian, Lissabon   Abb. 93
Aus: ‚Die Gartenlaube‘, 1893   Abb. 90
Germanisches Nationalmuseum Nürnberg   Abb. 11, 25, 54, 56, 57, 58, 67, 76, 81, 84, 99
Gesellschaft der Musikfreunde Wien   Abb. 23, 24, 138
Gewandhaus Leipzig   Abb. 35
Gewandhaus Leipzig, Barbara Stroff   Abb. 169
Goethe-Museum Düsseldorf   Abb. 17
Graphische Sammlung Albertina, Wien   Abb. 63, 80
Mathis Gruhn, Kirchzarten   Abb. 50
Raimund Hackl, Landshut   Abb. 168
Historisches Museum der Stadt Wien   Abb. 4, 86, 96
Aus: Christian Hubers ‚Geistliche Seelen-Music‘, Sankt Gallen 1694   Abb. 7
Aus: ‚The Illustrated London News‘, Vol. 2, 1843   Abb. 83
Aus: ‚The Illustrated London News‘, vom 6. 12. 1856   Abb. 125
Aus: ‚The Illustrated London News‘, Vol. XXX, 1857   Abb. 98
Aus: ‚The Illustrated London News‘, Vol. XLVI, 1865   Abb. 126
Aus: ‚L'Illustration‘, Paris   Abb. 18, 19, 45, 68, 71, 72, 87, 88, 95, 97, 112, 115, 119, 132, 133, 148, 150, 170
Aus: ‚Illustrirte Zeitung Leipzig‘, Bd. 119, 1902   Abb. 141
Institut für Musikwissenschaft der Universität Innsbruck   Abb. 129
Rolf Jeck, Basel   Abb. 154
Hugo Jehle, Stuttgart   Abb. 94
Klavierfabrik Bösendörfer, Wien   Abb. 116
Klavierfabrik Schimmel, Braunschweig   Abb. 140
Dieter Klöcker, Freiburg   Abb. 157

Kunstsammlungen der Veste Coburg   Abb. 123
Kupferstichkabinett des Kunstmuseums Basel   Abb. 73, 78
Robert M. Lightfoot, Chicago   Abb. 101
Magyar Nemzeti Galeria, Budapest   Farbtafel 12, Abb. 135
Kurt Martinez, Wien   Abb. 155
Minnesota Historical Society, Saint Paul (Minnesota)   Abb. 92, 139, 160
Aus: ‚Musikgeschichte in Bildern‘, I, 8, Leipzig 1983   Abb. 152
Muziekcentrum Vredenburg, Utrecht   Abb. 32
Nationalarchiv Richard-Wagner-Stiftung, Richard-Wagner-Gedenkstätte Bayreuth   Abb. 113
The National Gallery, London (mit freundlicher Genehmigung der Trustees, The National Gallery, London)   Farbtafel 1, Farbtafel 5
Nationalhistoriske Museum Frederiksborg   Abb. 74
Nationalmuseum Stockholm   Abb. 64
National Portrait Gallery, London   Abb. 40, 49
National Portrait Gallery, London, Gerald Coke Handel Collection   Abb. 44
Öffentliche Kunstsammlung Basel   Abb. 107
Photo A. Scope, Salzburg   Abb. 109
Pianohaus Hugo Haid, Nürnberg   Abb. 42
Privatbesitz   Abb. 29, 31, 51, 52, 60, 62, 75, 103, 117, 120, 121, 130, 149, 151, 159, 161
Privatbesitz Elisabeth Furtwängler   Abb. 28, 143
Ratsbücherei Lüneburg   Abb. 5
Aus: O. Rindlisbacher, ‚Das Klavier in der Schweiz‘, 1972   Abb. 8
Sächsische Landesbibliothek Dresden, Abt. Deutsche Fotothek   Farbtafel 8, Abb. 1, 47, 65, 108, 118, 128, 134, 144
Sankt-Annen-Museum, Museum für Kunst und Kulturgeschichte der Hansestadt Lübeck   Abb. 106
Sepp Schaffler, Linz   Farbtafel 10
Barbara Schaper-Oeser, Würzburg   Farbtafel 15, Abb. 165
Staatliche Graphische Sammlung, München   Abb. 66
Staatliche Museen, Preußischer Kulturbesitz, Kupferstichkabinett, Berlin   Abb. 48
Staatliche Museen zu Berlin, Nationalgalerie, Berlin   Farbtafel 13
Staatliches Institut für Musikforschung, Preußischer Kulturbesitz, Berlin   Abb. 153
Staatsgalerie Stuttgart, Graphische Sammlung (Gabriele Reisser-Finsterlin)   Abb. 27
Stadtmuseum München   Farbtafel 2, Abb. 89
Klaus Hinrich Stahmer, Würzburg   Abb. 164, 166
Klaus Stoll, Berlin   Abb. 104
Sydney Opera House Trust, veröffentlicht mit freundlicher Genehmigung des ‚Sydney Opera House Trust‘. Foto Don Mc Murdo, Sydney Opera House   Farbtafel 4
August Thannhäuser, Hersfeld   Abb. 156
Tiroler Landesmuseum Ferdinandeum, Innsbruck   Abb. 146
Tonhallegesellschaft Zürich, Foto Klaus Hennch   Abb. 30
Ungarische Staatskapelle Budapest   Abb. 38
Ungarische Staatskapelle Budapest, Fejér Gábor   Abb. 21
Victoria Art Gallery, London   Farbtafel 11
Volkssingakademie Leipzig, E. Hoenisch, Leipzig   Abb. 142
Volkswagenwerk, Wolfsburg   Abb. 145
Westfälisches Amt für Denkmalpflege, Münster, Foto H. Nieland   Abb. 13
Westminster Public Library, London   Abb. 12, 14, 16, 55
Fritz Witzig, München   Farbtafel 3
Kurt Wöss, Wien   Abb. 171
Axel Zeininger, Wien   Abb. 114
Zentralbibliothek Zürich   Abb. 10

Musik durch die Jahrhunderte

Musiker im Porträt

Band 1: Von der Spätantike bis 1600
Von Walter Salmen
1982. 200 Seiten mit 87 Abbildungen, Paperback

Band 2: Das 17. Jahrhundert
Von Walter Salmen
1982. 184 Seiten mit 82 Abbildungen, Paperback

Band 3: Das 18. Jahrhundert
Von Gabriele und Walter Salmen
1983. 187 Seiten mit 83 Abbildungen, Paperback

Band 4: Das 19. Jahrhundert
Von Gabriele Salmen
1983. 188 Seiten mit 83 Abbildungen, Paperback

Band 5: Das 20. Jahrhundert
Von Gabriele Salmen
1984. 192 Seiten mit 82 Abbildungen, Paperback

Beck'sche Reihe, Bände 250–254

Karl Geiringer
Instrumente in der Musik des Abendlandes
1982. 265 Seiten mit 109 Abbildungen, Leinen
Beck'sche Sonderausgaben

Carl Maria von Weber
Mein vielgeliebter Muks
1000 Briefe des Komponisten an Caroline Brandt
aus den Jahren 1814–1817
Herausgegeben von Eveline Bartlitz
1987. 653 Seiten, Leinen in Kassette

Verlag C. H. Beck

Dipl.-Ing. Bodo-Lutz Schmidt Dr.-Ing. Gerhard Bauer

50 Jahre Einheitsstraßenbahnwagen
Der Weg bis zum KSW

Einflüsse und Auswirkungen auf die technisch-konstruktive Entwicklung der Straßenbahnfahrzeuge in Deutschland zwischen 1920 und 1945

EK-Verlag

Inhaltsverzeichnis

Vorwort		6
1.	Einleitung	7
2.	Grundlagen der Vereinheitlichung von Straßenbahnfahrzeugen	9
2.1.	Begriffsbestimmungen	9
2.2.	Träger und Mitwirkende der Straßenbahnwagen-Vereinheitlichung	10
3.	Entwicklung von Technik und Konstruktion einheitlicher Straßenbahnfahrzeuge	14
3.1.	Einschätzung des Entwicklungsstandes bis zum Jahr 1923	14
3.2.	Der Vereinheitlichungsprozeß während der relativen Stabilisierung der Wirtschaft (1924-1929)	18
3.2.1.	Die Normung von Fahrzeugteilen	18
3.2.2.	Die Typisierung der Straßenbahnfahrzeuge	23
3.3.	Der Einfluß von Normung und Typisierung auf den Bau von Straßenbahnfahrzeugen bis 1933	29
3.4.	Der deutsche Straßenbahnfahrzeugbau von 1933 bis 1945	36
3.4.1.	Die Rolle der Straßenbahn in der Verkehrspolitik des Dritten Reiches	36
3.4.2.	Entwicklungen im Straßenbahnfahrzeugbau zwischen 1933 und 1938	38
3.4.3.	Der neue Weg zu einheitlichen Straßenbahnwagen	42
3.4.4.	Die Einheits-Straßenbahn-Wagen des Jahres 1941 (ESW)	50
3.4.5.	Der Straßenbahnfahrzeugbau im Zweiten Weltkrieg	55
3.4.6.	Die Kriegsstraßenbahnwagen (KSW)	59
4.	Die Auswirkungen des Vereinheitlichungsprozesses auf Entwicklung und Bau deutscher Straßenbahnfahrzeuge nach 1945	67
Abkürzungsverzeichnis		73
Weiterführende Literatur		73
Anhang: Kopie des Heftes 11/12 der Zeitschrift *Verkehrstechnik* 1941		75

Vorwort

In den letzten Jahren hat die alte, in vielen Städten und Ländern fast vergessene Straßenbahn eine Renaissance erlebt, die selbst ihre treuesten Nutzer und Freunde nicht erwartet hatten. Als eine bedeutende Alternative zum Auto ist sie wieder dorthin auf dem Vormarsch, wo sie ihre Daseinsberechtigung über Jahrzehnte bewiesen hatte und nur durch den Drang zur autogerechten Stadt oder zur verkehrsfreien Fußgängerzone verbannt wurde. Die Straßenbahn ist auf dem besten Wege, den Menschen in den Städten und Ballungsgebieten wieder die Mobilität zu geben, die ihnen zu geben das Automobil nicht mehr in der Lage ist. Natürlich sind es nicht mehr die Fahrzeuge der Vor- und Nachkriegszeit, die zur wachsenden Attraktivität dieses Schienenverkehrsmittels führen. Aber es sind auch nicht ausschließlich die schnellen und leistungsfähigen Stadtbahnwagen, die zur Nutzung ihrer Leistungsfähigkeit allzu oft unter die Erde oder weit weg von den Stadtzentren verbannt wurden. Die neue Straßenbahngeneration ist zuerst auf den Kunden zugeschnitten. Dies fängt bei ihrem Erscheinungsbild an, für die wir nur noch den Begriff modernes Design verwenden. Hohe Antriebsleistung wurde mit geringer Geräuschbildung gepaart. Dem Fahrgast werden nicht nur während der Fahrt bequeme Sitze und ein freundlich gestalteter Innenraum geboten, sondern zunehmend niederflurige Einstiege und breite Türen machen schon den Zugang so bequem wie möglich. Elektronik steuert die Fahrzeuge, überwacht die Türen und informiert über Fahrtziel und Haltestellen. Dies alles ist das Werk engagierter Techniker und Ingenieure die das oft totgesagte Verkehrsmittel Straßenbahn nie aufgegeben haben. Daß sie bei den modernen Straßenbahnfahrzeugen oft auf Gedanken und Entwicklungen zurückgegriffen haben, die schon vor 50 und mehr Jahren entstanden waren, aber nur selten verwirklicht werden konnten, war ein Anlaß dieses Buch zu schreiben.

Ebenso aktuell wie die Wiedergeburt der Straßenbahn ist die Frage, warum es denn unter der immer vorhandenen Knappheit des Geldes für öffentliche Verkehrsmittel so viele verschiedene Fahrzeugtypen geben muß. Wäre es nicht günstiger, das ganze Wissen und Können in mehr oder weniger einheitlichen Fahrzeugen zu vereinen und diese in großer Stückzahl kostengünstig herzustellen? Diese Frage zieht sich wie ein roter Faden durch den Teil der Straßenbahngeschichte, der in diesem Buch reflektiert werden soll. Um dem Leser gleich am Anfang eine Illusion zu nehmen: Er wird keine eindeutige Antwort auf diese Frage finden. Vielmehr soll er sich selbst eine Meinung darüber bilden, ob Einheitswagen besser oder schlechter als die in Vergangenheit und Gegenwart offensichtliche Vielfalt sein könnten. Aus der Tatsache, daß Einheitsstraßenbahnwagen in der Zeit der nationalsozialistischen Diktatur fast und unter dem kommunistischen Regime im Osten Deutschlands tatsächlich zustande kamen, sollte jedoch nicht leichtfertig Vereinheitlichung mit Zwang und Vielfalt mit Demokratie gleichgesetzt werden. Damit würden auch die Personen, die in der Vergangenheit die Straßenbahnwagen-Vereinheitlichung mit vielen Ideen befruchtet haben, ja sie zum Teil zu ihrem Lebenswerk machen wollten, ungerecht behandelt werden. Es waren vorrangig wirtschaftliche Verhältnisse, die den Vereinheitlichungsprozeß sowohl immer wieder zum Leben erweckten als ihn auch meist abrupt abbrachen. Das Kräftespiel der Politik hatte zwar – insbesondere im letzten Weltkrieg – einen Einfluß auf die Entwicklung, die Impulse gingen aber immer von den Verkehrsunternehmen und von der Industrie aus.

Auch in der heutigen Zeit wird der immer größer werdende Anteil von Mitteln der öffentlichen Hand für die Beschaffung neuer Straßenbahnfahrzeuge die Industrie und die Verkehrsunternehmen bald wieder vor die Frage stellen, ob technische Notwendigkeit oder subjektive Gründe einer Annäherung der konstruktiven Gestaltung im Wege stehen. Die Verkehrsmittelindustrie, bei der heute im Gegensatz zu den 20er und 30er Jahren Waggonbauer und Elektrolieferant meist eine Einheit sind, hat dies bereits erkannt und versucht nicht nur das jeweilige unternehmenseigene Konzept dem Kunden anzubieten, sondern mit modularen Bauweisen flexibler auf die nach wie vor bei den Verkehrsunternehmen bestehenden individuellen Wünsche einzugehen.

In den nächsten Jahren sind infolge des großen Nachholbedarfs der ostdeutschen Bundesländer und der nun endlich auch für Straßenbahnwagen verfügbaren Fördermittel in ganz Deutschland umfangreiche Fahrzeugbestellungen zu realisieren. Die Entwicklung wird zeigen, ob der Gedanke der Vereinheitlichung, wenn auch nicht im geschilderten historischen Umfang, neu an Einfluß gewinnen kann. Zu gönnen wäre es auch all den Fachleuten, von denen im Buch nur einige namentlich genannt werden konnten, die dieser Aufgabe im Rahmen der Vereins- und Verbandstätigkeit wesentliche Teile ihrer Arbeit gewidmet haben und noch heute widmen. Diesen Persönlichkeiten, die ihre technische, kaufmännische, juristische oder sonstige Ausbildung und meist ihr ganzes Berufsleben in den Dienst des öffentlichen Personennahverkehrs gestellt haben, soll dieses Buch Dank und Anerkennung aussprechen. Einige der genannten Personen konnten mit der Gründung des Verbandes öffentlicher Verkehrsbetriebe ihre vom Krieg unterbrochene Arbeit erfolgreich fortsetzen. Aber nur wenigen war es vergönnt, noch die Einheit Deutschlands und den Zusammenschluß zum Verband Deutscher Verkehrsunternehmen (VDV) im Jahr 1990 zu erleben.

Unabhängig davon, ob der Verband seinen Ursprung in dem am 20. Mai 1995 in Berlin gegründeten Deutschen Straßen- und Kleinbahnverein oder in dem am 7. Oktober 1895 in München gegründeten Vereins deutscher Straßen- und Kleinbahnverwaltungen sieht, steht der 100. Geburtstag vor der Tür. Diesem Jubiläum soll das Buch gewidmet sein.

Berlin/Dresden im März 1993

Bodo-Lutz Schmidt
Gerhard Bauer

1. Einleitung

Straßenbahnen hatten, seit dem sie als Verkehrsmittel existieren, klar abgegrenzte Aufgaben zu erfüllen. Sie dienten in der Hauptsache der Beförderung von Personen in einem relativ eng begrenzten Territorium. Daran änderte sich auch nichts, als mit der Wahl des elektrischen Stromes als Antriebskraft sowohl die Beförderung großer Menschenmassen als auch die Überwindung längerer Wegstrecken möglich wurde. Die Verbindung von zwei oder mehreren Orten durch Straßen- bzw. Überlandbahnen erweiterte zwar das jeweilige Einzugsgebiet, dessen relative Abgrenzung blieb jedoch bestehen.

Es bestand demnach nicht die Notwendigkeit, die Fahrzeuge solcher Straßenbahnen, die miteinander nicht durch Schienen verbunden waren, nach einheitlichen Gesichtspunkten zu bauen. Damit existierten für den Straßenbahnfahrzeugbau nicht die Rahmenbedingungen, wie sie für die Eisenbahnen zum Übergang der Wagen vom Streckennetz einer Verwaltung auf das einer anderen unbedingt erforderlich waren. Dort war schon frühzeitig durch den 1847 gegründeten *Verein Deutscher Eisenbahnverwaltungen* und ab 1873 auch durch das *Reichs-Eisenbahnamt* die Wahrung einheitlicher Formen beim Bau und bei der Ausrüstung der Fahrzeuge gesichert worden.

Wenn sich dennoch bis zum Ende des 19. Jahrhunderts eine gewisse Einheitlichkeit beim äußeren Erscheinungsbild und bei den technisch-konstruktiven Details feststellen läßt, so ist dies der Errichtung und dem Betrieb der Bahnen durch Unternehmen der Elektroindustrie sowie der führenden Rolle einiger weniger Waggonfabriken im Straßenbahnwagenbau Deutschlands zuzuschreiben. Dabei gab es eine enge Zusammenarbeit zwischen Wagenbauern und Herstellern der elektrischen Ausrüstungen.

Die Allgemeine Elektricitäts-Gesellschaft (AEG) war eng mit der Waggonfabrik AG (vormals P. Herbrand & Co.) in Köln verbunden. Aus Köln kamen die meisten Triebwagen für die seit 1891 von der AEG eingerichteten elektrischen Straßenbahnen. Bald bauten auch andere Fahrzeughersteller diesen *AEG-Wagen* mit seinen typischen kleinen Bogenfenstern, von denen es je nach Wagenlänge drei bis sechs gab. Zur weiten Verbreitung dieses Wagentyps hatte beigetragen, daß er auch von der Union-Elektrizitätsgesellschaft, von den Schuckert-Werken und in einigen Fällen sogar von Siemens & Halske verwendet wurde. Im Jahr 1900 waren mehr als 1200 Wagen dieses Typs im Einsatz.

Siemens & Halske wendete ab 1895 zunehmend eigene Konstruktionen im Wagenkastenbau an. Die *Siemens-Wagen,* die durch meist vier größere, nur in den oberen Ecken leicht gerundete Fenster gekennzeichnet waren, erreichten aber nie die Stückzahlen der AEG-Wagen.

Die relative Einheitlichkeit der Formen und Konstruktionen der Straßenbahnwagen ging verloren, als die Elektrounternehmen nach dem Abschluß der Elektrifizierung der Straßenbahnen schrittweise ihre Besitzanteile aus den Straßenbahnunternehmen zurückzogen und sich anderen gewinnbringenden Aufgaben zuwandten. Mit der etwa zeitgleich verlaufenden verstärkten Kommunalisierung der Straßenbahnbetriebe konnten die schon immer vorhandenen lokalen Sonderinteressen maßgeblichen Einfluß auch auf Technik und Gestaltung der Fahrzeuge nehmen. Die Anzahl der Hersteller von Straßenbahnwagen nahm zu, und sie umfaßte Fabrikationsstätten unterschiedlichster technischer Ausrüstung und Leistungsfähigkeit. Zunehmend bestimmten

Halboffener AEG-Typ, auch als *kalifornische* Bauart bekannt:
Diese Bauart mit sehr kleinem Wagenkasten, nur drei Bogenfenstern und an beiden Enden offenen Sommerabteilen war in Mitteleuropa selten. Hier Tw Nr. 91 der Straßburger Straßenbahn, gebaut von Herbrand im Jahr 1900
Foto: SAMMLUNG BLEICHER/G. H. KÖHLER

Dem *AEG-Typ* sehr ähnliche Wagen mit Bogenfenstern und langem Oberlichtdach wurden auf Kundenwunsch auch von anderen Firmen gebaut. Hier der Eigenbau-Tw Nr. 259 der Deutschen Straßenbahn-Gesellschaft in Dresden (*Rote* Gesellschaft), gebaut 1901.
Foto: SAMMLUNG DR. BAUER

lokale Besonderheiten vor allem das äußere Erscheinungsbild der Straßenbahnfahrzeuge.

Zur Sicherung ihrer Absatzmärkte waren die Wagenbauanstalten weitgehend bereit, den individuellen Wünschen und Forderungen der Straßenbahnverwaltungen entgegenzukommen. Da die traditionelle Holzbauweise der Wagenkästen überwiegend handwerkliche Fertigung zuließ, ergaben sich aus der Individualität keine nennenswerten wirtschaftlichen Nachteile für die Hersteller. Solche Teile, deren Anfertigung einen größeren konstruktiven oder technologischen Aufwand erforderten (wie z.B. Fahrgestelle), wurden entweder von spezialisierten Herstellern bezogen oder auf der Grundlage fabrikbezogener, annähernd einheitlicher Grundkonstruktionen kostengünstig gefertigt. Berücksichtigt werden muß, daß zu diesem Zeitpunkt die Straßenbahnunternehmen allgemein mit Gewinn arbeiteten und dadurch in der Lage waren, bei den relativ kleinen Losgrößen der Fahrzeug-

Typische Vertreter des *AEG-Typs* waren bei der von der AEG selbst betriebenen Stadtbahn Halle im Einsatz. Tw Nr. 45 gehörte zu den 1898 gelieferten 22 Fahrzeugen.
Foto: SAMMLUNG SCHMIDT

Ausbildung des Radreifens mit Spurkranz
aus: Verkehrstechnik 1922, Sonderheft Mai, S. 264 – 270

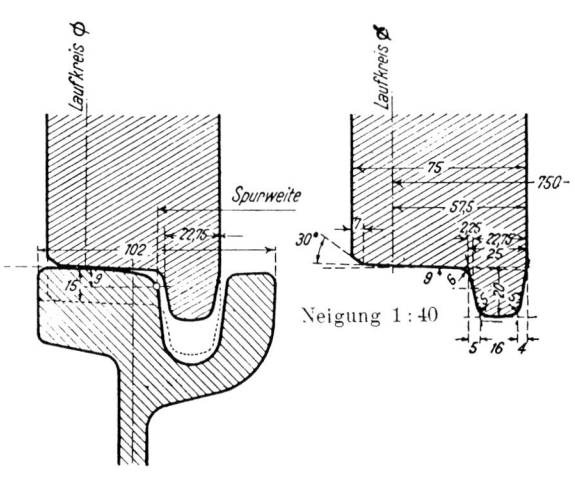

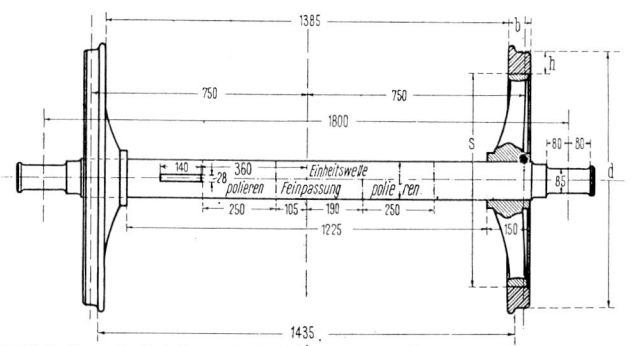

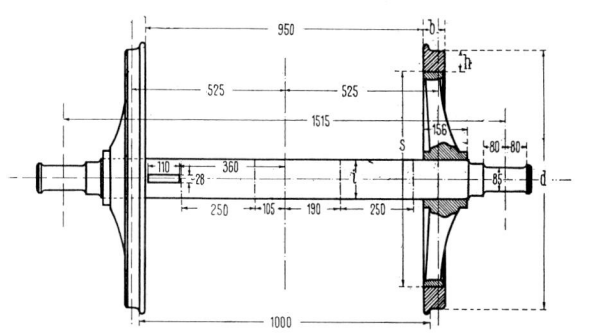

Einheitsradsatz für Regelspur
Einheitsradsatz für Meterspur
aus: Verkehrstechnik 1922, Sonderheft Mai, S. 264 – 270

Genormte Hauptabmessungen des Plattformfahrschalters
aus: Verkehrstechnik 1922, Sonderheft Mai, S. 264 – 270

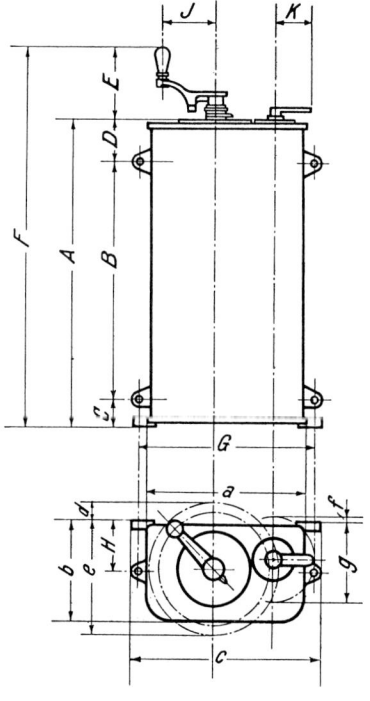

Maße in mm

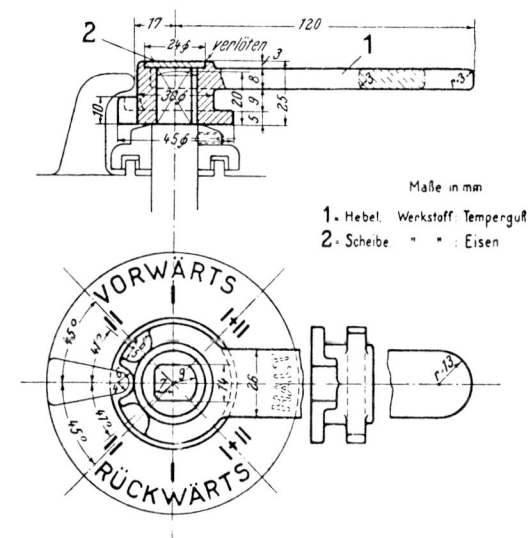

Genormter Fahrtrichtungs-Umschalthebel
aus: Verkehrstechnik 1922, Sonderheft Mai, S. 264 – 270

Festmaße

A	B	C	D	E	F	G	H	J	K
985	750	75	160	205	1190	530	150	175	120

Höchstmaße

a	b	c	d	e	f	g
520	300	575	68	327	6	320

Vorschlag für eine einheitliche Kabelverlegung im
elektrischen Straßenbahnwagen
aus: Verkehrstechnik 1922, Sonderheft Mai,
S. 264 – 270

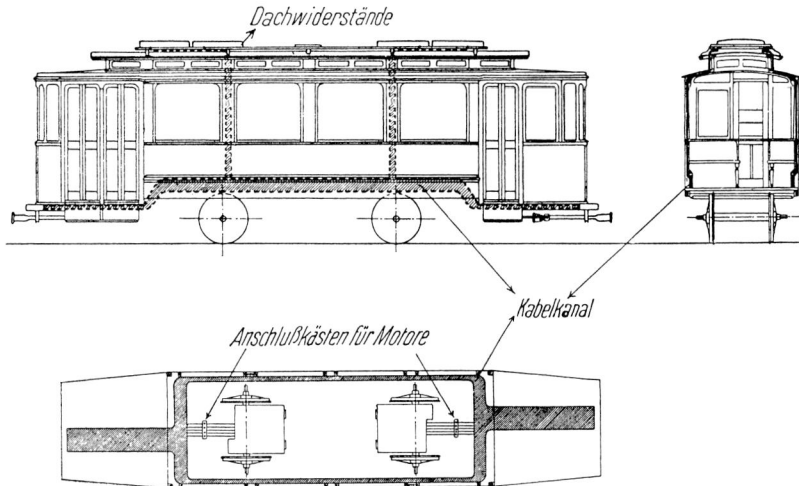

Der 18. Hauptversammlung des Vereins Deutscher Straßenbahnen, Kleinbahnen und Privateisenbahnen vom 28. November bis 1. Dezember 1920 in Nürnberg wurden die Ergebnisse der Vereinheitlichungsarbeiten in den verschiedenen Entwicklungsstufen mitgeteilt[18].

Umfangreiches Material über den Stand der Normung von Teilen der Straßenbahntriebfahrzeuge, in dem auch Aussagen zu Fragen der Typisierung enthalten sind, wurde der 20. Hauptversammlung des Vereins vom 18. bis 20. Mai 1922 in Stuttgart vorgelegt[19].

Mit dem Ende der Inflationskonjunktur im Sommer 1922 kamen die Normungs- und Typisierungsarbeiten zum Erliegen. Die immer schneller voranschreitende Geldentwertung und das Anwachsen der Arbeitslosigkeit führten zu erheblichen Einnahmeausfällen bei den Verkehrsunternehmen. Der Mangel an Kohle, der infolge der französischen und belgischen Ruhrbesetzung eintrat, verhinderte die kontinuierliche Bereitstellung von Elektroenergie in vielen deutschen Städten. Unter diesen Umständen gab es für die Straßenbahnunternehmen wichtigere Aufgaben als die Typisierung der Fahrzeuge zu lösen. Die außerordentliche Hauptversammlung des Straßenbahnvereins, die am 6. September 1923 in Berlin stattfand, sah sich deshalb veranlaßt, durch Beschluß die Normungs- und Typisierungsarbeiten bis auf weiteres einzustellen[20].

3.2. Der Vereinheitlichungsprozeß während der relativen Stabilisierung der Wirtschaft (1924 – 1929)

3.2.1. Die Normung von Fahrzeugteilen

Die Wiederaufnahme der Normungs- und Typisierungsarbeiten nach Überwindung der Währungskrise gestaltete sich fast zu einem Neubeginn. Viele Straßenbahnbetriebe hatten sich auch in der kurzen Zeit der Inflationskonjunktur keine neuen Fahrzeuge anschaffen können. Nicht wenige, vor allem kleinere Straßenbahnbetriebe mußten ihren Betrieb zeitweise oder für immer einstellen.

Durch die seit mehr als 10 Jahren ausgebliebenen Erneuerungen und Erweiterungen des Fahrzeugparks war eine empfindliche Lücke aufgetreten. Für die Herstellung der nun dringend benötigten Straßenbahnwagen stand nicht die Vorbereitungszeit zur Verfügung, die eine einheitliche Ausführung vorausgesetzt hätte. Die größeren Unternehmen waren jedoch in der Lage, sich Serienfahrzeuge bauen zu lassen. Dazu verwendeten sie neben den wenigen Normungsergebnissen des Straßenbahnvereins insbesondere solche Unterlagen, die in eigenen Konstruktionsbüros erarbeitet worden waren. Dafür war die Beschaffung einer Serie von je 500 Trieb- und Beiwagen in einheitlicher Ausführung für die Berliner Straßenbahn das markanteste Beispiel. Fünf große Waggonfabriken bauten diese Fahrzeuge nach einheitlichen Konstruktionsunterlagen. Die elektrische Ausrüstung der Triebwagen wurde je zur Hälfte von der AEG und den SSW geliefert[21].

Große Serien von Triebfahrzeugen ließen in diesen Jahren auch die Straßenbahnverwaltungen der folgenden Städte herstellen:

Stadt	Stückzahl	Waggonbauer	Elektrofirmen	Bemerkungen
Breslau	232	2	3	[22]
Leipzig	200	3	2	[23]
Nürnberg	132	1	1	[24]
Berlin	300	3	1	2. Lieferung[25]

---

[18] Verkehrstechnik 1920 Nr. 32, S. 442 – 457
[19] Verkehrstechnik 1922 Sonderheft Mai, S. 256 – 274
[20] Verkehrstechnik 1925 Nr. 35, S. 663
[21] Verkehrstechnik 1925 Nr. 43, S. 775
[22] Verkehrstechnik 1925 Nr. 43, S. 780
[23] Taschenbuch Deutsche Straßenbahn-Triebwagen 1, S. 134
[24] Verkehrstechnik 1927 Nr. 5, S. 71
[25] Verkehrstechnik 1928 Nr. 18a, S. 296 – 299

Berlin – Tw Nr. 6192 und Bw Nr. 158 aus den Serien Tw Nr. 5701 – 6200 und Bw Nr. 1 – 500, gebaut 1924/26, aufgenommen um 1938.
Foto: GRÜNWALD/
SAMMLUNG G. H. KÖHLER

Nürnberg – Mitte der 20er Jahre stellte MAN einen neuen Einheitstyp vor. Er kam in Nürnberg (Tw Nr. 711, 712, 751 – 780, 801 – 890), Plauen/Vogtland und Regensburg zum Einsatz. Hier der Nürnberger Tw Nr. 764 mit abgeblendeten Scheinwerfern und überfüllten Wagen im zweiten Weltkrieg.
Foto: GRÜNWALD/
SAMMLUNG G. H. KÖHLER

Leipzig – Ein Beispiel für Eigenkonstruktionen der Straßenbahnbetriebe ist die 1932 in Leipzig versuchte indirekte halbautomatische Fahrzeugsteuerung, eingebaut in den für diese Versuche zusammengestellten *M-Zug* (Mehrwagenzug) aus Tw Nr. 1187 + Bw Nr. 601 + Tw Nr. 1188.
Foto: SAMMLUNG DR. BAUER

Stuttgart – 1924/25 wurden von der Maschinenfabrik Esslingen die Tw Nr. 396 – 425 und 446 – 470 mit Längs- und Quersitzen, von der Firma Fuchs in Heidelberg die Tw Nr. 426 – 445 nur mit Längssitzen bezogen. Bereits 1928 erhielt diese Serie die Wagennummern 401 – 475.
Foto: SAMMLUNG GOTTFRIED BAUER

Königsberg – Ab 1924 wurden bei der ortsansässigen Firma Steinfurt neunfenstrige, fahrgestellose Triebwagen mit stark verjüngten Plattformen, Schiebetüren und Scharfenbergkupplungen erworben. Das Tonnendach ist durch die für Königsberg typische umlaufende Holzblende (*Brikettwagen*) nicht sichtbar. Hier Tw Nr. 74 aus der Serie Nr. 71 – 95, 111 – 131 mit Bw Nr. 238 im Jahr 1936.
Foto: SAMMLUNG LOBBERGER/SAMMLUNG HILKENBACH

Königsberg – Fast baugleich, aber im Gegensatz zu den neunfenstrigen Wagen mit besonderen Fahrgestellen alter Fahrzeuge, waren die siebenfenstrigen Wagen der Serie Nr. 1 – 60 und 132 – 161. Wie alle Steinfurt-Wagen hatten sie umklappbare Rückenlehnen, so daß die Fahrgäste immer in Fahrtrichtung sitzen konnten. Hier Tw Nr. 47, aufgenommen im Jahr 1941.
Foto: SAMMLUNG HILKENBACH

Weitere Straßenbahnbetriebe gaben Serien mit 75 bis 100 Triebwagen in Auftrag, wovon Stuttgart, Chemnitz und Königsberg besonders zu erwähnen sind. Durch den weit verbreiteten Einsatz von Einzeltriebwagen bzw. den Umbau von alten Triebwagen in Beiwagen blieben Beiwagenbeschaffungen relativ klein und sind deshalb hier nicht berücksichtigt.

Bei allen genannten Serien wurden bereits genormte bzw. in der Normung befindliche Teile verwendet. Am weitesten fortgeschritten war dabei die Verwendung genormter elektrischer Grundausrüstungen (Motoren, Fahrschalter). Alle Triebfahrzeuge dieser großen Serien wiesen aber erhebliche Abweichungen sowohl von den Serien anderer Betriebe als auch von den Typisierungsvorstellungen des Straßenbahnvereins auf. So hatten zum Beispiel die Berliner Wagen kein besonderes Fahrgestell. Ebenso waren die Wagenkästen völlig unterschiedlich gestaltet.

Bemerkenswert ist auch, daß kein anderes Unternehmen gleiche oder ähnliche Fahrzeuge für seinen Wagenpark in Auftrag gab, obwohl sie dabei mit niedrigeren Preisen als für Einzelanfertigungen oder Kleinstserien rechnen konnten. Allein die Straßenbahnen in Heilbronn, Reutlingen und Ulm bezogen vom gemeinsamen Hersteller (Maschinenfabrik Esslingen) solche Triebfahrzeuge, die denen der Stuttgarter Lieferung ähnlich waren.

Der Wagenbauausschuß des Straßenbahnvereins konnte sich am 26. November 1925 in einer gemeinsamen Sitzung mit Vertretern der Waggonfabriken auf die Fortsetzung der Normungsarbeiten einigen[26]. Für die Wiederaufnahme der Fahrzeugtypisierung fand sich jedoch nicht die erforderliche Bereitschaft zur Mitwirkung der Wagenbauer. Man einigte sich deshalb auf den sogenannten zweiten Weg für die Vereinheitlichung der Straßen-

---

[26] Verkehrstechnik 1928 Nr. 36, S. 598 ff.

Aufgreifen der Typisierung von Straßenbahnfahrzeugen auf mehrere Fahrzeuggrößen orientiert werden[41].

Allen Diskussionen, die an der Notwendigkeit oder Möglichkeit der Typisierung zweifelten, stellte der Generaldirektor der Rheinischen Bahngesellschaft Düsseldorf, M. Schwab, die Grundfrage der Wirtschaftlichkeit der Unternehmen entgegen. Ausgehend von Vergleichen der Wagenpreise 1928 gegenüber den Vorkriegspreisen machte er deutlich, daß sowohl die Straßenbahnunternehmen als auch die Waggonfabriken an einer übermäßigen Preissteigerung für Straßenbahnwagen kein Interesse haben können, weil sonst der eine nicht mehr kaufen und der andere nicht mehr verkaufen würde. Eine Preisminderung für neue Straßenbahnfahrzeuge wäre nach Schwabs Auffassung aber nur möglich, wenn sich alle Straßenbahnverwaltungen einig wären und sich auf wenige einheitliche Typen verständigen könnten. Diejenigen, die glaubten, sich dieser Zielstellung entziehen zu können oder zu müssen, müßten letztendlich mit alten Wagen so lange wirtschaften, wie es eben geht[42].

Der Ende 1927 vom Straßenbahnverein mit der Wagenbauvereinigung vereinbarte gemeinsame Ausschuß hatte unbeeindruckt von gegenteiligen Auffassungen intensiv an der Vereinheitlichung der Straßenbahnwagen gearbeitet und konnte am 23. August 1929 die Vorschläge für Einheitstypen zweiachsiger Straßenbahntriebwagen veröffentlichen und zur allgemeinen Kritik stellen[43].

Der unter der Leitung des Direktors der Krefelder Straßenbahn, Albert, stehende Ausschuß hatte sich zuerst ausschließlich mit den in Deutschland am gebräuchlichsten zweiachsigen Triebwagen befaßt und wollte erst nach Einigung über diese Entwürfe an die Entwicklung von Beiwagen sowie vierachsige Fahrzeuge herantreten. Dabei hatte man bereits ins Auge gefaßt, auch für den vierachsigen Wagen weitgehend Elemente des Zweiachsers zu übernehmen und die Beiwagen nur insoweit von den Triebwagen abweichen zu lassen, wie es die entfallende elektrische Ausrüstung sowie die veränderte Bremsanlagen erforderlich machten. Zusätzlich sollten Varianten mit den gerade zu dieser Zeit sich verbreitendem Mitteleinstieg entworfen werden.

Die in der ersten Phase der Typisierung vorgesehene Aufteilung der zweiachsigen Triebwagen in einen mit 18 und einen mit 24 Sitzplätzen wurde zugunsten der inzwischen allgemein bevorzugten größeren Bauart aufgegeben. Die Einführung großer zweiachsiger Wagen war bereits nach Versuchen, die 1910 in Wien durchgeführt worden waren[44], nicht mehr umstritten, jedoch wegen des Krieges noch nicht in größerem Umfang zur Verwirklichung gekommen.

Man entschied sich nach Umfragen und Berechnungen für eine Wagenlänge von 10500 mm, um die notwendigen Veränderungen an Gleisanlagen in Grenzen zu halten. Als günstigster Achsabstand wurden 3200 mm ermittelt, zur Berücksichtigung bestehender Verhältnisse aber alternativ 2800, 3000 und 3400 mm in die Festlegungen aufgenommen. Das obere Grenzmaß von 3400 mm stammt aus den Wiener Versuchen von 1910, wo nachgewiesen worden war, daß bis zu diesem Achsabstand feststehende Achslager keine vermehrte Entgleisungsgefahr und keinen höheren Verschleiß an Rädern und Schienen herbeiführten.

Zu den wahlfreien Alternativen gehörten weiterhin die Wagenkastenbreite und – inzwischen selbstverständlich – die Spurweite. Für die äußere Breite des Wagenkastens waren allgemein 2200 mm vorgesehen, weil sich dieses Maß aus den optimalen Abmessungen der Sitze und des Ganges zwischen den Sitzplätzen bei Abteilanordnung ergab. Für den bei vielen kleineren und mittleren Unternehmen noch vorhandenen Gleismittenabstand von 2500 mm war eine Variante mit 2100 mm vorgesehen. Eine weitere Alternative mit 2300 mm Wagenkastenbreite sollte die sich abzeichnende Tendenz zu breiteren Fahrzeugen berücksichtigen.

Als Fahrgestell war nur eine Einheitsausführung für die 1435 mm-Regelspur und – geringfügig verändert – für die 1000 mm-Spur vorgesehen. Für die davon abweichenden Spurweiten hätten die Radkörper entsprechend den bereits genannten Normen angepaßt werden müssen. Auf das Einheitsfahrgestell sollte jede der möglichen Wagenkastenvarianten aufsetzbar sein.

Als einheitliche Maße, die zum Teil schon vor Beginn der Typisierung als Norm galten, wurden bei allen Fahrzeugvarianten berücksichtigt:

Wagenlänge	10 460 mm
Kastenlänge	6 160 mm
Höhe der Kupplung über Schienenoberkante (SO)	450 mm
Fußbodenhöhe der Vorbauten über SO	725 mm
Höhe der Trittstufen	
unten	365 mm
oben	360 mm
Aufstiegshöhe von der Plattform zum Wageninneren	180 mm
Vorbaulänge	2 150 mm
Stirnwandbreite	1 600 mm
Innentüren	
lichte Höhe	1 900 mm
lichte Breite	1 040 mm
Außentüren lichte Höhe	
Wagen mit Stufe	2 070 mm
Wagen ohne Stufe	1 890 mm
Außentüren lichte Breite	
einfache Klapptür	750 mm
doppelte Klapptür	1 380 mm
einfache Schiebetür	750 mm
doppelte Schiebetür	950 mm
Teleskoptür	1 300 mm
Unterkante Fenster über Fußboden Wageninnenraum	
Wagen mit Stufe	720 mm
Wagen ohne Stufe	900 mm
Sitzbreite pro Person	
Quersitze	480 mm
Längssitze	520 mm
Sitztiefe	450 mm
Zwischenraum zwischen Quersitzen	540 mm

Folgende Alternativmaße bzw. -ausführungen hätten gemäß den Vorschlägen des Vereinheitlichungsausschusses zur Auswahl gestanden:
- Radreifendurchmesser 710 oder 810 mm
- Wagenkastenaufbau aus Eisen oder aus Holz
- Tonnendach oder Aufbaudach
- Fenster einteilig oder geteilt, fest oder verschiebbar
- Lüftungsfenster zum Kippen oder zum Schieben
- mit oder ohne Plattformstufe
- Rammbohle aus U-Eisen oder aus Preßprofil
- Linien- und Richtungsschild im Vorbau oder auf dem Dach.

---

41 Verkehrstechnik 1927 Nr. 5, S. 71 – 73
42 Verkehrstechnik 1928 Nr. 29, S. 485
43 Verkehrstechnik 1929 Nr. 34, S. 579 – 594
44 Verkehrstechnik 1921 Sonderheft Mai/Juni, S. 212 – 215

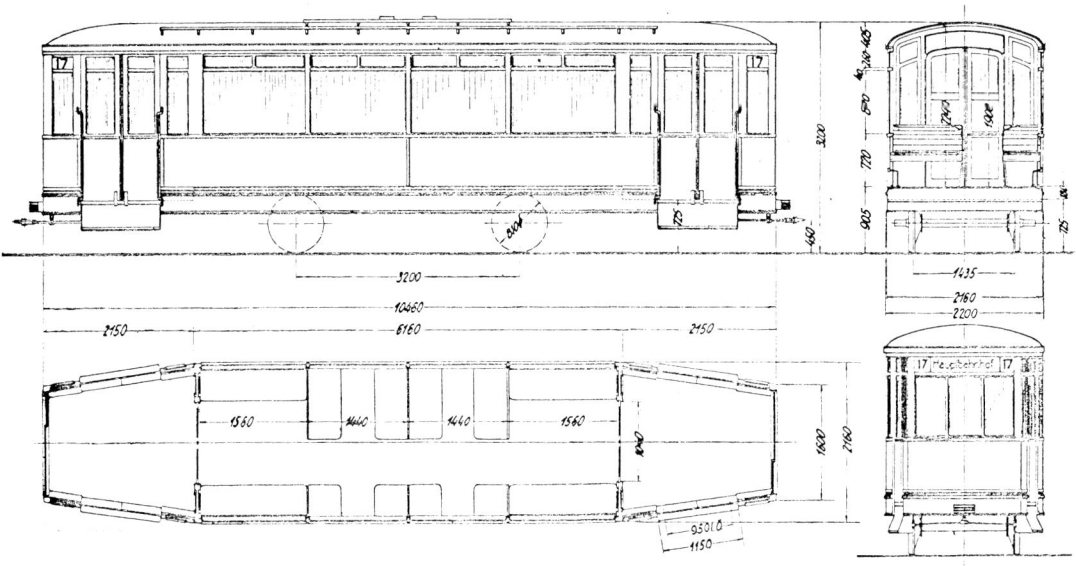

Stählerner Straßenbahnwagen mit 24 Sitzplätzen, Tonnendach, Stufe im Innenraum, großon focton Fon stern, Doppelschiebetüren und Preßprofil-Rammbohlen
Alternativen (für Achsabstand, Wagenkastenbreite und Plattformgestaltung) analog S. 24

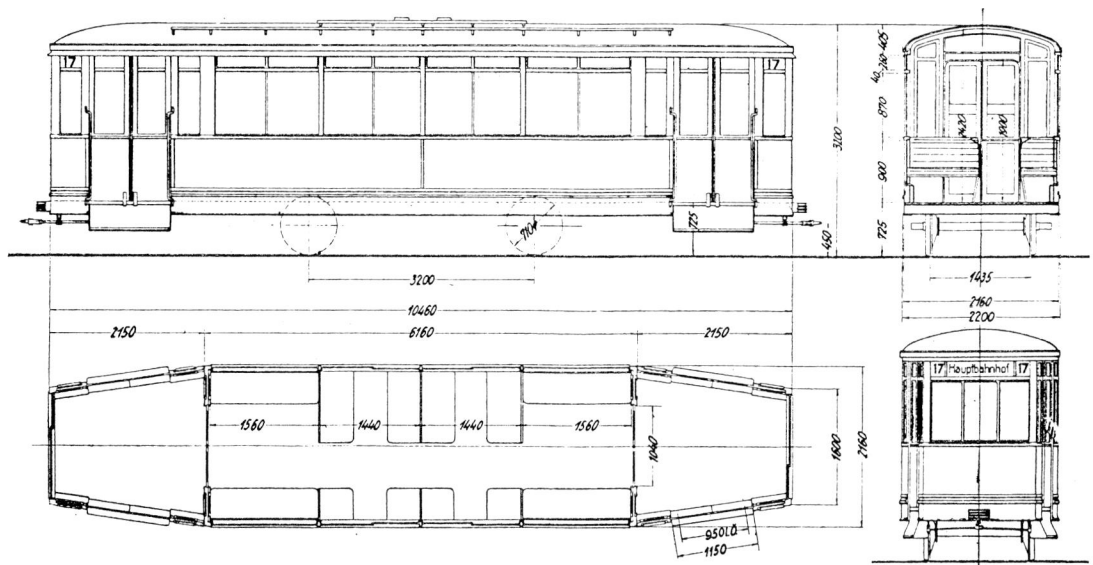

Stählerner Wagenkasten mit 24 Sitzplätzen, Tonnendach, stufenlosem Innenraum, Schiebefenstern, Doppelschiebetüren, erhöhtem Wagenkasten, Richtungsschilder im Vorbau und Preßprofil-Rammbohlen
analog S. 24

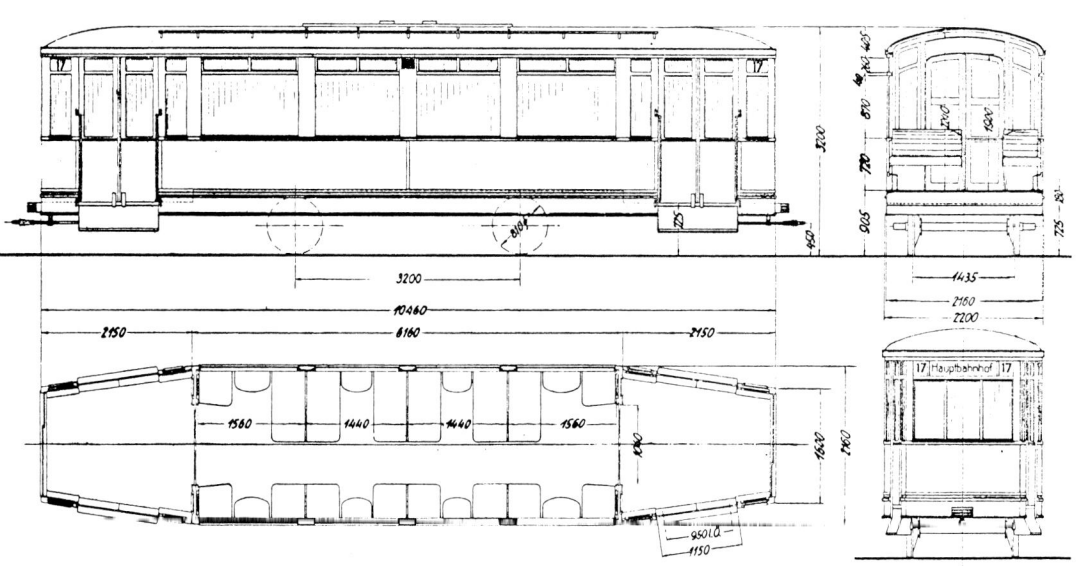

Stählerner Straßenbahnwagen mit 22 Sitzplätzen, Tonnendach, Stufe im Innenraum, großen festen Fenstern, Doppelschiebetüren und Preßprofil-Rammbohlen
Ausstattungsmerkmale: nur Quersitze und Fenstertische
analog S. 24

Hölzerner Straßenbahnwagen mit 24 Sitzplätzen, Aufbaudach, Stufe im Innenraum, Klapptüren, großen festen Fenstern und Preßprofil-Rammbohlen
analog S. 24

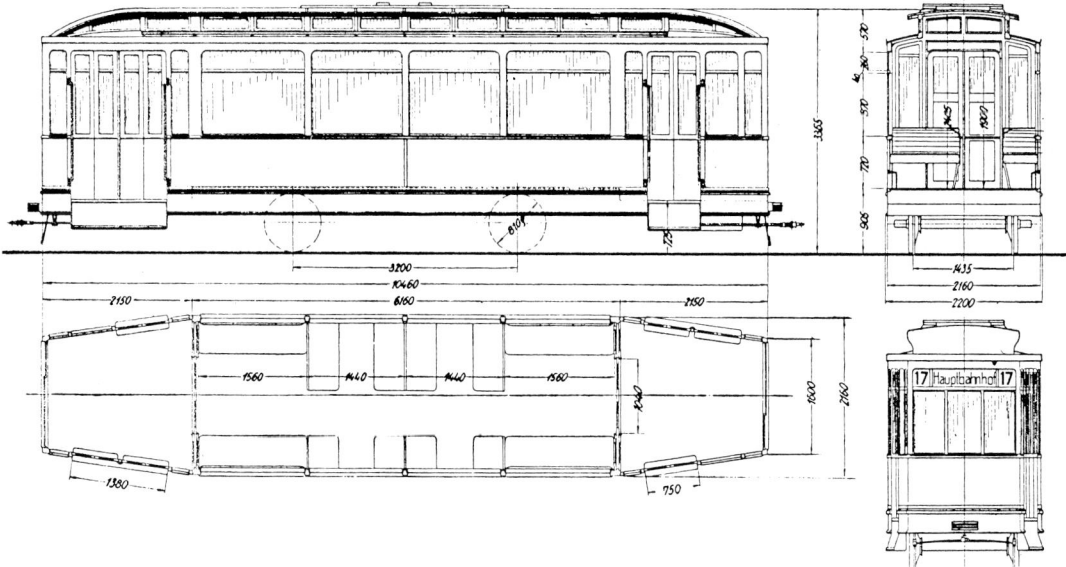

Hölzerner Straßenbahnwagen mit 24 Sitzplätzen, Aufbaudach, stufenlosem Innenraum, Schiebefenstern, Klapptüren und U-förmigen Rammbohlen
analog S. 24

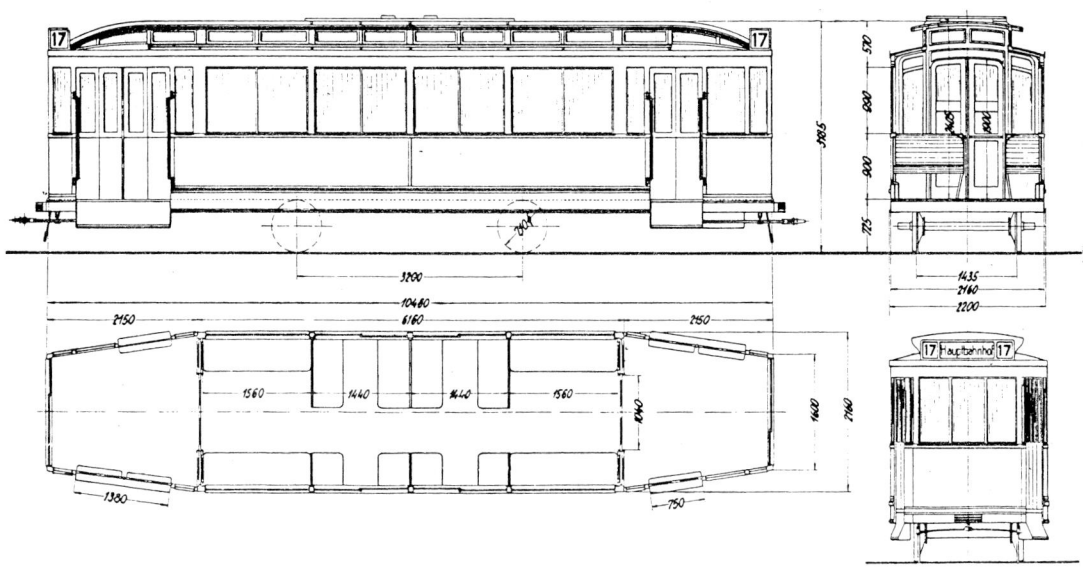

Mitteleinstieg-Straßenbahnwagen – Bereits 1930 wurde der Wagengrundriß so festgelegt, daß er vollkommen dem des Wagens mit Endeinstiegen entsprechen sollte.
aus: Verkehrstechnik 1930 Nr. 49, S. 656

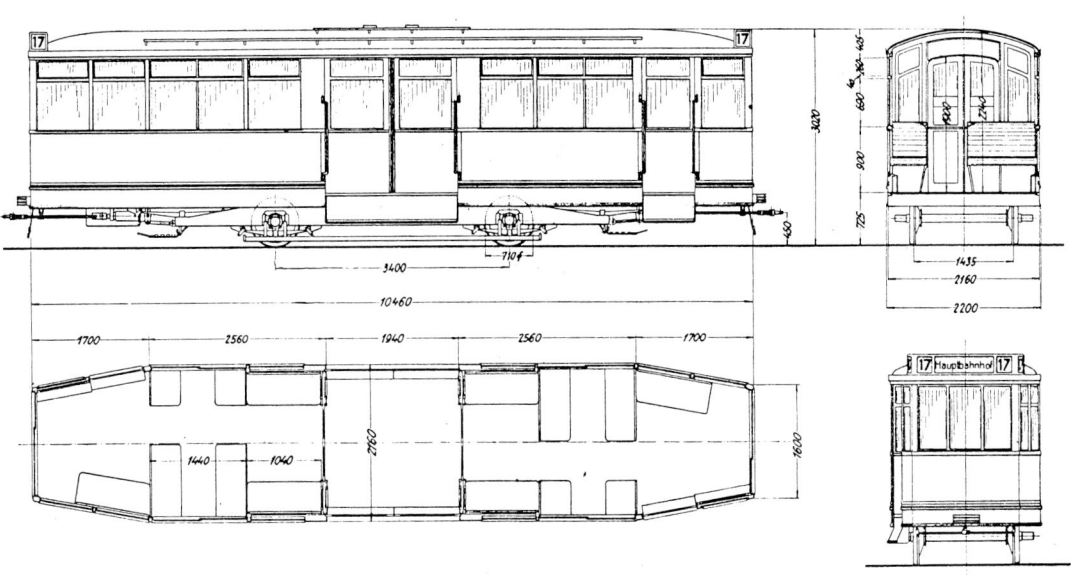

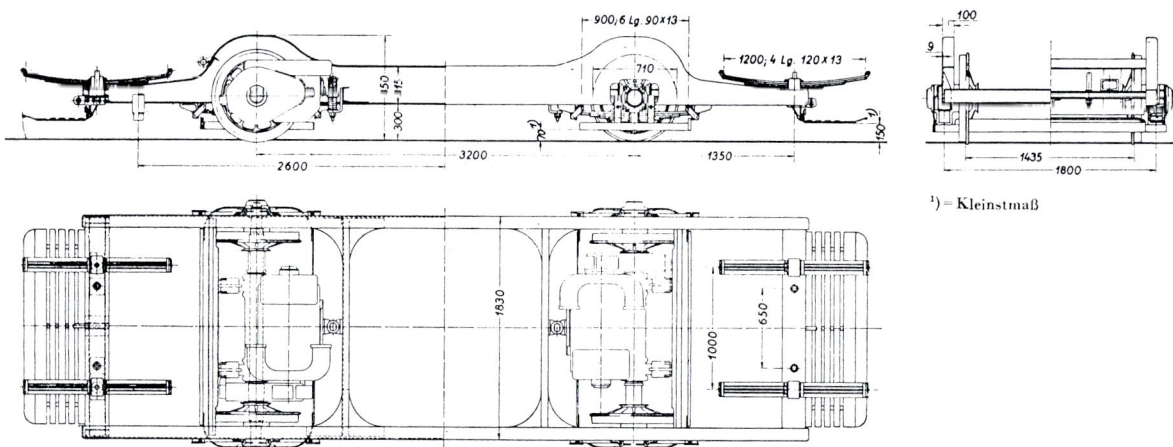

Fahrgestell für Regelspur mit hochliegendem Kopfträger, Laufkreisdurchmesser der Räder 710 mm, für alle alternativ vorgesehenen Achsabstände, geeignet für Wagenbauarten ohne Stufe im Innenraum

¹) = Kleinstmaß

Die eigentlich einheitlichen Plattformen sollten durch beliebige Wahl der Bauart und Anordnung der Türen nach den Wünschen der einzelnen Verwaltungen gestaltet werden können. Selbst die vielfach übliche unterschiedliche Gestaltung der vorderen und hinteren, d.h. der sich auf einem Perron gegenüber befindlichen Türen stand zur Auswahl.

Unter Ausnutzung aller Kombinationsmöglichkeiten wären selbst bei Weglassung einiger sich gegenseitig ausschließender Zusammensetzungen rund 12000 verschiedene *Einheits*-Straßenbahntriebwagen möglich gewesen. Unter Vernachlässigung der Varianten für die Plattformen hätten die Unternehmen immerhin noch zwischen 1000 bis 1500 einigermaßen sinnvoll kombinierten Straßenbahntriebfahrzeugen wählen können.

Dies wäre jedoch keinesfalls im Sinn des Vereinheitlichungsausschusses gewesen. Die Mitglieder dieses gemeinsamen Ausschusses der Straßenbahn- und Waggonunternehmen fügten der Vorstellung ihrer Entwürfe für den zweiachsigen Einheitstriebwagen deshalb die Mahnung an, weder von der Fülle der verschiedenen möglichen Lösungen noch von einer technisch realisierbaren Beibehaltung bisheriger Bauausführungen Gebrauch zu machen. Weiter heißt es:

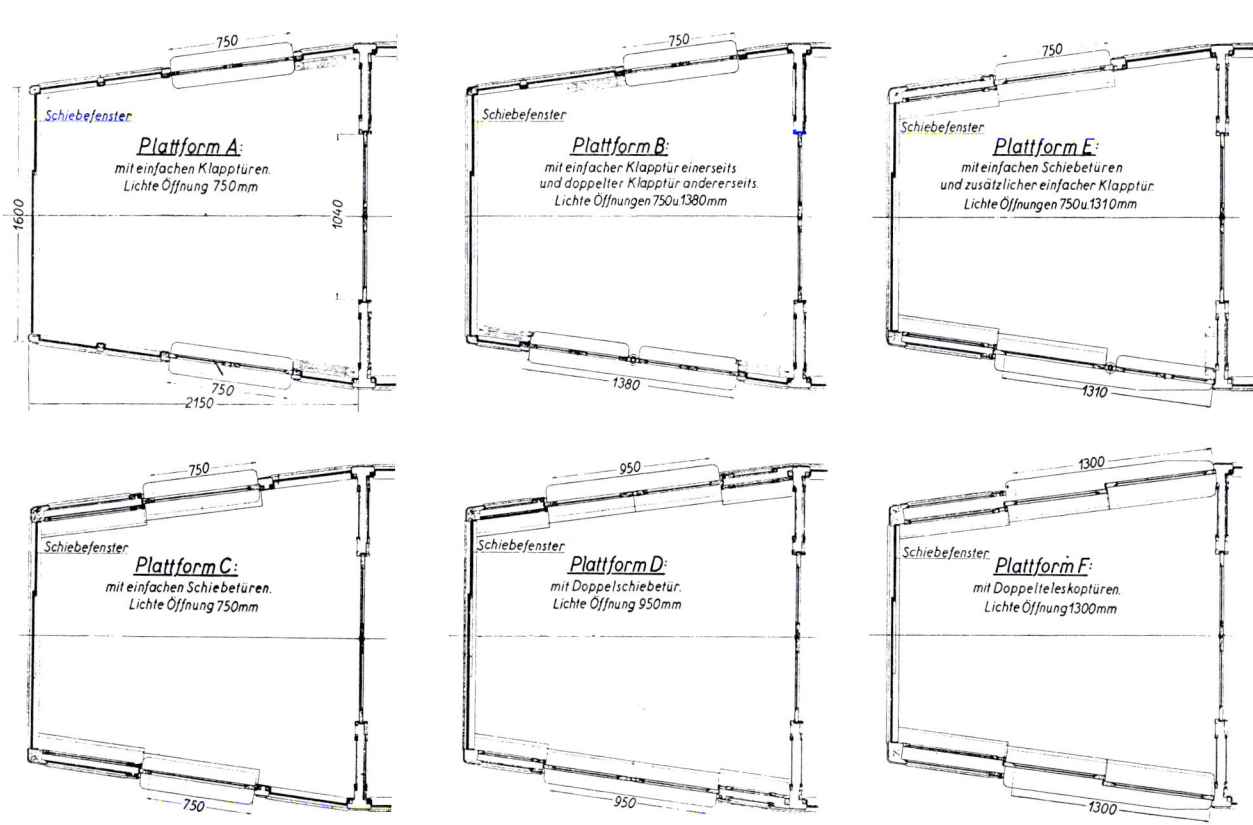

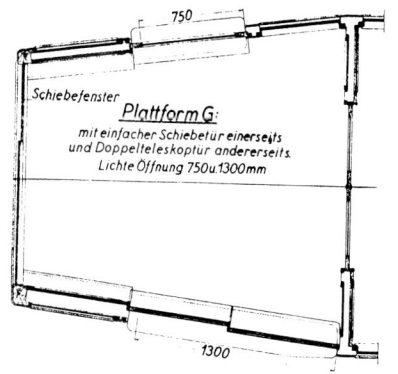 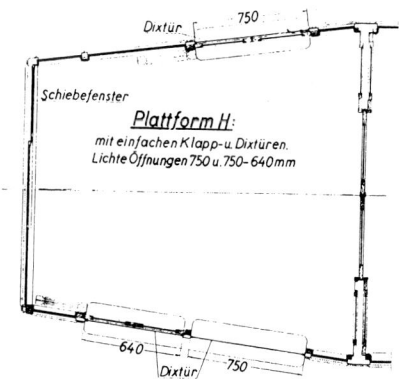

Gestaltung der Plattformen bei Anwendung von Klapptüren, Doppelschiebetüren, Doppelteleskoptüren bzw. Kombinationen dieser Türarten – eine Vielfalt von Varianten, die der Vereinheitlichung nicht dienlich sein konnte.

*Im Grunde erfordert jede alternative Konstruktion eine mehr oder weniger einschneidende Umänderung des Wagens und damit eine Unterbrechung der rationellen (serienmäßig aufgezogenen) Fabrikation der Wagen. Es liegt auf der Hand, daß bei sonst gleichen Voraussetzungen der Wagenpreis um so niedriger sein wird, je größer die Stückzahlen der in **einer** Serie ohne irgendwelche Unterschiede zu bauenden Wagen sind. Der wesentliche Erfolg im Streben nach dem billigen Einheitswagen wird daher erst erzielt durch Beschränkung und Festlegung auf die geringstmögliche Zahl weniger Einheitswagen.*[45]

Die Mitglieder des Vereinheitlichungsausschusses wollten eine möglichst breite Anerkennung ihrer Vorschläge erreichen. Sie legten deshalb keine Vorzugsvariante fest, gaben durch die Art der Erläuterung der möglichen Kombinationen und durch die Auswahl der zeichnerischen Darstellungen der nachfolgenden Diskussion aber eine bestimmte Richtung. Die größten Zukunftschancen wurden dem eisernen Wagen mit Tonnendach, großen festen Fenstern und Doppelschiebetüren eingeräumt. Die Anwendung der größeren Räder mit 810 mm Durchmesser und des Wagenkastens mit Stufe vom Perron zum Innenraum erhielt vor den für den Passagier bequemeren Alternativen vorerst den Vorrang, weil damit der Einbau aller bekannten Motortypen möglich war.

Die elektrische Ausrüstung der Triebfahrzeuge sollte von den Straßenbahnbetrieben frei gewählt werden können, wobei jedoch die bereits genormten Abmessungen und andere Parameter sowohl von den Herstellern als auch von den Nutzern der Fahrzeuge zu berücksichtigen waren. Ebenfalls nicht festgelegt wurden Art und Ausführung der mechanischen Bremse und der Wagenkupplung.

Fahrgestell und mechanischer Aufbau der Wagenkästen dagegen sollten ohne individuelle Abweichungen nur nach den fertigungsreif vorgelegten Detailzeichnungen gebaut werden.

In die Typisierungsvorschläge wurde nachträglich der Entwurf für einen zweiachsigen Mitteleinstiegtriebwagen aufgenommen, aber noch nicht in der ausgereiften Form der übrigen Dokumentation vorgelegt.

3.3. Der Einfluß von Normung und Typisierung auf den Bau von Straßenbahnfahrzeugen bis 1933

Ähnlich der ersten Phase des Vereinheitlichungsprozesses im deutschen Straßenbahnfahrzeugbau bis 1923 lagen auch die inhaltlich wesentlich hochwertigeren Ergebnisse der zweiten Phase zu einem Zeitpunkt vor, zu dem die allgemeine wirtschaftliche Situation eine praktische Umsetzung der fachlich ausgereiften Vorschläge kaum zuließ. Infolge der Weltwirtschaftskrise und der damit verbundenen Massenarbeitslosigkeit gingen die Fahrgastzahlen und damit die Einnahmen drastisch zurück. Die Krise traf die Straßenbahnbetriebe in einer Zeit, in der die Gleis- und Liniennetze ihre größte Ausdehnung erreicht hatten und alle verfügbaren Fahrzeuge eingesetzt werden mußten. Umfangreiche Mittel, zum großen Teil aus Krediten, waren in der Erwartung einer weiteren Zunahme der Verkehrsleistungen und entsprechender Einnahmen für Erweiterung und Modernisierung der Bahnanlagen und Fahrzeuge eingesetzt worden. Bereits laufende Fahrzeugbestellungen mußten nun storniert oder im Umfang reduziert werden. Bei den noch zur Auslieferung gekommenen Fahrzeugen waren die Typisierungsvorschläge noch nicht oder nur in geringem Umfang berücksichtigt worden. Kein einziger Straßenbahntriebwagen entsprach annähernd oder gar vollständig den Vereinheitlichungsvorstellungen. Dort, wo Details der Ausführung mit solchen der vorgeschlagenen Einheitstypen übereinstimmten, handelte es sich um die Beachtung inzwischen anerkannter Normen oder um konstruktive Lösungen des jeweiligen Bestellers bzw. Herstellers, die dieser erfolgreich in die Typisierung eingebracht hatte.

Unabhängig von der wirtschaftlichen Lage setzte der Vereinheitlichungsausschuß seine Beratungen vorerst fort. In den bereits erwähnten gemeinsamen Sitzungen mit dem Wagenbauausschuß am 8. März und 14. November 1930 wurde die Ausarbeitung der Entwürfe für einen vierachsigen Triebwagen, die Veränderung der Dachausbildung und des Seitenwandschnitts für die Einheitswagen sowie Korrekturen am Grundriß

---
[45] Verkehrstechnik 1929 Nr. 34, S. 594

des Mitteleinstiegwagens vereinbart. Über die vorläufigen Ergebnisse wurde 1931 berichtet[46].

Die letzte gemeinsame Sitzung des Wagenbau- und Vereinheitlichungsausschusses fand am 9. Mai 1931 in Dortmund statt. Über weitere Besprechungen sind jedenfalls keine Veröffentlichungen im offiziellen Organ des Verbandes Deutscher Verkehrsverwaltungen, der Zeitschrift *Verkehrstechnik*, erfolgt. Die auf der Dortmunder Sitzung behandelten Fragen ließen neue Aufgabenstellungen für die Typisierung auch nicht erkennen[47].

Die 28. Hauptversammlung des Verbandes Deutscher Verkehrsverwaltungen vom 18. – 20. Juni 1931 verlieh der kritischen Situation, in der sich insbesondere die Straßenbahnen befanden, deutlichen Ausdruck[48]. In einem Vortrag vor der Gruppenversammlung der Straßenbahnen sprach Dr.-Ing. Kremer, Direktor der Straßenbahn in Frankfurt am Main, über die Weiterentwicklung des deutschen Straßenbahnwagens[49]. Schon der Untertitel seines Vortrags *Möglichkeiten und Grenzen der Vereinheitlichung* deutete die Tendenz an, die sich insbesondere in den größeren Straßenbahnunternehmen herausgebildet hatte. Danach sollte die bisherige Typisierung mit einem Einheitswagen für kleinere und mittelgroße Betriebe abgeschlossen werden, während für Großstädte noch ein Großraum-Straßenbahnwagen zu entwickeln wäre. Die kleineren Straßenbahnbetriebe, die bisher kaum Einfluß auf die Typisierung der Fahrzeuge nehmen konnten, hatten aber weder die wirtschaftlichen Voraussetzungen, noch den Willen, mit Bestellungen die Aufnahme der Fertigung von Einheitswagen zu bewirken. Sie orientierten sich lieber an den Unternehmen, die gegen die Preispolitik der Waggonfabriken dadurch anzugehen versuchten, indem sie unter Verwendung gut erhaltener Bauteile älterer Fahrzeuge, insbesondere der Fahrgestelle und elektrischen Ausrüstungen, entweder selbst Umbau- oder Neuaufbaufahrzeuge herstellten oder dies durch einen ortsansässigen, in der gegebenen Situation beschäftigungslosen Betrieb durchführen ließen. Der Direktor der Straßenbahn Cottbus, Dr.-Ing. Grüning, beantwortete die Frage, ob alte Triebwagen umgebaut oder ersetzt werden sollten, eindeutig mit Umbau, weil dadurch nicht nur rund 75 % an Mitteln gegenüber einem neuen Wagen, sondern auch 40 % der jährlichen Kosten eingespart werden könnten[50].

Selbst Berlin ließ bei der Nationalen Automobil-Gesellschaft (NAG) einhundert Triebwagen unter teilweiser Verwendung von elektrischen Ausrüstungen aus den Jahren 1899 bis 1901 bauen. Der Achsstand von 3200 mm, die Wagenlänge und die Grundrißgestaltung ähneln dem zur Typisierung vorgesehenen Mitteleinstiegwagen, dessen Entwürfe jedoch nicht zum Abschluß gekommen waren.

Größere Bauserien von Triebfahrzeugen erhielten in den Jahren der Weltwirtschaftskrise noch Leipzig (Typ 29, 56 Stück) und München (Typ F, 41 Stück), in beiden Fällen vierachsige Wagen mit solchen konservativen Konstruktionsmerkmalen wie

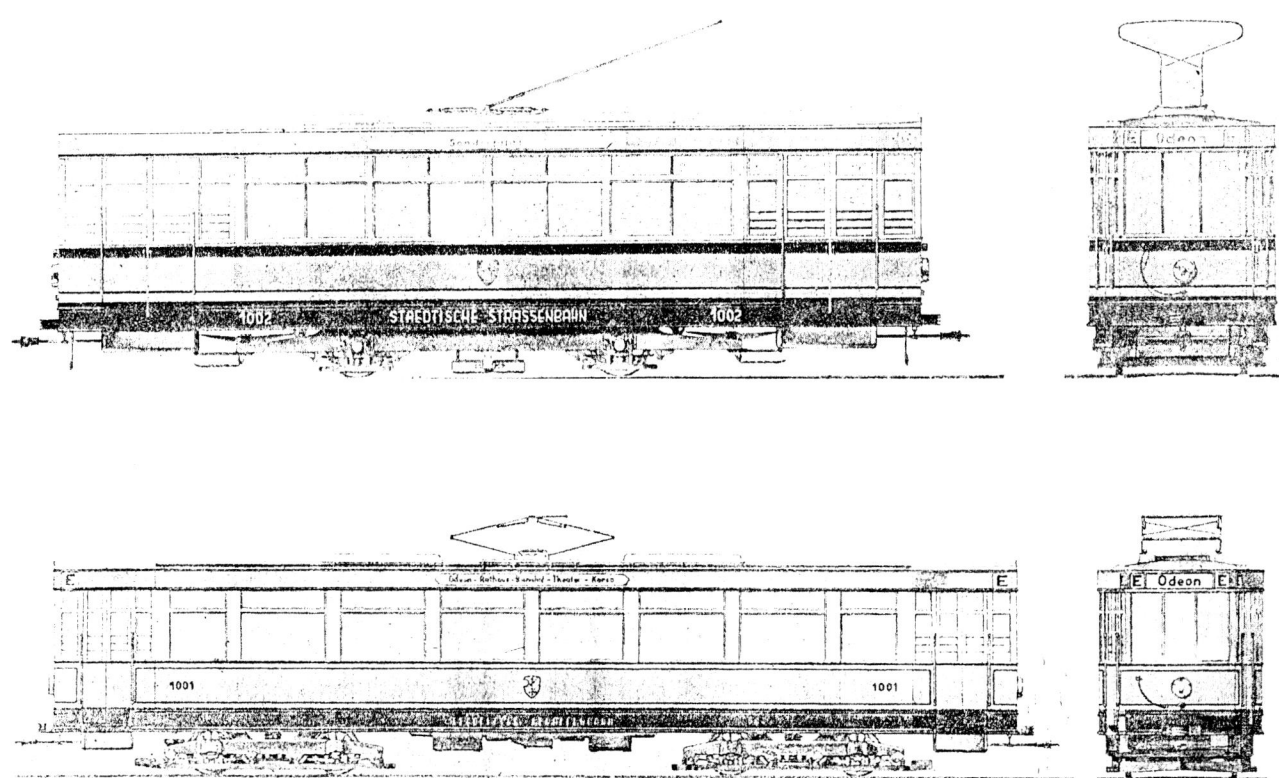

Normungsvorschlag für einen 14,0 m – Straßenbahnwagen (Vierachser)
oben
Normungsvorschlag für einen 10,5 m – Straßenbahnwagen
aus: Verkehrstechnik 1931 Nr. 13, S. 165

[46] Verkehrstechnik 1931 Nr. 13, S. 164/165
[47] Verkehrstechnik 1931 Nr. 23, S. 288
[48] Verkehrstechnik 1931 Nr. 27, S. 339 -342
[49] Verkehrstechnik 1931 Nr. 27, S. 341
(siehe auch Fußnote 37)
[50] Verkehrstechnik 1931 Nr. 40, S. 486/487

Berlin – Triebwagen Nr. 3679 im Auslieferungszustand. Der Typ TM 31 U wurde 1931/32 von der Nationalen Automobil-Gesellschaft (NAG) gebaut.
Foto: Sammlung Hilkenbach

Leipzig – 1929 wurden von drei Wagenbaufirmen 56 gleichartige Mitteleinstieg-Triebwagen (Serie Nr. 1001 – 1056) beschafft. Hier der Tw Nr. 1053 mit Bw Nr. 2080 aus der bereits 1925 in Niesky gebauten Serie Nr. 2005 – 2080, aufgenommen um 1929.
Foto: Grünwald
Sammlung: G. H. Köhler

Aufbaudach, Gleitlager und in München sogar noch mit Maximum-Drehgestellen.

Zu den wenigen modernen Fahrzeugen, die in größerer Stückzahl gebaut wurden, gehören die vierachsigen Dresdner Triebwagen, die unter der Bezeichnung *Großer Hecht* in die deutsche Straßenbahngeschichte eingegangen sind. Diese Triebfahrzeuge waren hinsichtlich ihrer Konstruktion, technischen Ausrüstung und äußeren Gestaltung der Zeit voraus[51]. Gemeinsam mit einigen Triebwagen aus kleineren Lieferserien für Straßenbahnbetriebe im Rhein-Ruhr-Gebiet wurden sie zu einem der technischen Ausgangspunkte für die spätere dritte Phase der Typisierung deutscher Straßenbahnfahrzeuge.

Die zweite Phase, die 1927 so erfolgversprechend begonnen hatte, konnte ihr Ziel nicht erreichen. Die fehlenden wirtschaftlichen Möglichkeiten für die praktische Umsetzung der Typisierungsvorschläge waren dafür entscheidend. Der Fehlschlag ist aber auch darauf zurückzuführen, daß durch weitgehende Berücksichtigung vieler individueller Forderungen selbst massive Gegner der Typisierung zur freiwilligen Unterordnung unter die vorgesehenen Vereinheitlichungsbeschlüsse gewonnen werden sollten.

Gegen eine solche Lösung nach dem Prinzip des kleinsten gemeinsamen Nenners waren vor allem die Ingenieure und Techniker des Vereinheitlichungsausschusses. Sie befürchteten, daß die Anwendung neuer Erkenntnisse der Naturwissenschaften und der Technik, moderner Fertigungsmethoden und hochfester Materialien der Übernahme altbewährter Konstruktionen geopfert werden würde. Durch die Zielstellung des Verbandes, einen allen Straßenbahnunternehmen geeignet erscheinenden Einheitswagen zu entwickeln, wurden diese Befürchtungen Realität.

---

[51] Verkehrstechnik 1930 Nr. 50, S. 665 – 667
Verkehrstechnik 1931 Nr. 12, S. 150 – 154
Verkehrstechnik 1931 Nr. 37, S. 450/451

NORMUNG UND TYPISIERUNG BIS 1933

München – Mit den Triebwagen des Typs F (Nr. 626 – 666) endete 1929/30 auch in München die Beschaffung von Maximum-Triebwagen, die damit letztmalig an ein deutsches Straßenbahnunternehmen geliefert wurden.
Hier Tw Nr. 659, aufgenommen im Jahr 1937.
Foto: GRÜNWALD/SAMMLUNG G. H. KÖHLER

Dresden – Der *Große Hecht*-Triebwagen, hier mit einem Beiwagen in Stahlbauweise, war um 1930 einer der modernsten Straßenbahntriebwagen in Deutschland. Hier Tw Nr. 1705 (Baujahr 1931) mit Bw Nr. 1330 (Baujahr 1930).
Foto: SAMMLUNG DR. BAUER

Dresden – Die Gestaltung des Fahrerplatzes war beim *Großen Hecht*-Triebwagen für einen Zweirichtungstriebwagen optimal gelöst. Die klapp- bzw. schwenkbaren Bedienelemente als platzsparende Lösung konnte sich bei späteren Entwicklungen nicht durchsetzen.
Foto: SAMMLUNG DR. BAUER

Vor der Beschreibung der Übergangszeit bis zur erneuten Aufnahme von Typisierungsarbeiten ist nochmals auf eine Fahrzeugbauart aufmerksam zu machen, die bei den weiteren Vereinheitlichungsbestrebungen nicht mehr berücksichtigt wurde. Die Wagen mit Mitteleinstieg, deren Vorteile vor allem in der niedrigen Schwerpunktlage und in der Möglichkeit liegen, breite Türen mit kleiner Einstiegshöhe anzuordnen, waren bei den Straßenbahnen in Europa und Amerika weit verbreitet.

Mit dem 11 m langen Triebwagen *Großer Kurfürst* kam 1897 in Dresden der erste deutsche Mitteleinstieg-Straßenbahnwagen zum Einsatz. Er blieb jedoch ebenso wie ein weiterer Prototyp in Straßburg/Elsaß ein Einzelgänger, da die technischen Möglichkeiten keine Weiterentwicklung zuließen. Dies änderte sich Mitte der 20er Jahre. Berlin entwickelte den Mitteleinstiegwagen zu einem der betriebsinternen Einheitstypen und hatte allein mehr als 400 derartiger Triebwagen neben einer größeren Anzahl gleichartiger Beiwagen im Betrieb. Daneben sind Leipzig und Köln als Städte, in denen in größerem Umfang Mitteleinstieg-

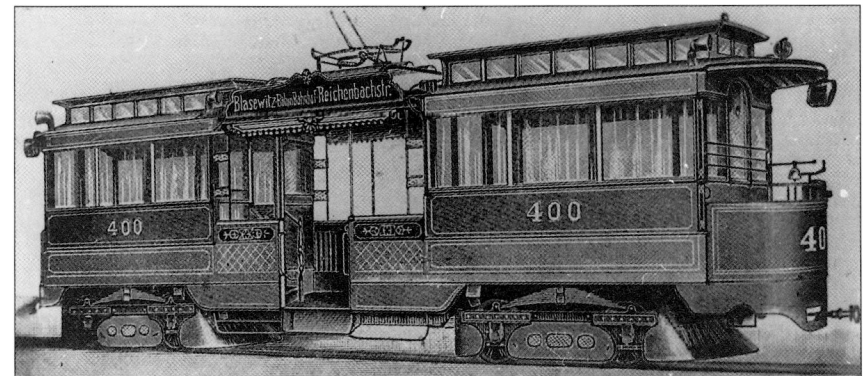

Dresden – Der erste deutsche Mitteleinstieg-Triebwagen, genannt *Großer Kurfürst*, war schon 1897 gebaut wurden, blieb aber ein Einzelgänger.
Foto: Sammlung Dr. Bauer

Straßburg – Auch die *Straßburger Straßenbahnen* setzten schon um die Jahrhundertwende Mitteleinstieg-Triebwagen ein. Der hier gezeigte Tw Nr. 200 hatte im Gegensatz zum Dresdner *Großen Kurfürst* schon geschlossene Plattformen, wurde aber vorrangig als Zugfahrzeug im Güterverkehr genutzt.
Foto: Sammlung Hilkenbach

Berlin – Die Firmen WUMAG und Christoph & Unmack bauten im Jahr 1927 in größerer Stückzahl Mitteleinstieg-Triebwagen mit Zugsteuerung. Hier Tw Nr. 3525 auf einem Werkfoto noch ohne Stangenstromabnehmer.
Foto: Sammlung Dr. Bauer

Köln – Moderner Ringbahnzug mit Tw Nr. 922 aus der Serie Nr. 915 – 968, gebaut 1928/3 0. Diese unechten Zweirichtungswagen (Zwillingstriebwagen mit je nur einem Fahrerstand) waren mit einer Zugsteuerung ausgerüstet, die auch das Einfügen eines gleichartigen Beiwagens ermöglichte. Alle Wagen hatten End- und Mitteleinstiege.
Foto: Sammlung Hilkenbach

Zug der Oberrheinischen Eisenbahn-Gesellschaft (OEG) aus vier gekuppelten Mitteleinstiegwagen, aufgenommen 1965. Obwohl alle Fahrzeuge einen Stromabnehmer haben, sind nur die an den Zugenden Triebwagen (Nr. 21 und 55). Dazwischen sind mit dem jeweiligen Triebwagen kurzgekuppelte Steuerwagen (Nr. 22 und 56). Die 1928 gebauten 21 Halbzüge (Nr. 21/22 – 61/62) waren bis 1974 das Markenzeichen der OEG.
Foto: Sammlung Hilkenbach

Essen – Der 1934 gebaute MONTOS-Triebwagen (nach Obering. Montrose-Oster) Nr. 505 war technisch seiner Zeit so weit voraus, daß erst seit Mitte der 80er Jahre wieder auf wesentliche Details dieses Fahrzeugs zurückgegriffen wird. So besaß er u.a. vier mit je einem Motor angetriebene Einzelräder, zwei Einrohrstromabnehmer und einen durchgehenden Fußboden in nur 380 mm Höhe.
Foto: Sammlung Hilkenbach

Triebwagen zum Einsatz kamen, bekannt geworden. Bewährt hatten sie sich auch im Überlandverkehr, wofür sie außer Köln auch die Oberrheinische Eisenbahngesellschaft (OEG) verwendete.

Oberingenieur Montrose-Oster entwickelte für Essen den modernsten Mitteleinstiegwagen. Dieses Fahrzeug hatte nicht nur einen durchgehenden Stahlfußboden mit einer Höhe von nur 380 mm über Schienenoberkante und eine 1700 mm breite, elektrisch verschließbare Tür, sondern auch Einzelradantrieb, selbst-

Essen – 1938 erhielt der MONTOS-Triebwagen einen normalen Scherenbügel. Das Bild, während der Düsseldorfer Fahrzeugschau 1938 aufgenommen, zeigt den niedrigen Fußboden und die geringe Fahrzeughöhe im Verhältnis zu danebenstehenden Triebwagen besonders deutlich. Ein 1942 gebauter zweiter Wagen (Nr. 506) konnte nicht mehr elektrisch ausgerüstet werden. Leider wurden beide Fahrzeuge bereits 1943 bei Bombenangriffen zerstört und das moderne Konzept nach Kriegsende nicht wieder aufgegriffen.
Foto: SAMMLUNG HILKENBACH

Stettin – Der Mitteleinstieg-Triebwagen Nr. 184 gehörte zur 1939 gebauten, äußerlich modernisierten Nachlieferung (Tw Nr. 180 – 184) der bereits 1930 angeschafften fahrgestellosen Mitteleinstieg-Triebwagen deren Räder einen Durchmesser von nur 660 mm hatten. Eine weitere Nachlieferung von 6 Fahrzeugen erfolgte 1942, als es eigentlich nur noch Einheits-Straßenbahnwagen geben sollte.
Foto: W. VON LINSTOW/SAMMLUNG HILKENBACH

tätige Fahrschalter, Öldruckbremse und viele andere technische Neuigkeiten. Der für einen zweiachsigen Wagen ungewöhnliche Achsabstand von 6300 mm war nur möglich, weil das Fahrzeug eigentlich keine Achsen besaß, sondern die Räder einzeln aufgehängt waren und sich in den Kurven radial zum Krümmungsmittelpunkt einstellten[52].

Modern gestaltete, aber konventionell ausgerüstete Mitteleinstiegtriebwagen fuhren auch in Stettin. Auffällig ist, daß die Stettiner Straßenbahn als letzte in Deutschland noch 1942, zu einem Zeitpunkt also, zu dem eigentlich nur noch Einheitsstraßenbahnwagen hätten gebaut werden dürfen, 15 neue Mitteleinstiegtriebwagen erhielt[53].

Daß die Mitteleinstiegbauart bei weiteren Typisierungsvorschlägen keine Berücksichtigung fand, ist vor allem darauf zurückzuführen, daß auf einheitliche Fahrgestelle orientiert wurde. Die meisten Mitteleinstiegwagen besaßen jedoch kein besonderes Fahrgestell, weil damit der Vorteil der niedrigen Einstiegshöhe verloren gegangen wäre.

---

[52] Verkehrstechnik 1934 Nr. 12, S. 329 – 331
[53] Verkehrstechnik 1930 Nr. 39a, S. 511 – 513

3.4. Der deutsche Straßenbahnfahrzeugbau von 1933 bis 1945

3.4.1. Die Rolle der Straßenbahn in der Verkehrspolitik des Dritten Reiches

Schon kurz nach der Machtübernahme durch die Nationalsozialisten wurde die deutsche Öffentlichkeit über die Schwerpunkte der zu erwartenden Verkehrspolitik informiert. In seiner Rede zur Eröffnung der Internationalen Automobil- und Motorrad-Ausstellung am 11. Februar 1933 stellte der neue Reichskanzler Adolf Hitler den Kraftwagen neben das Flugzeug und erklärte beide Verkehrsmittel zu den genialsten der Menschheit. Nach seinen Worten hätte mit der Eisenbahn die individuelle Freiheit des Verkehrs aufgehört, weil mit ihr der Zwang des Fahrplans und der an fest verlegte Schienen gebundene Verkehrsweg entstanden seien[54]. Ausgehend von diesen Worten und den unmittelbar in den ersten Monaten der Herrschaft des neuen Regimes eingeleiteten Maßnahmen waren für schienengebundene Verkehrsmittel keine nennenswerten Förderungsmaßnahmen des Staates zu erwarten. Daran änderte sich auch nach der 100-Jahrfeier der deutschen Eisenbahnen nichts, obwohl zu deren Anlaß wiederum Hitler sagte:

Wir können uns sehr wohl das heutige Leben vorstellen ohne Flugzeug und auch ohne Kraftwagen. Wir können uns das heutige Leben nicht vorstellen ohne Eisenbahn.[56]

Die kraftfahrzeugorientierte Verkehrspolitik der Nationalsozialisten umfaßte alle Bereiche des täglichen Lebens von der Produktion bis zur Auswahl der Verkehrsmittel für alle Beförderungs- und Transportaufgaben und erstreckte sich über das *Nationalsozialistische Kraftfahrer-Korps (NSKK)* bis in die Gliederungen der Partei (NSDAP). Die Veränderung der Kraftfahrzeugbesteuerung, der forcierte Ausbau des Straßennetzes, insbesondere der Bau der Reichsautobahnen, und zahlreiche andere flankierende Maßnahmen sollten öffentlichkeitswirksam der Beseitigung der Arbeitslosigkeit dienen. Nicht oder nur wenig publik gemacht wurde die wesentlich wichtigere Bedeutung für die Stärkung der Wehrkraft des neuen Reiches.

Der bereits seit 1932 im Amt befindliche Reichsverkehrsminister Eltz von Rübenach konnte zwar die von Hitler geforderte Herauslösung der staatlichen Interessenvertretung des Kraftwagenverkehrs aus dem Rahmen des Reichsverkehrsministeriums verhindern, gegen die Einschränkungen bzw. den vollständigen Wegfall staatlicher Maßnahmen zur Existenzsicherung und zum Ausbau traditionell bedeutsamer Verkehrsträger war er aber machtlos. Während die privaten Eisenbahnen gemäß dem *Gesetz zur Verminderung der Arbeitslosigkeit* vom 1. Juni 1933 von den ursprünglich im *Reinhardt-Programm*[56] vorgesehenen 20 Millionen Reichsmark noch 5 Millionen zugewiesen bekamen, war eine Bereitstellung von Reichsmitteln für die Straßenbahnen nicht nur vom Finanz-, sondern auch vom Verkehrsministerium von vornherein abgelehnt worden.

Um die gewonnene Massenbasis zu sichern, hatte die nationalsozialistische Führung unmittelbar nach der Machtergreifung einige ihrer Wahlversprechungen verwirklicht, ohne selbst die finanzielle Verantwortung dafür zu tragen. Betroffen waren auch die Verkehrsunternehmen, indem die Beförderungstarife für Kurzstreckenfahrten mit der Straßenbahn gesenkt sowie eine Reihe von Fahrpreisvergünstigungen für Polizei und Gliederungen der NSDAP gewährt werden mußten. Damit wurde der Protest selbst der erst nach der Machtübernahme von dieser Partei in ihre Funktionen eingesetzten Direktoren ausgelöst, nach deren Auffassung die daraus resultierenden Einnahmeverluste ein unerträgliches Maß angenommen hatten. Die in der Zeit der Weltwirtschaftskrise immer komplizierter gewordene Lage der überwiegend in kommunalen Besitz befindlichen, aber als selbständige Gesellschaften geführten Straßenbahnbetriebe verschlechterte sich so noch weiter. An umfangreiche Instandhaltungsmaßnahmen oder gar Investitionen war nicht zu denken.

Die am 16. Mai 1933 erfolgte Berufung des Präsidenten des Reichsverbandes Deutscher Verkehrsverwaltungen zum *Beauftragten des Reichsverkehrsministers für den öffentlichen Nahverkehr*, an die viele Straßenbahnverwaltungen große Hoffnungen knüpften, fand nie die Billigung Hitlers. Er wies deshalb die Abberufung dieses und anderer *Beauftragter* an. Einer entsprechenden Anordnung des Reichsministers des Inneren vom 11. Juli 1933 kam der Reichsverkehrsminister mit Wirkung vom 1. Oktober 1933 nach[57]. Die fast zeitgleich an die Nahverkehrsbetriebe ergangene Aufforderung, ihre von der *marxistischen* Politik des Weimarer Staates zerstörte Rentabilität wieder herzustellen, macht deutlich, daß nicht die Absicht bestand, Maßnahmen zur Sanierung des Nahverkehrs einzuleiten oder entsprechende Vorstellungen zu erarbeiten.

Leitende Mitarbeiter der Nahverkehrsunternehmen versuchten, diese fehlende Orientierung durch eigene Konzepte zu ersetzen. Das Vorstandsmitglied der Berliner Verkehrs-Aktiengesellschaft (BVG), Direktor W. Benninghoff formulierte seine Auffassungen zum Beispiel so:

Aus der Tatsache, daß nach den Richtlinien unseres Führers Adolf Hitler die Motorisierung des Verkehrs zu betreiben ist, ergibt sich die Notwendigkeit, für die Großstadt ein neues Personen-Beförderungsmittel zu schaffen, das gegenüber den bisherigen eine wesentlich höhere Reisegeschwindigkeit bei geringeren Unterhaltungs- und Betriebskosten aufweist.[58]

Benninghoff meinte hier den elektrisch betriebenen Oberleitungsomnibus (Obus), damals als *Drahtbus* bezeichnet. Andere Verkehrsunternehmen, vor allem aber die den neuen Machthabern treu ergebenen Kommunalpolitiker glaubten jedoch vielfach, mit dem verstärkten Einsatz von Kraftomnibussen den Zielen der neuen Verkehrspolitik besser zu entsprechen.

Am 10. Oktober 1935 mußte Ministerialdirektor Knaut vom Reichsverkehrsministerium auf der 30. Hauptversammlung des Reichsverbandes Deutscher Verkehrsverwaltungen in Nürnberg

---

[54] Verkehrstechnik 1933 Nr. 5, S. 110/111
[55] Verkehrstechnik 1937 Nr. 1, S. 1
[56] genannt nach Fritz Reinhardt, 1928 NSDAP-Gauleiter Oberbayern, ab 1933 Staatssekretär im Reichsfinanzministerium
[57] Verkehrstechnik 1933 Nr. 23, S. 593
[58] Verkehrstechnik 1933 Nr. 23, S. 579

offen eingestehen, daß bei den grundlegenden organisatorischen und gesetzgebenden Maßnahmen des Staates auf dem Gebiet des Verkehrswesens der Nahverkehr keine Berücksichtigung gefunden hatte. Er begründete dies damit, daß reifliche Überlegungen und Prüfungen notwendig wären und somit diese Aufgaben noch eine gewisse Zeit beanspruchen würden[59].

Dabei hatte die Präambel des *Gesetzes über die Beförderung von Personen zu Lande* vom 4. Dezember 1934[60] die Führung des Verkehrs als ausschließliche Aufgabe des nationalsozialistischen Staates bezeichnet und - um Mißverständnisse auszuschließen - zum Ausdruck gebracht, daß es die Reichsregierung übernimmt, die öffentlichen Verkehrsmittel im weitesten Sinne durch einheitliche und großzügige Regelung zu zweckentsprechendem, dem gemeinen Nutzen dienenden Einsatz zu bringen[61].

Die rüstungsorientierte Wirtschaftspolitik führte zu einer allmählichen Überwindung der Arbeitslosigkeit. Obwohl die Anzahl der beförderten Personen und damit die Einnahmen langsamer als erwartet anstiegen, konnten ab Mitte 1935 die Straßenbahnbetriebe die notwendige Erneuerung und Erweiterung ihres Wagenparks ernsthaft ins Auge fassen.

Der im Sommer 1936 verkündete Vierjahresplan, der das Deutsche Reich von Importen weitgehend unabhängig, die Wirtschaft kriegsstabil und die Wehrmacht einsatzfähig gestalten sollte, veränderte die Situation grundlegend. Die straff organisierte Zwangsbewirtschaftung vor allem bei Metallen benachteiligte schienengebundene Verkehrsmittel, sofern sie nicht in Rüstungs- oder Autarkiemaßnahmen einbezogen waren, in mehrfacher Hinsicht. Instandhaltungsmaßnahmen an den Bahnanlagen und Fahrzeugen mußten auf ein Minimum reduziert, Erneuerungs- und Erweiterungsvorhaben eingestellt werden. Der relativ geringe Bedarf metallischer Rohstoffe für den Bau der Kraftfahrzeuge, die fehlende Notwendigkeit für die Errichtung und Unterhaltung eigener Verkehrswege sowie die in Aussicht gestellte massenhafte synthetische Erzeugung von Reifenmaterial und Treibstoffen aus einheimischen Rohstoffen ließ die schon verhaltener gewordenen Forderungen, Straßenbahnen durch Omnibusse zu ersetzen, wieder in den Vordergrund treten.

Die Führungskräfte der Straßenbahnbetriebe, in der Mehrzahl aktive Mitglieder der nationalsozialistischen Partei, warnten vor den schlimmen Folgen, zu denen eine gefährliche Fehleinschätzung führen könnte. Mit großem publizistischen Aufwand wurde die Leistungsfähigkeit der Straßenbahn insbesondere im Massenverkehr dargestellt. Häufig inszenierte Propagandaveranstaltungen wie Turner- und Sängertreffen, der *Tag der Arbeit* (1. Mai) und die Reichsparteitage in Nürnberg sowie die Olympischen Spiele 1936 in Berlin lieferten ausreichend Material dafür.

Weil dies nicht ausreichte, eine Unterstützung der Straßenbahnbetriebe durch den Staat zu erwirken, wurde Ende 1936 von der Leitung der Reichsverkehrsgruppe Schienenbahnen mit Unterstützung maßgeblicher Personen aus der NSDAP-Führung eine Kundgebung angesetzt. Mit der Begründung, in der Veranstaltung den Aufgabenkreis der Schienenbahnen nach den Grundsätzen der nationalsozialistischen Führung des Reiches zu ergänzen und zu vertiefen, wurde sogar erreicht, daß die Berliner Krolloper, in der seit dem Reichstagsbrand und dem Erlaß des Ermächtigungsgesetzes Hitler und andere Führungskräfte des Dritten Reiches bei besonderen geschichtlichen Entscheidungen den Reichstagsabgeordneten ihre Politik verkündeten und sich bejubeln ließen, für die Kundgebung zur Verfügung stand. Unter den 1100 Teilnehmern befanden sich der Reichsverkehrsminister Eltz von Rübenach und eine ungewöhnlich große Zahl von Vertretern der Reichs-, Länder- und Gemeindebehörden. Nach den für Veranstaltungen jener Zeit üblichen Eröffnungszeremonien und -reden wurden relativ offen die fehlende Nahverkehrspolitik des Staates sowie die durch den Vierjahresplan verschärften Behinderungen und Benachteiligungen kritisiert[62].

Der Nürnberger Oberbürgermeister Liebel, dem als Oberhaupt der Stadt der Reichsparteitage ein besonders enges Verhältnis zu den NSDAP-Führern zugetraut wurde, setzte sich am Schluß der Veranstaltung äußerst hart mit den Kritikern der Schienenbahnen auseinander. Er bezeichnete die weitverbreitete Voreingenommenheit gegen die Schienenbahnen als unsachliche Hetze und rief besonders die Führungskräfte der Straßenbahnbetriebe auf, sich mit aller Entschiedenheit gegen unberechtigte, unsachliche, leichtfertige und im ganzen sinnlose Angriffe zur Wehr zu setzen.

Die Kundgebung der Reichsverkehrsgruppe Schienenbahnen blieb nicht ohne Wirkung. Am 12. Februar 1937 wurde die Personalunion zwischen Reichsverkehrsminister und Reichspostminister beseitigt. Neuer Reichsverkehrsminister wurde der vorherige Generaldirektor der Deutschen Reichsbahn-Gesellschaft, Dr. Julius Dorpmüller.

Die Veränderungen erfolgten auf der Grundlage des am 10. Februar 1937 von der Reichsregierung beschlossenen *Gesetzes über die Neuregelung der Verhältnisse der Reichsbank und Reichsbahn*[63]. Mit diesem Gesetz wurde die von Hitler am 4. Jahrestag der Machtübernahme verkündete endgültige Unterstellung der Reichsbahn unter die alleinige Hoheit des Staates verwirklicht. Der neue Reichsverkehrsminister legte bereits am 26. Februar 1937 per Erlaß die Einführung der monatlichen Statistik des Personenverkehrs der Straßenbahnen fest, um eine kurzfristige Analyse des Zustandes der Straßenbahnen und einen kontinuierlichen Überblick über deren Entwicklung zu erhalten. Beim Reichsbeauftragten für Eisen und Stahl hatte er schon am 23. Februar 1937 erreicht, daß die nichtreichseigenen Schienenbahnen als Bedarfsträger anerkannt und die Reichsverkehrsgruppe als Kontingentstelle bestimmt wurden.

---

[59] Verkehrstechnik 1935 Nr. 20, S. 529
[60] Reichsgesetzblatt 1934 Teil I, S. 1217
[61] Verkehrstechnik 1937 Nr. 10, S. 238/239
[62] Kremer, Die deutschen Straßenbahnen und das Rohstoffproblem
in: Verkehrstechnik 1936 Nr. 23, S. 586/587
Kremer, Die Konjunktur der deutschen Straßenbahnen
in: Verkehrstechnik 1937, Nr. 2, S. 33 – 37
Willenberg, Die Zukunft des Personenverkehrs
in: Verkehrstechnik 1936 Nr. 23 S. 590 – 593
Willenberg, Aus der Tätigkeit der Reichsverkehrsgruppe Schienenbahnen
in: Verkehrstechnik 1937 Nr. 1, S. 5 – 8
Willenberg, Rückblick – Ausblick
in: Verkehrstechnik 1937 Nr. 22, S. 527/528
-dt. (Schmidt), Die Kundgebung der Reichsverkehrsgruppe Schienenbahnen
in: Verkehrstechnik 1936 Nr. 24, S. 621 – 624
Liebel, Verkehrssorgen – öffentliche Sorgen?
in Verkehrstechnik 1936 Nr. 24, S. 627 – 631
Stanik, Tagessorgen des Nahverkehrs
in: Verkehrstechnik 1936 Nr. 24, S. 631 – 634
[63] Reichsgesetzblatt 1937 Teil II, S. 47

Die neuen, für die Straßenbahnen positiven Entscheidungen und Perspektiven, zu denen langfristig auch die Entwicklung einheitlicher Straßenbahnfahrzeugtypen gehören sollte, kamen in ihrer praktischen Umsetzung jedoch nicht über Ansätze hinaus. Nachdem der Anschluß Österreichs und des Sudetengebietes an das Deutsche Reich sowie die Bildung des Protektorats Böhmen und Mähren noch durch Drohung mit militärischer Gewalt erreicht worden war, wurde deutlich, daß weitere Gebietsansprüche nicht ohne Krieg durchzusetzen waren. Es kam deshalb im nationalsozialistischen Staat nie zu einer wirksamen Nahverkehrspolitik, sondern in den nachfolgenden Jahren nur zu einer engen Einbeziehung auch der Straßenbahnen in kriegswirtschaftliche Maßnahmen.

3.4.2. Entwicklungen im Straßenbahnfahrzeugbau zwischen 1933 und 1938

Als 1931 infolge der Weltwirtschaftskrise die Leistungen und Einnahmen der Straßenbahnunternehmen zurückgingen und damit die Beschaffung neuer Straßenbahnwagen weder notwendig noch möglich war, wurden die Vereinheitlichungsarbeiten eingestellt. Die Deutsche Wagenbau-Vereinigung sah sich veranlaßt, ihr Konstruktionsbüro aufzulösen[64].

Die Vertreter der Nahverkehrsunternehmen hatten in den Jahren der Wirtschaftskrise und in der Zeit ihrer allmählichen Überwindung jede Gelegenheit nutzen müssen, um gegen die in der Öffentlichkeit zunehmend geforderte Ablösung der Straßenbahnen durch Kraftomnibusse aufzutreten. Bei allgemeiner Anerkennung der Straßenbahn als zuverlässiges, sicheres und wirtschaftliches Massenverkehrsmittel, wurden ihre veralteten Fahrzeuge immer wieder den modernen Ausführungen der Omnibusse gegenübergestellt. Solange keine neuen Straßenbahnfahrzeuge in Auftrag gegeben werden konnten, war es weder den Verkehrsunternehmen, noch der Elektroindustrie und den Waggonfabriken möglich, die Fortschritte der Technik auch bei den Schienenfahrzeugen zur Geltung zu bringen. Einzelne Straßenbahnbetriebe ergriffen deshalb die Initiative und entwickelten gemeinsam mit Betrieben der Wagenbau- und Elektroindustrie moderne Fahrzeuge. Die finanziellen Möglichkeiten der Verkehrsunternehmen und die Materialbewirtschaftung des Staates ließen meist nur Einzelexemplare oder Kleinstserien neuer Straßenbahnwagen zu. Auf diese Weise wurde jedoch wenigstens die Erprobung neuer Bauteile und Konstruktionen ermöglicht. Äußeres Erscheinungsbild, Bequemlichkeit und Geschwindigkeit hielten jedem Vergleich mit den modernen Omnibussen stand. Damit konnten die neuen Straßenbahnfahrzeuge eine wichtige Aufgabe, die Rückgewinnung der Gunst der Fahrgäste, überzeugend erfüllen. Besonders günstig wirkte sich aus, daß im Rahmen der gesetzlichen Gleichstellung der Straßenverkehrsmittel und im Vorfeld der ersten reichseinheitlichen Bau- und Betriebsvorschriften für Straßenbahnen[65] die zulässige Höchstgeschwindigkeit durch Erlaß des Reichsverkehrsministers vom 12. November 1936 auf 60 km/h erhöht wurde[66].

---

[64] Verkehrstechnik 1941 Nr. 11/12, S. 185
[65] Reichsgesetzblatt 1937 Teil I Nr. 123
[66] Reichsverkehrsblatt 1936 Ausgabe B, S. 360

In den USA wurde konsequent die Entwicklung des PCC-Wagens als Vierachser betrieben. Diese Einrichtungsfahrzeuge waren nicht für den Betrieb mit Beiwagen, aber in begrenztem Maße für Fahrgastfluß vorgesehen. Hier der 1936 gebaute PCC-Prototyp.
Foto: SAMMLUNG KRAMBLES / DR. BAUER

Nordhausen – Eine für das Baujahr 1934 außergewöhnlich Form hatten die von Wismar/SSW gebauten Triebwagen (Serie Nr. 21 – 28) mit dem extrem kleinen Achsstand von 2,25 m. Hier Tw 21 im Jahr 1937; aufgenommen am Bahnhof.

Foto: GRÜNWALD/SAMMLUNG G. H. KÖHLER

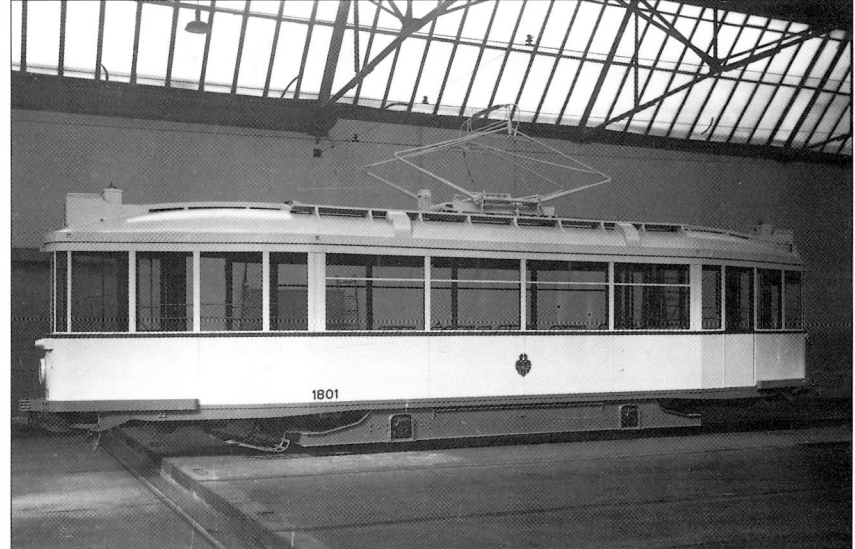

Dresden – Der *Kleine Hecht* – Triebwagen Nr. 1801, im Jahr 1934 ursprünglich als Einrichtungstriebwagen gebaut, erhielt für die Düsseldorfer Wagenschau 1938 zahlreiche Besonderheiten, so Schwebeachsen, drei statt vier Seitenfenster und eine Fahrgestellabdeckung. Außerdem wurde er – auch wegen der hohen einseitigen Radreifenabnutzung – zum Zweirichtungstriebwagen umgebaut.

Foto: SAMMLUNG DR. BAUER

Dresden – Der Fahrgastraum des *Kleinen Hecht*-Triebwagens in seiner funktionellen und ästhetischen Gestaltung.

Foto: SAMMLUNG DR. BAUER

Um eine im Vergleich mit den Omnibussen gleichwertige oder höhere Reisegeschwindigkeit auch mit Straßenbahnen zu erreichen, genügte die Nutzung der nun zulässigen Geschwindigkeit allein jedoch nicht. Dazu war es erforderlich, auch Anfahrbeschleunigung und Bremsverzögerung zu verbessern sowie den Zeitaufwand für den Fahrgastwechsel zu reduzieren.

In Vorträgen und Aufsätzen konkretisierten und begründeten Fachleute der Nahverkehrsbetriebe die technisch-konstruktiven und gestalterischen Anforderungen an neue Straßenbahnfahrzeuge[67]. Diese Forderungen knüpften an fortschrittliche Lösungen der zwanziger Jahre an. Ebenfalls erkennbar war der Einfluß der nach einheitlichen Richtlinien intensiv betriebenen Entwicklung moderner Straßenbahntriebfahrzeuge in den Vereinigten Staaten von Amerika, obwohl wesentliche Grundgedanken von dort sowohl aus technischen als auch aus betrieblichen Gründen nicht übernommen werden konnten[68].

---

[67] Uhlig, Die Weiterentwicklung der Straßenbahnen
in: Verkehrstechnik 1935 Nr. 19, S. 499 – 502
Flügel, Die große Reform der Straßenbahnen
in: Verkehrstechnik 1935 Nr. 19, S. 512 – 517
Finck, Richtlinien für den Bau neuzeitlicher Straßenbahnwagen
in: Verkehrstechnik 1936 Nr. 2, S. 25 – 27
[68] Verkehrstechnik 1939 Nr. 17, S. 420/421

Die zwischen 1933 und 1938 von Nahverkehrsbetrieben gemeinsam mit der Industrie entwickelten Fahrzeuge zeichneten sich durch eine Reihe technischer Verbesserungen gegenüber früheren Straßenbahnwagen aus, ohne jedoch die Verwirklichung aller Forderungen für sich in Anspruch nehmen zu können. Vor allem die Orientierung auf die speziellen Einsatzbedingungen in einer Stadt schränkte die Verallgemeinerung und Übernahme der Konstruktionen durch andere Nahverkehrsbetriebe ein.

Von der Öffentlichkeit und selbst der Fachpresse weitgehend unbeachtet, hatte bereits 1934 einer der kleinsten Straßenbahnbetriebe in Deutschland, Nordhausen, seinen gesamten Fahrzeugbestand durch moderne Triebwagen ersetzt. Beim Bau der 8 Triebfahrzeuge wurden technische und gestalterische Parameter berücksichtigt, die erst Jahre später, zum Teil erst nach dem zweiten Weltkrieg, allgemeinen Eingang in den Straßenbahnwagenbau fanden. Wegen der beengten Gleisverhältnisse in Nordhausen mußten jedoch auch hier Kompromisse eingegangen werden, die einer Übernahme des Fahrzeugtyps durch andere Verkehrsbetrieb entgegen standen. So betrug die Wagenlänge nur 8730 mm und der Achsabstand nur 2250 mm[69].

Ebenfalls 1934 entstand der kleine Dresdner Hecht-Triebwagen. Diese rein äußerlich kleinere und nur zweiachsige Version des bis 1932 in 33 Exemplaren gebauten vierachsigen großen Hecht-Triebwagens hätte vor allem durch seine moderne elek-

---

[69] Taschenbuch Deutsche Straßenbahn-Triebwagen 2, S. 32

Düsseldorf – Wesentliche Elemente neuer Fahrzeugkonstruktionen und elektrischer Ausrüstungen erprobte die Düsseldorfer Waggonfabrik in zwei Versuchsfahrzeugen. Die beiden Triebwagen erhielten als Wagennummer das Baujahr 1935 und 1936.
Foto: DUEWAG

Bremen – Dieser dreiachsige Triebwagen wurde 1937 in Stahl-Leichtbauart gebaut
Foto: DUEWAG

Stuttgart – Zweiachsiger Bw der Uerdinger Stahl-Leichtbauart aus dem Jahr 1936
Foto: DUEWAG

trotechnische Ausrüstung und konsequente Raumausnutzung beispielgebend für den deutschen Straßenbahnwagenbau sein können. Aber dem Prototyp folgten 1936 und 1938 nur zwei kleinere Lieferserien mit 25 bzw. 22 Triebwagen für Dresden[70] und nur Magdeburg ließ diesen Typ in ähnlicher Weise bauen. Bei den Fahrzeugen für Magdeburg wurde zugunsten breiter Außentüren die Wagenlänge um 70 mm vergrößert und die Raumaufteilung geringfügig verändert. Außerdem erforderten die vorhandenen Gleisanlagen eine Reduzierung des Achsabstandes von 3600 mm auf 3100 mm. Von den 18 Magdeburger Hecht-Triebwagen wurden 11 Stück allerdings erst 1943/44 ausgeliefert, weil für das notwendige Material nur schleppend Kennzifferzuweisungen erfolgt waren[71].

In den Jahren 1935 und 1936 hatte die Düsseldorfer Waggonfabrik (DÜWAG) gemeinsam mit der Rheinischen Bahngesellschaft Düsseldorf jeweils einen Prototyp-Triebwagen entwickelt[72]. Die beiden Triebfahrzeuge, die das Entwicklungsjahr auch als Wagennummer führten, setzten nicht nur Maßstäbe für die spätere Entwürfe der Einheitsstraßenbahnwagen, sondern begründeten auch den bis in die Gegenwart reichenden Erfolg des Fahrzeugherstellers.

Im Ergebnis der Erprobung beider Triebwagen wurde ein Serienfahrzeug entwickelt, das durch geringfügige Modifizierung unterschiedlichen Einsatzbedingungen angepaßt werden konnte. Insgesamt wurden 126 Triebwagen gebaut, von denen 62 in Düsseldorf (1937/1943) und 30 in Nürnberg (1940) zum Einsatz kamen. Acht weitere Verkehrsbetriebe (Neuß 1938, Bremerhaven 1938/39, Bielefeld 1940, Ennepe 1940,

---

[70] Verkehrstechnik 1935 Nr. 13, S. 335/336
   Taschenbuch Deutsche Straßenbahn-Triebwagen 2, S. 33
[71] Verkehrstechnik 1940 Nr. 15, S. 224/225
[72] Taschenbuch Deutsche Straßenbahn-Triebwagen 2, S. 15, 36

Düsseldorf – Auf der Grundlage der Versuchstriebwagen Nr. 1935 und 1936 wurden 1937 die Niederflur-Triebwagen Nr. 250 – 269 gebaut. In den Jahren 1941 und 1943 folgten gleichartige Nachbauten. Besonders auffallend der 2,35 m breite Wagenkasten mit tief heruntergezogenen Seitenwänden und Türen; Aufnahme von 1938
Foto: GRÜNWALD/SAMMLUNG G. H. KÖHLER

Nürnberg In konstruktiver und gestalterischer Ausführung können die 1940 beschafften Triebwagen Nr. 901 – 930 als Vorbild für die geplanten zweiachsigen ESW angesehen werden. Der Einfluß, den der Leiter des Typungsausschusses und Generaldirektor der Nürnberg-Fürther Straßenbahn, Paul Bayer, auf die Übernahme eigener Entwicklungen für den ESW hatte, ist hier deutlich sichtbar.
Foto: GRÜNWALD/SAMMLUNG G. H. KÖHLER

Braunschweig 1941, Mülheim 1941, Remscheid 1941, Vestische Straßenbahn 1942/43) erwarben zwischen 2 und 11 Triebwagen, um vor allem für das Verkehrsmittel Straßenbahn zu werben und bei den verantwortlichen Stellen die Bereitstellung finanzieller Mittel und Materialkennziffern zu erwirken. Bis 1938 waren 24 Fahrzeuge ausgeliefert, weitere 76 folgten bis 1941. Aus den o.g. Gründen der Rohstoffbewirtschaftung konnten 26 Triebwagen dieser Bauart erst 1942/43 in Betrieb genommen werden[73].

Der technische Entwicklungsstand im Straßenbahnfahrzeugbau wurde 1938 in Düsseldorf demonstriert. Die von der Reichsverkehrsgruppe Schienenbahnen organisierte Ausstellung, in die kurzfristig auch Omnibusse einbezogen wurden, gestaltete sich zu einer Leistungsschau der Nahverkehrsunternehmen, der Wagenbau- und Elektroindustrie sowie vieler Zulieferbetriebe. Besondere Aufmerksamkeit erhielt der Einsatz heimischer Rohstoffe im Fahrzeugbau. Die Düsseldorfer Wagenschau machte aber deutlich, daß auf dem Wege der voneinander unabhängigen, differenzierten Entwicklung von Straßenbahnfahrzeugen weder die Forderungen des Vierjahresplanes zu erfüllen, noch Nahverkehrsaufgaben im Falle eines Krieges zu lösen waren. Zwar hatten sich viele der bis 1931 noch umstrittenen Konstruktions- und Gestaltungselemente inzwischen allgemein durchsetzen können, für eine wirtschaftliche Fertigung großer Stückzahlen universell einsetzbarer Straßenbahnfahrzeuge waren jedoch noch keine ausreichenden Voraussetzungen geschaffen[74].

Unmittelbar nach der Düsseldorfer Wagenschau wurde deshalb erneut die Typisierung der Straßenbahnfahrzeuge in Angriff genommen, wobei staatliche Zwangsmaßnahmen sowohl den Zeitverlust ausgleichen, als auch die Zusammenarbeit der Verkehrsunternehmen mit den Wagenbau- und Elektrofirmen sowie die Anerkennung der Vereinheitlichungsergebnisse gewährleisten sollten.

3.4.3. Der neue Weg zu einheitlichen Straßenbahnwagen

Kurze Zeit glaubte man, das Streben nach vereinheitlichten Straßenbahnfahrzeugen und die Art und Weise der Erarbeitung entsprechender Entwürfe als für die Weimarer Republik typische und nun überholte Erscheinung abtun zu können[75]. Der Direktor des Dresdner Straßenbahnbetriebes, Dipl.-Ing. Josef Zehnder, unter dessen persönlicher Mitwirkung bereits die Hechtwagen entstanden waren, konnte am 26. Oktober 1937 in dem von ihm geleiteten Wagenbauausschuß der Fachgruppe Straßenbahnen durchsetzen, daß der Beschluß gefaßt wurde, den Vereinheitlichungsgedanken wieder aufzugreifen. Er konnte sich dabei auf die Ausführungsbestimmung AB 4. zur *Verordnung über den Bau und Betrieb der Straßenbahnen (BOStrab)* berufen, die gerade unter wesentlicher Mitwirkung der Fachgruppe Straßenbahnen abschließend erarbeitet worden war. Hierin wurde nicht nur die Aufstellung von *Normen für den Bau und Betrieb von Straßenbahnen (NStrab)* gesetzlich gefordert, sondern ihre Anwendung durch alle Straßenbahnbetriebe nach entsprechender Verbindlichkeitserklärung durch den Reichsverkehrsminister zwingend vorgeschrieben. Die sofort eingeleiteten Verhandlungen mit den Herstellern fanden jedoch nur wenig Bereitschaft zur Mitwirkung[76]. Der Direktor der Straßenbahn Hannover, Dr.-Ing. Kremer, der durch zahlreiche Vorträge und Veröffentlichungen als Vorkämpfer für die Wiederherstellung der führenden Rolle der Straßenbahn im Nahverkehr bekannt geworden war, unterstützte auch die Vereinheitlichungsbestrebungen. Die Düsseldorfer Wagenschau kam vor allem durch seine Initiative zustande und deren ebenfalls von Kremer vorgenommene kritische Bewertung beseitigte letzte Zweifel an der Notwendigkeit der Typisierung[77].

Der Leiter der Reichsverkehrsgruppe Schienenbahnen, der Berliner Stadtrat Johannes Engel, sah sich veranlaßt, Richtlinien für den bei der Typisierung der Straßenbahnfahrzeuge einzuschlagenden Weg aufstellen zu lassen. Dazu hatte er am 14. Dezember 1938 die Leiter der größeren Straßenbahnbetriebe nach Hannover gerufen[78]. Der Fachgruppenleiter Straßenbahnen, der Nürnberger Generaldirektor Dipl.-Ing. Paul Bayer, wurde mit der Bildung eines Typungsausschusses beauftragt, die am 31. Dezember 1938 erfolgte.

In der neuen Phase der Vereinheitlichung kam es nun nicht mehr darauf an, der Straßenbahn wieder den Platz einzuräumen, den sie jahrzehntelang innegehabt hatte, sondern dieses Verkehrsmittel unter den gegebenen und zu erwartenden äußeren Bedingungen leistungsfähig zu gestalten. Den Betriebsleitern der deutschen Privateisenbahnen und Kleinbahnen hatte Professor Blum bereits am 4. November 1938 dargelegt, welche Aufgaben der Verkehr im kommenden Krieg zu erfüllen hat. Neben Strategie und Taktik wurden in seinem Vortrag auch die Gebiete erwähnt, in denen kriegerische Auseinandersetzungen zur *Verteidigung des Vaterlandes* voraussichtlich erfolgen würden[79]. Es kann mit Sicherheit davon ausgegangen werden, daß die plötzliche große Eile bei der Bildung des Typungsausschusses für Straßenbahnfahrzeuge auf eine ähnliche politische Einflußnahme zurückzuführen war.

Die Blitzkriegsstrategie der deutschen militärischen und politischen Führung ließ zwar keinen Raum für den Gedanken, daß Kampfhandlungen auch auf dem Territorium des Deutschen Reiches stattfinden könnten, aber das *Wehrleistungsgesetz* vom 13. Juli 1938[80] verdeutlichte, daß im Kriegsfall nicht nur Benutzer individueller Kraftfahrzeuge auf die Straßenbahn oder das Fahrrad umsteigen müßten, sondern auch Omnibusse kaum noch zur Bewältigung des Nahverkehrs zur Verfügung stehen würden.

Typisierung und Normung der Einzelteile von Straßenbahnfahrzeugen mußten nun in kürzester Zeit erfolgen. Dabei war allen Beteiligten klar, daß die erforderlichen Werkstoffe zum Bau neuer Wagen nur freizubekommen waren, wenn die Anforderungen und Restriktionen des Vierjahresplans bei Konstruktion und Herstellung weitestgehend berücksichtigt wurden.

In einer Besprechung am 25. Januar 1939 wurde die Reichsverkehrsgruppe durch das Reichsverkehrsministerium offiziell mit der Durchführung der Vereinheitlichung und Typisierung

---

[73] Verkehrstechnik 1937 Nr. 13, S. 323 – 325 Taschenbuch Deutsche Straßenbahn-Triebwagen 2, S. 37, 45, 47
[74] Verkehrstechnik 1938 Nr. 22, S. 531 – 540
[75] Verkehrstechnik 1935 Nr. 19, S. 499
[76] Verkehrstechnik 1941 Nr. 11/12, S. 163
[77] Verkehrstechnik 1939 Nr. 1, S. 1- 4
[78] Verkehrstechnik 1941 Nr. 17, S. 291
[79] Verkehrstechnik 1938 Nr. 24, S. 583 – 589

der Straßenbahnfahrzeuge beauftragt. Es wurde festgelegt, daß die Fahrzeuge als ganzes zu vereinheitlichen sind. Den Auftrag zur Realisierung erhielt der Typungsausschuß unter der Leitung des Generaldirektors Bayer. Weitere 19 Mitglieder des Typungsausschusses wurden berufen. Dies waren

- drei Vertreter der Reichsverkehrsgruppe Schienenbahnen
- die Direktoren der Straßenbahnbetriebe Berlin, Dresden, Düsseldorf, Essen, Hamburg und Stuttgart
- zwei Vertreter der Fachgruppe Eisenbahnwagenbau
- zwei Vertreter der Düsseldorfer Waggonfabrik
- je ein Vertreter der Waggonfabriken
  - Christoph & Unmack, Niesky
  - Maschinenfabrik Augsburg-Nürnberg (MAN), Nürnberg
  - Vereinigte Westdeutsche Waggonfabriken, Köln-Deutz
- je ein Vertreter der Bahnabteilungen der Elektrofirmen
  - AEG, Berlin
  - Brown, Boverie & Cie, Mannheim
  - Siemens-Schuckert-Werke A.-G., Berlin.

Weitere Mitarbeiter, insbesondere aus der Industrie, konnten zur Bearbeitung von Detailproblemen hinzugezogen werden[81].

Der ganze Apparat der Reichsverkehrsgruppe, die technischen Abteilungen der Straßenbahnbetriebe sowie die Konstruktionsbüros und Modellbauabteilungen der beteiligten Industriefirmen wurden in eine intensive Arbeit eingespannt.

Im Februar und März 1939 wurden die Direktoren der Straßenbahnbetriebe in Mitgliederversammlungen der Bezirksgruppen über Zielstellungen und Zwänge der Vereinheitlichung informiert. Die für das Jahr 1940 vorgesehene Internationale Verkehrsausstellung in Köln wurde als Anlaß für die Vorstellung des ersten Einheitswagens vorgesehen[83]. Auf dieser Ausstellung wollten auch andere, nicht im Typungsausschuß vertretene Hersteller ihre Vorstellungen von Einheitsstraßenbahnwagen demonstrieren, so u.a. die Gottfried Lindner AG mit dem später in Halle eingesetzten Triebwagen 500.

Halle – Fahrgastraum des Triebwagens Nr. 500

Foto: SAMMLUNG SCHMIDT

---

[81] Verkehrstechnik 1939 Nr. 3, S. 64 und 1941 Nr. 11/12, S. 163
[82] Verkehrstechnik 1939 Nr. 6, S. 158

Halle – Der von der Gottfried Lindner AG, Ammendorf bei Halle, für die 1940 in Köln geplante Internationale Verkehrsausstellung entwickelte Triebwagen kann vor allem in technischer Hinsicht ebenfalls als ein Vorbild für den späteren ESW angesehen werden. Nach der Absage der Ausstellung blieb der Tw Nr. 500, hier aufgenommen im Auslieferungszustand 1940, ein Einzelstück bei der Straßenbahn in Halle.

Foto: SAMMLUNG SCHMIDT

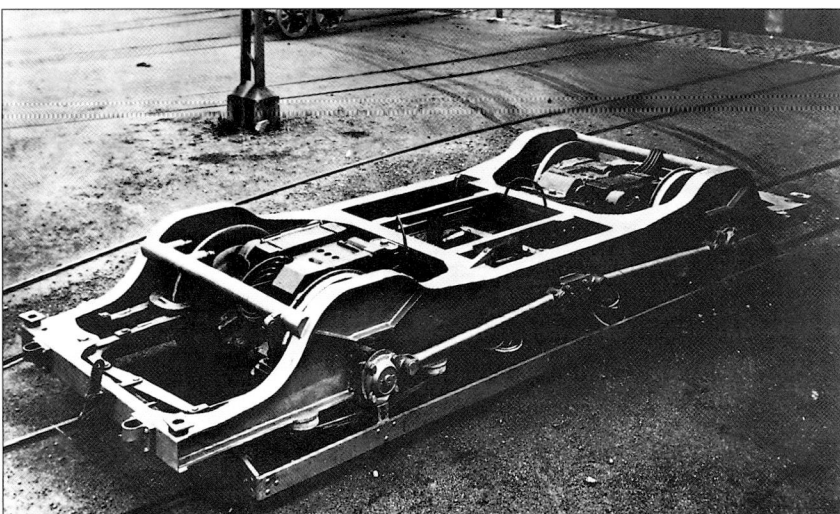

Halle – Das Fahrgestell des Tw Nr. 500 mit einem Achsabstand von 3200 mm. Quer zur Fahrtrichtung dienten Röhren zur Erhöhung der Verwindungssteifigkeit. Durch Lenker an den im Laufgestellrahmen gelagerten Achsbuchsen wurde die Laufruhe verbessert.
Foto: SAMMLUNG SCHMIDT

Halle/Merseburg – Die Triebwagen der Serie Nr. 28 – 35, die 1940 bei der Lindner AG gebaut wurden, können trotz ihrer wesentlich geringeren Länge als ein Vorläufer des geplanten vierachsigen ESW bezeichnet werden. Der Bau weiterer Fahrzeuge scheiterte an den Beschaffungsbestimmungen.
Foto: SAMMLUNG SCHMIDT

Der Umfang der konstruktiven und zeichnerischen Arbeiten erforderte bald ein besonderes Büro. Dieses wurde im März 1939 provisorisch in Berlin eingerichtet.

Im Mai 1939 waren die Fahrzeuggrundabmessungen soweit festgelegt, daß zur Erläuterung der Gestaltung und der noch zu lösenden technisch-konstruktiven Fragen bereits ein Modell zur Verfügung stand[83].

Der Kriegsbeginn am 1. September 1939 hatte erhebliche Auswirkungen auch auf die laufenden Typisierungsarbeiten für Straßenbahnwagen. Wie von vielen Verantwortlichen in den Verkehrsbetrieben erwartet, wurden die nicht an Schienen gebundenen Beförderungsmittel zum größten Teil für die Bedürfnisse der Kriegsführung eingesetzt[84]. Die Verkehrsbedienung ging überwiegend allein auf Straßenbahnen und Eisenbahnen über. Um die sprunghaft angewachsenen Beförderungsaufgaben trotz der Einberufung vieler Mitarbeiter der Verkehrsbetriebe zur Wehrmacht und unter Berücksichtigung zahlreicher kriegswirtschaftlicher Maßnahmen zu lösen, mußten die Typisierungsmaßnahmen erheblich eingeschränkt bzw. vorübergehend völlig unterbrochen werden. Die Vorbereitung der Internationalen Verkehrsausstellung, die 1940 in Köln stattfinden sollte, wurde ebenfalls eingestellt. Damit entfiel auch die terminliche Zielstellung für die Vorstellung des ersten Einheitsstraßenbahnwagens.

[83] Verkehrstechnik 1939 Nr. 11, S. 271
[84] Verkehrstechnik 1939 Nr. 18, S. 433

Am 7. April 1940 konnte das inzwischen in Nürnberg fest eingerichtete Einheitsstraßenbahnwagen-Büro seine Arbeit wieder aufnehmen. Eine größere Anzahl von Konstrukteuren und Zeichnern war trotz des kriegsbedingten Personalmangels von Straßenbahnbetrieben, Wagenbau- und Elektrofirmen abgestellt worden. Wegen der nun anerkannten Bedeutung der Straßenbahnen für die Sicherung des Personennahverkehrs im Krieg waren die Mitarbeiter des Vereinheitlichungsbüros vorläufig von der Verwendung im Kriegsdienst freigestellt. Ingenieur Rudolf Stuhr von den Berliner Verkehrs-Betrieben war mit der Leitung des Büros beauftragt worden[85].

Mit dem Rundschreiben Nr. 41 (Stra.) der Reichsverkehrsgruppe Schienenbahnen vom 8. Juli 1940 wurde die Ermittlung des Bedarfs an neuen Straßenbahnfahrzeugen unter Berücksichtigung des Wagenbestandes und des Verkehrsumfangs vom August 1939, d.h. ohne Beachtung der kriegsbedingten Veränderungen, eingeleitet. Die gewünschten Angaben wurden nicht erst aus heutiger Sicht zur Farce, denn es heißt in dem vom Geschäftsführer Bauer unterzeichneten Schreiben u.a.:

Wir weisen besonders darauf hin, daß diese Ermittlung nicht dazu dienen soll, den Bahnverwaltungen etwa im Augenblick Stahl und Eisen zuzuteilen; die Ermittlung dient lediglich dem Zweck, festzustellen, in welchem Umfange nach Rückkehr normaler Verhältnisse mit einer Neubeschaffung von Straßenbahnfahrzeugen zu rechnen ist.

Durch den Erlaß K 31.4698 des Reichsverkehrsministers vom 21. August 1940[86] sollte bereits vor Fertigstellung der Entwürfe sichergestellt werden, daß Eisen und Stahl, soweit diese Materialien überhaupt für den Neubau von Straßenbahnfahrzeugen zur Verfügung stehen sollten, ausschließlich für Einheitswagen Verwendung finden durften. Deshalb, so heißt es im Erlaß weiter:

… muß hierfür eine zweckentsprechende einheitliche Bauweise festgelegt werden, und zwar nicht nur, um die Materialanlieferung sicherzustellen und zu beschleunigen, sondern auch, um die unverhältnismäßig hohen Aufwendungen an Arbeit und Kosten für die Entwicklung der Konstruktionen für Einzelaufträge zu vermeiden, die in der heutigen Zeit weder verantwortet noch von der Industrie aufgebracht werden können.

---

[85] Verkehrstechnik 1941 Nr. 11/12, S. 164
[86] Reichsverkehrsblatt 1940 Ausgabe B Nr. 29, S. 264

```
          Reichsverkehrsgruppe Schienenbahnen
          ========================================
              Berlin W.62, Wichmannstr.19

    Rundschreiben Nr. 41 (Stra.)         Berlin, den 8.Juli 1940
          ------                         Fernspr.: 25 0525
          Betrifft:
    Ermittlung des Bedarfs an neuen
          Straßenbahnfahrzeugen.
          ------
                    An die
                    Mitglieder der Fachgruppe Straßenbahnen.

       Um einen Ueberblick zu gewinnen, welcher Bedarf an neuen Straßen-
    bahnwagen (Trieb-und Beiwagen) unter Berücksichtigung des Wagenbe-
    standes und des Verkehrsumfanges vom August 1939 bei den deutschen
    Straßenbahnen vorhanden ist, bitten wir die Verwaltungen auf Veran-
    lassung des Reichsverkehrsministeriums, ihren Bedarf an neuen Wagen,
    getrennt nach Trieb- und Beiwagen für Normal- und Regelspur und ge-
    trennt nach 4 und 2 Achsern, bis spätestens Sonnabend, den 20.Juli
    d.Js., unserer Geschäftsstelle mitzuteilen.
       Wir weisen besonders darauf hin, daß diese Ermittlung nicht dazu
    dienen soll, den Bahnverwaltungen etwa im Augenblick Stahl und Eisen
    zuzuteilen; die Ermittlung dient lediglich dem Zweck, festzustellen,
    in welchem Umfange nach Rückkehr normaler Verhältnisse mit einer Neu-
    beschaffung von Straßenbahnfahrzeugen zu rechnen ist.


                         Reichsverkehrsgruppe Schienenbahnen

                              Fachgruppe Straßenbahnen

                                 Der Geschäftsführer

                                     B a u e r .
```

159) Einheitliche Bauart der Straßenbahnfahrzeuge bei Neubeschaffungen.

Berlin, den 21. August 1940.
K 81. 4698.

Die gegenwärtige Lage erfordert eine einheitliche Verfügung über die für die Unterhaltung und Erneuerung der Straßenbahnbetriebe erforderlichen Eisen- und Stahlmengen. Dabei muß sichergestellt sein, daß die zur Verfügung stehenden Mengen in erster Linie für die Unterhaltung der Anlagen und Fahrzeuge verwendet werden. Soweit darüber hinaus Eisen und Stahl für den Neubau von Fahrzeugen in Anspruch genommen wird, muß hierfür eine zweckentsprechende, einheitliche Bauweise festgelegt werden, und zwar nicht nur, um die Materialanlieferung sicherzustellen und zu beschleunigen, sondern auch, um die unverhältnismäßig hohen Aufwendungen an Arbeit und Kosten für die Entwicklung der Konstruktionen für Einzelaufträge zu vermeiden, die in der heutigen Zeit weder verantwortet noch von der Industrie aufgebracht werden können.

Diese Frage wird auf meine Veranlassung im Typisierungsausschuß der Reichsverkehrsgruppe Schienenbahnen, Fachgruppe Straßenbahnen, bearbeitet, dessen Beschlüsse in einem besonderen Konstruktionsbüro ausgearbeitet und zeichnerisch festgelegt werden. Die bei dieser Arbeit zugunsten der Gesamtheit der Straßenbahnen entstehenden Kosten müssen naturgemäß auch von diesen getragen werden und sollen durch Umlage auf eine größere Anzahl der nach diesen Normen zu bauenden Straßenbahnwagen aufgebracht werden. Die Höhe des anteiligen Betrages werde ich jeweils bei der Zuteilung der erforderlichen Eisen- und Stahlmenge bekanntgeben.

Bis zur Verbindlichkeitserklärung der in die Normen für den Bau und Betrieb der Straßenbahnen (NStrab) aufzunehmenden Bestimmungen für den Bau der Einheits-Straßenbahnwagen (ESW) durch mich (vgl. A B 4 BOStrab) sind die Festlegungen des oben erwähnten Typisierungsausschusses maßgebend. Abweichungen hiervon sind nur aus zwingenden Gründen mit meiner Zustimmung zulässig. Auskünfte über die Festlegungen des Typisierungsausschusses erteilt die Reichsverkehrsgruppe Schienenbahnen.

Um die einheitliche Bauweise schon jetzt sicherzustellen, wird auf Grund des § 86 des Personenbeförderungsgesetzes angeordnet:

1. Sämtliche Neubeschaffungen von Straßenbahn-Trieb- und -Beiwagen für die Personenbeförderung bedürfen vorher der Genehmigung des Reichsverkehrsministers.

2. Zur Beschaffung sind einzureichen:
   a) ein Antrag auf Typgenehmigung,
   b) ein Antrag auf Zuteilung von Eisen und Stahl.

   Für beide Anträge sind Vordrucke bei der Fachgruppe Straßenbahnen erhältlich.

3. Der Antrag auf Typgenehmigung (2a) ist — für jeden Wagentyp gesondert — in dreifacher Ausfertigung über die Fachgruppe Straßenbahnen an das Reichsverkehrsministerium — Abt. K — zu richten.

4. Nach erteilter Typgenehmigung ist — für jeden Wagentyp gesondert — über die Fachgruppe Straßenbahnen beim Reichsverkehrsministerium — Abt. K — in dreifacher Ausfertigung ein Antrag auf Zuteilung von Eisen und Stahl (2 b) für die benötigten Wagen einzureichen. Der Antrag ist vom Bevollmächtigten für den Nahverkehr vor der Einreichung mit einer Dringlichkeitsbescheinigung und von der Fachgruppe Straßenbahnen mit einem Vermerk über ihre Stellungnahme zu versehen.

5. Nach Zuteilung des Eisen- und Stahlkontingents kann die Bestellung vorgenommen werden. Hierbei ist Abschrift des Antrags zu 2 a und der Typgenehmigung beizufügen sowie das voll oder teilweise zugeteilte Eisen- und Stahlkontingent weiterzugeben.

6. Die Erledigung der Lieferung ist dem Reichsverkehrsminister über die Fachgruppe Straßenbahnen vom Antragsteller anzuzeigen.

Die Anordnung tritt mit dem Tage der Veröffentlichung im Reichs-Verkehrs-Blatt, Ausgabe B, in Kraft.

Der Reichsverkehrsminister. — RVkBl B S. 264 —

An die Herren Oberpräsidenten usw. — Nbv —, die Straßenbahnaufsichtsbehörden und die Reichsverkehrsgruppe Schienenbahnen.

Bis zur Verbindlichkeitserklärung der in die Normen für den Bau und Betrieb der Straßenbahnen (NStrab) aufzunehmenden Bestimmungen für den Bau der Einheitsstraßenbahnwagen (ESW) durch mich sind die Festlegungen des Typisierungsausschusses maßgebend.

Mehrfach abgesichert war das Genehmigungsverfahren. Die Typgenehmigung mußte von jedem Betrieb und für jeden Wagentyp gesondert beantragt werden. Erst danach sollte der Antrag auf Zuteilung von Eisen und Stahl über den Bevollmächtigten für den Nahverkehr mit einem Dringlichkeitsvermerk und einer Stellungnahme der Fachgruppe Straßenbahnen beim Reichsverkehrsminister eingereicht werden können. Damit die Straßenbahnbetriebe die erforderlichen Anträge auf Typgenehmigung stellen konnten, wurde die Bekanntgabe aller wichtigen Festlegungen bezüglich der Einheitsstraßenbahnwagen bis Mitte Oktober 1940 zugesagt[87].

Mit der Begründung, die Ergebnisse einer Besichtigungsfahrt des Typungsausschusses nach Italien in die Beschlüsse noch einzuarbeiten, wurde dann die Übergabe der Einheitswagen-Festlegungen für Anfang März 1941 angekündigt[88].

Mit Rundschreiben Nr. 19 (Stra.) vom 5. März 1941 wurden den Straßenbahnbetrieben dann endlich die vorläufigen *Technischen Festlegungen für Einheitsstraßenbahnwagen (TF ESW)* bezüglich der elektrischen Triebwagenausrüstungen zur Verfügung gestellt. Gleichzeitig wurde ein Fragebogen für die Zuteilung an Eisen und Stahl für die elektrischen Ausrüstungen der Einheits-Triebwagen übergeben. Die Vielzahl der Kombinationen der frei wählbaren elektrischen Ausrüstung wird in Tabelle 1 deutlich.

---

[87] Rundschreiben Nr. 52 (Stra.) der Reichsverkehrsgruppe Schienenbahnen vom 5. September 1940

[88] Aktenvermerk Dr. Gruber, Merseburger Überlandbahnen AG, vom 25. Januar 1941 (Archiv Hallesche Verkehrs-AG)

	Tabelle 1 **Varianten der elektrischen Ausrüstung**	Einheits-Triebwagen zweiachsig		Einheits-Triebwagen dreiachsig	
		Regelspur (ET2r)	Meterspur (ET2m)	Regelspur (ET3r)	Meterspur (ET3m)
1	2 60 kW/600 V-Fahrmotoren, Übersetzung 5,75 :1, Plattformfahrschalter-Vielstufer, 2 Schienenbremsen	X	X		
2	wie 1, jedoch 4 Schienenbremsen	X	X	X	X
3	wie 1, jedoch Übersetzung 4,8:1	X	X		
4	wie 3, jedoch 4 Schienenbremsen	X	X	X	X
5	2 75 kW/600 V-Fahrmotoren, Plattformfahrschalter-Vielstufer, 2 Schienenbremsen	X			
6	wie 5, jedoch 4 Schienenbremsen	X		X	
7	2 60 kW/600 V-Fahrmotoren, Übersetzung 5,75 :1, Zentralfahrschalter-Vielstufer, 2 Schienenbremsen	X	X		
8	wie 7, jedoch 4 Schienenbremsen	X	X		
9	wie 7, jedoch Übersetzung 4,8:1	X	X		
10	wie 9, jedoch 4 Schienenbremsen	X	X		
11	2 75 kW/600 V-Fahrmotoren, Zentralfahrschalter-Vielstufer, 2 Schienenbremsen	X			
12	wie 11, jedoch 4 Schienenbremsen	X	X		
13	2 60 kW/600 V-Fahrmotoren, Übersetzung 5,75 :1, Zentralfahrschalter-Feinstufer, 2 Schienenbremsen	X	X		
14	wie 13, jedoch 4 Schienenbremsen	X	X		
15	wie 13, jedoch Übersetzung 4,8:1	X	X		
16	wie 15, jedoch 4 Schienenbremsen	X	X		
17	2 75 kW/600 V-Fahrmotoren, Zentralfahrschalter-Feinstufer, 2 Schienenbremsen	X			
18	wie 17, jedoch 4 Schienenbremsen	X			

		Einheits-Triebwagen vierachsig	
		Regelspur (ET4r)	Meterspur (ET4m)
1	4 50 kW/300 V-Fahrmotoren, Plattformfahrschalter-Vielstufer, 4 Schienenbremsen	X	X
2	4 60 kW/300 V-Fahrmotoren, Plattformfahrschalter-Vielstufer, 4 Schienenbremsen	X	
3	wie 1, jedoch Zentralfahrschalter-Vielstufer,	X	X
4	wie 2, jedoch Zentralfahrschalter-Vielstufer	X	
5	wie 1, jedoch Zentralfahrschalter-Feinstufer	X	X
6	wie 2, jedoch Zentralfahrschalter-Feinstufer	X	

Im April erschienen *Die Technischen Festlegungen für die meterspurigen Einheits-Straßenbahn-Wagen (TF ESWm)* als Sonderdruck. Ergänzende Festlegungen für die regelspurigen Einheitswagen und die dreiachsigen Ausführung folgten wenig später[89].

Im Sonderheft 11/12 des Jahrgangs 1941 veröffentlichte die Zeitschrift *Verkehrstechnik* Einzelheiten des Entstehens der Einheitsstraßenbahnwagen, begründete die getroffenen Entscheidungen zu bestimmten Einzelteilen und legte dar, wo endgültige Festlegungen noch zu treffen wären[90].

Die 1938 begonnenen und 1941 vorläufig abgeschlossenen Arbeiten zur Vereinheitlichung der deutschen Straßenbahnwagen mußten unter wesentlich ungünstigeren wirtschaftlichen Bedingungen durchgeführt werden, als sie bei den ähnlichen Bemühungen in den Jahren vor 1929 bestanden hatten. Der Charakter der Arbeiten war infolge des Termindrucks, des staatlichen Zwangs und der sich daraus ergebenden weitgehenden Vollmachten völlig verändert. Die fertiggestellten Unterlagen, deren praktische Umsetzung durch Beginn und Verlauf des Krieges nicht mehr erfolgen konnte, hatten eine bedeutend höhere Qualität als alle vorher fixierten Normungs- und Typisierungsentwürfe.

Unter Beachtung folgender Grundgedanken der Typung waren die Ergebnisse entstanden:

1. Die Typung bezieht sich im wesentlichen auf die Hauptarten und Hauptabmessungen des wagenbaulichen Teils, während genormte Einzelteile des wagenbaulichen Teils und die Normung von Teilen der elektrischen Ausrüstung nur insofern an die Typung gebunden sind, als diese Teile für die Verwendung in verschiedenen Wagentypen jeweils verschieden genormt sind.

2. Nach der Art der Fahrzeuge wird bei der Typung unterschieden zwischen Trieb- und Beiwagen, zwischen Zwei-, Drei- und Vierachsern sowie Regel- und Meterspur. Hieraus ergeben sich die 12 Haupttypen des Einheitsstraßenbahnwagens.

3. Nach der Größe ist eine weitgehende Übereinstimmung der Hauptabmessungen der Wagentypen anzustreben. Deshalb werden nur zwei Größennormen gebildet, die eine für Zwei- und Dreiachser, die andere für Vierachser. Trieb- und Beiwagen stimmen größenmäßig überein.

Als grundsätzliche Gedanken der Normung wurden niedergelegt:

1. Die Normung der Einheitsstraßenbahnwagen muß den berechtigten Anforderungen entsprechen, welche die verschiedenen betrieblichen und verkehrlichen Verhältnisse der Bahnen stellen.

2. Die genormten Fahrzeuge müssen die Ergebnisse aller praktischen Erfahrungen der Straßenbahnbetriebe und der technisch-konstruktiven Leistungen der Industrie enthalten.

3. Die Normung soll so umfassend als irgendmöglich durchgeführt werden. Besonderer Wert ist auf die Normung derjenigen Bauteile zu legen, die in einem oder mehreren Wagentypen in großer Stückzahl wiederkehren. Die Normung muß sich bei aller Fortschrittlichkeit fernhalten von jedem technischen Experiment, d.h. sie darf nur solche Teile und Ausführungen erfassen, die auf Grund praktischer Erfahrungen wirklich normreif sind.

4. Wenn für ein- und denselben Gegenstand mehrere bewährte Lösungen vorliegen, so können diese Varianten einzeln genormt und ihre Verwendung zur Wahl gestellt werden. Diese bedingte Freizügigkeit bezieht sich sowohl auf verschiedene Erzeugnisse als auch auf verschiedene Baustoffe oder auch auf voneinander abweichende konstruktive Lösungen.[91]

Bemerkenswert ist, daß die Grundgedanken keine politischen Aussagen und keine Hinweise auf die kriegsbedingt zu berücksichtigende Rohstoffsituation enthalten. Wie bei den früheren Vereinheitlichungsbestrebungen wurde auch in dieser Phase deutlich zum Ausdruck gebracht, daß die Festlegungen keinesfalls den technischen Fortschritt hemmen dürften. Mit der Aufnahme zahlreicher Varianten in den *Technischen Festlegungen* und der bewußten Herauslassung einiger konstruktiver (z.B. Fahrschalter) und gestalterischer Fragen (z.B. Farbgebung) war den Straßenbahnbetrieben eine weitgehende Bewegungsfreiheit bei der Auswahl der für ihren Betrieb geeigneten Typen gegeben. Darüber hinaus waren in beschränktem Umfang Ausnahmegenehmigungen z.B. für größere Wagenbreite (Düsseldorf, Köln) oder Übergangslösungen vorgesehen, wie sie z.B. Berlin und Hamburg durch das dort noch übliche System mit Stangenstromabnehmern in Anspruch nehmen mußten. Trotz der durch den Reichsverkehrsminister de facto bereits ausschließlich vorgeschriebenen Verwendung der Einheitsstraßenbahnwagen wurde mehrfach an die freiwillige Bereitschaft zur Anerkennung der genormten Wagentypen appelliert. Daß solche Appelle notwendig waren, ergab sich daraus, daß vor allem kleinere Betriebe die Einheitswagen - zumindest für die eigene Verwendung - ablehnten. So vertrat – stellvertretend für viele – der Direktor der Merseburger Überlandbahnen AG, Gruber, in einem Schreiben vom 30. Juli 1940 an den Generaldirektor der Werke und Bahnen der Stadt Nürnberg und Vorsitzenden des Typungsausschusses der Fachgruppe Straßenbahnen, Paul Bayer, folgenden Standpunkt zu den Einheitsstraßenbahnwagen:

… Wir waren genötigt, der Beschaffung neuer Triebwagen für die Überlandbahn Halle – Merseburg bereits näherzutreten, bevor die Vorarbeiten zum Einheitstraßenbahnwagen entsprechend weit gediehen waren, nämlich im Laufe des Jahres 1937. …

… Die Wagen … sind in Anlehnung an die auf der Linie Düsseldorf – Benrath der Rheinbahn laufenden Triebwagen von der Waggonfabrik Gottfried Lindner A.G. in Ammendorf gebaut …

… Das Eisenkontingent haben wir zur vordringlichen Beschaffung dieser Wagen durch Vermittlung der Bunawerke

---

[89] Reichsverkehrsgruppe Schienenbahnen, Fachgruppe Straßenbahnen:
  – Die Technischen Festlegungen für die meterspurigen Einheits-Straßenbahn-Wagen (TF ESWm, 15. April 1941
  – dto. für die regelspurigen Einheits-Straßenbahn-Wagen (TF ESWr), 15. Mai 1941
  – Ergänzende technische Festlegungen für dei dreiachsigen meter- und regelspurigen Einheits-Straßenbabn-Wagen (TF ESW 3 mr),15. Juli 1941
[90] siehe Anhang
[91] Verkehrstechnik 1941 Nr. 11/12, S. 161/162

Schkopau von der zuständigen Reichsstelle ohne Inanspruchnahme der RVBa erhalten.
Die hiermit eingeleitete Erneuerung des Wagenparks unserer Linie Halle – Merseburg wird dem Betriebe derselben ein ganz bestimmtes äußeres Erscheinungsbild geben. Um dieses Bild nun auch in Zukunft einheitlich zu erhalten, erscheint es geboten, weitere in der nächsten Zeit erforderlich werdende Fahrzeuge ebenso zu bauen. Hierdurch ist es gegeben, daß der Einheits-Straßenbahnwagen, was zunächst unsere Haupt- und Stammlinie Halle – Merseburg betrifft, für uns nicht infrage kommen wird.
... Ich glaube nun, daß man für diese Überlandbahnen, welche fernab von Großstädten in einer zwar stark industrialisierten, aber doch im ganzen ländlichen Gegend verkehren, die Verwendung von Typen des Einheitswagens nicht zwingend vorschreiben, sondern uns im Verein mit der Waggonfabrik die Gestaltung zweckentsprechender, natürlich moderner und auch äußerlich fortschrittlicher und geschmackvoller Fahrzeuge selbst überlassen sollte. Dies umsomehr, als die infrage kommende geringe Auflage einen Preisvorteil nicht erwarten läßt.
Zum anderen kann ich mir nicht vorstellen, daß ein Einheits-Straßenbahnwagen, der in Großstädten wie Berlin, Hamburg, Nürnberg oder Leipzig durchaus am Platze sein wird, für eine kleine Überlandbahn im Kohlerevier des Geiseltales nun ebenfalls das zutreffend Richtige sein wird. Man darf doch wohl voraussetzen, daß der Gedanke des Einheits-Straßenbahnwagens in allererster Linie der Absicht entsprungen ist, das Verkehrsbild unserer Großstädte mit ihren Hunderten von Straßenbahnwagen einheitlicher zu gestalten und die Vielzahl der hier, selbst im gleichen Betriebe, vorkommenden Typen auf wenige oder nur auf einen zu reduzieren. Bei dem ohnehin einheitlicheren Wagenpark kleiner Bahnen kann man sich aber meines Erachtens durchaus damit begnügen, diesen Bahnen gegenüber auf eine Vereinheitlichung und geschmackvolle Gestaltung der Betriebsmittel in sich zu sehen, ohne ihren Wagenpark nun absolut auf den der großen und größten Brüder zurechtzuschneiden. Selbst hierbei wird der Gedanke des Einheitswagens noch fruchtbar sein und ganz von selbst gewisse einheitliche Grundmerkmale hervorbringen. ...
... Ich bitte Sie, sehr geehrter Herr Kollege, meine vorstehenden Ausführungen als einen Beitrag zu dieser Frage freundlich aufzunehmen und als aus der mit einer großstädtischen Straßenbahn nicht vergleichbaren allgemeinen Lage und Struktur meines Betriebes gesehen zu würdigen. Im übrigen möchte ich keinen Zweifel darüber aufkommen lassen, daß ich die Bedeutung des Strebens nach dem deutschen Einheits-Straßenbahnwagen und den großen Wert der diesem Ziele dienenden Arbeit durchaus anerkenne und die Schaffung des Einheitswagens für die Straßenbahnen als unbedingt notwendig ansehe.
...

Einmal abgesehen davon, daß der Verfasser dieses Briefes scheinbar den aktuellen politischen Hintergrund der Straßenbahnwagen-Vereinheitlichung nicht erkannt hatte oder ihn zumindest nicht sehen wollte, war die Hervorhebung der großen Bedeutung einheitlicher Fahrzeuge für alle anderen, nur nicht für sich selbst, typisch für alle Phasen der Vereinheitlichung. In den Kriegsjahren war Grundlage für eine solche Haltung die zwar vorhandene, praktisch aber nur selten erfolgreiche Möglichkeit, Eisen- und Stahlkennziffern aus dem Kontingent anderer Bedarfsträger zu erhalten und damit die Reichsverkehrsgruppe und deren vom Reichsverkehrsminister als verbindlich erklärten Festlegungen zu umgehen. Zeugnis dieser Möglichkeit sind vor allem auch Streckenerweiterungen zu Rüstungswerken, die noch bis 1944 ausgeführt wurden.

Die Technischen Festlegungen des Jahres 1941 sollten vorerst bis 1946/47 gelten und dann der technischen Weiterentwicklung angepaßt werden. Dieser Rhythmus von 5 Jahren für die konstruktive Fortentwicklung war auch weiterhin vorgesehen.

Die fast ausschließliche Inanspruchnahme der Elektro- und Waggonbauindustrie für direkte und indirekte Rüstungsaufträge hatte dazu geführt, daß allein von 1937 bis 1941 ein begründeter Bedarf von etwa 4000 Straßenbahnfahrzeugen in Deutschland nicht abgedeckt werden konnte. Der große Bedarf beschleunigte einerseits die Arbeiten an den Einheitsstraßenbahnwagen, führte jedoch andererseits bei vielen Straßenbahnbetrieben zu dem Wunsch, wegen der Dringlichkeit vorläufig neue Fahrzeuge entsprechend den Konstruktionen der zuletzt bezogenen Typen weiterbauen zu lassen. Dies hatte den Effekt, daß die technisch-konstruktiven Festlegungen von vornherein auf ein *Friedenstypenprogramm* ausgerichtet waren. Die Realisierung wäre auch bei einem anderen Verlauf des Krieges objektiv betrachtet nur sehr langfristig möglich gewesen. Die Kenntnis dieser Sachlage erklärt auch die Kompromißbereitschaft vor allem der Vertreter der größeren Straßenbahnbetriebe, von denen viele sowohl während als auch noch nach Abschluß der theoretischen Vereinheitlichungsarbeiten keinen Hehl daraus machten, daß sie andere Vorstellungen über die zukünftig in ihren Betrieben einzusetzenden Fahrzeuge hatten[92].

---

[92] Verkehrstechnik 1942 Nr. 13, S. 196 – 198

3.4.4. Die Einheits-Straßenbahn-Wagen des Jahres 1941 (ESW)

Da zu den konstruktiven Einzelheiten der Einheitsstraßenbahnwagen neben den *Technischen Festlegungen (TF ESW)* weitere umfangreiche und zusammenfassende Darstellungen veröffentlicht wurden[93], sollen im Folgenden nur ausgewählte Probleme näher betrachtet werden.

Auf Grund dessen, daß zum Beispiel in Berlin und bei anderen Straßenbahnbetrieben eine größere Anzahl von Fahrzeugen ohne Fahrgestell erfolgreich im Einsatz waren, hatte das Vereinheitlichungsbüro erst einmal zu klären, ob die Einheitsstraßenbahnwagen ein besonderes Fahrgestell erhalten sollten. Der ruhigere Lauf, die leichtere Unterhaltung und besonders das für den Betrieb mit zwei Beiwagen erforderliche Adhäsionsgewicht der Triebfahrzeuge begründete die Entscheidung für ein besonderes Fahrgestell. Damit folgte man, wie auch beim Achsabstand, den Vereinheitlichungsvorschlägen von 1929. Der Achsabstand von 3200 mm ergab sich als Kompromiß. Für die Kurvenläufigkeit wäre ein kleineres Maß günstiger gewesen. Die bessere Laufruhe auf geraden Gleisen, der notwendige Raum für die Unterbringung eines Zentralfahrschalters und vor allem die günstige Masseverteilung hätte noch größere Achsabstände gerechtfertigt. In der Praxis hatte sich erwiesen, daß die Anordnung der Achsen in der Nähe der Teilpunkte einer theoretischen Dreiteilung der Fahrzeuglänge fahrdynamisch am vorteilhaftesten war.

Die Plattformgestaltung als ganzes nahm relativ viel Zeit und Konstruktionsaufwand in Anspruch. Zahlreiche Modelle in Originalgröße und in verkleinertem Maßstab wurden angefertigt, um zu einem einheitlichen Standpunkt zu gelangen. Da Mindestradien und Mindestgleismittenabstände nicht vorgegeben waren, mußten entsprechende Annahmen getroffen werden. Daraus ließ sich mathematisch die zulässige Hüllinie für die Fahrzeugvorbauten ermitteln. Um diese Umgrenzungslinie nicht zu überschreiten, mußte die Verjüngung der Wagenenden bereits an der Säule des dem Perron nächstgelegenen großen Seitenfensters beginnen. Um keinen Zentimeter der möglichen Breite des Perrons zwischen den gegenüberliegenden Türen zu verschenken, entschied man sich dazu, beide Flügel der Außenschiebetüren im Winkel zueinander anzuordnen. Diese konstruktiv aufwendige Lösung war zuvor kaum gebräuchlich und ist auch später nie in nennenswertem Umfang zur Anwendung gekommen.

Als Plattformgrundriß standen am Beginn der Entwurfsarbeiten zwei Varianten zur Debatte. Die spitze Form der Dresdner Hechttriebwagen hätte die Einrichtung eines abgeschlossenen Triebwagenführerraums ohne wesentliche Einschränkung des Stehplatzvolumens auf dem Perron ermöglicht. Voraussetzung wäre jedoch die ausschließliche Verwendung eines Zentralfahrschalters gewesen, da Plattformfahrschalter weder räumlich noch gewichtsmäßig untergebracht werden konnten. Die Fahrzeuge wären dann ca. 750 mm länger ausgefallen, ohne die festgelegten Begegnungsbedingungen in Kurven zu beeinträchtigen. Für den Beiwagen wäre diese Grundrißform völlig unbrauchbar gewesen, was z.B. in Dresden zu stilistisch unpassenden Beiwagen für die Hechttriebwagen geführt hatte.

Die Alternativvariante stellte die Trapezform dar, die von vielen Straßenbahnunternehmen wegen der breiteren Stirnfläche bevorzugt wurde. Neben den guten Sichtverhältnissen für den Triebwagenführer durch ein breites, möglichst ungeteiltes Fenster sprach die problemlose Anordnung des Scheinwerfers, der Schluß- und Bremsleuchte sowie vor allem der Linien- und Fahrtzielbeschilderung für die Trapezform. Außerdem gestattete eine solche Grundrißgestaltung die Aufstellung von Plattformfahrschaltern zumindest räumlich problemlos. Entscheidender Nachteil war die zur Vermeidung von Begegnungseinschränkungen nicht zu umgehende Verkürzung der Gesamtlänge des Triebwagens. Die breite Stirnfront hätte bei Einhaltung der festgelegten Hüllkurve als Sehne an diese Kurve mindestens 150 bis 200 mm Längenverlust an jedem Wagenende zur Folge gehabt. Dadurch wäre der Triebwagenführerplatz so dicht an die Einstiege herangerückt, daß Behinderungen beim Fahrgastwechsel wahrscheinlich gewesen wären. Die einzigen nach den Vereinheitlichungsrichtlinien vor Ende des Krieges gebauten Triebfahrzeuge für die Straßenbahn Bochum-Gelsenkirchen nahmen diese Nachteile in kauf.

In den Technischen Festlegungen für die Einheitsstraßenbahnwagen entschied man sich zur Kompromißlösung, die sich weitgehend an die ermittelte Hüllkurve hielt. Dadurch waren nur schmalere, geteilte Frontfenster möglich. Obwohl durch den im Beiwagen fehlenden Fahrschalter und durch die ausschließlich zugelassenen Mittelflurfahrschalter in vierachsigen Triebwagen wesentliche Gründe für die gewählte Plattformgestaltung entfielen, wurde aus Gründen der einheitlichen Fertigung und des ebenfalls einheitlichen Erscheinungsbildes der Fahrzeuge die für den zweiachsigen Triebwagen gewählte Variante für alle Typen vorgeschrieben.

Interessant ist noch, daß erstaunlich viele Straßenbahnbetriebe die Weichen noch von Hand stellen ließen und damit die Forderung berücksichtigt werden mußte, das in Fahrtrichtung vorn rechts angeordnete Fenster zur Weichenumstellung durch den Triebwagenführer öffnen zu können. Zu diesen Betrieben gehörten als größte Berlin und Hamburg, wo die technisch längst ausgereifte und von vielen Straßenbahnen seit dem ersten Weltkrieg allgemein verwendete elektrische Umstellung der linienmäßig befahrenen Weichen durch die noch verwendeten Stangenstromabnehmer Probleme bereitete.

Ein weiterer umstrittener Punkt, zu dem trotz intensiver konstruktiver Arbeiten keine befriedigende Lösung gefunden werden konnte, war die Gestaltung des Fußbodens im Wagen. Bereits 1929 hatte man einen auf der Höhe der Plattformen durchgehenden Fußboden für den ganzen Wagen angestrebt. Wegen der Gewährleistung einer ausreichenden Drehmomentenübertragung mußte für den zweiachsigen Triebwagen der Laufkreisdurchmesser der Räder auf 760 mm festgelegt werden. Dies galt schon als untere Grenze, da allgemein auch bei neueren Fahrzeugen Laufkreisdurchmesser von 800 mm und mehr

---
[93] Verkehrstechnik 1941 Nr. 11/12, S. 157 – 225 (s. Anhang)
Verkehrstechnik 1942 Nr. 13, S. 200 – 204
Verkehrstechnik 1942 Nr. 14, S. 207 – 214
Verkehrstechnik 1943 Nr. 6, S. 77 – 81
Großdeutscher Verkehr 1943 Nr. 1, S. 24/25
Der Stadtverkehr 1970 Nr. 10, S. 312 – 317
Der Stadtverkehr 1970 Nr. 11/12, S. 369 – 372
Straßenbahn-Magazin 1973 Nr. 8, S 142 – 159
Straßenbahn-Magazin 1973 Nr. 9, S. 210 – 221

EINHEITS-STRASSENBAHN-WAGEN DES JAHRES 1941

Hamburg – Wie viele andere Betriebe versuchte auch die Hamburger Hochbahn A.-G. sich durch die Beschaffung von Wagen nach eigener Konstruktion dem Vereinheitlichungszwang zu entziehen. Die auf der Basis von drei Vorausfahrzeugen (Tw Nr. 3067 – 3069) im Jahr 1938 bestellten 20 Triebwagen in Einrichtungsbauweise wurden trotz aller gegenlaufigen Festlegungen 1942/43 ausgeliefert.

aus: Verkehrstechnik 1942 Nr. 13, S. 197

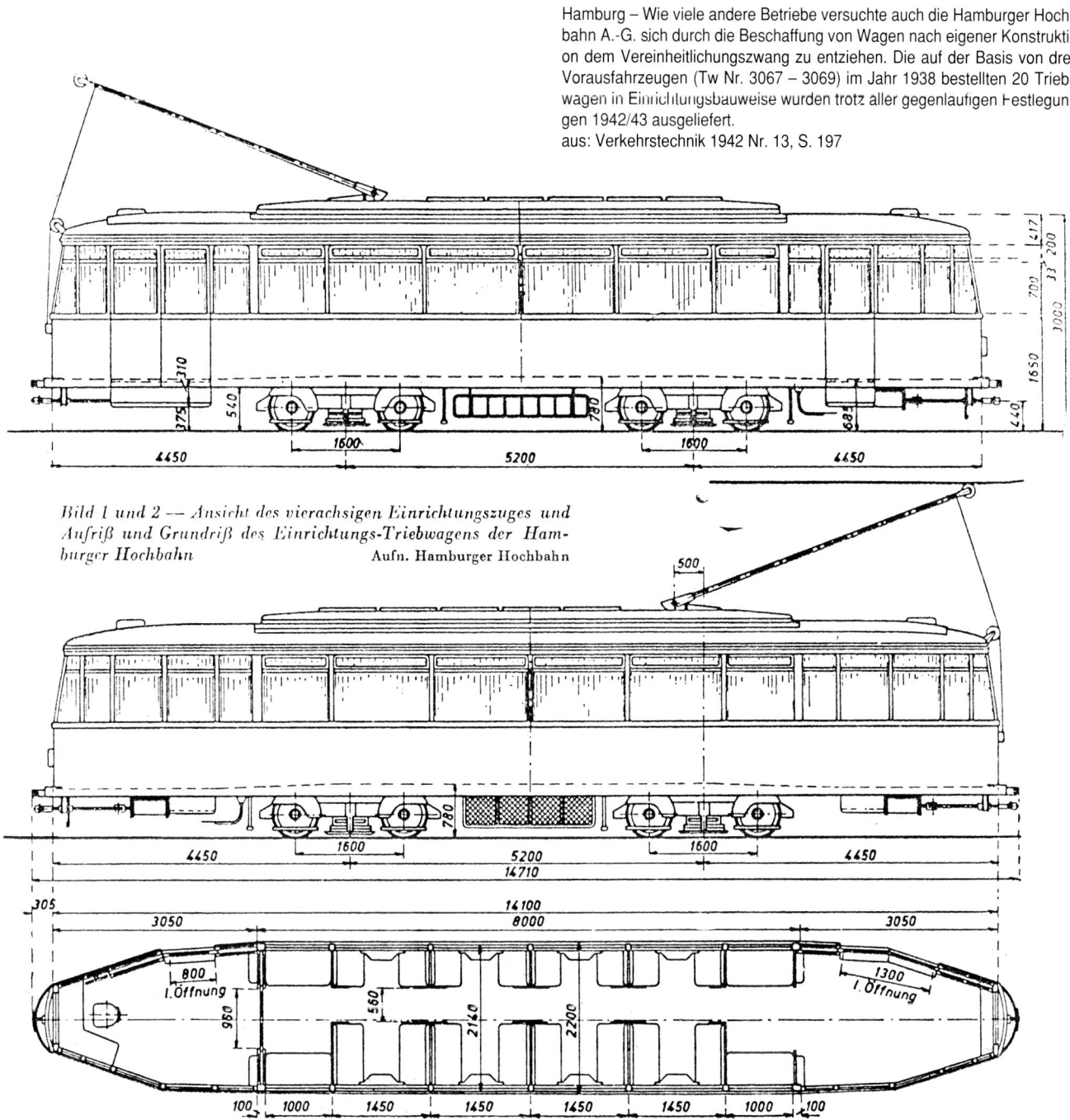

Bild 1 und 2 — Ansicht des vierachsigen Einrichtungszuges und Aufriß und Grundriß des Einrichtungs-Triebwagens der Hamburger Hochbahn Aufn. Hamburger Hochbahn

Anwendung fanden. Zur Sicherstellung der Lastaufnahme und Gewährleistung eines ausreichenden Federweges sowie unter Berücksichtigung der unterzubringenden Aggregate mußte das Fahrgestell eine Mindestkonstruktionshöhe erhalten. Dadurch ließ sich eine Stufe von 180 mm vom Perron zum Wageninnenraum nicht vermeiden. Die als Ausnahme bei den vierachsigen Wagen zugelassene Rampe, die den Höhenunterschied von 180 mm auf einer Länge von 1990 mm stufenlos überwindet, wurde für die Zweiachser aus konstruktiven und fertigungstechnischen Gründen von den Wagenbaufirmen abgelehnt. Allerdings stellte man in Aussicht, dieses Problem erneut zu untersuchen, wenn die Fahrzeugsteuerung vereinheitlicht sei (bei späteren Fahrzeugkonstruktionen fand die Rampenlösung auch für Zweiachser allgemein Anwendung).

Daß es nicht gelungen war, die Fahrzeugsteuerung zu vereinheitlichen, muß als größter Mangel der Einheitswagenkonstruktionen angesehen werden. Dies behinderte nicht nur die schon erwähnte Gestaltung der Plattformen und des Wagenfußbodens, weil ausreichend Platz für beide möglichen Steuerungseinrichtungen freigehalten werden mußte, sondern schloß auch einheitliche Festlegungen für den Fahrerplatz aus. Der Typungsausschuß hatte sich zwar geeinigt, später nur noch Viel- oder Feinstufer bei Einbau in Wagenmitte zuzulassen, die maßgebenden Elektrofirmen konnten sich jedoch noch nicht auf eine einheitliche Ausführung verständigen. Bemerkenswert ist, daß die mehr als zehnjährigen Betriebserfahrungen mit den in den Dresdner Hechtwagen eingebauten halbselbsttätigen viel- bzw. feinstufigen Zentralfahrschaltern als *nicht ausreichend* be-

Bochum-Gelsenkirchen – Die Triebwagen der Serie Nr. 550 – 559 waren bis auf die Plattformgestaltung mit dem geplanten ESW identisch.

Foto: SAMMLUNG HILKENBACH

zeichnet wurden. Die vom Direktor der Dresdner Straßenbahn, Dipl.-Ing. A. Bockemühl, entworfene Steuerung war vom Sachsenwerk Dresden konstruktiv vervollständigt und gebaut worden. Dieses Unternehmen hatte jedoch im Gegensatz zu AEG, SSW und BBC keinen ständigen Vertreter im Typisierungsausschuß. Die ansonsten führenden Elektrofirmen konnten aber noch keinen funktionsfähigen Zentralfahrschalter anbieten. Sie hatten sich mit Ausnahme von BBC auf Plattformfahrschalter konzentriert, die jedoch wegen der zeitlich begrenzten Zulassung für Einheitsstraßenbahntriebwagen nicht in die Fahrzeugnormung einbezogen worden waren. Nur auf bereits früher genormte Festlegungen wie Höhe des Fahrschalters, Winkelstellung der Schaltkurbel im ausgeschalteten Zustand und Drehrichtung beim Fahren bzw. Bremsen wurde bestanden. Abweichungen davon sollten auch durch Ausnahmegenehmigungen nicht ermöglicht werden.

Die Normung der Motoren und des Stromabnehmers dagegen konnte durch enge Zusammenarbeit der drei großen Elektrounternehmen nicht nur sehr detailliert, sondern auch äußerst zeitig abgeschlossen werden. AEG und SSW boten völlig identische Bahnmotoren nach einheitlichen Zeichnungen an. Die BBC-Motoren weisen nur geringfügige Abweichungen auf. Somit konnten in die Anlagen zu den Technischen Festlegungen die Umrißzeichnungen für die Fahrmotoren unterschiedlicher Leistung schon sehr genau aufgenommen werden.

Der neue Einheitsscherenstromabnehmer (ESS) war von allen drei Firmen gemeinsam entwickelt worden und sollte auch von jeder dieser Firmen bezogen werden können. Der Stangenstromabnehmer wurde trotz seiner vor allem in einigen großen Betrieben noch verbreiteten Anwendung (Berlin, Hamburg, Stuttgart; Jena) nicht genormt. Die Auslieferung von Einheitsstraßenbahnwagen mit Stangenstromabnehmern war in den Technischen Festlegungen zwar als Ausführungsvariante vorgesehen, sollte jedoch nur befristet zugelassen werden.

Ein Beispiel dafür, daß auch bei anderen konstruktiven Details die fixierten Forderungen nicht konsequent durchgesetzt wurden, ist die Abdeckung der Trittstufen durch die geschlossenen Türen. Beim Zweiachser wurden die Doppelschiebetüren bis zur unteren Trittstufe heruntergezogen, obwohl nur durch komplizierte Konstruktionen die Verbindung der Seitenwand mit dem Wagenkasten, die die Türtaschen umfassen muß, möglich war. Beim vierachsigen Wagen mußte man auf diese Lösung verzichten, weil die Drehgestelle in engen Kurven mit tiefliegenden Türtaschen in Berührung gekommen wären. Ähnliche Probleme hätten sich auch durch die Lenkachsen beim dreiachsigen Fahrgestell ergeben. Hier ließ man jedoch erstaunlicherweise die unabgedeckte Trittstufe nicht zu, sondern sah eine Teleskoptür vor, deren Türtasche nur in einer, dem Fahrgestell abgewandten Seite angeordnet werden mußten. Diese Lösung wäre ohne jegliche Änderung auch für die vierachsigen Wagen geeignet gewesen.

Die Wagenkastenbreite von 2200 mm, die auch schon 1929 gegenüber möglichen Alternativen bevorzugt worden war, erhielt in den Technischen Forderungen ihre Bestätigung. Sie reichte aus, um bei genügender Breite des Ganges drei Sitze in der Aufteilung 2+1 nebeneinander anzuordnen. Eine allgemeine Vergrößerung, die sich vorteilhaft auf die Bequemlichkeit der Fahrgäste und eine geringfügige Vergrößerung des Beförderungsvolumens ausgewirkt hätte, wurde wegen der daraus resultierenden Anpassungsmaßnahmen an den Gleisanlagen bei den meisten Betrieben abgelehnt. Schon der 2200 mm breite Wagen machte bei einer Anzahl von vor allem kleineren Straßenbahnen Begegnungsverbote oder Umbauten an den Gleisen erforderlich, weil dort zum Teil noch Wagen mit 2000 bzw. 2100 mm Breite im Einsatz waren. Wo bereits breitere Fahrzeuge im Einsatz waren, wurde eine Wagenkastenbreite von 2350 mm zugelassen.

Noch wichtiger als die Vereinheitlichung der Wagenkastenbreite war der Wegfall aller von 1435 bzw. 1000 mm abweichenden Spurweiten aus der Normung. Waren 1929 für die geringfügig von den Regelspuren abweichenden Gleisnetze noch besondere Radkörper vorgesehen worden, so sollte nunmehr per Gesetz der schrittweise Umbau der Gleisanlagen erzwungen und in der Übergangsphase die Achsen durch veränderten Sitz der Räder an die bestehenden Verhältnisse angepaßt werden. Bei der Straßenbahn in Chemnitz war schon damals den Beschluß gefaßt, das Netz von 925 mm-Spur auf 1435 mm-Spur umzubauen[94].

---

[94] Dieser Umbau wurde erst 1958 im damaligen Karl-Marx-Stadt begonnen und konnte trotz mehrmaliger Reduzierung des geplanten Netzes nur durch Umstellung vieler Schmalspurlinien auf Omnibusbetrieb beendet werden.

EINHEITS-STRASSENBAHN-WAGEN DES JAHRES 1941

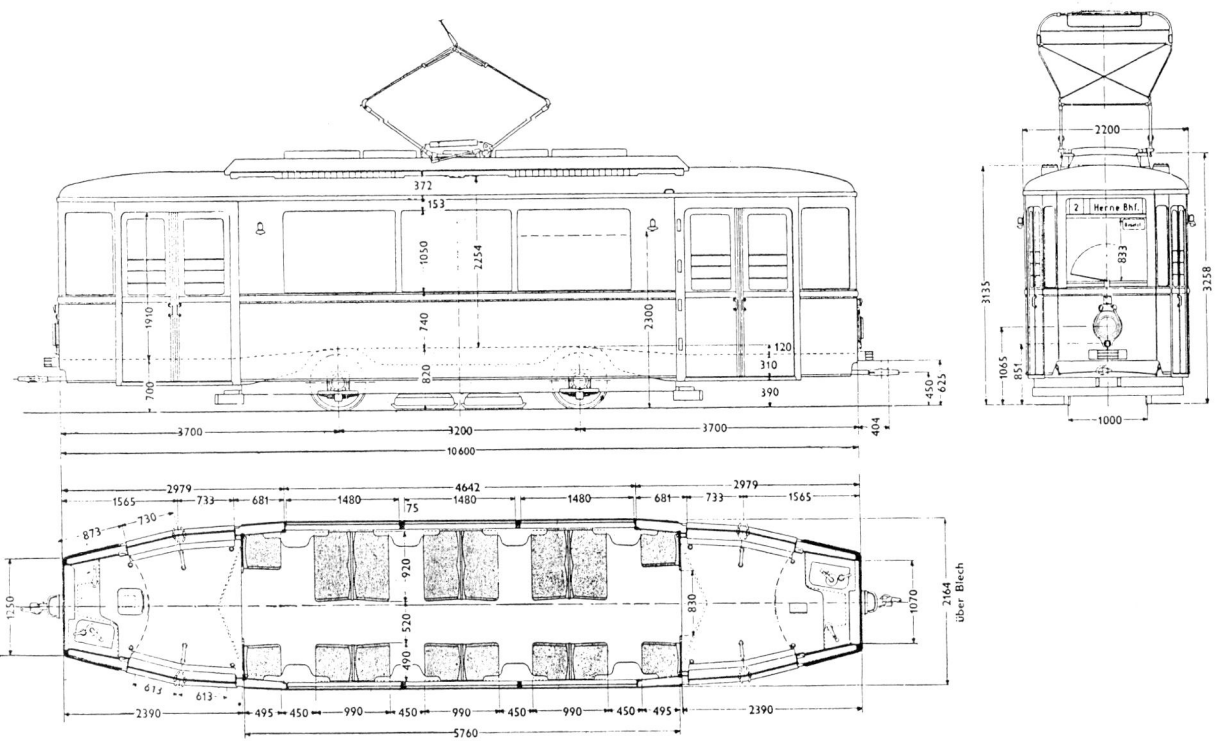

Bochum-Gelsenkirchen – Die Übersichtszeichnungen machen noch deutlicher, wie gering die Abweichungen zum geplanten ESW waren.
aus: Verkehrstechnik 1942 Nr. 18, S. 264

Mußten Weichen noch von Hand gestellt werden, gelang dies geübten Fahrern ohne auszusteigen durch das geöffnete vordere Schiebefenster mit einem langen Stelleisen wie hier dem Fahrer des Dresdner Tw Nr. 749 im Sommer 1935. Foto: SAMMLUNG DR. BAUER

Die Ausführung der Innenausstattung der ESW wurde mit Ausnahme verschiedener Varianten für die Anordnung der Sitzplätze nicht in die Vereinheitlichung einbezogen. Materialien und Farben sollten weitgehend frei wählbar sein.

Für die Zuordnung der Fahrzeugkupplungstypen zu den Spurweiten der Fahrzeuge gibt es weder eine technisch-konstruktive, noch eine andere logische Erklärung. Es muß deshalb davon ausgegangen werden, daß den Herstellern der beiden gleichwertigen, aber konstruktiv voneinander abweichenden Systeme Compact und Scharfenberg ausgeglichene Absatzmöglichkeiten gesichert werden sollten. Aus dem gleichen Grunde dürften teilweise Festlegungen nicht zustande gekommen oder unlogisch wie beim schon erwähnten Beispiel Außentüren sein.

Eine dreiachsige Ausführung des ESW war erst während der Ausarbeitung der konstruktiven Unterlagen für die zwei- und vierachsigen Fahrzeuge in das Vereinheitlichungsprogramm aufgenommen worden. Die ergänzenden Technischen Festlegungen (TF ESW 3 mr) erschienen am 15. Juli 1941. Darin war für den Lenkdreiachser der Wagenkasten der zweiachsigen Wagen vorgesehen, was offensichtlich ein Kompromiß zwischen Gegnern und Befürwortern der noch nicht völlig ausgereiften Konstruktion war. Die Unzufriedenheit mit dieser Entscheidung kam dadurch zum Ausdruck, daß die Berliner Verkehrs-Betriebe gemeinsam mit den Vereinigten Westdeutschen Waggonfabriken (Westwaggon) sowie den Elektroausstattern AEG und SSW einen Großraum-Lenkdreiachser mit den Abmessungen des vierachsigen ESW entwarfen[95]. Diese Fahrzeuge waren für Einrichtungsbetrieb und Fahrgastfluß mit festem Schaffnerplatz vorgesehen. Die elektrische Steuerung wurde für die Zugbildung aus zwei Triebwagen ausgelegt. Der Leiter der Reichsverkehrsgruppe Schienenbahnen und Berliner Stadtrat Johannes Engel erreichte unter Ausnutzung der Propaganda für den geplanten Monumentalumbau Berlins, daß 1942 zwei derartige Fahrzeuge mit ausdrücklicher Genehmigung des Reichsverkehrsministers in Auftrag gegeben werden konnten. Über den Verbleib der fast fertiggestellten, aber nie ausgelieferten Prototyp-Fahrzeuge konnten verläßliche Angaben nicht gefunden werden. Weder eine Verbringung als Kriegsbeute nach den USA noch die Verwendung für die späteren Prototypen Münchener Dreiachser ist nachgewiesen.

---

[95] Verkehrstechnik 1942 Nr. 8, S. 118/119

Zentralfahrschalter waren nach Abnahme der Fußbodenplatten gut zugänglich. Hier die vielstufige Ausführung im Dresdner *Großen Hecht*-Triebwagen.
Foto: SAMMLUNG DR. BAUER

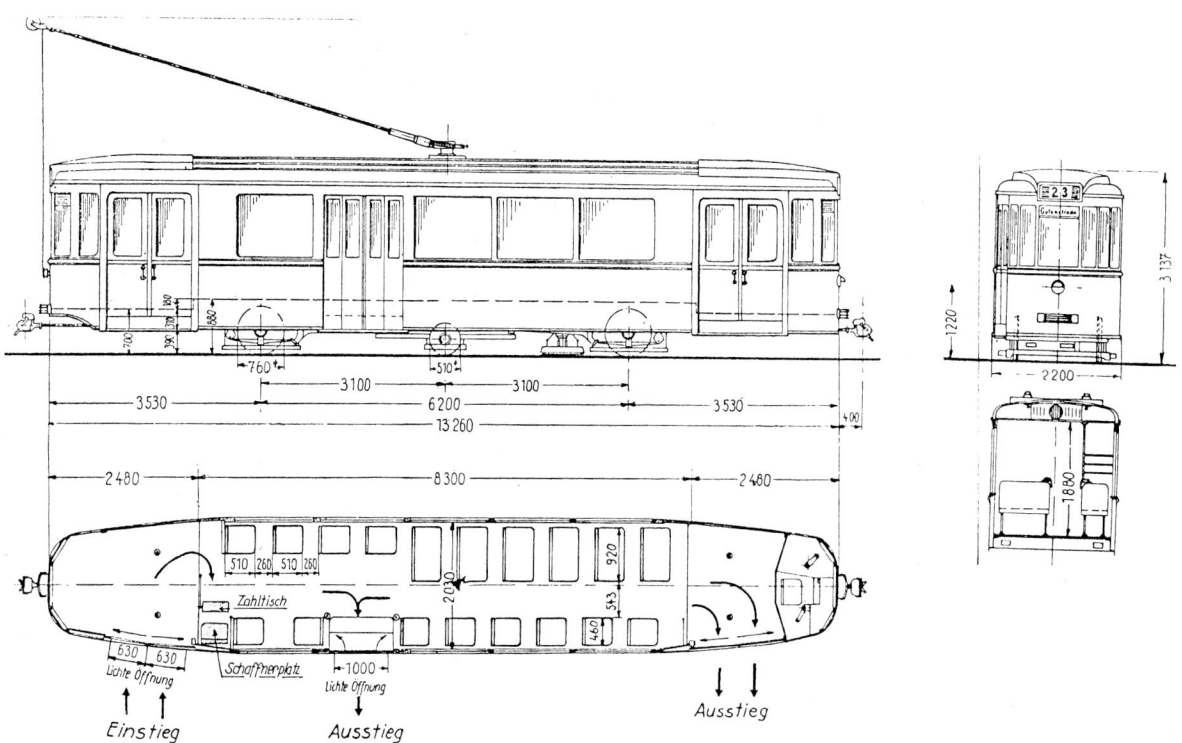

Berlin – Großraum-Lenkdreiachser mit Fahrgastfluß und festem Schaffnerplatz waren noch im Jahr 1942 für die Berliner Verkehrs-Betriebe vorgesehen.
aus: Verkehrstechnik 1942 Nr. 8, S. 116 – 119

3.4.5. Der Straßenbahnfahrzeugbau im zweiten Weltkrieg

Im Vorgriff auf den Abschluß der Ausarbeitungen zum Einheitsstraßenbahnwagen wurde bereits am 27. Februar 1941 per Erlaß Nr. K 31.3780 durch den Reichsverkehrsminister das in der Ausführungsbestimmung 73 zur BOStrab vorgeschriebene Genehmigungsverfahren geändert. Es erübrigte sich nun die von den Straßenbahnverwaltungen sonst geforderte Einreichung von Zeichnungen und Baubeschreibungen, da von der alleinigen Bestellmöglichkeit für ESW ausgegangen wurde.

Die Kommentare, die die Mitarbeiter des Typungsausschusses aus Anlaß der Veröffentlichung der Ergebnisse ihrer Arbeit im Mai 1941 formulierten, lassen aber trotz ihrer weitgehenden Beschränkung auf technische, organisatorische und betriebswirtschaftliche Aussagen erkennen, daß mit der sofortigen Umsetzung des Vereinheitlichungsprogramms nicht gerechnet wurde. Während mit dem Bau von vierachsigen Einheitswagen von vornherein erst im *Frieden*, von dem sich 1941 noch keiner eine Vorstellung machen konnte, begonnen werden sollte, war der Bau von Zwei- und Dreiachsern zur Deckung des dringendsten Bedarfs bereits ab Herbst 1941 vorgesehen. Für die Umstellung des überwiegenden Teils aller deutschen Straßenbahnfahrzeuge auf die ESW-Typen rechnete man mit einem Zeitraum von etwa 15 Jahren. Dabei wurde ein Bestand von 15747 Triebwagen und 14091 Beiwagen als Grundlage genommen und mit einer Lieferfähigkeit des Waggonbaus in Höhe von jährlich 2000 Straßenbahnfahrzeugen gerechnet. Eine Erweiterung des Fahrzeugbestandes der deutschen Straßenbahnbetriebe wurde in dieser Einschätzung nicht berücksichtigt[96].

Nach Angaben in den Abschlußveröffentlichungen des Typisierungsausschusses vom Mai 1941 sollten sich zu diesem Zeitpunkt bereits 54 Probetriebwagen im Bau und für weitere 350 Fahrzeuge die elektrische Ausrüstung in der Vorbereitung befunden haben[97]. Diese Straßenbahnfahrzeuge sind nie fertiggestellt worden. Die einzigen Einheitsstraßenbahnwagen, die den Technischen Forderungen entsprachen, waren 30 zweiachsige, regelspurige Beiwagen, die erst 1944/45 von der Niedersächsischen Waggonfabrik Joseph Graaff in Elze bei Hannover gebaut worden waren. Von diesen für Berlin bestimmten Wagen waren 10 beim Eintreffen der alliierten Streitkräfte noch beim Hersteller bzw. auf dem Transport in der Nähe von Hannover. In dieser Stadt sind diese 10 Beiwagen dann auch geblieben[98].

Die Waggonfabrik Gottfried Lindner AG in Ammendorf bei Halle (Saale) gehörte nicht zu den Firmen, die mit dem Bau von Probetriebwagen nach den TF ESW beauftragt worden war. Um jedoch bei eventuellen Rückgängen der Rüstungsaufträge auf das erwartete Geschäft mit den Einheitsstraßenbahnwagen technologisch vorbereitet zu sein, begann man mit den Vorbereitungen für den Bau eines Probetriebwagens ohne eine entsprechende Genehmigung. Da ausführungsreife Unterlagen nur für zweiachsige Triebwagen in Regelspurausführung zur Verfügung standen und damit die traditionellen Partner für Versuchsfahrzeuge, die Straßenbahn Halle und die Merseburger Überlandbahnen AG als Auftraggeber nicht infrage kamen, liefen die Fertigungsvorbereitungen im Selbstauftrag. Weil anderweitig keine Eisen- und Stahlkennziffern zu erhalten waren, sollte die Ausführung dadurch gesichert werden, daß am 22. Dezember 1941 die Leipziger Verkehrsbetriebe in den Auftrag Nr. 1806 eintraten. Am 3. Juni 1942 mußte der Auftrag jedoch wieder annulliert werden, weil der Bau von Einheitswagen inzwischen untersagt worden war. Damit entfiel auch die Auftragsserie Nr. 1807, in der sechs Stück ET 4m für die Merseburger Überlandbahnen AG gebaut werden sollten. Die Auftragsnummer 1808, unter der der im weiteren noch erwähnte Beiwagen in Kriegsausführung gebaut wurde, war die letzte im Straßenbahn-Auftragsbuch vor Kriegsende[99].

Im Widerspruch zu allen Weisungen und Festlegungen des Reichsverkehrsministers wurden auch nach der Veröffentlichung der Technischen Festlegungen für Einheitsstraßenbahnwagen davon völlig abweichende Fahrzeuge für verschiedene Straßenbahnbetriebe gebaut, wenn auch kriegsbedingt nur in geringen Stückzahlen. Mit wenigen Ausnahmen handelte es sich dabei um Aufträge, die bereits in den Jahren 1937 bis 1940 erteilt worden waren, für deren Realisierung aber nur nach und nach die erforderlichen Rohstoffkennziffern bereitgestellt wurden. Der Anarbeitungsstand schloß in der Regel die Umwandlung der Fertigungsobjekte in nun genormte Ausführungen aus. Zu diesen Lieferungen gehören die bereits erwähnten 26 Triebwagen der DÜWAG-Niederflurbauart für die Düsseldorfer und Vestische Straßenbahn. Weitere Beispiele sind 12 Triebwagen eines 1936 entwickelten Typs für Erfurt, 10 Eigenbau-Triebwagen der Straßenbahn Hannover und 19 vierachsige Einrichtungs-Großraumtriebwagen für Hamburg, die 1938 als Zweirichtungsfahrzeuge bestellt worden waren.

Eine Sonderstellung nahmen die 10 Triebwagen für die Bochum-Gelsenkirchener Straßenbahn ein, die im Zusammenhang mit der Plattformgestaltung schon Erwähnung fanden. Während der Konstruktion dieser Fahrzeuge wurde schon an den Technischen Festlegungen für die ESW gearbeitet, so daß Abmessungen und technische Einzellösungen bereits übernommen bzw. berücksichtigt werden konnten. Bewährte Konstruktionen wurden dort verwendet, wo eine Einheitsvariante noch nicht festgelegt worden war. Da nur Plattformfahrschalter zur Verfügung standen und wegen der mit anderen Triebwagen gesammelten guten Erfahrungen eine ungeteilte Frontscheibe verwendet werden sollte, entschied man sich für die Trapezform der Fahrzeugenden. Dadurch wurden die Triebwagen 340 mm kürzer als der vorgesehene ESW. Die Fahrzeuge und die erforderlichen Abweichungen von den Technischen Festlegungen der Ein-

---

[96] Großdeutscher Verkehr 1943 Nr. 1, S. 25
Die Zahlen für den Fahrzeugbestand wurden dem Handbuch der öffentlichen Verkehrsbetriebe 1940 entnommen und enthalten auch die Straßenbahnwagen Österreichs und anderer inzwischen dem Deutschen Reich einverleibten Gebiete.
Für das Deutsche Reich in den Grenzen von 1937 wären es 12580 Triebwagen und 11173 Beiwagen gewesen.
[97] Verkehrstechnik 1941 Nr. 11/12, S. 164
[98] Modern Tramway Vol. 44 No. 525 (September 1981), p. 312
[99] Archiv Waggonbau Ammendorf GmbH

Reichs-Verkehrs-Blatt

Ausgabe B: Kraftfahrwesen (RVkBl B)
Herausgegeben im Reichsverkehrsministerium

Verlag:	Carl Heymanns Verlag, Berlin W 8, Mauerstr. 44, Ruf 12 73 81.	**Bezugspreis:**	2seit. Ausgabe vierteljährlich 1,80 RM., 1seit. Ausgabe 2,50 RM. Bezugspreiserhöhung genehmigt durch den Stadtpräsidenten der Reichshauptstadt Berlin (Preisbildungsstelle) am 30.12.1939 (Akt. Z. I 3 m 3359 und 9204/39). Einzelheft je angefangene 8 Druckseiten 2seit. Ausgabe 14 Rpf., 1seit. Ausgabe 20 Rpf.
Bestellungen:	bei jedem Postamt, jeder Buchhandlung oder direkt beim Verlag.		
Zahlungen:	Carl Heymanns Verlag, Berlin W 8, Postscheckkonto Berlin 234		
Erscheint:	nach Bedarf, im allgemeinen viermal monatlich.		

Beim Ausbleiben einer Nummer des Reichs-Verkehrs-Blatts wollen die Bezieher sich lediglich an die liefernden Postämter wenden!

1941   Berlin, den 11. März   **Nr. 7**

Inhalt:

86) 27. Februar 1941. K 81. 8780. — Zulassungsverfahren bei Beschaffung von Einheits-Straßenbahnwagen.
87) Reichsstelle für Typprüfung von Kraftfahrzeugen und Kraftfahrzeugteilen. 28. Februar 1941. — Ausfertigung von Kraftfahrzeugbriefen für Fahrgestelle.
87a) 8. März 1941. K 1. 4041. — Aufbietung in Verlust geratener Kraftfahrzeug- (Anhänger-) briefe.

---

86) Zulassungsverfahren bei Beschaffung von Einheits-Straßenbahnwagen.

Berlin, den 27. Februar 1941.
K 81. 8780.

Im Zusammenhang mit der Schaffung von Einheits-Straßenbahnwagen ist mit Erlaß vom 21. August 1940 (RVkBl. B S. 264) die Erteilung von Aufträgen auf neue Straßenbahnwagen von einer Typgenehmigung durch den Reichsverkehrsminister abhängig gemacht worden. Da diese Genehmigung auf Grund der Festlegungen und Zeichnungen für die Einheits-Straßenbahnwagen und bei Ausnahmen auf Grund vorgelegter Sonderzeichnungen erfolgt, erübrigt sich für diese Aufträge die durch AB 73 BOStrab innerhalb des Zulassungsverfahrens vorgeschriebene Genehmigung der Zeichnungen und Baubeschreibungen durch den zuständigen RBvB (VAB). Die Bestimmungen der AB 73 über die Abnahme bleiben hierdurch unberührt. Zur Durchführung der Abnahme haben die Straßenbahnverwaltungen den RBvB die Typgenehmigung und die sonstigen für die Abnahme erforderlichen Unterlagen vorzulegen.

Die mit vorerwähntem Erlaß getroffene Regelung bezieht sich auf alle Aufträge, die nach dem 28. August 1940 erteilt worden sind oder werden. Ein Auftrag gilt im Sinne der vorstehenden Bestimmungen erst dann als erteilt, wenn auch die zu seiner Durchführung erforderlichen Eisenkontingente zugewiesen sind.

Bei vor dem 29. August 1940 erteilten Aufträgen bleibt es bei dem nach AB 73 vorgeschriebenen Zulassungsverfahren.

Der Reichsverkehrsminister.   — RVkBl B S. 35 —

An die Straßenbahnaufsichtsbehörden und die Reichsverkehrsgruppe Schienenbahnen.

Nachrichtlich:
an die Herren Oberpräsidenten usw.
— Nbv —

Berlin – ESW-Beiwagen aus der Serie Nr. 1601 – 1605, 1616 – 1630. Die BVG führte sie unter der Typenbezeichnung BF 42.

FOTO: SAMMLUNG KIRSCH

Düsseldorf – Die Niederflur-Trieb- und Beiwagen, hier aufgenommen während der Düsseldorfer Fahrzeugschau 1938, beeinflußten die spätere ESW-Planung wesentlich.

FOTO: SAMMLUNG DR. BAUER

Erfurt – 1936 bis 1944 wurden die Tw Nr. 82 – 117 mit stark eingezogenen Plattformen, abgerundeten Fronten und geneigten Stirnscheiben beschafft. Aufnahme des Tw Nr. 84 aus dem Jahr 1938.

Foto: GRÜNWALD/SAMMLUNG G. H. KÖHLER

Hamburg – Der Triebwagen Nr. 3039 gehört zu einer Serie von 10 ehemaligen V2-Bw, die 1936/39 zu Tw Serie Nr. 3031 – 3040 (Typ V2U) umgebaut worden waren.

Foto: Sammlung G. H. Köhler

Hannover – Bei diesem Prototyp-Tw Nr. 221 mit Bw Nr. 1041 des Baujahres 1938 für die Düsseldorfer Wagenschau sind amerikanische Gestaltungseinflüsse (PCC-Wagen) nicht zu leugnen. Die Nachbauten 1941/43 verloren durch eine eckige Gestaltung weitgehend dieses typische Gesicht.

Foto: Grünwald/Sammlung G. H. Köhler

heitsstraßenbahnwagen wurden vom Direktor der Bochum-Gelsenkirchener Straßenbahn, F. Holschmacher, ausführlich beschrieben[100].

In der Reichshauptstadt Berlin waren die Beförderungsaufgaben der Straßenbahn mit Kriegsbeginn in besonderem Maße angestiegen. Da ein 1938 beschlossenes großes Beschaffungsprogramm für neue zwei- und vierachsige Straßenbahnfahrzeuge[101] trotz seiner Einordnung in das Programm zur völligen Neugestaltung der Reichshauptstadt sowohl der Rohstoffsituation als auch dem Abwarten auf die Vereinheitlichungsergebnisse zum Opfer fiel, trat ein erheblicher Fahrzeugmangel ein. Eine geringfügige Entlastung erfolgte dadurch, daß 60 Triebwagen bei Kriegsbeginn in Polen requiriert und nach Berlin gebracht wurden. Diese Fahrzeuge waren im September 1939 in den

Berlin – Die von Warschau bestellten und im Jahr 1939 in Danzig und Königshütte im Bau befindlichen Wagen kamen als Kriegsbeute, offiziell wegen *Zahlungsunfähigkeit des Bestellers*, nach Berlin. Hier konnte nur mit Mühe die noch fehlende elektrische Ausrüstung komplettiert werden. Als Typ TF 40 eingeordnet, erhielten sie die Tw Nr. 3901 – 3960. Alle Fahrzeuge, die den Krieg einigermaßen unbeschadet überstanden hatten, gingen 1945 als Reparationsleistung nach Warschau.

---

[100] Verkehrstechnik 1942 Nr. 18, S. 263 – 266
[101] Verkehrstechnik 1938 Nr. 22, S. 514 – 517

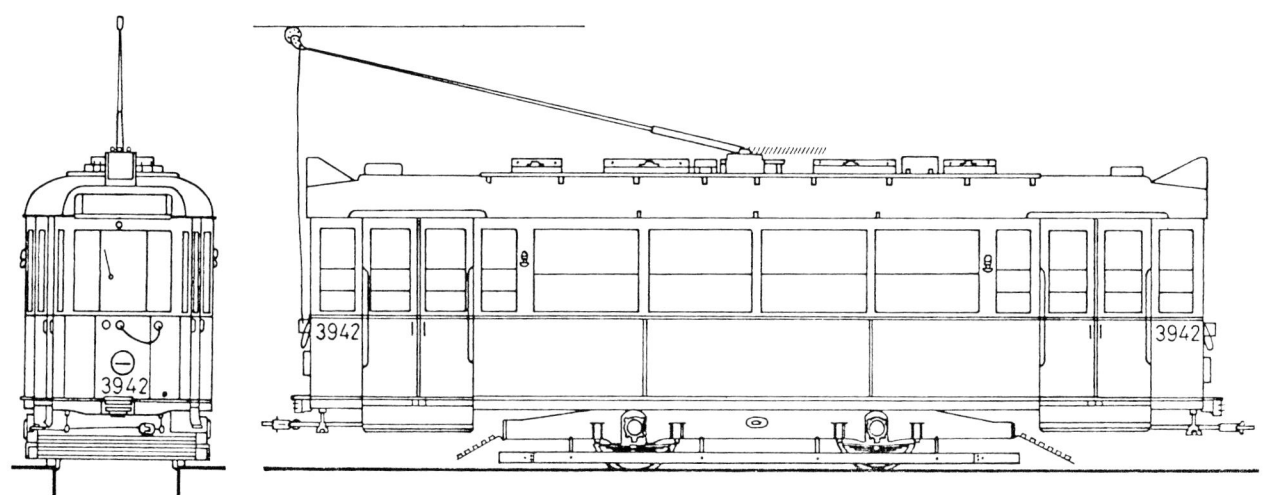

Waggonfabriken Danzig und Königshütte für Warschau fertiggestellt bzw. im Bau[102]. Ein Teil der Wagen kam in Berlin zunächst als Anhänger zum Einsatz, weil die zum Teil fehlende elektrische Ausrüstung erst bis 1942 beschafft werden konnte. Nach Kriegsende kamen diese Triebwagen als Reparationsleistung nach Warschau.

Weitere Straßenbahnfahrzeuge aus den von deutschen Truppen besetzten oder vom Reich annektierten Ländern Europas kamen u.a. in München, Hannover und bei verschiedenen Straßenbahnen des Rhein-Ruhr-Gebietes zum Einsatz. Im Gegensatz zur Eisenbahn setzten jedoch die uneinheitlichen technischen Parameter der Fahrzeuge der vorgesehenen weiteren Verwendung beschlagnahmter Straßenbahnen zur Gewährleistung der Verkehrsabwicklung im Reichsgebiet enge Grenzen. Die auf der Grundlage des *Gesetzes über Sachleistungen für Reichsaufgaben (Reichsleistungsgesetz)* vom 1. September 1939[103] verordnete Umsetzung von Straßenbahnfahrzeugen zu bombengeschädigten Verkehrsbetrieben blieb deshalb nicht nur wegen der eingeschränkten Transportmöglichkeiten oder Zerstörung während der Transporte, sondern auch infolge der mangelnden Einheitlichkeit der Fahrzeuge ohne größere Bedeutung.

3.4.6. Die Kriegsstraßenbahnwagen (KSW)

Der Bau neuer Fahrzeuge wurde immer dringlicher, weil Straßenbahnen für die Beförderung der Arbeitskräfte zu den inzwischen fast ausnahmslos kriegswirtschaftlich bedeutenden Produktionsstätten und im zunehmenden Umfang auch für den Transport von Gütern unentbehrlich waren. Da das Nürnberger ESW-Konstruktionsbüro bereits am 31. Dezember 1941 seine Arbeit eingestellt hatte und aufgelöst worden war, der Typisierungsausschuß seit dem 15. April 1942 ebenfalls nicht mehr existierte, wurde unter der Leitung des Direktors Held von der Düsseldorfer Waggonfabrik ein *Arbeitsausschuß Straßenbahnwagen* gebildet. Er erhielt den Auftrag, in kürzester Frist eine *Entfeinerung* des gerade entwickelten Einheitsstraßenbahnwagens durchzuführen. Darin wurde die einzige Möglichkeit gesehen, doch noch Voraussetzungen für die schnelle Herstellung einer größeren Anzahl von Straßenbahnfahrzeugen unter den herrschenden Kriegsverhältnissen zu schaffen. Als neuer Wagentyp entstand der *Kriegsstraßenbahnwagen (KSW)*.

Über die veränderte Fahrzeugbeschaffungspolitik gibt das vertrauliche Rundschreiben Nr. 28 (Stra.) der Reichsverkehrsgruppe

---

[102] Verkehrstechnik 1941 Nr. 15, S. 264 – 266
[103] Reichsgesetzblatt 1939 Teil I S. 1645

---

103) Einheitliche Bauart der Straßenbahnfahrzeuge bei Neubeschaffungen.

Berlin, den 8. Juli 1942
K 31. 15 190

Nachdem der von dem Herrn Reichsminister für Bewaffnung und Munition eingesetzte Sonderausschuß Eisenbahnwagen (Vorsitzer Oberbaurat Streitz) entschieden hat, daß für die Dauer des Krieges, soweit Straßenbahnwagen überhaupt gebaut werden können, hierfür mit Rücksicht auf die Kriegsfertigung nur ein in jeder Hinsicht vereinfachter und besonders leichter Kriegswagentyp in Frage kommt, ruht das mit Erlaß vom 21. August 1940 — K 31. 4698 — (RVkBl B S. 264) angeordnete Zulassungsverfahren. Neue Typgenehmigungsanträge sind mir deshalb bis auf weiteres nicht mehr vorzulegen. Bereits erteilte Typgenehmigungen werden zwar nicht ungültig, berechtigen aber bis auf weiteres nicht zur Auftragserteilung für neue Wagen des genehmigten Typs.

Bezüglich der Zulassung — Genehmigung und Abnahme — der Kriegs-Straßenbahnwagen gemäß § 73 AB.BOStrab verbleibt es bei der mit den Erlassen vom 27. Februar 1941 — K 31. 3780 — (RVkBl B S. 35) und vom 9. März 1942 — K 31. 4630 — (RVkBl B S. 31) getroffenen Regelung. Der vorgeschriebenen Genehmigung der Zeichnungen und Baubeschreibungen durch die zuständige TAB (VAB) bedarf es daher auch für die Kriegs-Straßenbahnwagen nicht. Ebenso unterbleibt eine behördliche Abnahme dieser Fahrzeuge.

Der Reichsverkehrsminister — RVkBl B S. 119 —

An die Straßenbahnaufsichtsbehörden und die Reichsverkehrsgruppe Schienenbahnen.

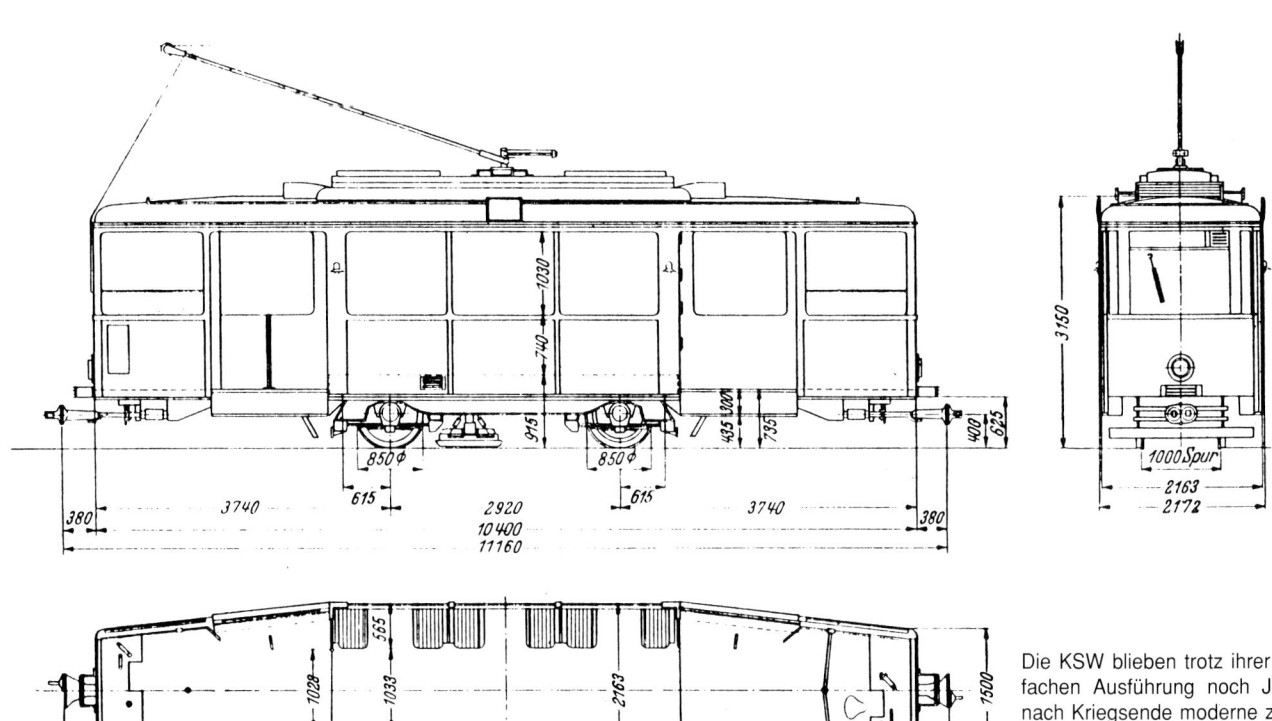

Die KSW blieben trotz ihrer einfachen Ausführung noch Jahre nach Kriegsende moderne zweiachsige Wagen. Der abgebildete Kriegsstraßenbahn-Triebwagen für 1000 mm-Spurweite mit verkürztem Achsabstand und Rädern mit 850 mm Durchmesser war im Krieg nicht mehr gebaut worden.

Schienenbahnen, unterzeichnet vom Geschäftsführer Bauer, vom 14. Mai 1942 Aufschluß:

... Durch Vereinbarung zwischen dem Herrn Minister für Bewaffnung und Munition und dem Herrn Reichsverkehrsminister obliegt jetzt die Lenkung der Herstellung sämtlicher Schienenfahrzeuge dem Minister für Bewaffnung und Munition, der für den Bau der Schienenfahrzeuge einschneidende Maßnahmen getroffen hat. Zur Durchführung dieser Maßnahmen ... ist ein Hauptausschuß Schienenfahrzeuge gebildet worden, dem u.a. auch ein Sonderausschuß Eisenbahnwagen unterstellt ist. ... Die Anordnungen des Ministers für Bewaffnung und Munition im Straßenbahnsektor sehen folgendes vor:

a) Abwicklung alter Aufträge auf Trieb- und Beiwagen (nicht ESW). ... Von diesen Trieb- und Beiwagen dürfen nur einige wenige, die im Bau bereits sehr weit fortgeschritten sind, fertiggestellt werden. An allen anderen Wagen darf nicht weitergearbeitet werden. ...

b) Verbot des Baues von Einheits-Straßenbahn-Wagen während des Krieges. Da der Einheits-Straßenbahn-Wagen als moderner Wagen naturgemäß einen verhältnismäßig hohen Arbeitsaufwand erfordert, hat der Minister für Bewaffnung und Munition angeordnet, daß der Einheits-Straßenbahn-Wagen für die Dauer des Krieges nicht gebaut wird. Auch die Probewagen dürfen nicht fertiggestellt werden. ...

c) Bau eines Kriegswagens. Mit Rücksicht auf den bei einigen Verwaltungen bestehenden dringenden Bedarf an Straßenbahntrieb- und -beiwagen hat sich der Minister für Bewaffnung und Munition bereiterklärt, den Bau eines einzigen Typs von Trieb- und -beiwagen für Meter- und Regelspur als sogen. „Kriegswagen" zuzulassen.
Voraussetzung hierfür ist, daß
1. nur der allerdringendste Bedarf berücksichtigt wird und
2. nur ein Wagen in einfachster Ausführung vorgesehen wird.
Für den Kriegswagen wird die gleiche Dringlichkeitsstufe wie für die Güterwagen der Reichsbahn gegeben sowohl für den wagenbaulichen als auch den elektrischen Teil, so daß voraussichtlich mit der Lieferung Mitte 1943 gerechnet werden kann. Im Höchstfall sollen je 300 Trieb- und Beiwagen für Meter- u. Regelspur zusammen je Jahr gebaut werden, ... Es wird nur ein zweiachsiger Typ für Meter- u. Regelspur gebaut, drei- und vierachsige Wagen scheiden aus. Der Achsstand beträgt wie beim ESW 3,20 m, der Laufkreisdurchmesser 760 mm. ... Die Platzzahl soll sich etwa in der Höhe der der ESW bewegen. Vielleicht wird aber noch die Sitzplatzzahl zu Gunsten der Stehplätze verringert, um das Fassungsvermögen zu erhöhen. Alle anderen Ausstattungen der ESW, wie elektrische Türschließvorrichtung, besondere Belüftung durch Lüftermotoren, Rollbandschilderkästen, Linienbezeichnungsschildaufbau auf dem Wagendach, selbsttätige Kupplung, Fangschutzvorrichtung usw., fallen fort. ... Als elektrische Ausrüstung erhält der Kriegstriebwagen 2 Motoren EM 60/600 mr mit einer Übersetzung von 5,75:1. Nutzbremsung der Motoren wird nicht vorgesehen. ... Vielstufenplattformfahrschalter für sitzenden Fahrer wird vorgesehen. Die Kleinspannungsanlage fällt fort. Die elektrische Kupplung richtet sich nach der bisher in den Betrieben

verwendeten Kupplungsweise. Die Beleuchtung wird in Einkreisschaltung vorgesehen. In den Beleuchtungsstromkreis werden auch die Scheinwerfer und das Schlußlicht einbezogen. ...

Auch in diesem vertraulichen Rundschreiben wurde zum Ausdruck gebracht, daß bei der Überprüfung der Dringlichkeit der *allerschärfste* Maßstab anzulegen ist.

Mit Erlaß des Reichsverkehrsministers vom 8. Juli 1942[104] wurde die Zulassung derartiger Straßenbahnfahrzeuge stark vereinfacht, indem Zeichnungen und Baubeschreibungen nicht genehmigt sowie fertige Fahrzeuge nicht behördlich abgenommen werden mußten. Während auf technische Vollkommenheit und längere Lebensdauer der Fahrzeuge sowie jeglichen Komfort für Personal und Fahrgäste verzichtet wurde, sollte jedoch die volle Betriebssicherheit gewährleistet werden.

Geplant war, neben einem Vorprogramm, in dem 86 Trieb- und 55 Beiwagen für 9 Straßenbahnbetriebe gebaut werden sollten, zwei Hauptprogramme mit insgesamt 1950 Fahrzeugen (810 Triebwagen, 1140 Beiwagen) durchzuführen[105]. Das streng reglementierte Auftrags-und Lieferungsverfahren war in einem gemeinsamen Erlaß des Reichsministers für Bewaffnung und Munition (RLA – G – 5547/43) und des Reichsverkehrsministers (K 33.11878/43) vom 21. Juni 1943 festgelegt und vom Reichsverkehrsminister per Erlaß vom 28. Juni 1943 (K 33.13300/43) nochmals untersetzt worden[106].

---

[104] Reichsverkehrsblatt 1942 Ausgabe B Nr. 17, S. 119
[105] VÖV/VDNE, 60 Jahre Arbeit für den öffentlichen Verkehr, Essen/Köln 1955, S.113,
[106] Reichsverkehrsblatt 1943 Ausgabe B Nr. ?, S. 100/101

---

107) Auftrags- und Lieferverfahren für Kriegsstraßenbahnwagen.

Der Reichsverkehrsminister
K 33. 11 878

Der Reichsminister für Bewaffnung und Munition
RLA - G - 5547/43

Berlin, den 21. Juni 1943

An den Hauptausschuß Schienenfahrzeuge beim Reichsminister für Bewaffnung und Munition
Sonderausschuß Eisenbahnwagen   Berlin W 35, Stülerstr. 9

den Hauptring Elektrotechnische Erzeugnisse beim Reichsminister für Bewaffnung und Munition
Berlin W 35, Corneliusstr. 3

die Omnibus-Bedarf-GmbH (Verband Deutscher Kraftverkehrsgesellschaften)
Berlin-Charlottenburg, Steinplatz 2

die Reichsverkehrsgruppe Schienenbahnen, Fachgruppe Straßenbahnen
Berlin W 62, Wichmannstr. 19

— je besonders —

Betr.: Auftrags- und Lieferverfahren
für Kriegs-Straßenbahnwagen.

In Anlehnung an die für Oberleitungs-Omnibusse getroffene Neuordnung des Auftrags- und Lieferverfahrens durch den gemeinsamen Erlaß des Reichsverkehrsministers und des Reichsministers für Bewaffnung und Munition vom 12.April 1943 — K 33. 424/43 — und — RLA/IIa/2428/43 — wird für Kriegs-Straßenbahnwagen-Neubauaufträge folgendes angeordnet:

1. Für die Dauer des Krieges sind von der Waggonbau- und Elektroindustrie für den deutschen Bedarf nur noch solche Kriegs-Straßenbahnwagen-Neubauaufträge auszuführen, die von der Omnibus-Bedarf-GmbH, Berlin-Charlottenburg, Steinplatz 2, erteilt werden.
   Die vor dem 1. Juni 1943 erteilten Straßenbahnwagen-Neubauaufträge, sowie alle Ersatzteil- und Instandsetzungs-Aufträge für Straßenbahnwagen fallen nicht unter diese Regelung.

2. Die Omnibus-Bedarf-GmbH darf nur solche Aufträge erteilen, die von der Reichsverkehrsgruppe Schienenbahnen vorgeschlagen und vom Reichsverkehrsminister genehmigt sind.
   Die näheren Bestimmungen über die Durchführung dieser Neuregelung gegenüber den einzelnen Straßenbahnunternehmen werden von der Omnibus-Bedarf-GmbH im Einvernehmen mit der Reichsverkehrsgruppe Schienenbahnen getroffen und bedürfen der Zustimmung des Reichsverkehrsministers.

3. Über die Verteilung der betriebsfähig fertiggestellten Kriegs-Straßenbahnwagen an die Verkehrsunternehmen entscheidet der Reichsverkehrsminister nach Kriegsdringlichkeit.

Der Reichsminister für Bewaffnung und Munition	Der Reichsverkehrsminister
I. V.:	I. A.:
gez. Liebel	gez. Wetzler

Berlin, den 28. Juni 1943
K 33. 13 300/43.

Durch vorstehenden Erlaß des Reichsverkehrsministers — K 33. 11 878/43 — und des Reichsministers für Bewaffnung und Munition — RLA - G 5547/43 — vom 21. Juni 1943 ist das Auftrags- und Lieferverfahren für Kriegs-Straßenbahnwagen (KSW) neu geregelt. Danach dürfen künftig Aufträge auf Lieferung von KSW für den deutschen Bedarf nur noch von der Omnibus-Bedarf-GmbH erteilt werden.

Im einzelnen wird hierzu folgendes bestimmt:

1. Bedarfsanmeldung

Da die Bedarfsmeldungen für KSW zu dem Rundschreiben der Reichsverkehrsgruppe Schienenbahnen Nr. 28 (Stra) vom 14. Mai 1942 durch die gegenwärtigen Verhältnisse überholt sind, wurden die Nbv durch Erlaß vom 5. Mai 1943 — K 33. 12 137/43 — angewiesen, den Bedarf erneut festzustellen. Diese Bedarfszahlen werden nach Prüfung durch die Nbv und die Reichsverkehrsgruppe Schienenbahnen vom Reichsverkehrsminister der Aufnahme in das Lieferprogramm zugrunde gelegt werden.

Alle jetzt oder später außerhalb dieser Bedarfserhebung zu stellenden Anträge auf Lieferung von KSW sind in doppelter Ausfertigung nur noch den Nbv vorzulegen, die nach Prüfung der Kriegsdringlichkeit eine Ausfertigung mit Stellungnahme über die Reichsverkehrsgruppe Schienenbahnen dem Reichsverkehrsminister vorlegen.

2. Aufnahme in das Lieferprogramm

Über die Aufnahme der Anträge in das Lieferprogramm entscheidet auf Grund der Stellungnahme der Nbv und des Vorschlags der Reichsverkehrsgruppe Schienenbahnen der Reichsverkehrsminister. Von ihm erhalten die Nbv, die Reichsverkehrsgruppe Schienenbahnen und die Omnibus-Bedarf-GmbH Mitteilung über die getroffene Entscheidung. Diese Mitteilung wird durch die Reichsverkehrsgruppe Schienenbahnen an die Straßenbahnunternehmen weitergegeben. Da die Kriegsdringlichkeit des Bedarfs einem ständigen Wechsel unterworfen ist, ist mit der Aufnahme in das Lieferprogramm die Reihenfolge und der Zeitpunkt der Auslieferung der Fahrzeuge noch nicht festgelegt.

3. Bestellung

Die Bestellungen der Straßenbahnunternehmen auf Lieferung der in das Lieferprogramm aufgenommenen KSW sind nur an die Omnibus-Bedarf-GmbH zu richten. Maßgeblich für den Zeitpunkt und den Umfang der Bestellungen ist der Entscheid des Reichsverkehrsministers über die Aufnahme in das Lieferprogramm.

Die Omnibus-Bedarf-GmbH faßt die einzelnen Bestellungen zu Sammelbestellungen an die Waggonbau- und Elektroindustrie zusammen und gibt dem Reichsverkehrsminister und der Reichsverkehrsgruppe Schienenbahnen Abschriften der Bestellschreiben.

4. Kontingentierung

Die für die Durchführung des Lieferprogramms erforderlichen Kontingente an Eisen und Metallen fordern die Lieferfirmen nach Erhalt der Bestellschreiben der Omnibus-Bedarf-GmbH unmittelbar bei der Reichsverkehrsgruppe Schienenbahnen auf vorgeschriebenem Vordruck an. Die Reichsverkehrsgruppe Schienenbahnen weist die Kontingente in eigener Zuständigkeit zu und gibt dem Reichsverkehrsminister monatlich in einer Sammelaufstellung Kenntnis vom Umfang der Zuteilungen.

5. Zahlungen

Die Omnibus-Bedarf-GmbH fordert von den Verkehrsunternehmen nach Aufnahme der Bestellungen in das Lieferprogramm die nach den Lieferbedingungen fälligen Zahlungen an. Dafür leistet sie selbst im Rahmen der Sammelbestellungen die fälligen Zahlungen an die Lieferfirmen. Über die Abwicklung des Zahlungsverfahrens trifft die Omnibus-Bedarf-GmbH die näheren Bestimmungen.

6. Lieferung

Die Lieferung erfolgt nach dem Bezugscheinverfahren. Etwa 1 Monat vor Auslauf der fertigen Fahrzeuge sendet der Sonderausschuß Eisenbahnwagen eine entsprechende Anzahl von Bezugscheinen an den Reichsverkehrsminister; der die Bezugscheine entsprechend der Kriegsdringlichkeit zur Verteilung an die Straßenbahnunternehmen den zuständigen Nbv weitergibt. Die Unternehmen erhalten ihre Fahrzeuge gegen Vorlage der Bezugscheine bei den Lieferfirmen

7. Abnahme

Die Abnahme der Fahrzeuge beim Lieferwerk wird von den Reichsverpflichteten durchgeführt. Die betriebliche Abnahme regelt sich nach der BOStrab.

Der Reichsverkehrsminister — RVkBl B S. 100 —

An die Reichs- und Ländermittelbehörden, bei denen Bevollmächtigte für den Nahverkehr (Nbv) bestellt sind, die Reichsverkehrsgruppe Schienenbahnen, Berlin W 62, Wichmannstr. 19, die Omnibus-Bedarf-GmbH, Berlin-Charlottenburg 2, Steinplatz 2,

nachrichtlich:
an die Straßenbahngenehmigungsbehörden.

Wesentlich daran war, daß in Anlehnung an die für Oberleitungs-Omnibusse getroffene Neuordnung des Auftrags- und Lieferverfahrens die Aufträge zur Fertigung von Straßenbahnwagen nur noch zentral durch die Omnibus-Bedarf-GmbH erteilt werden durften. Gleichzeitig wurde festgelegt, daß neben der Reglementierung bei Auftragserteilung der Reichsverkehrsminister über die Verteilung der betriebsfähig fertiggestellten Kriegs-Straßenbahnwagen an die Verkehrsunternehmen nach Kriegsdringlichkeit entscheidet.

Mit dem Bau der KSW wurde 1943 begonnen. Am 18. Januar 1944 wurde eine Regelung festgelegt, nach der wie für alle Dinge des persönlichen und wirtschaftlichen Bedarfs im Krieg nun auch für Straßenbahnwagen Bezugsscheine erforderlich wurden[107].

Von den Triebwagen des Vorprogramms konnten bis Kriegsende nur 67 Fahrzeuge fertiggestellt und bei den Straßenbahnbetrieben zum Einsatz gebracht werden. Allein 30 dieser Triebwagen erhielt die Straßenbahn in Wien. Die Beiwagen des Vorprogramms wurden alle gebaut und ausgeliefert. Vom Hauptprogramm I konnten bis Kriegsende nur einige Beiwagen fertiggestellt werden. Das Hauptprogramm II fiel ganz aus.

Die Lindner AG hatte bereits im November 1942 einen Beiwagen nach dem KSW-Konzept gebaut. Wegen der vollständigen Auslastung mit Wehrmachtsaufträgen fand jedoch die Lindner AG - wie schon beim ESW - nun auch beim Bau von KSW keine Berücksichtigung.

---

[107] Reichsverkehrsblatt 1944 Ausgabe B Nr. 2, S. 9

10) Bezugscheinverfahren für Kriegs-Straßenbahnwagen (KSW)

Berlin, den 18. Januar 1944
K 31. 343

In Ergänzung des Erlasses vom 28. Juni 1943 — K 33. 13 300 — (RVkBl B S. 100/101) wird für die Zuteilung der KSW durch das Bezugscheinverfahren folgende Regelung eingeführt:

Die Waggonfabriken übersenden bei Beginn der Montage der E-Ausrüstung — das ist etwa sechs Wochen vor Auslieferung der fertigen KSW — dem Reichsverkehrsminister für die KSW je einen Bezugschein (weißer Vordruck) und dem Sonderausschuß Eisenbahnwagen einen Durchschlag von dem Bezugschein (farbiger Vordruck), auf denen Nummer, Bezeichnung des Fahrzeugs, die Lieferwerke und der Liefermonat von den Waggonfabriken auszufüllen sind. Die Bezugscheinvordrucke werden den Waggonfabriken von der Omnibus-Bedarf GmbH geliefert.

Der Reichsverkehrsminister bestimmt nach Vorschlag der Reichsverkehrsgruppe Schienenbahnen den Bezugsberechtigten und beauftragt den hierfür zuständigen Bevollmächtigten für den Nahverkehr mit der Zuweisung des Fahrzeugs durch Zustellung des entsprechend auszufüllenden Bezugscheines. Die Omnibus-Bedarf GmbH erhält Abschrift des Auftragschreibens des Reichsverkehrsministers an den Bevollmächtigten für den Nahverkehr.

Die KSW werden gegen Vorlage der Bezugscheine von den Waggonfabriken an die Verkehrsunternehmen geliefert. Die Waggonfabriken geben nach Auslieferung der KSW die Bezugscheine zugleich mit den Abnahmebescheinigungen an die Verkehrsunternehmen zur Eintragung der Empfangsbestätigung zurück.

Berlin – Kurzzeitig war 1944 der KSW-Prototyp-Triebwagen mit der Nr. 6261 aus Propagandagründen in der Reichshauptstadt. BVG und Inductrio hatten gleichermaßen eine Erprobung wegen der ständigen Bombenangriffe abgelehnt. Noch im gleichen Jahr erfolgte die Umsetzung nach Woltersdorf, wo der Wagen noch heute existiert (siehe Titelbild).

Foto: SAMMLUNG DR. BAUER

Tabelle 2 Vor Kriegsende fertiggestellte KSW

Verkehrsunternehmen	Anzahl der Trieb- und Beiwagen		
	nach Stetza[1]	nach Pabst[2]	nach Höltge[3]
Berlin ⇨ Woltersdorf	1 / –	1 / –	1 / –
Danzig	3 / 9	5 / 10	5 / 10
Dessau	– / 2	– / 2	– / 4[4]
Dresden	3 / –	3 / –	3 / –
Duisburg	6 / 22	5 / 21	5 / –
Frankfurt/Main	(45) / –	– / –	20 / –
Graz	– / 4	– / 4	– / 5[5]
Hannover	(4) / 5	– / –	– / 8
Kattowitz	9 / 9	9 / 9	9 / 9
Köln	(23)[6] / (52)	9 / 32	13 / 41
Magdeburg	– / 4	– / 4	– / 4
München	(34) / (49)	5 / 12	6 / 12
Saarlouis	– / –	– / 1	– / 1
Siegen	6 / –	– / –	6 / –
Strausberg	– / 4	– / 4	– / 4
Wien	30 / –	30 / –	30 / –
Wuppertal	– / (15)	– / 3	– / 3
Summe	(164) / (175)	67 / 102	98 / 101

1 Stetza, G. (Hrsg.): Der Deutsche Kriegsstraßenbahnwagen, Nahverkehrsgeschichtliche Blätter 1, Essen (Die Angaben in Klammern enthalten Nachkriegslieferungen, da Stetza die Baujahre nicht angegeben hat)
2 Pabst, M.: Taschenbuch Deutsche Straßenbahn-Triebwagen 2, Elektro-Triebwagen 1931 - heute, Stuttgart 1981 und Taschenbuch Deutsche Straßenbahn-Beiwagen, Stuttgart 1984
3 Höltge, D.: Fahrzeuge deutscher Straßen- und Stadtbahnen Zwei- und Dreiachswagen ab 1945, Gifhorn 1980
4 nach Höltge: 2 Bw Kriegsverlust
5 nach Höltge: 1 Bw Kriegsverlust
6 nach verschiedenen Quellen: 6 Tw Kriegsverlust

Dort, wo die Angaben der verschiedenen Quellen übereinstimmen, handelt es sich überwiegend um Fahrzeuge, die 1944 bei den vorgesehenen Verkehrsbetrieben ankamen. Die Ursachen für die Differenzen in den Angaben zu den dann noch bis Kriegsende ausgelieferten Wagen sind vielfältig. Es ist z.B. nicht bekannt, ob alle Fahrzeuge ihren eigentlichen Bestimmungsort erreicht haben. Neben den Zerstörungen durch Kampfhandlungen kamen einige Fahrzeuge auch deshalb nicht beim vorgesehenen Verkehrsbetrieb an, weil sowohl vom Verteiler als auch vom Hersteller in den letzten Wochen des Krieges ständig Veränderungen in der Zuteilung vorgenommen wurden. Da in den Tagen des Zusammenbruchs militärische Transporte absoluten Vorrang hatten, blieben viele Wagen beim Hersteller oder landeten auf Abstellgleisen. Dort fielen sie den Alliierten in die Hände, die eine Umverteilung nach eigenen Gesichtspunkten vornahmen. Daraus ist auch zu erklären, daß nur noch wenige KSW in die spätere russische Zone gelangten. Unterlagen der Hersteller, soweit überhaupt noch vorhanden, können kaum herangezogen werden, weil nicht die Verkehrsbetriebe, sondern der Reichsminister für Bewaffnung und Munition als Besteller fungierte. Einige bereits im Einsatz befindliche Wagen sollen in den ersten Wochen nach Kriegsende vor allem durch die englischen Militärbehörden noch zu anderen Verkehrsbetrieben umgesetzt worden sein, so z.B. zwischen Köln, Duisburg und Hannover. Unterschiedliche Ausführungen der Fahrgestelle und Achsen lassen auch den Schluß zu, daß einige halbfertige Fahrzeuge erst beim Verkehrsbetrieb mit Teilen kriegszerstörter Straßen- und Eisenbahnfahrzeuge komplettiert wurden.

DIE KRIEGSSTRASSENBAHNWAGEN

Halle – Nicht nur mit dem Triebwagen 500 als Entwurf für einen Einheitsstraßenbahn-Triebwagen, sondern auch mit dem Beiwagen Nr. 240 (später Nr. 300) war die Gottfried Lindner AG den sich abzeichnenden Entwicklungen um Monate voraus. Der im Selbstauftrag entstandene KSW-ähnliche Beiwagen wurde von der Straßenbahn Halle am 29. Dezember 1942 für 17.000,- RM erworben.
Foto: SAMMLUNG SCHMIDT

Woltersdorf – Weiter nach Osten, allerdings erst 1968/69, kamen die Magdeburger KSW-Bw Nr. 241, 242 und 244. In Woltersdorf wurden sie gemeinsam mit den aus Strausberg übernommenen KSW-Bw unter den Wg.-Nrn. 21 – 26 geführt. Der im Juli 1970 fotografierte KSW-Bw Nr. 25 ist der ex-Magdeburger Bw Nr. 244.
Foto: REICHENBACH

Magdeburg – Ob die KSW-Bw Nr. 241 – 244 ursprünglich Köln oder Hannover zugeteilt waren, wie einige Quellen behaupten, ist kaum noch feststellbar. Sie gelangten jedenfalls nach Magdeburg, wo sie wie der 1944 gebaute und 1957 aufgenommene Bw Nr. 243 erst ab 1946 zum Einsatz kamen.
Foto: REICHENBACH

Halle – Der Beiwagen Nr. 240 hatte lediglich 16 Sitzplätze und war damit ein den Kriegsverhältnissen ideal angepaßter Stehwagen (links Mitte).
Foto: SAMMLUNG SCHMIDT

Bonn – Dieser KSW-Tw war 1944 als Tw Nr. 37 für Siegen gebaut und 1956 nach Düsseldorf (Nr. 15) abgegeben worden. 1970 kam er nach Bonn, wo er im August 1977 noch als Arbeitswagen Nr. A 21 diente.

Foto: G. H. Köhler

Woltersdorf – Ein typenreiner KSW-Zug des Baujahres 1944 mit dem Prototyp-Tw Nr. 7 (ex Berlin Nr. 6221) war bis 1978 im planmäßigen Einsatz. Das Bild aus dem Jahr 1976 zeigt ihn mit dem Bw Nr. 21, der Ende der 60er Jahre vom benachbarten Strausberg (Nr. 17) übernommen wurde. Dieser Triebwagen und der aus Magdeburg übernommene, ebenfalls 1944 gebaute KSW-Bw Nr. 82 bleiben als Zeugen dieser besonderen Einheitsbauart erhalten.

Foto: G. H. Köhler

Düsseldorf – Alle Siegener KSW-Tw kamen 1956 und 1959 nach Düsseldorf. Die Aufnahme aus dem Jahr 1977 zeigt den ATw Nr. 5133, der bis 1956 in Siegen als Tw Nr. 36 und dann in Düsseldorf noch bis 1969 als Tw Nr. 14 im Einsatz war.

Foto: G. H. Köhler

Frankfurt am Main – Zu einer Serie von 20 KSW-Tw, die noch vor Kriegsende komplett ausgeliefert worden sein soll, gehörte der 1975 im Bild festgehaltene Tw Nr. 557. Zwei Jahre später waren fast alle Frankfurter KSW verschrottet.

Foto: G. H. Köhler

4. Die Auswirkungen des Vereinheitlichungsprozesses auf Entwicklung und Bau deutscher Straßenbahnfahrzeuge nach 1945

Ingenieure, Konstrukteure, Zeichner und alle anderen an der Entwicklung der Einheitsstraßenbahnwagen sowie am Bau von Versuchsmustern und Modellen Beteiligten haben genauso wie die Organisatoren der Typisierung im Rahmen der ihnen gesetzten Grenzen ihr ganzes Wissen und Können eingesetzt. In einer relativ kurzen Zeit hatten sie versucht, den gegenüber der Entwicklung der technischen Wissenschaften eingetretenen Rückstand aufzuholen. Gleichwohl war die Entwicklung der Straßenbahnen nicht vergleichbar mit der in anderen entwickelten Industriestaaten verlaufen. Dort hatten sich spätestens seit 1933/34 vierachsige Großraumtriebfahrzeuge durchzusetzen begonnen. Die Ursachen dafür sind nicht nur in der nationalsozialistischen Verkehrspolitik und im Krieg, sondern auch in der spezifischen Entwicklung der Verkehrsgewohnheiten, Tarifsysteme, Betriebsabläufe, Rechtsnormen und nicht zuletzt in der relativen Isolierung Deutschlands zu suchen.

Trotzdem haben wesentliche Elemente der Einheitsstraßenbahnwagen und viele konstruktive Einzelteile dazu beigetragen, daß nach dem Ende des Krieges im besetzten Deutschland die Straßenbahn sehr schnell wieder zum Hauptträger des öffentlichen Personennahverkehrs wurde. Bei der Instandsetzung beschädigter Fahrzeuge und beim Neuaufbau zerstörter Wagen waren die Erfahrungen aus den Typisierungsarbeiten hilfreich, unabhängig davon, ob sie Eingang in die Technischen Festlegungen gefunden hatten oder nicht.

Nach der bedingungslosen Kapitulation war es in den Städten und Ballungsgebieten notwendig und lebenswichtig, enorme Beförderungsanforderungen zu bewältigen. Bezogen auf den Fahrzeugpark der Straßenbahnbetriebe bestand die vorrangige Aufgabe darin, zerstörte, beschädigte oder wegen jahrelang fehlender Unterhaltungsmöglichkeiten nicht mehr einsetzbare Fahrzeuge so schnell wie irgend möglich dem Verkehrsdienst zur Verfügung zu stellen. Da in vielen Fällen Fahrgestelle und elektrische Ausrüstungen noch bedingt verwendbar waren, mußten in Waggonfabriken, zum Teil auch in den Werkstätten der Straßenbahnbetrieb selbst, vorrangig neue Wagenkästen gebaut werden. Dabei wurden bewährte Konstruktionen unter Berücksichtigung der Materialsituation angewendet, allerdings die Aufbauten allgemein in geschweißter Ganzstahlausführung und mit abgerundeten Kanten ausgeführt.

In den westlichen Besatzungszonen konnte ab 1946 vereinzelt und ab 1948 in stärkerem Umfang mit dem Bau neuer Fahrzeuge begonnen werden. In der sowjetischen Besatzungszone fehlten dafür nicht nur die materiellen Voraussetzungen, sondern infolge der Beschlagnahme, Enteignung und erheblichen Demontage von Fabriken auch die Produktionsstätten. In den Westzonen bestanden aber auch dadurch günstigere Voraussetzungen, daß die Waggonfabriken Düsseldorf und Fuchs in Heidelberg infolge des dort bereits ausgeführten Baus von Kriegsstraßenbahnwagen über eine ausgereifte Technologie zum Bau von Serienfahrzeugen unter komplizierten äußeren Bedingungen verfügten. Die Neubauten waren deshalb anfangs mit dem KSW weitgehend identisch und behielten dessen Grundform auch bei, als etwa ab 1950 schrittweise Modernisierungen vorgenommen werden konnten. Diese modernisierten Fahrzeuge wurden als *Verbandstyp* bezeichnet, weil der *Verband öffentlicher Verkehrsbetriebe (VÖV)* wesentlich an der Weiterentwick-

KSW-Trieb- und -Beiwagen kamen noch 1944 auch in die Städte Danzig und Kattowitz. Die Fotos zeigen einen KSW-Triebwagen aus der Serie Nr. 290 – 294 und den KSW-Beiwagen Nr. 394 aus der Serie Nr. 390 – 399 um 1951 in Gdansk (Danzig).
Fotos: Sammlung Pohoryles

Braunschweig – Viele der KSW-Nachbauten erreichten nicht das Lebensalter der 1944 gebauten Fahrzeuge. Der erst 1949 gebaute KSW-Bw Nr. 295 wurde bereits nach 20 Jahren ausgesondert.
Foto: G. H. KÖHLER

Duisburg – Der äußerlich schon deutlich vom KSW abweichende Gelenktriebwagen Nr. 1169 entstand aus zwei KSW-Bw (!). Die 1945/46 gebauten KSW-Bw Nr. 351 und 353 waren 1960 zu einem Gelenkbeiwagen verbunden und 1963 motorisiert worden.
Foto: G. H. KÖHLER

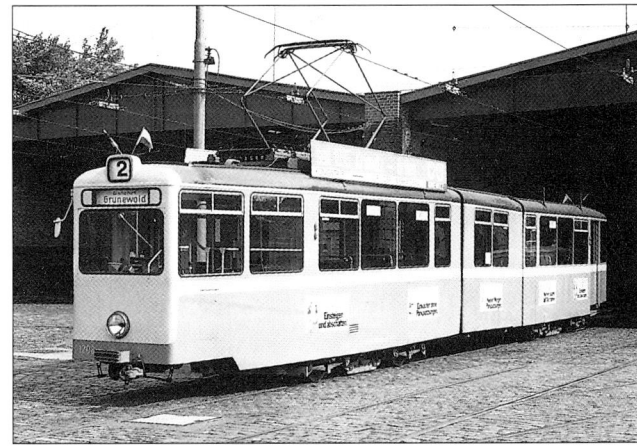

Duisburg – Die eigentlich für eine kurze Lebensdauer konzipierten KSW zeigten sich nicht nur dem hohen Verkehrsaufkommen der Nachkriegsjahre gewachsen, sondern wurden später auch noch für Umbauten genutzt. Der im September 1978 aufgenommene Gelenktriebwagen Nr. 1208 (bis 1966 Nr. 208) entstand 1958/59 aus KSW-Tw Nr. 208 (Baujahr 1946) und KSW-Bw Nr. 346.
Foto: G. H. KÖHLER

Offenbach – Zwei KSW-Bw erhielt 1947 dieser Straßenbahnbetrieb. Sie bekamen die aus Baujahr und laufender Nummer gebildeten Wg-Nrn. 4701 und 4702. Ein Jahr später wurden sie in 1123 / 1124, 1949 in 101 / 102 und 1953 in 151 / 152 umgetauft. Mit der Einordnung in den Frankfurter Wagenpark erfolgte 1966 die 5. Nummernänderung in 1451 und 1452. Hier der 1955 aufgenommene Bw Nr. 151.
Foto: SAMMLUNG G. H. KÖHLER

Magdeburg – Die Aufbauwagen, wie hier der Tw Nr. 108 aus dem Jahr 1950, versahen teilweise noch bis zum Anfang der 70er Jahre ihren Dienst.
Foto: SAMMLUNG DR. BAUER

lung des KSW mitgewirkt und das Ergebnis als Einheitswagen empfohlen hatte. Der VÖV, der an die Traditionen des *Verbandes Deutscher Verkehrsverwaltungen* und dessen Struktur vor der Gleichschaltung im Dritten Reich anknüpfte, konnte sich aber auch unter den neuen Bedingungen nicht allgemein gegen die ebenfalls traditionellen Einzelinteressen der Verkehrsverwaltungen deutscher Städte durchsetzen. Er beschränkte sich deshalb in seiner weiteren Tätigkeit auf dem Gebiet der Fahrzeugvereinheitlichung auf die Ausarbeitung von Rahmenrichtlinien. Diese VÖV-Richtlinien erlangten sehr schnell Bedeutung vor allem dadurch, daß sie von den Genehmigungsbehörden nicht nur anerkannt, sondern als ergänzendes Regelwerk zur inhaltlich auf das wesentliche gestrafften BOStrab erklärt wurden.

Im Gegensatz zum KSW hatten die ESW-Festlegungen kaum einen Einfluß auf die Weiterentwicklung der Straßenbahnwagen in der Bundesrepublik Deutschland. Ein dem ESW ähnlicher *Verbandstyp II* entsprach schon nicht mehr den aktuellen Anforderungen. Er wurde nur in geringer Stückzahl und mit teilweise erheblichen Abweichungen von den Verbandsempfehlungen gebaut. Im beginnenden Überlebenskampf der Straßenbahn gegen den Omnibus hatten nur noch moderne Großraumfahrzeuge eine Chance. Ab 1951 wurden vorwiegend vierachsige Triebwagen hergestellt, die sowohl technisch-konstruktiv als auch gestalterisch nichts mehr mit dem ESW-Vierachser gemein hatten.

Allein die 1942 für Berlin genehmigte Sonderkonstruktion des Großraum-Lenkdreiachsers fand mit erstaunlich geringfügigen Veränderungen der technischen Ausrüstung und äußeren Gestaltung für mehr als 300 Triebfahrzeuge, die überwiegend für die Münchener Straßenbahn gebaut wurden, bis in die 60er Jahre Verwendung.

Mit dem Stadtbahnwagen B und vor allem mit dem M-Wagen[108] gelang es letztmalig, verschiedene Verkehrsunternehmen für die Anschaffung von im wesentlichen einheitlichen Fahrzeugen zu gewinnen. Alle Versuche, dies mit einem VÖV-Niederflurwagen zu wiederholen, scheiterten bisher an den individuellen Interessen sowohl der Hersteller als vor allem der Straßenbahnbetriebe.

Eine Anwendung der technischen Konzeption der ESW durch Straßenbahnhersteller außerhalb Deutschlands, wie sie von den Mitwirkenden im Vereinheitlichungsbüro erhofft wurde, ist nicht bekannt geworden. Dagegen ist der KSW infolge der Vorbereitung seines Baus in der ehemaligen Waggonfabrik Königshütte *(heute: Chorzow)* zum ersten polnischen Einheitsstraßenbahnwagen geworden. Im Werk *Chorzowska Wytwórnia Konstrukcji Stalowych (Konstal)* wurden von den als Typ N und

---

[108] Stadtbahnwagen A und B nach VÖV-Empfehlung
Typ A wurde nie gebaut; m für Meterspur, in einigen Exemplaren auch als N-Wagen für Normalspur (1435 mm) gebaut

Gdansk (Danzig) – Einfach und robust waren die in den Jahren 1949 – 1962 in den Waggonfabriken Chorzow (Königshütte), Sanok und Swidnice (Schweidnitz) gebauten ca. 1300 Trieb- und ca. 1500 Beiwagen des Typs N. Die Fahrzeuge der polnischen Einheitsbauart glichen weitgehend den deutschen KSW. Tw Nr. 1009 vom Typ N2, aufgenommen um 1952.

Foto: Sammlung Pohoryles

nach konstruktiven Verbesserungen ab 1954 als Typ N1 bezeichneten Trieb- und Beiwagen zwischen 1949 und 1962 über 800 Fahrzeuge gebaut[109].

In der Ostzone Deutschlands wurden nach Kriegsende ebenfalls zuerst ausschließlich Aufbauten für kriegsbeschädigte Wagen hergestellt. Die Aufbauwagen aus der Waggonfabrik Gotha wurden bis 1949 soweit vereinheitlicht, wie dies die verwendeten Fahrgestelle und Ausrüstungen zuließen. Parallel dazu lief die Vorbereitung für den Bau neuer Fahrzeuge. Am 1. März 1948 konnten *Richtlinien für den Bau von Einheitsstraßenbahnwagen in der Ostzone* vorgelegt werden. Diese Richtlinien entstanden im Arbeitsausschuß Nahverkehr der Kammer der Technik der Ostzone, dessen Leitung der Direktor der Dresdner Straßenbahn, Professor Bockemühl, übernommen hatte, der schon maßgeblich an der Entwicklung der Dresdner Hechtwagen und an der Erarbeitung der Technischen Festlegungen für die Einheitstraßenbahnwagen beteiligt war. In diesen Richtlinien wird von den Verpflichtungen ausgegangen, die man zu dieser Zeit aus dem baldigen Abschluß eines Friedensvertrages der Siegermächte mit Deutschland erwartete. Größte Sparsamkeit bei der Anwendung der verfügbaren Rohstoffe und minimaler Arbeitskräfteeinsatz waren oberstes Gebot. Trotzdem sollte eine moderne Bauweise angestrebt werden, auch wenn die Fachkräfte und Ausrüstungen in den Unterhaltungswerkstätten noch nicht auf die modernsten Wiederherstellungsverfahren

---

[109] Straßenbahn-Magazin 1973 Nr. 9, S 219
Taschenbuch Deutsche Straßenbahn-Triebwagen 2, S. 18

Berlin – Der Aufbauwagen Nr. 5488 wurde Ende 1950 vom Waggonbau Gotha fertiggestellt.

Foto: Sammlung Dr. Bauer

Karlsruhe – Der erst 1948 gebaute KSW-Tw Nr. 115 wurde 1981 in Durlach aufgenommen. Foto: G. H. KÖHLER

eingestellt waren. Das fertige Fahrzeugkonzept stellte der nun ebenfalls in Dresden tätige ehemalige Leiter des Nürnberger Einheitsstraßenbahnwagen-Büros, Rudolf Stuhr, am 30. Juni 1950 auf einer Fachausschußtagung in Leipzig in seinem Referat *Der neue Einheits-Straßenbahnwagen* vor[110].

Gegenüber dem KSW war eine deutliche Trendwende erkennbar, allerdings konnten sich einige der guten Ideen auf wagenbaulichem Gebiet erst Jahre später erfolgreich durchsetzen. Vom ESW-Konzept wurden nur Teile der elektrischen Ausrüstung, vor allem die Einheitsmotoren, Einheitsstromabnehmer und die Plattformfahrschalter beibehalten.

Auf der Grundlage dieser Vorstellungen entwickelte der ostdeutsche Schienenfahrzeugbau Trieb- und Beiwagen, die unter der Bezeichnung *LOWA-Wagen*[111] bzw. ET/EB 50 (später leicht modifiziert als ET/EB 54) bis 1956 gebaut wurden. Die danach entwickelten und von der Waggonfabrik Gotha gebauten ET/EB 57 ließen in Abmessungen, Formgebung, konstruktiven Details und technischen Einzelheiten den Einfluß des ESW-Konzepts deutlicher erkennen, auch wenn ein direkter Vergleich durch inzwischen weiterentwickelte Fertigungsmethoden und vor allem durch die Verwendung neuer Materialien nicht mehr möglich war. Wenn auch das E für Einheitswagen aus der offiziellen Typenbezeichnung verschwand, so baute Gotha noch bis zum Ende der 60er Jahre einheitliche Fahrzeuge, auch Gelenkwagen und Vierachser, nach diesem Konzept. Durch die staatliche Planwirtschaft hatten die ostdeutschen Straßenbahnbetriebe kaum noch Einfluß auf Konstruktion und Herstellung der Fahrzeuge. Die technische Weiterentwicklung stagnierte

und die an die Nahverkehrsbetriebe der damaligen DDR ausgelieferten Neubaufahrzeuge reichten auch nicht annähernd aus, um die in den meisten Betrieben seit 40 oder mehr Jahren im Einsatz befindlichen Fahrzeuge zu ersetzen.

Die Herstellung von Straßenbahnwagen im Ostteil Deutschlands wurde 1969 durch Beschluß des damaligen *Rates für gegenseitige Wirtschaftshilfe (RGW)* der Ostblockstaaten eingestellt. Der tschechische Hersteller ČKD Tatra in Prag-Smichov erhielt den Auftrag, zukünftig alle neuen Straßenbahnwagen für die DDR zu liefern. Damit war auch hier die Entwicklung und der Bau von Einheitsstraßenbahnwagen abgeschlossen.

---

[110] Die Richlinie von 1948 und das Referat von 1950 liegen den Autoren im Original vor. Eventuelle Veröffentlichungen dazu sind nicht bekannt

[111] LOWA = Abkürzung für: *Vereinigung volkseigener Betriebe des Lokomotiv- und Waggonbaus*

Auswirkungen auf Entwicklung und Bau nach 1945

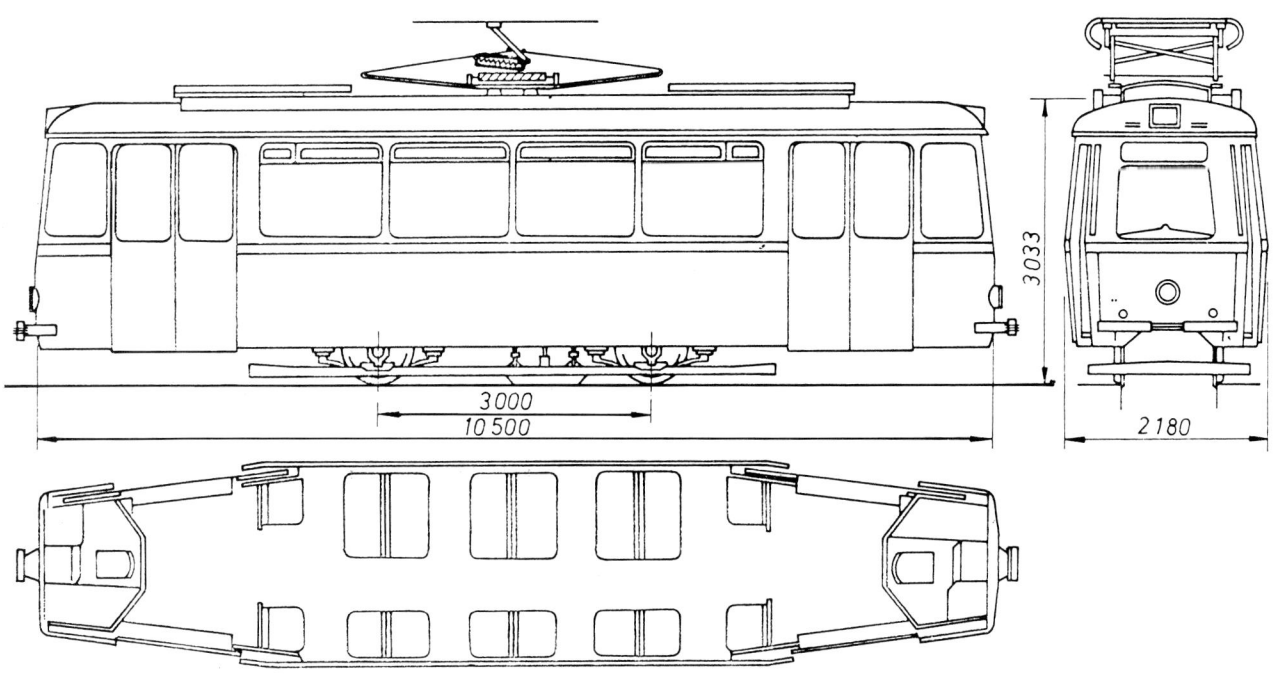

Erster Einheitswagen in der DDR – der LOWA-Wagen (ET/EB 50) von der Waggonfabrik Werdau. Ab 1954 wurde die Fertigung der Fahrzeuge von der Waggonfabrik Gotha als ET/EB 54 fortgesetzt.

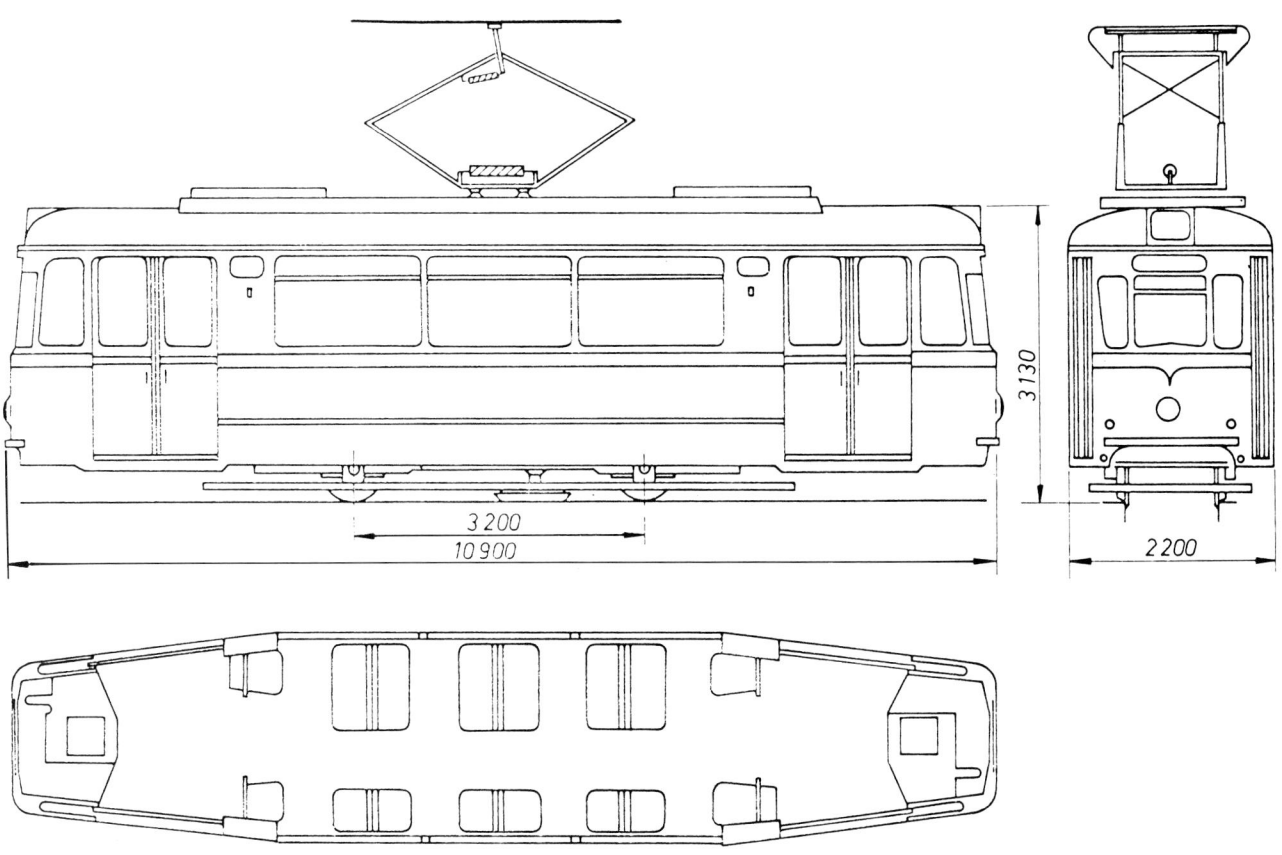

Der Gothaer Typ ET/EB 57 hatte mehr Ähnlichkeiten mit dem geplanten ESW als sein Vorgänger, erhielt aber erst ab 1962 einen handbetätigten Unterflurfahrschalter (T/B 62, nur noch Einrichtungsfahrzeuge). Die letzten Fahrzeuge dieser Typenreihe wurden 1968 bei CKD Tatra in Prag ausschließlich für die DDR gebaut.

Abkürzungsverzeichnis

AB	Ausführungsbestimmung(en) zur BOStrab
AEG	Allgemeine Elektricitäts-Gesellschaft
AwF	Ausschuß für wirtschaftliche Fertigung
BBC	Brown, Boveri & Cie.
BEW	Bergmann-Elektrizitätswerke Aktiengesellschaft
BOStrab	Bau- und Betriebsordnung für Straßenbahnen
BVG	Berliner Verkehrs-Aktiengesellschaft, Berliner Verkehrsbetriebe
CKD	Ceskomoravska-Kolben-Danek
DÜWAG	Düsseldorfer Waggonfabrik Aktiengesellschaft
EB	Einheitsbeiwagen
ESS	Einheitsscherenstromabnehmer
ESW	Einheitsstraßenbahnwagen
ET	Einheitstriebwagen
km/h	Kilometer pro Stunde
KSW	Kriegsstraßenbahnwagen
LOWA	Vereinigung volkseigener Betriebe des Lokomotiv- und Waggonbaus, auch Typenbezeichnung für die ersten Einheitsstraßenbahnwagen der DDR
m	Meter in Verbindung mit ESW: meterspurig
mm	Millimeter
NAG	Nationale Automobil-Gesellschaft, Berlin
NStrab	Normen für den Bau und Betrieb der Straßenbahnen
OEG	Oberrheinische Eisenbahngesellschaft, Mannheim
r	in Verbindung mit ESW: regelspurig (1435 mm)
RBvB	Reichsbevollmächtigter für Bahnaufsicht
RGW	Rat für gegenseitige Wirtschaftshilfe (COMECON)
RVBa	Reichsverkehrsgruppe Schienenbahnen
RVkBl	Reichsverkehrsblatt
RVM	Reichsverkehrsministerium
SO	Schienenoberkante (wichtiger Maßbezugspunkt bei Schienenfahrzeugen)
SSW	Siemens-Schuckert-Werke
Strab, Stra	Straßenbahn(en)
TAB	Technische Aufsichtsbehörde
TF	Technische Festlegungen
UEG	Union-Elektrizitätsgesellschaft
USA	United States of America, Vereinigte Staaten von Amerika
VAB	Verwaltungsaufsichtsbehörde
(VAB)	als Zusatz zu RBvB oder TAB: im Benehmen mit der Verwaltungsaufsichtsbehörde
VDE	Verband Deutscher Elektrotechniker
VDV	Verband Deutscher Verkehrsunternehmen
VÖV	Verband öffentlicher Verkehrsbetriebe
ZVEI	Zentralverband der Deutschen Elektrotechnischen Industrie

Weiterführende Literatur

Bücher

- Autorenkollektiv: Straßenbahn-Archiv, Berlin 1978 (als Lizenzausgabe unter dem Titel: Die Straßenbahnen in der DDR, Stuttgart 1978)
- Bauer, G. (Hrsg.): Straßenbahn-Archiv 1 bis 7, Berlin 1983 bis 1989
- Hendlmeier, W.: Handbuch der deutschen Straßenbahngeschichte, München, Erster Band 1981; Zweiter Band 1979
- Höltge, D.: Fahrzeuge deutscher Straßen- und Stadtbahnen/ Zwei- und Dreiachswagen ab 1945, Gifhorn 1980
- Höltge, D.: Die deutschen Straßenbahn-Gelenkwagen, Stuttgart 1983
- Pabst, M.: Taschenbuch Deutsche Straßenbahn-Triebwagen, Elektro-Triebwagen 1881 – 1931, Stuttgart 1981
- Pabst, M.: Taschenbuch Deutsche Straßenbahn-Triebwagen 2, Elektro-Triebwagen 1931 – heute, Stuttgart 1982
- Pabst, M.: Taschenbuch Deutsche Straßenbahn-Beiwagen, Stuttgart 1984
- Reichsverkehrsgruppe Schienenbahnen/Verband Deutscher Kraftverkehrsgesellschaften: Handbuch der öffentlichen Verkehrsbetriebe, Berlin 1940
- Uhlig, H.: Erläuterungen zu den Vorschriften für elektrische Bahnen (Bahnvorschriften), Berlin 1927
- Verband öffentlicher Verkehrsbetriebe (VÖV)/Verband Deutscher Nichtbundeseigener Eisenbahnen (VDNE): 60 Jahre Arbeit für den öffentlichen Nahverkehr, Essen/Köln 1955

Verwendete Zeitschriften

- Der Stadtverkehr, Brackwede
- Deutsche Strassen- und Kleinbahn-Zeitung, Berlin 1919 – 1922
- Großdeutscher Verkehr, Berlin 1941 – 1943
- Modern Tramway and Light Rail Transit, Vol. 44, No. 525, Shepperton 1981
- Straßenbahn-Magazin, Hefte 8 und 9, Stuttgart 1973
- Verkehrstechnik, Berlin 1919 – 1943

Anhang

VERKEHRSTECHNIK

Organ: Reichsverkehrsgruppe Schienenbahnen · Verband Deutscher Kraftverkehrs-Gesellschaften · Mitteilungsblatt des Internationalen Vereins für öffentliches Verkehrswesen

Herausgeber: Direktor Dipl.-Ing. O. Willenberg, Hauptgeschäftsführer · Professor Dr.-Ing. E. Giese · Direktor Dipl.-Ing. G. Strommenger

22. JAHRGANG   JUNI 1941   HEFT 11/12

Die Einheitsstraßenbahnwagen

INHALT:

	Seite
Generalmajor A. VON SCHELL, Unterstaatssekretär im Reichsverkehrsministerium: Zum Geleit	158
Farbbeilage: Modellansicht des zweiachsigen Einheitsstraßenbahnwagens (Aufn. Deutscher Verlag)	
Dipl.-Ing. G. GALLE, Ministerialrat im Reichsverkehrsministerium: Ziel und Weg der Vereinheitlichung der Straßenbahnwagen	159
Stadtrat Dipl.-Ing. P. BAYER, Generaldirektor der Städt. Werke der Stadt der Reichsparteitage Nürnberg: Die Gestaltung der Einheitsstraßenbahnwagen, erläutert am Zweiachser	165
Dipl.-Ing. J. ZEHNDER, Direktor der Dresdner Straßenbahn A.-G., Dresden: Die vierachsigen Einheitsstraßenbahnwagen	170
Konstruktions-Ingenieur R. STUHR, Einheitsstraßenbahnwagen-Büro Nürnberg: Die wagenbauliche Konstruktion der Einheitsstraßenbahnwagen	174
Geh. Reg.-Rat A. CUNTZE, Geschäftsführer der Fachgruppe Eisenbahnwagenbau, Berlin: Der Einheitsstraßenbahnwagen vom Standpunkt der Wagenbauindustrie	184
Dipl.-Ing. F. BAUER, Geschäftsführer der Fachgruppe Straßenbahnen, Berlin: Motoren und Schaltausrüstungen	187
H. NÖLKENSMEIER, Direktor der Rheinischen Bahngesellschaft A.-G., Düsseldorf: Die elektrischen Bremsen	197
Dipl.-Ing. W. PRASSE, Betriebsdirektor der Essener Straßenbahnen: Die Kleinspannungsanlage im Einheitsstraßenbahnwagen	202
Reg.-Baum. a. D. J. DOBLER, Direktor der Stuttgarter Straßenbahnen A.-G.: Die übrige elektrische Ausrüstung	205
Dipl.-Ing. F. FINCK, Stellvertretender Direktor der Berliner Verkehrs-Betriebe (BVG): Der Einheitsstraßenbahnwagen im Verkehr	214
Direktor Dipl.-Ing. O. WILLENBERG, Hauptgeschäftsführer der Reichsverkehrsgruppe Schienenbahnen: Wirtschaftlichkeitsfragen bei den Einheitsstraßenbahnwagen	217
Stadtrat J. ENGEL, Leiter der Reichsverkehrsgruppe Schienenbahnen, Berlin: Die Auswirkungen der Straßenbahnwagen — Vereinheitlichung auf die übrigen Gebiete des Straßenbahnwesens	224

ZUM GELEIT

In diesem Sonderheft wird von berufener Seite über das Ergebnis einer mehr als zweijährigen Gemeinschaftsarbeit der deutschen Straßenbahnen und der deutschen Industrie berichtet. Nach langen Jahren wirtschaftlichen Niedergangs haben auch die Straßenbahnen seit dem Jahre 1933 an dem allgemeinen Aufschwung teilgenommen. Bei ihnen hat die Verkehrssteigerung im Laufe dieses Krieges mit steilem Anstieg einen Höhepunkt erreicht, der an den vielfach veralteten Fahrzeugpark außergewöhnliche Anforderungen stellt. Alle Wagen, selbst die 30- bis 40jährigen, sind im Betriebe eingesetzt. Trotzdem reicht das rollende Material nicht aus, um das Verkehrsaufkommen zu befriedigen. Der bereits seit 1937 aufgestaute Bedarf an neuen Wagen hat gegenüber einem normalen Jahresbedarf von etwa 1000 Fahrzeugen die Größenordnung von etwa 4000 erreicht.

Die starke Inanspruchnahme der Elektro- und Wagenbauindustrie durch Rüstungsaufträge hat deren Aufnahmefähigkeit für Aufträge der Straßenbahnen stark eingeschränkt. Nur bei Anwendung rationellster Herstellungsverfahren ist die Industrie heute in der Lage, größere Aufträge anzunehmen. Auch die Straßenbahnbetriebe sind durch den gegenwärtigen Personalmangel und durch die Forderung auf sparsamste Verwendung der Rohstoffe gezwungen, Betrieb und Unterhaltung der Fahrzeuge soweit als möglich zu vereinfachen.

Daß sich die Fachgruppe Straßenbahnen in rechtzeitiger Erkenntnis dieser Lage vor zwei Jahren entschloß, die schon wiederholt im Kreise ihrer Mitglieder angeregte Vereinheitlichung im Wagenbau in die Tat umzusetzen, und daß diese umfangreiche Typungsarbeit trotz der großen Verschiedenheiten der betrieblichen und verkehrlichen Verhältnisse bei den einzelnen Bahnen mitten im Kriege in so kurzer Zeit mit Erfolg durchgeführt wurde, bedeutet in der Geschichte der Straßenbahnen eine besondere Tat.

Damit hat Deutschland als erstes Land der Welt einen Einheitsstraßenbahnwagen geschaffen. Die ersten Wagen sind im Bau. Mögen mit ihrer Vollendung die Erwartungen, die die Konstrukteure und die Verkehrsunternehmen an sie stellen, in Erfüllung gehen!

v. Schell

Generalmajor
Unterstaatssekretär im Reichsverkehrsministerium

Ziel und Weg der Vereinheitlichung der Straßenbahnwagen

Von Dipl.-Ing. GÜNTHER GALLE
Ministerialrat im Reichsverkehrsministerium, Berlin

Vorgeschichte, Ziel und Weg der Vereinheitlichung — Die 12 Haupttypen der Einheitsstraßenbahnwagen — Die technische Weiterentwicklung — Die Organisation der Vereinheitlichung

Der deutsche Einheitsstraßenbahnwagen (ESW) ist da! Mit den folgenden Aufsätzen wird er — wenn auch zunächst nur auf dem Papier — der Öffentlichkeit übergeben. Eine außergewöhnlich schwierige und verantwortungsvolle, aber in ihrem Ergebnis erfolgversprechende Gemeinschaftsarbeit der deutschen Straßenbahnen und der deutschen Industrie findet damit zunächst ihren Abschluß.

Die Vorgeschichte der Vereinheitlichung

In diesem Augenblick sei der Blick zuerst noch einmal rückwärts auf die Vorgeschichte der Vereinheitlichung gewandt. Schon manches Mal im Laufe dieses Jahrhunderts regten sich fortschrittliche Geister unter den Ingenieuren, die mit Anregungen für einen deutschen Einheitsstraßenbahnwagen hervortraten. Sowohl die Straßenbahner selbst als auch Elektro- und Wagenbauindustrie lieferten ihre Beiträge hierzu.

Voraus gingen die allgemeinen Vereinheitlichungsbestrebungen der deutschen Industrie, wobei die verschiedenen Verbände zugleich Förderer und Träger der Vorarbeiten waren. So hatte der Verband deutscher Elektrotechniker schon vor dem Weltkriege auf einzelnen Gebieten wertvolle Gemeinschaftsarbeit für die Normung geleistet. Während des Weltkrieges setzten dann unter dem Zwange der Verhältnisse mit Nachdruck die Arbeiten des „Normalien-Ausschusses für Maschinenbau" ein, der später zum „Normenausschuß der Deutschen Industrie" und endlich zum „Deutschen Normenausschuß" erweitert wurde.

Auch der schon vor der Jahrhundertwende gegründete Verein Deutscher Straßen- und Kleinbahnverwaltungen hatte auf dem Gebiet der Vereinheitlichung Pionierarbeit geleistet, so z. B. — um nur eines herauszugreifen — durch die Normung von Rillenschienen im Jahre 1912. Kurz vor und unmittelbar nach dem Weltkriege ging er auch daran, die Möglichkeiten einer Vereinheitlichung im Fahrzeugbau zu untersuchen. Diese unter den damaligen Verhältnissen keineswegs dringliche und ungemein schwierige Aufgabe konnte zu keinen Erfolgen führen, weil die betrieblichen Wünsche der Straßenbahnunternehmen und die Interessen der Hersteller auseinandergingen. Auch Vorstöße kühner Propagandisten, wie der von Direktor Albert, Krefeld, auf der Hauptversammlung des Verbandes in Danzig 1926 oder die Bemühungen eines Ausschusses von Vertretern der Straßenbahnen und der Wagenbaufirmen zur Normung und Verbilligung der Betriebsmittel (Ende 1926) oder der im Jahre 1931 unternommene verdienstvolle Versuch von Direktor Dr.-Ing. Prüss, im Rahmen einer Doktorarbeit die Möglichkeit und Nützlichkeit der Wagenvereinheitlichung wissenschaftlich nachzuweisen, vermochten nicht, die Dinge soweit voranzutreiben, daß dem damaligen Verband der Absprung zur großen Tat möglich gewesen wäre. Es darf in diesem Zusammenhang nicht unerwähnt bleiben, daß einzelne Verwaltungen inzwischen zu einer gewissen Selbsthilfe gegriffen hatten, indem sie wenigstens innerhalb ihres Betriebes von der Vielheit der Fahrzeugtypen zur Typenverminderung hindrängten, um bei Bestellungen durch größere Stückzahlen gleichen Typs die Unterhaltung zu vereinfachen und zu verbilligen.

Großes Aufsehen erregte es, als im Jahre 1933 nach mehrjährigen Vorarbeiten in den Vereinigten Staaten von Amerika ein nach ganz neuen Grundsätzen entwickelter einzeln fahrender Triebwagen dem Betriebe übergeben wurde. 25 amerikanische Straßenbahngesellschaften hatten sich zu einem Electric-Railway-Presidents-Conference-Committee (PCC) zusammengeschlossen, um die Vorarbeiten für diesen neuzeitlichen Straßenbahnwagen zu leisten. Die Fortentwicklung wurde organisatorisch übernommen durch die American Transit Association (ATA), früher American Electric Railway Association (AERA). Nach den mir vorliegenden Nachrichten sind zur Zeit über 1200 PCC-Wagen im Betrieb. Die mannigfaltigen Neuerungen dieser Fahrzeuge, die mit vielen hergebrachten Bauweisen endgültig brachen, z. B. an Stelle sämtlicher Stahlfedern nur noch Gummi für die Abfederung verwendeten[1]), fanden auch in manchen Ländern Europas Nachahmung. Der deutsche Straßenbahnwagenbau hat dem technischen Fortschritt der neuen Konstruktion volle Aufmerksamkeit geschenkt, ist aber in der Erkenntnis, daß die verkehrlichen Voraussetzungen der Konstruktion in Amerika und in Deutschland wesentlich voneinander abweichen und daß die Vorbedingungen für die Vereinheitlichung in Deutschland ganz andere sind, seine eigenen Wege gegangen. In diesem Zusammenhange sei darauf hingewiesen, daß die öfters in der deutschen Literatur verwendete Bezeichnung „amerikanischer Einheitswagen" nicht zutrifft, weil eine Vereinbarung oder gar ein Zwang zur Einführung des PCC-Wagens bei einem oder mehreren Unternehmen nie bestanden hat, noch in Aussicht genommen ist.

Obgleich auch bei den deutschen Straßenbahnen das Bestreben, sich auf einer gemeinsamen Linie zu finden, nie ganz zur Ruhe gekommen ist, so waren doch in den letzten Jahrzehnten die Anstrengungen der einzelnen Unternehmen, den technischen Fortschritt von Bestellung zu Bestellung für Verbesserungen konstruktiver Art auszunutzen, stärker, als der Wille zur Vereinheitlichung. Allerdings entstand hierdurch im Laufe der Zeit eine unübersehbare Anzahl von Fahrzeugarten, von denen nur verhältnismäßig geringe Stückzahlen zur Ausführung kamen. Auf der anderen Seite aber hatte dieses getrennte Marschieren auch seine Vorteile. In dieser Zeit konnte sich der Erfindungsgeist der Ingenieure bei den Straßenbahnen und in der Industrie frei entfalten und mit einzelnen Spitzenleistungen Vorbilder im Straßenbahnwagenbau schaffen, die als Ganzes oder in einzelnen Teilen für die Vereinheitlichung von grundlegender Bedeutung wurden.

Zurückschauend muß man es geradezu als eine günstige Fügung des Schicksals ansehen, daß der deutsche Einheitsstraßenbahnwagen erst jetzt in die Tat umgesetzt werden konnte, nachdem vorher zahlreiche Fragen der Einheitskonstruktion noch im Betriebe erprobt worden waren und dadurch ausreiften. Auf der anderen Seite aber war es höchste Zeit zur Vereinheitlichung. Aufrüstung und Krieg erforderten sparsamste Rohstoffbewirtschaftung und führten zu einem empfindlichen Mangel an Konstrukteuren, Zeichnern, Handwerkern und Arbeitern in der Wagenbau- bzw. Elektroindustrie sowie in den Büros und Werkstätten der Straßenbahnbetriebe. Hinzu kam, daß der Verkehrssektor innerhalb der Produktionsstätten durch die Ausweitung

---

[1]) Verkehrstechnik Bd. 18 (1937) S. 187, Bd. 21 (1940) S. 174 und S. 298.

anderer kriegswichtiger Aufträge in zunehmendem Maße zurückgedrängt wurde. Nach alledem mußte hinsichtlich des Neubaues von Wagen und der Herstellung von Ersatzteilen ebenso, wie bei der Unterhaltung der Betriebsmittel, das sparsamste, einfachste und rationellste Verfahren so schnell als möglich Platz greifen. Die Lösung lag für den Straßenbahnwagenbau im Einheitsstraßenbahnwagen.

Das Ziel der Vereinheitlichung

Als sich in den Jahren 1938 und 1939 der Plan, einen deutschen Einheitsstraßenbahnwagen zu schaffen, zu einem festen Entschluß verdichtete, war es die erste Aufgabe, das Ziel dieser Arbeit klar zu erkennen. Abseits jeder Neigung, die Vereinheitlichung um ihrer selbst willen zu betreiben, kam es darauf an, den Schwierigkeiten der gegenwärtigen Lage, zugleich aber auch den Forderungen der Zukunft — sowohl beim Hersteller als auch bei den Straßenbahnverwaltungen — Rechnung zu tragen.

Beim Hersteller kam es, um nur das Wichtigste herauszugreifen, darauf an, die Entwurfs- und Zeichenarbeiten in den Konstruktionsbüros auf ein Mindestmaß zu beschränken, Arbeitskräfte und Werkstätten durch Reihenherstellung und Bandarbeit rationell auszunutzen und die Lagerhaltung in den Werken zu vereinfachen. Es ist ein Irrtum zu glauben, daß diese Forderungen lediglich kriegsbedingt wären. Der Arbeitsanfall nach dem Kriege wird ein so gewaltiger sein, daß nur eine bis ins einzelne durchdachte und vorbereitete Arbeitsweise die Industrie instand setzen wird, den Bedarf mit erträglichen Lieferfristen zu decken.

Bei den Straßenbahnunternehmen hatte — abgesehen von der Pionierarbeit einzelner Verwaltungen — infolge der ungünstigen Wirtschaftslage nach dem Weltkriege die technisch-betriebliche Entwicklung einen gewissen Stillstand erfahren. So konnte z. B. die Reisegeschwindigkeit mit der z. T. stürmischen Fortentwicklung anderer Verkehrsmittel nicht Schritt halten. Hier mußten Mittel und Wege gefunden werden, die Straßenbahnen endgültig von dem Ruf der Rückständigkeit zu befreien. Anpassung an die Geschwindigkeit des allgemeinen Verkehrsflusses auf der Straße und schnellere Beförderung der Fahrgäste waren zur Parole geworden. Selbst die bis dahin oft hemmenden gesetzlichen Bestimmungen hatten sich in den Vorschriften der neuen Straßenbahn-Bau- und Betriebsordnung dieser Parole angeschlossen. Die durchschnittliche Fahrgeschwindigkeit mußte durch größere Anfahrbeschleunigung und Bremsverzögerung erhöht werden. Ebenso drängte das wachsende Bedürfnis, Mehrwagenzüge zu führen, zu einer Erhöhung der Motorenleistung. Die Aufenthalte ließen sich durch Schaffung günstiger Ein- und Ausstiegsmöglichkeiten sowie einer schneller wirkenden Signal-Anlage abkürzen. Das Fassungsvermögen der Straßenbahnwagen war — abgesehen von besonders verkehrsschwachen Bahnen, deren Verhältnisse aber für die allgemeine Entwicklung nicht als Maßstab gewählt werden durften — nicht ausreichend.

Gleichzeitig mit der Erhöhung der Geschwindigkeit und der Zunahme der Verkehrsdichte auf den Straßen galt es, durch Vervollkommnung der Bremseinrichtungen, der Signalgebung und des Unfallschutzes die Sicherheit zu erhöhen. Auch konnten auf die Dauer die berechtigten Wünsche der Fahrgäste auf größere Bequemlichkeit, gute Fahreigenschaften, geschmackvolle Ausstattung, gute Heizung und Belüftung, leicht erkennbare Linien- und Zielbezeichnungen und schließlich auch auf eine neuzeitliche aesthetisch befriedigende Außenwirkung der Fahrzeuge nicht vernachlässigt werden. Man kann ohne Übertreibung sagen, daß die Straßenbahnwagen in jeder Hinsicht für eine Neugestaltung reif waren. Gerade die rühmlichen Ausnahmen, die dieser Tatsache bereits durch den Bau neuzeitlicher Wagen Rechnung getragen hatten, waren mit ihren guten Erfahrungen ein Beweis hierfür. Eine solche Neugestaltung durfte aber nicht das Vorrecht einzelner rühriger Unternehmer und damit auch nur einzelner Orte bleiben, sondern mußte der Allgemeinheit zugänglich gemacht werden. Dies aber ließ sich nur auf einem Wege, nämlich der konzentrierten Gemeinschaftsarbeit, erreichen, bei der die Erfahrungen fortschrittlicher Unternehmen und der verschiedenen Industriezweige in eine Einheit zusammengeschmolzen wurden. Es sei auch zugegeben, daß die Absicht bestand, solchen Unternehmen, die die Zeichen der Zeit nicht erkannten, durch den der Vereinheitlichung innewohnenden Zwang „zu ihrem Glücke zu verhelfen". Auch durchaus äußere Umstände, wie die Forderung nach Austauschbarkeit des Fahrzeugparks in Krieg und Frieden und nach gegenseitiger personeller Aushilfe der Straßenbahnverwaltungen bei Großveranstaltungen drängten zur Vereinheitlichung.

Deutlicher noch als auf dem Gebiete des Betriebs und Verkehrs traten die Forderungen auf Vereinheitlichung bei der Unterhaltung zu Tage. Gelegentlich einer Bereisung von mehr als 30 Straßenbahnverwaltungen hatte ich Gelegenheit, in den Werkstätten und bei der Lagerhaltung die großen Erschwernisse kennenzulernen, die sich aus der gegenwärtigen Verschiedenheit der Fahrzeugarten und der großen Sortenzahl der Ersatzteile ergaben. Das ganze Arbeitsverfahren bei den Untersuchungen und Instandsetzungen, ja man möchte sagen, Umfang und Anlage der Werkstätten sind zur Zeit in einer die Wirtschaftlichkeit des Unternehmens ungünstig beeinflussenden Weise von der Zersplitterung im Fahrzeugbau abhängig. Welcher Fortschritt kann hier in der Vereinfachung der Lagerhaltung, im Einsatz des Personals und der Werkzeugmaschinen und in der Einführung einer klaren Bandarbeit erzielt werden, wenn die Bauweise der Fahrzeuge einheitlich ist. Selbst die Verwaltung eines Unternehmens wird aus der Vereinheitlichung Vorteile ziehen können. Man denke nur an das Beschaffungswesen, die kaufmännische Abrechnung, die Statistik und an betriebswirtschaftliche Untersuchungen.

Nicht zuletzt wird auch das Personal die Vorzüge der Typung bald erkennen. Je schneller der Einheitsstraßenbahnwagen in einem Betrieb Eingang findet, um so eher werden sich Erleichterungen in der Ausbildung und Schulung ergeben. Fahrer und Schaffner werden die neuen Fahrzeuge im Betrieb schätzen lernen. Ebenso wird das Bahnhofs- und Werkstättenpersonal sehr bald merken, welche Vereinfachungen ihnen dadurch im täglichen Dienst zugute kommen.

Wenn in diesem Zusammenhang auf das wirtschaftliche Ziel der Vereinheitlichung nicht näher eingegangen wird, so geschieht das nicht in Verkennung der Wichtigkeit dieser Frage. Gerade um ihrer Bedeutung willen wird dieses Thema in einem besonderen Aufsatz dieses Heftes behandelt (vgl. S. 217).

Der Weg der Vereinheitlichung

In vorstehenden Ausführungen ist der Versuch gemacht, das Ziel der Vereinheitlichung auf den verschiedenen Gebieten aufzuzeigen. Der Weg zu diesem Ziel führt zwangsläufig über die Normung und Typung.

Nach einer vom Präsidium des Deutschen Normenausschusses festgelegten Begriffsbestimmung[2]) ist eine Norm die gleiche Lösung einer sich wiederholenden Aufgabe. In der Technik nennt man diejenige Art der Normung, die auf Grund wirtschaftlichen Denkens und Handelns aus einer Gemeinschaftsarbeit der Beteiligten entsteht, im allgemeinen kurzweg Normung. Die Normen können eines oder verschiedene Elemente erfassen. Je nachdem spricht man z. B. von Begriffsnormung, Größennormung, Formnormung, Maßnormung, Stoffnormung, Vordrucknormung.

---
[2]) Verkehrstechnik Bd. 22 (1941) S. 123.

Typung — häufig auch Typisierung genannt — ist eine Normung, die sich auf die beiden Elemente „Arten" und „Größen" bezieht. Ein Typ ist hiernach ein Ding, das nach Art und Größe festgelegt wird.

Bei der Vereinheitlichung handelt es sich, wie wir sehen werden, sowohl um eine Typung als auch um eine über diese Art der Normung hinausgehende Schaffung von Begriffsnormen, Maßnormen und Stoffnormen. Die durch die Vereinheitlichung der Straßenbahnwagen festgelegten Normen sind Normen im Sinne der durch die Straßenbahn-Bau- und Betriebsordnung vorgeschriebenen „Normen für Straßenbahnen".

Wagentypen im strengen Sinne der Typung hat es bisher bei den Straßenbahnen nicht gegeben. Man kann infolgedessen auch keinen zahlenmäßig zuverlässigen Vergleich zwischen der bisherigen Typenzahl und den 12 Haupttypen des Einheitsstraßenbahnwagens anstellen. Denn wenn schon bei den einzelnen Verwaltungen die Wagen verschiedener Baujahre wesentlich voneinander abweichen, so hat, abgesehen vielleicht von Einzelbeispielen der letzten Jahre, doch nur eine verschwindend kleine Zahl von Straßenbahnen einen Wagentyp dem einer anderen Straßenbahn „nach-"gebaut. Es ist erschreckend, wenn man die von Dr.-Ing. Prüss in seiner Doktorarbeit zusammengetragenen Unterlagen über die Verschiedenheiten der wichtigsten Bauteile durchsieht und dabei berücksichtigt, daß die dort angeführten Zahlen nur Teilergebnisse für eine beschränkte Anzahl von Straßenbahnunternehmen liefern. Schon die Grundmaße der Gleisanordnung, wie Spurweite, Krümmungsverhältnisse und Gleismittenabstände zeigen erhebliche Abweichungen voneinander. Wieviel bunter aber wird das Bild, wenn man die Hauptabmessungen der Wagen, (Länge, Breite, Höhe), die Grundrißausbildung der Plattform und des Wageninnern, Dachform, Zahl und Größe der Fenster, Sitzplatzanordnung oder gar Laufgestell, Radsätze, Bremsen sowie Motoren, Fahrschalter und die übrigen Teile der elektrischen Ausrüstung miteinander vergleicht.

Um zu brauchbaren Wagentypen zu kommen, mußte in dieses Durcheinander erst einmal Ordnung gebracht werden, um dann alle diejenigen Teile, für deren Verschiedenheit stichhaltige Gründe nicht vorlagen, zu vereinheitlichen. Die Vereinheitlichung durfte sich nicht in der Schaffung von wenigen Wagentypen erschöpfen, die nur nach Art und Größe übereinstimmen, sondern mußte darüber hinaus zu einer weitgehenden Normung der Einzelteile nach Begriffen, Form, Maßen und Stoffen führen. Im Straßenbahnwagengeschäft mag heute die jährliche Auftragshöhe normalerweise in der Größenordnung zwischen 1000 und 2000 Stück liegen. Diese Wagenzahl, auf die verschiedenen Wagenbau- und Elektrofirmen verteilt, würde zwar schon eine gewisse Reihenherstellung gestatten, wenn man sich lediglich auf die Typung beschränkte. Die ausschlaggebenden Vorteile großer Stückzahlen können sich aber erst dann auswirken, wenn die Typung durch eine weitgehende Normung der Einzelteile ergänzt wird. Walz- und Gußteile, Bleche und Blechprofile, Holzteile, Türen und Fenster, Haltestangen, Beschlagteile jeder Art, Lampenfassungen und vieles andere, also Bauteile, die schon in einem Wagen in größerer Stückzahl vorkommen, mußten genormt werden. Dabei war größter Wert auf die vielseitigste Verwendung gleicher Normteile in den verschiedenen Wagentypen zu legen.

Um jeden Besteller auch in den Genuß der sich aus der Reihenherstellung ergebenden Vorteile zu bringen, empfiehlt es sich, eine organisatorische Zusammenfassung der Auftragserteilung ins Auge zu fassen. Es ist daran gedacht, die Aufträge, deren Vergebung ohnehin bis auf weiteres von der Höhe des zur Verfügung stehenden Eisenkontingents abhängig ist, in gewissen Zeiträumen, z. B. vierteljährlich, zu sammeln und so dafür zu sorgen, daß auch Bestellungen kleinerer Verwaltungen mit geringer Stückzahl in größere Reihen mit aufgenommen werden können. Hierbei sollen die freien geschäftlichen Beziehungen zwischen Auftraggeber und Auftragnehmer in keiner Weise gestört werden. Auch darf diese Regelung der Auftragserteilung über eine Zentralstelle als Treuhänder nicht dazu führen, daß die Dringlichkeit der Aufträge unberücksichtigt bleibt. Um die Normung der Einzelteile, besonders derjenigen, die bei allen Wagentypen übereinstimmen, im Sinne der Verbilligung der Fahrzeuge voll zur Auswirkung zu bringen, ist darüber hinaus geplant, die Aufträge, welche die einzelnen Wagenbaufirmen an bestimmte Unterlieferer weitergeben müssen, ebenfalls in geeigneter Weise zusammenzufassen, um durch die hohe Stückzahl der Unteraufträge den Einzelpreis herabzusetzen.

Die 12 Wagentypen

Bei der Festlegung der Wagentypen stellte es sich nach eingehenden Erhebungen über die Gegebenheiten der Bahnanlagen (z. B. Spurweite, Krümmungshalbmesser) sehr bald heraus, daß mit einer verhältnismäßig sehr kleinen Typenzahl auszukommen war. Auch die verkehrlichen Bedürfnisse standen dieser weitgehenden Beschränkung nicht im Wege, während die betrieblichen Anforderungen, besonders die motorische Ausrüstung zur Schaffung einer großen Zahl von Untertypen führte.

Hierbei wurde von folgenden Grundgedanken der Typung ausgegangen:

1. Die Typung bezieht sich im wesentlichen auf die Hauptarten und Hauptabmessungen des wagenbaulichen Teils, während genormte Einzelteile des wagenbaulichen Teils und die Normung von Teilen der elektrischen Ausrüstung nur insofern an die Typung gebunden sind, als diese Teile für die Verwendung in verschiedenen Wagentypen jeweils verschieden genormt sind.

2. Nach der Art der Fahrzeuge wird bei der Typung unterschieden zwischen Trieb- und Beiwagen, zwischen Zwei-, Drei- und Vier-Achsern sowie Regel- und Meterspur. Hieraus ergeben sich die 12 Haupttypen des Einheitsstraßenbahnwagens.

3. Nach der Größe ist eine weitgehende Übereinstimmung der Hauptabmessungen der Wagentypen anzustreben. Deshalb werden nur zwei Größennormen gebildet, die eine für Zwei- und Drei-Achser, die andere für Vier-Achser. Trieb- und Beiwagen stimmen größenmäßig überein.

So entstand die umstehende Typenreihe.

Die Normung wurde durchgeführt unter der Voraussetzung, daß künftig alle deutschen Straßenbahnen, abgesehen von Ausnahmen, die der Genehmigung durch den Reichsverkehrsminister bedürfen, nur noch Einheitsstraßenbahnwagen beschaffen dürfen. Eine entsprechende Anordnung ist inzwischen ergangen.

Die Wagentypen sind durch die Normung ihrer Hauptabmessungen und Einzelteile charakterisiert. Da die diesbezüglichen Festlegungen in besonderen von der Reichsverkehrsgruppe herausgegebenen Heften enthalten sind, erübrigt sich ihre Wiedergabe an dieser Stelle. Die folgenden Aufsätze behandeln aber die wesentlichsten Punkte daraus. Hier seien nun wiederum die grundsätzlichen Gedanken der Normung niedergelegt:

1. Die Normung der Einheitsstraßenbahnwagen muß den berechtigten Anforderungen entsprechen, welche die verschiedenen betrieblichen und verkehrlichen Verhältnisse der Bahnen stellen.

Die 12 Haupttypen der Einheitsstraßenbahnwagen

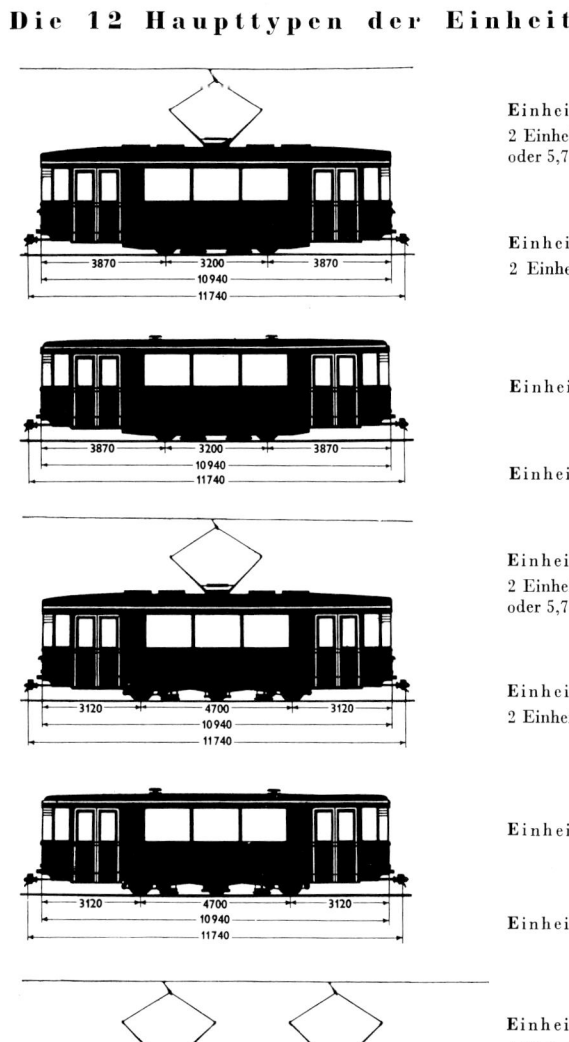

ET 2 r

Einheits-Triebwagen 2-achsig regelspurig
2 Einheits-Motoren je 60 kW/600 V, Übers. 4,80 : 1
oder 5,75 : 1; oder 2 Einheits-Motoren je 75 kW/600 V

ET 2 m

Einheits-Triebwagen 2-achsig meterspurig
2 Einheits-Motoren je 60 kW/600 V, Übers. 4,80 : 1
oder 5,75 : 1

EB 2 r

Einheits-Beiwagen 2-achsig regelspurig

EB 2 m

Einheits-Beiwagen 2-achsig meterspurig

ET 3 r

Einheits-Triebwagen 3-achsig regelspurig
2 Einheits-Motoren je 60 kW/600 V, Übers. 4,80 : 1
oder 5,75 : 1; oder 2 Einheits-Motoren je 75 kW/600 V

ET 3 m

Einheits-Triebwagen 3-achsig meterspurig
2 Einheits-Motoren je 60 kW/600 V, Übers. 4,80 : 1
oder 5,75 : 1

EB 3 r

Einheits-Beiwagen 3-achsig regelspurig

EB 3 m

Einheits-Beiwagen 3-achsig meterspurig

ET 4 r

Einheits-Triebwagen 4-achsig regelspurig
4 Einheits-Motoren je 50 kW/300 V, Übers. 4,36 : 1
oder 4,77 : 1; oder 4 Einheits-Motoren je 60 kW/300 V

ET 4 m

Einheits-Triebwagen 4-achsig meterspurig
4 Einheits-Motoren je 50 kW/300 V, Übers. 4,36 : 1
oder 4,77 : 1

EB 4 r

Einheits-Beiwagen 4-achsig regelspurig

EB 4 m

Einheits-Beiwagen 4-achsig meterspurig

2. Die genormten Fahrzeuge müssen die Ergebnisse aller praktischen Erfahrungen der Straßenbahnbetriebe und der technisch-konstruktiven Leistungen der Industrie enthalten.
3. Die Normung soll so umfassend als irgendmöglich durchgeführt werden. Besonderer Wert ist auf die Normung derjenigen Bauteile zu legen, die in einem oder in mehreren Wagentypen in großer Stückzahl wiederkehren. Die Normung muß sich bei aller Fortschrittlichkeit fernhalten von jedem technischen Experiment, d. h. sie darf nur solche Teile und Ausführungen erfassen, die auf Grund praktischer Erfahrungen wirklich normreif sind.
4. Wenn für ein- und denselben Gegenstand mehrere bewährte Lösungen vorliegen, so können diese Varianten einzeln genormt und ihre Verwendung zur Wahl gestellt werden. Diese bedingte Freizügigkeit bezieht sich sowohl auf verschiedene Erzeugnisse als auch auf verschiedene Baustoffe oder auch auf voneinander abweichende konstruktive Lösungen.

Der Gegenstand und die Art der Normung ist durch die bereits erwähnten technischen Festlegungen und die von der Reichsverkehrsgruppe Schienenbahnen herausgegebenen Zeichnungen bestimmt.

Die technische Weiterentwicklung

Während der Durchführung der Vereinheitlichung war man sich stets darüber klar, daß die weitgehenden Festlegungen der Normung keinesfalls die technische Fortentwicklung hemmen dürfen. Hierbei war allerdings streng zu unterscheiden zwischen wirklichem technischem Fortschritt, der der Allgemeinheit dient, und besonderen Liebhabereien und Eigenbrötelei. Wenn je eine Arbeit das Unterscheidungsvermögen hierfür geschärft hat, so ist das die Arbeit des Typungsausschusses gewesen, der mit unendlicher Geduld allen Anregungen immer wieder von neuem nachgegangen ist, dann aber auch vor der Verantwortung, eine Entscheidung zu fällen, nicht zurückschreckte. Ja man kann sagen, daß gerade die eingehende Beschäftigung mit allen Fragen des Straßenbahnwagenbaus zu einer klaren Erkenntnis der wichtigsten Probleme für die Weiterentwicklung führte. Wie oft ist die Versuchung an uns herangetreten, bereits Bewährtes um einer neuen, vielleicht schon im Ausland angewandten Idee willen über den Haufen zu werfen. Wenn dies nicht geschah, vielmehr der Weg eines schrittweisen Vorgehens gewählt wurde, so haben wir dies in keinem Augenblicke, auch nicht nach Durchführung einer Studienreise zu neuzeitlichen Straßenbahnunternehmen des Auslandes, bereut.

Zunächst ist mit dem Einheitsstraßenbahnwagen in seinen verschiedenen Typen bereits ein großer Schritt in die Zukunft getan. Die Aufnahme zahlreicher Varianten in die technischen Festlegungen bedeutet eine weitgehende Bewegungsfreiheit. Darüber hinaus ist eine Reihe von Fragen bewußt aus der Vereinheitlichung herausgelassen worden. Teils handelt es sich um konstruktive Einzelheiten, wie z. B. die elektrischen Fahrschalter, teils auch um Fragen, deren Entscheidung den einzelnen Unternehmen zu überlassen zweckmäßig erschien, wie z. B. die Wahl des Außenanstrichs der Wagen.

Für alle Bahnen aber, bei denen die Verwendung der Einheitsstraßenbahnwagen in einzelnen Punkten auf Schwierigkeiten stößt, bleibt der Weg der Ausnahmegenehmigung durch den Reichsverkehrsminister. Daß bei der Prüfung dieser Ausnahmeanträge die Wahrung der Einheitlichkeit oberste Richtschnur bleiben muß, bedarf wohl kaum der Begründung. Der Erfolg der ganzen Normung hängt davon ab, daß in den nächsten Jahren Sammelaufträge der einzelnen Wagentypen zustande kommen, die eine Umstellung der Produktion auf „Einheitsware" ermöglichen. Ausnahmeanträge haben deshalb nur dann Aussicht auf Genehmigung, wenn zwingende Gründe Abweichungen von den Feststellungen erfordern.

Das gleiche Verfahren der Ausnahmegenehmigung wird überall dort Anwendung finden, wo es sich darum handelt, Vorarbeit für die technische Weiterentwicklung zu leisten. Dabei ist allerdings eines von Wichtigkeit. Auch der technische Fortschritt wird künftig gelenkt sein, nicht vom grünen Tisch aus, sondern von einem Ausschuß der Straßenbahner selbst unter Hinzuziehung von Vertretern der Industrie. Dieser Ausschuß wird berufen sein, den Reichsverkehrsminister bei seinen Entscheidungen zu beraten. Soweit sich bisher übersehen läßt, wird sogar vielfach die Anregung zur Erprobung gewisser neuzeitlicher Errungenschaften von diesem Ausschuß ausgehen. Andererseits wird jede Anregung von außen gern entgegengenommen, geprüft und entschieden werden.

Wenn man die Zukunftsentwicklung der Einheitsstraßenbahnwagen nach den Erfahrungen des Typungsausschusses beurteilt, so kann mit Sicherheit angenommen werden, daß mindestens 5 Jahre lang an den Festlegungen von 1941 festgehalten werden wird. Eine solche Zeitspanne ist nämlich die Mindestzeit für Konstruktion, Bau und Erprobung einzelner abgewandelter Wagentypen. Damit soll keineswegs gesagt sein, daß nach 5 Jahren ein neuer Einheitsstraßenbahnwagen herauskommen wird, der nun mit dem ersten gar nichts mehr zu tun hat. Vielmehr wird es sich um konstruktive Fortentwicklungen handeln, bei denen entscheidender Wert auf die Wiederverwendung möglichst vieler genormter Bauteile gelegt wird. Hierüber zu wachen, wird eine wichtige Aufgabe bei der Typgenehmigung sein.

Die Organisation der Vereinheitlichung

Der Weg der Vereinheitlichung ist mit der Behandlung der maßgeblichen Gedankengänge über Normung, Typung und technische Fortentwicklung noch nicht erschöpfend erläutert. Für die erfolgreiche Umsetzung dieser Gedanken in die Praxis war eine klare Organisation und Arbeitseinteilung notwendig. Hierüber wie über die Verdienste der an der Vereinheitlichung beteiligten Männer noch einiges zu sagen, empfinde ich als ständiger Gast in diesem Ausschuß als meine Pflicht.

Der Fachausschuß für wagenbautechnische Fragen der Straßenbahnen hatte unter der tatkräftigen Leitung und auf die persönliche Initiative seines Vorsitzenden, Direktor Zehnder, Dresden, am 26. 10. 1937 bereits einen Beschluß gefaßt, den Vereinheitlichungsgedanken erneut aufzugreifen. Am 8. 2. 1938 konnte Direktor Zehnder bereits über seine Verhandlungen mit einigen Wagenbaufirmen berichten, die zwar ihr Interesse an der geplanten Arbeit bekundet hatten, aber mit Ausnahme einer einzigen Firma sich noch nicht zur Mitarbeit entschließen konnten. Daß sich der Fachausschuß trotz der etwas lauen Behandlung der Angelegenheit durch die Wagenbaufirmen zur Tat entschloß, ist sein besonderes Verdienst. Einige Zeit später hatte Direktor Dr.-Ing. habil. Kremer, Hannover, den Vorschlag gemacht, die besten Straßenbahnwagen auf kurze Zeit an einem Ort zusammenzuziehen und unter Beteiligung einiger Professoren der Technischen Hochschulen Vergleichsversuche mit ihnen anzustellen. Diesen Gedanken in veränderter Form aufgreifend, faßte man den Entschluß zur „Düsseldorfer Wagenschau" im November 1938, wobei besonderer Wert darauf gelegt wurde, nicht so sehr die Wissenschaftler als vielmehr die Verkehrspraktiker zu Wort kommen zu lassen. Der besondere Wert dieser Veranstaltung, über deren Ergebnisse 2 Aufsätze der „Verkehrstechnik" Aufschluß geben[3]), lag darin, daß den Straßenbahnbetrieben Gelegenheit gegeben wurde, sich kritisch zu den bisher erzielten Fortschritten des Straßenbahnwagenbaus zu äußern. So wurde die Düsseldorfer Wagenschau gleichsam zum Auftakt der Vereinheitlichung. Ihr folgte am 31. 12. 1939 die Bildung des Typungsausschusses durch den damaligen Fachgruppenleiter, Generaldirektor Dipl.-Ing. Bayer, Nürnberg.

Am 25. 1. 1939 berief der Leiter der Reichsverkehrsgruppe Schienenbahnen, Stadtrat Engel, in klarer Erkenntnis der Bedeutung der Vereinheitlichung eine Sitzung ein, in der die Reichsverkehrsgruppe offiziell zur Trägerin der Vereinheitlichungsarbeiten bestimmt wurde. Für die Straßenbahnen wurde der Typungs-Ausschuß mit der Durchführung beauftragt. Seinen Vorsitz übernahm Generaldirektor Bayer.

Als Mitglieder wurden berufen:

Vertreter der Reichsverkehrsgruppe Schienenbahnen:
Hauptgeschäftsführer Direktor Dipl.-Ing. Willenberg,
Geschäftsführer Dipl.-Ing. Bauer,
Ing. Kuntke.

Vertreter der Straßenbahnen:
Direktor Dipl.-Ing. Zehnder, Dresden (Stellv. Leiter),
Direktor Reg.-Baumeister a. D. Dobler, Stuttgart,
Direktor Dipl.-Ing. Finck, Berlin (im Feld)[4),

---

[3]) Verkehrstechnik Bd. 19 (1938) S. 531 und Bd. 20 (1939) S. 1.
[4]) Zur Zeit Obering. Schumann, Berlin.

Direktor Nölkensmeier, Düsseldorf,
Betriebsdirektor Dipl.-Ing. Prasse, Essen,
Direktor Dr.-Ing. Prüß, Hamburg (im Feld)[5]).

Vertreter der Fachgruppe Eisenbahnwagenbau:
Direktor Oberbaurat a. D. Grassl,
später Direktor Dipl.-Ing. Gastell.

Vertreter der Wagenbaufirmen:
Düsseldorfer Waggonfabrik:
Direktor Held,
Obering. Bruckschen.
Waggonfabrik Christoph & Unmack, Niesky:
Obering. Dipl.-Ing. Cramer.
Maschinenfabrik Augsburg-Nürnberg (MAN):
Obering. Schmid.
Vereinigte Westdeutsche Waggonfabriken, Köln-Deutz:
Direktor Dr.-Ing. Becker.

Vertreter der Elektrizitätsfirmen:
Allgemeine Elektrizitäts-Gesellschaft, Berlin (Bahnabt.):
Obering. Reg.-Baumeister a. D. Dozler.
Brown-Boveri & Cie., Mannheim (Bahnabt.):
Obering. Dipl.-Ing. Riedl.
Siemens-Schuckert-Werke A.-G., Berlin-Siemensstadt (Bahnabt.):
Obering. Dipl.-Ing. Meyer,
Dipl.-Ing. Holtgreve.

Je nach Bedarf wurden weitere Vertreter der Straßenbahnen und der Industrie, auch der Unterlieferer, hinzugezogen.

Damit begann die eigentliche Arbeit. In bisher 17 meist 2 bis 3-tägigen Sitzungen wurden von diesem Ausschuß in unermüdlichem Fleiß und mit nie versagender Geduld alle Fragen des Straßenbahnwagenbaus bis ins einzelne hinein behandelt. Oft mußte um wichtige Fragen Monate hindurch gerungen werden, um zu Beschlüssen zu kommen, die in Zukunft jeder Kritik standzuhalten vermögen. Die Ergebnisse zahlreicher Rundschreiben, z. B. über größte Wagenbreiten, Gleismittenabstände, Bedienung der Weichen, Drehsinn und Nullstellung der Fahrschalterkurbel, optische und akustische Signalanlagen, elektrische Kupplungen, Bahnspannungen usw. wurden eingehend geprüft und für die Beschlußfassung ausgewertet. Der ganze Apparat der Reichsverkehrsgruppe Schienenbahnen (Geschäftsstelle und Technische Ausschüsse) wurden mit eingespannt. Die Straßenbahnen halfen durch Anfertigung von Probe-Ausführungen, Vergleichsberechnungen und anderes mehr.

Von unschätzbarem Wert war der unmittelbare Meinungsaustausch zwischen den Straßenbahnern und den Vertretern aller beteiligten Industrien. Die Werke wurden nicht müde, den Wünschen auf Sonderuntersuchungen, Fertigung von Modellen und Zeichnungen, sowie auf Beteiligung an Unterausschüssen in entgegenkommendster Weise zu entsprechen. Da ist kein Teil am Wagen, bis zur letzten Schraube, der nicht einer kritischen Behandlung durch den Ausschuß unterzogen worden wäre. Wenn man bedenkt, daß alle Mitglieder diese Arbeit — die zeitraubenden Reisen nicht zu vergessen — außer dem übervollen Maß an beruflicher Inanspruchnahme leisten mußten, daß die Ausarbeitung von Sonderberichten, Niederschriften, Zusammenstellungen der Beschlüsse usw. eine Fülle von Arbeit mit sich brachte, so ist es recht und billig, auch im Rahmen eines solchen Aufsatzes allen Mitarbeitern, besonders aber Generaldirektor Bayer für die vorbildliche Leitung der Ausschußarbeiten und Direktor Willenberg für die entscheidende Mitarbeit der Reichsverkehrsgruppe Schienenbahnen Dank und wärmste Anerkennung auszusprechen.

Außer dem Hauptausschuß waren Unterausschüsse für Scherenstromabnehmer, für die Festlegung der Einbaumaße an Schienen-

[5]) Zur Zeit Obering. Dipl.-Ing. Weber, Hamburg.

bremsen, für die Vereinheitlichung der Heizwiderstände, für die optische und akustische Signalanlage, für die Kleinspannungsanlage, für Radsätze und für die Beleuchtungsanlage tätig.

Sehr bald hatte sich herausgestellt, daß der Typungsausschuß für konstruktive und zeichnerische Arbeiten ein besonderes Büro bilden mußte. Im März 1939 wurde zunächst ein Provisorium in Berlin geschaffen, das nur mit wenigen Kräften arbeitete. Das endgültige Einheitsstraßenbahnenwagen-Büro begann seine Arbeit in Nürnberg am 7. 4. 1940. Leiter wurde Ing. Stuhr von den Berliner Verkehrs-Betrieben (BVG). Die Firmen stellten trotz des Personalmangels in großzügiger Weise Konstrukteure und Zeichner zur Verfügung. Die ständige Aufsicht führte Generaldirektor Bayer selbst. Je weiter die Vereinheitlichung voranschritt, um so mehr verlagerte sich der Schwerpunkt der Arbeit auf dieses Büro, das alle Beschlüsse des Typungsausschusses konstruktiv nachprüfte und trotz immer wieder auftretender Änderungen dieser Beschlüsse die Zeichnungen so rechtzeitig fertigstellte, daß im zweiten Vierteljahr 1941 mit der Vergebung der ersten Reihenaufträge für Einheitsstraßenbahnwagen begonnen werden konnte.

In ständiger gegenseitiger Ergänzung haben so Typungsausschuß und Einheitsstraßenbahnwagen-Büro alle für die Normung und Typung erforderlichen Festlegungen und Konstruktionszeichnungen fertiggestellt. Die Zeichnungen des wagenbaulichen Teils sind Eigentum der Reichsverkehrsgruppe Schienenbahnen und werden an Wagenbau- und Elektrofirmen sowie an deutsche Straßenbahnverwaltungen von der Deutschen Wagenbau-Vereinigung, Berlin W 35, Stülerstraße 9, abgegeben, während die Reichsverkehrsgruppe Schienenbahnen, Fachgruppe Straßenbahnen, Berlin W 62, Wichmannstraße 19, die Zeichnungen an Dritte sowie die Technischen Festlegungen an sämtliche Bezieher aushändigt. Der Reichsverkehrsminister hat durch Erlaß K 31. 4698 vom 21. 8. 1940 auf Grund des § 36 des PBefG die vorläufige Rechtsgrundlage für die Einführung des Einheitsstraßenbahnwagens geschaffen. Durch diesen Erlaß wird die Beschaffung von Straßenbahnwagen von einer Typgenehmigung abhängig gemacht, die zusammen mit der Zuteilung der Kennziffern sicherstellt, daß die Vereinheitlichung auch tatsächlich durchgeführt wird.

Eingangs habe ich darauf hingewiesen, daß die Arbeit an der Vereinheitlichung der Straßenbahnen ihren „vorläufigen" Abschluß gefunden hat. Damit aber sind die Bemühungen um die Fortentwicklung des Straßenbahnwagenbaus keineswegs abgeschlossen. Der Wagenbau-Ausschuß wird die Erbschaft des Typungsausschusses antreten und sofort damit beginnen, die wichtigsten technischen Probleme, die sich aus der Vereinheitlichungsarbeit als zur Zeit noch nicht normreif ergeben haben, zu klären und konstruktiv auszuwerten. Damit wird die Brücke geschlagen zwischen Vereinheitlichung und Fortentwicklung.

Der Einheitsstraßenbahnwagen wird nun seinen Weg antreten zur Erprobung im Betrieb. 54 Probewagen sind bereits im Bau. Ihre Fertigstellung hängt von der Rohstofflage und der Aufnahmefähigkeit der Elektro- und Wagenbau-Industrie ab. Darüber hinaus wurden rd. 350 elektrische Ausrüstungen für die ersten Reihenherstellungen in Auftrag gegeben, an denen 80 Straßenbahnverwaltungen beteiligt sind. Mögen die Verkehrsunternehmen in gerechter Würdigung der geleisteten Arbeit dem Einheitsstraßenbahnwagen ihre Tore öffnen und die bisher im kleinen Kreise geleistete Arbeit ausbauen zur Gemeinschaftsarbeit aller deutschen Straßenbahnen.

Bild 1 — Seitenansicht des zweiachsigen Einheits-Triebwagens Aufn. Deutscher Verlag

Die Gestaltung der Einheitsstraßenbahnwagen
Erläutert am Zweiachser
Von Stadtrat Generaldirektor Dipl.-Ing. P. BAYER, Nürnberg

Der Zwang zur Vereinheitlichung — Die Grundrißgestaltung — Die Höhenmaße — Laufwerk und Laufgestell — Der Wagenkasten

Mein Beitrag zum Sonderheft über den Einheitsstraßenbahnwagen verfolgt nicht den Zweck, eine genaue Beschreibung des Zweiachsers in allen seinen Einzelheiten zu geben. Jeder Fachmann, der sich der Mühe unterzieht, die technischen Festlegungen für die Einheitsstraßenbahnwagen nebst deren Anlagen einmal genau durchzusehen, wird sich rasch ein Bild über die wesentlichen Teile dieser Wagen und ihre Hauptmerkmale verschaffen können. Hier kommt es vielmehr darauf an, am Beispiel der zweiachsigen Wagen darzustellen, wie der Einheitsstraßenbahnwagen seine endgültige Gestalt gewonnen hat und auf welchen grundsätzlichen Überlegungen sein Aufbau im wagenbaulichen und im elektrischen Teil beruht.

Der Zwang zur Vereinheitlichung

Es dient zweifellos dem besseren Verständnis einer solchen Darstellung, wenn man sich zuvor noch einmal vergegenwärtigt, wie sich aus der Sachlage der letzten Jahre geradezu der Zwang zu einer Vereinheitlichung der Wagen ergeben hat. Was sich in der Öffentlichkeit abspielt, erregt die Aufmerksamkeit der Bevölkerung, ruft ihre Kritik hervor und ist nicht selten ein Stein des Anstoßes. Das gilt besonders von der Straßenbahn. Der Fahrgast fragt nicht nach dem Kraftwerk, das den Straßenbahnstrom liefert, nicht nach dem Gleichrichterwerk, er kennt nicht den Aufbau der Gleisanlagen und er sieht kaum auf den Fahrdraht. Das Interesse des Fahrgastes gehört dem Wagen, mit dem er möglichst rasch, bequem und sicher sein Fahrtziel erreichen will. Er ist für den Fußgänger ein Teil des Straßenbildes, er ist die Visitenkarte der Straßenbahn. Gefällig aussehende Wagen mit niedrigen Aufstiegen, bequemen Sitzen, gutem Ausblick, mit hoher Reisegeschwindigkeit und ruhigem Lauf vermögen, wie die Erfahrung lehrt, der Straßenbahn sehr viele Freunde zu gewinnen. Das letztere ist sehr notwendig, denn die Einstellung zur Straßenbahn war in den Jahren vor dem Krieg nicht überall freundlich, in manchen Städten herrschte geradezu eine straßenbahnfeindliche Stimmung. Allerdings war dies nicht selten in Städten der Fall,

in denen die im Verkehr eingesetzten Fahrzeuge einen Stand aufzuweisen hatten, der die Straßenbahnfeindlichkeit geradezu heraufbeschwören mußte. Hiervon abgesehen, konnte man aber doch vielfach eine bedauerliche Unkenntnis verkehrstechnischer Zusammenhänge feststellen. Veröffentlichungen in der Tages- und Fachpresse sowie deutliche Worte maßgebender Männer haben schon vor Kriegsbeginn für die so dringend nötige Aufklärung gesorgt. Der Ablauf des Kriegsgeschehens an der inneren Front hat schließlich zu einer Ehrenrettung der Straßenbahn als Massenverkehrsmittel geführt, wie sie eindrucksvoller nicht hätte sein können.

Es wäre aber vollkommen falsch, hieraus den Schluß zu ziehen, daß man nach dem Krieg weiterhin mit veralteten und heruntergekommenen Fahrzeugen über schlecht gepflegte Gleise holpern kann. Der kommende Frieden wird bei aller planvollen Lenkung des Verkehrs den Wettbewerb der einzelnen Verkehrsmittel wieder freigeben. Daraus wird sich für die Straßenbahnen der Zwang zu einer durchgreifenden und beschleunigten Erneuerung ihres Wagenparkes ergeben. Dann wird es allerdings in Deutschland keine Wagenbaufirma geben, die für jede Straßenbahn neuzeitliche Wagen in Sonderkonstruktion anzufertigen in der Lage ist. Die zu erwartenden zahlreichen Bestellungen von Trieb- und Beiwagen zwingen unweigerlich zur Vereinheitlichung. Typen bedeutet daher nicht mehr und nicht weniger als die Erhaltung der Straßenbahn als des zweckmäßigsten und billigsten großstädtischen Massenverkehrsmittels.

Die Grundrißgestaltung

Den Ausgangspunkt bei der Typung des wagenbaulichen Teils bildete die Grundrißgestaltung des Zweiachsers (Bild 2/3). Für die Wagenbreite, für die bei jeder Straßenbahn andere Maße zu finden waren, auch wenn sie sich nur um Millimeter voneinander unterschieden, wählte man 2200 mm entsprechend einer inneren Breite von 2030 mm. Damit ist eine ausreichende Breite der Sitze und des Durchganges gewährleistet. Bei der Festlegung des Mitten-

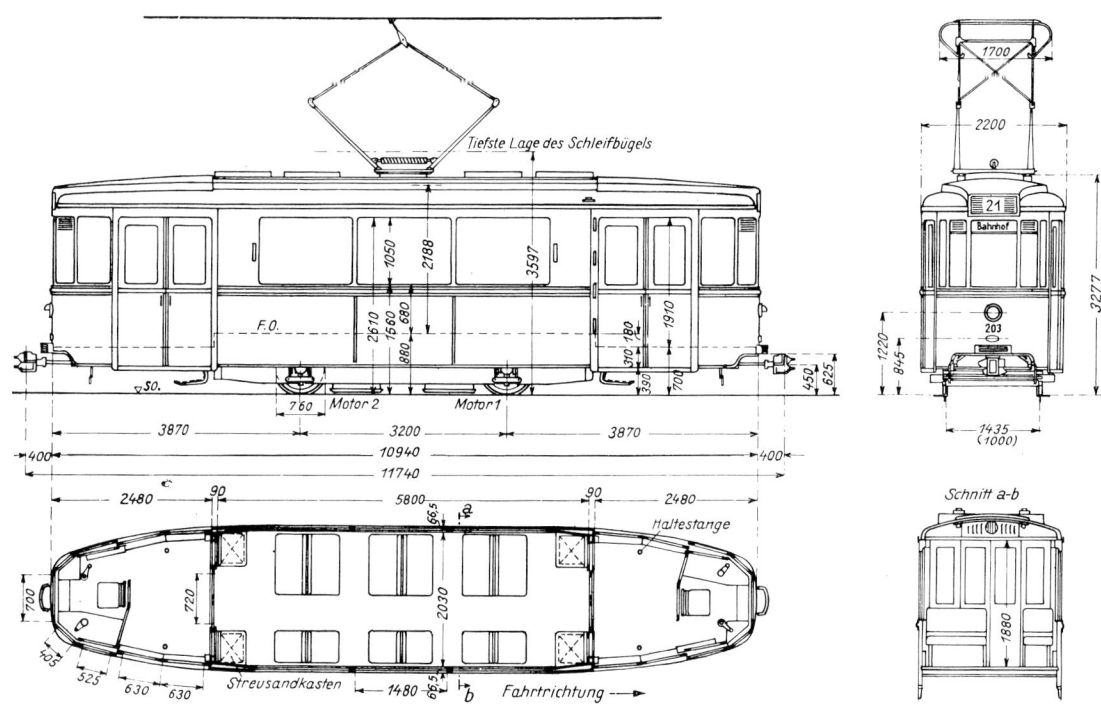

Bild 2 — Gesamtplan des zweiachsigen Einheits-Triebwagens · M · 1 : 100

abstandes gegenüberliegender Quersitze entschloß man sich unter den auch hier sehr unterschiedlichen vorhandenen Maßen für ein Maß von 1450 mm und kam so zu einer Sitzraumlänge von 5800 mm, die auch bei Verwendung von Klappsitzen günstige Verhältnisse ergab.

Für den Plattformgrundriß lagen zwei Möglichkeiten vor: das Trapez mit breiter Stirnseite und die spitze Form des Dresdener Hechtwagens. Die endgültige Wahl des Grundrisses (Bild 2) als eines Mitteldings zwischen beiden ergab sich aus folgenden Überlegungen: Der Forderung nach einem raschen Fahrgastwechsel an den Haltestellen wird nur durch den Doppeleinstieg Genüge geleistet. Auf jeder Plattform waren daher für beide Fahrtrichtungen Doppeltüren anzuordnen, deren lichte Öffnung mit 2×630 mm festgelegt wurde. Der gegenseitige Abstand der vorne liegenden Türstollen, d. h. die Plattformbreite an dieser Stelle muß einerseits groß genug sein für die Verwendung eines Plattformfahrschalters bei sitzendem Fahrer, andererseits muß er möglichst gering sein, um beim Begegnen zweier Züge den vorgeschriebenen Sicherheitsabstand zu wahren. Gerade der letztgenannte Punkt war Gegenstand eingehendster Untersuchungen (Bild 4).

Durch Rundfrage wurden von der Fachgruppe Straßenbahnen der bei den einzelnen Betrieben vorhandene Gleismittenabstand,

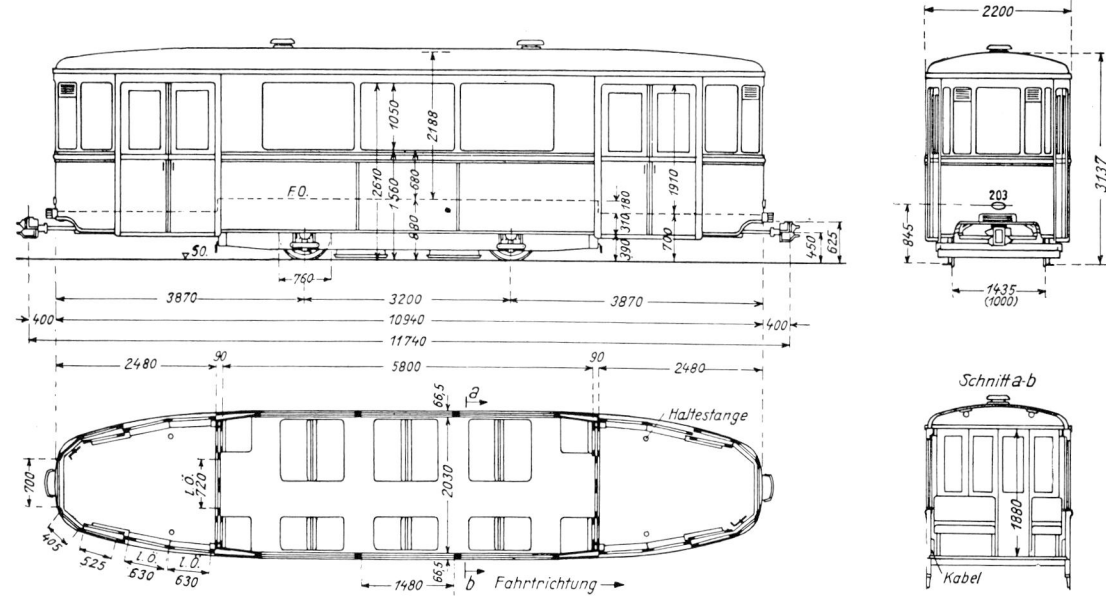

Bild 3 — Gesamtp'an des zweiachsigen Einheits-Beiwagens · M · 1 : 100

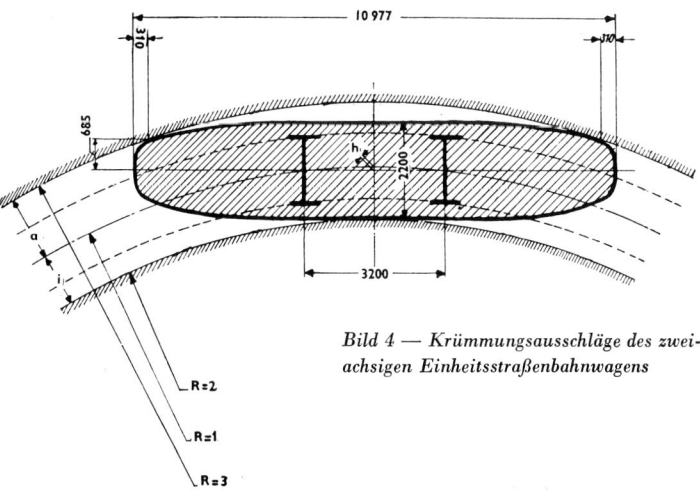

Bild 4 — Krümmungsausschläge des zweiachsigen Einheitsstraßenbahnwagens

Kurve	13 m	14 m	15 m	16 m	17 m	18 m	19 m	20 m
R 1	13000	14000	15000	16000	17000	18000	19000	20000
h	99	92	86	80	76	71	67	65
R 2	11801	12808	13814	14820	15824	16829	17833	18835
R 3	14539	15484	16438	17392	18353	19320	20290	21260
i	1199	1192	1186	1180	1176	1171	1167	1165
a	1539	1484	1438	1392	1353	1320	1290	1260

die Wagenbreite und die Krümmungsverhältnisse festgestellt. Es stellte sich heraus, daß bei den meisten Betrieben der Einführung einer Wagenbreite von 2,2 m und einer Wagenlänge von rund 11 m keinerlei erhebliche Schwierigkeiten entgegenstehen. Selbstverständlich war es nicht möglich, einigen Betrieben mit ungünstigen Gleisverhältnissen zuliebe der Mehrzahl der Bahnen eine Wagenbreite zuzumuten, die neuzeitlichen Anforderungen nicht mehr entspricht. Durch die Verringerung des Gleisabstandes von 40 auf 30 cm (AB 23 BOStrab) dürfte es den meisten Bahnen, wenigstens soweit die gerade Strecke in Frage kommt, möglich sein, den 2,20 m breiten Einheitswagen zu verwenden. Nach dem Ergebnis der Rundfrage der Fachgruppe Straßenbahnen haben in den letzten Jahren schon zahlreiche Betriebe auf eine zukünftige Verbreiterung der Wagen die entsprechende Rücksicht im Gleisbau genommen. Eine Vergrößerung des Gleismittenabstandes ist bei allen Gleisneuverlegungen heute schon dringend zu empfehlen.

Für die Krümmungsläufigkeit wirkt sich die Zuspitzung der Plattform günstig aus. Wo Schwierigkeiten entstehen, müssen im Interesse der Vereinheitlichung der Wagenbreite alle Mittel und Wege ausgeschöpft werden, ehe an einen Antrag auf Ausnahmegenehmigung beim Reichsverkehrsministerium gedacht werden darf. Man wird durch Verbesserung von Toreinfahrten, durch Begegnungsverbote für Gleiskrümmungen und ähnliche Maßnahmen in den meisten Fällen zurechtkommen.

Die endgültige festgesetzte Lage der vorderen Türstollen hatte zur Folge, daß man mit der Zuspitzung der Plattform schon beim letzten Fensterstollen beginnen und außerdem die Ebenen der beiden Türhälften etwas zueinander neigen mußte. Für das in der Plattform liegende Türtaschenfenster ergab sich das Maß aus der Breite einer Türhälfte. Zum Schluß blieb noch die Festlegung der beiden Eckfenster und des Stirnwandfensters übrig. Dem Verlangen verschiedener Bahnverwaltungen nach einer handbetätigten Weichenstellung vom Fahrerplatz aus wurde dadurch Rechnung getragen, daß jedes Eckfenster 405 mm breit und das in Fahrtrichtung rechts liegende Fenster verschiebbar gemacht wurde.

Für diejenigen Bahnen, die auf eine solche Weichenstellung verzichten, werden selbstverständlich beide Fenster fest eingebaut. Das Stirnwandfenster gestattet mit seiner Breite von 700 mm gute Sicht nach allen Richtungen.

So kam man zu einem geräumigen und allen berechtigten Anforderungen entsprechenden Plattformgrundriß.

Höhenmaße

Bei der Festlegung der Höhenmaße war in erster Linie auf bequemes Ein- und Aussteigen Rücksicht zu nehmen. Eine Höhe der ersten Trittstufe von 390 mm erschien unbedenklich, zumal sich die Anordnung von Haltestelleninseln immer mehr durchsetzt. Mit einer Höhe der zweiten Trittstufe von 310 mm ergab sich die Höhe des Plattformfußbodens zu 700 mm. In einem auf dieser Höhe über die ganze Wagenlänge eben durchlaufenden Fußboden würde zweifellos die Ideallösung liegen. Die für das Untergestell erforderliche Konstruktionshöhe läßt das aber nicht zu. So versuchte man beim Zweiachser zunächst mit einer Rampe zum Wageninnern von 120 mm Höhe durchzukommen. Obwohl sich dieser Konstruktion schon am Anfang erhebliche Schwierigkeiten gegenüberstellten, forschte man immer wieder durch Abänderung einzelner Konstruktionselemente nach einer geeigneten Lösung. Alle Ergebnisse befriedigten aber schließlich in konstruktiver Hinsicht so wenig, daß sie von den aus dem Kreis der Wagenbaufirmen stammenden Mitgliedern des Typungsausschusses einhellig abgelehnt wurden. Geradezu unüberwindliche Hindernisse ergaben sich dabei aus der Tatsache, daß die Typen des Einheitswagens keine einheitliche Fahrzeugsteuerung besitzen, sondern daß angesichts des heutigen Standes der einschlägigen Technik die Konstruktion den ordnungsgemäßen Einbau verschiedenartigster Steuerungen gestatten muß. So blieb nichts anderes übrig, als auch den Zweiachser mit einer Stufe gleicher Höhe (180 mm) wie beim Vierachser auszustatten.

Die Frage Rampe oder Stufe beim Zweiachser war einer der umstrittensten Punkte bei der Konstruktionsarbeit des Einheitsstraßenbahnwagen-Büros. Der kritisch betrachtende Fachmann kann wohl bedauern, daß es bei der Durchkonstruktion des Einheitswagens noch nicht gelungen ist, eine stufenlose Bauart zu finden, es kann aber niemals behauptet werden, man sei über diese Frage kurz und bündig zur Tagesordnung übergegangen. In monatelanger zäher Arbeit hat man immer wieder versucht das Problem zu lösen; man konnte aber der Rampe zuliebe keine schlechte, unnötig schwere und teuere Konstruktion in Kauf nehmen. Schließlich darf nicht unerwähnt bleiben, daß im Ausland das Vorhandensein einer Stufe von der Plattform zum Wageninnern gar nicht als ein Fehler angesehen wird, wie die neuesten ausländischen Wagen zeigen. Es besteht selbstverständlich die Möglichkeit, daß man bei einer Verbesserung des Einheitswagens in kommenden Jahren, die bei diesem ebenso zwangsläufig eintreten wird, wie etwa in Amerika nach den ersten Reihen des PCC-Triebwagens, zu einer stufenlosen Bauweise kommt. Die überaus gewissenhaften und ins einzelne gehenden Untersuchungen im Einheitsstraßenbahnwagen-Büro lassen allerdings eines klar erkennen: Die Abkehr von der Stufe zum Wageninnern hat eine weitgehende Vereinheitlichung der Fahrzeugsteuerung zur unbedingten Voraussetzung.

Im Sitzraum wurde die Brüstungshöhe so gewählt, daß der Fahrgast seinen Unterarm bequem auf die Brüstung legen kann, die Fensterhöhe so, daß für den stehenden Fahrgast noch ein einwandfreier Durchblick möglich ist. Da eine ruhige Linienführung des Wagens für alle Fenster im Sitzraum und für die Doppeltüröffnung und die anschließenden Fenster der Plattform gleiche Höhe verlangt, war zu prüfen, ob die für den Sitzraum angenommene Fensterhöhe auch für den Fahrer zur Beobachtung der

Oberleitung (Streckentrenner usw.) ausreicht. Die Versuche am Modell 1:1 haben das bestätigt. Die Wagenkastenhöhe im Sitzraum ergab sich aus der zweckentsprechenden Wölbung des Tonnendaches (vgl. im übrigen Bild 2 und 3).

Laufwerk und Laufgestell

„Mit oder ohne Laufgestell?" Das war die Frage gleich zu Beginn der Beratungen! Sehr bald aber ließ die Erkenntnis, daß das Laufgestell einen wesentlich ruhigeren Lauf und eine leichtere Unterhaltung verbürgt und daß beim Triebwagen eine zu große Gewichtsersparnis kein genügendes Adhäsionsgewicht für die Mitführung von zwei Beiwagen erzielen läßt, die Entscheidung zugunsten des Laufgestelles fallen. Eine zweite Streitfrage war der Laufkreisdurchmesser. Daß beim Vierachser hierfür 660 mm ausreichen, stand fest. Beim Zweiachser lag die Wahl zwischen 660 und 760 mm. Mit Laufkreisdurchmessern, die 760 mm nennenswert unterschreiten, liegen bis heute nicht genügend günstige Ergebnisse vor. Im Gegenteil verlangt die Erreichung eines genügenden Drehmomentes bei steigerungsreichem Gelände zum Teil noch wesentlich größere Durchmesser. So entschied man sich für 760 mm.

Der Achsstand durfte zur Erzielung guter Krümmungsläufigkeit nicht zu groß gewählt werden, andererseits verlangte die Verwendung eines Zentralfahrschalters ein Mindestmaß. So kam man zu 3,2 m. Für die Lagerung kommen Rollenlager in Betracht, beim Vorliegen einer Ausnahmegenehmigung des Reichsverkehrsministeriums auch Gleitlager, z. B. Isothermoslager. Eines der Achslager erhält einen einfachen Wechselspannungserzeuger, der mit steigender Drehzahl eine ständig steigende Spannung abgibt, die zur Geschwindigkeitsmessung verwendet wird.

Bild 5 — Vorderansicht des zweiachsigen Einheitstriebwagens
Aufn. Deutscher Verlag

Es darf wohl als eines der erfreulichsten Ergebnisse der Tätigkeit des Typungsausschusses angesehen werden, daß es im Verein mit den Elektroindustriefirmen gelungen ist, Einheitsmotoren zu schaffen, die in ihren äußeren Abmessungen und ihrer Charakteristik so weitgehend übereinstimmen, daß sie gegenseitig ausgetauscht werden können. Für den regelspurigen Zweiachser stehen 2 Motorgrößen wahlweise zur Verfügung, ein 75 kW- und ein 60 kW-Motor, um auch in diesem Punkt den verschiedenen Betriebsverhältnissen besser Rechnung tragen zu können. In Zukunft wird sich zweifellos immer mehr der Zweiwagenzug durchsetzen. Gerade der Krieg hat jedoch bewiesen, daß jederzeit Verhältnisse eintreten können, die eine Rückkehr zum Dreiwagenzug fordern. Dann ist aber zur Erzielung einer großen Anfahrbeschleunigung und einer hohen Bremsverzögerung der 75 kW-Motor dringend zu empfehlen. Bei Schmalspur kann er allerdings nicht untergebracht werden. Der 60 kW-Motor ist mit verschiedener Übersetzung lieferbar, je nachdem die betreffende Bahn mehr Gewicht auf eine möglichst große Höchstgeschwindigkeit oder auf die Zugkraft (Anfahrbeschleunigung) legt. Die meisten Motoren können auch für Nutzbremsung eingerichtet werden. Dabei werden im Sinne einer schon früher getroffenen Festlegung der Fachgruppe Straßenbahnen nur die Systeme Nürnberg und Aachen zugelassen. Mit einem gewissen Leistungsabfall ist bei Nutzbremsung zu rechnen; er dürfte sich aber in durchaus erträglichen Grenzen bewegen. Seine Höhe läßt sich erst nach dem Probelauf der ersten Einheitsmotoren feststellen.

Bei den Fahrzeugsteuerungen ist leider heute noch eine solche Verschiedenheit in der Wirkungsweise und im Aufbau festzustellen, daß im gegenwärtigen Stadium an eine Vereinheitlichung noch nicht gedacht werden kann. Die wagenbauliche Konstruktion mußte daher auf die wichtigsten zur Zeit lieferbaren Ausführungen Rücksicht nehmen. Übereinstimmung bestand jedoch darin, daß in Zukunft nurmehr Viel- oder Feinstufer zugelassen werden dürfen. Die weiteren Einzelheiten können aus den Spezialaufsätzen entnommen werden.

Für die Handbremsung des Fahrzeuges ist man nach reiflicher Überlegung zur Vierklotzbremsung gekommen. Selbstverständlich ist für die Einheitswagen Kurzschlußbremse vorgesehen, außerdem die Anordnung von Schienenbremsen.

Als Kupplung kommt eine selbsttätige Kupplung mit den entsprechenden elektrischen Kontakten in Betracht.

Als Schutzvorrichtung kann entweder ein an der Kopfseite des Laufgestells befestigter mittels Zahnplatten einstellbarer Bahnräumer oder eine Fangvorrichtung, deren Taster am Wagenkasten und deren Fangkorb am Laufgestell angebracht wird, verwendet werden.

Der Wagenkasten

Beim Wagenkasten in Stahlgerippekonstruktion wurde auf eine gediegene und gefällige Bauweise und auf günstige Wagenunterhaltung besonderer Wert gelegt. Daß es beim Zweiachser zweckmäßig ist, Seitenwandblech und Türen bis zur unteren Trittstufe herunterzuziehen, haben schon die Wagenneubeschaffungen der letzten Jahre gezeigt. Beim Seitenwandblech genügt hierfür auch eine einfache und billige Bauart. Erheblich schwieriger ist die Konstruktion bei den Außentüren. Als Schiebetüren bewegen sie sich in den Sitzraum, so daß die Verbindung zwischen Wagenkastenunterteil und Seitenwand die Unterkante der Türe umgreifen muß. Trotz dieser Erschwerung entschied sich der Typungsausschuß nach reiflicher Überlegung für das Herunterziehen der Türen beim Zweiachser, da hierdurch das Aufspringen auf den fahrenden Wagen unterbunden wird.

Beim Wagendach hat man von der wagenbautechnisch schwierigen und preislich ungünstigen Anordnung von Lüftungsschlitzen Abstand genommen. (Über die Lüftung siehe später!)

Die Fenster im Sitzraum sind alle rahmenlos, die Eckfenster sind als Kurbelfenster ausgebildet.

Bei der Sitzplatzanordnung hat man für den Zweiachser 4 verschiedene Möglichkeiten wahlweise zugelassen, um den Be-

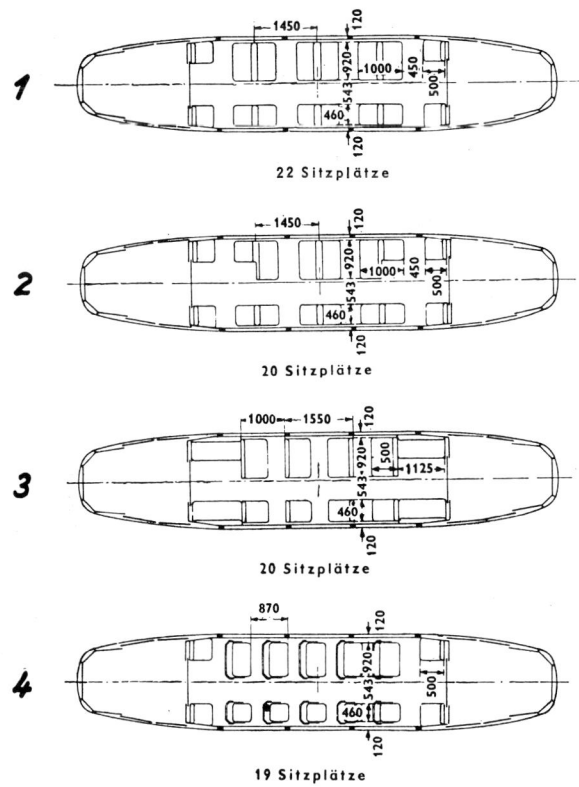

Bild 6 — Sitzplatzanordnung für den zweiachsigen Einheitsstraßenbahnwagen

triebsbedingungen der einzelnen Bahnen besser gerecht werden zu können (Bild 6). Die erste und die zweite Anordnung mit Quersitzen unterscheiden sich lediglich dadurch, daß im zweiten Fall der dem Eingang gegenüberliegende innere Quersitz entfällt. Bei der dritten Anordnung ist in jeder Ecke ein doppelter Längssitz vorgesehen, so daß sich die Aufteilung der Quersitze gut in die Fensterteilung einfügt. Die vierte Anordnung weist in jedem Eck einen Quersitz auf, außerdem enthält sie 5 Reihen mit je 3 Klappsitzen. Hinsichtlich der Platzausnutzung ist Fall 1 und 2 günstiger als Fall 3 und 4. Die bei den meisten Straßenbahnen früher üblichen durchgehenden Längsbänke in Holz oder in besserer Ausführung werden nicht mehr zugelassen. Bei den festen Sitzen dienen feste Griffe, bei den Klappsitzen die Rohrbügel der Sitzlehnen zum Festhalten. Außerdem läuft entlang der Kämpferleiste auf der Seite der schmalen Sitze ein mit Neoresit überzogenes Rohr, an dem im Sitzraum stehende Fahrgäste Halt finden können. Auf die unschön aussehenden Halteschlaufen wurde bewußt verzichtet. Unter den Sitzen werden die Sandstreubehälter, die Heizkörper und verschiedene Schwenk- bzw. Schiebekästen angebracht.

Für die Trennung zwischen Sitzraum und Plattform hat sich bei den deutschen Straßenbahnen die Trennwand mit Einfach- oder Doppelschiebetür eingebürgert. Bedenkt man, daß sich der Straßenbahnwagen aus dem Pferdebahnwagen mit vollkommen offener Plattform entwickelt hat und daß heute noch viele Wagen wenigstens eine halboffene Plattform besitzen, so ist das ohne weiteres verständlich. Die vollkommen geschlossene Plattform des Einheitswagens drängt aber mit Recht die Frage auf, ob denn in Zukunft überhaupt noch eine Trennung zwischen Sitzraum und Plattform notwendig ist. Es mag dahingestellt bleiben, ob man später einmal auf jede Trennung verzichten wird. Die Tatsache, daß die Stufe zum Sitzraum nicht entbehrt werden kann und daß das Dachsegment beim Triebwagen für die Zuführung der Frischluft, die Anordnung des Lautsprechers und ähnlicher Apparate notwendig ist, führte schließlich zu nachstehenden wahlweise festgelegten Ausführungen beim Triebwagen:

Doppelseitige Windschutzwand mit Dachsegment auf einer Seite oder auf beiden Seiten;

Trennwand mit oder ohne Doppelschiebetüre auf einer Seite oder auf beiden Seiten.

Beim Beiwagen wird außer den vorgenannten Möglichkeiten noch ein durchgehendes Dach ohne Portalsegment als Grundpreisausführung vorgesehen.

Zu den Fragen, denen bei den oft tagelangen Beratungen des Typungsausschusses und bei der anschließenden Durchkonstruktion im Einheitsstraßenbahnwagen-Büro eine besonders eingehende Behandlung zuteil wurde, gehört in erster Linie die Gestaltung des Plattformkopfes. Kaum sind für irgendein Konstruktionsteil so viele Modelle im Maßstab 1:20, 1:10 und 1:1 gemacht worden, wie für den „Kopf" des Triebwagens. Es galt, mit einer ansprechenden und gefälligen Gesamtlösung (Bild 5) folgende Bedingungen zu erfüllen:

Zweckdienliche Anordnung des Linienbezeichnungsschildes (Nummernschildes) und des Zielschildes;

gute Lesbarkeit, vor allem des Linienbezeichnungsschildes (Ziffergröße nach DIN 1451);

günstige Luftzufuhr für die Belüftung der Plattform und des Sitzraumes;

gute Sicht für den sitzenden Fahrer;

zweckmäßige Anordnung des Scheinwerfers, des Schluß- und Bremslichtes und der Wagennummer.

Die Frischluft für den Sitzraum wird durch Öffnungen links und rechts von der Liniennummer durch einen besonderen, im Dachsegment der Trennwandebene untergebrachten Lüfter angesaugt und in den Sitzraum gedrückt. Durch den in Fahrtrichtung gesehen hinteren Lüfter wird die verbrauchte Luft abgesaugt. Die Frischluft für die Plattform strömt durch das Oberteil der beiden Eckfenster. In jedem Fall erfolgt die Zuführung über Schlitzbleche mit Regenwasserabführung. Aus der in Bild 7 enthaltenen Wiedergabe des letzten im Maßstab 1:1 angefertigten Plattformmodells ist die zuletzt gewählte Form des Kopfes des Triebwagens zu entnehmen.

Beim Beiwagen war diese Frage verhältnismäßig einfach, weil die Linienschilder und der Scheinwerfer wegfallen. Die Plattformlüftung des Beiwagens entspricht der des Triebwagens, während die Sitzraumentlüftung 2 im Wagendach angebrachte, in Reihenschaltung von der Fahrdrahtspannung gespeiste elektrische Lüfter besorgen. Nachdem in den Beiwagen in der Regel das Rauchen

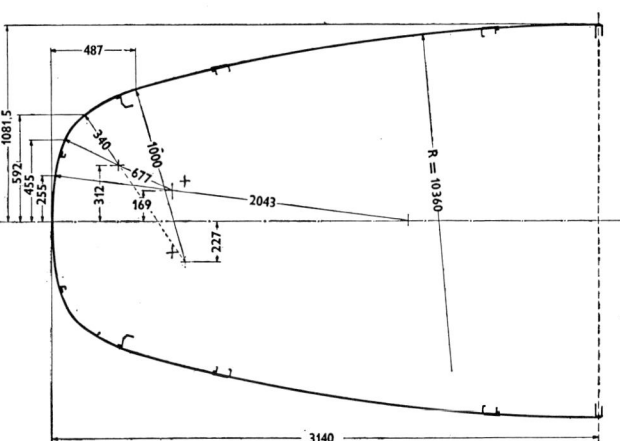

Bild 7 — Plattformgrundriß des Einheitsstraßenbahnwagens

gestattet ist, dürfte durch die künstliche Entlüftung eine Besserung gegenüber den bisher gewohnten Verhältnissen erzielt werden.

Für eine gute Beleuchtung sorgen im Trieb- wie im Beiwagen 25 W-Niederspannungslampen in Einkreisschaltung.

Als Heizung kann beim Triebwagen Nutz- oder Frischstromheizung verwendet werden. Beim Beiwagen ist außer der Frischstromheizung noch die Warmwasserheizung, die sich in Dresden gut bewährt hat, freigegeben.

Der Fahrerplatz konnte nicht einheitlich ausgebildet werden, weil hierbei die Art der verwendeten Fahrzeugsteuerung ausschlaggebend ist. Hinter dem einstellbaren Fahrersitz mit Rückenlehne befindet sich eine Abschlußwand, deren Form und Befestigung verschieden ist, je nachdem ob ein Plattform- oder ein Zentralfahrschalter eingebaut wird. Von der verwendeten Steuerung hängt auch die Anordnung der Schaltgeräte und Bedienungsapparate ab. In allen Fällen muß aber darauf geachtet werden, daß die am häufigsten bedienten Schalter und Hebel auch am leichtesten vom Fahrer erreichbar sind.

Daß eine Kleinspannungsanlage zumindest wahlweise zugelassen werden muß, stand schon bei den anfänglichen Beratungen des Typungsausschusses fest. Im späteren Verlauf traten die unbestreitbaren Vorteile einer solchen Anlage so augenfällig in Erscheinung, daß man zur zwingenden Festlegung schritt. Es löst sich damit in einfacher Weise die Scheinwerferfrage, die Scheibenwischerbetätigung, die Notbeleuchtung, die elektrische Signalgebung und die Verwendung von Lautsprechern. Vor allem aber gestattet die 12 V-Anlage, von den Fahrtrichtungslampen, die den deutschen Straßenbahnen schon manchen Kummer bereitet haben, zum einfachen und billigen Pendelwinker überzugehen, wie er an jedem Kraftwagen angebracht ist. Im Beiwagen dient eine kleine 12 V-Batterie dem Betrieb des Schlußlichtes und der Notlampen sowie der Signalgebung.

*

Diese Ausführungen dürften zur Genüge dargetan haben, daß der Einheitsstraßenbahnwagen allen neuzeitlichen Anforderungen Rechnung trägt und auch ein ansprechendes Aussehen besitzt, wenn seine Lackierung der buntfarbigen Beilage dieses Sonderheftes entspricht.

Die Gestaltung der Einheitswagen ist das Ergebnis zweijähriger Beratungen im Typungsausschuß. Ich stehe nicht an zu erklären, daß seine Mitglieder bei einer großen Reihe von Fragen anfänglich ganz verschiedener Auffassung waren und daß ich hierin sogar einen großen Vorteil erblicke. Man war dadurch gezwungen, solche Fragen nach allen Richtungen zu beleuchten und das Für und Wider sorgfältigst zu erwägen. Wenn man sich zum Schluß über umstrittene Punkte immer wieder geeinigt hat, so spricht das wohl für die Gründlichkeit, mit der die Erörterungen gepflogen worden sind. Über eines allerdings bestand vom ersten Augenblick an volle Übereinstimmung: über die zwingende Notwendigkeit der Vereinheitlichung. Daß man unter Fachleuten über diese oder jene Frage des Wagenbaues verschiedener Meinung sein kann, ist selbstverständlich. Darüber aber, daß die Vereinheitlichung der Straßenbahnwagen „bis zur letzten Schraube" kommen muß, kann ein Fachmann, der die gesamte einschlägige Materie wirklich beherrscht, keine Zweifel äußern. Die Vereinheitlichung, die nunmehr mit der tatkräftigen und zielbewußten Unterstützung des Reichsverkehrsministeriums gelungen ist, bildet die erste Voraussetzung dafür, den Stückpreis der Straßenbahnwagen durch Reihenherstellung in erträglichen Grenzen halten zu können, ohne dabei auf wesentliche Verbesserungen der betrieblichen Eigenschaften des Wagens und auf eine bessere Wagenausstattung verzichten zu müssen. Die Vereinheitlichung stellt, auf lange Sicht gesehen, die einzige Möglichkeit dar, überhaupt noch Straßenbahnwagen geliefert zu erhalten. Sie ist daher für die Straßenbahnen eine Lebensfrage.

Die Technik steht nicht still, auch nicht beim Straßenbahnwagen! Es scheint mir das wesentlichste Ergebnis der zweijährigen Typungsarbeit der Fachgruppe Straßenbahnen zu sein, daß in einer vorbildlichen Gemeinschaftsarbeit erfahrener Betriebsmänner und Konstrukteure die Grundlage für die Reihenherstellung von Straßenbahnwagen geschaffen worden ist, auf der in den kommenden Jahren, wenn einmal die Betriebsergebnisse der Probewagen vorliegen, zielbewußt weitergebaut werden kann.

Die vierachsigen Einheitsstraßenbahnwagen

Von Dipl.-Ing. J. ZEHNDER
Direktor der Dresdner Straßenbahn A.-G.

Verwendungsgebiet — Die Hauptabmessungen — Drehgestell — Wagenkasten — Die elektrische Ausrüstung

Verwendungsgebiet

Die vierachsigen Triebwagen werden bei den deutschen Straßenbahnen zur Zeit noch verhältnismäßig wenig verwendet. Ihre Verbreitung war in früheren Jahren vielleicht größer als heute. Früher sah man vielfach Vierachswagen mit Maximum-Drehgestellen, also je Drehgestell mit 2 großen und 2 kleinen Laufrädern und mit nur einem Motor. Daß man gerade diese Wagen wegen ihrer schlechten Reibungsverhältnisse, der zu geringen Beschleunigungsmöglichkeiten und der erhöhten Entgleisungsgefahr verläßt bzw. verlassen hat, ist selbstverständlich. Sie sind nicht mehr zeitgemäß. Sie hatten aber die den Vierachser kennzeichnenden wertvollen Eigenschaften des großen Fassungsvermögens und des ruhigen Laufes, besonders in Krümmungen. Diejenigen Bahnen, welche heute Vierachser mit 4 Motoren verwenden, wissen die Vorzüge dieser Wagen sehr wohl zu schätzen und werden auch im neuen vierachsigen Einheits-Triebwagen ein Fahrzeug erhalten, das sie im Betriebe befriedigt.

Die Verwendung der Vierachser beschränkte sich bisher in der Hauptsache auf innerstädtische Bahnen mit besonders starkem Verkehr und in größerem Umfange auf längere Außenstrecken mit größeren Zügen. In Zukunft werden die Vierachser auch bei uns eine wesentlich größere Verbreitung erfahren als bisher, und zwar aus folgenden Gründen:

1. Die Anforderungen an unsere Straßenbahnen in bezug auf Reisegeschwindigkeit werden ständig zunehmen; sie wird einerseits durch erhöhte Anfahrbeschleunigung, Bremsverzögerung und Steigerung der Höchstgeschwindigkeit, andererseits durch Verkürzung der Aufenthalte an den Haltestellen erreicht werden, herbeigeführt durch 4 Türen je Wagenseite und optischakustische Signaleinrichtung. Der Drei-Wagen-Zug aus 3 Zweiachsern wird im Verkehr immer seltener werden, er wird nie die Anfahrbeschleunigung erreichen, die mit einem vierachsigen Triebwagen mit einem ebensolchen Beiwagen erzielt werden kann. Aber auch auf der Strecke kann sich ein vier-

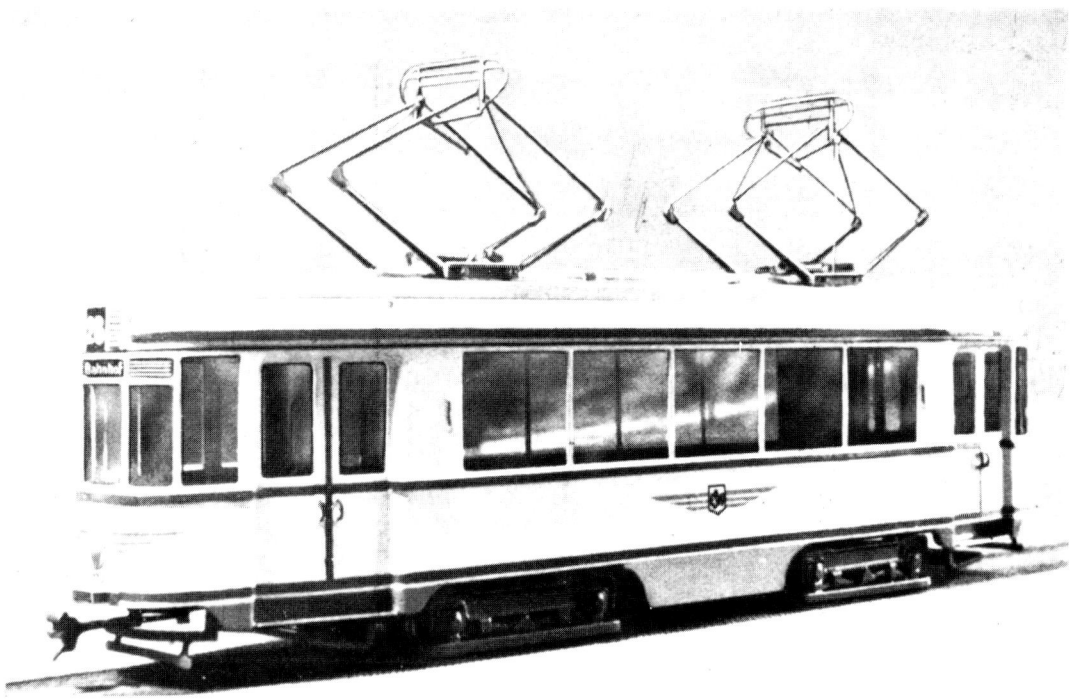

Bild 1 — Seitenansicht des vierachsigen Einheits-Triebwagens Werkaufnahme

achsiger Wagen rascher bewegen als ein Zweiachser, weil der letztere infolge des erforderlichen großen Achsstandes in Krümmungen langsamer fahren muß, als der sich leicht einstellende Vierachser.

2. Nach dem Kriege wird es sehr schwer werden, genügend Fahrpersonal zu erhalten. Es muß also mit weniger Fahrern und Schaffnern eine größere Beförderungsleistung erzielt werden als heute. Dies kann aber nur zum Teil durch Erhöhung der Reisegeschwindigkeit erreicht werden. In der Hauptsache wird es darauf ankommen, daß je Fahrer und Schaffner mehr Personen befördert werden als jetzt, und das läßt sich mit dem Vierachser ohne weiteres erzielen. Es ist selbstverständlich, daß soweit als möglich dem Schaffner Erleichterungen geschaffen werden müssen, besonders durch einen einfachen Tarif. Blicken wir in das Ausland, so finden wir dort schon zahlreiche Bahnen, die heute bei Neubeschaffungen nur noch Vierachser in Dienst stellen. Ganz besonders gilt dies für solche Betriebe, die sich auf Einzeltriebwagen eingestellt haben, also auf den Beiwagen verzichten. Aus diesen Gründen wird sich mancher Straßenbahner, der sich bisher mit dem Vierachser noch nicht beschäftigt hat, in nicht allzu ferner Zukunft mit diesem Wagentyp vertraut machen müssen. Aber heute schon lohnt sich der Wagen auf Linien mit ständig starkem Verkehr, wenn das Tarifsystem nicht allzu verwickelt ist.

In den letzten Jahren sind aus ähnlichen Erwägungen schon verschiedene Verwaltungen zum Dreiachser übergegangen. Dieser Wagen ist gewissermaßen ein in seinem Laufgestell abgewandelter Zweiachser und hat diesem gegenüber besonders günstigere Laufeigenschaften. Ganz besonders sind es die engen Krümmungen, welche in Städten mit alten winkligen Straßen nicht beseitigt werden können, die seine Einführung begünstigen, und die bei einem neuzeitigen Zweiachser mit großem Achsstand starke Abnützung und damit häufige Erneuerung zur Folge haben. Auch die Radreifen des zweiachsigen Wagens unterliegen in diesen Krümmungen einem starken Verschleiß. Durch die Lenkachse des Dreiachsers wird die Abnützung sowohl bei Schienen als auch Radreifen wesentlich vermindert. Außerdem hat sich bei den in den letzten Jahren ausgeführten Dreiachsern gezeigt, daß diese Wagen auch in den geraden Strecken ruhig fahren, und deshalb haben sie vermehrten Eingang gefunden.

Der Zweiachser wird zwar in den nächsten Jahren noch bei vielen Straßenbahnen der am meisten verwendete Wagen bleiben. Die Verwaltungen haben vielfach noch Bedenken gegen das große Platzangebot des Vierachsers während der schwachen Verkehrsstunden und hängen lieber in Zeiten stärkeren Verkehrs Beiwagen an. Zuweilen wird auf einigen Linien sogar während des ganzen Tages ein Betrieb mit dem zweiachsigen Triebwagen allein als ausreichend angegeben und deshalb ein größerer Wagen nicht eingesetzt. Ob sich diese Verhältnisse auf die Dauer werden halten lassen, erscheint jedenfalls fraglich, und ein Übergang zu den Vierachsern wird auch dort in Zukunft auf Linien sich als notwendig erweisen, wo man heute an ihre Verwendung noch nicht denkt.

Die Hauptabmessungen

Der vom Typungs-Ausschuß genormte vierachsige Triebwagen (Bild 1 bis 3) ist auf der Grundlage des Zweiachsers aufgebaut. Während der Zweiachser 3 Fensterfelder für den Innenraum besitzt, hat der Vierachser 5 Fensterfelder. Diese sind unter Berücksichtigung der anderen Platzeinteilung etwas schmäler als beim Zweiachser. Alle anderen Abmessungen, wie Plattformlänge, Breite der Schultersäulen usw., sind dieselben wie für den Zweiachser.

Die Hauptabmessungen des vierachsigen Triebwagens sind hiernach folgende:

Drehzapfenabstand	mm	5 300*[1])
Achsstand beim Drehgestell	,,	1 800*
Laufkreisdurchmesser	,,	660*
Wagenlänge über Stirnwand	,,	13 260*
Wagenlänge über Kupplung	,,	14 060*
Länge des Sitzraumes	,,	8 120*
Länge der Plattform	,,	2 570†
Größte Wagenbreite	,,	2 200†

---

[1]) Die mit * bezeichneten Abmessungen sind bei allen Vierachsern, also beim ET 4 r, EB 4 r, ET 4 m und EB 4 m dieselben, während die mit † bezeichneten Abmessungen für alle Einheitswagen, also Zwei- und Vierachser, Trieb- und Beiwagen, Regel- und Meterspur gleich sind.

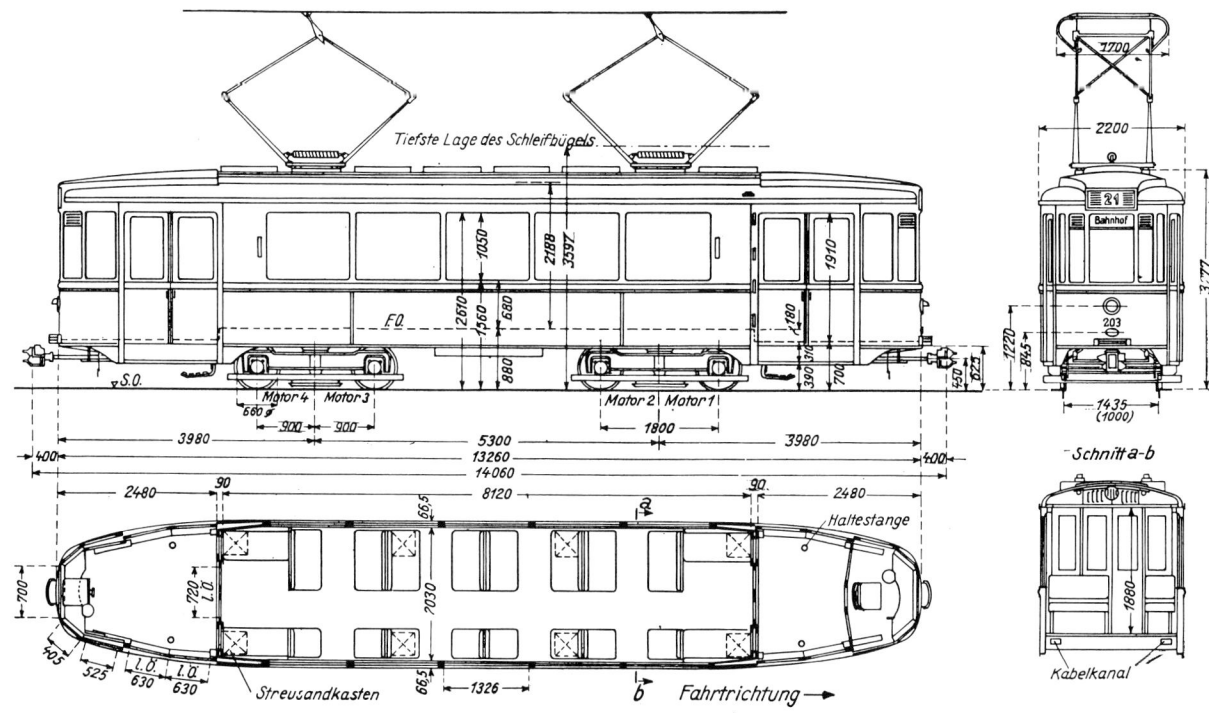

Bild 2 — Gesamtplan des vierachsigen Einheits-Triebwagens · M · 1 : 100

Wagenbreite innen zwischen Innenverkleidung .... mm	2 030†
Wagenhöhe über SO bis Oberkante des abgezogenen Scherenstromabnehmers .... „	3 597†
Wagenhöhe bis Oberkante Wagendach ... „	3 137†
Höhe der ersten Trittstufe über SO ...... „	390†
Höhe der 2. Trittstufe über 1. Trittstufe .. „	310†
Fußbodenhöhe der Plattform über SO .... „	700†
Höhe des Fußbodens im Sitzraum über dem der Plattform .... „	180*
Fußbodenhöhe im Sitzraum über SO ..... „	880*
Brüstungshöhe über SO .... „	1 560†
Brüstungshöhe über FO im Sitzraum .... „	680*
Lichte Fensterhöhe im Sitzraum .... mm	1 050†
Oberkante Fenster über SO .... „	2 610†
Lichte Wagenkastenhöhe im Sitzraum ... „	2 188*
Breite der Fenster im Sitzraum .... „	1 326*

Alle anderen Abmessungen des Wagenkastens, wie Höhen und Breiten der verschiedenen Plattformfenster, der Türen, der Kupplung usw. sind die gleichen, wie bei den zweiachsigen Wagen.

Die voraussichtlichen Gewichte in t sind für:

Grundpreisausführung	ET 4 r	EB 4 r	ET 4 m	EB 4 m
Wagenbaulichen Teil	12,3	11,2	12,4	11,0
Elektrische Ausrüstung	6,5	1,0	5,5	1,0
Leergewicht	18,8	12,2	17,9	12,0

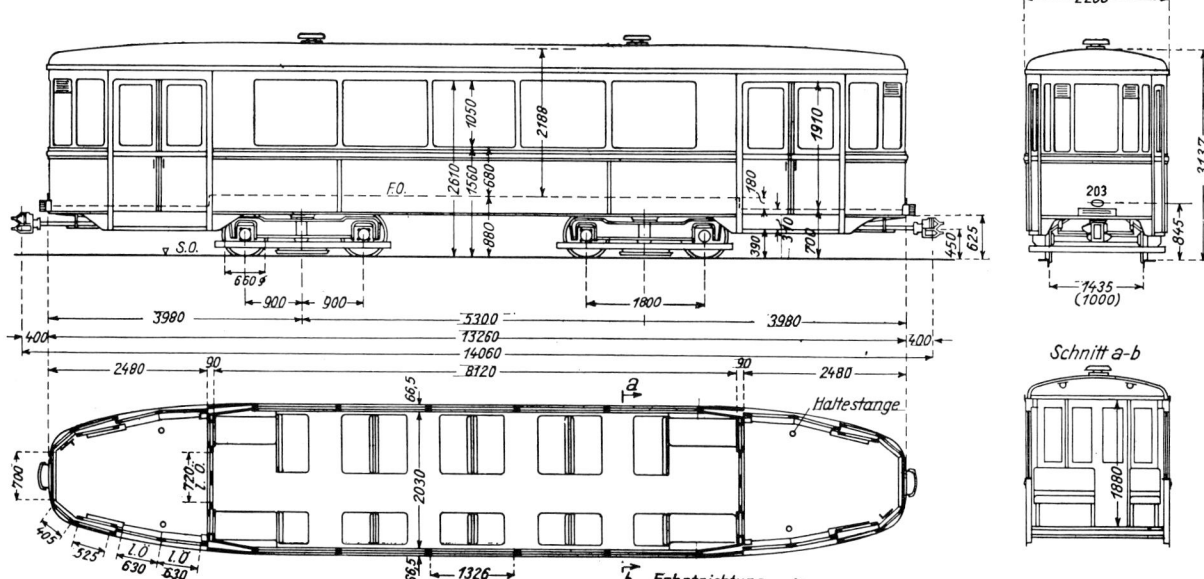

Bild 3 — Gesamtplan des vierachsigen Einheits-Beiwagens · M · 1 : 100

Von großer Bedeutung ist, daß die hier aufgeführten wichtigsten Abmessungen sowohl für den vierachsigen Trieb- als auch für den vierachsigen Beiwagen gelten und außerdem dieselben sind für regel- und meterspurige Wagen. Weiter ist aus den vielen mit † bezeichneten Abmessungen ersichtlich, daß bei der Typung besonderer Wert darauf gelegt wurde, daß einerseits zur Verbilligung der Wagen, andererseits zur Erzielung einer guten Wirkung im Straßenbild die Hauptabmessungen für alle Wagentypen die gleichen sind. Auf der einen Seite werden dadurch die Herstellungs- und Unterhaltungskosten der Wagen niedriger, auf der anderen Seite wird ein gemischter Betrieb mit zwei- und vierachsigen Wagen einen einheitlichen Eindruck hervorrufen.

Es ist beabsichtigt, bei dem Dreiachser nach denselben Grundsätzen die Hauptabmessungen denen der Zwei- und Vierachser gleichzumachen, so daß auch diese Wagen sich sehr gut in das Verkehrsbild einfügen werden.

Drehgestell

Über die wesentlichsten Unterschiede des Vierachsers gegenüber dem Zweiachser ist folgendes zu sagen:

Infolge der Verwendung von 4 Motoren werden die Leistungen und damit die Abmessungen des einzelnen Motors kleiner als beim Zweiachser. Daher ist der kleinere Laufkreisdurchmesser von 660 mm möglich. Für die Drehgestelle wurde ein Achsstand von 1800 mm gewählt. Dieses Maß ergab sich einmal aus dem Bestreben eines möglichst ruhigen Laufes (Achsstand größer als Spurweite, um das Schlingern zu vermeiden) und dann aus Platzgründen. Für die ersten Ausführungen der Drehgestelle sind geschweißte Stahlblechträger vorgesehen. Ob man später einmal zu gepreßten Trägern kommen wird, läßt sich heute noch nicht sagen. Die Erfahrungen sowie Preis und Gewichte werden für die Weiterentwicklung von ausschlaggebender Bedeutung sein.

Auf gute Federung wurde besonderer Wert gelegt, die Mittenentfernung der beiden Federtöpfe ist daher mit nur 2×600 mm festgelegt worden. Zur Dämpfung der Geräusche werden die doppelten Schraubenfedern des Wiegebalkens auf Gummi gelagert oder es kann wahlweise nur Gummifederung genommen werden. Als Baustoff für die Gleitführungen ist in der Grundpreisausführung Gleitfaserstoff vorgesehen, weil dieser besser dämpft, als der wahlweise zugelassene Grauguß.

Die Aufhängung der Schienenbremsen erfolgt an den Seitenwangen mit Ausgleichsgestänge, um unabhängig von der Wagenbelastung möglichen gleichen Abstand der Bremsschuhe von SO zu erhalten. Für die Drehzapfenfläche, die seitliche Kastenauflage und die Lagerbolzen der Schienenbremsaufhängung ist zur Vereinfachung in der Unterhaltung Zentralschmierung vorgesehen. Um auch bei ungünstigem Schienenzustand (Laubfall usw.) während des Anfahrens ein Schleudern der Räder möglichst zu vermeiden, ganz besonders aber in allen Fällen eine gute Bremsverzögerung zu erreichen, sind in jedem Drehgestell 4 Sandstreuer mit regelbarem Sandausfluß eingebaut. Die beiden äußeren Sandstreuer werden mechanisch, die beiden inneren elektrisch betätigt. Dabei wird von jeder Plattform, in Fahrtrichtung gesehen, die jeweils erste Achse mechanisch und die dritte Achse elektrisch gesandet. Um den Sand in den Krümmungen auf den Schienenkopf zu bekommen, werden die Abflußrohre mittels Kugellenker vom Drehgestell aus gelenkt.

Als Handbremse wurde für die vierachsigen regelspurigen Triebwagen die BSI-Zangenbremse mit Öldruckbetätigung (Gewichtsersparnis) und für die meterspurigen die Vierklotzbremse vorgesehen, dagegen sollen die Zangenbremsen der vierachsigen Beiwagen mit Öldruck betätigt werden. Sofern Bahnräumer verwendet werden, sollen diese an den seitlichen U-Trägern der Schienenbremsaufhängung befestigt werden.

Wagenkasten

Die für die Vierachser maßgebenden Kastenabmessungen sind bereits unter den „Hauptabmessungen" angegeben. Die Brüstungshöhe über FO im Sitzraum beträgt 680 mm und die lichte Wagenkastenhöhe im Sitzraum 2188 mm. Der Übergang vom Fußboden der Plattform zu dem des Sitzraumes erfolgt bei der Regelausführung mittels Stufe von 180 mm Höhe, bei dem ET 4 mr mit Sachsenwerk-Steuerung ausnahmsweise durch eine Rampe von 180 mm Höhe auf 1990 mm Länge. Sie ist so flach, daß sie unter keinen Umständen für die Fahrgäste unangenehm wirkt.

Für die Sitzanordnung der Vierachser sind beim Trieb- und Beiwagen drei Möglichkeiten vorgesehen. Wie aus Bild 4 hervorgeht, ergibt Ausführung 1 24 feste Quer-, 8 feste Längssitze und für den Triebwagen 44, für den Beiwagen 54 Stehplätze. Die gleiche Zahl von festen Sitz- und von Stehplätzen ergibt die Ausführung 2. Bei der Verwendung von Klappsitzen nach Anord-

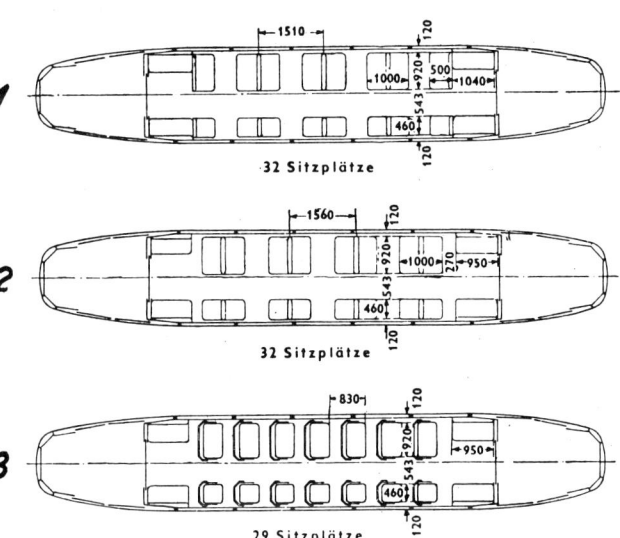

Bild 4 — Sitzplatzanordnung für den vierachsigen Einheitsstraßenbahnwagen

nung 3 ergeben sich 24 Klappsitze, 4 feste Quersitze, im Triebwagen 46 und im Beiwagen 56 Stehplätze.

Die sich bei dem großen Drehzapfenabstand der Vierachswagen und der über dem Drehzapfen überhängenden Länge ergebenden Ausschläge in Krümmungen von 13 bis 20 m sind aus Bild 5 zu ersehen. Bei der Bemessung des Gleisabstandes in Krümmungen ist auf diese Abstände Rücksicht zu nehmen. Sofern in einzelnen Krümmungen die Abstände nicht sofort entsprechend groß gemacht werden können, muß bis zur Regulierung der Gleise ein Kreuzungsverbot zweier Wagen für die betreffenden Krümmungen ausgesprochen werden. Da ja bei keiner Verwaltung damit gerechnet werden kann, daß neue Wagen sofort in größerer Anzahl eingesetzt werden können, sind derartige Gleisänderungen auf die Linien zu beschränken, die neue Wagen erhalten. Die Durchführung wird daher keine wesentlichen Schwierigkeiten bereiten.

Die elektrische Ausrüstung

Für die vierachsigen regelspurigen Triebwagen sind 2 Motortypen vorgesehen, der 60 kW-Motor EM 60/300 r und der 50 kW-Motor EM 50/300 mr. Je nach den örtlichen Verhältnissen kann für die regelspurigen Wagen der 60 kW- oder 50 kW-Motor gewählt werden. Die meisten Bahnen werden voraussichtlich den stärkeren Motor nehmen, selbst wenn sie augenblicklich unter Umständen mit dem kleineren auskommen würden. Eine gewisse

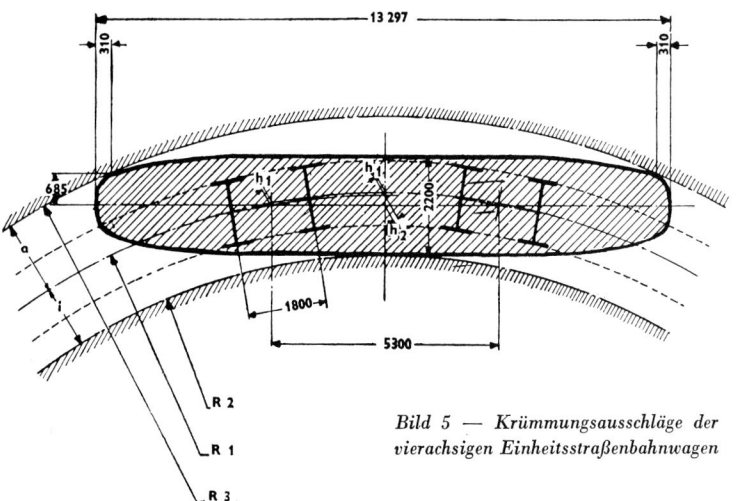

Bild 5 — Krümmungsausschläge der vierachsigen Einheitsstraßenbahnwagen

Kurve	13 m	14 m	15 m	16 m	17 m	18 m	19 m	20 m
R 1	13000	14000	15000	16000	17000	18000	19000	20000
h 1	31	29	27	25	24	23	22	21
h 2	273	254	236	221	208	196	186	176
h1+h2	304	283	263	246	232	219	208	197
R 2	11596	12617	13637	14654	15668	16681	17692	18703
R 3	14807	15735	16672	17617	18568	19523	20481	21446
i	1404	1383	1363	1346	1332	1319	1308	1297
a	1807	1735	1672	1617	1568	1523	1481	1446

Reserve ist immer gut, und bei Bremsungen aus hoher Geschwindigkeit kann der Motor nicht groß genug sein. Die Motoren können nur nach oben ausgebaut werden. Sie sind Halbspannungsmotoren, also je 2 sind ständig in Reihe geschaltet, gefahren wird mit beiden Gruppen in Reihe und Parallel. Für die Bremsung bestehen vier Schaltmöglichkeiten, und zwar können einmal vorgesehen werden getrennte Bremsstromkreise mit je 2 Motoren in Kreuzschaltung, ferner 2 Motoren dauernd in Reihe und die beiden Gruppen in Kreuzschaltung mit und ohne Ausgleichwiderstand, und schließlich 4 Motoren parallel geschaltet und paar- oder gruppenweise verkreuzt über Ausgleichleitungen oder Ausgleichwiderstände.

Schließlich ist noch zu beachten, daß für die vierachsigen Triebwagen nur Zentralfahrschalter verwendet werden sollen (Vielstufer oder Feinstufer), weil Plattformfahrschalter zuviel Platz in Anspruch nehmen, und auch der Kabelkanal für eine so große Zahl von Kabeln schwer unterzubringen ist.

Entsprechend der großen Motorleistung können beim Vierachser 2 Scherenstromabnehmer verwendet werden, es besteht aber auch die Möglichkeit, nur einen Scherenstromabnehmer aufzusetzen, wenn die Motorleistung nicht voll ausgenützt wird. Bei Stangen-Stromabnehmern mit Gleitschuh kann nur einer in Frage kommen. Es muß in Zukunft das Bestreben aller Verwaltungen sein, die Funkenbildung bei der Stromabnahme möglichst vollkommen zu vermeiden. Für neue Wagen scheiden daher Stromabnehmerrollen auf alle Fälle aus, an ihre Stelle werden zunächst Gleitschuhe treten. Das Endziel soll aber in allen Fällen der Scherenstromabnehmer mit Kohleschleifstück sein, was freilich eine Umstellung der Fahrleitungsanlage bedingt.

Für die vierachsigen Trieb- und Beiwagen sind 4 Schienenbremsen von je 4000 kg Zugkraft vorgeschrieben.

Die Beleuchtung der Wagen erfolgt durch Lampen von 25 V und 25 W in Einkreisschaltung mit vorgeschaltetem festen oder Eisenwasserstoff-Widerstand.

Die wagenbauliche Konstruktion der Einheitsstraßenbahnwagen

Von Konstruktions-Ingenieur R. STUHR VDI
Einheitsstraßenbahnwagen-Büro Nürnberg

Das Laufwerk — Laufgestell des Zweiachsers — Drehgestelle des Vierachsers — Handbremse — Mechanische Kupplung — Sandstreuer — Schutzvorrichtungen — Wagenkasten — Dreiachsige Einheitswagen

Nachdem die ersten Entwürfe für die Konstruktionen der Einheitsstraßenbahnwagen bei den Wagenbaufirmen Christoph & Unmack, Düsseldorfer Waggonfabrik und MAN auf Grund der Beschlüsse des Typungsausschusses vorhanden waren, trat am 6. Mai 1940 das Einheitsstraßenbahnwagen-Büro in Nürnberg zusammen, um in Zusammenarbeit mit diesen Firmen und später auch den Vereinigten Westdeutschen Waggonfabriken die Konstruktion des wagenbaulichen Teils sowie den Einbau der elektrischen Ausrüstung festzulegen.

Das Laufwerk

Eines der wichtigsten Elemente für den Straßenbahnwagen ist der Radsatz. Für die 12 Haupttypen der Einheitswagen (je 1 zwei-, drei- bzw. vierachsiger Trieb- und Beiwagen für Meter- und Regelspur) — von den Sonderbauarten sei hier abgesehen — war es daher wichtig, eine einheitliche und zweckmäßige Konstruktion zu schaffen. Um die ungefederte Last gering zu halten, hätte es nahe gelegen, Hohlachsen zu verwenden. Die für Straßenbahnwagen vorliegenden Erfahrungen damit sind aber noch zu gering, um sie schon für diese Einheitsbauart anwenden zu können, es blieb daher bei Vollachsen. Infolge der je 2 Einheitsmotorbauarten für die zwei- und vierachsigen Regelspurwagen ergaben sich für die Triebwagen 6 verschiedene Radsätze. Eine Zusammenstellung der Hauptmaße für die Radsätze der 8 Grundtypen der Einheitswagen ist aus der Tafel zu Bild 1 zu entnehmen.

Die Achsen haben für die Sitze der Groß- und Laufräder, Achsschellen und dgl., für die im übrigen ISA-Passungen vorgeschrieben sind, eine Verstärkung gegenüber den Nichtsitzflächen erhalten. Als Werkstoff ist ein Sonderstahl von 70 bis 80 kg/mm² Zugfestigkeit gewählt worden. Der Mittenabstand der Achsbuchsen beträgt 1800 mm bei den regelspurigen und 1540 mm bei den meterspurigen Radsätzen. Als Rollenlager sind die Typen WUIM 80 bzw. 90 und WIM 80 bzw. 90 vorgesehen. Sie sind in der Achsbuchse bis auf 20 mm aneinandergerückt, damit die Schenkellänge kurz wird und um außerdem bei den Zweiachsern einen ausreichenden Abstand zwischen dem Achsbuchsdeckel und der heruntergezogenen Seitenwand zu erhalten. Ein Meßbund in Achsmitte ermöglicht das Prüfen der Abstandsmaße für die Räder. Die Achsen sind in ihrer ganzen Länge geschliffen, um Kerbwirkungen auf jeden Fall auszuschließen. Für die Trieb- und Laufräder sind die einfach oder doppelt gewellten Leichtradscheiben der Firmen Krupp bzw. Bochumer Verein zugelassen. Das Gewicht einer Radscheibe beträgt etwa 60 kg und ist gegenüber den Stahlgußspeichenradkörpern gleicher Größe um rd. 10 kg geringer.

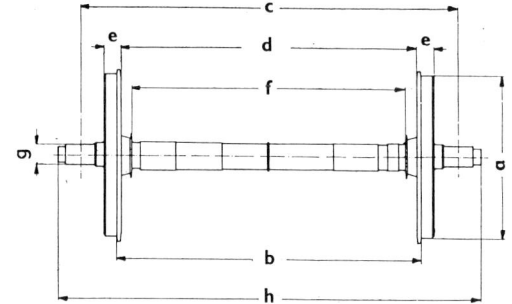

Wagenart	Hauptmaße							
	a	b	c	d	e	f	g	h
ET 2r	760	1433	1800	1386	85	1263	90	2016
EB 2r	760	1433	1800	1386	85	1263	80	2004
ET 4r	660	1433	1800	1386	85	1298	80	2004
EB 4r	660	1433	1800	1386	85	1298	80	2004
ET 2m	760	998	1540	951	85	950	90	1756
EB 2m	760	998	1540	951	85	950	80	1744
ET 4m	660	998	1540	951	85	950	80	1744
EB 4m	660	998	1540	951	85	950	80	1744

Bild 1 — Hauptmaße der Radsätze

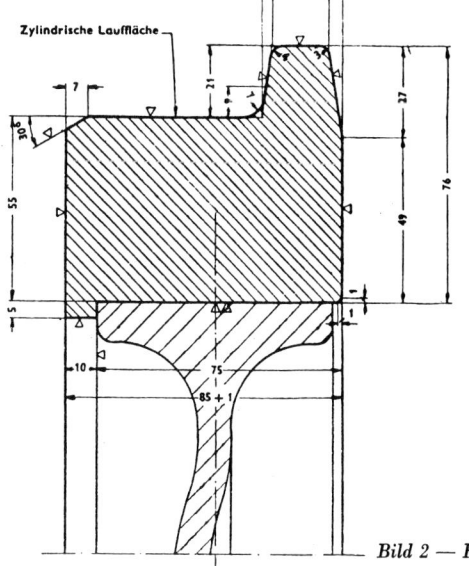

Bild 2 — Radreifen-Querschnitt

Die Schrumpfspannung beim Aufziehen der Radreifen wird von den gewellten Scheiben elastisch bzw. federnd aufgenommen. Es wird also möglich sein, die Abnützung der Radreifen größer zuzulassen, als dies bei Stahlgußspeichenrädern der Fall ist, weil auch die geringere Reifenstärke infolge der Spannung der Scheibe fest bleibt. Die Form des Radreifens, der eine zylindrische Lauffläche erhalten hat, zeigt Bild 2. Die Spurkranzbreite am Kopf beträgt 17 mm. Eine breite Fläche ist hierfür notwendig, um die Abnutzung beim Befahren von Gleiskreuzungen in geringen Grenzen zu halten. Andererseits setzt aber ein breiter Spurkranz beim Befahren von engen Krümmungen eine entsprechende Rillenbreite voraus. Erfahrungsgemäß ist nun diese Voraussetzung nicht bei allen Bahnen ohne weiteres gegeben, so daß mit Rücksicht auf die vorhandenen Gleisnetze das genannte Maß gewählt wurde.

Die Führungen an den Rollenlagerachsbuchsen haben Gleitflächen aus Gleitfaserstoff erhalten. Um die Stöße gut aufnehmen zu können, sind die seitlichen Führungsflächen 37 mm breit ausgeführt. Die U-förmige Achsbuchsführung enthält 3 einzelne, glatte Führungsflächen, die jede für sich auswechselbar sind, damit die Erneuerung einfach und billig wird. Um auch die Verwendung eines Gleitlagers zu ermöglichen, kann z. B. die Isothermos-Achsbuchse ohne Änderung der Führung und des Achsschenkels eingebaut werden.

Die untenliegenden Achsbuchsblattfedern sind bei den zweiachsigen Wagen durch einen mit Keil gesicherten Federbund zusammengefaßt und werden in den Anguß der Achsbuchse lose eingesetzt. Durch diese Federanordnung hängt die Last an den Achsbuchsen und diese erhalten dadurch eine stabile Lage. Die Auflageflächen der Blattenden unter der Stegebene des Laufgestellrahmens ruhen gleichfalls auf Gleitfaserstoffplatten, um eine Geräuschdämpfung zu erreichen. Die spezifische Federung der Achsbuchsfedern beträgt 0,85 mm bei Triebwagen und 0,95 mm bei Beiwagen für 100 kg Belastung. Die Federn haben 6 Lagen bei Triebwagen und 5 Lagen bei Beiwagen aus dem gleichen gerippten Patentprofil mit Fettkanal und sind 90 mm breit.

Die Großräder für den Antrieb durch die Tatzenlagermotoren sind als geteilte Räder mit Feder und Nut oder ungeteilt auf der Achswelle befestigt. Auf den inneren Nabenkanten der Laufräder sind Leitringe angebracht, um das von den Rädern unter gegebenen Umständen herabtropfende Wasser von den Lagerstellen der Achse abzuleiten. Eine zweiteilige Achsschelle sitzt zwischen Tatzenlager und Laufradnabe fest auf der Achse und hat Stellschrauben erhalten, die sich gegen den Leitring abstützen. Der feststehende Bund des Tatzenlagers läuft gegen den umlaufenden Stellring. Bei Abnutzung kann nachgestellt werden. Bei den meterspurigen Radsätzen mußte wegen des kleinen Abstandes zwischen Tatzenlagerbund und Laufradnabe auf eine Nachstellmöglichkeit durch Druckschrauben verzichtet werden.

Laufgestell des Zweiachsers

Der Achsstand von 3,20 m war bei den zweiachsigen Triebwagen durch die Größe der Motoren und die Rücksichtnahme auf deren Ein- und Ausbau sowie durch den Einbau von Zentralfahrschaltern in Wagenmitte gegeben. Bei der Gesamtlänge des Wagens konnte kein kleineres Maß gewählt werden, damit die Überhänge in erträglichen Grenzen blieben.

Das Laufgestell ist vollständig geschweißt. Als Werkstoff wurde St 37-Schweißgüte vorgeschrieben. Seitenwangen und Kopfträger haben Doppel-T-Querschnitt, während die Querträger für die Motoraufhängung als geschweißte Kastenträger ausgeführt sind. An der oberen und unteren Lamelle der Seitenwangen sind gute Ausrundungen für die Übergänge zu den Querträgeranschlüssen vorgesehen. Die Schweißnähte der Gurtplatten sind nach Möglichkeit an weniger hoch beanspruchte Stellen verlegt.

Eine Reihe von Untersuchungen über die zweckmäßige Konstruktion des Laufgestells war dieser Ausführung vorausgegangen. Durch die untenliegenden Achsbuchsfedern mußte selbstverständlich für eine entsprechende Lagerung der Federenden an der Unterkante des Rahmens gesorgt werden. Die Anordnung in der Stegebene unter dem Doppel-T-Querschnitt gibt hierfür die beste Möglichkeit, ohne zusätzliche Beanspruchung in den Träger zu bringen. Bei einem gepreßten Rahmen mit Z-förmigem Trägerquerschnitt ist dies nur mit Hilfskonstruktionen möglich. Außerdem sind die Anschlußmöglichkeiten hierfür sowie auch für die erforderlichen Querträger im Innenteil des Rahmens wegen der Rundung am Übergang vom Steg zum Flansch sehr schlecht. Der unmittelbare Anschluß an die Flanschen ist wegen der guten Kräfteübertragung aber wichtig, weil sonst die Rahmen dazu neigen, sich nach außen aufzubiegen. Steg und Flansch der Preßträger müssen schon aus Herstellungsgründen die gleiche Stärke erhalten, daher werden derartige Laufgestelle meist sehr schwer. Bei einer geschweißten Doppel-T-Konstruktion ist es dagegen ohne Schwierigkeiten

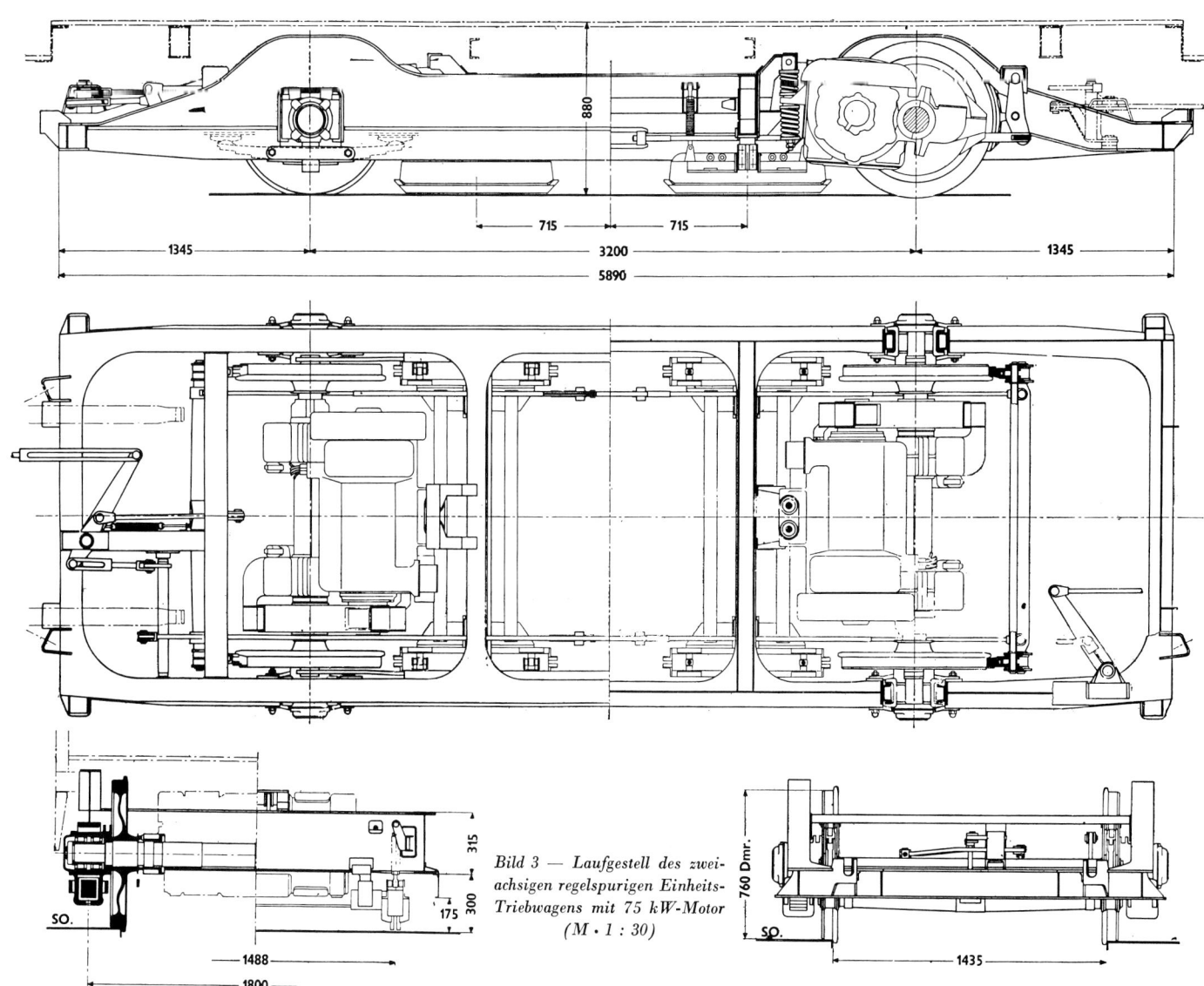

Bild 3 — Laufgestell des zweiachsigen regelspurigen Einheits-Triebwagens mit 75 kW-Motor (M · 1 : 30)

möglich, die großen Querschnitte dahin zu legen, wo sie tatsächlich erforderlich sind. Bild 3 zeigt die Ausführung des Laufgestells für den Zweiachser.

Die Ausschnitte für die Achsbuchsführungen haben einen doppelten Achshalterschlüssel zur Entlastung des darüberliegenden Querschnitts der Seitenwangen erhalten. Um den Wagenkasten möglichst gut abzustützen, sind die Überhänge des Laufgestells 1345 mm groß gewählt worden. Dieses Maß war auch schon wegen der Kastenfederanordnung bei den meterspurigen Wagen bedingt, weil hier die Federmitten mit den Bremsklötzen und Rädern fast in einer Ebene liegen. Auf den Kopfträgern ruhen je 2 Kastenblattfedern mit 1300 mm Länge. Die Aufhängung des Kastens erfolgt pendelnd in Kettenschaken. In Wagenquerrichtung gesehen beträgt die Mittenentfernung der Kastenfedern nur 1040 mm. Hierdurch wurde einmal die Bedingung der gleichen Wagenkästen für Regel- und Meterspur erfüllt, und es wird erreicht, daß die von der Fahrbahn herrührenden Stöße und Verwindungen des Rahmens möglichst wenig auf den Wagenkasten übertragen werden. Die bisher ausgeführten Konstruktionen dieser Art, die z. B. in Düsseldorf und Nürnberg laufen, haben dies bereits bewiesen. Die spezifische Federung der sechslagigen Kastenfeder beträgt 2,63 mm für 100 kg Belastung. Die Federn sind im übrigen bei Trieb- und Beiwagen gleich, weil die im Beiwagen fehlende elektrische Ausrüstung durch das größere Platzangebot ausgeglichen wird und die Belastung daher fast dieselbe ist. Auf den ersten Blick scheint die Kastenfederung, die bei besetztem Wagen rund 40 mm beträgt, etwas hart zu sein. Bei der gewählten kleinen Federmittenentfernung kann sie auch gegenüber den Federungswerten, die bei außenliegenden Kastenfedern üblich sind, kleiner sein, weil der Wagen sonst zu große Seitenschwankungen ausführt und unruhig läuft. Das Blattprofil ist dasselbe wie bei den Achsbuchsfedern.

Für die Verbindung zwischen Laufgestell und Wagenkasten war es bisher üblich, Führungsleisten oder -bolzen anzuwenden. Diese müssen aber mit Rücksicht auf die Einstellmöglichkeit des Kastens verhältnismäßig viel Spiel aufweisen, das sich aber bei Stößen und steigenden Beschleunigungen bzw. Verzögerungen immer ungünstig auswirkt. Für die Einheitswagen wurde für die Konstruktion der Mitnehmer ein neuer Weg beschritten, durch den die Verbindungen spielfrei hergestellt werden.

Zwischen dem Zugbock im Wagenkasten und den vorderen Ecken des Laufgestells sind schräg verlaufende Zugstangen angeordnet. Die Befestigungslager am Zugbock sind ballig und haben eine kräftige Gummi-Unterlage. Am Laufgestell-Lager mußte auf Gummi aus Platzmangel verzichtet werden. Die Zugstangen haben ein Spannschloß erhalten, um sie einstellen zu können, außerdem wird der Ein- und Ausbau der Stangen hierdurch auch erleichtert. Die Einstellung der Spannschlösser muß sehr sorgfältig erfolgen, damit der Kasten auch unbedingt symmetrisch auf dem Laufgestell sitzt. Durch die diagonale Anordnung der Streben, die wegen der durch die Federung des Kastens entstehenden Längenänderung zwischen den Lagerstellen eine bestimmte Vorspannung in den Gummilagern erhalten müssen, ist aber gleichzeitig eine Rückstellkraft für den Kasten bei seitlichem Ausschwingen gegeben. Bei normaler Fahrt und leichtem Anfahren entsteht durch die Vorspannung im Gummi keine wesentliche Bewegung zwischen Aufbau und Laufgestell. Bei großen Beanspruchungen wird dagegen eine elastische Wirkung erzielt und damit Stöße und Geräusche vermieden. In waagerechter Richtung gesehen, sind die Lenker auch steigend angeordnet, um eine Beeinträchtigung der senkrechten Federung zu vermeiden. Zur Zeit läuft eine derartige Ausführung bei der Essener Straßenbahn zufriedenstellend. Es ist anzunehmen, daß sie sich auch beim Einheitswagen bewähren wird. Der Entwurf stammt von der Ringfeder GmbH. Uerdingen. In Bild 4 ist die Anordnung dargestellt.

An den mittleren kastenförmigen Querträgern sind die Konsole für die **Motoraufhängung** befestigt. Die Motoren haben Dreipunktlagerung. Für die Aufhängung der am Motorgehäuse angegossenen Pratze sind je 2 Schraubenfedern oben und unten vorgesehen. Es besteht jedoch die Möglichkeit, auch Gummikörper nach Härter-Patent oder solche mit aufvulkanisierten Stahlplatten zu verwenden. Die Aufhängeorgane sind für alle Einheitsmotoren gleich. 2 angeschraubte Winkelkonsole dienen als Federbruchstützen. Der Ein- und Ausbau der Motoren ist nach unten und auch nach oben möglich. Die Schienenbremsen

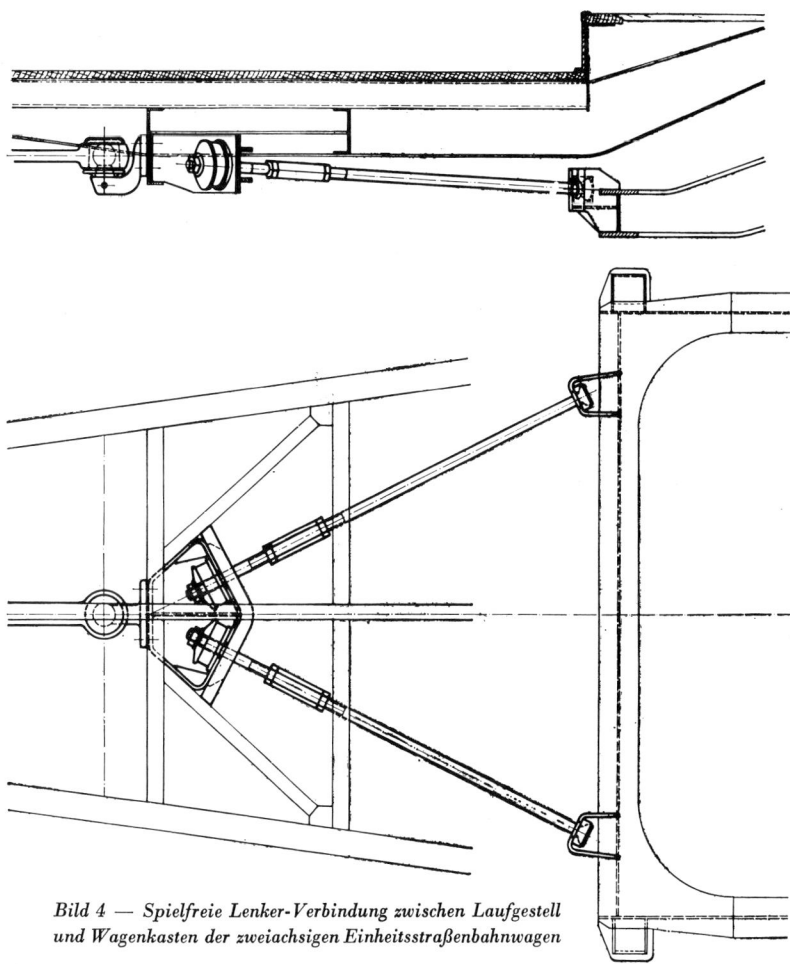

Bild 4 — Spielfreie Lenker-Verbindung zwischen Laufgestell und Wagenkasten der zweiachsigen Einheitsstraßenbahnwagen

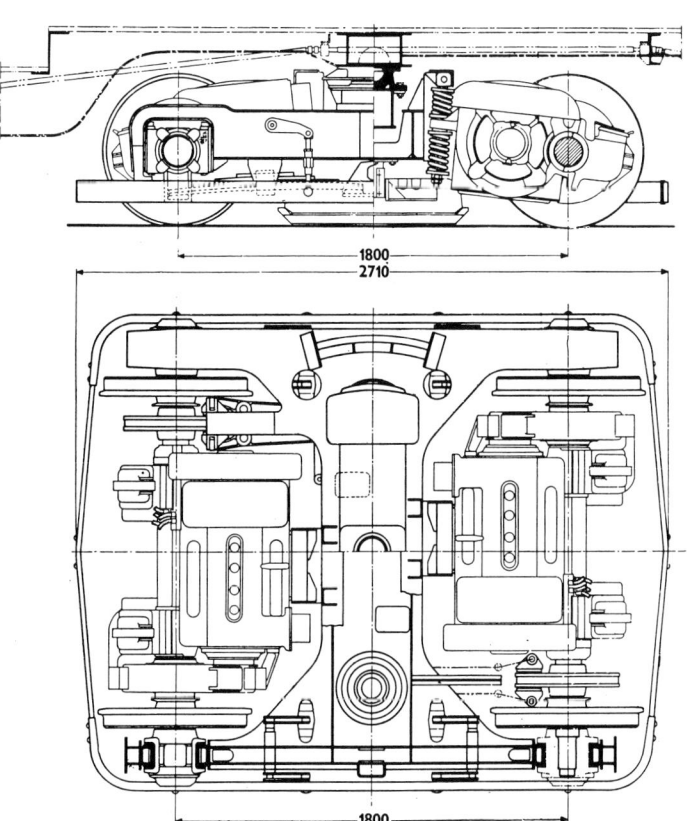

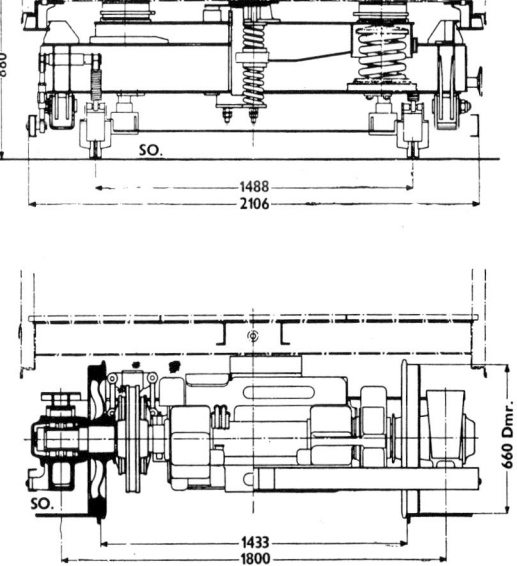

Bild 5 — Drehgestell des vierachsigen regelspurigen Einheits-Triebwagens mit 60 kW-Motor (M · 1 : 30)

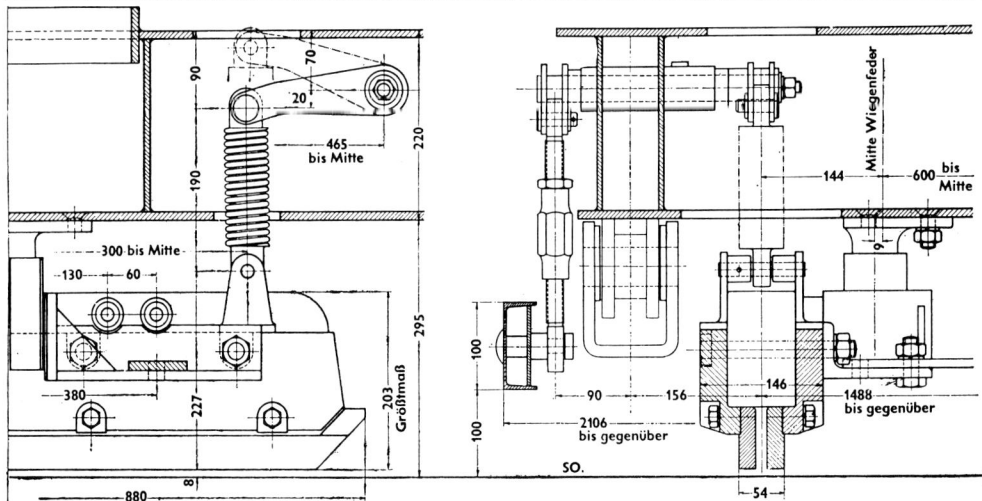

Bild 6 — Schienenbremsaufhängung in dem Drehgestell des Vierachsers

hängen mittels Zugfedern an einem steifen Rahmen, der auf den Achsbuchsen starr gelagert ist. Da die Anordnung von 4 oder 2 Schienenbremsen wahlweise zugelassen ist, sind sie soweit als möglich an die Räder herangerückt. Bei Ausführung von nur 2 Schienenbremsen sitzen diese dann einseitig. Die Mitnehmer sind an der Unterkante der mittleren kastenförmigen Querträger befestigt. Die Höheneinstellung der Schienenbremsen erfolgt in der üblichen Weise mit Schraubenbolzen.

Drehgestelle des Vierachsers

Die Drehgestelle der vierachsigen Wagen haben 1,8 m Radstand, der Drehzapfenabstand des Wagens beträgt 5,3 m. Die sich in einer 15-m-Krümmung hierbei ergebenden Wagenausschläge (vgl. Bild 5 auf S. 174) waren von wesentlichem Einfluß auf die Formgebung der Plattform, denn sowohl die Innen- wie die Außenausschläge der vierachsigen Einheitswagen sind größer als die der zweiachsigen Wagen, und die bestehenden Gleisanordnungen der Bahnen waren zu berücksichtigen. Es wird bei einigen Gleisnetzen wahrscheinlich eine teilweise Änderung der Gleismittenabstände in den Krümmungen erforderlich werden. Bei einer so weitgehenden Vereinheitlichung der Fahrzeuge, wie sie in vorliegendem Fall getroffen wurde und notwendig war, ist dies aber unvermeidlich.

Der Drehgestellrahmen ist in T-Form, also ohne Endquerträger ausgeführt und vollständig geschweißt. Das vollständige Drehgestell des vierachsigen regelspurigen Triebwagens zeigt Bild 5.

Für einen guten Lauf der Drehgestelle ist die Anordnung und Art der Federung von ausschlaggebender Bedeutung. Bei den Einheitswagen ist die **doppelte Federung** ausgeführt, d. h. es ist eine Wiegefederung und eine besondere Achsbuchsfederung vorhanden. Der Wagenkasten ruht auf einem kugeligen Drehzapfen in der Mitte des starren Wiegebalkens. Als Federung dienen hier je 2 an den Enden des Wiegebalkens angeordnete doppelte Schraubenfedern oder Gummikörper nach Härter-Patent. Der Kasten wird seitlich durch Gleitflächen unterstützt. Durch die mittlere Lastübertragung auf den Wiegebalken ist eine leichte Beweglichkeit des Drehgestells in den Krümmungen unter dem Wagenkasten gewährleistet.

Die Seitenwangen des Rahmens haben kastenförmige Querschnitte und tragen gleichzeitig an Ausgleichhebeln die Schienenbremsen. Für die unveränderliche Höhenlage der Schienenbremsen sorgt ein Ausgleichgestänge, das auf einem die Achsbuchsen verbindenden U-Eisen seinen Festpunkt findet (Bild 6).

Die Achsbuchsführungen sind in gleicher Weise wie beim Laufgestell der Zweiachser ausgeführt und haben die gleichen Verschleißplatten wie jene. Der Rahmenquerschnitt über den Achsbuchsen mußte mit geringer Höhe ausgeführt werden, damit das Drehgestell in den Krümmungen unter der Seitenwand des Kastens ohne Berührungsgefahr ausschlagen kann.

Unter den seitlichen Rahmenteilen sind je Seite 2 Achsbuchsfedern von 800 mm Länge angeordnet, die sich mit ihren äußeren Enden in einem unteren Anguß der Achsbuchse abstützen. In der Mitte ruhen die Federenden in einem schwingenden Bügel. Die Federbunde besitzen seitlich je 2 Zapfen und sind unter dem Rahmen drehbar gelagert. Drehgestelle ähnlicher Bauart laufen bereits bei der Straßenbahn Dresden.

Die Motoraufhängung ist die gleiche wie bei den zweiachsigen Triebwagen. Der Motorein- und -ausbau ist hier jedoch nur nach oben möglich, d. h., daß die Drehgestelle beim Wechsel der Motoren unter dem Wagenkasten herausgefahren werden müssen. Infolge der gedrängten Bauart der Drehgestelle war ein anderer Weg nicht möglich. Da jedoch die Bahnen heute alle über geeignete Hebezeuge in ihren Werkstätten verfügen, ergeben sich sicherlich keine Schwierigkeiten.

Die Gleitflächen und Lagerstellen am Rahmen, wie Achsbuchsführungen, Drehzapfen, seitliche Kastenauflage und Schienenbremsaufhängung sind an eine Zentralschmierung angeschlossen. In einem seitlich herausgeführten Rohranschluß kann durch eine Hebelpumpe das Schmiermittel zugeführt und die Lagerstelle geschmiert werden.

Die Drehgestelle der Beiwagen werden im wesentlichen wie die der Triebwagen ausgeführt. An Stelle der Achsbuchsblattfedern sind hier jedoch Gummikörper nach Härter-Patent vorgesehen, die über den Achsbuchsen angebracht sind.

Handbremse

Als mechanische Handbremse für die **zweiachsigen Wagen**, die bei den meisten Bahnen nur als Feststellorgan dient, ist eine **Vierklotzbremse** vorgesehen. Die Gestängeanordnung ist so durchgeführt, daß die Bremse unabhängig vom Fahrerplatz immer wirksam betätigt werden kann. Bei einem Wechsel der Fahrrichtung im Gefälle kann also nach dem Festbremsen auf dem in Fahrtrichtung vorn liegenden Fahrerstand die Bremse auch vom rückwärtigen Fahrerstand wirksam angezogen werden, ohne daß nach dem Lösen vom ersteren Platz die Gefahr des Abrollens besteht.

Bei den regelspurigen Triebwagen sind die Zugstangen ohne Zwischenhebel seitlich an den Rändern entlang geführt, weil der mittlere Raum gegebenenfalls vom Zentralfahrschalter ausgefüllt wird. Die Hebelübersetzungen sind daher auf den Kopfträgern des Laufgestells angebracht. Die Bremsklötze sind an Laschen aufgehängt und drehbar gelagert. Als Querverbindung für die Klötze ist an einem Ende eine schwingende Welle, am anderen eine Traverse vorhanden. Durch diese Anordnung wurde gleichzeitig die Zahl der Bolzen auf ein Mindestmaß beschränkt.

Die meterspurigen Triebwagen haben die gleiche Gestängeanordnung erhalten, nur liegen die Zugstangen hier außerhalb der Radsätze.

Bei den zweiachsigen Beiwagen ist die gleiche Klotzaufhängung ausgeführt wie bei den Triebwagen. In Wagenmitte liegt hier der Ausgleichhebel, an dem das Solenoid und die Zugstangen angreifen. Die gleiche Anordnung kann auch für eine in Achsmitte angeordnete Zangenbremse verwendet werden.

Für den Bremsantrieb der Triebwagen ist eine Freilaufhandkurbel mit 200 mm Halbmesser am Fahrerplatz in der bekannten Ausführung vorgesehen. Bei einer Abbremsung von 80 bis 85 vH des leeren Wagens ist eine Handkraft von rund 20 kg an der Kurbel aufzuwenden. Die Bremsklötze sind mit Keilen in ihren Haltern befestigt. Es können sowohl Gußeisen- als auch Betonklötze verwendet werden. Die Bolzenlöcher in den Gestänge-Augen haben Walter-Buchsen erhalten, wobei auch auf möglichst einheitliche Bolzen- und Buchsenmaße Wert gelegt wurde. Bei den Beiwagen erfolgt der Bremsantrieb durch eine Kurbel mit umlegbarem Handgriff, die in senkrechter Ebene drehbar ist.

Die regelspurigen vierachsigen Triebwagen haben als Bremsorgan die BSI-Zangenbremse mit Öldruckbetätigung erhalten. Neben den Motoren, und zwar auf der Bürstenseite, sitzen die Bremsscheiben auf der Achse. Die Untersuchungen, auch für diese Wagen eine Klotzbremse einzubauen, führten zu dem Ergebnis, daß diese infolge vieler Hebelumlenkungen sehr schwer im Gewicht wurde. Bei der Zangenbremse mit mechanischer Betätigung hätten die Verhältnisse ähnlich gelegen. Außerdem bereitete auch die Anbringung der Ausgleichhebel für die Bremsen der beiden Drehgestelle wegen der in Wagenmitte gelagerten Schaltwerke gewisse Schwierigkeiten, die aber zu überwinden gewesen wären. Es wurde daher der Entschluß gefaßt, auf ein mechanisches Gestänge überhaupt zu verzichten und als Übertragungsmittel eine Flüssigkeit zu verwenden. In Zusammenarbeit mit der Firma Teves, Frankfurt a. M., wurde eine Öldruckbetätigung entwickelt. Sie erfolgt durch einen Handhebel, wobei bis zum Anlegen der Beläge bei etwa 1,5 mm Abstand derselben rd. 3 Hübe am Handhebel auszuführen sind. Eine ähnliche Ausführung läuft, allerdings in zweiachsigen Wagen, bei der Stuttgarter Straßenbahn zur Zufriedenheit; sie wird auch von den Fahrern gern bedient.

Als Bremsorgan für die Öldruckbetätigung ist in jedem Drehgestell ein doppelt wirkender Bremszylinder und unter den Plattformen je ein Hauptzylinder vorhanden. Beim Bremsen wird durch den Handhebel der Stufenkolben der sogenannten Füllstufe im Hauptzylinder bewegt und dadurch das Öl in der Bremsleitung bis zum Anliegen der Beläge unter Druck gesetzt. Ein Rückschlagventil sichert den Bremsdruck. Bei weiterer Hebelbewegung wird der Druck durch die Druckstufe im Hauptzylinder gesteigert. Ein mechanisches Gesperre am Bremszylinder verhindert ein Absinken der Bremskraft.

Das Lösen der Bremse erfolgt dadurch, daß der Hebel aus seiner festen Null-Lage nach vorne gelegt wird, wobei der Fahrer durch Daumendruck auf einen Knopf am Hebelgriff eine Sperrklinke am Handhebel ausheben muß. Der Stufenkolben wird bei dieser entgegengesetzten Bewegung ausgeschaltet. Im Hauptzylinder wird beim Lösen durch den Handhebel ein zweites Kolbensystem bewegt, das nun erst die Sperre hydraulisch ausklinkt und durch weitere Drucksteigerung im Lösekreis den Bremsdruck dann aufhebt. Die Backen werden dann durch die Rückziehfedern von der Bremsscheibe abgezogen. Bild 7 zeigt die Anordnung für eine Wagenhälfte.

Bei den meterspurigen vierachsigen Triebwagen konnte wegen des Platzbedarfs der Motoren auf den Achsen keine Zangenbremse angebracht werden. Es muß daher hier bei der Klotzbremse bleiben. Die vierachsigen Beiwagen für Regel- und Meterspur sollen ebenfalls eine BSI-Zangenbremse erhalten, und zwar stimmen die mechanischen Teile mit denen des Triebwagens überein. Auch bei diesen Wagen wird das mechanische Gestänge durch eine Öldruckbetätigung abgelöst, wobei die Anordnung grundsätzlich mit der des Triebwagens gleich wird. An den Hauptzylindern unter den Plattformen greift für die Betriebsbremsung das Solenoid direkt an. Der Kolben im Hauptzylinder ist so gewählt, daß selbstverständlich mit Rücksicht auf die Solenoidbetätigung nur ein Hub für den Bremsvorgang notwendig wird. Ein Gesperre am Bremszylinder braucht nicht eingeschaltet zu werden, denn während der Dauer der Bremsung steht der Bremskreis durch das Solenoid ständig unter Spannung. Von Hand wird die Bremse durch eine Kurbel auf der Plattform bedient.

Mechanische Kupplung

Die Kupplung zweier regelspuriger Wagen erfolgt zunächst durch die selbsttätige Compactkupplung, die von der Bergischen Stahl-Industrie A.-G. hergestellt wird. Die meterspurigen Bahnen werden die Scharfenbergkupplung erhalten. Diese Festlegung ist noch nicht als endgültig anzusehen, weil zur Zeit bei einigen Bahnen beide Kupplungen im Versuchsbetrieb laufen, um Erfahrungen damit zu sammeln. Nach Abschluß dieser Versuche wird die Frage erneut geprüft. Mit der selbsttätigen Kupplung werden auch gleichzeitig die elektrischen Leitungen selbsttätig miteinander verbunden. Der Kuppelkopf ist starr mit der Kuppelstange vernietet. Die Lagerung der Kuppelstange am Kastenuntergestell erfolgt spielfrei mit einem Kugelkopf (Bauart Uerdinger Ringfeder), der eine ausreichende Bewegung zuläßt. Auf eine zusätzliche Federung in der Kuppelstange wurde bei den Triebwagen verzichtet. Bei Doppeltriebwagen (Zweiwagenzugsteuerung) kann eine solche vorgesehen werden. Als Federungsorgan hierfür sind die Uerdinger Ringfeder, die Mohrsche Reibungsfeder oder Gummikörper nach Härter-Patent zugelassen. Bei der letzteren Ausführung entfällt der obengenannte Kugelkopf. Hierbei sind 2 Gummikörper direkt am Drehpunkt hintereinander angeordnet. Der mittlere Lagerteller besitzt oben und unten je einen Zapfen, die in entsprechenden Lagern am Kastenuntergestell ruhen. Die senkrechte Bewegung der Kuppelstange wird von den Gummikörpern übernommen. Ein Auflagebügel für die Kuppelstange ist nicht erforderlich, da das Gewicht durch Vorspannungen der Gummikörper getragen wird.

Bei Kugelkopflagerung ist die Kuppelstange durch einen ge-

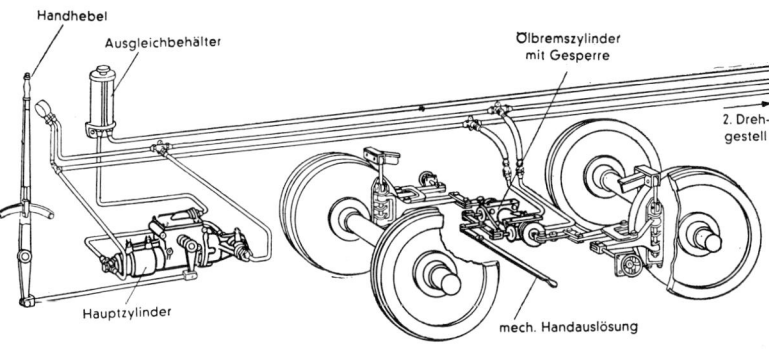

Bild 7 — Anordnung der Öldruckbremse für die vierachsigen regelspurigen Einheits-Triebwagen

federten Bügel in der Höhe gehalten. Eine Delle in der Mitte des Bügels sorgt für die Mittellage der Kupplung. Für die Beiwagen ist eine Federung in der Kuppelstange vorgesehen.

Sandstreuer

Die Sandstreuer sind bei den zweiachsigen Wagen außen vor den Rädern angeordnet und nur mechanisch durch einen Fußhebel bedienbar. Dieser hat in der Mitte seines Weges eine federnde Rast und soll vom Fahrer benutzt werden, wenn er die Schienen zur Erhöhung der Reibung sanden will, um dabei einen unnötigen Sandverbrauch zu vermeiden. Die Ausflußrohre werden durch Schaufelsegmente abgesperrt. Das untere Ende des Fallrohres erhält einen kurzen Gummischlauch. Bei den vierachsigen Triebwagen werden die äußeren und inneren Räder gesandet, und zwar immer die in Fahrtrichtung jeweils vorderen Räder der Drehgestelle. Die Sandstreuer der ersten Achse des in Fahrtrichtung vorderen Drehgestells werden dabei mechanisch durch Fußhebel bedient, während die Betätigung der Sandstreuer für die erste Achse des zweiten Drehgestells elektrisch durch ein Solenoid erfolgt; dieses ist mit dem absperrenden Schaufelsegment in einem Gehäuse vereinigt. Die Streusandkästen unter den Sitzen erhalten nach der Gangseite zu ein Schauglas, um den Sandvorrat durch den Schaffner leicht überwachen zu können. Ein Sieb deckt die Behälter nach oben ab. Die Beiwagen erhalten keinen Sandstreuer. Für besondere Verhältnisse ist aber in der elektrischen Kupplung ein Kontakt für einen elektrisch betätigten Sandstreuer der Beiwagen vorgesehen.

Schutzvorrichtungen

Nach den Vorschriften der BOStrab sind als Schutzvorrichtungen Bahnräumer oder Fangvorrichtungen anzubringen. Bei den zweiachsigen Wagen ist der Bahnräumer jeweils an den Kopfträgern des Laufgestells als gerades Brett angebracht und durch Zahnplatten in der Höhe einstellbar. Die Fangvorrichtung wird gleichfalls am Kopfträger befestigt, während sich der Taster am vorderen Ende des Kastens befindet. Bei den vierachsigen Triebwagen sitzen Fangkorb und Taster am Wagenkasten. In Bild 8 ist die Anordnung der Fangvorrichtung dargestellt. Es waren hierfür folgende Bedingungen zu erfüllen:

a) Das Auslösen des Fangkorbes soll auch vom Fahrer durch Tretstift möglich sein.

b) Die Kupplung zwischen Taster und Fangkorb soll vom Fahrer durch einen Handhebel gelöst werden können.

c) Der Taster soll im entriegelten Zustand auch nach vorne schwenkbar sein, ohne daß der Fangkorb herabfällt.

d) Eine Zugfeder soll das Herabfallen des Fangkorbes beschleunigen.

e) Der Fangkorb soll von außen wieder eingerückt werden, damit sich der Fahrer hierbei auch von der Ursache des Auslösens und dem Zustand des Fangkorbes überzeugt.

Wagenkasten

1) Gerippekonstruktion

Für die Ausführung der Kastengerippe bestand als wichtigstes Merkmal die Forderung nach großen Fensterflächen mit schmalen Fenster- und Plattformsäulen, um die freie Sicht nach außen für Fahrgäste und Fahrer möglichst gut zu gestalten. Dadurch ergab sich, daß an den Enden des Sitzraumes schon aus Festigkeitsgründen breite Schultersäulen ausgeführt werden mußten.

Die Konstruktionsteile des stählernen Wagenkastens sind geschweißt. Als Werkstoff ist ein normaler Baustahl St 37 Schweißgüte vorgeschrieben. Von besonders hochfesten Stählen, etwa St 52 oder legierten Stählen wurde grundsätzlich abgesehen, um die Ausbesserungen in den Werkstätten der Bahnen zu erleichtern. Die Wandstärken der Bleche und Profile sind, soweit es die Beanspruchung und das Gewicht zuließen, möglichst wenig verschieden gewählt. Eine Zusammenstellung der hauptsächlichsten Profile ist in Bild 9 gegeben.

Die Bauteile der Wagengerippe für die zwei- und vierachsigen Fahrzeuge sind grundsätzlich gleich. Zwischen den Kästen der regel- und meterspurigen Wagen besteht kein wesentlicher Unterschied. Bei den Beiwagen sind selbstverständlich die durch die Triebwerksausrüstung der Triebwagen bedingten Bauteile fortgelassen.

Zunächst soll nun die Konstruktion der zweiachsigen Wagenkästen beschrieben werden. Das Kastenuntergestell enthält seitlich ein U-Leichtprofil und als Querträger ein Normalprofil 10. Diese sind mit den Säulen unmittelbar verbunden und außerdem sind auch die Dachspriegel direkt an den Säulen angeordnet, so daß hier kräftige Spanten entstanden sind.

Als Säulenprofil wurde ein Vierkantrohr 60×40 mit 2,5 mm Wandstärke gewählt. An ihrem oberen Ende verbindet die Säulen ein Obergurt aus einem 2,5 mm starken Z-förmigen Blechprofil und etwa in der Mitte ist ein nach außen gewölbter Brüstungsgurt vorhanden. Die Seitenwandbleche aus 1,5 mm Stahlblech, die in 3 Felder unterteilt sind, können mit Loch- oder unterbrochener Raupenschweißung an den Säulen befestigt werden, und sind durch aufgepunktete leichte, hutförmige Profile schubfest gemacht. Die Teilfugen erhalten Deckleisten, die aufgeschraubt werden. Zur Geräuschdämpfung wird die Innenseite der Bleche mit einem Auftrag aus Antidröhn oder Antivibrin versehen. Die waagerechten Verbindungsnähte der Außenbleche werden genietet.

Diese Befestigung der Außenbekleidung ist von wesentlichem Einfluß auf die Unterhaltungsarbeiten in den Werkstätten. Da die Bleche erfahrungsgemäß gerade bei Straßenbahnen häufig Beschädigungen ausgesetzt sind, sollen diese auch schnell in den Werkstätten beseitigt werden können. Die Bleche sind zunächst einmal unterteilt, um nicht immer eine ganze Seitenwand entfernen zu müssen. Die örtlichen Schweißstellen für die Blechbefestigung lassen sich gut lösen. Bei kurzen Rissen in der Seitenwand kann selbstverständlich auch die betreffende Stelle herausgetrennt und ein eingepaßtes Blech neu eingeschweißt werden. Bei dem

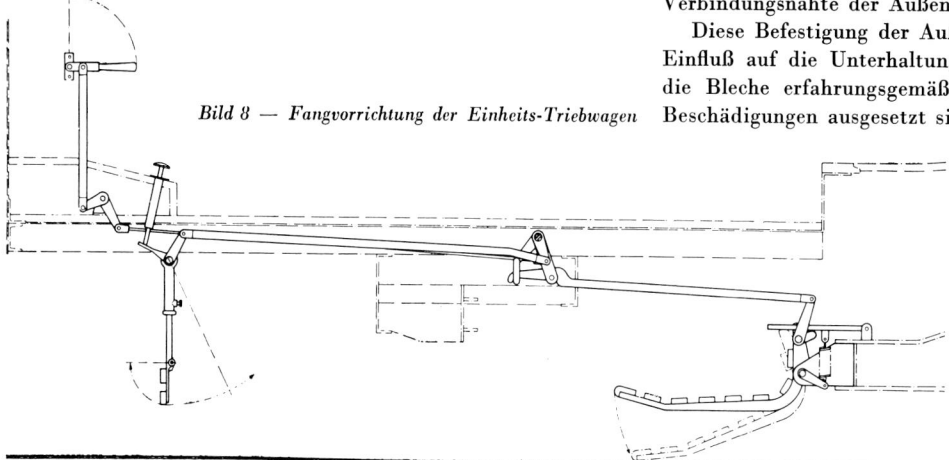

Bild 8 — Fangvorrichtung der Einheits-Triebwagen

heutigen Stande der Schweißtechnik, die in den Straßenbahnwerkstätten schon weitgehend Eingang gefunden hat, bereitet dieses Verfahren keine unüberwindlichen Schwierigkeiten mehr. Die waagerechten Nietungen haben außen Senkköpfe, um eine möglichst glatte Außenhaut zu erzielen. Die innen liegenden Halbrundköpfe der Nieten sind bequem zugänglich.

Die Plattformsäulen bestehen aus gezogenen Blechprofilen, 2,5 mm stark, die Blechstärke der Türsäulen beträgt 3 mm. Die ersteren sind nur 45 mm breit gehalten, damit sie die Sicht des Fahrers recht wenig stören. Das vordere Plattformblech besitzt im Grundriß gesehen eine etwa parabelförmige Rundung, ist einteilig bis zu den Türöffnungen und 3 mm stark, um den Fahrer zumindest bei leichteren Zusammenstößen zu schützen. Bei den Beiwagen ist es nur 1,5 mm stark.

Die Plattformträger haben doppel-T-förmigen Querschnitt und sind aus Blechen geschweißt. Sie verlaufen von der Stirnwand nach den Fensterbegrenzungssäulen in schräger Linie. Die Schultersäulen sind an ihrem unteren Ende durch einen Z-förmigen Träger verbunden, der gleichzeitig die Stufe von der Plattform zum Sitzraum bildet. Die verhältnismäßig hohe Fußbodenlage, 880 mm bis FO., bietet den Vorteil, daß die Wellenantriebe für den Zentralfahrschalter gut darunter durchgeführt werden können. Die Querträger liegen 60 mm tiefer als Unterkante Fußboden, so daß hier keine Durchbrüche für die Wellen notwendig werden. Außerdem sind durch diese Fußbodenhöhe, die sich wegen der Motoren und des Wellenantriebes der Zentralfahrschalter ergeben hat, auch für alle Einheitswagen die gleichen Verhältnisse in bezug auf Einstieg, Zwischenwandtüren, Brüstungshöhen, Haltestangen usw. gegeben. Radschutzkästen im Wageninnern, die besonders bei den meterspurigen Wagen meist als Höcker in den Gang hereinragten, sind vermieden worden.

Der Zusammenbau des Kastens kann derart erfolgen, daß die Plattformwände, Seitenwände, Dach und Plattformträger einzeln als Baugruppen hergestellt werden können. Das Dach wird mit dem Obergurt vernietet. Der Dachrahmen wird von einem U-förmigen Sonderprofil gebildet und ist gleichzeitig Regenrinne. Die Dachspriegel bestehen über dem Sitzraum aus U-förmigen Blechprofilen und über den Plattformen aus Winkeln. Eine längslaufende viertelkreisförmige Dachwute aus 1,25 mm Stahlblech gibt die notwendige Steifigkeit für das Dach. In der Mitte sind auf den Spriegeln die Dachbretter befestigt und mit einem aufgeklebten Dachleinenüberzug gegen Feuchtigkeit geschützt. Die Beiwagen erhalten im Gegensatz zu der eben für die Triebwagen geschilderten Ausführung ein glattes genietetes Blechdach. Als Spriegel sind nur Winkel verwendet.

Die vierachsigen Wagen sind 2,32 m länger als die Zweiachser, sie haben aber, abgesehen von den 5 Fenstern, die gleiche Gerippekonstruktion. Auch die Plattformen sind in dem über dem Fußboden liegenden Teil völlig übereinstimmend. Das Kastenuntergestell weist jedoch eine etwas abweichende Konstruktion auf, da hier ein äußerer Langträger aus einem 3 mm starken Z-förmigen Profil den Rahmen des Kastenuntergestells bildet. Die Säulen sind mit ihm vernietet.

Der Kabelkanal bei den vierachsigen Wagen liegt unter dem Wagenfußboden, um die Leitungsführung besonders unterhalb der Schultersäulen einfacher zu gestalten und hier die Durchbrüche in den Knotenblechen für den Plattformträgeranschluß zu vermeiden.

2) Sitzraum

Der Fußboden besteht aus 22 mm starken Kiefernholzbrettern, die in üblicher Weise in Längsrichtung mit Nut und Spund verlegt

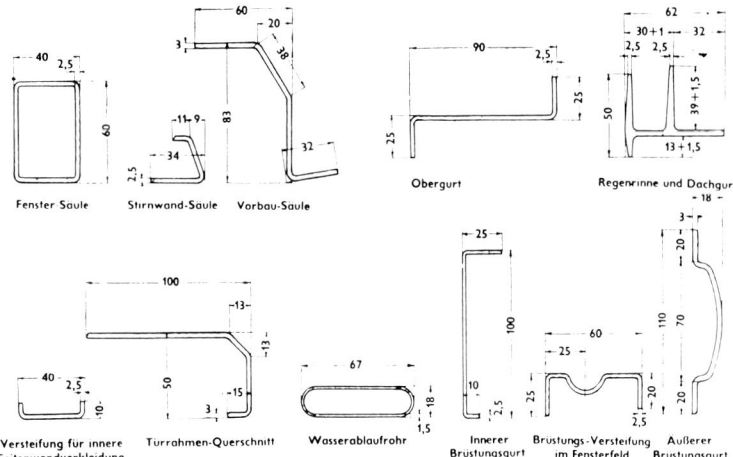

Bild 9 — Kastenprofile der Einheitsstraßenbahnwagen

sind. Als Belag wird ein Lattenrost mit 15 mm Stärke aufgeschraubt oder eine Gummimatte auf den Brettern befestigt. Der Kabelkanal der zweiachsigen Triebwagen liegt seitlich im Innenraum und besteht gleichfalls aus Holz. Die Seitenwände und Fenstersäulen über Brüstungshöhe werden mit Sperrholztafeln bzw. naturfarbenen Holzleisten verkleidet. Es ist außerdem vorgesehen, hierfür auch Preßstoff zu verwenden. Für diese Verkleidungsart sind mit dem Neoresit-Strangpreßwerk in Zossen für die Säulen und längslaufenden Riegel Strangpreßprofile entwickelt, die in einfacher Weise zusammengesetzt und befestigt werden können. Für die Innenverkleidung bis Brüstungshöhe können Sperrholzplatten mit Furnier oder auch Holzfaserhartplatten mit oder ohne Beklebung Anwendung finden.

Die Ausführung der Innenausstattung wurde nicht vereinheitlicht, damit sie von den Bestellern in ihrer Farbe und sonstigen Ausführung selbst gewählt werden kann, ohne jedoch die grundsätzliche Konstruktion zu beeinflussen.

Von den 3 bzw. 5 Fenstern je Seitenwand sind die äußeren mit einem Kurbelapparat herablaßbar. Alle Fenster sind rahmenlos, die Festfenster sind in Gummiprofilen mit einer außen liegenden Nase gebettet. Eine besondere Entwässerungsrinne unter den Festfenstern, durch die das Schwitz- oder Tauwasser nach außen abgeführt wird, ist nicht vorhanden. In Bild 10 ist ein Höhenschnitt durch das herablaßbare Fenster des zweiachsigen Triebwagens dargestellt. Bild 11 zeigt den Höhenschnitt durch das Festfenster für die vierachsigen Wagen und Bild 12 den Querschnitt durch die Seitenwand in Fensterhöhe.

Durch die Verwendung von Rohrprofilen für die Fenstersäulen war die Befestigung der Verkleidung mit Holzschrauben nicht möglich und auch nicht erwünscht. Holzfutter für diesen Zweck sind daher nicht vorhanden. Die Springrollvorhänge für die Verdunkelung sind aus nichtentflammbarem Stoff und liegen in aufgerolltem Zustand unsichtbar hinter der Kämpferleiste. Bei herabgelassenen Vorhängen werden die Führungsrollen hinter je zwei Nietköpfe am unteren Ende der Führungsschiene geklemmt und somit ein unbeabsichtigtes Hochschnellen der Springrollvorhänge vermieden. Die Brüstungshöhe im Sitzraum beträgt 680 mm über dem Fußboden und 220 mm über Sitzkissen. Dem Fahrgast soll damit gleichzeitig eine Armauflage auf der Fensterbrüstung gegeben werden.

Bei der Anordnung der Motorklappen im Fußboden wurde auf die verschiedenen zugelassenen Sitzbankanordnungen weitgehend Rücksicht genommen. Die Lage und Größe der Klappen ist für die verschiedenen Einheitsmotoren und auch bei Regel- und Meter-

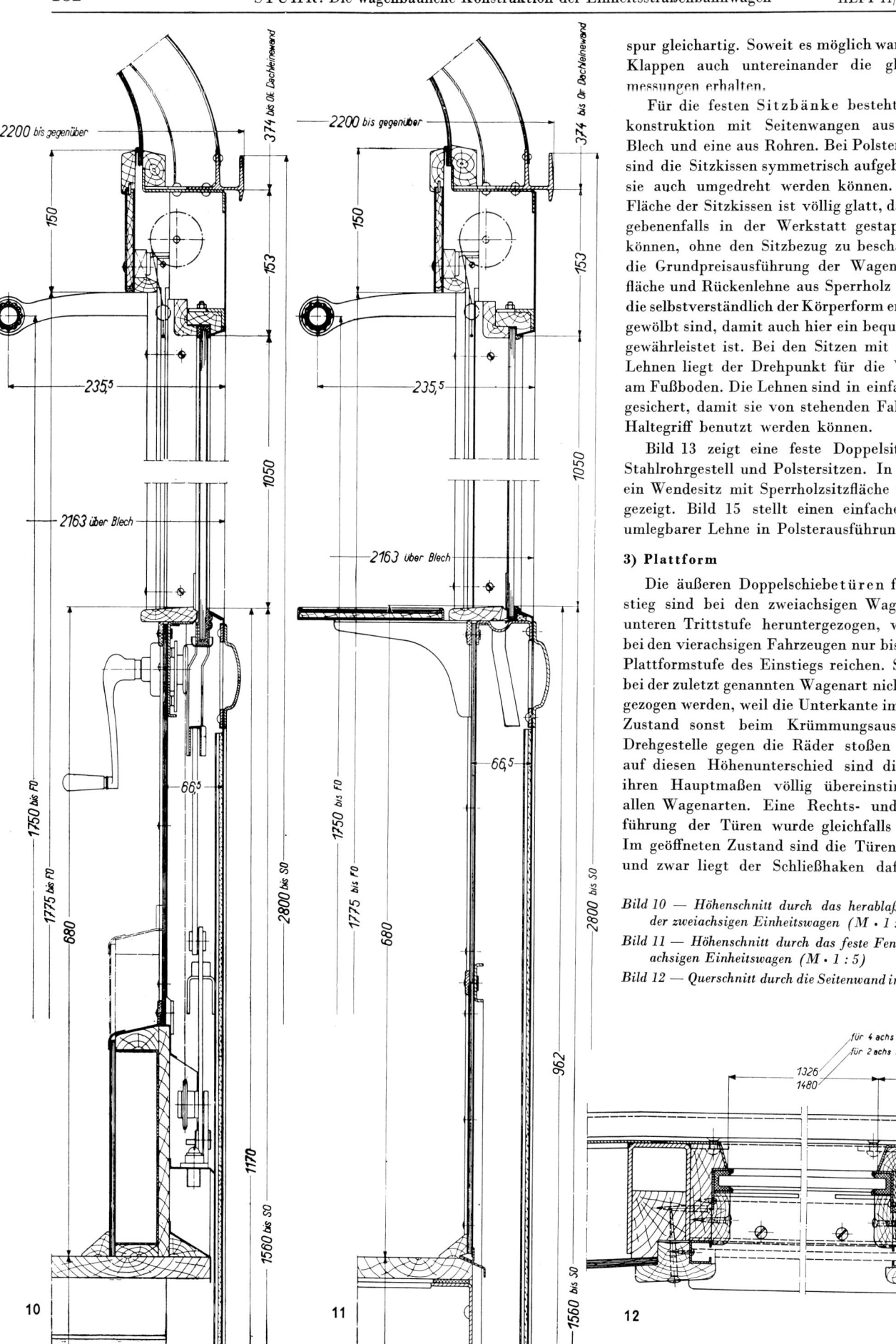

spur gleichartig. Soweit es möglich war, haben die Klappen auch untereinander die gleichen Abmessungen erhalten.

Für die festen Sitzbänke besteht eine Tragkonstruktion mit Seitenwangen aus gepreßtem Blech und eine aus Rohren. Bei Polsterausführung sind die Sitzkissen symmetrisch aufgebaut, so daß sie auch umgedreht werden können. Die untere Fläche der Sitzkissen ist völlig glatt, damit sie gegebenenfalls in der Werkstatt gestapelt werden können, ohne den Sitzbezug zu beschädigen. Für die Grundpreisausführung der Wagen sind Sitzfläche und Rückenlehne aus Sperrholz vorgesehen, die selbstverständlich der Körperform entsprechend gewölbt sind, damit auch hier ein bequemes Sitzen gewährleistet ist. Bei den Sitzen mit umlegbaren Lehnen liegt der Drehpunkt für die Wendehebel am Fußboden. Die Lehnen sind in einfacher Weise gesichert, damit sie von stehenden Fahrgästen als Haltegriff benutzt werden können.

Bild 13 zeigt eine feste Doppelsitzbank mit Stahlrohrgestell und Polstersitzen. In Bild 14 ist ein Wendesitz mit Sperrholzsitzfläche und -Lehne gezeigt. Bild 15 stellt einen einfachen Sitz mit umlegbarer Lehne in Polsterausführung dar.

3) Plattform

Die äußeren Doppelschiebetüren für den Einstieg sind bei den zweiachsigen Wagen bis zur unteren Trittstufe heruntergezogen, während sie bei den vierachsigen Fahrzeugen nur bis zur oberen Plattformstufe des Einstiegs reichen. Sie konnten bei der zuletzt genannten Wagenart nicht heruntergezogen werden, weil die Unterkante im geöffneten Zustand sonst beim Krümmungsausschlag der Drehgestelle gegen die Räder stoßen würde. Bis auf diesen Höhenunterschied sind die Türen in ihren Hauptmaßen völlig übereinstimmend bei allen Wagenarten. Eine Rechts- und Linksausführung der Türen wurde gleichfalls vermieden. Im geöffneten Zustand sind die Türen verriegelt, und zwar liegt der Schließhaken dafür an der

Bild 10 — Höhenschnitt durch das herablaßbare Fenster der zweiachsigen Einheitswagen (M · 1 : 5)

Bild 11 — Höhenschnitt durch das feste Fenster der vierachsigen Einheitswagen (M · 1 : 5)

Bild 12 — Querschnitt durch die Seitenwand in Fensterhöhe (M · 1 : 3)

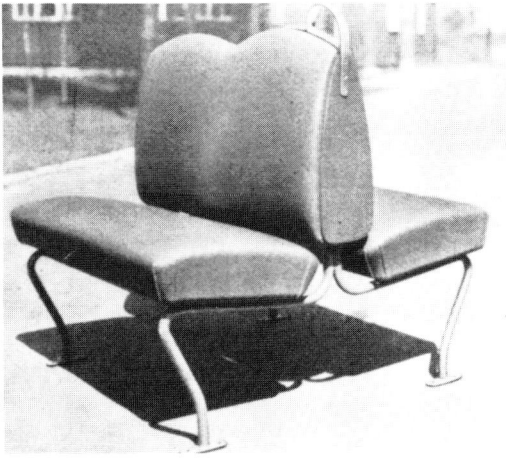  

Bild 13 — Feste Doppelsitzbank
Werkaufnahmen (4)

Bild 14 — Zweiplätziger Wendesitz
mit Sperrholzsitzfläche

Bild 15 — Einplätziger Wendesitz
mit Polstersitz

jeweils hinteren Türhälfte in Fahrtrichtung gesehen. Das Schließen kann also nur von dem hier befindlichen Handgriff erfolgen. Die anderen Griffe können bei geöffneter Tür zum Aufsteigen benutzt werden, ohne daß der Fahrgast die Tür dabei entriegelt und auf sich zuzieht.

Die Einstiege mit den Trittstufen sind mit den Türsäulen vernietet, um sie bei Beschädigungen leichter entfernen zu können.

Der **Fahrersitz** ist bei allen Triebwagen einheitlich (Bild 16). Auf dem nichtbenutzten Fahrerstand kann er um 2 Gelenke, von denen sich eine am Fußboden und ein zweites unterhalb des Sitzkissens befindet, gegen die Stirnwand geklappt werden, wobei die Lehne des Sitzes das Schaltbrett am Fahrerplatz abdeckt. In dem Sitzfuß, der als Rohr ausgeführt wird, befindet sich eine Klemmvorrichtung nach Art eines Dreibackenfutters, durch die eine Höheneinstellung der Sitzfläche möglich ist. Die Ausführung wurde bei der Straßenbahn Hannover entwickelt. Bei Zentralfahrschaltern und halbselbsttätiger Steuerung ist der Fahrerplatz vom übrigen Teil der Plattform durch eine Trennwand abgeschlossen. Diese Wand wird zusammenlegbar ausgeführt, damit auf der rückwärtigen Plattform der Stehraum vergrößert werden kann. Die gegen die Plattformseitenfenster geklappten Wände bilden hierbei gleichzeitig die inneren Schiebetürtaschen. Über der Wand ist ein festes Dachsegment vorhanden, an dem Schalter, Kleinautomaten und sonstige elektrische Zubehörteile angeordnet werden. Beim Plattformfahrschalter soll der Fahrerplatz durch einen Vorhang abgeschlossen werden.

Im vorderen Teil des Plattformdaches sind die **Schilderkästen** für das Linienbezeichnungs- und Zielschild eingebaut. Es können für die Bezeichnung sowohl Filmbänder als auch Einsteckschilder verwendet werden. Die Innenverkleidung der Plattformen einschließlich der Innendecke sollen naturholzfarben ausgeführt werden. Seitlich neben dem Dachaufsatz für das Linienbezeichnungsschild sind die Fahnenhalter angebracht.

4) Dach

Die Konstruktion des Daches der Einheitswagen ist bereits bei der Schilderung der Gerippekonstruktion erwähnt. Die Innendecke besteht aus 4 mm starkem Sperrholz oder wahlweise aus Holzfaserhartplatten oder Kunststoffplatten. Die seitlichen Rundungen auf den Plattformen sollen mit den Spriegeln nicht verschraubt werden, sondern sind als formgepreßte Teile einzusetzen. Durch ihre Wölbung werden sie auch ohne Zwischenbefestigung steif sein. Das Plattformdach der Triebwagen hat einen Aufsatz erhalten, in dem der Lüftungskanal und die Höchststromschalter liegen. Dieser ist durch eine abschraubbare Klappe von der Plattform aus zugänglich und kann nach unten geklappt werden.

Dreiachsige Einheitswagen

Neben den zwei- und vierachsigen Einheitswagen ist als dritte Bauart auch der dreiachsige Wagen als besonderer Typ entwickelt. Die wichtigsten Konstruktionselemente hierfür sollen der Vollständigkeit halber auch noch erwähnt werden.

Die Hauptabmessungen des Wagens sowie die Konstruktion der Wände und des Daches stimmen mit denen der zweiachsigen Einheitswagen überein. Es sind daher auch im wesentlichen die gleichen Bauelemente wie hier verwendet. Abweichend sind besonders die äußeren Türen, die nicht als Doppelschiebetüren, sondern als Teleskoptüren ausgeführt werden. Der Grund hierfür war die Forderung, daß die Türen bis zur untersten Trittstufe heruntergezogen werden sollten. Nach dem Sitzraum zu kann aber unterhalb des Fußbodens keine Türtasche angebracht werden, weil hier die ganze Breite des Wagenkastens vom Lenkgestell beansprucht wird. Bei den Teleskoptüren dagegen werden beide Flügel nach vorn geschoben. Sie sollen ebenfalls einen elektrischen Antrieb erhalten.

Zwischen Plattform und Sitzraum ist auch eine 180 mm hohe Stufe vorhanden. Die Fußbodenhöhe beträgt wie bei den Zwei- und Vierachsern 700 mm für die Plattform und 880 mm für den Sitzraum, so daß die gleichen Einheitsmotoren und damit auch dieselben Radsätze wie bei den Zweiachsern eingebaut werden können.

Durch die Lenkgestellkonstruktion war ein hierfür geeignetes **Kastenuntergestell** erforderlich, das somit von den zwei- bzw. vierachsigen Einheitswagen abweicht. Die Konstruktionsteile sind auch geschweißt, wobei nach Möglichkeit die gleichen Querschnittsmaße wie bei den anderen Wagen verwendet wurden. Als Plattformträger sind normale Breitflanschträger vorgesehen, die mit ihrem Anschluß am Kastenuntergestell so gelegt sind, daß auch hier der gleiche Wagenkasten für Regel- und Meterspur verwendet werden kann. Als Seitenwandträger dient im Kastenuntergestell ein Winkelprofil 65×80×6. Die Zug- und Stoßvorrichtung greift nur am Kastenuntergestell an.

Bild 16 — Der Fahrersitz der Einheits-Triebwagen

Das dreiachsige Lenkgestell besteht aus 2 einachsigen Endgestellen und dem mittleren Lenkgestell. Die beiden Endgestelle sind um einen mittleren Drehzapfen am Wagenkasten schwenkbar und über das Lenkgestell mit verlängerten Deichseln gelenkig miteinander verbunden. Das mittlere Lenkgestell hat nur die Aufgabe, die beiden Endachsen zu lenken, d. h. in Richtung des Gleishalbmessers zu stellen. Es tut dies, indem es sich mit Beginn der Bogenfahrt aus der Verbindungslinie analoger Achspunkte der beiden Endachsen herausschiebt. Gegenüber dem Wagenkasten hat es im übrigen völlige Bewegungsfreiheit. Die Endgestelle erhalten die Radsätze der Zweiachser mit 760 mm Laufrad-Dmr. Die Lenkachse besitzt Losräder mit 510 mm Laufrad-Dmr. und der äußere Radstand beträgt 4,7 m. Die Wagenlast ruht nahezu ausschließlich auf den beiden Endgestellen. Das mittlere Lenkgestell wird nur soviel belastet, wie es für die Sicherheit gegen Entgleisen erforderlich ist. Diese Belastung beträgt rund $1/10$ des Wagengewichts und ist für alle Fahrzustände konstant. Sie wird erreicht durch Verlagerung der Kastenabstützung hinter das Achsmittel der Endachsen. Die Federung der Endachsen gegenüber dem Wagenkasten ist doppelt. Die Ausführung der Federhängung ist so getroffen, daß die Wagenkasten sowohl seitlich als auch in Längsrichtung um ein bestimmtes Maß frei ausschwingen können. Das eine ist wichtig für stoßfreies Anfahren und Bremsen, das andere für sanftes Einfahren in Krümmungen und Abzweigungen. Es wird dadurch etwa dieselbe Wirkung erreicht wie bei einem Drehgestell mit einer auspendelnden Wiege. Als Bremseinrichtung wird eine 8-Klotzbremse eingebaut. Ebenso ist auch die Anbringung von Magnetschienenbremsen möglich. Sie werden an den Endgestellen aufgehängt.

Zusammenfassung

Die Beschreibung der wagenbaulichen Konstruktion der Einheitsstraßenbahnwagen sei hiermit abgeschlossen. Eine große Aufgabe war dem Einheitsstraßenbahnwagen-Büro, sowie den an der Entwicklung beteiligten Wagenbaufirmen gestellt, als mit der Konstruktionsarbeit begonnen wurde. Zusammengefaßt sind es, einschließlich der dreiachsigen Wagen, 12 Wagentypen, die soweit als möglich einheitlich zu gestalten waren. Erschwerend kam noch hinzu, daß die elektrischen Ausrüstungen z. T. wesentlich in ihren Außenmaßen voneinander abwichen, aber alle berücksichtigt werden mußten. Die durch die Konstruktion bedingten Fertigungsvorschriften werden sicher bei einigen Firmen auch eine teilweise Änderung ihrer Fertigungsmethoden zur Folge haben. Auch in den Unterhaltungswerkstätten der Straßenbahnen wird sich dies auswirken. Hierfür seien u. a. die Schweißkonstruktion und auch die einheitliche Anwendung des metrischen Gewindes als Beispiele angeführt.

Neben der genormten Wagenbreite von 2200 mm ist als Ausnahme 2350 mm zugelassen. Hierbei verändern sich am Wagenkasten die Längen der Querträger, während das Laufgestell bzw. Drehgestell unverändert beibehalten werden kann. Bei nicht genormten Gleisspuren ist die Anwendung des Einheitswagens jeweils besonders zu untersuchen. Sofern nur geringe Abweichungen vorliegen, z. B. bei 1100 mm oder 1450 mm Spur, ist nur der Laufrad- bzw. Radreifensitz zu verändern.

Der Einheitsstraßenbahnwagen vom Standpunkt der Wagenbauindustrie

Von Geheimen Regierungsrat ALBERT CUNTZE

Geschäftsführer der Fachgruppe Eisenbahnwagenbau, Berlin

Bisherige Vergebungsgrundsätze

Die Vergebung von Straßenbahnwagen an die Firmen der deutschen Wagenbauindustrie geschah bisher in folgender Weise:

Wenn ein Straßenbahnunternehmen das Bedürfnis hatte, zum Ersatz alter Wagen oder zur Verstärkung seines Wagenparks den Neubau von Straßenbahnwagen in Auftrag zu geben, so begnügte es sich in seltenen Fällen damit, die bisher im Gebrauch befindlichen Wagen bei der gleichen Firma wieder zu bestellen. In der Regel wurde mit dem neuen Bauauftrag eine Umkonstruktion der bisherigen Typen oder die vollkommene Neukonstruktion verbunden. Auch wenn das Unternehmen einen sogenannten Hoflieferanten besaß, dem es auch diesen Auftrag zu geben beabsichtigte, so pflegte es in der Regel zum Zwecke einer Preiskontrolle die gleiche Anfrage zugleich an mehrere Wagenbaufabriken zu richten. Die Folge dieses Verfahrens war, daß nicht nur für fast jeden Auftrag, auch wenn er nur 3 bis 4 Wagen umfaßte, das Konstruktionsbüro eines Werkes in Arbeit gesetzt wurde, sondern daß gleichzeitig mehrere Werke die gleiche Arbeit leisten mußten mit der Aussicht, vielleicht einen Bauauftrag zu erhalten. Diese sämtlichen Werke mußten nun, abgesehen von den Konstruktionsarbeiten und den damit vielfach verbundenen Reisen zu dem Besteller, auch ihre Kalkulationsbüros in Bewegung setzen. Hinzu kamen dann womöglich noch Reisen der leitenden Direktoren der beteiligten Fabriken zu dem Auftraggeber, um den Auftrag für das eigene Werk hereinzuholen.

Wenn man sich heute, in einer Zeit, in der das frühere individualistische Denken einem Gemeinschaftsdenken gewichen ist, und in jede Verschwendung von Menschen und Arbeit fast als ein Verbrechen am Staate erscheint, dieses alte Verfahren überdenkt, so entsteht wohl von selbst die Frage: „Wie war es möglich, daß nicht schon längst ein Weg gefunden wurde, um diese sinnlose Vergeudung wertvollster Arbeitskraft zu beseitigen?"

Die Fehler dieses Systems waren schon lange erkannt. Bereits im März 1914 hatten sich Vertreter der Straßenbahngesellschaften mit Vertretern der Wagenbaufabriken in Düsseldorf zusammengefunden mit dem Ziel, die Normung der Einzelteile und späterhin auch die Aufstellung von Projekten für die Wagen und die Festsetzung von Einheitspreisen durchzuführen. Hierbei wurde vereinbart, daß ein Arbeitsausschuß eingesetzt werden solle, der späterhin Sonderausschüsse für die einzelnen Aufgaben zu bilden habe. Durch den Ausbruch des Weltkrieges wurden diese Arbeiten unterbrochen und späterhin wahrscheinlich infolge der Inflation und der sich daraus ergebenden wirtschaftlichen Schwierigkeiten nicht mehr fortgesetzt.

Notwendigkeit der Einheitstypen

Kurz nach Gründung der Deutschen Wagenbau-Vereinigung im Jahre 1927 traten wiederum Vertreter der Straßenbahnunternehmungen mit der Deutschen Wagenbau-Vereinigung zusammen, um Mittel und Wege zu finden, um dieses Verfahren der Um- und Neukonstruktionen zu beseitigen. Das Ziel war die Normung der Einzelteile der Straßenbahnen und gleichzeitig die Schaffung von Einheitstypen. Die Deutsche Wagenbau-Vereinigung stellte ihr Konstruktionsbüro für diesen Zweck zur Verfügung. Ein Ausschuß, gebildet aus Straßenbahndirektoren und Direktoren der Werke der Deutschen Wagenbau-Vereinigung, war berufen, die Anregungen für die Arbeit des Büros zu geben, diese zu überwachen und die Entscheidung zu fällen. Bis zum Jahre 1931 wurden diese Arbeiten fortgesetzt. Umfangreiche und sicherlich nicht wertlose Arbeit wurde von dem Konstruktionsbüro geleistet und in einer großen Anzahl von Sitzungen des Ausschusses erörtert; ein positives Ergebnis wurde indes nicht erzielt. Es konnte auch nicht erzielt werden, weil der Verband Deutscher Verkehrsverwaltungen, der u. a. auch die sämtlichen Straßenbahnunternehmungen umfaßte, in den meisten Fällen nicht die Autorität besaß, um unter seinen Ausschußmitgliedern eine einheitliche Ansicht durchzusetzen, geschweige denn die übrigen Straßenbahnunternehmungen zur Annahme einer vom Ausschuß gebilligten Auffassung zu bekehren. Nachdem die Deutsche Wagenbau-Vereinigung somit erhebliche Opfer für die Durchführung der Einheitskonstruktion gebracht hatte, wurde die Fortsetzung der Arbeiten im Jahre 1931 eingestellt, weil infolge der Wirtschaftskrise größere Bestellungen von Straßenbahnwagen in absehbarer Zeit nicht zu erwarten waren, und weil auch die Deutsche Wagenbau-Vereinigung sich genötigt sah, ihr Konstruktionsbüro aufzulösen.

Nach Überwindung der letzten Wirtschaftskrise wurde auch die Weiterentwicklung des Straßenbahnwagens wieder in Angriff genommen und durch Zusammenarbeit einzelner Werke der Wagenbauindustrie mit den fortschrittlich eingestellten Verkehrsunternehmen bemerkenswerte Neukonstruktionen entwickelt. Da hierbei aber die einheitliche Ausrichtung fehlte, wurde die Neuentwicklung nach den verschiedensten Richtungen vorangetrieben, und so mußte sich zwangsläufig das Bild ergeben, das sich den Besuchern der Düsseldorfer Wagenschau im Jahre 1938 darbot. Jeder der dort zur Schau gestellten Straßenbahnwagen zeigte gegenüber den früheren Fahrzeugen bemerkenswerte technische Verbesserungen. Da aber die einheitliche Ausrichtung fehlte, zeigte sich eine Vielgestaltigkeit der Wagenausführungen wie kaum jemals zuvor auf einer Wagenschau, so daß sich erneut die Notwendigkeit einer Typung mit aller Eindringlichkeit zeigte.

Die technische Fortentwicklung des Straßenbahnwagens erstreckt sich nicht nur auf das äußere Bild, sondern der ganze konstruktive Aufbau der Fahrzeuge ist in den letzten Jahren geändert worden. Der früher übliche Wagenkasten in Holzkonstruktion ist durch den Stahlaufbau abgelöst worden. Die Nietung der Laufgestelle ist auf der ganzen Linie durch die geschweißte Bauart verdrängt worden. Während das frühere Holzfahrzeug mehr oder weniger handwerklich und deshalb auch in kleineren Stückzahlen noch verhältnismäßig wirtschaftlich hergestellt werden konnte, sind für den neuen Straßenbahnwagen umfangreiche Fabrikationsvorbereitungen erforderlich. Die Bauzeichnungen müssen im Gegensatz zum hölzernen Wagen bis in alle Einzelheiten sorgfältig durchgearbeitet werden. Ferner sind für die Herstellung umfangreiche Vorrichtungen und Schablonen erforderlich, deren Anfertigung aber nur bei großen Wagenstückzahlen wirtschaftlich vertretbar ist.

Entwicklung des Einheitsstraßenbahnwagens

Die Fachgruppe Eisenbahnwagenbau hat es deshalb ganz besonders begrüßt, als die Reichsverkehrsgruppe Schienenbahnen mit der Anregung an sie herantrat, die Arbeiten für die Entwicklung von Einheitsstraßenbahnwagen erneut aufzunehmen. Sie ist dem im Einvernehmen mit dem Reichsverkehrsministerium ergangenen Rufe der Fachgruppe Straßenbahnen in der Reichsverkehrsgruppe Schienenbahnen sehr gern gefolgt und hat in den von letzterer einberufenen Typungsausschuß Mitglieder der Fachgruppe Eisenbahnwagenbau entsandt, sowie in zwei besonderen Konstruktionsbüros die konstruktive Durcharbeitung der Beschlüsse des Typungsausschusses ausgeführt. Später übernahm diese Arbeit ein von einem Beauftragten der Fachgruppe Straßenbahnen geleitetes, gemeinsames Vereinheitlichungsbüro, zu dessen Sitz die deutschen Wagenbaufirmen eine große Zahl von Konstrukteuren und Zeichnern abstellten, und an dessen Arbeiten Direktoren und Chefkonstrukteure des deutschen Wagenbaues ständig beratend mitwirkten. Das Büro ist zur Zeit damit beschäftigt, die Vereinheitlichung zu vollenden.

Daß diese Arbeiten nunmehr zu einem vollen Erfolge geführt haben, und zwar nicht nur zur Entwicklung eines zweiachsigen und eines vierachsigen Straßenbahn-Trieb- und Beiwagens für Regel- und Meterspur, sondern auch zur Typung der Einzelteile, betrachten wir auch für unsere Industrie als einen ganz außerordentlichen Fortschritt. Das Ergebnis war indes nur dadurch möglich, daß der Gemeinschaftssinn des neuen Deutschland sich in der Zwischenzeit weitgehend durchgesetzt hatte, und daß man besonders auch im Reichsverkehrsministerium zu der Überzeugung gekommen war, daß die Entwicklung von Einheitswagen eine unbedingte Notwendigkeit ist. Deshalb entschloß sich das Reichsverkehrsministerium, diese wirtschaftlich hochbedeutende Arbeit auch gegenüber allen sich ergebenden Widerständen durchzusetzen, die Erteilung von Aufträgen für Straßenbahnfahrzeuge von seiner Zustimmung abhängig zu machen und diese bei Abweichung von den Festlegungen für die Einheitswagen nur in zwingenden Fällen zu erteilen.

Auswirkung auf die Wagenbauindustrie

Wie dieses Ergebnis sich auf die deutsche Wagenbauindustrie auswirken wird, soll nachstehend geschildert werden.

Einen Anhaltspunkt, welche Bedeutung das Straßenbahngeschäft für uns hat und vor allen Dingen in nächster Zeit haben wird, mögen die folgenden Zahlen über die Auftragseingänge geben:

Jahr	Stückzahl	Wert
1927	1231	24 055 474 RM
1928	1130	22 251 861 „
1929	730	16 048 203 „
1930	193	4 268 718 „
1931	57	1 353 800 „
1932	10	181 000 „
1933	27	461 350 „
1934	38	492 972 „
1935	35	641 252 „
1936	51	1 000 483 „
1937	169	3 101 583 „
1938	234	5 938 923 „
1939	154	4 319 555 „

Es ist wohl anzunehmen, daß die Bestellungen der Jahre 1927 bis 1929 mit durchschnittlich 1000 Stück im Jahr nicht zur Deckung des normalen Bedarfs bestimmt waren, sondern z. T. auch noch ein Aufholen in früheren Jahren unterlassener Bestellungen darstellen. Der Abfall in den folgenden Jahren ist eine Folge der außerordentlich scharfen Wirtschaftskrise, die auch zu einem Nachlassen des Nahverkehrs und damit der Einnahmen der Straßenbahngesellschaften führte, so daß diesen durch ihre finanzielle Lage, selbst als neuer Bedarf wieder auftauchte, das Herausgeben von Aufträgen z. T. unmöglich gemacht wurde.

Vom Jahre 1937 an stand die deutsche Wirtschaft im Zeichen der Werkstoffverknappung und zentralen Eisenbewirtschaftung, so daß für den Bau von Straßenbahnwagen nur geringe Stahlmengen zur Verfügung standen.

Es kann hier im einzelnen nicht erörtert werden, inwieweit das Vordringen des Omnibusses, der Privatkraftwagen und der Fahrräder auf den Straßenbahnverkehr eingewirkt hat, und inwieweit andererseits der starke Aufschwung unserer Wirtschaft einen Ausgleich der etwaigen Einschränkungen im Straßenbahnverkehr herbeiführen wird. Eins steht indes fest, daß der vorhandene Straßenbahnwagenpark im Laufe von fast 10 Jahren stark beansprucht und während des Krieges sogar überbeansprucht ist, ohne daß während dieser ganzen Zeit eine irgendwie ins Gewicht fallende Erneuerung der Wagen stattgefunden hätte. Es ist deshalb ohne weiteres anzunehmen, daß der vorhandene Fahrzeugpark in der Hauptsache überaltert und abgenutzt ist und einer Erneuerung bedarf. Für eine ganze Reihe von Jahren wird man deshalb mit Sicherheit große Bestellungen der Straßenbahngesellschaften erwarten können, die höchstens während des Krieges infolge der Eisenlage vorübergehende Einschränkungen erfahren können.

Zu gleicher Zeit besteht bei der Deutschen Reichsbahn ein überaus großer Bedarf an Güterwagen, zu dem in nächster Zeit sicherlich erhebliche Anforderungen von Reichsbahn-Personenwagen treten werden. Es ist selbstverständlich, daß die Wagenbauindustrie alles tun wird, um den an sie herantretenden Anforderungen sowohl der Reichsbahn als auch der Straßenbahngesellschaften in vollem Umfange zu entsprechen. Wenn sie diese ihre Pflicht erfüllen will, muß sie die Leistungsfähigkeit ihrer Werke durch wirtschaftlichste Arbeit so weitgehend wie möglich ausnutzen.

Die Vergebung der Reichsbahnwagen erfolgt in großen, baureifen Reihen in der Weise, daß unsere Werke nach Möglichkeit bei zukünftigen Bestellungen die gleichen Wagen in Auftrag erhalten, die sie bisher hergestellt hatten. Dieser gleiche Grundsatz muß auch in ähnlicher Weise für Straßenbahnwagen eingeführt werden, weil es nicht angeht, daß wir durch unwirtschaftlichen Bau von Straßenbahnwagen die Wirtschaftlichkeit des Gesamtbetriebes auch für die Reichsbahn schmälern. Mit anderen Worten: auch die Straßenbahnwagen müssen in baureifem Zustand und in Mindeststückzahlen, deren Höhe man noch erörtern kann, an die Wagenbauanstalten vergeben werden, so daß auch auf diesem Gebiet eine Reihenfertigung erfolgen kann. Die Feststellung von Einheitstypen hat die Möglichkeit geschaffen, dieses Verfahren einzuführen. Die Durchführung dieses Grundsatzes wird zwar zur Folge haben, daß kleinere Wagenbestellungen einzelner Gesellschaften zusammengelegt werden müssen, um baufähige Reihen zu erhalten. Wir haben indes das Vertrauen, daß durch enge Zusammenarbeit zwischen der Reichsverkehrsgruppe Schienenbahnen und der Fachgruppe Eisenbahnwagenbau diese Zusammenlegung sich ermöglichen lassen wird, ohne daß berechtigte Wünsche oder Interessen einzelner Straßenbahngesellschaften berührt werden.

Daß unsere Konstruktionsbüros nicht mehr in der Lage sein würden, die Neukonstruktionen für die verschiedenen Straßenbahngesellschaften wie in früherer Zeit durchzuführen, liegt auf der Hand. Der gewaltige Aufschwung der Wirtschaft, verbunden mit dem mangelnden Nachwuchs an Konstrukteuren, hat dazu geführt, daß unsere Konstruktionsbüros so schwach besetzt sind, daß sie heute bereits kaum in der Lage sind, die ständig an sie herantretenden Aufgaben zu erfüllen. Nur dadurch, daß die neue Einheitstype vor Herauskommen der größeren Aufträge geschaffen wurde und damit unsere Werke von neuen Konstruktionsarbeiten befreit wurden, wird es überhaupt ermöglicht, die zu erwartenden Aufträge auf Straßenbahnwagen auszuführen.

Die Aufstellung von Einheitstypen bietet weiterhin auch die Voraussetzung für die Festlegung von Einheitspreisen. Damit wird auch endlich die Möglichkeit geschaffen, einen für beide Parteien angemessenen Preisstand zu finden und den bisherigen, unhaltbaren Zustand zu beseitigen, nach dem die Preise teilweise unter Zuziehung von Wettbewerbsangeboten mit den einzelnen Werken ausgehandelt wurden, ein Verfahren, das für beide Teile gleich unbefriedigend war. Unsere Werke hatten, dem Druck der Auftraggeber nachgebend, vielfach zu Preisen abgeschlossen, die keinen Gewinn ließen oder kaum die Selbstkosten deckten, während die Auftraggeber, welche die Selbstkosten der Werke nicht beurteilen konnten, das Mißtrauen behielten, daß sie bei der Preisbildung übervorteilt seien. Die Vergebung zu Einheitspreisen entspricht übrigens der Forderung des § 8 der Allgemeinen Vorschriften für die Preisbildung bei öffentlichen Aufträgen (RPÖ), nach dem bei Vergebung an mehrere Auftragnehmer für Leistungen der gleichen Art der gleiche Preis zu vereinbaren ist.

Den neuen Einheitspreisstand mit den bisherigen Einzelpreisen zu vergleichen, ist schon deshalb unmöglich, weil nunmehr eine Einheitstype den verschiedensten und natürlich auch in den Herstellungskosten voneinander stark abweichenden Typen gegenübersteht. Sicher ist indes, daß die Selbstkosten für den Einheitswagen niedriger sein müssen, als sie für gleichwertige Wagentypen nach dem bisherigen Verfahren sein würden; denn die Herstellung baureifer Reihen ist billiger als die Lieferung von mehr handwerksmäßig zu bauenden Neukonstruktionen in geringen Stückzahlen. Hinzu kommt, daß die Entwicklungskosten, die früher von den Wagenbaufabriken in der Regel über Gemeinkosten gebucht wurden, nach den Leitsätzen der Preisermittlung auf Grund der Selbstkosten bei Leistungen für öffentliche Auftraggeber (LSÖ) dem Auftraggeber zu belasten sind. Die einmalige Aufstellung einer Einheitskonstruktion bedeutet eine einmalige Aufwendung der Konstruktionskosten, die sonst bei jedem einzelnen Auftrage entstehen würden und sich in jedem Einzelfalle als Preiserhöhung hätten auswirken müssen.

Die Vereinheitlichung der Typen und besonders die Verringerung der Anzahl der Stahlprofile auf ein Mindestmaß ist ein dringliches Erfordernis unserer Zeit und liegt nicht nur im Interesse der eigentlichen Lieferindustrien, sie bedeutet darüber hinaus eine Forderung der Wirtschaftlichkeit und eine Hebung des Ausbringens der Zulieferwerke und besonders der Stahlwerke. Die in der Vergangenheit als so außerordentlich störend empfundenen Schwierigkeiten und Verzögerungen in der Baustoffbelieferung waren in der Hauptsache darauf zurückzuführen, daß ungängige Profile oder Profile in nur geringer Stückzahl benötigt wurden, deren Herstellung den mit großen Reihenaufträgen überlasteten Walzwerken erhebliche Schwierigkeiten bereitete. Wir hoffen deshalb bestimmt, daß die jetzt erfolgte Arbeit zu einer nennenswerten Beschleunigung der Baustoffbelieferung und damit zu einer Abkürzung der von unseren Werken zu stellenden Lieferfristen führen wird. Sicherlich wird sich nach einiger Zeit auch eine günstige Einwirkung auf die Vorratshaltung der verschiedenen Baustoffe und damit auf die Lieferung von Ersatzteilen zeigen.

Auch unsere ausländischen Besteller werden schließlich nicht an der Tatsache vorbeigehen können, daß in Deutschland in Zusammenarbeit der Straßenbahngesellschaften mit der Wagenbauindustrie Einheitsstraßenbahnwagen konstruiert worden sind, und sie werden wohl in jedem Fall bei eintretendem Bedarf prüfen, ob sie nicht auf die Typen zurückgreifen sollen, die sich in Deutschland bewähren, und die, zumal die Konstruktionskosten fortfallen und die Herstellung in Reihen erfolgt, mit kürzeren Lieferfristen und zu niedrigeren Preisen erhältlich sind. Wir können deshalb wohl die berechtigte Hoffnung hegen, daß das nunmehr erzielte Ergebnis der gemeinsamen Ausschußarbeit auch eine günstige Einwirkung auf unser Auslandsgeschäft haben wird.

Es ist wohl allen Beteiligten klar, daß das in gemeinsamer Arbeit zwischen Straßenbahngesellschaften und Wagenbauindustrie erzielte Ergebnis keinen Ewigkeitswert besitzt. Wir erwarten vielmehr, daß, wenn die Einheitswagen in Betrieb genommen sind, alsbald Wünsche der einzelnen Straßenbahngesellschaften auf Änderungen und Verbesserungen auftreten werden. Der Krieg wird zudem eine Wandlung auf manchen Gebieten der Technik und besonders der Werkstoffverwendung und -behandlung zur Folge haben, die wir auch beim Bau zukünftiger Straßenbahnwagen werden berücksichtigen müssen. Nachdem indes einmal der Weg der Gemeinschaftsarbeit beschritten ist, ist es selbstverständlich, daß in Zukunft Änderungen, gleichgültig aus welchem Grunde sie verlangt werden, nur wiederum in Gemeinschaftsarbeit und nach sorgfältiger Prüfung ihrer Notwendigkeit und Zweckmäßigkeit eingeführt werden können. Mag die Einheitstype mancherlei Änderungen in der Zukunft unterliegen, der Grundgedanke, daß in Deutschland nur Straßenbahnwagen in einheitlicher Ausführung laufen werden, wird bestehen bleiben.

Motoren und Schaltausrüstungen

Von Dipl.-Ing. FRITZ BAUER

Geschäftsführer der Fachgruppe Straßenbahnen, Berlin

Die Motoren: Allgemeines, Einzelheiten, die verschiedenen Einheitstypen, der mechanische und der elektrische Teil — Die Schaltausrüstung: Plattform- und Zentralfahrschalter, Widerstände

Die Motoren

I. Allgemeines

a) Leistung

Die Wahl der richtigen Motorleistung eines Triebwagens ist ausschlaggebend für die Erfüllung eines bestimmten Verkehrsprogramms. Es mußte daher gerade diese Frage mit großer Sorgfalt untersucht werden.

Bei der Festlegung der Motorengrößen für die Einheitsstraßenbahnwagen mußte besonders dem ständig dringender werdenden Bedürfnis der Praxis nach stärkeren Motoren Rechnung getragen werden, um den derzeitigen und künftigen, immer noch weiter wachsenden Verkehrsanforderungen zu genügen. Weiterhin mußten die in den gesetzlichen Vorschriften gestellten Bedingungen erfüllt bzw. die gegebenen Möglichkeiten ausgenutzt werden. Nach § 35 der BOStrab ist für Straßenbahnen eine Höchstgeschwindigkeit von 60 km/h ohne besondere Genehmigung zulässig. Überschreitet die Geschwindigkeit 40 km/h, so wird nach AB 64 zu § 18 (4), bei neuen Wagen für Betriebsbremsungen ohne Sandung, bei leeren Wagen und bei trockenen Rillenschienen auf gerader ebener Fahrbahn eine Bremsverzögerung von 1,5 m/s² gefordert. Wenn auch heute im innerstädtischen Verkehr überhaupt nicht und auf Außenlinien nur in einigen Fällen Geschwindigkeiten bis 60 km/h erreicht werden, so muß doch damit gerechnet werden, daß in Zukunft auf Strecken mit eigenem oder besonderem Bahnkörper bei entsprechender Haltestellenentfernung solche Höchstgeschwindigkeiten im eigensten wirtschaftlichen Interesse der Straßenbahnen sowie zwecks Anpassung an die gesteigerte Geschwindigkeit des allgemeinen Verkehrsflusses gefahren werden müssen, und daß dann auch die geforderten Bremsverzögerungen notwendig sind. Um die Reisegeschwindigkeit bei den im innerstädtischen Verkehr im allgemeinen vorhandenen Haltestellenabständen von 300 bis 400 m ebenfalls möglichst zu erhöhen, ist mit höheren Anfahrbeschleunigungen als bisher üblich zu rechnen. Sie sollten in Zukunft je nach der Zugzusammensetzung mindestens 0,6 bis 1 m/s² betragen.

Einige große Bahnbetriebe fahren während des ganzen Tages auf einer Reihe von Linien mit Dreiwagenzügen als der normalen Zugzusammensetzung. Aber auch bei anderen Betrieben werden in den Verkehrsspitzen häufig die Triebwagen mit 2 Beiwagen behängt. Selbst bei einer solchen Behängung soll noch ein entsprechend hohe Geschwindigkeit, Anfahrbeschleunigung sowie die geforderte Bremsverzögerung erreicht werden.

Unter Berücksichtigung all dieser Forderungen wurde auf Grund bisheriger Betriebserfahrungen für den regelspurigen zweiachsigen Einheitstriebwagen (ET 2 r) eine Motorstundenleistung von 75 kW als notwendig erachtet. Da aber für eine Reihe von Bahnen mit Rücksicht auf die örtlichen Verhältnisse ein Motor von 75 kW Stundenleistung nicht gebraucht wird und es diesen nicht zugemutet werden kann, ständig einen zu großen und zu schweren, deshalb schlecht ausgenutzten Motor in den Triebwagen mitzuschleppen, wurde auch ein Motor von 60 kW Stundenleistung sowohl für die regelspurigen (ET 2 r) als auch die meterspurigen (ET 2 m) Einheitstriebwagen genormt. Für Bahnen mit leichteren Betriebsverhältnissen (ausschließlicher Einwagenbetrieb oder dgl.), bei denen die Verwendung eines 60 kW-Motors wirtschaftlich nicht verantwortet werden kann, besteht vorerst die Möglichkeit, beim Reichsverkehrsministerium auf Grund eines besonderen, ausführlich begründeten Antrages zum Einbau eines noch kleineren Motors von etwa 45 bis 50 kW Stundenleistung eine Ausnahmegenehmigung zu erhalten. Ob auch noch ein solcher kleiner Motor als Einheitsausführung genormt werden soll, steht zur Zeit noch nicht fest.

Für die vierachsigen Einheitstriebwagen (ET 4) waren bei der Festlegung der Motorleistung die gleichen Gesichtspunkte wie für die zweiachsigen Wagen maßgebend. Es wurde für die regelspurigen vierachsigen Einheitstriebwagen (ET 4 r) sowohl ein 60 kW- als auch ein 50 kW-Motor als Einheitsausführung entwickelt. Für den vierachsigen meterspurigen Einheitstriebwagen (ET 4 m) kommt nur der 50 kW-Motor in Frage, wobei letzterer sowohl für den regelspurigen als auch für den meterspurigen Triebwagen als Grundpreisausführung (GA) vorgesehen wurde. Hierunter ist die Ausführung der Einheitswagen zu verstehen, welche der Typungsausschuß als die zweckmäßigste herausgestellt hat und die auch am meisten Anwendung finden dürfte.

b) Bauart

War sich der Typungsausschuß so über die vorzusehende Leistung im klaren, mußte noch die zweite Frage beantwortet werden: Welche Art von Motorausführung sollte der zukünftige Einheitsstraßenbahnwagen erhalten, sollte die bewährte Tatzenlagerbauart beibehalten oder ein Motor mit Kardanantrieb gewählt werden.

Der Typungsausschuß entschied sich für die Tatzenlagerbauart bei sämtlichen Einheitsmotoren. Mancher wird sich nun fragen, warum wurde nicht der im Ausland, besonders in Amerika bei den Motoren für den PCC-Wagen und in Italien eingeschlagene Weg, Motoren mit Kardanantrieb zu verwenden, beschritten. Die Beantwortung dieser Frage ergibt sich aus den grundsätzlich verschiedenen Anforderungen, die in Deutschland und im Ausland an Straßenbahnmotoren gestellt werden. In Deutschland ist durchweg aus wirtschaftlichen Gründen der Beiwagenbetrieb eingeführt und wird auch für die Zukunft beibehalten werden, so daß bei einer ganzen Reihe von Betrieben sogar während eines großen Teiles des Tages eine Behängung mit zwei Beiwagen die Regel ist, während man sich in Amerika und auch

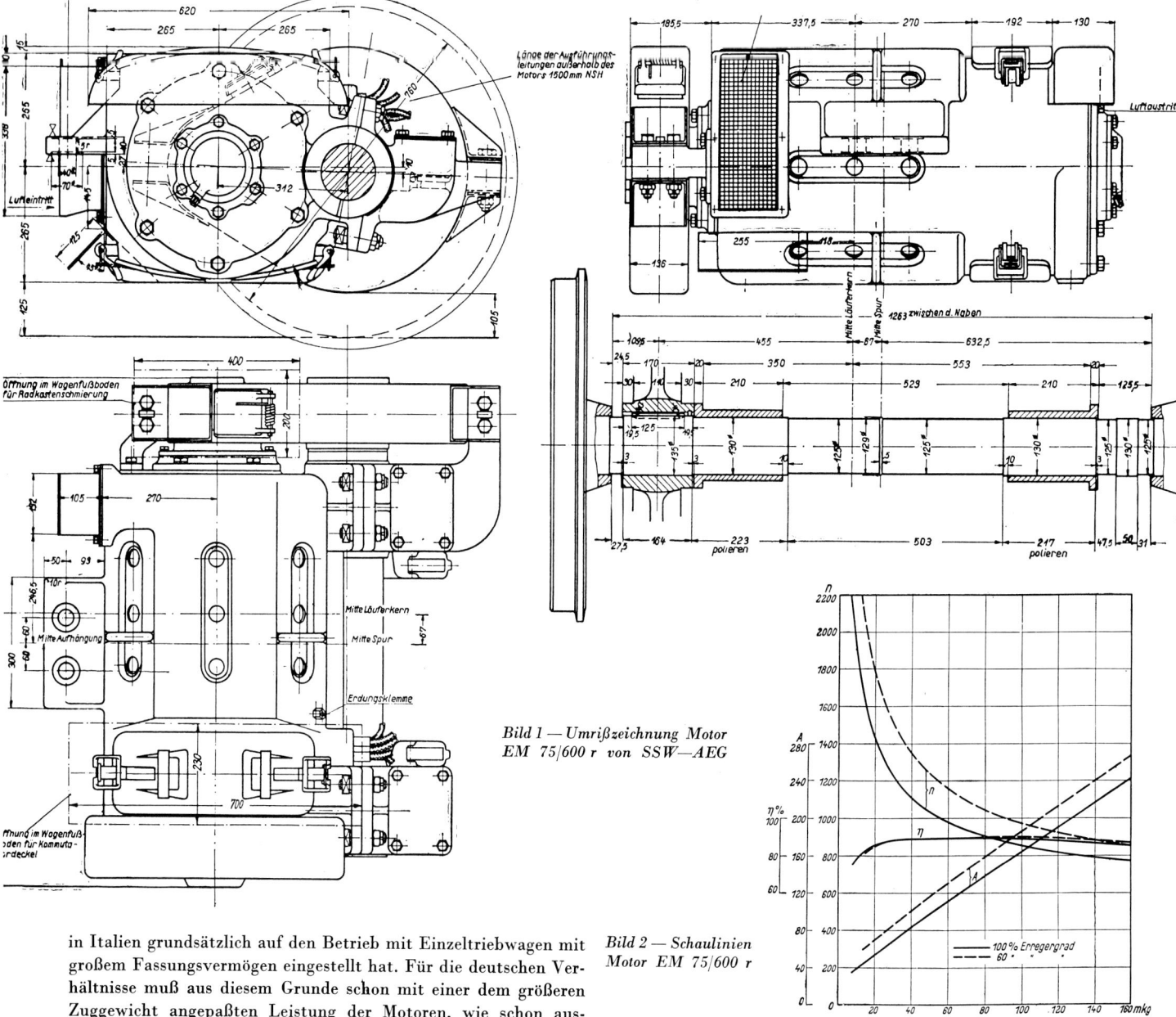

Bild 1 — Umrißzeichnung Motor EM 75/600 r von SSW—AEG

Bild 2 — Schaulinien Motor EM 75/600 r

in Italien grundsätzlich auf den Betrieb mit Einzeltriebwagen mit großem Fassungsvermögen eingestellt hat. Für die deutschen Verhältnisse muß aus diesem Grunde schon mit einer dem größeren Zuggewicht angepaßten Leistung der Motoren, wie schon ausgeführt, gerechnet werden. Die neuesten Mailänder Wagen (vierachsig) sind mit 4 Motoren mit Kardanantrieb von je 23,7 kW bei 1720 U/min, also für den ganzen Wagen mit 94,8 kW ausgerüstet. Demgegenüber hat der regelspurige zweiachsige Einheitstriebwagen insgesamt 150 kW bzw. 120 kW und der regelspurige bzw. der meterspurige vierachsige Einheitstriebwagen 240 bzw. 200 kW.

Des weiteren kommt hinzu, daß in Deutschland auf Grund der jahrelangen Erfahrungen die elektrische Kurzschlußbremse als Betriebsbremse benutzt wird, weil diese erstens kürzere Bremswege liefert und zweitens sich in der Unterhaltung wesentlich günstiger stellt als die Druckluftbremse, die bei dem amerikanischen PCC-Wagen und auch bei den neuen italienischen Wagen als Betriebsbremse Anwendung findet. Gerade die elektrische Kurzschlußbremse stellt besonders bei hohen Bremsverzögerungen große Anforderungen an die Motorleistung, will man nicht durch zu geringe Bemessung der Motoren die Betriebssicherheit gefährden.

Große zu übertragende Leistungen bedingen auch ein entsprechend stark ausgebildetes Getriebe. Bei Anwendung eines Motors mit Kardanantrieb von 75 oder 60 kW Leistung ergeben sich so große Abmessungen des Getriebes und der Kardangelenke, daß der Vorteil des Kardanmotors „Verringerung des unabgefederten Gewichtes" praktisch verlorengeht. Diese vorgenannten Gründe veranlaßten den Typungsausschuß, bei der bewährten Tatzenlagerbauart zu verbleiben.

c) Umfang der Vereinheitlichung

Da mit der Festlegung der Leistung, der Nennspannung, der Drehzahl und der Bauart der Motoren die Vereinheitlichung sich nicht erschöpfen durfte, war es, wenn die Straßenbahnen auch einen wirklichen Nutzen von der Typung haben sollten, notwendig, auch eine Übereinstimmung der einzelnen Motoren der bei der Typung beteiligten Elektro-Firmen in den Einbaumaßen, den äußeren Abmessungen und den Charakteristiken herbeizuführen, um einen gegenseitigen Austausch zu ermöglichen. Dies wurde auch erreicht, so daß bei allen 3 an der Typung beteiligten Elektro-Firmen (AEG, BBC und SSW) volle Übereinstimmung bezüglich

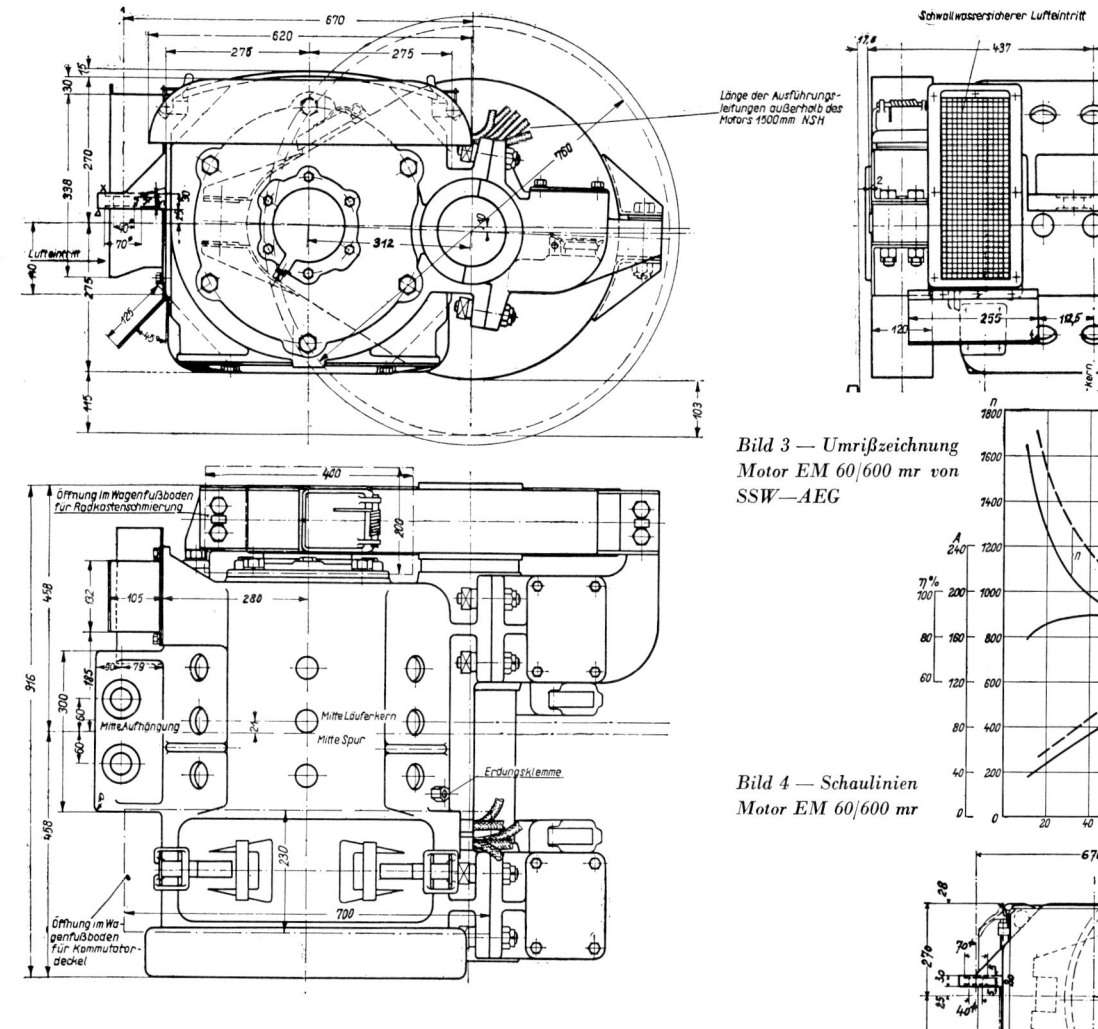

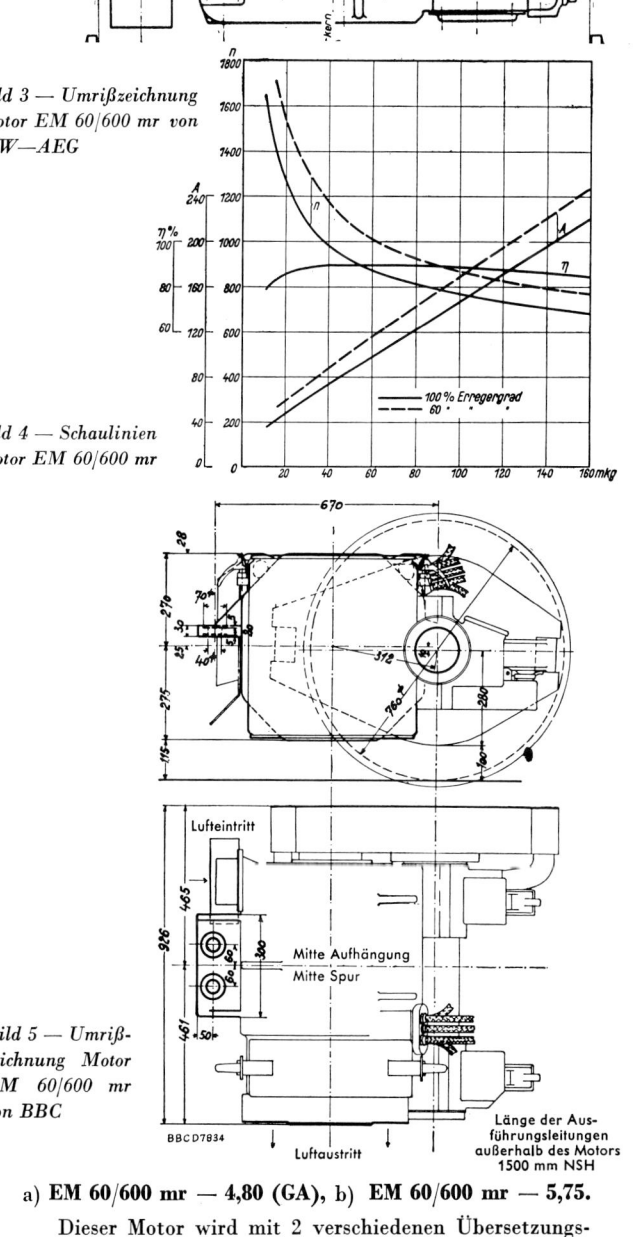

Bild 3 — Umrißzeichnung Motor EM 60/600 mr von SSW—AEG

Bild 4 — Schaulinien Motor EM 60/600 mr

Bild 5 — Umrißzeichnung Motor EM 60/600 mr von BBC

der vorgenannten Angaben besteht. Darüber hinaus sind bei den von den SSW und der AEG zu bauenden Motoren auch sämtliche Einzelteile innerhalb der jeweiligen Motortype gleich und austauschbar, weil sie nach einheitlichen Zeichnungen gefertigt werden, z. B. die Anker, die Feldspulen, die Bürstenhalter bis zur kleinsten Schraube, so daß gewissermaßen hier schon von einer Normung, die als Endziel anzustreben ist, gesprochen werden kann. Für die Bahnverwaltungen ist hierdurch ein erheblicher wirtschaftlicher Vorteil geschaffen worden, weil es nicht mehr notwendig ist, für die beiden verschiedenen Fabrikate getrennte Ersatzteile auf Lager zu halten.

II. Einzelheiten

a) Die verschiedenen Einheitstypen

Insgesamt sind die nachstehend aufgeführten Einheitsmotortypen festgelegt:

1. Einheits-Motor für 75 kW bei 600 V regelspurig EM 75/600 r (Bild 1 und 2)

Drehzahl bei Stundenleistung 900 U/min
Höchstgeschwindigkeit 60 km/h bei neuen Reifen
ü = 5,22 : 1, Zähnezahlen 14/73
Stundenstrom 140 A
Gewicht ohne Zubehör 1200 kg
Zubehör (Zahnräder, Schutzkasten, Achsschellen) 156 kg.

2. Einheits-Motor für 60 kW bei 600 V meter- und regelspurig (Bild 3 bis 5)

a) EM 60/600 mr — 4,80 (GA), b) EM 60/600 mr — 5,75.

Dieser Motor wird mit 2 verschiedenen Übersetzungsverhältnissen ausgeführt:

einem für größere Geschwindigkeit und geringere Zugkraft ü = 4,8 : 1, Zähnezahlen 15/72 und

einem für größere Zugkraft und geringere Fahrgeschwindigkeit ü = 5,75 : 1, Zähnezahlen 12/69

Drehzahl bei Stundenleistung 830 U/min
Höchstgeschwindigkeit bei a) 60 km/h, bei b) 52 km/h, bei neuen Reifen

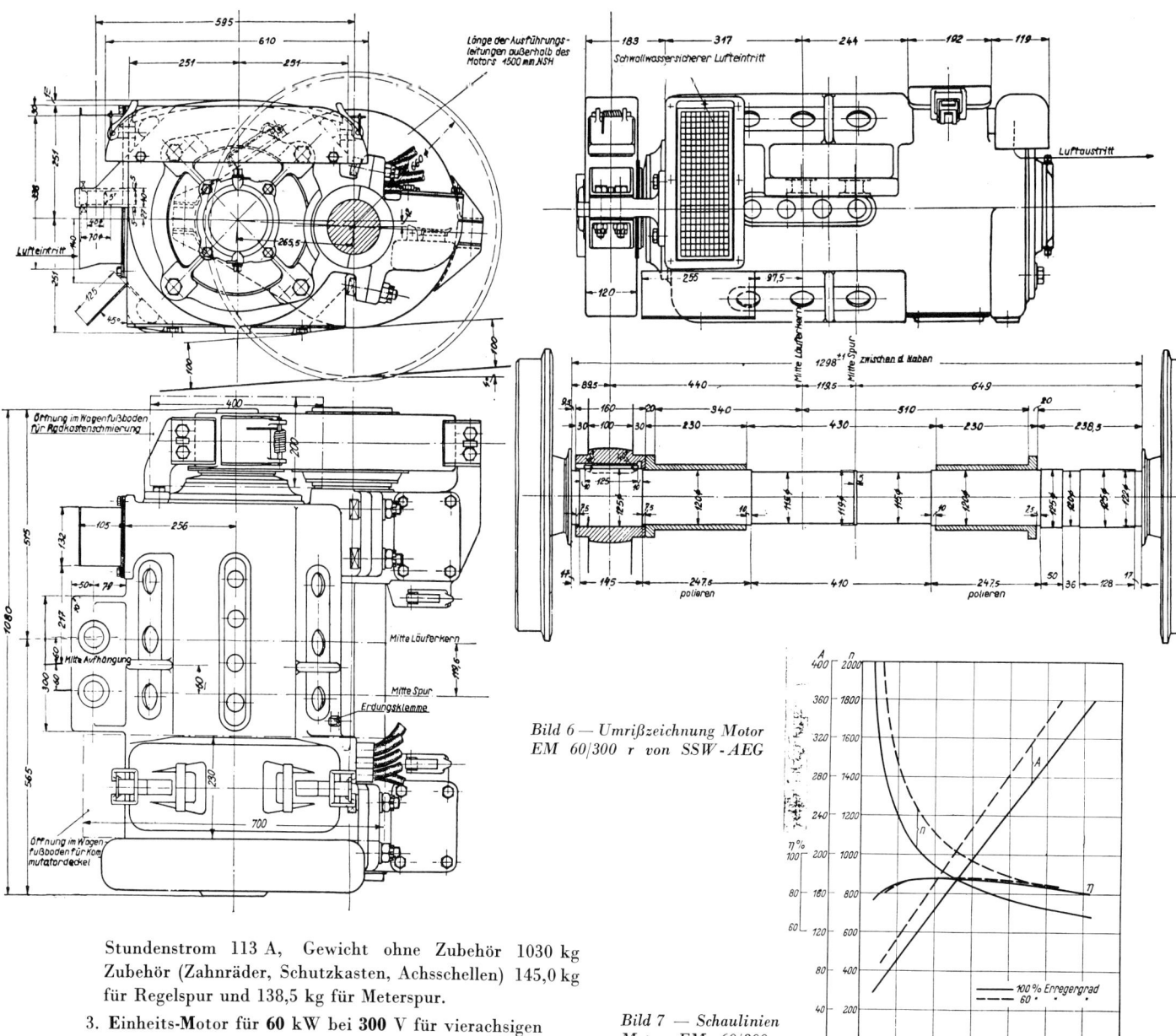

Bild 6 — Umrißzeichnung Motor EM 60/300 r von SSW-AEG

Bild 7 — Schaulinien Motor EM 60/300 r

Stundenstrom 113 A, Gewicht ohne Zubehör 1030 kg
Zubehör (Zahnräder, Schutzkasten, Achsschellen) 145,0 kg für Regelspur und 138,5 kg für Meterspur.

3. **Einheits-Motor für 60 kW bei 300 V für vierachsigen Triebwagen regelspurig EM 60/300 r** (Bild 6 und 7)

Drehzahl bei Stundenleistung 850 U/min
Höchstgeschwindigkeit 60 km/h bei neuen Radreifen
ü = 4,38 : 1, Zähnezahlen 13/57
Stundenstrom 227 A
Gewicht ohne Zubehör 1050 kg
Zubehör (Zahnräder, Schutzkasten, Achsschellen) 120,5 kg.

4. **Einheits-Motor für 50 kW bei 300 V für vierachsigen Triebwagen meter- und regelspurig (Bild 8 und 9)**

a) **EM 50/300 m r** — 4,36 (GA),
b) **EM 50/300 m r** — 4,77.

Dieser Motor wird mit 2 Übersetzungsverhältnissen ausgeführt:
  einem für größere Geschwindigkeit und geringere Zugkraft ü = 4,36 : 1, Zähnezahlen 14/61 und
  einem für größere Zugkraft und geringere Geschwindigkeit ü = 4,77 : 1, Zähnezahlen 13/62
Drehzahl bei Stundenleistung 850 U/min
Höchstgeschwindigkeit bei a) 60 km/h, bei b) 55 km/h bei neuen Radreifen

Stundenstrom 192 A, Gewicht ohne Zubehör 875 kg
Zubehör (Zahnräder, Schutzkasten, Achsschellen):
117,5 kg für Regelspur, 110,5 kg für Meterspur.

An Hand der Motorschaulinien und der sich für die jeweiligen Verkehrsverhältnisse ergebenden Zuggewichte und örtlichen Streckenverhältnisse können leicht die Fahrschaulinien aufgestellt werden, nach denen eine Nachprüfung, welcher Motor für den geforderten Betrieb in Frage kommt, möglich ist. Es ist hierbei noch zu berücksichtigen, daß die höchste Betriebsdrehzahl der Motoren mit dem 2,5fachen der Stundendrehzahl festgelegt wurde (nach VDE 0535 ist im allgemeinen die höchste Betriebsdrehzahl die doppelte Stundendrehzahl). Es dürfen daher keine größeren Geschwindigkeiten gefahren werden als die sich auf Grund der höchstzulässigen Betriebsdrehzahl ergebenden, wenn die Motoren mechanisch und elektrisch nicht überbeansprucht werden sollen. Die zulässigen Höchstgeschwindigkeiten sind bei den einzelnen Motortypen angegeben.

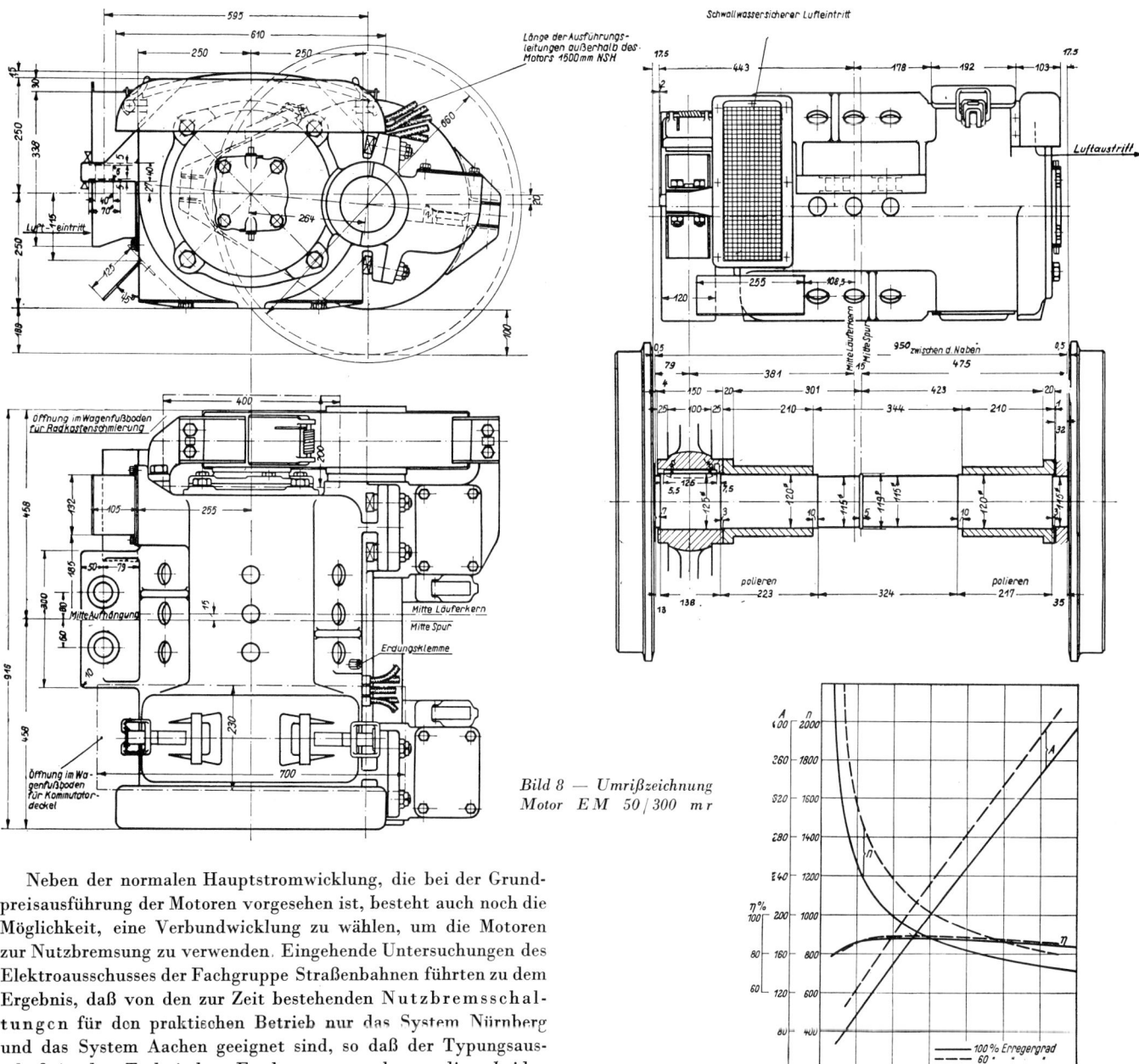

Bild 8 — Umrißzeichnung Motor EM 50/300 m r

Bild 9 — Schaulinien Motor EM 50/300 m r

Neben der normalen Hauptstromwicklung, die bei der Grundpreisausführung der Motoren vorgesehen ist, besteht auch noch die Möglichkeit, eine Verbundwicklung zu wählen, um die Motoren zur Nutzbremsung zu verwenden. Eingehende Untersuchungen des Elektroausschusses der Fachgruppe Straßenbahnen führten zu dem Ergebnis, daß von den zur Zeit bestehenden Nutzbremsschaltungen für den praktischen Betrieb nur das System Nürnberg und das System Aachen geeignet sind, so daß der Typungsausschuß in den Technischen Festlegungen auch nur diese beiden Systeme wahlweise zugelassen hat. Bei Anwendung der Nutzbremsung wird, da die Motoren in ihren sonstigen Abmessungen unverändert bleiben, mit einem Leistungsabfall zu rechnen sein, der sich aber in erträglichen Grenzen halten dürfte. Es ist beabsichtigt, die Untersuchungen des Elektroausschusses über die Frage der Nutzbremsung bei Straßenbahnen, sobald sie abgeschlossen sind, in einer besonderen Abhandlung den interessierten Kreisen zugänglich zu machen, so daß dann Gelegenheit gegeben ist, sich über die beiden Nutzbremssysteme zu unterrichten und sich ein Bild über deren Vor- und Nachteile zu verschaffen.

b) Der mechanische Teil

Gehäuse. Das Gehäuse in seiner gedrungenen achteckigen Form aus magnetisch günstigem Stahlguß ist entsprechend den jeweiligen Leistungen so klein wie möglich gehalten, um einmal an Gewicht zu sparen, zum anderen aber auch die Bodenfreiheit so groß wie möglich zu gestalten. Bei dem EM 75/600 r mit 760 mm Laufraddurchmesser beträgt die Bodenfreiheit 85 mm über SO bis Unterkante Motor bzw. 65 mm bis Unterkante Zahnradschutzkasten, und zwar im ungünstigsten Belastungsfall bei um 40 mm im Halbmesser abgenutzten Radreifen. Beim EM 60/600 mr bei den gleichen Verhältnissen 75 mm bzw. 60 mm und bei den Motoren für die vierachsigen Einheitstriebwagen 60 mm bis Unterkante Motoren bzw. Zahnradschutzkasten. Mancher Betrieb hatte vielleicht bisher größere Bodenfreiheiten, diese wären aber bei gleicher Motorleistung nur durch Inkaufnahme größerer Laufraddurchmesser zu erreichen gewesen, was aber keinesfalls in Frage kommen durfte, um den Wagenfußboden möglichst niedrig zu halten. Die geringere Bodenfreiheit war auch deshalb zu verantworten, weil heute im allgemeinen mit einer besseren Instandhaltung des Pflasters innerhalb der Gleiszone gerechnet werden kann.

Das Gehäuse ist ungeteilt und spritzwasserdicht. In die Gehäusestirnwand sind Lagerschilder zentrisch eingesetzt und durch kräftige Schrauben befestigt. Das Motorgehäuse trägt die Angüsse für die Aufnahme der Achslager und diejenigen für die Aufhängung des Motors am Untergestell des Wagens. Im oberen Gehäuseteil befindet sich über dem Kommutator eine große, durch einen kräftigen Deckel verschlossene Öffnung, die es ermöglicht, Kommutator, Bürsten und Bürstenhalter zu beobachten und letztere im Bedarfsfalle leicht auszuwechseln. Im Unterteil sind Öffnungen zum Nachsehen des Motorinnern sowie Vertiefungen und Ablauflöcher zum Sammeln und Auffangen des sich etwa niederschlagenden Kondenswassers angebracht. Die Ablauflöcher sind mittels Gewindepfropfen verschlossen. Für die Aufhängung ist als Grundpreisausführung Gummifederung und wahlweise Schraubenfederung vorgesehen. Beide sind so ausgebildet, daß sie ohne jegliche Änderung gegenseitig ausgetauscht werden können.

Pole. Die Motoren haben 4 Haupt- und 4 Wendepole, beide mit rechteckigen Querschnitten. Die Hauptpole sind aus weichen lamellierten Stahlblechen hergestellt, die durch Niete zusammengehalten werden. Die Wendepole sind im Gegensatz hierzu aus Stahlguß angefertigt.

Läuferkern. Der Läuferkern ist aus Blechen von geringer Verlustziffer und guter Permeabilität geschichtet. Die Blechisolierung geschieht durch Isolieranstriche oder Papierzwischenlagen. Der hydraulisch zusammengepreßte Läuferkern wird durch Preßringe zusammengehalten.

Tatzenlager. Die Tatzenlager sind als Gleitlager ausgeführt, wobei die Ölschmierung der Grundpreisausführung zugrunde gelegt ist, während die Anwendung der Fettschmierung freigestellt ist. Um den zur Zeit gültigen Vorschriften der Anordnung 39a der Reichsstelle für Metalle Rechnung zu tragen, mußte bei den Motoren für die regel- und meterspurigen zweiachsigen Einheitstriebwagen von der Verwendung der bisher üblichen Tatzenlagerschalen aus Rotguß abgesehen werden. Es sind daher für diese Typen nur Lagerschalen mit Ausgüssen aus zinnarmem Lagermetall, wobei jedoch unter allen Umständen die Notlaufeigenschaften zu wahren sind, zu verwenden. Bei den Motoren für die vierachsigen Einheitstriebwagen (meter- und regelspurig) kann auf Grund einer Ausnahmegenehmigung noch eine kupferhaltige Legierung Anwendung finden.

Ankerlager. Für die Ankerlager sind die schon lange bei Bahnmotoren bewährten Rollenlager vorgesehen. Über die Vorteile der Rollenlager als Ankerlager an dieser Stelle noch Ausführungen zu bringen, dürfte sich erübrigen, weil sie hinreichend bekannt sind.

Lüftung. Viel Kopfzerbrechen bereitete die Lüftung der Motoren, denn die beiden letzten Winter haben gezeigt, daß die bisherigen Konstruktionen nicht den zu stellenden Anforderungen entsprachen. Bei fast allen Bahnbetrieben mußten in erheblicher Zahl, besonders bei Tauwetter, Wagen ausgewechselt werden, weil durch die Lüftung Schnee und Wasser in die Motoren eingedrungen waren, was zu Windungs- und Erdschlüssen Anlaß gab. Der ursprüngliche Plan, die Frischluft aus dem Wageninnern durch den auf der Kommutatorseite sitzenden Lüfter anzusaugen und den Motoren mittels eines zwischen Motor und Wagenkasten angebrachten Balges zuzuführen, wurde wegen der schon bei früheren Ausführungen ähnlicher Art eingetretenen Nachteile fallen gelassen. Die Luft wird nunmehr seitlich auf der Antriebsseite angesaugt, wobei ein besonderer Schwallwasserschutz vorgesehen ist, wodurch das Eindringen von Flugschnee und Wasser möglichst vermieden wird. Außerdem ist die Möglichkeit gegeben, die Luftaustrittsöffnung im Winter durch ein besonderes, leicht vorsetzbares Blech zu verschließen, so daß also bei schwierigen Schneeverhältnissen keine Gefahr besteht, daß Schnee und Wasser eingesaugt werden.

Getriebe. Für das Getriebe finden bei allen Motortypen schrägverzahnte Stirnräder Anwendung, wobei das Großrad in geteilter oder einteiliger Ausführung genommen werden kann. Bei dem Grundpreis wurde mit Rücksicht darauf, daß kleinere Betriebe des leichteren Ausbaues wegen im allgemeinen nur geteilte Großräder verwenden, das geteilte Großrad vorgesehen. Die Zahnflanken beider Räder sind gehärtet und vollständig geschliffen, so daß eine lange Laufzeit zu erwarten ist.

*

Es dürfte noch darauf hinzuweisen sein, daß bei den zweiachsigen Wagen die Ausbaumöglichkeit für die Motoren sowohl nach unten als auch nach oben gegeben ist, während bei den vierachsigen Wagen der Ausbau nur nach oben möglich ist.

Einheitlich bei allen Motoren und für sämtliche Teile der Motoren finden metrisches Gewinde und ISA-Passungen Anwendung.

c) Der elektrische Teil

Spannung. Als Nennspannung wurde für die Motoren der zweiachsigen Einheitstriebwagen, also den EM 75/600 r und den EM 60/600 mr, die in VDE 0535 festgelegte Spannung von 600 V gewählt, weil bisher die meisten Betriebe eine Bahnspannung von 600 V haben. Nach den gleichen Bestimmungen sind Spannungsschwankungen von $+ 20$ vH und $- 33\frac{1}{3}$ vH zulässig, so daß also die Motoren kurzzeitige Spannungsspitzen bis 720 V vertragen, ohne Schaden zu nehmen. Falls infolge einer höheren Netzspannung Motoren mit einer höheren Nennspannung als 600 V gebraucht werden und ein Übergang auf eine der Nennspannung von 600 V entsprechende Netzspannung nicht möglich ist, ist für die Verwendung von Motoren höherer Nennspannung gelegentlich der Stellung des Antrages auf Typgenehmigung eine entsprechende Ausnahmegenehmigung beim Reichsverkehrsministerium nachzusuchen. Besonders ist noch darauf hinzuweisen, daß die EM für 600 V Nennspannung bei einer Netzspannung von 1200 V auch bei Hintereinanderschaltung zweier Motoren nicht verwandt werden können, weil die Unterbringung der stärkeren Isolation für 1200 V gegen Erde nicht möglich ist.

Für die Motoren der vierachsigen Einheitstriebwagen wurde die Nennspannung auf $600/2 = 300$ V festgelegt, weil sich hierfür bei den durch den kleineren Laufraddurchmesser von 660 mm bedingten kleineren Abmessungen der Motoren bei 300 V Spannung günstigere Maße des Kollektors usw. und damit geringere elektrische Beanspruchungen ergaben.

Ankerwicklung. Da hinsichtlich der Kommutierung sowohl beim Fahren (hohe Anfahrbeschleunigung) als auch mit Rücksicht auf die Betriebssicherheit beim Bremsen (große Bremsverzögerung) hohe Anforderungen an die Motoren gestellt werden, ist neben dem richtigen Ausgleich von Haupt- und Wende-Feld besonderer Wert auf die Auslegung der Ankerwicklung gelegt worden. Die Ankerwicklung ist bei allen Typen als Einstabwicklung ausgeführt und besteht aus gleichen Formspulen, die maschinell gewickelt, gepreßt und in die mit geeignetem Isolierstoff ausgekleideten Nuten gelegt werden. Der Stab der Ankerwicklung besteht aus Flachkupfer mit einer hochwertigen Isolation der Wärmebeständigkeitsklasse B. Der eingebettete Teil der Spulen und alle Stellen, bei denen sich die Isolation durchreiben könnte, sind besonders stark isoliert. Die Spulenenden sind unmittelbar in die Kommutatorfahnen eingelötet.

Feldspulen. Der Draht der Feldspulen besteht aus Vierkantkupfer mit hochwertiger Isolation der Klasse B. Von der Verwendung von Aluminium wurde vorerst abgesehen, weil zurzeit noch nicht genügend Erfahrungen mit Aluminiumfeldspulen bei Bahnmotoren vorliegen, als daß man für die Einheitsmotoren die Verwendung von Aluminium für die Feldspulen bereits jetzt hätte vorschreiben können. Die vollständigen Spulen werden zur Erhöhung der Sicherheit und zur Erzielung eines günstigen inneren

Wärmeausgleichs und einer guten Wärmeableitung nach außen kompoundiert. Die Form der Spulen ist so gewählt, daß genügend Querschnitt für den Kühlluftstrom verbleibt.

Die Feldwicklung hat eine Anzapfung für eine Feldschwächung von 40 vH, so daß noch eine Erregung von 60 vH vorhanden ist. In den Motorschaulinien sind die verschiedenen Kurven auch bei dieser Erregung eingetragen.

Kohlebürsten. Die Kohlebürsten sind innerhalb derselben Type nicht nur bei den in allen Einzelteilen übereinstimmenden Motoren der AEG und SSW, sondern auch bei den Motoren von BBC in ihren Abmessungen vollkommen gleich. Je Bürstenhalter sind einheitlich 2 Kohlen und je Motor zur Erhöhung der Betriebssicherheit 4 Bürstenhalter vorhanden. Die Kohlebürsten sind daher sehr gering belastet, die Stromdichte unter den Bürsten ist als sehr günstig anzusehen. Beim Befahren von Schienenstößen und Kreuzungen werden der Stoßrichtung entsprechend mindestens 2 Bürstenpaare gegen die Kollektorlauffläche gepreßt. Es ist daher unerheblich, wenn in diesem Augenblick die gegenüberliegenden Bürsten ein wenig springen, weil die Gegenbürsten gerade dann besonders gut angedrückt werden.

Anschlußleitungen. Die Anschlußleitungen werden auf der Tatzenlagerseite an senkrechter Fläche ausgeführt. Mit Rücksicht auf die in den letzten Wintern gemachten Erfahrungen wurde eine senkrechte Fläche gewählt, weil bei den bisherigen schrägen Flächen Wasseransammlungen und das Eindringen von Wasser in die Einführungen der Leitungen unvermeidbar waren. Einheitlich ist für die Anschlußleitungen NSH-Leitung (Gummischlauchleitung in schwerer Ausführung für 750 V Nennspannung) vorgesehen.

Die Schaltausrüstung

I. Allgemeines

Schon seit einigen Jahren sind einzelne Straßenbahnen dazu übergegangen, dem Fahrer einen mehr oder weniger bequemen Sitz zur Verfügung zu stellen, weil das lange Stehen sehr oft schon zu Fuß- und Beinerkrankungen und dadurch hervorgerufenem vorzeitigen Ausscheiden aus dem Fahrdienst führte. Es muß aber alles getan werden, um jeden Mann solange wie möglich arbeitsfähig zu erhalten, besonders bei der derzeitigen Personalverknappung, die wahrscheinlich auch noch die nächsten Jahre andauern wird. Es war daher bei dem Entwurf der Einheitswagen selbstverständlich, daß der Fahrer einen möglichst bequemen Sitz erhalten mußte. Hierdurch waren gewissermaßen auch schon Anordnung, Art und Antrieb des Fahrschalters bestimmt. Da sich ein bequemer Fahrersitz am besten bei einem Zentralfahrschalter mit Handbetätigung oder auch halbselbsttätiger Bedienung unterbringen läßt, spricht dies neben anderen Gründen, wie der besseren Gewichtsverteilung, Raumgewinn, Ersparnis an Leitungswerkstoff und Verringerung der Instandsetzungsarbeiten bei Zusammenstößen, gegenüber dem Plattformfahrschalter für die Anordnung eines in der Mitte des Wagens unter dem Wagenfußboden anzubringenden Zentralfahrschalters. Da aber bisher in Deutschland mit einem vom Sachsenwerk gebauten halbselbsttätigen zentral angeordneten vielstufigen bzw. feinstufigen Schaltwerk nur Betriebserfahrungen in Dresden vorliegen, auch der von BBC hergestellte handbetätigte Zentral-Feinstufer nur in verhältnismäßig wenigen Wagen eingebaut ist, und man ferner mit handbetätigten zentral gelagerten Vielstufern über einige Versuchsausführungen noch nicht hinausgekommen ist, glaubte der Typungsausschuß es nicht verantworten zu können, im derzeitigen Augenblick bereits Zentralfahrschalter, seien es Viel- oder Feinstufer, handbetätigt oder halbselbsttätig, zu normen.

In den Technischen Festlegungen mußte deshalb für die zweiachsigen Einheitstriebwagen vorerst noch der Plattformfahrschalter als Grundpreisausführung vorgesehen werden, während es den Verwaltungen nach ihrer Wahl überlassen bleibt, an Stelle von Plattformfahrschaltern auch vielstufige (ZF-Vielstufer) oder feinstufige (ZF-Feinstufer), handbetätigte oder auch halbselbsttätige zentral gelagerte Schaltwerke einzubauen. Auch auf eine Festlegung bestimmter Konstruktionen innerhalb der verschiedenen Arten von Fahrschaltern wurde vorerst verzichtet, so daß die Elektro-Firmen in der Ausführungsart bis auf einige Festlegungen, die unter II und III erwähnt werden, freie Hand haben.

Von einer Normung des Plattformfahrschalters, die an und für sich auf Grund der langjährigen Erfahrungen auch mit vielstufigen Nockenfahrschaltern möglich gewesen wäre, wurde abgesehen, weil die Verwendung des Plattformfahrschalters bei den zweiachsigen Einheitstriebwagen nur als eine vorübergehende Lösung bis zur Klärung der Zentralfahrschalterfrage anzusehen ist, und es deshalb nicht verantwortet werden konnte, von den Elektrofirmen gegebenenfalls die Durchführung von Neukonstruktionen zu verlangen.

Wenn auch bei dem vierachsigen Einheitstriebwagen es sich ermöglichen läßt, auf der Plattform einen Schalter für 4 Motoren unterzubringen, so mußte doch davon abgesehen werden, auch bei diesen Typen einen Plattformschalter zuzulassen, weil sich mit Rücksicht auf die Kabelzuführung zu den Schaltern erhebliche Änderungen an dem wagenbaulichen Teil ergeben hätten. Die vierachsigen Einheitstriebwagen sind daher in der Normalausführung nur mit Zentralfahrschaltern auszurüsten.

Grundsätzlich sind für die Vielstufer mindestens 18 Fahrstufen und mindestens 17 Kurzschlußbremsstufen bei nicht getrennten Bremsstromkreisen festgelegt worden. Weniger Fahr- bzw. Bremsstufen dürfen nicht gewählt werden. Für Feinstufer sind keine Festlegungen über die Mindeststufenzahl getroffen. Da auch die Anwendung der Nutzbremse, und zwar wie bereits erwähnt, die Systeme Nürnberg und Aachen zugelassen sind, sind für diesen Fall auch die Fahrschalter dem jeweiligen System entsprechend in ihrem Aufbau anders zu gestalten.

An Bremsschaltungen sind zugelassen:

Für zweiachsige Einheitstriebwagen:

Ausführung 1: Kreuzschaltung mit Ausgleichwiderstand als Grundpreisausführung,

Ausführung 2: Kreuzschaltung ohne Ausgleichwiderstand,

Ausführung 3: getrennte Bremskreise,

Ausführung 4: Nutzbremssystem Nürnberg,

Ausführung 5: Nutzbremssystem Aachen.

Für vierachsige Einheitstriebwagen:

Ausführung 1: getrennte Bremskreise mit je 2 Motoren in Kreuzschaltung als Grundpreisausführung,

Ausführung 2: 2 Motoren dauernd in Reihe, beide Gruppen in Kreuzschaltung mit Ausgleichwiderstand,

Ausführung 3: 2 Motoren dauernd in Reihe, beide Gruppen in Kreuzschaltung ohne Ausgleichwiderstand,

Ausführung 4: 4 Motoren parallel geschaltet und paar- oder gruppenweise verkreuzt über Ausgleichleitungen oder Ausgleichwiderstände.

(Nähere Ausführungen über die Bremsschaltungen werden in dem Aufsatz „Die elektrischen Bremsen" von Direktor Nölkensmeier auf S. 197 gebracht.)

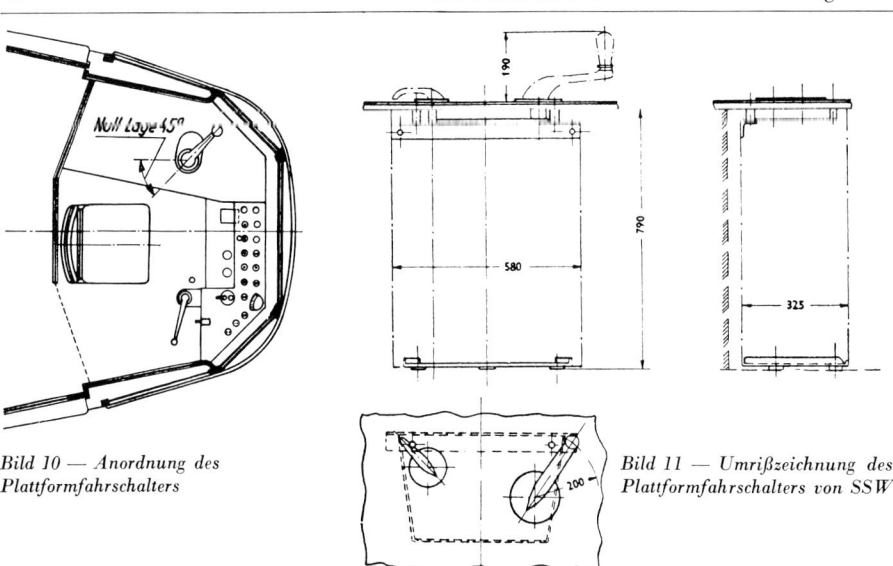

Bild 10 — Anordnung des Plattformfahrschalters

Bild 11 — Umrißzeichnung des Plattformfahrschalters von SSW

Bild 12 — Plattformfahrschalter von SSW, geöffnet   Werkaufn.

II. Plattformfahrschalter (PF)

Wie schon ausgeführt, kommt normalerweise der Plattformfahrschalter nur noch für die regel- und meterspurigen zweiachsigen Einheitstriebwagen in Frage, für die regel- und meterspurigen vierachsigen Einheitstriebwagen nur in Ausnahmefällen. Mit Rücksicht auf den sitzenden Fahrer sind die Plattformfahrschalter nicht mehr unmittelbar an der Stirnwand des Wagens anzuordnen, sondern schräggestellt links vom Fahrer (Bild 10). Die größte zulässige Höhe vom Plattformfußboden bis Oberkante Fahrschalter wurde mit 850 mm festgelegt. Grundsätzlich handelt es sich bei dem Plattformfahrschalter um einen vielstufigen Nockenfahrschalter, wobei, wie bereits erwähnt, mindestens 18 Fahrstufen und mindestens 17 Bremsstufen bei nicht getrennten Bremsstromkreisen vorzusehen sind.

Die Nullstellung der Fahrkurbel ist einheitlich festgelegt, und zwar beträgt der Winkel zwischen Nullstellung der Schaltkurbel und der Wagenlängsachse 45° in Fahrtrichtung gesehen links.

Auch der Drehsinn der Kurbel, der bisher bei den einzelnen Elektrofirmen und auch den einzelnen Straßenbahnbetrieben verschieden ist, wurde vereinheitlicht, damit bei einem Austausch von Fahrern innerhalb verschiedener Betriebe in Zukunft diese immer den gleichen Drehsinn beim Fahrschalter vorfinden. Für die Zukunft erfolgt das Fahren im Uhrzeigersinn (Rechtsdrehsinn) und das Bremsen entgegen dem Uhrzeigersinn. Bei Bahnen, deren Fahrzeuge mit Fahrschaltern für Linksdrehsinn ausgerüstet sind, ist, damit nicht jetzt bei Beschaffung von Einheitswagen innerhalb ein und desselben Betriebes Fahrschalter mit verschiedenem Drehsinn vorhanden sind — was eine Betriebserschwernis und auch Betriebsgefahr mit sich bringen würde —, für die neuen Fahrschalter, die vorerst in der Minderzahl sein werden, ein besonderes Vorgelege zur Umstellung auf Linksdrehung zu verwenden. Nach Umstellung der alten Fahrschalter von Links- auf Rechtsdrehung, die, wenn Werkstoffe und Arbeitskräfte wieder genügend zur Verfügung stehen, schnellstens durchzuführen ist, sind bei den Einheitswagen-Fahrschaltern die vorübergehend eingebauten Vorgelege zu entfernen.

Damit bei den Vielstufenschaltern ein zügiges Schalten erreicht wird und der Vorteil des Vielstufers gegenüber dem bisherigen Grobstufer sich auch entsprechend auswirkt, wird durch ein besonderes Vorgelege der Kurbelweg auf das 1,5- bis 2fache vergrößert. Es kann vorkommen, daß Fahrzeuge, die auf der Strecke, besonders an Endhaltestellen, die im Gefälle liegen, abgestellt sind, ins Rollen kommen. Um zu verhindern, daß sie hierbei eine große Geschwindigkeit annehmen, hat nach den bestehenden Vorschriften der Fahrer beim Verlassen der Plattform die Fahrkurbel auf die letzte reine Kurzschlußbremsstufe zu stellen und dann abzuziehen. Deshalb ist auch in den Technischen Festlegungen bestimmt, daß die Fahrschalterkurbel auf der vorletzten Kurzschlußbremsstufe abnehmbar sein muß.

Da die Einheitstriebwagen auch mit einem Bremslicht, das an die Kleinspannungsanlage angeschlossen ist, ausgerüstet werden, ist die Anordnung eines hierfür bestimmten Kontaktes auf der Hauptwalze vorgeschrieben, der die Einschaltung des Bremslichtes bei Überschaltung auf Bremsen von der ersten Stufe an bewirkt.

Über die sonstige technische Ausbildung des Plattformfahrschalters sind keine Festlegungen getroffen, so daß hier sowohl die Herstellerfirmen als auch die Bahnverwaltungen vollkommen freie Hand haben. Bild 11 zeigt die Abmessungen des von den SSW für die Einheitstriebwagen vorgesehenen Plattformfahrschalters, während Bild 12 einen Einblick in den geöffneten Schalter gewährt.

III. Zentralfahrschalter (ZF)

a) Vielstufer

Bei den vielstufigen Zentralfahrschaltern sind zur Zeit 2 Arten zu unterscheiden:

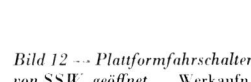

Bild 13 — Anordnung des Zentralfahrschalters von SSW für den vierachsigen Einheits-Triebwagen

die handbetätigten und die halbselbsttätigen Schaltwerke.

Auch für die mittengelagerten vielstufigen Fahrschalter gelten für die Anzahl der Schaltstufen die gleichen Festlegungen wie für die vielstufigen Plattformfahrschalter. Bei Betätigung des Schaltwerkes durch eine Handkurbel sind ebenfalls alle Festlegungen für die Plattformfahrschalter betr. Handkurbel maßgebend. Die Höhe der Steuersäule darf, wie beim Plattformfahrschalter, 850 mm nicht überschreiten, was keine Schwierigkeiten bereitet, weil hier nicht wie bei letzteren auf dieser Höhe die gesamten Nockenschaltelemente unterzubringen sind. Handbetätigte mittengelagerte Schaltwerke sowohl für die zweimotorigen als auch die viermotorigen Ausrüstungen sind zur Zeit noch in der Entwicklung, so daß daher nähere Angaben noch nicht gemacht werden können.

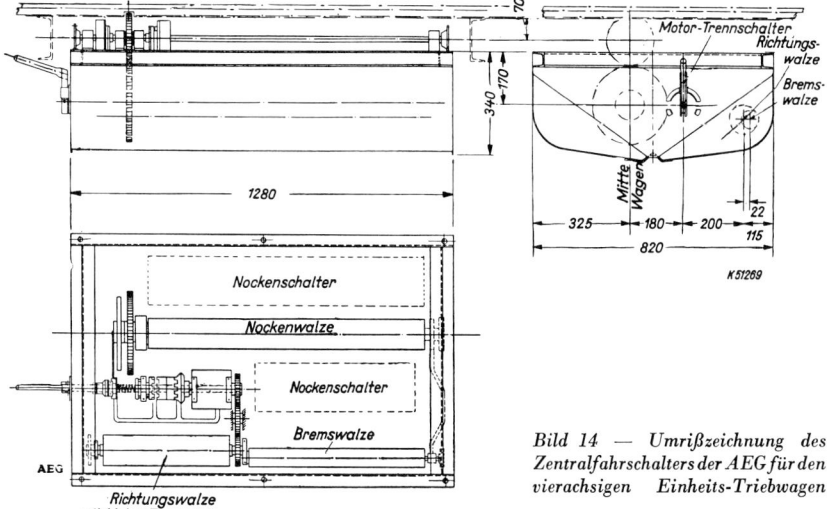

Bild 14 — Umrißzeichnung des Zentralfahrschalters der AEG für den vierachsigen Einheits-Triebwagen

In Bild 13 ist eine Prinzipskizze des von den SSW vorgesehenen mittengelagerten Nockenschaltwerkes für die viermotorige Ausrüstung dargestellt. Die Betätigung des Schaltwerkes erfolgt hier mittels einer mit entsprechenden Gelenken versehenen Welle von der mit Handkurbel ausgerüsteten Steuersäule. Die Schaltung auf Vor- oder Rückwärtsfahrt geschieht elektromagnetisch durch einen kleinen Hebel an der Steuersäule. Die Abschaltung eines schadhaft gewordenen Motors (ET 2) oder einer Motorgruppe (ET 4) kann bei diesem Schaltwerk nicht vom Fahrerstand aus vorgenommen werden, sondern nur mittels eines durch den Fußboden des Wagens nach innen geführten Hebels, der unter einer Sitzbank angeordnet wird. Es ist jedoch auch möglich, den Hebel seitlich am Wagen von außen aus zugänglich zu machen. Bild 14 enthält die Abmessungen des von der AEG entwickelten Zentralfahrschalters für die vierachsigen Einheitswagen.

Von halbselbsttätigen vielstufigen Schaltwerken ist zur Zeit das vom Sachsenwerk Niedersedlitz nach den Angaben von Betriebsdirektor A. Bockemühl, Dresden, entwickelte und in den Hechtwagen der Dresdner Straßenbahn schon seit mehreren Jahren eingebaute Schaltwerk vorhanden (Bild 15)[1]. Der Antrieb des Fahrschalters erfolgt durch einen Zugmagneten, der mit Hilfe von Druckknöpfen, die an einem besonderen Schaltarm angeordnet sind, gesteuert wird, wobei die Bewegung der Schaltwalze eine stetige

[1] Über die Wirkungsweise dieses Schaltwerkes vgl. A. Bockemühl: Die technische Ausrüstung der neuen Triebwagen der Dresdner Straßenbahn. Verkehrstechnik Bd. 12 (1931) S. 150.

ist. Die Ablaufgeschwindigkeit des Schaltvorganges wird durch einen Stromwächter selbsttätig geregelt. Die elektrische Bremsung erfolgt aus Gründen der Betriebssicherheit nicht selbsttätig, vielmehr wird der Bremsschalter mittels eines besonderen Fußhebels durch den Fahrer betätigt.

b) Feinstufer

Zur Zeit sind 2 feinstufige Schaltwerke, ein handbetätigtes und ein halbselbsttätiges, entwickelt und auch bereits in mehreren Ausführungen im praktischen Betriebe erprobt worden.

Der von BBC entwickelte Feinstufer ist handbetätigt, und zwar erfolgt die Betätigung wie bei den vielstufigen handbetätigten Schaltwerken mittels einer mit entsprechenden Gelenken versehenen Welle von der mit Handkurbel ausgerüsteten Steuersäule aus. Die äußeren Abmessungen des BBC-Feinstufers sind aus Bild 16 zu ersehen. Bild 17 zeigt den Feinstufer ohne Abdeckung. Im Gegensatz zu den ersten Ausführungen, die nur eine Parallelschaltung der Motoren vorsahen, ist das für den Einbau in die Einheitstriebwagen vorgesehene Schaltwerk, wie auch die in der letzten Zeit von BBC gelieferten Feinstufer, für Reihen- und Parallelschaltung eingerichtet. Das Überschalten von Reihen- auf Parallelschaltung erfolgt in der bei der Brückenschaltung üblichen Weise. Zum Schutze gegen das Eindringen von Wasser ist für das unter dem Wagenfußboden angebrachte Schaltwerk eine vollkommen wasserdichte Kapselung unbedingt erforderlich. Da bei dem Feinstufer die Widerstände unmittelbar an das Schaltwerk

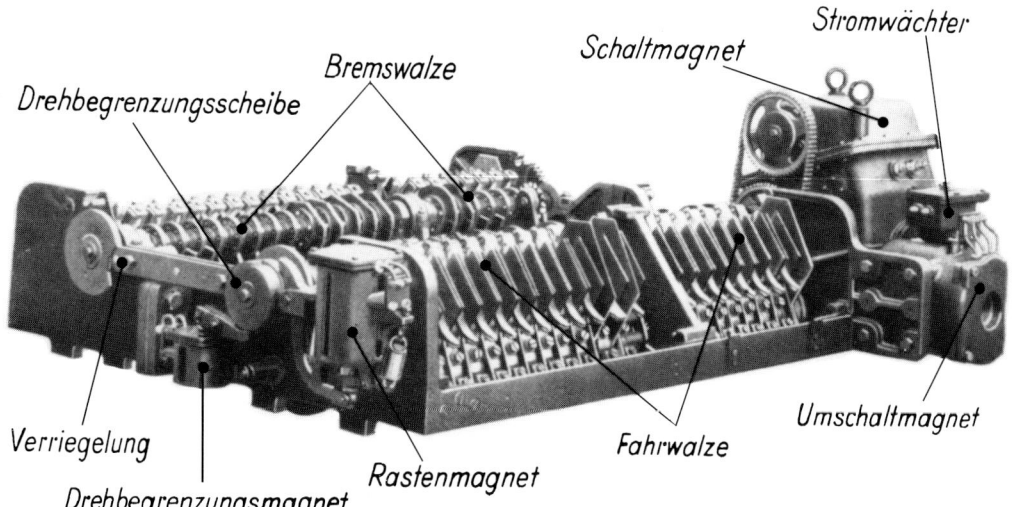

Bild 15 — Halbselbsttätiges vielstufiges Schaltwerk der Sachsenwerk A.-G. Werkaufn.

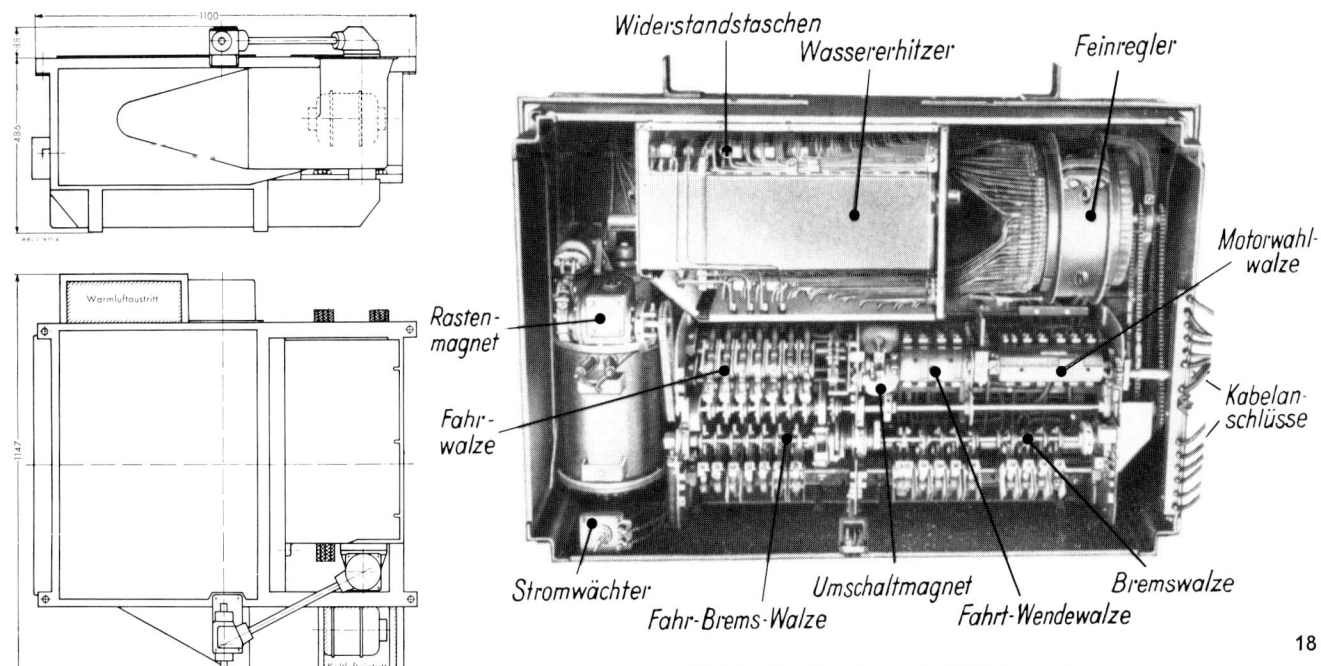

Bild 16 — Umrißzeichnung des BBC-Feinstufers

Bild 17 — BBC-Feinstufer ohne Abdeckung Werkaufnahmen (2)

Bild 18 — Halbselbsttätiges feinstufiges Schaltwerk der Sachsenwerk A.-G.

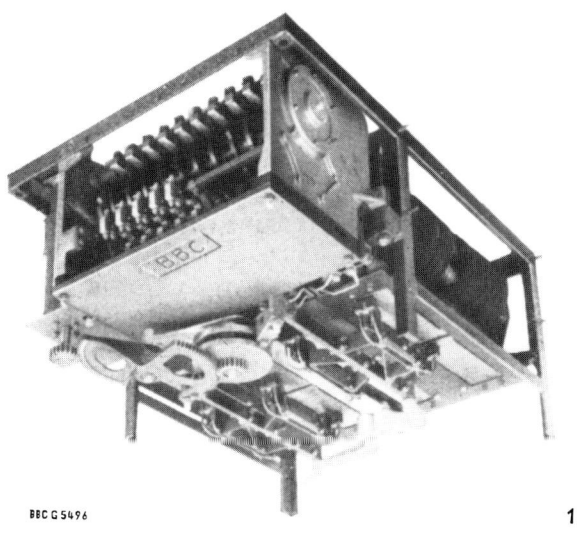

angebaut und mit eingekapselt sind, wird die erforderliche Abkühlung der Widerstände durch Fremdbelüftung erzielt. Im Winter dient die angewärmte Luft, indem sie in das Wageninnere geleitet wird, gleichzeitig zur Heizung des Wagens. Während der warmen Jahreszeit wird die Warmluft ins Freie geblasen[2]).

Das halbselbsttätige feinstufige Schaltwerk wird wie das vielstufige vom Sachsenwerk Niedersedlitz ebenfalls nach Angaben von Betriebsdirektor Bockemühl, Dresden, gebaut. Bild 18 zeigt einen Blick in das Schaltwerk. Wie bei dem Feinstufer von BBC sind auch hier die Widerstände direkt bei dem Schaltwerk angeordnet. Die Kühlung der Widerstände erfolgt jedoch nicht durch Luft, sondern durch Wasser. Die in den Widerständen erzeugte Wärme wird an das Kühlwasser abgegeben, welches durch ein Röhrensystem, das im Innern des Wagens angeordnet ist, geleitet wird und so im Winter als Heizung dient. Die Feinregelung erfolgt mittels eines Innenkollektors, über den die Fahr- und Bremsbürsten laufen. Als Antriebsorgan wird der gleiche Schaltmagnet wie bei dem vielstufigen Schaltgerät verwandt, der ebenfalls mit Hilfe von Druckknöpfen gesteuert wird, die an einem Schaltarm angebracht sind[3]).

IV. Widerstände

Über die Anordnung der Widerstände bei den zentralgelagerten Feinstufern wurde bereits das Nähere unter III b gesagt.

Bei den vielstufigen Plattform- und Zentralfahrschaltern werden die Widerstände auf dem Wagendach angeordnet, und zwar können sie sowohl mit Abdeckung als auch ohne Abdeckung ausgeführt werden. Dem Grundpreis wird die Ausführung mit Abdeckung zugrunde gelegt. Eine Vereinheitlichung der Ausführung der Widerstände selbst wurde nicht vorgenommen, lediglich sind einheitliche Befestigungsmaße für die Widerstandsrahmen vorgeschrieben, so daß ohne weiteres die Möglichkeit besteht, Widerstände der einzelnen Elektrofirmen gegeneinander auszutauschen, sofern die elektrischen Werte der Widerstände übereinstimmen bzw. entsprechend abgeändert werden. Um im Winter die in den Widerständen beim Anfahren und Bremsen entwickelte Wärme zur Heizung des Wageninnern auszunutzen, sind die im Wageninnern angeordneten Heizkörper als Speicherheizkörper ausgebildet, wobei die am stärksten beanspruchten Widerstandsstufen in diese Heizkörper eingebaut sind. Durch einen besonderen Umschalter werden im Winter diese Widerstandsstufen an Stelle der Widerstandsstufen auf dem Wagendach eingeschaltet und somit zur Heizung des Wagens mit herangezogen. (Nähere Angaben über die Speicherheizkörper bei Anwendung der Nutzheizung finden sich in dem Aufsatz „Die übrige elektrische Ausrüstung" von Direktor Dobler auf S. 205.)

---

[2]) Eine Beschreibung des BBC-Feinstufers befindet sich in ETZ Bd. 60 (1939) S. 311.

[3]) Vgl. auch A. Bockemühl: Feinregelung für Straßenbahnwagen. Verkehrstechnik Bd. 16 (1935) S. 336.

Die elektrischen Bremsen

Von H. NÖLKENSMEIER

Direktor der Rheinischen Bahngesellschaft A.-G., Düsseldorf

Die Bremsschaltungen für die zwei- und vierachsigen Einheitsstraßenbahnwagen — Die Schienenbremsen — Die Bremssolenoide

Das unserem Zeitalter eigene Bestreben, die menschliche Arbeitskraft weitgehend durch die maschinelle Kraft zu ersetzen oder zu steigern, hat sich auch auf die Typung der Straßenbahnwagen ausgewirkt. Es gilt, mit einem entsprechenden sachlichen Aufwand die Reisegeschwindigkeit erheblich zu steigern, um den Abermillionen Fahrgästen der Straßenbahn bei jeder Fahrt die Annehmlichkeit einer Zeitersparnis zu verschaffen. Aus verkehrstechnischen und kapitalwirtschaftlichen Gründen ist eine summenmäßige Verminderung der für die Erfüllung einer bestimmten Verkehrsaufgabe notwendigen Züge, die wiederum einen kleineren Wagenpark sowie kleinere Grundstücke, Wagenhallen usw. ermöglichen, dringend notwendig, um die Unternehmen in die Lage zu versetzen, niedrigste Tarife gewähren zu können.

Hohe Fahr- und Reisegeschwindigkeiten bedingen im Rahmen der Fahrschaulinie neben größtmöglichen Beschleunigungen auch gute Verzögerungen, und diese haben sachgemäß ausgebildete, durchgehende Bremsen zur Voraussetzung, damit die Unfallsicherheit im bisherigen Umfange zum Nutzen der Straßenbahnen und ihrer Fahrgäste gewährleistet bleibt.

Durch die Ausführungsbestimmung 64 zum § 18 (4) der BOStrab ist bei Geschwindigkeiten von mehr als 40 km/h für neue Wagen ohne Personenlast bei Betriebsbremsungen eine mittlere Verzögerung von mindestens 1,5 m/s² bei trockenen Rillenschienen auf ebener gerader Fahrbahn vorgeschrieben. Da auf Grund jahrzehntelanger Erfahrungen von der Luftdruckbremse die BOStrab-Mindestbedingungen nicht erfüllt werden, weil sie bei Geschwindigkeiten von mehr als 30 km/h nur eine mittlere Verzögerung von 1 bis 1,1 m/s² ergibt und auch bei Gefahrbremsungen mit Sandung kurzzeitig keine nennenswerte Steigerung mehr möglich ist, wurde für alle Wagenarten die elektrische Bremsung als Betriebs- und Notbremse vorgeschrieben.

Bremsschaltungen

Die zugelassenen Kurzschlußbremsschaltungen für zwei- und vierachsige Einheits-Triebwagen sind in den Anlagen 12 und 13 zu den Technischen Festlegungen bzw. in den nachfolgenden Bildern dargestellt. Die gelegentlich noch angewandte einfache Parallelschaltung mit Ausgleichsleitung ist inzwischen trotz der dieser Schaltung eigenen, guten Bremswirkung wegen der größeren Störanfälligkeit aufgegeben und allgemein durch die Kreuzschaltung, welche mit und ohne Ausgleichswiderstand größere Sicherheit bietet, ersetzt worden. Bei der Auslegung ist der Ausgleichswiderstand besonders sorgfältig abzustimmen und unter Umständen der zweckmäßigste Ohmwert durch Probefahrten zu ermitteln.

Die verkreuzte Bremsschaltung sichert — dieses sei für Betriebe, die längere und stärkere Steigungen befahren müssen, kurz festgehalten — ein Ansprechen der Kurzschlußbremse auch beim Rückwärtsrollen eines Zuges in der gleichen Weise wie bei der Vorwärtsfahrt, während bei der einfachen Parallelschaltung erst die Umschaltwalze auf Rückwärtsfahrt gestellt werden muß.

Alle Schaltungen sehen bei Einleitung der Kurzschlußbremsung nur die Umpolung der Anker vor, während die Magnetfelder der Motoren unverändert bleiben. Durch diese Maßnahme, die einen Neuaufbau der Magnetfelder bei Beginn der Bremsung vermeidet, und den remanenten Magnetismus der Motorfelder ausnutzt, wird eine schnelle Erregung der Motoren gesichert.

Bei Bremsschaltung nach Bild 1 wird durch die Verwendung von 2 oder 4 Schienenbremsen bei den gegebenen Achslasten die Gleitgrenze bei richtig ausgeführten Bremsungen nur sehr selten erreicht, so daß die Auswirkungen, die sich aus der bei einer Bremsung auftretenden Entlastung der hinteren Achse ergeben, ohne Beeinträchtigung der Sicherheit getragen werden können. Diese Schaltung gestattet auch eine ausreichende Stufenzahl und eine einwandfreie Durchbildung des Vielstufenschalters auf der Bremsseite sowie ein Mindestmaß an Widerständen, Leitungen usw. Die sich vielfach aus der Unterbringung der genannten Ausrüstungsteile ergebenden Schwierigkeiten werden zwangsläufig vermieden.

Alles in allem dürfte die Schaltung nach Bild 1, weil sie einfach ist, die Sicherheit im genügenden Maße wahrt und eine freizügige Verwendung der Beiwagen — deren Bremsen für 600 V ausgelegt

Bild 1 — Kreuzschaltung mit Ausgleichwiderstand für zweiachsige Einheits-Triebwagen

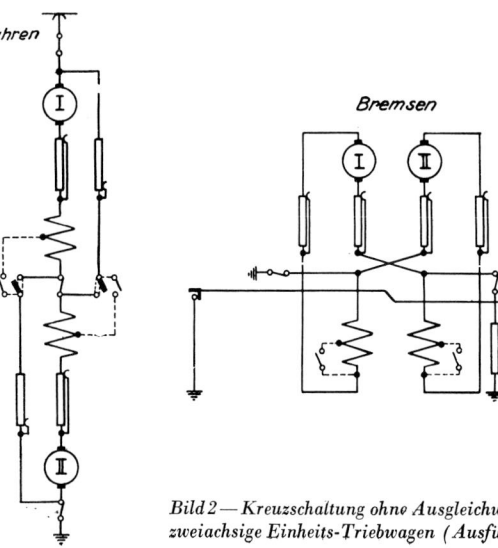

Bild 2 — Kreuzschaltung ohne Ausgleichwiderstand für zweiachsige Einheits-Triebwagen (Ausführung BBC)

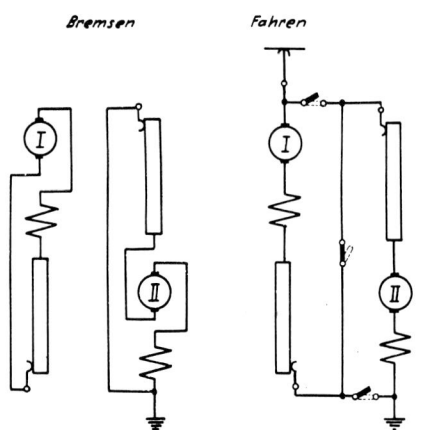

Bild 3 — Getrennte Bremsstromkreise für zweiachsige Einheits-Triebwagen

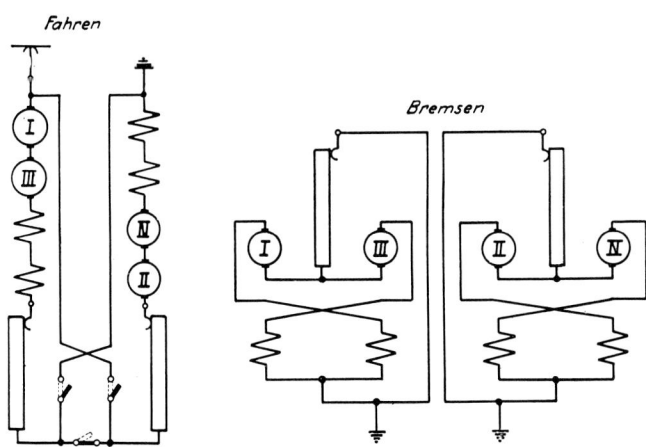

Bild 4 — Getrennte Bremsstromkreise mit Viereck- oder Kreuzschaltung für vierachsige Einheits-Triebwagen

sind — gestattet, bei geringstem Aufwand in der Anschaffung und Unterhaltung einen vollbefriedigenden Nutzeffekt geben.

Die Ausführung nach Bild 2 entspricht der zuvor behandelten, aber das zur Anwendung kommende Schaltgerät von Brown-Boveri, Mannheim, macht eine abweichende Gruppierung der Widerstände, andere Schaltelemente sowie den Verzicht auf den Ausgleichswiderstand notwendig. Hinsichtlich ihrer charakteristischen Eigenschaften gilt das für die Ausführung nach Bild 1 Gesagte.

Bei der Schaltung mit getrennten Bremskreisen nach Bild 3 kann sich die Leistung des einzelnen Motors bis zu einem gewissen Grade den um etwa 20 bis 30 vH. voneinander abweichenden Belastungen der vorderen und hinteren Achse anpassen. Abgesehen davon, daß das Gleiten einer Achse, selbst wenn Schienenbremsen fehlen würden, nur unter ungünstigen Verhältnissen eintritt, verbürgt diese Schaltung auch im Falle eines Motorschadens die größtmögliche Sicherheit, weil der andere Motor seine volle und somit für den ganzen Wagen noch etwa die halbe Bremsleistung liefert. Auch wenn Verbund-Schienenbremsen fehlen, trägt die halbe Bremskraft bei Einzeltriebwagen noch den zu stellenden Sicherheitsanforderungen genügend Rechnung. Beide Vorteile bedingen fast den doppelten Aufwand an Widerständen, und die Zahl der bei gleich hohen Fahrschaltern möglichen Bremsstufen muß mit Rücksicht auf die getrennten Motorkreise auf etwa die Hälfte innerhalb jedes Motorkreises herabgesetzt werden. Für den ganzen Wagen bleibt infolge des versetzten Schalttaktes die Stufenzahl die gleiche wie bei nicht getrennten Bremskreisen. Weil beide Motoren gleichzeitig über eine Fahrschalterwalze gesteuert werden, kann die Bremskraft, selbst bei Anwendung des versetzten Schalttaktes doch nicht in vollem Umfange auf die unterschiedliche Achsbelastung eingestellt werden, mit dem Ergebnis, daß nur eine teilweise Ausnutzung des Lastenausgleiches möglich ist. Für Betriebe, die mit einem Rückwärtsrollen zu rechnen haben, entfällt schließlich noch die Möglichkeit der Selbsterregung der Motoren beim ungewollten Fahrtrichtungswechsel. Bezüglich der Beiwagenbremsen ist noch hervorzuheben, daß zweckmäßig Solenoide und Schienenbremsen von je einem Motor getrennt gespeist werden. Wird ein Motor schadhaft, dann fällt die Bremsung bei den Beiwagen auch nur zur Hälfte aus, während bei der bisher gebräuchlichen einpoligen Schaltung beim Ausfallen des Motors auf der ersten Achse, der allein sämtliche Beiwagenbremsen speist, alle Beiwagenbremsen unwirksam werden und im günstigsten Falle nur die Netzstrombetätigung der Schienenbremsen in den Beiwagen übrigbleibt. Insgesamt neigt der Ausschuß zu der Ansicht, daß den Vorteilen der getrennten Bremsstromkreise in zweiachsigen Wagen ein zu großer Aufwand gegenübersteht. Er würde es trotzdem begrüßen, wenn größere Verwaltungen Versuche mit

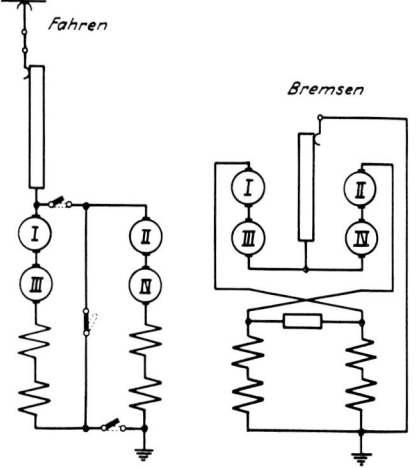

Bild 5 — Zwei Motoren in Reihe, beide Gruppen in Kreuzschaltung mit Ausgleichswiderstand für vierachsige Einheits-Triebwagen

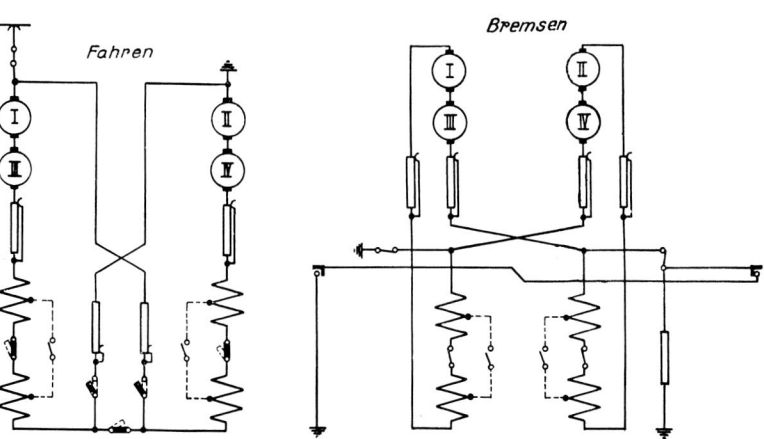

Bild 6 — Zwei Motoren in Reihe, beide Gruppen in Kreuzschaltung ohne Ausgleichswiderstand für vierachsige Einheits-Triebwagen (Ausführung BBC)

getrennten Bremsstromkreisen bei zweiachsigen Wagen durchführen würden, um die bisher vorliegenden Erfahrungen auf breiterer Grundlage zu überprüfen und zu erhärten.

Für die vierachsigen Einheitstriebwagen kommen aus entwicklungstechnischen und konstruktiven Gründen nur 4 Halbspannungsmotoren in Betracht. Als für diese Triebwagen vollkommenste Lösung wurde die Schaltung nach Bild 4 mit zwei getrennten Bremsstromkreisen mit Viereck- oder Kreuzschaltung an die erste Stelle gesetzt. In Übereinstimmung mit der Anordnung für die Parallelfahrstellungen bilden während der Bremsung die auf der 1. und 3. sowie der 2. und 4. Achse liegenden Motoren eine Gruppe bzw. einen Bremskreis. Der sehr kleine Restwiderstand beider Bremskreise gestattet eine ebenso weitgehende Abbremsung wie bei zweiachsigen Triebwagen. Der Aufwand für die größeren Widerstände und Schaltgeräte erscheint im Hinblick auf die größere Sicherheit dieser Schaltung — weil je zwei gleichbelastete Achsen in einem Kreis zusammengefaßt sind — gerechtfertigt. In den zugehörigen Beiwagen werden in jedem Drehgestell ein Solenoid und zwei Schienenbremsen durch je einen Bremskreis gespeist. Der Hauptvorteil der getrennten Bremskreise tritt beim vierachsigen Wagen voll in die Erscheinung, denn jeder Kreis ist im Gegensatz zum zweiachsigen Triebwagen gleich belastet, und es bleibt trotzdem bei Ausfall eines Kreises die halbe Bremskraft der Beiwagenbremsen erhalten. Vor Einführung der Schaltung ist eine Prüfung dahingehend notwendig, ob die nur einseitige Verwendungsmöglichkeit der Beiwagen für Halbspannung für die Betriebe, welche auch Triebwagen mit einer anderen Bremsschaltung haben, nicht eine zu weitgehende Einengung bedeutet.

In der verkreuzten Schaltung mit Ausgleichswiderstand nach Bild 5 bilden zwei Halbspannungsmotoren in Hintereinanderschaltung je eine Gruppe. Dieser bisher wohl gebräuchlichsten Schaltung für vierachsige Wagen haftet aber unter Umständen ein Mangel dergestalt an, daß beim Gleiten einer Achse infolge Überbremsung ein Aufeinanderarbeiten der zu einer Gruppe gehörenden Motoren stattfindet, wodurch die Bremswirkung vorübergehend beeinträchtigt werden kann. Da die Motorleistung im Verhältnis zur Achslast groß ist, kommt dieser Erscheinung bei höheren Fahrgeschwindigkeiten eine beachtliche Bedeutung zu. Ein Vorteil im Vergleich zu den getrennten Bremskreisen nach Bild 4 liegt in der freizügigen Verwendung der Beiwagen.

Die Schaltung nach Bild 6 stimmt mit Bild 5 in grundsätzlicher Hinsicht überein und wurde dem feinstufigen Schalter (Posaunom) von Brown Boveri, Mannheim, angepaßt.

Bei den Schaltungen nach Bild 7 bzw. Bild 8 tritt das bei Bild 5 erwähnte Aufeinanderarbeiten von 2 Motoren nicht ein. Die praktisch gleichwertigen Schaltungen erfordern entsprechend den hohen Stromstärken umfangreiche Schaltapparate und Widerstände. Da sich trotz der hohen Bremsströme im Bremsschutzwiderstand kein genügendes Spannungsgefälle erzielen läßt, sind die Bremsen der Beiwagen für Halbspannung auszulegen und diese können deshalb in der Zugzusammenstellung nur mit den entsprechenden Triebwagen Verwendung finden. Ein besonderer Vorteil beider Schaltungen ist durch den kleinen Restwiderstand der 4 Motoren gegeben, der eine sehr weitgehende Vernichtung der Endgeschwindigkeit durch die Kurzschlußbremse gestattet.

Die Abstufung aller Regulierwiderstände für das Fahren und Bremsen muß auf Grundlage des beabsichtigten Fahrprogramms mit besonderer Sorgfalt erfolgen. Grundsätzlich ist für den Ein-, Zwei- und Dreiwagenzug ein möglichst gleichmäßiger und kleiner,

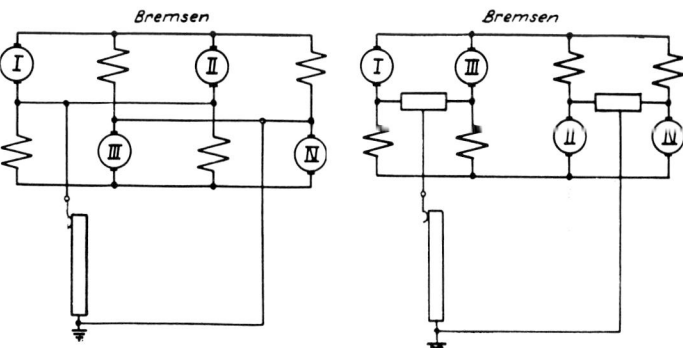

Bild 7 — Paarweise verkreuzt (Viereck) und gruppenweise parallel mit Ausgleichleitungen für vierachsige Einheits-Triebwagen (Fahren wie Bild 5)

Bild 8 — Paarweise parallel und gruppenweise verkreuzt (Viereck) mit Ausgleichwiderständen für vierachsige Einheits-Triebwagen (Fahren wie Bild 5)

unabschaltbarer Endwiderstand anzustreben, damit unabhängig von der Zugzusammensetzung die gleiche Schalttechnik in Anwendung kommen kann und die durchgehenden Bremsen auch bei den kleinsten Endgeschwindigkeiten wirksam bleiben. Beim Mehrwagenzug sollen die Beiwagen einen so großen Anteil an der Gesamtbremswirkung haben, daß sie bei „Halt"- und „Not"-Bremsungen nicht auflaufen. Durch diese Grundforderung wird die Auslegung der Solenoidbremsen und der Schienenbremsmagnete bestimmt. Wenn dann durch Wahrung des Grundsatzes, daß die Spulen der Schienenbremsen in den Trieb- und Beiwagen austauschbar sein sollen, je nach Umständen, die in der Hauptsache durch die Bemessung der Bremsschutzwiderstände bestimmt werden, die Schienenbremsen in den Triebwagen während der gewöhnlichen „Halt"-Bremsungen nicht voll erregt werden, dann wird diese kleine, zwangsläufig bedingte Unvollkommenheit durch die erstrebte Vereinfachung bei der Unterhaltung voll ausgeglichen.

Schienenbremsen

Aus Gründen der Fahrplanbildung und -durchführung sind bei ungünstigen Fahr- und Witterungsverhältnissen, d. h. bei Haftwerten von $1/20$ bis $1/10$ bei Betriebsbremsungen noch mittlere Verzögerungen von 1,5 m/s² notwendig. Weil diese Bedingung von der Kurzschlußbremse, deren Bremskraft durch die Achsbelastung und die Haftreibung zwischen Rad und Schiene begrenzt wird, bei den gegebenen kleinen Raddurchmessern allein nicht mit Sicherheit erfüllt werden kann, besonders aber um bei Notbremsungen kürzeste Bremswege zu erzielen, sind für alle Wagengattungen mindestens 2 Schienenbremsen je Fahrzeug bzw. Drehgestell festgelegt worden. Beim vierachsigen Wagen wird durch die vorgeschriebenen 4 Schienenbremsmagnete im Hinblick auf seine geringe Achsbelastung eine Angleichung an den zweiachsigen Wagen mit 2 Magneten herbeigeführt. Der Ausschuß will aber auch die dringend notwendige Weiterentwickelung fördern und gibt allen Betrieben, die unter Ausschöpfung der Geschwindigkeitserlaubnis große Reisegeschwindigkeiten erstreben, die Möglichkeit, die zweiachsigen Wagen mit 4 Schienenbremsmagneten auszurüsten. Im Falle von Notbremsungen lassen sich bei 60 km/h Geschwindigkeit mit 4 Bremsmagneten von je 4000 kg mittlerem Anpressungsdruck Verzögerungen von 2,5 m/s² bei vierachsigen und von 3,5 m/s² bei zweiachsigen Ein- und Mehrwagenzügen erreichen.

Die Bremsmagnete, welche zur Zeit von den einschlägigen Firmen hergestellt werden, sind nicht vereinheitlicht worden, sondern sie sollen nur in den Längen- und Breitenabmessungen, im besonderen aber hinsichtlich der Schleifschuhe, der Mitnehmer und Spurhalterwinkel sowie der Aufhängung und der Stromzuführungskabel übereinstimmen, so daß Magnete gleich großer Zugkraft, aber verschiedener Fabrikate in dem verfügbaren Raum untergebracht werden können und die Austauschbarkeit gewährleistet ist. Die Durchbildung und vor allem die Isolation der Spulen bleibt den Lieferfirmen freigestellt, es sollen jedoch mindestens die Bedingungen der Isolationsklasse A erfüllt werden.

An Versuchsmagneten wurden im Prüffeld nach der Wiegemethode

bei 20 A Erregerstrom 4000 bis 4500 kg
„ 30 „   „   4400 „ 4800 „
„ 40 „   „   4700 „ 5000 „
„ 50 „   „   5000 „ 5100 „

Zugkraft je Magnet gemessen. Dabei bleibt aber zu berücksichtigen, daß sich in der Fahrpraxis infolge der ungleichmäßigen Anlage der Magnete, bedingt durch den Verschleißzustand der Schienen und der Schleifschuhe, wenigstens um 20 vH. niedrigere Zugkräfte ergeben — mit diesen kann gegebenenfalls nur gerechnet werden —, so daß der Anpressungsdruck bei voller Erregung rd. 4000 kg beträgt. Die starke Abhängigkeit der Zugkraft vom Erregerstrom bestimmte den Ausschuß, unter Würdigung etwaiger Bedenken hinsichtlich der Abnutzung, die Schaltung, welche das Ansprechen der Schienenbremsen auf der ersten Kurzschlußbremsstellung vorsieht, in den Vordergrund zu stellen. Auch der Umstand, daß wegen der großen Spanne zwischen der niedrigsten und höchsten Fahrgeschwindigkeit die Abstufung der Bremswiderstände der Höchstgeschwindigkeit von 60 km/h angepaßt werden muß, damit bei dieser die Bremswirkung auf der ersten Bremsstufe einsetzt, infolgedessen aber auch das Ansprechen der Bremse bei den niedrigen Fahrgeschwindigkeiten erst auf der dritten bis sechsten Stufe erwartet werden kann, wurde bei diesen Überlegungen berücksichtigt. Alles in allem wird durch die gedachte Schaltung bei den anfänglich geringen Bremsströmen, die keine volle Erregung der Schienenbremse ergeben, ein sanfter Einsatz der Schienenbremswirkung gewährleistet. Bei normalen Halt-Bremsungen aus 60 km/h Geschwindigkeit und den gegebenen Wagengewichten werden 4 Schienenbremsmagnete bei den Trieb- und Beiwagen in Abhängigkeit von der Fahr- und Schaltgeschwindigkeit bzw. dem Schienenzustand eine mittlere zusätzliche Verzögerung von 0,6 bis 1,0 m/s² und mehr liefern.

Für kleinere Betriebe, welche die Schienenbremse in der Hauptsache nur als zusätzliche Sicherheitsbremse betrachten und die auch bei Neubeschaffung von Wagen die Entwicklungsmöglichkeiten nicht ausnutzen, d. h. bei geringem Straßenverkehr nur Fahrgeschwindigkeiten bis 40 km/h erreichen und außerdem nur mit kleinen Verzögerungen arbeiten wollen, sehen die Festlegungen die Verwendung eines Schützes vor, das die Bremsmagnete erst bei schärferen Bremsungen bzw. den dabei auftretenden höheren Bremsstromstärken einschaltet. Es muß naturgemäß das ruckartige Einfallen der dann voll erregten Schienenbremsen in Kauf genommen und außerdem auf die nicht zu unterschätzende Entlastung der Motoren durch die Schienenbremsen während der normalen Bremsungen verzichtet werden[1].

Um den Sicherheitsgrad, soweit es eben vertreten werden kann, zu steigern, wurde auch die Netzstromspeisung der Schienenbremsen bei den Trieb- und Beiwagen vorgeschrieben. Die Erfüllung dieser Vorschrift bedingt, daß die Schienenbremsen als „Verbundschienenbremsen" ausgebildet werden bzw. es sind Schaltelemente vorzusehen, die eine Speisung von einspuligen Magneten durch Bremsspannung und Netzstrom ermöglichen. Die Netzstromspeisung soll auf der letzten Kurzschlußbremsstellung zwangsläufig einsetzen, kann aber auch durch die Betätigung des Sandstreuers im letzten Drittel des Sandstreuhebelweges oder durch einen besonderen Schalter auf dem Fahrschaltertisch eingeschaltet werden. Durch einen Ordnungsschalter wird die Einschaltung des Netzstromes, solange der Fahrstrom über eine Fahrtstellung fließt, verhindert und für die Fälle, wo während der Anfahrt gesandet werden muß, die beliebige Benutzung des Sandstreuers ermöglicht.

Bezüglich der Auslegung und Schaltung der Schienenbremsen bleibt noch zu beachten, daß die Kurzschlußstromspulen in den Trieb- und Beiwagen parallel geschaltet werden. Sie sollen in Verbindung mit den Solenoiden, welche in den Beiwagen die mechanische Bremse betätigen, einen tunlichst kleinen Gesamtwiderstand haben, damit der gesamte Restwiderstand eines Zuges so klein wird, daß auch die Endgeschwindigkeit mit der durchgehenden Bremse unter Ausnutzung der Remanenz der Schienenbremsmagnete abgebremst werden kann und die Handbremse nur als Feststellbremse beansprucht wird. Bei viermotorigen Wagen mit Gruppen-Reihen-Parallelschaltung, zumal wenn diese Beiwagen mitführen, läßt sich der Endwiderstand nicht auf das notwendige Maß herabdrücken, und deshalb ist für diese die Einschaltung des Netzstromes auf der letzten Bremsstellung zu empfehlen, weil dann auch bei ungünstigeren Verhältnissen die Stillsetzung des Zuges mit der Durchgangsbremse sicher erfolgen kann.

Außer der vorerwähnten Erregung der Schienenbremsen durch Brems- und Netzstrom ist auch die Erregung durch Bremsspannung und Netzstrom zugelassen. Bei dieser Art der Erregung ist es nicht erforderlich, je Bremskörper 2 Wicklungen vorzusehen, vielmehr genügt eine Wicklung, die einmal an die Bremsspannung der als Generatoren arbeitenden Motoren gelegt und das andere Mal durch Netzstrom erregt wird. Die Einschaltung des Netzstromes erfolgt selbsttätig durch die Betätigung des Sandstreuers im letzten Drittel des Sandstreuhebelweges unter gleichzeitiger Abschaltung der Bremsspannung. Bleibt die Fahrdrahtspannung aus, wird die Spule selbsttätig wieder an Bremsspannung gelegt. Auch bei dieser Erregung der Spulen kann die Einschaltung des Netzstromes anstatt durch den Sandstreuhebel durch einen besonderen Schalter auf dem Fahrschaltertisch erfolgen. Hinsichtlich der Schaltung, die den Anschluß der Schienenbremsen an die Bremsspannung vorsieht, sei auf den Beitrag von Reg.-Baum. a. D. Dozler, Berlin, verwiesen[2].

Bei den vom Netzstrom bzw. von der Bremsspannung abhängigen Spulen empfiehlt sich im allgemeinen eine paarweise Reihenschaltung, weil diese die günstigsten Wickelungsdaten liefert und die geringsten Anforderungen hinsichtlich der Isolation sowie der Vorschaltwiderstände stellt.

Bremssolenoide

Seitens der beteiligten Elektrofirmen werden in Zukunft Bremssolenoide geliefert, deren Zugkraftcharakteristiken, Wickelungsdaten und Widerstände weitgehend übereinstimmen. Der Widerstand der Solenoide soll aus den bereits erwähnten Gründen möglichst klein sein. Die Frage nach der Einschaltung einer selbsttätigen Nachstellvorrichtung bei der Beiwagenklotzbremse ist in Ermangelung einer allgemein bewährten Einrichtung zunächst

---

[1] Der Typungsausschuß hat im Gegensatz zu der in diesem Absatz geäußerten Ansicht durch die vorbehaltlose Freigabe der geschilderten Ausführung in den „Technischen Festlegungen" zum Ausdruck gebracht, daß deren Verwendung nach seiner Meinung auch in anderen als den vom Verfasser erwähnten Fällen in Frage kommt.   Die Schriftl.

[2] Verkehrstechnik Bd. 22 (1941) S. 12.

offengeblieben. Der Ausschuß weist deshalb darauf hin, daß mit Rücksicht auf die besonderen Eigenschaften der Zugmagnete eine Nachstellung der Bremse von Hand in kleinen Zwischenräumen notwendig ist, um innerhalb eines Hubweges von etwa 60 mm die größte Zugkraft des Solenoides ausnutzen zu können. Auf eine Dämpfung der Solenoide wurde bewußt verzichtet, aber die Möglichkeit geschaffen, den gesamten Bremsklotzdruck, der bei den Beiwagen im allgemeinen 80 vH. des Wagengewichtes ausmacht, zu erhöhen bzw. zu ermäßigen, je nachdem, wie es mit Rücksicht auf den vorherrschenden Schienenzustand im Winter- oder Sommerhalbjahr zwecks Vermeidung von Bremsflächen an den Rädern geboten erscheint. Zu diesem Zwecke kann der Angriffspunkt des Solenoides am Bremsgestänge verlagert werden. Die Verminderung des Anteiles der Klotzbremse an der Gesamtbremsleistung der Beiwagen im Winterhalbjahr dürfte wegen des mindestens gleich großen Anteils der Schienenbremse und angesichts der auf einfache Weise erstrebten Vorteile tragbar sein. Insgesamt wird die Wirkung der durchgehenden Bremse in den Beiwagen immer eine vollständige Abbremsung des Beiwagengewichtes gewährleisten, so daß die Kuppelungen auch während des Bremsvorganges nur auf Zug beansprucht werden.

Mit Rücksicht auf die wahlweise zugelassenen getrennten Motorbremskreise erhalten alle Wagen zwei durchgehende Bremsleitungen. Wenn bei zweiachsigen Triebwagen auf getrennte Bremskreise verzichtet wird, können mit Hilfe der doppelten Bremsleitung durch die Schiebekontakte in der selbsttätigen Kuppelung Ersatzwiderstände, die dem Kombinationswiderstand der Schienen- und Solenoidbremse eines Beiwagens bzw. beim Triebwagen von zwei Beiwagen entsprechen, durch den Kupplungs- und Entkuppelungsvorgang selbsttätig ab- oder zugeschaltet werden, so daß die elektrischen Verhältnisse im Ein-, Zwei- und Dreiwagenzug praktisch gleich sind. Infolge der unveränderlichen Stromverteilung ergibt sich eine gleichbleibende, von der vorerwähnten Zugzusammensetzung unabhängige Bremswirkung. Für die Netzstromspeisung der Schienenbremsen sind in allen Beiwagen zwei besondere durchgehende Leitungen vorgesehen.

Bei getrennten Bremsstromkreisen gehen die Vorteile der vorerwähnten Ausgleichsschaltung leider verloren, weil für jeden der zwei Bremskreise eine durchgehende Bremsleitung gebraucht wird, um die Solenoide und Schienenbremsen in den Beiwagen getrennt durch je einen Bremskreis speisen zu können, so daß die zweite Leitung für die Ausgleichsschaltung nicht mehr zur Verfügung steht.

Vor Beschaffung von Einheitswagen müssen sich die Unternehmen unter Abwägung der Vor- und Nachteile eindeutig für die Speisung der Schienenbremsen durch Bremsstrom oder Bremsspannung entscheiden, weil beide Systeme trotz der Übereinstimmung in der Speisung der Bremssolenoide in den Beiwagen durch Bremsstrom noch Abweichungen in der Schaltung der Trieb- und Beiwagen zeigen und daher eine andere Auslegung der Schienenbremsen bzw. eine besondere Ausbildung der elektrischen Kupplung bedingen, die eine freizügige Verwendung der Einheits-Beiwagen innerhalb eines Betriebes gegebenenfalls unmöglich machen. Selbstverständlich kommt der Entscheidung nicht zuletzt auch im Zusammenhang mit den bei den Bremsschaltungen besonders erwähnten Merkmalen dann eine besondere Bedeutung zu, wenn Betriebe durch Gemeinschaftsverkehr verbunden sind oder ein Wagenaustausch aus anderen Gründen erfolgen muß.

*

Zum Schluß sei noch erwähnt, daß beteiligte Firmen mit Rücksicht auf die Betriebe, welche die Geschwindigkeitserlaubnis ausschöpfen und dementsprechend auch bei abgenutzten Radreifen noch mit 60 km/h Höchstgeschwindigkeit fahren wollen, für die Einheitsmotoren mit den entsprechenden Übersetzungen als höchste Betriebsdrehzahl das 2,5fache der Stundendrehzahl zugestanden haben. Weil die bei den Bremsungen auftretenden hohen Spannungen von der jeweiligen Drehzahl abhängig sind, ergibt sich folgerichtig aus der Erhöhung des Verhältnisses zwischen Stunden- und Betriebsdrehzahl von 2 auf 2,5, daß auch den Bremsprüfungen nach § 45 der REB 0535/III. 38 um 25 vH höhere Werte, also nicht 6 U. J., sondern 7,5 U. J. zugrunde zu legen sind.

Diesen Bremsprüfungen kommt im Hinblick auf die Kommutierungsschwierigkeiten mit ihren Folgewirkungen, die bei Bremsungen aus hohen Fahrgeschwindigkeiten auftreten, eine überragende Bedeutung zu. Nachdem auch von Firmenseite anerkannt ist, daß die geltenden VDE-Vorschriften, welche im allgemeinen noch auf Fahrgeschwindigkeiten bis zu 40 km/h beruhen, der zugelassenen Höchstgeschwindigkeit von 60 km/h angepaßt werden müssen, dürften die zuständigen Stellen baldmöglichst die geeigneten Schritte tun.

Die Betriebe, die mit Einheitswagen in größtmöglichen Zugeinheiten bei entsprechenden Beschleunigungen und Verzögerungen hohe Reisegeschwindigkeiten erstreben, ohne dafür einen zu hohen Unterhaltungsaufwand beim elektrischen Teil der Motoren in Kauf nehmen zu müssen, erwarten, daß der § 45 der erwähnten VDE-Vorschriften in Zukunft auch auf einen Wert von 9 U. J. abgestellt wird. Die Industrie hat schon wiederholt im Wege freier Vereinbarung der zuletzt genannten Bedingung entsprochen und damit dargetan, daß ihre Erfüllung keine zu weitgehenden Anforderungen stellt[3].

---

[3] Die in den letzten drei Absätzen behandelte Frage bedarf noch der Klärung im Typungsausschuß.   Die Schriftl.

Die Kleinspannungsanlage im Einheitsstraßenbahnwagen

Von Betriebsdirektor Dipl.-Ing. W. PRASSE VDI-VDE, Essen

Notwendigkeit und Zweckmäßigkeit der Kleinspannungsanlage — Hinweis auf vorhandene Anlagen — Kurze Beschreibung der Verbrauchskreise

Notwendigkeit und Zweckmäßigkeit der Kleinspannungsanlage

Jeder neuzeitliche Personenkraftwagen und Omnibus ist mit einer Kleinspannungsanlage ausgerüstet, über deren Zweckmäßigkeit und Brauchbarkeit heute wohl niemand mehr Zweifel hegt. Eine ganze Reihe Firmen, an der Spitze wohl Bosch, haben eine große Reihe von Apparaten geschaffen, die mit dieser Kleinspannung betriebssicher arbeiten und auch so durchgebildet sind, daß sie wenig Unterhaltungskosten verursachen. Selbst bei der Entwicklung des Obusses, bei dem doch in gleicher Weise wie beim Straßenbahnwagen Fahrdrahtspannung zur Verfügung steht, ist niemals die Zweckmäßigkeit einer Kleinspannungsanlage angezweifelt worden. Sie ist fast vollständig der eines Omnibusses gleich. Beim Straßenbahnwagen jedoch wurde bisher von der Verwendung einer Kleinspannung kaum Gebrauch gemacht.

Bei dem Entwurf des Einheitsstraßenbahnwagens ergab sich bei Verwendung von Kleinspannung eine Reihe von Vorteilen und Vereinfachungen in der Ausführung der elektrischen Hilfseinrichtungen. Die Scheinwerfer-Anlage z. B. wird zunächst einmal dadurch unabhängig von dem Vorhandensein der Oberleitungs-Spannung; außerdem ist es möglich, mit Kleinspannungs-Glühbirnen und Kraftwagenscheinwerfern die gleichen günstigen Beleuchtungsergebnisse vor dem Wagen zu erreichen wie beim Kraftwagen. Verschiedene andere elektrische Hilfseinrichtungen, auf die im einzelnen noch näher eingegangen werden soll, können ebenfalls mit Kleinspannung betrieben und aus dem vorhandenen handelsüblichen Kraftwagenzubehör aufgebaut werden. Die Befürchtungen, die bisweilen beim Vorhandensein einer elektrischen Kleinspannungsanlage gehegt werden, sind wohl bei richtiger Wartung und Pflege einer solchen Anlage nicht mehr aufrechtzuerhalten. Die langjährigen Erfahrungen beim Kleinkraftwagen und Omnibus haben eine gute Wirtschaftlichkeit und jederzeitige Betriebsbereitschaft bestätigt. Ein wesentlicher Vorteil ist bei der Kleinspannungsanlage das Vorhandensein einer Batterie in jedem Wagen, die für eine für manche Stromverbraucher notwendige gleichmäßige Spannung sorgt und trotz des etwas größeren Raumbedarfes und des höheren Preises als Nickel-Kadmium-Batterie mit großem Laugeraum gewählt worden ist. Diese Batterien müssen natürlich während des Betriebes aufgeladen werden, um ein umständliches Auswechseln während der Ruhestunden des Wagens zu vermeiden, oder sich der Gefahr auszusetzen, daß eine vorzeitige Entladung eintritt. Die Ladung der Batterien kann auf zweierlei Weise erfolgen: entweder durch Hintereinanderschaltung mit sonstigen an die Fahrleitungsspannung angeschlossenen Verbraucherkreisen im Wagen, wie z. B. Beleuchtungsanlage, Türschließvorrichtung u. dgl. oder durch eine besondere Lademaschine, die durch einen Umformer, der primär an die Fahrleitungsspannung angeschlossen ist bzw. eine irgendwie angetriebene Lichtmaschine gebildet wird. Beim Einheitsstraßenbahnwagen hat man sich zu dem Einbau einer Lichtmaschine entschlossen, da die erstgenannte Art der Ladung, die sog. Tropfenladung, bei der im Einheitsstraßenbahnwagen vorhandenen Vielzahl der an der Kleinspannung angeschlossenen Stromverbraucher nicht ausreicht und durch die Lichtmaschine immer eine genügende Ladung aller Batterien gewährleistet wird.

Es ist auch festzustellen, daß bei einer Anzahl von deutschen Straßenbahnen Kleinspannungsanlagen in Straßenbahnwagen vorhanden sind, die sich, soweit bekannt, bei richtiger Auslegung und Wartung bewährt haben. Unter diesen ausgeführten Anlagen befinden sich je nach der Eigenart der von den einzelnen Betrieben gestellten Forderungen Anlagen mit und ohne Ladeumformer. In beiden Fällen wurden zufriedenstellende Ergebnisse erzielt.

Lichtmaschine

Wie schon erwähnt, soll in dem Triebwagen in Anbetracht der verhältnismäßig großen erforderlichen Leistung zur Aufladung der Batterie eine Lichtmaschine eingebaut werden. Es handelt sich hierbei um eine 12 V-Lichtmaschine von etwa 500 W Leistung, die wahrscheinlich vom großen Zahnrad einer Achse aus mechanisch angetrieben werden wird. Diese Antriebsart ist seit längerer Zeit in einem deutschen Betriebe erprobt und hat sich dort gut bewährt. Aus Bild 1 ist der Aufbau dieser Maschine auf dem Motor

Bild 1 — Antriebsart der Lichtmaschine Werkaufn.

zwischen den Tatzlagern und der Antrieb vom großen Zahnrad aus gut zu sehen. Die verschiedenen Drehrichtungen, je nach Rückwärts- und Vorwärtsfahrt des Wagens werden durch eine selbsttätige Bürstenverstellung der Lichtmaschine berücksichtigt, so daß also immer gleiche Stromrichtung gewährleistet ist. Eine unbeabsichtigte Entladung einer Batterie wird hierdurch verhindert. Damit eine zu hohe Spannung bei sehr großen Wagengeschwindigkeiten und entsprechend großen Drehzahlen des Zahnrades nicht eintritt, ist ein selbsttätiger Regler vorhanden, der nach dem bekannten Tirill-Prinzip arbeitet. Die Leistung der Lichtmaschine ist so bemessen, daß sie sowohl die Batterie des Triebwagens als auch die Beiwagenbatterien auflädt.

Als Batterie wird eine alkalische Batterie (Nickel-Kadmium) mit großem Laugeraum verwendet. Diese Batterien sind praktisch unempfindlich gegen Lade- und Entladestöße sowie gegen unvollkommene Unterhaltung. Auch mit diesen Nickel-Kadmium-Batterien liegen in verschiedenen Straßenbahn- und Omnibus-Betrieben günstige Erfahrungen vor. Der Triebwagen erhält eine Batterie von 46 Ah, während bei dem Beiwagen eine solche von 22 Ah genügt.

Die Verbrauchskreise

Bei dem Einheitsstraßenbahnwagen sind für die Kleinspannung folgende Verbrauchskreise vorgesehen:

1. Scheinwerfer, 2. Schlußlicht, 3. Bremslicht, 4. Warnglocke, 5. Einrichtung zur Signalgebung zwischen Schaffner und Fahrer, 6. Fahrtrichtungsanzeiger, 7. Scheibenwischer, 8. Notbeleuchtung, 9. Abrufanlage, 10. Trittstufenbeleuchtung.

Selbstverständlich fallen für den Beiwagen Scheinwerfer, Fahrtrichtungsanzeiger, Warnglocke und Scheibenwischer fort. Bild 2 zeigt ein Prinzip-Schaltbild der gesamten Kleinspannungsanlage einschließlich der notwendigen Verbindungsleitungen zwischen Trieb- und Beiwagen.

Im einzelnen ist zu den vorgenannten elektrischen Einrichtungen folgendes zu sagen:

Scheinwerfer

Die bei der bisherigen Schaltung der Beleuchtungsstromkreise verwandten Scheinwerfer mit Glühlampen von etwa 100 bis 120 V Spannung ergaben eine völlig unzureichende Beleuchtung der Fahrbahn. Da aber der Einheitswagen für Geschwindigkeiten bis 60 km/h in Frage kommt, mußte, um besonders den Bestimmungen der BOStrab (AB 96 zu § 28 [1]), die eine Reichweite der Scheinwerfer auf mindestens Notbremsweglänge verlangen, Rechnung zu tragen, ein Scheinwerfer gewählt werden, der dieser Forderung entspricht. Angestellte Versuche ergaben, daß hierfür nur ein Scheinwerfer mit einer Glühlampe für 12 V, wie er auch bei den Kraftfahrzeugen Anwendung findet, in Frage kommen konnte. Er mußte aber lichttechnisch so eingerichtet werden, daß eine genügende Breitenstreuung erzielt wird. Man wird auf diese Weise mit dem einen für die Einheitsstraßenbahnwagen vorgesehenen Scheinwerfer zu derselben Lichtwirkung kommen wie bei den zwei Scheinwerfern des Kraftwagens. Als Lampe soll eine Bilux-Lampe Verwendung finden, um bei Stadtfahrten die nötige Abblendung zu erreichen. Selbstverständlich muß auf die zur Zeit bei verschiedenen Stellen stattfindenden Versuche mit blendungsfreien Scheinwerfern Rücksicht genommen werden, so daß also unter Umständen für den Einheitswagen ein augenblicklich noch im Versuchsstadium befindlicher, blendungsfreier Scheinwerfer gewählt werden wird. Verdunkelungseinrichtungen für den Kriegsfall, die auch bei Luftschutz- und Verdunkelungsübungen immer wieder verwendet werden, sollen nach Möglichkeit an dem Scheinwerfer fest eingebaut sein. Auch hier werden zur Zeit von den maßgebenden Stellen noch Versuche angestellt, die darauf hinzielen, eine lichttechnisch möglichst günstige Ausführung herauszubringen.

Schlußlicht und Bremslicht

Das Schlußlicht soll mit dem Bremslicht in einem Gehäuse untergebracht sein, wobei auch hier an eine im Kraftwagenbau vorhandene Ausführung gedacht ist. Besonders beim Schlußlicht zeigt sich der Vorteil einer von dem Fahrleitungsstrom unabhängigen Stromquelle, weil auch beim Versagen des Fahrleitungsstromes der Wagen gegen Auffahren gesichert ist.

Das Bremslicht ist für Straßenbahnwagen zwar nicht gesetzlich vorgeschrieben; da es aber eine sehr wertvolle Einrichtung ist, ist es in den Einheitswagen selbstverständlich vorgesehen. Dies ist wegen des Vorhandenseins einer Batterie auch leicht möglich, während seine Einführung bei den bisher gelieferten Wagen wegen Fehlens einer Kleinspannung bzw. wegen Platzmangels im Fahrschalter bekanntlich die größten Schwierigkeiten machen würde. Betätigt wird das Bremslicht vom Fahrschalter aus, und zwar vom ersten Kontakt der elektrischen Kurzschlußbremse an.

Fahrtrichtungsanzeiger

Bei der Ausbildung der Fahrtrichtungsanzeiger wurde die bisher bei Straßenbahnen fast allgemein eingeführte Bauart der seitlich angebrachten Lampen verlassen und dafür Pendelwinker, wie sie beim Kraftwagen üblich sind, vorgesehen. Die Anordnung von Fahrtrichtungslampen hat betrieblich dem Pendelwinker gegenüber den Nachteil, daß für das Auge keine Veränderung des Wagenumrisses eintritt und infolgedessen die Wirkung als Blickfang bei hellem Sonnenschein, besonders bei niedrigstehender Sonne, gering ist. Die als Pendelwinker jetzt vorgesehenen Fahrtrichtungsanzeiger (Bild 3) werden versenkt in die Fensterbegrenzungssäule eingebaut und sind während der Betätigung gegen Abreißen durch überholende Fahrzeuge dadurch gesichert, daß sie um die Vertikalachse klappbar eingerichtet sind. Der Winker ist baulich so ausgestaltet, daß er durch Drehen eines Vorreibers mittels des Vierkantschlüssels in einfachster Weise ohne Lösen irgendwelcher Schrauben ausgewechselt werden kann. Es ist also möglich, bei Beschädigung eines der jeweils benutzten Winker in kürzester Zeit auf der Strecke einen der gerade nicht benutzten Winker an die Stelle des beschädigten zu setzen.

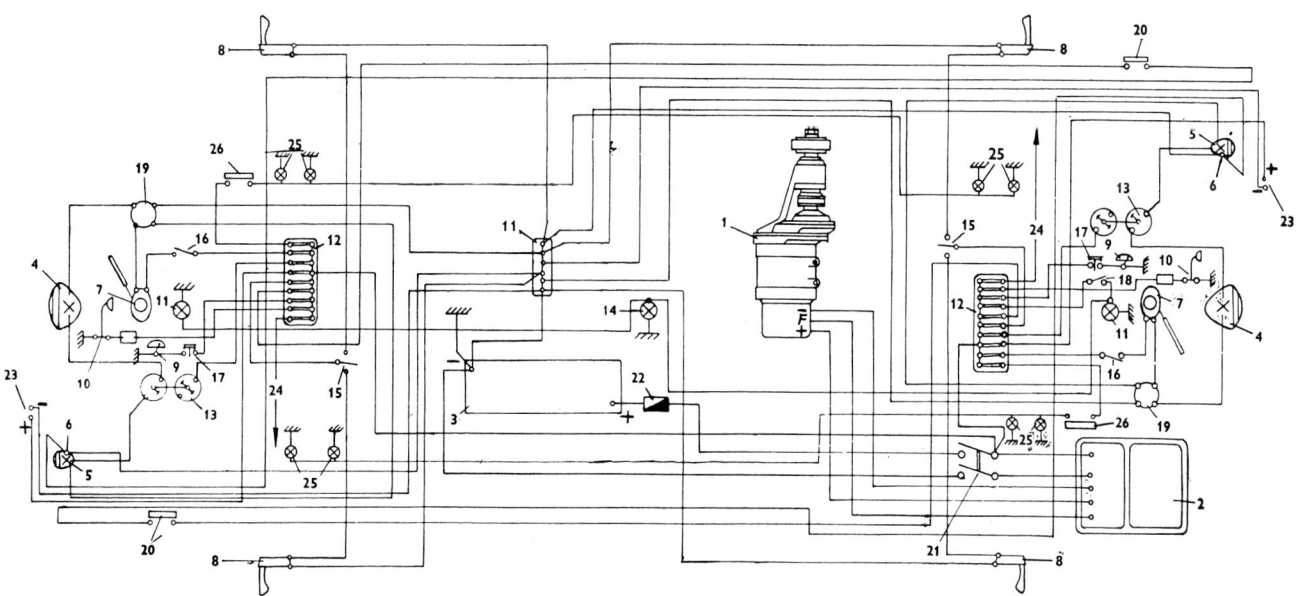

Bild 2 — Prinzip-Schaltbild der gesamten Kleinspannungsanlage der Einheitsstraßenbahnwagen

1 Lichtmaschine, 2 Regler, 3 Batterie, 4 Scheinwerfer, 5 Schlußlicht, 6 Bremslicht, 7 Scheibenwischer, 8 Fahrtrichtungsanzeiger, 9 Signalglocke, 10 Abrufanlage, 11 Notlampen, 12 Sicherungsdosen, 13 Paccoschalter, 14 Abzweigdose, 15 Schalter für Fahrtrichtungsanzeiger, 16 Schalter für Scheibenwischer, 17 Schalter für Signalglocke, 18 Schalter für Notbeleuchtung, 19 Abzweigdose, 20 Schalter für Bremslicht (im Fahrschalter, vom 1. Bremskontakt an geschlossen), 21 Batterieschalter, 22 Sicherung, 23 elektrische Kupplung für Beiwagen, 24 optisch-akustische Signalanlage, 25 Trittstufenbeleuchtung, 26 Kontakt auf der Richtungswalze

Scheibenwischer

Als besonderer Vorteil wird sich das Vorhandensein eines selbsttätigen, motorisch angetriebenen Scheibenwischers herausstellen. Auch hier ist eine Scheibenwischer-Ausführung mit zwei mechanisch gekuppelten handelsüblichen Kleinspannungsmotoren entwickelt. Dieser Antrieb sitzt unterhalb der Fensterbrüstungsleiste im Fahrschaltergeschränk und wird durch einen kleinen Schalter auf dem Schalttisch vor dem Fahrersitz betätigt. Da bei dem Einheitswagen für die Fahrerscheibe eine Doppelscheibe vorgesehen ist, wirkt der Scheibenwischer nur auf die äußere Scheibe.

Optisch-akustische Signaleinrichtung

Ein wichtiger Bestandteil der Kleinspannungsanlage ist die optisch-akustische Signal-Einrichtung. Über die Vorteile einer solchen Anlage, besonders bei Zugbetrieb im Großstadtverkehr, braucht wohl nichts Ausführliches mehr gesagt zu werden. Zu erwähnen wäre nur die schnellere Zugabfertigung, weil die Schaffner jedes einzelnen Wagens unabhängig bezüglich der Abgabe von Halt- und Fahrt-Signalen sind. Natürlich können mit der im Einheitsstraßenbahnwagen vorhandenen Anlage sämtliche Signale nach § 31 (2) der BOStrab gegeben werden. Die jetzt in den Wagen vorhandene und durch eine Leine oder einen Lederriemen betätigte Glocke fällt fort. Es bestehen zwar schon bei verschiedenen Bahnen elektrische Signal-Anlagen zur Verständigung von Fahrer und Schaffner. Diese Anlagen arbeiten zum Teil auch optischakustisch, entsprechen jedoch nicht oder nicht vollkommen den Anforderungen, die an eine solche Anlage gemäß § 31 (2) der BOStrab gestellt werden müssen. Es wurden daher schon vorhandene Systeme, die sich für die Umarbeitung auf sämtliche Signale, die gegeben werden müssen, eignen, ausgesucht und zum Einbau zugelassen. Die Betätigung der Signale ist bei diesen 3 Systemen vollkommen gleich, so daß das Fahrpersonal auf den Wagen von einer möglichen Verschiedenheit des inneren Aufbaues dieser Anlagen überhaupt nichts merkt. Natürlich wird auch hierbei angestrebt, nach einer gewissen Probezeit nur noch ein System auszuführen.

Wie schon erwähnt, können mit der im Einheitsstraßenbahnwagen vorhandenen Anlage sämtliche Signale nach § 31 (2) der BOStrab gegeben werden. Zur Betätigung der Signale sind an den Fenstersäulen auf der Seite der Schmalsitze Knöpfe in einer Höhe von etwa 1,65 m über dem Fußboden angebracht. Die Druckknöpfe für Abfahrtsignal erhalten eine grüne Farbe, die für das Haltsignal eine rote Farbe. Außerdem befinden sich die gleichen Druckknöpfe auf den Plattformen an dem für den Schaffner vorgesehenen Platz, und schließlich ist für den Schaffner noch ein Abfahrtdruckknopf außerhalb des Wagens vorgesehen, und zwar in Fahrtrichtung rechts vor der hinteren, äußeren Doppeltür.

Die Signale selbst werden wie folgt gegeben: Beim Haltsignal ertönt, solange der rote Knopf gedrückt wird, durch den ganzen Zug eine Hupe, so daß die übrigen Schaffner kein Haltsignal mehr zu geben brauchen. Außerdem erscheint beim Wagenführer ein rotes Licht. Das Notsignal wird durch dreimaliges Drücken auf den roten Knopf bewirkt. Im ganzen Wagen ertönt die Hupe, beim Fahrer erscheint rotes Licht. Beim Geben des Abfahrtsignals (einmal drücken auf den grünen Knopf) leuchten grüne Kontrolllampen in denjenigen Wagen auf, in denen die Abfahrtsignale gegeben worden sind. Sämtliche Abfahrtsignale werden vorerst gespeichert, d. h. sie erscheinen beim Fahrer zunächst noch nicht,

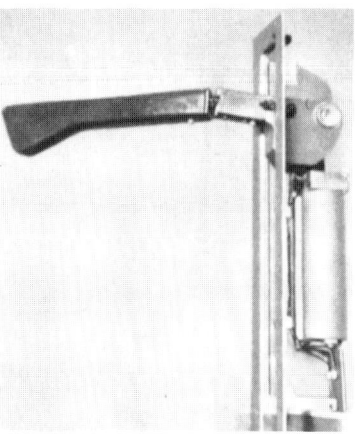

Bild 3 — Der Pendelwinker der Einheitsstraßenbahnwagen Werkaufn.

sondern erst dann, wenn unabhängig von der Reihenfolge der Betätigung sämtliche Schaffner des Zuges ihre Abfahrtsignale gegeben haben.

Dann ertönt außerdem beim Fahrer eine Schnarre. Diese Anordnung hat den Vorteil, daß der Fahrer nicht darüber nachzudenken braucht, welche Zugzusammensetzung er im Augenblick fährt, da das Abfahrtsignal eben immer erst dann erscheint, wenn alle Wagen eines Zuges — d. h. bei einem Einzelwagen natürlich nur der einzelne Wagen — ihre Abfahrtsignale gegeben haben. Das Notsignal vom Fahrer her wird durch einen Kippschalter gegeben. Es ertönen dann im ganzen Zuge die Hupen, und zwar so lange, wie der Kippschalter eingeschaltet bleibt. Durch diese Anordnung bekommt der Wagenführer nach einmaliger Betätigung des Kippschalters für das Notsignal seine Hände frei zum Einleiten der Notbremsung.

Schließlich ist noch zur Verständigung des Wagenführers zu seinem Schaffner eine elektrische Klingel vorhanden, die durch einen einfachen Druckknopf, der ebenfalls auf dem Fahrertisch angeordnet ist, betätigt wird. Die roten und grünen Lampen für den Fahrer sitzen ebenfalls auf dem Schalttisch und sind so angeordnet, daß sie im Blickfeld des Fahrers liegen und auch bei greller Sonne gut zu sehen sind. Nach jedesmaligem Abfahren von einer Haltestelle, d. h. nach Aufleuchten der grünen Lampe beim Fahrer, wird die Anlage durch Betätigung einer sog. Löschtaste, die auf dem Fahrertisch außerhalb des Griffbereichs Unbefugter angeordnet ist, wieder betriebsbereit gemacht.

Notbeleuchtung

Als Notbeleuchtung, also beim Fehlen der Fahrdrahtspannung, brennen im Innern des Wagens 3 kleine Lampen von je 5 W, die von der Batterie gespeist werden. Von diesen Lampen ist eine im Wageninnern und je eine auf jeder Plattform angeordnet. Die Einschaltung erfolgt mit einem kleinen Schalter, der beim Triebwagen auf dem Fahrertisch und beim Beiwagen im Schalterschrank sitzt. Außerdem werden, wie schon oben erläutert, sowohl beim Triebwagen als auch bei dem Beiwagen die Schlußlichter von der Batterie aus gespeist und können zur Sicherung des Wagens durch den hierfür vorgesehenen Schalter eingeschaltet werden.

Warnglocke

Die vom Fahrer zu betätigende Warnglocke wird ebenfalls von der Kleinspannungsanlage gespeist, so daß also eine stete Betriebsbereitschaft vorhanden ist. Die Warnglocke ist als Rasselglocke ausgebildet. Die Einschaltung erfolgt in der bisher für Warnglocken üblichen Weise durch Betätigung eines Glockenstiftes mit dem rechten Fuß. Für den Fall, daß an dieser Glocke einmal eine Störung auftreten sollte, ist noch eine fußbetätigte mechanische Warnglocke vorhanden.

Abruf-Anlage

Wahlweise kann beim Einheitsstraßenbahnwagen eine von der Batterie aus zu betätigende Abruf-Anlage mit Lautsprecher eingebaut werden, die in erster Linie für den Fahrer zum Ausrufen von Haltestellen gedacht ist, aber auch für eine Verständigungsmöglichkeit außerhalb des Wagens ausgebildet werden kann. Letztere Ausführung wird in den Fällen Bedeutung haben, wo es gilt, an verkehrsstarken Plätzen die außen wartenden Fahrgäste vom Wageninnern aus, besonders bei Dunkelheit über Liniennummern, Besetzung und dgl. zu unterrichten. Außer der für

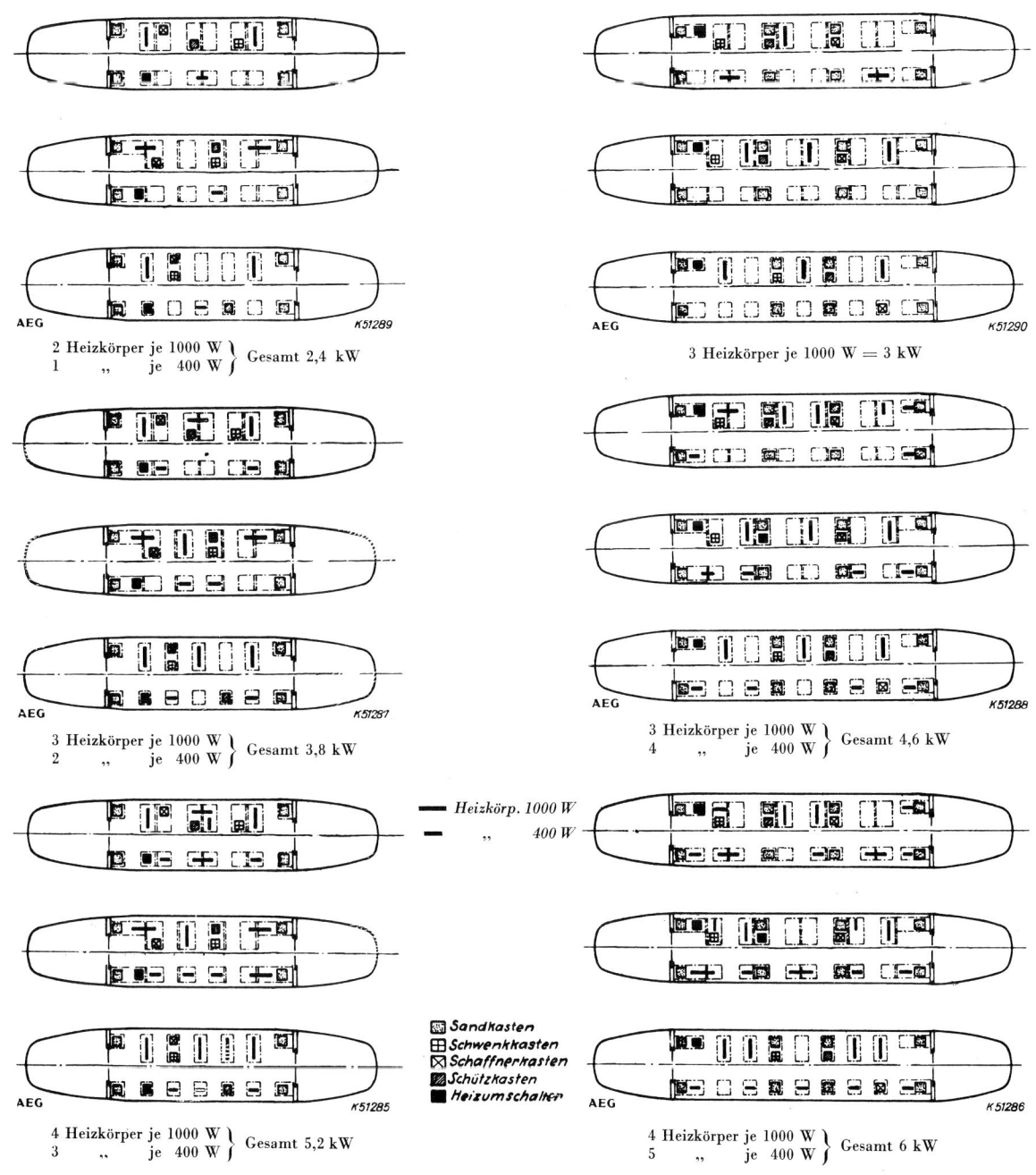

Bild 2 — Heizkörper-Anordnung (Nutzstromheizkörper) in den zwei- und dreiachsigen Einheits-Triebwagen

Bild 3 — Heizkörper-Anordnung (Nutzstromheizkörper) in den vierachsigen Einheits-Triebwagen

Die von den verschiedenen Firmen hergestellten Speicherheizkörper haben gleiche Befestigungsmaße und annähernd dieselben Umrisse, so daß sie gegenseitig untereinander ausgetauscht werden können. Bei den Heizkörpern für Netzstrom sind ebenfalls 2 Größen vorgesehen, eine kleine Type für etwa 300 W und eine größere für etwa 550 W Leistung bei 80° Übertemperatur und $\frac{600}{2}$ V. Die Abstufung der Heizleistung für Netzstrom entspricht etwa der für Nutzstrom. Es werden zwar für Netzstrom mehr Heizkörper gebraucht, die sich aber unterbringen lassen, weil deren Abmessungen kleiner sind. Auch die Netzstromheizkörper sind insofern vereinheitlicht, als die Schellenmaße und die äußeren Abmessungen der verschiedenen Fabrikate übereinstimmen.

Jeder Heizkörper ist sowohl am geregelten als auch ungeregelten Heizkreis angeschlossen. Dadurch werden zu große Wärmeschwankungen infolge des Regelvorganges vermieden. Je zwei Heizkörper $\left(\frac{600}{2} \text{V}\right)$ sind in beiden Kreisen in Reihe geschaltet. Die Heizkörper werden unter den Sitzbänken hängend angebracht.

Die Heizung für Netzstrom ist durch Kleinautomaten für 800 V abgesichert, mit denen gleichzeitig ein- oder ausgeschaltet wird.

Um auch den Fahrer gegen Kälte zu schützen, ist bei den Einheitstriebwagen beim Fahrerplatz ein Netzstromheizkörper vorgesehen. Er ist von der übrigen Wagenheizung unabhängig und kann vom Fahrer nach Belieben ein- und ausgeschaltet werden.

die warme Überkleidung abzulegen, und ihnen deshalb ein ungeheizter Raum zugemutet werden könne. Auch war die frühere Bauart der Fahrzeuge für eine Heizung nicht geeignet, denn solange offene Plattformen oder offene, nur durch Gitter geschützte Ausstiege vorhanden waren, hatte die Wagenheizung keinen großen Wert.

Mit dem Einsatz der Straßenbahn auf längeren Strecken ließ sich der Einbau einer Heizung nicht mehr aufhalten. Zunächst glaubte man, unter Hinweis auf die Mehrausgabe für Strom an den ungeheizten Wagen festhalten zu können. Durch die Einführung der Nutzheizung mit Motorstrom in den Triebwagen beim Anfahren und Bremsen, die praktisch nichts kostet, wurde dieser Einwand hinfällig. Die Heizung der Beiwagen mit Netzstrom oder anderen Heizmitteln war nicht zu umgehen, weil anderenfalls diese Wagen im Winter, wenn irgend möglich, von den Fahrgästen gemieden worden wären.

Für die Einheitsstraßenbahnwagen kommt daher auch als Heizmittel in erster Linie der elektrische Strom zur Anwendung. Bei den Triebwagen hat sich die Nutzstromheizung, bei welcher der beim Anfahren und Bremsen auftretende Motorstrom verwertet wird, als die billigste Heizung allgemein durchgesetzt. Bei den Einheitstriebwagen ist die Nutzstromheizung als Ausführung 2 vorgesehen. Sie hat den Mangel, daß sich die erzeugte Wärme nur grob abstufen läßt und sich mehr oder weniger von selbst aus den Streckenverhältnissen ergibt. Auch das Fehlen der Möglichkeit zum Anwärmen der Wagen vor dem Ausrücken aus den Bahnhöfen wird als Nachteil empfunden. Der unbestreitbare Vorteil der Nutzstromheizung besteht darin, daß kein zusätzlicher Stromverbrauch entsteht.

Die Triebwagen für Nutzstromheizung haben für Sommer und Winter 2 gesonderte Widerstandssätze. Die Umschaltung erfolgt auch beim Einheitsstraßenbahnwagen wie bisher durch einen im Wagen untergebrachten Widerstandsschalter, mit dem die 2 Heizstufen mäßig und warm eingestellt werden können.

Die Heizung mit Netzstrom ist der mit Nutzstrom in bezug auf Regelbarkeit weit überlegen, bedeutet aber vom Standpunkt der Energiewirtschaft aus eine gewisse Verschwendung. Man wird deshalb mit dem Heizgut möglichst sparsam umgehen und die Heizung rechtzeitig abschalten, sobald die gewünschte Temperatur im Wagen erreicht ist. Diese Aufgabe ist bei den bisherigen Ausführungen dem Fahrpersonal zugefallen. Bei der reinen Netzstromheizung der Einheitsstraßenbahnwagen, die als Ausführung 3 zugelassen ist, wird das Zu- und Abschalten der Heizung durch Wärmefühler (Thermostate), die sich bei den Heizungen für Obusse gut bewährt haben, selbsttätig geregelt. Mit Hilfe der Wärmefühler kann innerhalb eines gewissen Bereichs jeder gewünschte Temperaturgrad eingestellt werden.

Für die Netzstromheizung sind 2 Stromkreise gewählt worden. Der eine Stromkreis wird durch einen von Hand bedienten Schalter zu- oder abgeschaltet. Der zweite Heizstromkreis wird an einen Wärmefühler gelegt. Beide Stromkreise arbeiten in der Weise zusammen, daß der eine die gleichbleibende Wärmemenge liefert, während der selbsttätig geregelte Kreis den noch fehlenden Betrag aufzubringen hat. In der Übergangszeit kann der Heizstromkreis ohne Wärmefühler abgeschaltet werden. Der Wärmefühler spricht dann weniger oft an, als wenn die gesamten Heizkörper daran angeschlossen wären. Unter Umständen können sich auch im Strompreis daraus Vorteile ergeben. Bei Stromtarifen, die zwischen Leistungs- und Arbeitspreis unterscheiden, wird in der Übergangszeit die für die Heizung erforderliche Leistung geringer, wenn ein Teil der Heizkörper abgeschaltet wird. Das Verhältnis der Grundheizung zur Regelheizung beträgt etwa 1 : 1.

Die beste Heizung für Straßenbahntriebwagen ist die Verbundheizung, eine Verbindung zwischen Nutz- und Netzstromheizung, die die Vorteile der beiden Systeme in sich vereint. Diese Heizung wurde daher als Grundpreisausführung (Ausführung 1) festgelegt. Nutz- und Netzstromteil haben annähernd gleiche Leistung. Der Netzstromteil wird in einem Stromkreis zusammengefaßt und durch einen Wärmeregler geschaltet. An sich würde man im Fahrbetrieb auf der Netzstromseite mit einer kleineren Leistung auskommen. Die verhältnismäßig hohe Leistung wurde gewählt, um den Triebwagen vor dem Ausrücken in kurzer Zeit durchzuwärmen.

Bei den Triebwagen mit feinstufigen Zentralfahrschaltern, bei denen bekanntlich Schaltapparate und Widerstände zusammengebaut in einem Kasten untergebracht sind, wird die von den Widerständen erwärmte Luft zur Heizung herangezogen. Die Warmluft wird durch Lüfter über besondere Kanäle in das Wageninnere geblasen. Durch Drosselklappen im Luftkanal kann die zugeführte Warmluftmenge nach Bedarf eingestellt werden.

Bei den Beiwagen muß auf die Netzstromheizung zurückgegriffen werden, die genau mit der für Triebwagen übereinstimmt. Als zweite Ausführung ist eine Warmwasserheizung mit Ofen zugelassen.

Für die Nutzstromheizung werden heute nur noch Speicherheizkörper verwendet, die die angenehme Eigenschaft haben, die beim Anfahren und Bremsen stoßweise auftretende Wärme aufzunehmen und gleichmäßig abzugeben. Bei den Einheitsstraßenbahnwagen kommen 2 Größen zur Anwendung. Der kleine Heizkörper für Nutzstrom besteht aus 6 Rippenplatten und gibt 400 W ab. Die große Ausführung ist bei 18 Rippenplatten für 1000 W bemessen. Diese Leistungen ergeben sich unter Berücksichtigung der Oberflächentemperatur von 80° C und einer Belastung mit dem Motordauerstrom.

Der für die Heizung erforderliche Wärmebedarf hängt von der Wagenbauart und den klimatischen Verhältnissen des Betriebsorts ab. Für zweiachsige Straßenbahnwagen von der Größe der Einheitsbauart werden nach näheren Untersuchungen für die Heizung folgende Leistungen gebraucht:

in besonders geschützten Orten .... 3,5 kW
in Orten mit normalen klimatischen Verhältnissen . 4,5 kW
in besonders kalten Orten .... 5,5 kW.

Die angeführten Heizleistungen sind rechnungsmäßig ermittelte Werte, die sich bei Einhaltung von 10° C Innentemperatur und bei Außentemperaturen ergeben, die für die verschiedenen klimatischen Verhältnisse angenommen wurden. Bei Auswahl der tatsächlich einzubauenden Heizleistungen ist der für den Einbau zur Verfügung stehende Platz und die sich ergebende Oberflächenübertemperatur des Heizkörpers zu berücksichtigen. Da man im Fahrzeugbau immer im Raum beschränkt ist, wird man auf höhere Temperaturen zurückgreifen müssen. Leider wird bei Temperaturen von über 100° C die Staubverbrennung gefördert, und es besteht die Gefahr, daß Kleider und Sitzpolster bei Wärmestauungen beschädigt werden.

Unter Berücksichtigung dieser Umstände wurden die nachstehend aufgeführten Heizleistungen festgelegt:

Bei den zwei- und dreiachsigen Triebwagen (Bild 2)
2×1000 W $+ 1 \times 400$ W .... $= 2,4$ kW
3×1000 W $+ 2 \times 400$ W .... $= 3,8$ kW
4×1000 W $+ 3 \times 400$ W .... $= 5,2$ kW

Bei den vierachsigen Triebwagen (Bild 3)
3×1000 W .... $= 3,0$ kW
3×1000 W $+ 4 \times 400$ W .... $= 4,6$ kW
4×1000 W $+ 5 \times 400$ W .... $= 6,0$ kW.

In der Grundpreisausführung ist jeweils die mittlere Heizleistung inbegriffen, d. h. beim zweiachsigen Triebwagen 3,8 kW und beim vierachsigen Triebwagen 4,6 kW.

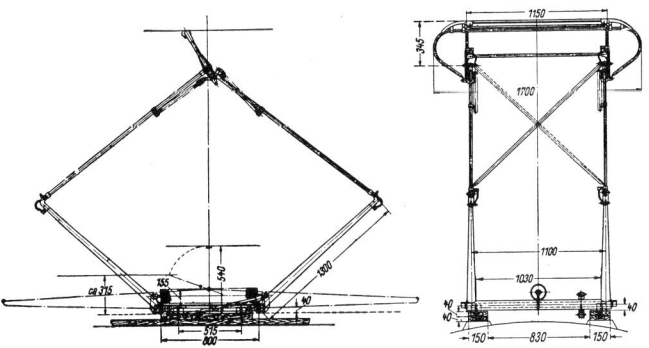

Bild 1 — Scherenstromabnehmer in Einheitsbauart

Scherenarme sind durch je eine Diagonalstrebe gegen Knicken versteift. Auf einer Seite der Hohlwellen sind Hebel aufgesetzt, die unter sich durch eine Kuppelstange miteinander verbunden und derartig angeordnet sind, daß zwangsläufig eine entgegengesetzte Drehung der Wellen und damit ein gleichmäßiges Heben und Senken der Scherenarme bewirkt wird.

Der Auftrieb und Anpressungsdruck des Stromabnehmers wird durch eine Feder erzeugt, die an Hebeln angreift, die in der Mitte jeder Hohlwelle angeschweißt sind. Die Feder kann innerhalb gewisser Grenzen eingestellt werden, um den Anpressungsdruck des Bügels an die Fahrleitung ändern zu können. Normalerweise beträgt der Anpressungsdruck 6 bis 8 kg.

Im Scheitelpunkt der oberen Scherengestelle ist die Wippe gelagert, die durch 2 wechselseitig angreifende Federn in der Ruhestellung in senkrechter und bei Fahrt in etwas nach hinten geneigter Lage nachgiebig gehalten wird. Am oberen Teil der Wippe ruht in 2 Auflaufstücken drehbar das Kohleschleifstück. Dieses wird von einem profilierten Plattenträger gefaßt, an dessen Enden Lagerstücke angebracht sind. An den Gelenkstellen zwischen Wippe und oberen Rohrgestellen und zwischen oberen und unteren Scherenarmen sind zwecks besseren Stromdurchgangs Überbrückungslitzen angebracht. Alle Teile, besonders diejenigen, die im Betrieb dem Verschleiß unterworfen sind und daher einer Wartung bedürfen, sind bequem zugänglich und können leicht ersetzt werden.

Die Bauhöhe des Stromabnehmers beträgt in abgezogenem Zustand bei senkrechtstehender Wippe 540 mm über Bohle und bei umgelegter Wippe 320 mm. Die Steighöhe mißt 3000 mm. Das Gewicht des Stromabnehmers einschließlich Kohleschleifstück stellt sich auf rd. 90 kg. Der Stromabnehmer wird durch 2 Rundleinen von den Plattformen aus abgezogen.

Als Werkstoff für das Schleifstück ist Kohle gewählt worden. Die Breitflächenschleifstücke aus Metall verlangen eine sorgfältige Schmierung und sind gegen Abbrand und Kurzschlüsse weit empfindlicher als Kohleschleifstücke. Während die Kohle erst bei etwa 8000° C schmilzt, tritt dieser Zustand beim Stahl schon bei ungefähr 1400° C ein. Bei mangelhafter Schmierung greifen die Metallschleifstücke den Fahrdraht an, rauhen ihn auf und verursachen eine kürzere Lebensdauer desselben. Im Gegensatz dazu wird der Fahrdraht durch die Kohleschleifstücke poliert und eine glatte Gleitfläche hergestellt. Dies dürfte auch der Grund sein, weshalb Stromabnehmer mit Kohleschleifstücken weniger Rundfunkstörungen verursachen.

Die Kohle hat leider den Nachteil, daß sie leichter bricht als Schleifstücke aus Metall und sich bei zu hohen Anpressungsdrücken schnell abnützt. Deshalb sind größere Querschnitte erforderlich, wodurch die Wippe schwerer wird. Das Schleifstück hat eine Gesamtlänge von 1150 mm, von der ungefähr 1050 mm bei der Stromabnahme ausgenützt werden.

Die Einheitsstromabnehmer werden wahlweise mit geradem oder gebogenem Kohleschleifstück geliefert. Die Grundpreisausführung sieht das gerade Schleifstück vor. Infolge der leichteren Herstellung ist die gerade Form billiger. Beim gebogenen Schleifstück kommt noch eine Geradführung dazu, weil infolge der Wölbung der Schwerpunkt des Schleifstücks über der Drehachse liegt und Gefahr besteht, daß das Schleifstück kippt. Durch die Wölbung wird der Einlauf in Weichen und Fahrdrahtkreuzungen begünstigt. Im Gegensatz zum geraden Schleifstück ist daher beim Übergang von gebogenen Metallschleifstücken ein Umbau der Fahrleitung an den Weichen und Kreuzungen nicht erforderlich. Zur Geradführung des Schleifstücks werden federnde Zugglieder an Hebelpaaren befestigt, die am Schleifstück und in der Nähe des Scheitelpunktes der oberen Scheren angebracht sind.

Beim zweiachsigen Triebwagen genügt ein Scherenstromabnehmer. Beim vierachsigen Triebwagen dürften zwei Stromabnehmer notwendig werden, es sei denn, daß die vorhandene Motorleistung nicht voll ausgenützt wird.

Auch die Frage des Entwurfs eines Einheitsstangenstromabnehmers wurde erörtert. Da aber anzunehmen ist, daß die wenigen Bahnen, die heute noch mit Rolle oder Gleitschuh fahren, in absehbarer Zeit in Anpassung an die größere Fahrgeschwindigkeit zum Scherenstromabnehmer übergehen, wurde darauf verzichtet. Da nach neueren Feststellungen der Gleitschuh weniger Funkenbildung als die Rolle verursacht, sind in Zukunft beim Stangenstromabnehmer neuer Wagen nur noch Gleitschuhe zu verwenden.

Überstromschalter mit Selbstauslösung

Zum Schutz der Motoren und Fahrschalter der elektrischen Ausrüstung gegen Kurzschluß und Überstrom erhalten die Einheitstriebwagen 2 Überstromschalter mit Selbstauslösung. Zur Anwendung kommen flach gebaute Nockenschalter mit Freiauslösung gegen unbefugtes Festhalten des Handgriffs. Auf Fernbetätigung der Schalter wurde verzichtet, weil Fälle, in denen sie gebraucht würde, nur äußerst selten vorkommen, und auf jeder Plattform ein Schalter vorhanden ist. Für die Betätigung der Schalter von Hand sind Drehgriffe vorhanden. Beim Drehen im Uhrzeigersinn wird der Überstromselbstschalter geschlossen, umgekehrt die Stromzuführung unterbrochen. Der Selbstschalter mit Hebelbetätigung wird für Einheitstriebwagen nicht mehr zugelassen und ist beim Entwurf auch nicht berücksichtigt worden.

Die Frage einheitlicher Überstromschalter hat den Typungsausschuß sehr beschäftigt. Gleichgebaute Schalter hätten zwar die Unterbringung vereinfacht, wären aber teurer geworden, weil die dem Fahrschalterbau der einzelnen Firmen entnommenen Nockenelemente nicht mehr hätten verwendet werden können und deshalb neue Vorrichtungen für die Herstellung notwendig geworden wären. Bei den verhältnismäßig geringen Stückzahlen konnte den Elektrofirmen diese Umstellung nicht zugemutet werden. Dagegen wurde erreicht, daß die neuen Selbstschalter von sämtlichen Firmen mit einem Grundrahmen mit gleichen Befestigungsmaßen geliefert werden.

Der Einbau der Überstromschalter erfolgt in die Decke über den Plattformen. Die Schalter werden zusammen mit der Grundplatte nach unten geklappt und sind deshalb leicht zugänglich und gut zu warten.

Wagenheizung

Die Forderung nach geheizten Straßenbahnwagen hat sich erst nach Jahren durchsetzen können. Man hielt dieses Verlangen vielfach für übertrieben, und machte seitens der Betriebe geltend, daß sich die Fahrgäste nur kurze Zeit im Wagen aufhalten, ohne

Kleinspannung geeigneten Abruf-Anlage gibt es auch Ausführungen, die unmittelbar vom Fahrleitungsstrom gespeist werden. Da über die zur Zeit verwendeten Abruf-Anlagen[1]) noch keine genügenden Erfahrungen vorliegen, werden bei den ersten ausgeführten Einheitsstraßenbahnwagen noch Versuche angestellt werden müssen, welche Speisung die zweckmäßigste ist.

Die Betätigung der Abrufanlage ist denkbar einfach, weil sich für den Fahrer auf dem Schalttisch ein umsteckbares Mikrofon befindet. Die Lautsprecher für die Innenbedienung sind im Dachsegment in der Zwischenwand angebracht. Der Lautsprecher für die Ansage nach außen sitzt jeweils in Fahrtrichtung vorn links über dem schrägen Eckfenster neben dem Zielschilderkasten und über dem diagonal hierzu liegenden hinteren Eckfenster. Es wird jeweils nur der hintere Lautsprecher besprochen, so daß also die Fahrgäste, die auf die hintere Plattform des Triebwagens und vordere Plattform des Beiwagens steigen wollen, durch den Lautsprecher unterrichtet werden. Für eine Unterrichtung der Fahrgäste auf der vorderen Plattform des Triebwagens dient das Zielschild und gegebenenfalls der Fahrer. Die Unterbringung der Zubehörteile erfolgt teilweise auf der Plattform in dem Fahrschaltergeschränk, teilweise im Wageninnern, und zwar so, daß eine gute Zugänglichkeit gewährleistet ist.

[1]) Verkehrstechnik Bd. 21 (1940) S. 275 und 294, Bd. 22 (1941) S. 76.

Trittstufenbeleuchtung

Die Beleuchtung der Trittstufen erfolgt durch kleine Lampen, ähnlich wie dies vom Omnibusbetrieb her schon bekannt ist. Um Kontakte zu vermeiden, brennen die Lampen bei den in Fahrtrichtung rechts befindlichen Trittstufen dauernd.

*

Es mag sein, daß für manchen Betrieb das Vorhandensein einer Kleinspannungsanlage im Straßenbahnwagen als eine zusätzliche Belastung, besonders vom Unterhaltungsstandpunkt aus gesehen, erscheint. Es darf jedoch nicht verkannt werden, daß das moderne Straßenverkehrsmittel und somit auch der moderne Straßenbahnwagen sich den technischen und betrieblichen Erfordernissen in jeder Weise anpassen muß. Diese lassen sich jedoch, wenn die oben beschriebenen Stromverbraucherkreise in Betracht kommen, erschöpfend und vollkommen nur durch eine Kleinspannungsanlage befriedigen.

Auch ist auf die Versuche mit Kleinspannungsanlagen bei einzelnen Straßenbahnbetrieben hinzuweisen, die teilweise seit langen Jahren durchgeführt werden und bei richtiger Auswahl der Einrichtungsgegenstände, besonders auch in der Verwendung von elektrischen Batterien, gute Ergebnisse gezeigt haben.

Die übrige elektrische Ausrüstung

Von Reg.-Baum. a. D. J. DOBLER
Direktor der Stuttgarter Straßenbahnen A.-G.

Stromabnehmer — Überstromschalter — Wagenheizung — Wagenbeleuchtung — Elektrische Kupplung — Überspannungsschutz — Elektrische Türschließvorrichtung — Geschwindigkeitsmesser

Bei der Vergebung neuer elektrischer Ausrüstungen für Straßenbahnwagen haben die Beteiligten bisher ihre Aufmerksamkeit hauptsächlich dem Motor und Fahrschalter zugewandt. Gegen diese Einstellung ist nicht viel zu sagen, weil von den beiden in erster Linie die Betriebssicherheit des Fahrzeugs gewährleistet wird. Über die sonstige elektrische Ausrüstung machte man sich nur wenig Gedanken. Man begnügte sich meistens damit, sie so zu übernehmen, wie sie von den Elektrofirmen vorgeschlagen wurde. Nur wenige Straßenbahnverwaltungen haben sich die Mühe gemacht, auch auf dem Gebiet der übrigen elektrischen Ausrüstung etwas Besonderes und Neuartiges zu bringen.

Es war selbstverständlich, daß sich der Typungsausschuß dieser Seite der elektrischen Ausrüstung mit aller Gründlichkeit widmete, um auch auf diesem Gebiet Einrichtungen zu finden, die dem neuesten Stand der Technik in allen Teilen gerecht werden. Daß die übrige elektrische Ausrüstung bei der Durcharbeitung der Gesamtanlage seitens der Verwaltungen mehr Beachtung verdient hätte, dürften die nachfolgenden Ausführungen überzeugend beweisen.

Stromabnehmer

Die Herstellung einheitlicher Scherenstromabnehmer für Straßenbahntriebwagen aus Anlaß der Typung wird den Betrieben manche Erleichterung bringen und lebhaft begrüßt werden. Die heute von den Firmen hergestellten Scherenstromabnehmer weisen unter sich nur geringe Unterschiede auf, trotzdem aber ist der Austausch von Einzelteilen nicht möglich und die Verwertung noch brauchbarer Stücke ausgeschiedener Stromabnehmer vollständig unterbunden. Durch die neue Einheitsbauart, die von sämtlichen Werken, die bis heute Stromabnehmer liefern, bezogen werden kann, wird die Lagerhaltung von Ersatzteilen im Laufe der Zeit wesentlich vereinfacht werden.

Der Einheitsstromabnehmer ist von der AEG, BBC und den SSW entwickelt worden. Die reichen Erfahrungen, die sich diese 3 Werke im Bau von Scherenstromabnehmern aneignen konnten, haben im Einheitsstromabnehmer ihre praktische Verwertung gefunden und lassen erwarten, daß auch bei den größten Geschwindigkeiten eine einwandfreie Stromabnahme erzielt wird. Bei der Durchbildung des Entwurfs wurde auf das Verhalten des Stromabnehmers gegen seitliche Schwankungen und auf eine günstige und richtige Massenverteilung großer Wert gelegt. Zu diesem Zweck wird das untere Scherengestell mit kräftigen Hohlwellen und konischen Rohren mit hohem Widerstandsmoment ausgerüstet. Die oberen Scherenteile, die beim Auf- und Niedergehen den größten Massenbeschleunigungen unterliegen, sind möglichst leicht gehalten, damit sich das Schleifstück beim Abklappen schnell wieder an die Fahrleitung anlegt.

Der Stromabnehmer besteht aus folgenden Hauptteilen (Bild 1): a) dem Tragrahmen, b) dem Scherengestell mit Wellen, c) der Scherenfederung und Kupplung und d) der Wippe mit dem Schleifstück.

Der Tragrahmen besteht aus 2 in der Längsrichtung des Wagens angeordneten Winkeleisen mit Rohrquerstreben, an denen 4 Füße angeschweißt sind. Die Befestigung auf dem Wagendach erfolgt gummigedämpft durch 4 in den Längsbohlen eingesetzte Schrauben, die in Wagenlängsrichtung 515 mm und in Wagenquerrichtung 1030 mm von einander abstehen.

Das Scherengestell ist an den freitragenden, überstehenden Enden der beiden Winkeleisen des Tragrahmens durch leicht lösbare Zapfen befestigt. Auf diesen Zapfen ruhen die kräftigen Hohlwellen des unteren Scherengestells in Pendelkugellagern, damit die Reibung klein bleibt und günstige dynamische Verhältnisse erzielt werden. An den Enden der Hohlwellen sind senkrechte Arme aus konischen Rohren angeschweißt, auf deren äußeren Enden sich das obere Rohrgestell abstützt. Die oberen

Wagenbeleuchtung

Auf eine gute Beleuchtung des Wageninnern einerseits und eine ausreichende Beleuchtung der Fahrbahn andererseits wurde bei den Straßenbahnwagen meistens nicht genügend Rücksicht genommen. Im allgemeinen hielt man an der von Anfang an gewählten Hintereinanderschaltung von 5 Glühlampen für 110 bis 120 V bei Fahrdrahtspannungen zwischen 550 und 600 V fest, weil es technisch nicht möglich ist, Glühlampen für diese hohen Spannungen herzustellen. Da die Gesamtzahl der Glühlampen auf jeden Fall im Triebwagen mehr als 5 beträgt, mußten mehrere Stromkreise verlegt werden, was insofern nicht unerwünscht war, als damit gleichzeitig vermieden wurde, daß beim Ausfall einer Glühlampe der gesamte Wagen ohne Licht war.

In den letzten Jahren ist man aber in der Erkenntnis, daß eine gute Beleuchtung des Wageninnern Dienst am Kunden ist, dazu übergegangen, hier Verbesserungen einzuführen. Eine Möglichkeit bot sich vor allem durch die Einführung der sogenannten Einkreisschaltung, bei der Glühlampen mit einer Spannung von 25 bis 40 V und 1 A Stromstärke Verwendung finden, so daß bei einer Fahrdrahtspannung von 600 V immer 24 bzw. 15 Lampen in Reihe zu schalten sind. Diese Lampen können als gasgefüllte Lampen ausgeführt werden und geben infolgedessen ein besseres Licht, als es bei den bisher luftleeren Lampen möglich war. Auch kann der Glaskolben in Opalglas ausgeführt werden, wodurch sich eine Herabsetzung der Leuchtdichte ergibt, die günstig auf das Augenlicht der Fahrgäste einwirkt, da die sonst im allgemeinen vorhandene starke Blendung beim direkten Hineinsehen in das Lampenlicht herabgesetzt wird. Außer der Verbesserung der Helligkeit weist diese Lampe aber noch eine größere mechanische Haltbarkeit auf, als sie die bisher für die größere Spannung von 100 bis 120 V bestimmten Lampen haben.

Diese von der Osram GmbH., Berlin, entwickelten neuen Glühlampen[1]) arbeiten mit höherer Stromstärke und haben im Sockel eine Strombrücke, die beim Bruch des Leuchtdrahtes anspricht und die Unterbrechung wieder aufhebt, so daß beim Ausfall einer Glühlampe die anderen nicht erlöschen. Die Strombrücke besteht, wie Bild 4 zeigt, aus einem Metallband, das an der Oberfläche oxydiert ist.

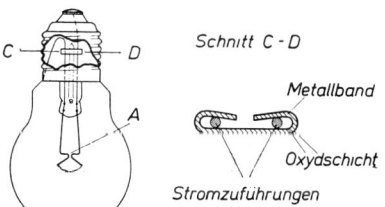

Bild 4 — Strombrücke der neuen Glühlampen für den Einheitsstraßenbahnwagen

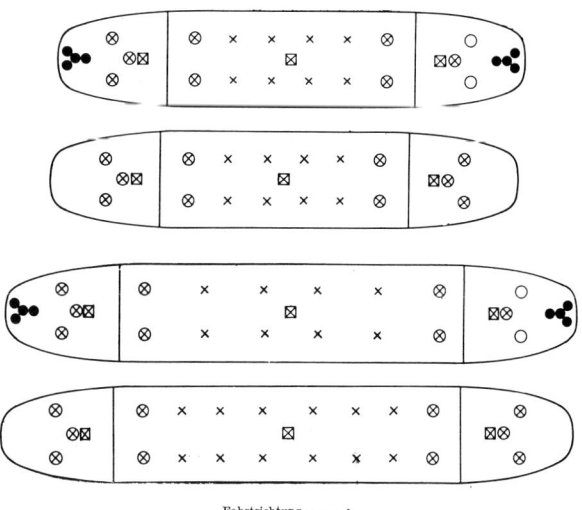

× Deckenleuchten, während der Verdunklungsmaßnahmen mit Tüllen
⊗ Deckenleuchten, während der Verdunklungsmaßnahmen mit Tüllen und blauen Vorsatzglasscheiben
○ In Fahrtrichtung vorn abgeschaltete Lampen mit Tüllen und blauen Vorsatzglasscheiben
● Leuchten für Ziel u. Linienbezeichnungsschilder, während der Verdunklungsmaßnahmen m. blauen Vorsatzglasscheiben
⊠ Notbeleuchtung

Bild 5 — Beleuchtungsplan für die zwei- und vierachsigen Einheitsstraßenbahnwagen (Trieb- und Beiwagen)

Diese Oxydschicht verhindert bei normaler Spannung den Stromübergang zwischen den Stromzuführungen. Beim Bruch des Leuchtfadens liegt an den Stromzuführungen die volle Fahrdrahtspannung, welche die isolierende Oxydschicht durchschlägt, so daß eine leitende Verbindung hergestellt wird. Das Auftreten von Stehfeuer bei durchgebrannten Lampen wird durch eine besondere hörnerähnliche Form der Elektroden verhindert. Durch die auftretende Erwärmung verformen und berühren sich die Zuführungen, wodurch der Lichtbogen erlischt.

Bei Bahnnetzen treten meistens infolge der wechselnden Belastung mehr oder weniger große Spannungsschwankungen auf, die wiederum zu Lichtschwankungen führen. Schon seit einiger Zeit verwendet man zum Abdämpfen dieser Lichtschwankungen Eisenwasserstoffwiderstände, die in Reihe mit den Lampen geschaltet werden. Sie liefern innerhalb des Regelbereichs eine fast gleichbleibende Stromstärke. Die Wirkung der Eisenwasserstoffwiderstände beruht auf dem Temperaturverhalten des reinen Eisens, bei dem im Bereich zwischen 500 bis 750° C annähernd Proportionalität zwischen Widerstand und Temperatur vorliegt.

Es versteht sich von selbst, daß bei der Planung der Beleuchtung für die Einheitsstraßenbahnwagen auf diese technischen Neuerungen zurückgegriffen wurde. Zu prüfen war jedoch, ob nicht wenigstens ein Teil der Beleuchtung aus der Kleinspannungsanlage, an der u. a. im Gegensatz zur bisherigen Schaltung auch der Scheinwerfer liegt, versorgt werden soll. Mit Rücksicht auf die dadurch notwendig werdende Vergrößerung der Kleinspannungsanlage, deren Unterbringung schon bei den bestehenden Ausmaßen nicht einfach ist, unterblieb dieser Anschluß. In diesem Fall wird der Strom für die Beleuchtung bei abgestellten Wagen aus der Batterie entnommen, was erheblich größere Abmessungen zur Folge gehabt hätte. Durch die Versorgung der Beleuchtung aus der Kleinspannungsanlage wäre sie vom Netz unabhängig geworden. Die Bahnstromerzeugungsanlagen sind heute aber so betriebssicher, daß dieser Vorteil nur selten praktisch von Bedeutung wäre. Für derartige Fälle sind die Einheitsstraßenbahnwagen mit einer Notbeleuchtung für 12 V eingerichtet, die von der Batterie gespeist wird und vollständig genügt.

Die Wagenbeleuchtung wurde für den zwei- und den vierachsigen Triebwagen gleich gewählt. Alle Lampen von 25 V Spannung und 25 W liegen in einem Stromkreis. Die Zahl der hintereinander geschalteten Lampen ergibt sich aus der vorhandenen Netzspannung. Bei 600 V brennen gleichzeitig 24 Lampen, die sich wie folgt verteilen (Bild 5): 12 Lampen im Wageninnern, 1 Lampe auf der Vorderplattform, 3 Lampen auf der Hinterplattform, 4 Lampen für die 2 Linienbezeichnungsschilder und 4 Lampen für die 2 Zielbezeichnungsschilder. 2 weitere Lampen auf der Fahrerplattform sind ausgeschaltet, so daß insgesamt 26 Lampen vorhanden sind. Die Glühlampen geben direktes Licht und sind in Deckenleuchten aus Holz an beiden Seiten des tonnenförmigen Daches angebracht.

---
[1]) Vgl. E. Heiss: Eine neue Lampe für den Straßenbahnbetrieb. Verkehrstechnik Bd. 21 (1940) S. 269.

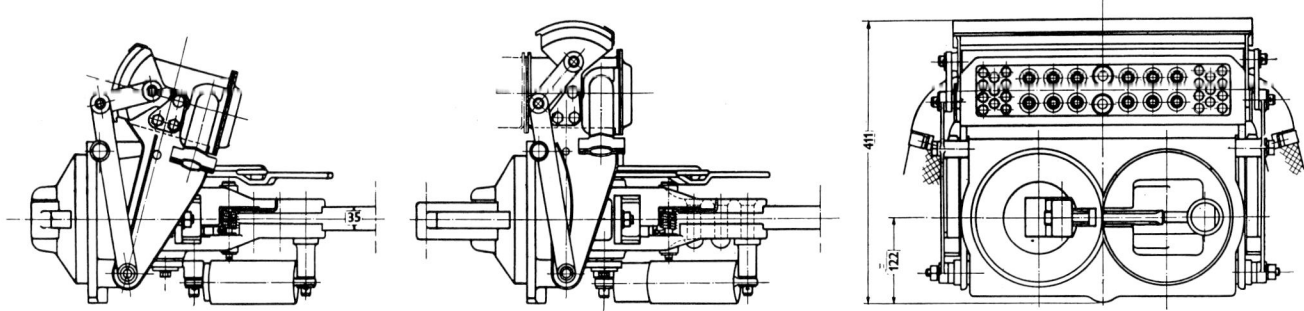

Bild 6 — *Scharfenberg-Kupplung für die Einheitsstraßenbahnwagen (M · 1:10)*

Der größere Innenraum des vierachsigen Triebwagens hätte bei gleicher Einteilung wie beim zweiachsigen 4 weitere Glühlampen erfordert, für die ein zweiter Stromkreis notwendig geworden wäre. Bei einer gleichmäßigen Verteilung der Lampen auf die beiden Kreise hätte ein erheblicher Teil der Spannung in Vorwiderständen vernichtet werden müssen. Im Interesse der Wirtschaftlichkeit bei den zwei- und vierachsigen Triebwagen wurde daher auf die Unterbringung zusätzlicher Lampen verzichtet.

Bei den vierachsigen Beiwagen wurden im Wageninnern diese 4 zusätzlichen Lampen vorgesehen, da keine Ziel- und Linienbezeichnungsschilder vorhanden sind. Auf das Wageninnere entfallen 16 Glühlampen, auf jede Plattform 3, so daß insgesamt 22 Lampen gleichzeitig brennen.

Da bei den Beiwagen die Spannung nicht voll ausgenützt werden kann, muß der überschüssige Teil durch feste Vorwiderstände oder durch Eisenwasserstoffwiderstände aufgenommen werden. Die Größe des Eisenwasserstoffwiderstandes muß der Betrieb selbst bestimmen, weil diese von den auftretenden Netzschwankungen abhängig ist. Der Beleuchtungsstromkreis wird gegen übermäßig hohe Stromstärken nicht mehr durch Schmelzsicherungen, sondern durch Kleinautomaten geschützt.

Bei der Ausarbeitung der Beleuchtung wurde selbstverständlich die Verdunkelung der Straßenbahnwagen im Ernstfall berücksichtigt. Es ist nicht leicht, die dafür bestehenden Vorschriften einzuhalten und gleichzeitig eine Beleuchtung zu schaffen, die den Verkehr nicht zu sehr beeinträchtigt. Die Herabsetzung der Spannung für die Glühlampen durch Vorschalten eines Widerstandes hat sich nicht bewährt. Die Verminderung der Helligkeit hat vor allem den Schaffnern bei der Abfertigung der Fahrgäste sehr zugesetzt. Auch die Fahrgäste haben sich mit der Herabsetzung der Beleuchtungsstärke nicht abfinden können, trotzdem sie den Vorteil hat, daß sich die Augen beim Aussteigen schneller an die Dunkelheit gewöhnen. In Anpassung an die Verordnung über die Blaulichtverdunkelung der Straßenbahnwagen werden 8 Deckenleuchten im Wageninnern durch Überschieben einer Tülle über den Lampenkörper gegen seitlich austretendes Licht abgeschirmt. Die 4 Deckenleuchten an den Ausgängen zu den Plattformen werden zusätzlich mit blauen Vorsatzglasscheiben versehen. Die Lampen auf den Plattformen werden in der gleichen Weise abgedunkelt. Die Ziel- und Linienbezeichnungsschilder werden während der Verdunkelung mit blauen Vorsatzglasscheiben abgedeckt.

Elektrische Kupplung

Über die Gründe, die für die Einführung selbsttätiger Wagenkupplungen bei den Einheitsstraßenbahnwagen maßgebend waren, wird an anderer Stelle berichtet. Die mit dieser Einrichtung angestrebte Verbesserung wäre unvollständig, wenn nicht gleichzeitig auch die elektrischen Kabelleitungen miteinbezogen würden.

Um den Umfang der Kupplung festlegen zu können, mußte zuerst die Zahl der elektrischen Leitungen ermittelt werden. Dabei waren nicht nur die in den Einheitsstraßenbahnwagen vorhandenen elektrischen Einrichtungen zu berücksichtigen, sondern auch eine gewisse Reserve vorzusehen, die einer späteren Entwicklung, z. B. der Zweiwagenzugsteuerung, Rechnung trägt.

Bei den Kontakten wird zwischen Ausführungen für Bahnspannung 600 V und solchen für Kleinspannung 12 V unterschieden.

An 600 V-Kontakten werden verlangt:

2 Kontakte für	150 A	Dauerbelastung für	Schienenbremse (Bremsstrom) und Solenoidbremse
1 Kontakt	„ 25 A	„	„	Schienenbremse (Netzstrom und Bremsspannung)
1 Kontakt	„ 25 A	„	„	Licht und Heizung
4 Kontakte	„ 25 A	„	„	Reserve

und an 12 V-Kontakten:

3 Kontakte für	10 A	Dauerbelastung für	elektrische Signaleinrichtung
1 Kontakt	„ 10 A	„	„	Schlußlicht
1 Kontakt	„ 10 A	„	„	Bremslicht
2 Kontakte	„ 10 A	„	„	Lautsprecheranlage
2 Kontakte	„ 10 A	„	„	Ladeleitung für Beiwagenbatterie
2 Kontakte	„ 10 A	,	„	Reserve.

Auf welche Weise die Scharfenberg-Kupplung A.-G. und die Compact-Kupplung die elektrische Kupplung gelöst haben, wird nachfolgend erörtert.

Elektrische Kupplung Bauart Scharfenberg

Bei der elektrischen Kupplung Bauart Scharfenberg wird die Betätigung der Kabelkupplung, die über der mechanischen Kupplung schwingend angeordnet ist, von der Bewegung des Kuppelverschlusses abgeleitet. Die Steuerbewegung der bei unbenutzter Kupplung zurückgeklappten Kabelkupplung ist derart, daß gleichzeitig mit der Bewegung der Kabelkupplung nach vorn der Deckel hochgeklappt wird, damit die federnd angebrachten Kontakte freiliegen. Die Bewegung geht unter dem Einfluß einer kräftigen Feder so schnell vor sich, daß die Kontakte ruckartig aufeinander treffen und sich keine Lichtbogen bilden können (Bild 6)[2].

---

[2]) Nach einem Beschluß des Typungsausschusses auf seiner letzten Sitzung sind für die Licht-, Heiz- und Netzstromkontakte oder sonstige an Bahnspannung liegende Kontakte Schnelltrennschalter vorzusehen, um einmal ein Schmoren der Kontakte zu vermeiden und zum anderen zu erreichen, daß die Kontakte im entkuppelten Zustand spannungslos sind (Vermeidung von Unfällen). Die Zeichnung konnte bis zur Drucklegung dieses Heftes nicht mehr fertiggestellt werden.

In der gekuppelten Stellung werden die Druckkontakte durch Gummilippen am Rande abgedichtet, die sich aneinanderlegen und gegen Feuchtigkeit und Bremsstaub schützen. Die Stellung der Kabelkupplung zur Pufferebene des mechanischen Teils kann mit einer Stellschraube genau einreguliert werden. Die Druckkontakte von einfacher und kräftiger Bauart sind in einem Kontaktträger aus Isolierstoff gelagert. Sie sind entsprechend den geforderten elektrischen Leistungen ausgelegt. Die für die Bremsleitungen bestimmten Kontakte für 600 V und 150 A Dauerstrom vertragen Spannungsspitzen bis 1400 V und Stromspitzen bis 600 A.

Die Zuleitungskabel werden rückwärts in den Klemmraum eingeführt und angeschlossen. Soweit nach dem Schaltschema mit Rücksicht auf richtiges Aufeinandertreffen gleicher Leitungen für die doppelt angeordneten Kontakte Querverbindungen notwendig werden, sind die Verbindungen in den Klemmraum gelegt. Die Kontakte für die Bremse sind so ausgebildet, daß sie an der unbenutzten Kabelkupplung am freien Wagenende die Zuleitungskabel selbsttätig an Erde legen. Beim Kuppeln wird diese Verbindung zwangsläufig aufgehoben.

Die Kontaktklemmen für die Zuleitungskabel sind bei Ausbesserungsarbeiten leicht zugänglich. Nach Lösen zweier Sechskantschrauben kann die Kabelkupplung über den Kuppelkopf nach vorn heruntergeklappt werden, so daß der rückseitige Klemmraum nach Abnahme des Deckels freiliegt. Alsdann kann der Kontaktträger mit sämtlichen Kontakten und den angeschlossenen Leitungen aus dem Kasten entfernt werden, so daß er allseitig zugänglich ist.

Um bei Störungen in der elektrischen Ausrüstung den Schaden einzugrenzen und den beanstandeten Wagen abschalten zu können, sind die Kabelkupplungen auch von Hand ausschaltbar, ohne daß der mechanische Teil getrennt werden muß. Durch das Abschalten von Hand wird die zwangsläufige Verbindung zwischen dem Verschluß der mechanischen und der Kabelkupplung unterbrochen, so daß beim weiteren Kuppeln die Kabelkupplung in ihrer ausgeschalteten Lage verbleibt.

Die Compact-Kabelkupplung

Bei der Compact-Bauart ist der Kabelkasten auf der Wagenkupplung mit 3 Schrauben angeschraubt, also unbeweglich befestigt (Bild 9/10). Diese feste Anordnung des Kabelkastens wurde ermöglicht durch den nach vorne ausladenden Vorsprung der Wagenkupplung, der beim Kuppeln jene Teile betätigt, die den Schutzdeckel der Kontaktfläche rechtzeitig hochschwenken. Nach dieser Anordnung konnten auch die Zuleitungskabel fest, also unbeweglich, verlegt werden. Die Kabelkupplung ist in ihrer Wirkungsweise von der mechanischen Wagenkupplung völlig unabhängig, so daß eine zeitlich getrennte Beschaffung von Wagenkupplung und Kabelkupplung erleichtert wird.

Sämtliche Bahnstromkontakte sind am Zuganfang und Zugende spannungslos, so daß zusammen mit dem Schutzdeckel sich eine doppelte Sicherheit gegen Berührungsgefahr ergibt. Aus verschiedenen Zweckmäßigkeitsgründen erhalten die Bahnspannungs- und Kleinspannungskontakte — mit Ausnahme der Bremskontakte — gleiche Abmessungen. Die halbe Anzahl der Kontakte ist zweiteilig, mit federndem Vorderteil; die andere Hälfte besteht aus einteiligen, fest eingesetzten Druckstiften. Beide Arten sind so angeordnet, daß beim Kuppeln immer ein fester Kontakt auf einen beweglichen trifft.

Bei der Compact-Bauart wird im Falle einer Betriebsstörung zwecks Trennung der schadhaften Leitung nicht der ganze Kabelkasten zurückgezogen, sondern nur der betreffende Kontakt allein etwas über seinen Betriebshub zurückgedrückt; durch kurzes Verdrehen (Bajonett-Verschluß) bleibt dieser Kontakt auch bei gekuppelten Wagenkupplungen ohne Verbindung mit dem Gegenkontakt. Die nicht schadhaften Leitungen bzw. Vorrichtungen, wie z. B. Bremslicht usw. werden somit nicht außer Betrieb gesetzt.

Während alle übrigen Starkstromleitungen beim Trennen der Kupplungen stromlos sind, kann es bei der Licht- und Heizleitung vorkommen, daß der Schaffner vergißt, vor dem Entkuppeln die betreffenden Leitungen im Beiwagen erst abzuschalten. Damit auch in solchen Fällen kein Lichtbogen entsteht, der die Kontakte beschädigen könnte, besonders wenn die Wagen langsam auseinandergezogen werden, ist in diese Leitung für jedes Wagenende ein Schnelltrennschalter T (Bild 7) eingeschaltet.

Um den am Kuppelkopf angebrachten Kabelkasten klein und leicht zu halten, sind die Schnelltrennschalter in das Wageninnere verlegt. Sie werden durch stromdurchflossene Spulen P einer Hilfsstromleitung 6 entgegen einer Rückstellfederkraft eingeschaltet. Die Hilfsleitung 6 erhält den Strom vom Triebwagen aus durch den beim Kuppeln eingedrückten Kontakt 6. Am freien Zugende bzw. Zuganfang besorgt der nicht eingedrückte Kontakt 6

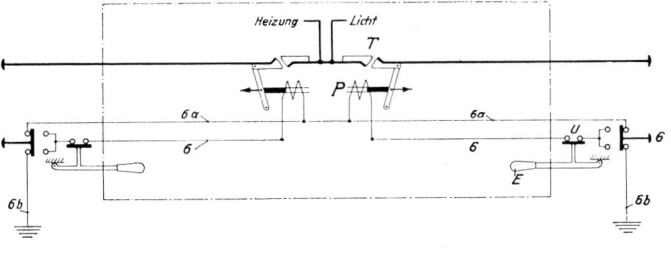

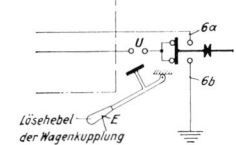

Bild 7 — Schaltplan für Fernbetätigung der Schnelltrennschalter der Compact-Kupplung

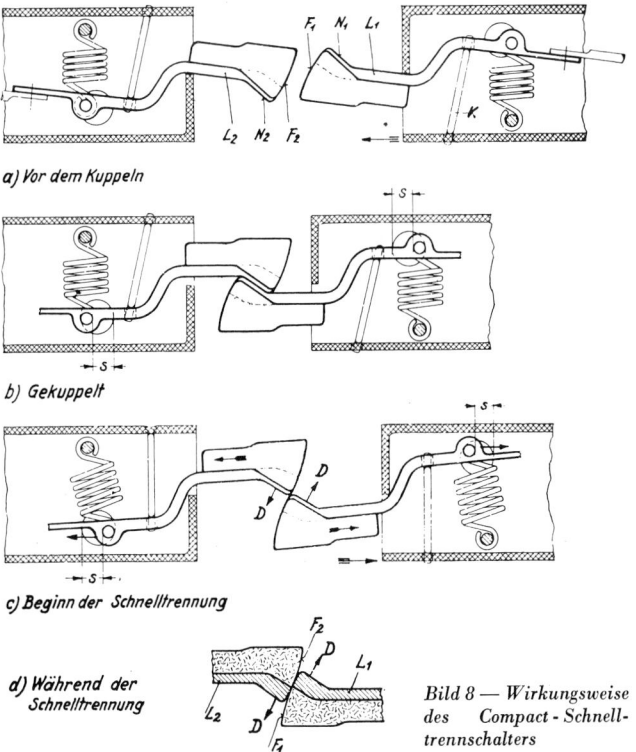

Bild 8 — Wirkungsweise des Compact-Schnelltrennschalters

Bild 9 und 10 — Die Compact-Kabelkupplung der Einheitsstraßenbahnwagen Werkaufn.

die Erdung des Hilfsstroms durch Verbinden der Leitungen 6a und 6b, die so gelegt sind, daß der zum freien Wagenende gehörige Schnelltrennschalter ausgeschaltet bleibt. Die Hilfsleitung 6 wird beim Betätigen des Lösehebels E an der Stelle U unterbrochen (Bild 7).

Aus Bild 7 und 8 ist die Wirkungsweise der Schaltanordnung ohne weiteres ersichtlich. Am Zuganfang und -ende bleiben die Kontakte der Bahnstromleitungen spannungslos; beim Ankuppeln eines Beiwagens erhalten sie Spannung. Beim An- bzw. Abkuppeln eines Wagens schaltet sich die Erdung selbsttätig auf das neugebildete Zugende um. Bereits beim Betätigen des Lösehebels, also lange vor dem Trennen der Wagen, werden die Bahnstromkontakte spannungslos, so daß Lichtbogenbildung sicher vermieden wird. Alles spielt sich zwangsläufig selbsttätig in der richtigen Reihenfolge ab und macht so die Bedienung der Compact-Kupplung von der Zuverlässigkeit oder besonderen Schulung der Belegschaft unabhängig.

Überspannungsschutz

Durch elektrische Induktion oder atmosphärische Entladungen werden im Fahrleitungsnetz Überspannungen hervorgerufen, gegen die der eingesetzte Wagenpark geschützt werden muß, anderenfalls Beschädigungen der elektrischen Ausrüstung zu befürchten sind.

Als Ableiter haben sich viele Jahre hindurch Hörnerableiter gut bewährt. Bei ihnen schlägt bei Überspannung die Funkenstrecke durch und stellt dadurch die Verbindung zur Erde her.

Dem Überspannungsableiter liegt der Gedanke zugrunde, die Überspannungswelle zur Schiene abzuleiten, bevor diese in den Motorstromkreis eindringen kann. Zu diesem Zweck wird dem Motorstromkreis eine Schutzdrossel vorgeschaltet, die dem Durchgang von Gleichstrom keinen wesentlichen Widerstand entgegensetzt, deren Widerstand bei Wechselstrom aber infolge der Induktivität sehr große Werte annimmt und so das Eindringen der Überspannung (Wechselspannung) verhindert. Der Ableiter ist vor der Drosselspule angeschlossen und liegt parallel zum Motorstromkreis an Erde und muß beim Verschwinden der Überspannung die Verbindung wieder aufheben. Diese Bedingung erfüllt der Ableiter, indem er erst bei Spannungen in Tätigkeit tritt, die über der normalen Betriebsspannung liegen.

Heute verwendet man an Stelle der Hörnerableiter spannungsabhängige Widerstands- oder Kathodenfallableiter.

Die Wirkung des von der AEG hergestellten SAWF-G-Ableiters beruht auf der Veränderung des Widerstands eines Halbleiters durch die Spannung. Je kleiner die Spannung ist, um so größer ist der Widerstand und umgekehrt. Das Nachfließen von Betriebsstrom wird durch eine dahinter geschaltete Sperrfunkenstrecke verhindert.

Der Kathodenableiter der SSW besteht aus einer Vorfunkenstrecke, einer Löschfunkenstrecke und Widerstandsscheiben. Bei Überspannung spricht die Funkenstrecke an. Der Ableiterstrom fließt über die Halbleiterplatten, deren Widerstand um so mehr abnimmt, je größer der Strom ist.

Beide Bauarten sind erprobt und für die Einheitswagen zugelassen. Die Ableiter werden auf dem Wagendach am Rahmen des Scherenstromabnehmers oder bei Stangenstromabnehmer neben der Grundplatte befestigt.

Elektrische Türschließvorrichtung

Je nach der Einstellung der für die Genehmigung einer Straßenbahn zuständigen Landes- oder Polizeibehörde bleiben die Außentüren während der Fahrt offen oder sie werden geschlossen. Mit der Einführung größerer Geschwindigkeiten kann das Offenbleiben der Außentüren während der Fahrt nicht mehr verantwortet werden. Die Gefahr, daß Fahrgäste durch unvorhergesehene Stöße aus dem Wagen stürzen, ist zu groß. Die Verlegung von Straßenbahnen in Tunnel, mit der nach dem Krieg in vielen Städten gerechnet werden muß, ist ein weiterer Grund, die Türen zu schließen. Nicht zuletzt begünstigt die offene Außentür das Eindringen von Kälte und Zugluft und verringert die Wirkung der Wagenheizung.

Das Bewegen der Außentüren von Hand entspricht nicht dem Fortschritt der Technik, besonders soweit der Fahrer zum Schließen herangezogen wird. Solange dieser seinen Dienst stehend verrichtet, geht dies noch an. Sobald der Fahrer aber seine Tätigkeit im Sitzen ausübt, wie bei den Einheitswagen vorgesehen, kann eine vom Fahrersitz aus zu betätigende Türschließvorrichtung für die in Fahrtrichtung gesehene vordere rechte Plattformtür nicht mehr entbehrt werden. Für die anderen Plattformtüren ist eine derartige Einrichtung nicht so dringend. In den meisten Fällen wird sich der Schaffner an den Haltestellen ohnehin auf die hintere Plattform begeben, um den Fahrgastwechsel besser überwachen zu können, so daß ihn das Schließen der Tür nicht besonders belastet.

Auf Grund dieser Überlegungen wird bei den Einheitsstraßenbahnwagen eine Türbetätigung mit elektrischem Antrieb nur für die jeweils in der Fahrtrichtung vordere rechte Außentür und nur zum Schließen vorgeschrieben. Das Öffnen dieser Tür kann von Hand erfolgen. Die Grundpreisausführung wird mit dieser Einrichtung geliefert. Wahlweise kann die jeweils in Fahrtrichtung vordere rechte Tür auch für feinbetätigtes Öffnen ausgebildet werden. Für Betriebe, die auch die anderen Außentüren elektrisch bewegen wollen, stehen 2 weitere Ausführungen zur Verfügung. Bei der einen werden sämtliche Außentüren nur zum

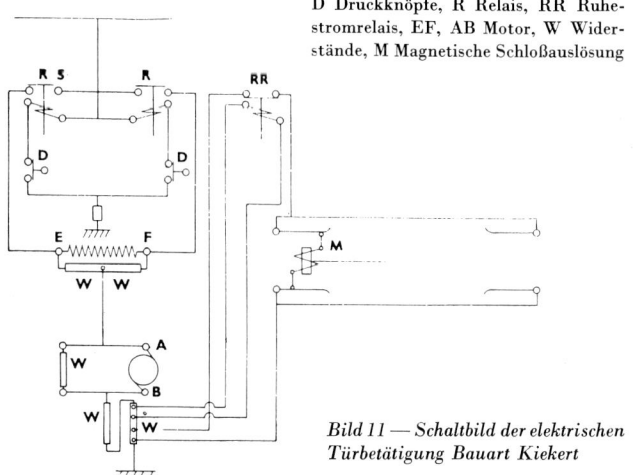

D Druckknöpfe, R Relais, RR Ruhestromrelais, EF, AB Motor, W Widerstände, M Magnetische Schloßauslösung

Bild 11 — Schaltbild der elektrischen Türbetätigung Bauart Kiekert

elektrischen Schließen eingerichtet, bei der anderen zusätzlich auch zum Öffnen.

Der Antrieb der Türen erfolgt elektrisch mit oder ohne Relais im Stromkreis. Bei Vorhandensein eines Relais kann der Fahrer den Betätigungsknopf sofort wieder loslassen, bei Ausführung ohne Relais muß er auf den Knopf drücken, bis der Schließvorgang beendet ist. Die bei Straßenbahnen des Auslandes vorhandene Türbetätigung durch Druckluft wurde bei den Einheitsstraßenbahnwagen nicht vorgesehen, weil sonst eine besondere Anlage für die Erzeugung der Druckluft beschafft werden müßte. Bei den ausländischen Straßenbahnen ist dies nicht notwendig, weil die Druckluft in erster Linie zur Betätigung der Bremsen verwendet wird.

An eine fernbetätigte Türschließvorrichtung müssen folgende Anforderungen gestellt werden: 1. einfache Bedienung, 2. Sicherheit für vollständiges Schließen und Öffnen, 3. wahlweise Betätigung von Hand ohne besondere Vorbereitung, 4. selbsttätige Unterbrechung des Schließvorgangs beim Auftreten von Hindernissen, 5. kurze Öffnungs- und Schließzeiten, 6. einfacher Aufbau und geringer Verschleiß.

Die bei den Einheitsstraßenbahnwagen zugelassenen elektrischen Türschließvorrichtungen arbeiten mit einer Spannung von 220 V, die dem Fahrleitungsnetz entnommen wird. Der überschüssige Spannungsanteil wird von einem vorgeschalteten Widerstand aufgenommen.

Die drei Bauarten elektrischer Türbetätigung

Die von der Firma Arn. Kiekert Söhne, Heiligenhaus, entwickelte Einrichtung arbeitet nach der Schaltung des Bildes 11. Zum Öffnen und Schließen werden getrennte Druckknöpfe verwendet, D I dient zum Schließen und D II zum Öffnen. Beim Drücken des Knopfes D I spricht das Relais R I an und schließt über Erde den Motorstromkreis, entsprechend beim Drücken von D II das Relais R II. Im letztgenannten Fall wird die Erregerwicklung entgegengesetzt durchflossen, so daß sich der Anker des Türschließmotors in der anderen Richtung dreht. Zur Schaltung gehört außerdem noch ein Ruhestromrelais RR, das in einem besonderen Stromkreis in Reihe mit der magnetischen Schloßauslösung M liegt. Beim Niederdrücken der Knöpfe D I oder D II fließt kurzzeitig über das Ruhestromrelais RR und den Auslösemagneten M Strom, wodurch der Riegel ausgehoben wird, bevor die Tür sich bewegt.

Der Motor sitzt über der oberen Türführung am Beginn der Dachrundung etwa in Türmitte. Durch eine Klappe kann er schnell freigelegt und nachgesehen werden. Die Umrisse des Türschließmotors mit angebautem Getriebe und Zentrifugalregler sind aus Bild 12 zu erkennen.

Das Drehmoment des Motors wird durch Schnecke und Schneckenrad auf eine Welle übertragen, auf der eine Klauenkupplung sitzt. Sobald der Motor eine gewisse Drehzahl erreicht hat, rückt sich die Kupplung in ein Zahnrad ein, das lose auf der gleichen Achse angebracht ist. Das Einrücken der Klauenkupplung erfolgt durch einen Hebel, der von einem Zentrifugalregler gesteuert wird. Derselbe befindet sich auf der Ankerwelle. Durch ein zweites Zahnrad wird das Drehmoment auf eine Lamellenkupplung übertragen, die über die Achse Kraftschluß mit dem Rad für den Antrieb der Türkette hat. Auf derselben Welle sitzt ein Kegelrad, welches mit einem zweiten in Eingriff steht, das das Kettenrad für die andere Türhälfte antreibt.

Die Lamellenkupplung ist einstellbar, damit rechtzeitig „Schleifen" eintritt und der Motor nicht überlastet wird. Vermöge dieser Kupplung kann die Tür auch während des Schließens mit Gewalt aufgerissen werden. Bei stehendem Motor ist die Klauenkupplung gelüftet, damit die Tür leichter von Hand betätigt werden kann.

Diese elektrische Türschließvorrichtung ist bereits in mehrere Straßenbahnwagen eingebaut.

Die Dowaldwerke, Bremen, haben zusammen mit der AEG eine elektrische Türschließvorrichtung neu entwickelt. Die Wirkungsweise dieser Einrichtung beruht darauf, daß der in Gang gesetzte elektrische Antrieb sich selbsttätig abschaltet, sobald der Bewegungswiderstand der Tür das eingestellte Maß erreicht hat, unabhängig von der Stellung der Tür. Dieser Fall tritt ein, wenn die Tür die Endlage erreicht hat oder sich ein Hindernis der Fortbewegung entgegenstellt. Mit dem Erreichen der höchstzulässigen Zugkraft bringt sich der Antrieb selbsttätig außer Eingriff und läuft leer in die Ausgangsstellung zurück. Dadurch läßt sich die Tür auch von Hand sehr leicht öffnen und schließen. Der Antrieb der Türkette erfolgt durch einen Elektromotor über Schneckenrad und Zahnradgetriebe. An der Förderkette ist ein Mitnehmer angebracht, der sich gegen einen Anschlag an der Tür legt und sie vor sich herschiebt.

Die Abhängigkeit des Schaltvorgangs vom Bewegungswiderstand wird von der Auflagekraft des Antriebsmotors abgeleitet. Er ist nach Art eines Tatzenlagermotors um die Schneckenradwelle um einen gewissen Winkel in beiden Richtungen schwenkbar und auf einer federnden Drehmomentstütze gelagert. Unter dem Einfluß der Antriebskraft kommen Ausschläge der Drehmomentstütze zustande, wodurch Steuerkontakte geschaltet werden, die

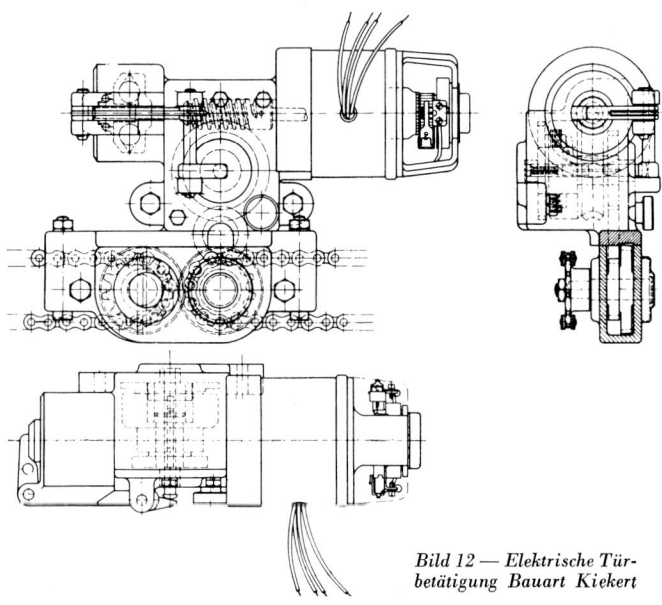

Bild 12 — Elektrische Türbetätigung Bauart Kiekert

bewegungsabhängige Relais ansprechen lassen. Das angesteuerte Relais veranlaßt die Umpolung des Motors, so daß der Antrieb leer in die Ausgangsstellung zurückläuft. Dabei wird ein Anschlagkontakt berührt, der das Relais zum Abfallen bringt. Der Antriebsmotor wird abgeschaltet und durch elektrische Bremsung stillgesetzt. Durch entsprechende Bemessung der Vorspannung der federnden Drehmomentstütze kann die höchste Antriebskraft eingestellt und begrenzt werden.

Die von der Firma Gretsch & Co, Stuttgart-Feuerbach, entworfene elektrische Türbetätigung arbeitet mit Solenoid. Die Betätigung der Türtafeln erfolgt für die Schließ- und Öffnungsbewegung jeweils durch einen getrennten Elektromagneten, der sich aus einzelnen Spulen zusammensetzt. Die Spulen werden durch einen besonderen Schalter gesteuert, der mit der Tür bewegt wird. Durch das Eintauchen des Weicheisenkerns in das Solenoid werden die Türtafeln, die mit der Laufschiene starr verbunden sind, mitgenommen. Die nicht unmittelbar angetriebene Türtafel wird durch eine Kettenkupplung unter Zwischenschaltung eines Umkehrgetriebes angeschlossen. Die über der Türoberkante angebrachte selbsttätige Verriegelung wird durch einen besonderen Magneten ausgeklinkt, bevor die Türhälften bewegt werden.

Beim Auftreten eines Widerstandes im Schließspalt der Türhälften wird der Strom von dem Antriebssolenoid der elektrischen Türbetätigung abgeschaltet. Die Betätigung des Schalters erfolgt durch das Kegelrad des Umkehrgetriebes, das auf der gleichen Achse wie das Türkettenrad sitzt. Während ersteres auf der Achse fest aufgebracht ist, sitzt das Kegelrad lose auf dem mit Gewinde versehenen Ende der Achse. Durch eine über die Achse geschobene Spiralfeder wird zwischen Ketten- und Kegelrad Kraftschluß hergestellt. Wenn nun beim Schließen der Tür ein Widerstand auftritt, muß das Kettenrad stehenbleiben. Das Solenoid wirkt zunächst weiter und verdreht das Kegelrad. Diese Drehung wird auf den oben erwähnten Schalter übertragen, wodurch dieser zum Ansprechen kommt.

Die Türschließvorrichtungen Bauart AEG-Dowald und Gretsch sind Neukonstruktionen und werden demnächst erprobt werden.

Geschwindigkeitsmesser

Wenn auch bis heute den Straßenbahnen Geschwindigkeitsmesser nicht vorgeschrieben sind, vertrat der Typungsausschuß doch die Meinung, daß die neuen Einheitstriebwagen schon mit Rücksicht auf die erreichbare Höchstgeschwindigkeit von 60 km/h damit ausgestattet werden sollen. Der Fahrer kann bei Vorhandensein einer Meßeinrichtung die Geschwindigkeit seines Zuges laufend überwachen und in Krümmungen und Neigungen die zulässige Höchstgeschwindigkeit viel besser einhalten, als wenn er nur auf Schätzungen angewiesen ist.

Die elektrischen Geschwindigkeitsmesser bestehen aus dem Geber und dem Zeigergerät. Der Geber ist ein Wechselstrommagnetinduktor, der mit der zu messenden Achse entweder unmittelbar gekuppelt ist oder durch eine geeignete Übertragung in Umdrehung versetzt wird. Bei der für die Einheitstriebwagen vorgesehenen Ausführung wird das Polrad des Wechselstrominduktors in den Deckel des rechten Achsrollenlagers hinter Plattform A eingebaut. Der zugehörige Anker ist an der Achse befestigt. Mit dieser überaus einfachen Anordnung, deren Entwurf von der Dresdener Straßenbahn-A.-G. und dem Sachsenwerk stammt, entfallen zusätzliche Lager und Kupplungen, die bei den bisherigen Ausführungen zu Störungen Anlaß gegeben haben. Beim Einbau des Gebers in den Lagerdeckel wird außerdem noch völlige Abdichtung gegen Staub und Feuchtigkeit erzielt und leichte Zugänglichkeit erreicht. Der Ständer besteht aus einem Blechpaket mit eingeschweißten Dauermagneten, die mit Spulen versehen sind. Der Läufer hat eine Zentrierscheibe aus Leichtmetall mit eingesetzten Polen aus Eisenblech. Da bei großen Achsrollenlagern fast kein Verschleiß auftritt, kann der Luftspalt zwischen Läufer und Ständer sehr klein gewählt werden, ohne daß Gefahr besteht, daß der Läufer an den Ständerpolen schleift.

Der erzeugte Wechselstrom wird ohne Zwischenschaltung von beweglichen Teilen dem Anzeigegerät über eine Leitung zugeführt. Als Anzeigegerät sind Drehspuleninstrumente mit Gleichrichter vorgesehen, die so geeicht sind, daß die Geschwindigkeit unmittelbar in Stundenkilometern abgelesen werden kann.

Die Einstellung des Zeigergeräts erfolgt durch ein einfaches Zusatzgerät mit Vergleichsinstrument, das während der Fahrt auf den Radreifen gehalten wird. Das Anzeigegerät selbst befindet sich auf dem Instrumententisch des Fahrerplatzes.

*

Einige der vorbeschriebenen Ausrüstungsteile haben noch nicht ihre endgültige Form erhalten. Die beigefügten Bilder sind daher für die praktische Ausführung auch noch nicht in jeder Beziehung verbindlich.

Der Einheitsstraßenbahnwagen im Verkehr
Von Dipl.-Ing. FRANZ FINCK
Stellv. Direktor der Berliner Verkehrs-Betriebe (BVG)

Beschleunigung des Verkehrs — Erhöhung der Betriebssicherheit — Hoher Stand der Fahrannehmlichkeiten — Erleichterungen für das Fahrpersonal — Einsatz der Einheitswagen — Großraum-Triebwagen ohne Beiwagen?

Die an der Schaffung des Einheitsstraßenbahnwagens Beteiligten haben sich die Aufgabe gestellt, ein in jeder Hinsicht neuzeitliches Fahrzeug in den Verkehr zu bringen, wobei mit manchen überkommenen Gedankengängen gebrochen werden mußte. War in den vergangenen Jahrzehnten bei den meisten Straßenbahnunternehmungen der Grundsatz befolgt worden, möglichst einfache Konstruktionen und Schaltungen zu verwenden und alles das zu vermeiden, was nur der Fahrannehmlichkeit diente, ohne unmittelbar durch Aussicht auf Mehreinnahmen seine Rechtfertigung zu finden, ist im Einheitsstraßenbahnwagen bewußt von diesem Grundsatz abgegangen worden in dem Bestreben, schnelle, betriebssichere und schöne Fahrzeuge zu schaffen, die für die Fahrgäste ein Höchstmaß von Annehmlichkeit bieten und für das Fahrpersonal möglichst leicht zu bedienen sind. Wenn auch manche der in den letzten Jahren gebauten Straßenbahnwagen schon ähnliche Bestrebungen erkennen lassen, so wird doch der Einheitsstraßenbahnwagen die verschiedenen Verbesserungen zusammenfassen und damit ein hochwertiges Fahrzeug für große, mittlere und kleine Verwaltungen als Regelausführung schaffen, wobei die Vorteile der Vereinheitlichung, nämlich der Bau größerer Reihen und die damit verbundene Senkung der Herstellungskosten und Verkürzung der Lieferfristen, die Beschaffung erleichtern.

Beschleunigung des Verkehrs

Zunächst mußte dem allgemeinen Streben nach Beschleunigung des Verkehrs Rechnung getragen werden. Dazu dient der Einbau verhältnismäßig starker Motoren, die Fahrgeschwindigkeiten bis zu 60 km/h ermöglichen und dabei ohne Schaden hohe Beschleunigungen und Bremsverzögerungen vertragen. Eine große Motorleistung ist auch nötig, damit bei Mitnahme von Beiwagen die Reisegeschwindigkeit nicht merklich absinkt. Um die Haftreibung zwischen Rad und Schiene für die Beschleunigung und Verzögerung möglichst weitgehend ausnutzen zu können, werden vielstufige Fahrschalter verwendet. Die Bremswege werden durch Einbau von kräftigen elektromagnetischen Schienenbremsen in den Trieb- und Beiwagen weiter verkürzt.

Erhöhung der Betriebssicherheit

Die auf diese Weise erzielte hohe Reisegeschwindigkeit darf natürlich nicht durch eine Erhöhung der Betriebsgefahren erkauft werden; daher sind alle für die Erhöhung der Betriebssicherheit in Frage kommenden Einrichtungen im Einheitsstraßenbahnwagen vorgesehen. Vor allem wirksame Scheinwerfer, deren Glühlampe durch eine Kleinspannungsanlage von 12 V gespeist wird, damit unabhängig von der schwankenden Netzspannung eine unveränderliche Lichtstärke gewährleistet ist, die die Fahrbahn auf die Länge des Bremsweges mit Sicherheit ausleuchtet. Die Scheinwerfer sind mit Abblendeinrichtungen versehen. Die Kleinspannungsanlage ermöglicht weiter, Schlußlicht und Bremslichter unabhängig von der Fahrleitung mit Strom zu versorgen sowie elektrisch angetriebene Scheibenwischer zu verwenden. Für Gefahrfälle stehen fußbediente Sandstreuer, die vor den vorderen Triebwagenrädern (bei Vierachs-Triebwagen vor jedem Drehgestell) Sand streuen, zur Verfügung. Um dem Fahrer die Einhaltung der vorgeschriebenen Fahrgeschwindigkeiten zu ermöglichen, ist in den Triebwagen ein von einer Wagenachse aus angetriebener Geschwindigkeitsmesser im Fahrerstand eingebaut. Fangvorrichtungen, die durch Fußtritt vom Fahrer oder selbsttätig durch Tasterleiste ausgelöst werden, sind wahlweise zugelassen.

Hoher Stand der Fahrannehmlichkeiten

Neben der Betriebssicherheit ist ein hoher Stand der Fahrannehmlichkeiten ein wesentliches Kennzeichen des Einheitsstraßenbahnwagens. Hierher gehört vor allem eine durch die Konstruktion bedingte ruhige Fahrweise auch bei hohen Fahrgeschwindigkeiten. Sie wird erreicht durch Verwendung besonderer Laufgestelle, wirksame Federung bei den verschiedensten Belastungen, Verwendung von geräuschdämpfenden Mitteln (Gummi oder Perbunan).

Daß für eine freundliche Innenausstattung, freien Ausblick durch große Seitenfenster, gute Beleuchtung, regelbare Heizung und Lüftung gesorgt ist, braucht nicht hervorgehoben zu werden. Außer der durch elektrisch angetriebene Lüfter bewirkten Belüftung des Sitzraumes ist für die warme Jahreszeit eine weitere Lüftung durch die um ein Drittel ihrer Höhe herablaßbaren Seitenfenster, die mit Kurbel bedient werden, möglich.

Ebenso ist bequeme Form und gute Polsterung der Sitze sowie die Anordnung von Rollvorhängen an den Seitenfenstern eine Selbstverständlichkeit. Für die Anordnung der Sitze sind mehrere Möglichkeiten zur Wahl gestellt, um dem jeweiligen Geschmack der einzelnen Verwaltung Rechnung zu tragen. Das Angenehmste für den Fahrgast ist ohne Zweifel die Verwendung von nur Quersitzen mit Klapplehnen, so daß jeder Fahrgast mit dem Gesicht nach vorn sitzt. Will man unter Beibehaltung solcher Sitze an den Zwischenwänden feste zweisitzige Längsbänke anordnen, so hat man den von vielen geschätzten Vorteil, an den Eingängen zum Innenraum je einen Sammelraum zu haben, der eine gewisse Beschleunigung des Fahrgastwechsels ermöglicht und bei Überfüllung als Stehraum aufnahmefähig ist. Die Sitze mit Klapplehnen verlangen zwar wegen des erforderlichen Klappmechanismus einen gewissen Mehraufwand an Unterhaltungskosten, dafür ist es aber möglich, den Rückenlehnen eine bequeme Schräglage zu geben. Wer die ebenfalls zugelassene sogenannte Abteilanordnung mit nur festen Sitzen wählt, muß mit steileren Rückenlehnen fürlieb nehmen und zwingt einen Teil der Fahrgäste, mit dem Gesicht nach rückwärts zu sitzen. Mit Rücksicht auf die Wettbewerbsfähigkeit mit anderen Verkehrsmitteln wird die Anordnung mit Klapplehnen vielfach vorgezogen werden.

Der Einstieg auf die Plattform ist mit nur einer Trittstufe festgelegt, so daß also von der Straßenfläche aus bis zur Plattform zwei Stufen zu überwinden sind. Es ist von verschiedenen Seiten angeregt worden, zur Erleichterung des Aufsteigens für ältere oder gebrechliche Personen drei Stufen zu wählen. Dagegen ist einzuwenden, daß nach den Erfahrungen mit vorhandenen derartig ausgeführten Wagen die zweistufige Anordnung vorzuziehen ist, weil sie ermöglicht, der Trittstufe die für ein sicheres Auftreten notwendige Tiefe (in der Querrichtung des Wagens) zu geben, während bei der dreistufigen Anordnung die beiden Zwischenstufen, um nicht zu weit in die Plattform einzuschneiden, nur sehr schmal ausgeführt werden können, was, besonders beim Aussteigen, eine erhebliche Stolpergefahr mit sich bringt. Außerdem nimmt der Fahrgastwechsel mehr Zeit in Anspruch. Es darf hierbei darauf hingewiesen werden, daß das Aufsteigen durch die immer mehr zur Anwendung kommenden Haltestelleninseln ohnehin erleichtert wird.

Für die Verbesserung der Verkehrsabwicklung ist durch Einbau einer optisch-akustischen Signaleinrichtung sowie einer vom Fahrer zu besprechenden Lautsprecheranlage gesorgt, mit der die Namen der Haltestellen und sonstige Mitteilungen an die Fahrgäste in allen Wagen des Zuges gleichzeitig ausgerufen werden können. Zur Beschleunigung des Fahrgastwechsels sind sowohl die Außentüren als auch die Zwischenwandtüren (soweit die Zwischenwände nicht überhaupt fortgelassen sind) als breite Doppeltüren ausgebildet. Auf die Möglichkeit, Kinderwagen auf den Plattformen unterzubringen, ist besonders Rücksicht genommen.

Erleichterungen für das Fahrpersonal

Die Aufgabe der Schaffung eines neuzeitlichen Straßenbahnwagens wäre unvollständig gelöst, wenn nicht auch dafür gesorgt wäre, dem Fahrpersonal seinen schweren und verantwortungsvollen Dienst nach Möglichkeit zu erleichtern. Hierhin gehört die Anordnung eines bequemen Fahrersitzes, der Einbau eines besonderen Heizkörpers am Fußboden des Fahrerraumes, der schon erwähnte Einbau einer optisch-akustischen Signaleinrichtung und eines elektrisch angetriebenen Scheibenwischers. Das Schließen der mit elektrischem Antrieb versehenen vorderen Schiebetüren des Triebwagens erfolgt durch den Fahrer mittels Druckknopfes.

Um das Kuppeln der Fahrzeuge leichter und unfallsicherer zu machen und zu beschleunigen, ist schließlich für alle Wagen eine selbsttätige Kupplung (System Scharfenberg oder Compact) vorgesehen, die auch alle elektrischen Verbindungen zwischen den Wagen, wie Licht, Heizung, Strombremse, Signaleinrichtung, Lautsprecher, herstellt.

Damit der Einheitsstraßenbahnwagen auch äußerlich im Stadtbild eine angenehme Erscheinung bildet, ist besondere Sogfalt auf die Formgebung verwendet. Es sind alle unschönen Aufbauten vermieden und die Linienführung ist einfach und klar. Der gute Eindruck der Wagen wird durch geschmackvolle Lackierung wirksam unterstützt.

Einsatz des Einheitsstraßenbahnwagens

Da die meisten Straßenbahnbetriebe nicht in der Lage sein werden, mit der Einführung der Einheitsstraßenbahnwagen — alle älteren langsamer fahrenden Wagen aus dem Betriebe zu ziehen, müssen sie den Einsatz der neuen Wagen planmäßig so vornehmen, daß deren gute Eigenschaften auch zur Geltung kommen. Der Einsatz wird deshalb zweckmäßig linienweise bzw. für zusammenhängende Liniengruppen erfolgen müssen; denn es ist einleuchtend, daß auf einer Linie, die mit Wagen verschiedener Leistungsfähigkeit besetzt ist, die langsamsten Wagen das Tempo angeben. Weiter wird man auch aus Schönheitsgründen vermeiden müssen, an die neuen Einheits-Triebwagen ältere Beiwagen anzuhängen, deren Bauform von den Einheitsstraßenbahnwagen erheblich abweicht. Hierzu zwingt bei den meisten Bahnen schon die selbsttätige Kupplung. Ältere Beiwagen wird man also nur dann mit der neuen Kupplung ausrüsten, wenn diese Wagen mit den Einheits-Triebwagen ein einigermaßen einheitliches Bild ergeben.

Welche Linien oder Liniengruppen man mit den neuen Wagen ausrüsten wird, hängt u. a. von der Gleisanlage ab; entscheidend ist, ob diese für die gewählte Wagentype (Zweiachser oder Vierachser) den erforderlichen Gleismittenabstand in der Geraden und in den Gleisbögen — auch die Bogenhalbmesser müssen geprüft werden — hat oder ob diese Maße mit wirtschaftlich vertretbaren Mitteln den neuen Fahrzeugen angepaßt werden können.

Bei dieser Gelegenheit seien einige Bemerkungen über die Achsenzahl der Fahrzeuge gestattet. Der zweiachsige zweimotorige Triebwagen ist im Vergleich zum Vierachser einfacher, leichter und billiger. Da er aber einen möglichst großen Fassungsraum haben soll und andererseits wegen der erforderlichen Kurvenläufigkeit nur einen kleineren Achsabstand (3,2 m) haben darf, so ergeben sich verhältnismäßig große Überhänge. Diese begünstigen bei nicht ganz einwandfreier Gleislage und bei Abnutzung der Achsbuchsführungsflächen die Schlingerneigung und zwingen außerdem zu ziemlich starker Abbremsung der Wagen vor der Einfahrt in Gleisbögen. Daraus ergibt sich die Folgerung, daß solche Bahnen, die vorwiegend mit hohen Geschwindigkeiten fahren wollen, den Vierachser bevorzugen werden. Dem Nachteil der höheren Anschaffungs- und Unterhaltungskosten stehen als Vorteile gegenüber die ruhigere Fahrweise auch bei weniger sorgfältiger Gleisunterhaltung, die Möglichkeit, Gleisbögen mit höherer Geschwindigkeit zu befahren, die größere Motorleistung (z. B. 240 kW gegen 150 kW) und nicht zuletzt der größere Fassungsraum (76 gegen 62 Plätze).

Großraum-Triebwagen ohne Beiwagen?

Schließlich sei es gestattet, einen Blick über die Grenzen unseres Vaterlandes hinaus zu tun, um sich darüber klarzuwerden, ob und inwieweit etwa ausländische Vorbilder im Straßenbahnwagenbau für deutsche Verhältnisse brauchbare Gedanken enthalten. In den großen Städten vieler Länder, z. B. in den Vereinigten Staaten von Amerika, in Italien und in der Schweiz[1]) geht die Entwicklung dahin, vierachsige Großraumwagen zu schaffen, die ohne Beiwagen verkehren und als Einrichtungswagen, also mit nur einem Fahrerstand und mit Türen nur an einer Seite, gebaut sind und geregelten Fahrgastfluß mit festem Schaffnerstand aufweisen. Durch diese Bauart wird an Kosten und Gewicht gespart; sie erfordert andererseits aber die nicht unerheblichen Aufwendungen für die Anlage von Endschleifen oder Dreieckskehren an allen Endhaltestellen und an weiteren Zwischenpunkten, an denen bei Störungen oder für verkürzte Fahrten ebenfalls die Möglichkeit des Wendens vorgesehen werden muß.

Auffallenderweise ist bei den deutschen Straßenbahnwagen die überwiegende Mehrzahl der Linienendpunkte mit Spitzweichen ausgerüstet, obwohl gerade beim Betrieb mit Beiwagen, wie er in Deutschland die Regel bildet, das Vorhandensein von Endschleifen besonders vorteilhaft wäre, weil dadurch das zeitraubende und mit Unfallgefahr verbundene Umsetzen der Beiwagen vermieden werden würde. Das Fehlen von Endschleifen bei den meisten Linien der deutschen Straßenbahnen regt zu der Überlegung an, ob man nicht ebenfalls auf die Mitnahme von Beiwagen verzichten und den Verkehr nur mit Großraum-Triebwagen bedienen soll, die dann natürlich als Zweirichtungswagen, also mit Fahrerstand an beiden Enden, gebaut sein müßten. Den Ausschlag in dieser Frage muß einmal die Anpassungsfähigkeit an den Verkehrsbedarf, zum anderen die Wirtschaftlichkeit des Betriebes geben. Für deutsche Verhältnisse muß an Wochentagen mit einer sehr hohen Verkehrsspitze in den Morgenstunden und einer etwas geringeren Verkehrsspitze am Nachmittag gerechnet werden. Während dieser Verkehrsspitzen, die nur wenige Stunden dauern, müssen erheblich mehr, in manchen Fällen etwa doppelt soviel Fahrzeuge im Verkehr sein, wie in der übrigen Zeit des Tages. Wollte man nun den Verkehr grundsätzlich nur mit Triebwagen bewältigen, so würden diese zwar in ihrer elektrischen Ausrüstung leichter und billiger, aber andererseits müßte man eine verhältnismäßig große Zahl solcher Wagen bereithalten, die nur wenige Stunden am Tage Dienst tun, die größere Zeit aber als totes Kapital ungenutzt in den Wagenhallen stehen. Wird jedoch der zusätzliche Bedarf im Spitzenverkehr im wesentlichen durch Beiwagen gedeckt, so trifft, wenn auch die Triebwagen etwas schwerer und teurer werden, die schlechte Ausnutzung des investierten Kapitals vorwiegend die Beiwagen, deren Preis etwa die Hälfte desjenigen eines Triebwagens beträgt. Hinzu kommt der geringere Personalbedarf, da jeder Triebwagen 2 Mann, jeder Beiwagen jedoch nur einen Mann zur Bedienung erfordert.

Der Typungs-Ausschuß für den Einheitsstraßenbahnwagen ist sich darüber klar gewesen, daß das, was sich im Auslande als vorteilhafteste Ausführung ergeben hat, für deutsche Verhältnisse nicht die beste Lösung bedeuten muß. Es spielen hier klimatische Verhältnisse, Tarifgestaltung, eingewurzelte Gewohnheiten der Bevölkerung und anderes eine entscheidende Rolle. Unter Berücksichtigung aller genannten Punkte dürften die von diesem Ausschuß festgelegten Normen den Belangen der deutschen Straßenbahnen am besten entsprechen.

*

Wenn auch mancher alte Betriebsmann vielleicht den Eindruck haben könnte, daß einige der im Einheitsstraßenbahnwagen verwirklichten Neuerungen wegen der dadurch bedingten Erhöhung der Anschaffungs- und Unterhaltungskosten bei wirtschaftlich schlechter gestellten Bahnunternehmungen nicht am Platze seien, so darf doch nicht vergessen werden, daß die Anschaffungskosten gerade durch die mit der Typung ermöglichten hohen Stückzahlen erheblich gesenkt werden und daß auch ein gewisser Mehraufwand an Unterhaltungskosten im Hinblick auf das Ansehen der schienengebundenen Nahverkehrsmittel und auf die Wettbewerbsfähigkeit gegenüber den übrigen Verkehrsmitteln in Kauf genommen werden muß.

---

[1]) Verkehrstechnik Bd. 18 (1937) S. 187, Bd. 21 (1940) S. 49, 299 und 358. Bd. 22 (1941) S. 33, 81 und S. 143.

Wirtschaftlichkeitsfragen bei den Einheitsstraßenbahnwagen

Von Direktor Dipl.-Ing. O. WILLENBERG VDE-VDI
Hauptgeschäftsführer der Reichsverkehrsgruppe Schienenbahnen, Berlin

Wirtschaftlichkeitsvergleich zwischen alten und neuen Fahrzeugen: Streckenverhältnisse, Wagengewicht, Wagenbesetzung, Anfahrbeschleunigung, Bremsverzögerung, Zeitrückhalt, Haltestellenaufenthalt, Reisegeschwindigkeit, Personalkosten, Stromverbrauch, Wagenunterhaltung, Kapitalkosten — Gesamtkosten des Einheitswagens

Gründe für die Typung

Wenn man sich vor zwei Jahren entschloß, für die deutschen Straßenbahnen Einheitswagen zu entwickeln und ihre Verwendung im Inland (von besonderen Ausnahmefällen abgesehen) bindend vorzuschreiben, so hatte dies zur Voraussetzung, daß entweder zwingende Gründe hierfür vorlagen, oder daß man wenigstens sicher zu sein glaubte, der Gesamtheit der deutschen Straßenbahnen auch wirtschaftliche Vorteile bieten zu können. Beide Gründe liegen hier vor. Die Inanspruchnahme der Büros der deutschen Wagenbauindustrie ist nämlich zur Zeit und auf Jahre hinaus derartig stark, daß es nur in Ausnahmefällen möglich sein wird, für die Bestellungen auf Straßenbahnwagen Kräfte für konstruktive Arbeiten frei zu machen. Der beste Beweis hierfür ist einmal die Tatsache, daß es Wagenbaufabriken mehrfach ablehnen mußten, Aufträge für die Neukonstruktion von Fahrzeugen anzunehmen, und zum andern der Umstand, daß es für die an der Typung zunächst beteiligten Firmen zeitweilig nicht einmal möglich war, diejenigen Konstrukteure und Zeichner zur Verfügung zu stellen, welche erforderlich waren, um die Arbeiten an der Typung der Straßenbahnwagen in einem einigermaßen befriedigenden Zeitmaß vorwärtszutreiben. Vielmehr waren wir genötigt, hierzu eine große Zahl von Wagenbauanstalten heranzuziehen, um das erforderliche Personal zusammenzubringen. Zu berücksichtigen ist ferner, daß die Wagenbauwerkstätten durch die großen Aufträge auf Eisenbahnwagen so stark beschäftigt sind, daß es meist nicht möglich ist, in das laufende Fertigungsprogramm kleinere Aufträge einzuschieben. Deren Übernahme wurde infolgedessen auch mehrfach abgelehnt, obgleich bereits vorhandene Wagentypen nachgebaut werden sollten, so daß besondere Konstruktionsarbeiten nicht in Frage kamen. Hinzu kommt schließlich, daß bei der heutigen Inanspruchnahme der eisenschaffenden und eisenverarbeitenden Industrie eine Lieferung der außerordentlich vielen, voneinander abweichenden Profile und Zubehörteile für die vorhandenen, untereinander ganz verschiedenen deutschen Straßenbahnwagentypen wenn überhaupt, so nur mit größten Verzögerungen möglich wäre, weil sie nur in verhältnismäßig kleinen Mengen gebraucht werden.

Nun ist es bekanntlich eine bedauerliche Tatsache, daß fast jede deutsche (und auch ausländische) Straßenbahn sich besondere Typen von Wagen bauen zu lassen pflegte, welche sich meist an die im Betriebe bewährten anlehnten, oft recht unwesentlichen Besonderheiten Rechnung trugen und dem persönlichen Geschmack maßgebender Herren der Bahnunternehmen entsprachen. Derartige Gesichtspunkte können aber in der gegenwärtigen Zeit nicht mehr ausschlaggebend sein. Auf der anderen Seite besteht im deutschen Nahverkehrswesen ein ganz dringender Bedarf an Fahrzeugen, was sich in der Zahl von über 4000 Straßenbahnwagen ausdrückt, die deutsche Verwaltungen in den nächsten Jahren zu bauen beabsichtigen. Soll dieser Bedarf mit auch nur einigermaßen tragbaren Lieferfristen und zu einigermaßen erträglichen Preisen befriedigt werden, so ist es also unmöglich, ohne eine Vereinheitlichung der Wagentypen auszukommen.

Zweck der Typung war im übrigen aber nicht, etwas grundsätzlich Neues zu schaffen. Vielmehr hatten verschiedene fortschrittliche Bahnen, etwa in den letzten vier Jahren, eine besonders verdienstvolle Pionierarbeit geleistet und bei den wenigen Wagenbeschaffungen, welche in dieser Zeit durchgeführt werden konnten, die verschiedensten Neuerungen erprobt. So hatten eine Reihe von Verwaltungen, um nur einige Beispiele zu nennen, Motoren größter Leistung (bis zu 84 kW bei Meterspur und 660 mm Laufraddurchmesser), Zentral-Fahrschalter, Schienenbremsen in den verschiedensten Schaltungen, Kleinspannungsanlagen, optisch-akustische Signaleinrichtungen oder Lautsprecher eingebaut. Andere Betriebe hatten der Ausgestaltung des mechanischen Teils ihre besondere Sorgfalt zugewandt und Wagen mit Fahrersitz, 4 Türen je Wagenseite, mit zugespitzter Plattform, einer dritten Achse zur Steuerung der beiden Außenachsen in den Krümmungen, selbsttätigen Kupplungen, gewellten Radscheiben usw. entwickelt. Der Zweck der Vereinheitlichung war es nun, auf den Erfahrungen dieser Betriebe fußend, das, was sich bewährt hatte und was man als zu einem modernen Straßenbahnwagen gehörig betrachten muß, auszusieben, in Einheitswagen zusammenzufassen und somit allen Straßenbahnen zugänglich zu machen.

Was nun den zweiten Punkt anlangt, der zur Typung der Straßenbahnwagen wenn auch nicht zwang, so doch voll berechtigte, nämlich seine Wirtschaftlichkeit, so darf zunächst auf das Beispiel Nordamerikas hingewiesen werden. Dort hat man vor langen Jahren, also im tiefsten Frieden, in mehrjähriger Gemeinschaftsarbeit einen Wagentyp (PCC-Wagen) entwickelt, der sich bestens bewährt[1]). Wieviel notwendiger ist eine derartige Maßnahme unter den Verhältnissen, unter denen wir zur Zeit in Europa leben! Nun ist es im Augenblick leider noch unmöglich, über die Wirtschaftlichkeit der Einheitswagen und die Ersparnisse, welche die neuen Fahrzeuge mit sich bringen, Genaueres zu sagen, weil im gegenwärtigen Augenblick der Preis der Wagen noch nicht festliegt und die Wagen selbstverständlich erst einige Jahre im Betrieb sein müssen, ehe über die Bewährung der Gesamtfahrzeuge und ihrer Einzelteile Erfahrungen gesammelt sind und Zahlen aus dem praktischen Betrieb genannt werden können. Der Preis für die elektrische Ausrüstung ist frei, dagegen ist beabsichtigt, die Preisbildung für den wagenbaulichen Teil in ähnlicher Weise vorzunehmen, wie sie nach den zwischen der Deutschen Reichsbahn und der Deutschen Wagenbau-Vereinigung seit 1926 bestehenden Verträgen für die Lieferung von Reichsbahnwagen erfolgt. Hiernach wird der „erste Preis" in der Weise festgestellt, daß die Deutsche Wagenbau-Vereinigung auf Grund der von ihr überprüften Vorkalkulationen der beteiligten Werke ein Preisangebot vorlegt, auf dessen Grundlage der Preis mit der Reichsverkehrsgruppe Schienenbahnen vereinbart wird.

Der Einheitspreis soll aufgebaut werden auf einer Stückzahl von 20 Wagen des gleichen Typs. Bei nur 10 Stück kommt hierzu ein Aufschlag, bei 50 und mehr Stück wird ein Abzug vorgenommen. Unter 10 Wagen sollen möglichst nicht vergeben werden. Die Auftragserteilung wird durch die Zuweisung von Eisen und Stahl gesteuert. Die Kalkulation soll sich auf die Grundpreisausführung beziehen und Angaben der Mehr- und Minderpreise für die wahlweise festgelegten Ausführungen umfassen.

Das Reichsverkehrsministerium wird dafür sorgen, daß bei der

---

[1]) Verkehrstechnik Bd. 18 (1937) S. 187 und Bd. 21 (1940) S. 298.

Auftragserteilung die einzelnen Aufträge möglichst zu Reihen zusammengefaßt werden und vierteljährlich der Fachgruppe Eisenbahnwagenbau gleichzeitig mit der Herausgabe der Kontingente für die Fahrzeuge mitteilen, für wie viele Aufträge der einzelnen Wagentypen im folgenden Vierteljahr Eisen zugeteilt wird, und welche Firmen in Frage kommen. Es soll dann versucht werden, unter diesen Firmen eine Zusammenarbeit zu vereinbaren, um die Einkaufsverhandlungen mit den Unterlieferanten für die Beschaffung z. B. von Radsätzen, Achslagern, Türen, Beschlagteilen, Fensterscheiben usw. durch eine Firma führen zu lassen. Dadurch soll erreicht werden, daß der Vorteil der Reihenherstellung auch bei den Unterlieferanten sich im Preise voll auswirkt.

Die Fachgruppe Eisenbahnwagenbau wird im Benehmen mit den Lieferfirmen klären, ob und inwieweit die einzelnen Aufträge unter Berücksichtigung der wahlweisen Festlegungen noch als Serienaufträge anzusprechen sind.

Alle Werke werden über die ihnen erteilten Aufträge nach deren Abwicklung Nachrechnungen nach dem im Reichsbahnvertrage vorgesehenen Muster der bei der Deutschen Wagenbau-Vereinigung bestehenden Nachrechnungsstelle vorlegen. Die Nachrechnungen werden von einer neutralen Stelle geprüft.

In gewissen Zeiträumen von etwa einem Jahr, wobei der erste vielleicht etwas länger gewählt werden muß, wird die neutrale Stelle aus den während dieses Zeitraums eingereichten und geprüften Nachrechnungen das Durchschnittsergebnis feststellen, das der Reichsverkehrsgruppe Schienenbahnen bekanntgegeben wird. Dieses Durchschnittsergebnis dient als Grundlage für die Bildung des Preises für alle zukünftigen Aufträge, die bis zur nächsten Feststellung eines Durchschnittsergebnisses erteilt werden.

Dieses Verfahren hat den Vorteil, daß etwaige bei der ersten Preisaufstellung aufgetretenen Kalkulationsirrtümer beseitigt werden, und daß die Preise stets den Schwankungen auf dem Werkstoffmarkt in den Löhnen und Gemeinkosten angepaßt werden können.

Die Preisfeststellung erfolgt zunächst nur auf Grund der Kalkulationen und Nachrechnungen der Mitglieder der Deutschen Wagenbau-Vereinigung und nur mit Bindung für diese. Die Beteiligung auch der außerhalb der Deutschen Wagenbau-Vereinigung stehenden Firmen erscheint deshalb unzweckmäßig, weil sie nicht dem Reichsbahnvertrag angeschlossen sind, und ihre Kalkulationsformen noch nicht in allen Punkten mit denen der Firmen der Deutschen Wagenbau-Vereinigung vergleichbar sind. Zudem ist anzunehmen, daß die Firmen in den neu hinzugekommenen Gebieten z. T. noch wesentlich höhere Selbstkosten besitzen als die Firmen des Altreichs. Immerhin werden die mit der Deutschen Wagenbau-Vereinigung vereinbarten Preise auch eine Grundlage bieten für die Preisverhandlungen mit den außerhalb stehenden Firmen, die dann allmählich in die Preisvereinbarung einbezogen werden können.

Wenn also im Augenblick noch kein Preis für die Fahrzeuge genannt werden kann, so gibt die nachfolgende Berechnung dennoch so viel Aufschluß, als im Augenblick zur Beurteilung ihrer Wirtschaftlichkeit erforderlich ist. Es sei daher der Einfluß untersucht, welchen die deutschen Einheitsstraßenbahnwagen im Vergleich mit Wagen älterer Ausführung auf die wichtigsten Posten der Aufwandsrechnung ausüben.

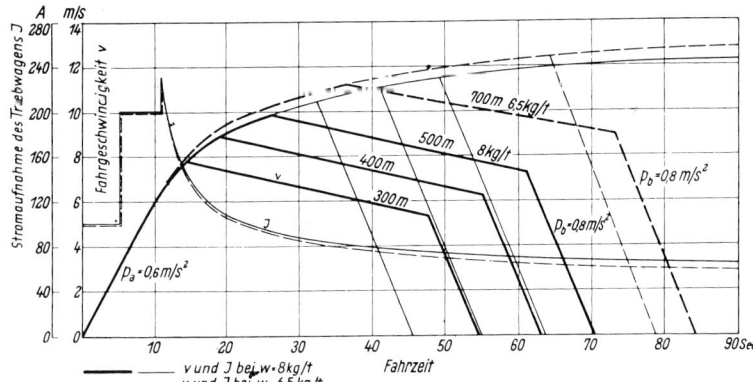

Bild 1 — Fahrschaulinien und Linien des Stromverbrauchs für den Wagenzug alter Bauart

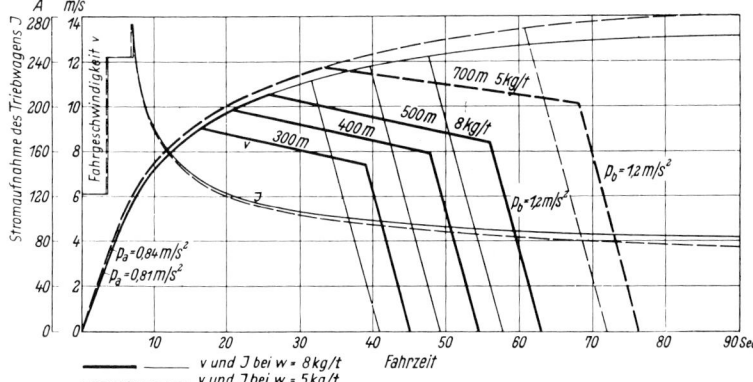

Bild 2 — Fahrschaulinien und Linien des Stromverbrauchs für den Wagenzug neuer Bauart

Grundlagen des Vergleichs

Streckenverhältnisse

Um hierüber Klarheit zu erhalten, ist es erforderlich, an Hand von Fahrschaulinien (Bild 1 und 2) den Zeitbedarf und Stromverbrauch der Fahrzeuge zu ermitteln. Dabei war zunächst die Frage zu prüfen, ob man den Vergleich für einen Einzelfall aus der Praxis, etwa eine bestimmte Straßenbahnlinie oder gar eine ganze Stadt, durchführen sollte, oder ob man einen theoretischen Durchschnittsfall wählen muß. Ein Fall aus der Praxis ist ungeeignet. Einmal bedingt er die Berücksichtigung einer großen Zahl von Besonderheiten, vor allem der von Haltestelle zu Haltestelle wechselnden Abstände, ferner der Stärke und Länge der Krümmungen der Strecke, ihrer wechselnden Steigungen und Gefällabschnitte, der Kreuzungen und sonstigen Behinderungen durch die Linienführung. Zum andern aber würde man trotz Aufwands einer ungeheuren Arbeit doch nur zu einem Ergebnis für diesen einen einzigen Sonderfall kommen, und eine Übertragung auf die Unzahl der übrigen Fälle in den Betrieben wäre nicht möglich. Es bleibt also nichts anderes übrig, als einen allgemeinen Fall unter vereinfachenden Annahmen zu behandeln und, von dieser Grundlage ausgehend, die anderen Möglichkeiten im Betriebe durch Abschätzen klarzustellen. Dies ist auch durchaus zulässig, soweit es sich nicht um ganz besondere Ausnahmefälle handelt, die naturgemäß einer Sonderbehandlung bedürfen.

Es soll also die nachfolgende Untersuchung erstreckt werden auf eine Linie mit Krümmungen und Steigungen mittleren Ausmaßes bei Haltestellenabständen von durchschnittlich 300, 400, 500 und 700 m. Unter 300 m zu gehen erübrigt sich, denn der mittlere Abstand bei den deutschen Straßenbahnen liegt heute bereits meist über 300 m, und man geht überall planmäßig zu größeren

Abständen über, um eine Erhöhung der Reisegeschwindigkeit zu erzielen. Die Entfernung von 700 m ist in der Untersuchung einbezogen, um auch einen Anhalt für Strecken auf eigenem Bahnkörper in den Außenbezirken der Städte zu geben. Fast jedes Stadtnetz enthält solche Ausläuferstrecken, und die starke Siedlungstätigkeit nach dem Kriege wird ihre Zahl noch erheblich vermehren.

Typ und Ausrüstung der Fahrzeuge des neuen Zuges

Nun ist selbstverständlich für jeden Wagentyp (Zweiachser oder Vierachser) und für jede Zugzusammensetzung eine besondere Untersuchung erforderlich. Mit Rücksicht auf den zur Verfügung stehenden Raum aber soll hier nur der Fall herausgegriffen werden, der im deutschen Straßenbahnwesen bei weitem am häufigsten vorkommt, nämlich derjenige eines aus je einem zweiachsigen Einheits-Trieb- (E T 2 r) und Beiwagen (E B 2 r) bestehenden Zuges. Legt man dann noch die sogenannte Grundpreisausführung zugrunde, wie sie in den „Technischen Festlegungen"[2]) ihren Niederschlag gefunden hat, so ist damit auch die Leistung mit 2×60 kW, die Verwendung des Viel- (oder Feinstufen-) Schalters, von 2 Schienenbremsen je Trieb- und Beiwagen mit 2×4000 kg Abrißzugkraft je Wagen, von 4 Türen je Wagenseite sowie der optisch-akustischen Signalvorrichtung klargestellt.

Typ und Ausrüstung der Fahrzeuge des älteren Zuges

Selbstverständlich muß der ältere Vergleichszug entsprechend gewählt werden. Das ist aber nicht so einfach, denn es besteht gerade die betrübliche Tatsache, daß bisher kaum zwei Bahnen denselben Wagentyp verwendeten, ja, daß bei jeder Bahn eine große Zahl verschiedener Ausführungen hinsichtlich der Größe des Wagenkastens, der Zahl der Sitz- und Stehplätze, der Zahl und Anordnung der Türen, der Zahl und Höhe der Trittstufen, der eingebauten Leistung usw. vorhanden ist. Dieser Mißstand zwang ja gerade zur Festlegung von Einheitswagen, um diesem auf die Dauer unerträglichen Wirrwarr ein Ende zu bereiten. Aber welchen der vielen vorhandenen Wagentypen sollte man nun zum Vergleich heranziehen?

Wagengewicht je Platz

Hierfür ist von ausschlaggebender Bedeutung die Frage des Wagengewichts je Platz (wobei genau genommen auch noch das Verhältnis der Sitz- zu den Stehplätzen zu beachten ist). Sieht man sich nun im Schrifttum um, so stößt man auf den bemerkenswerten Umstand, daß man keine Angabe über das Wagengewicht je Platz ohne Nachprüfung bzw. Umrechnung verwenden kann, weil entweder überhaupt nichts darüber angegeben ist, welche Flächenmaße für einen Sitz- bzw. Stehplatz eingesetzt sind, oder weil die Einheitsmaße je Stehplatz Abweichungen bis zu mehr als 50 vH aufweisen. Hierin ist für deutsche Fahrzeuge für die Zukunft ein fast restloser Wandel geschaffen durch die Festlegungen der Ausführungsbestimmung 118 zu § 33 der BOStrab, welche besagt, daß für Sitzplätze mindestens 48 cm Breite und 70 cm Tiefe ab Sitzwand, für Stehplätze im Wageninnern 0,25 m² und für Stehplätze auf der Plattform 0,2 m² anzusetzen sind. Für den Schaffner ist ein Platz, für den Fahrer sind bei nicht abgeschlossenem Fahrerstand 2 Plätze abzuziehen. Rechnet man nun die greifbaren Angaben über deutsche Wagen unter Zugrundelegung dieser Werte um, so findet man in den Schrifttumsangaben der letzten Zeit für Straßenbahnwagen z. B. die Angabe,

daß sie 32 Stehplätze statt 46 oder 30 statt 41 oder 46 statt 40 Stehplätze fassen, oder es werden für ausländische Wagen gar 91 Stehplätze angegeben, während es nach deutschem Maß nur 53 wären[3]).

Insgesamt ergibt sich nach entsprechender Umrechnung, daß der zweiachsige Einheits-Triebwagen, welcher der nachfolgenden Betrachtung zugrunde gelegt wird, mit seinem Leergewicht je Fahrgast unter dem Durchschnitt der deutschen Wagen der letzten Jahre liegt. Berücksichtigt man hierbei noch, daß die Einheitsstraßenbahnwagen in der Grundpreisausführung zwar keine Trennwände, dafür aber 4 völlig abschließende Türen auf jeder Seite, sehr starke Motoren, 2 Schienenbremsen zu je 4000 kg, verstärkte Heizung, Kleinspannungsanlage mit Batterie und Lichtmaschine sowie sonstige Neuerungen aufweisen, die erhebliche Mehrgewichte verursachen, so ist das Ergebnis als recht befriedigend zu bezeichnen. Vergleicht man, um den Einfluß der verstärkten elektrischen Ausrüstung auszuschalten, die Gewichte lediglich der wagenbaulichen Teile miteinander, so ergibt sich beim zweiachsigen Einheits-Triebwagen je Fahrgast ein Mindergewicht von 9½ vH. Freilich finden sich vereinzelte Fälle, in denen wesentlich niedrigere Gesamtgewichte je Fahrgast verzeichnet sind. Dabei handelt es sich meist um Fahrzeuge aus Leichtmetall, Einrichtungswagen, Fahrzeuge für den Einzelwagenbetrieb, Wagen ohne Heizung und dgl., die aber bei uns für die Typung nicht in Frage kommen konnten.

Auch wir würden bei der Typung gern in stärkerem Maße Leichtmetall verwendet haben, aber die Kriegsverhältnisse machten das unmöglich. Die Vereinheitlichung auf eine rein friedensmäßige Ausführung abzustellen, würde bedeutet haben, daß mit der Vergebung von Aufträgen bis mehrere Jahre nach dem Kriege hätte gewartet werden müssen. Das war aber mit Rücksicht auf den dringenden Bedarf der Straßenbahnen völlig ausgeschlossen.

Auch der Einrichtungswagen hat gegenüber dem üblichen Zweirichtungstyp erhebliche Vorteile hinsichtlich des Gewichts. Beim zweiachsigen Triebwagen würden z. B. durch Wegfall der Türen und Trittstufen auf einer Wagenseite sowie des Fahrschalters, der Handbremse und der sonstigen Apparate, Schalter und Geräte mit dem gesamten Geschränk auf einer Plattform mehr als 600 kg erspart werden. Der Einrichtungswagen ist aber unter deutschen Verhältnissen wegen des Fehlens ausreichender Schleifen und Y-Kehren bis auf weiteres als Norm unverwendbar.

Der Einwagenbetrieb kommt für uns nicht in Frage, weil wir den Vorteil der Straßenbahn gerade in der Möglichkeit der Zugbildung sehen. Also muß der Triebwagen wegen des erforderlichen Reibungsgewichts sowie der notwendigen Leistung schwerer werden als ein Triebwagen, der lediglich für Betrieb ohne Beiwagen bestimmt ist.

Schließlich würden wir auch die 200 kg Gewicht für die Innenraum-Heizung beim Einheitswagen gern gespart haben, wenn wir in Deutschland auf eine Heizung verzichten könnten.

Alle diese und noch manche andere Faktoren beeinflussen das Gewicht je Fahrgast natürlich entscheidend, und man darf deshalb niemals mit den Schrifttumsangaben über das Wagengewicht je Fahrgast arbeiten, ohne sich über diese Fragen genauestens unterrichtet zu haben.

Wenn man nun Vergleichswagen älterer Bauart aus der Fülle der vorhandenen Typen wählen soll, so erscheint es hinsichtlich Größe und Gewicht am zweckmäßigsten, Wagen mit gleichem

---

[2]) Herausgegeben von der Reichsverkehrsgruppe Schienenbahnen, Fachgruppe Straßenbahnen, Berlin W 62, Wichmannstraße 19.

[3]) Deshalb wird in Zukunft in der „Verkehrstechnik" bei allen Angaben über das Fassungsvermögen von Straßenbahnwagen, die nicht nach deutschen Maßen errechnet sind, das Fassungsvermögen auch nach deutschen Normen festgestellt und hinzugefügt werden. Die Schriftl.

Fassungsvermögen und gleichem Gewicht wie beim Einheits-Vergleichszug zu nehmen. (Man rechnet dann für den alten Wagentyp zu günstig.) Hinsichtlich der elektrischen Ausrüstung konnte man nicht daran denken, einen der obenerwähnten Wagen der letzten Zeit zum Vergleich heranzuziehen, weil sie alle verschieden und bisher nur in sehr kleinen Stückzahlen gebaut worden sind. Vielmehr wurde für die elektrische Ausrüstung derjenige Motor gewählt, der zuletzt in großer Stückzahl zur Lieferung kam, nämlich ein Motor mit einer Stundenleistung von 46 kW. Dieser Motor wird also in der nachfolgenden Untersuchung dem voraussichtlich am meisten gebrauchten Einheitsmotor von 60 kW gegenübergestellt.

Wagenbesetzung

Im übrigen ist den Bildern 1 und 2 eine Platzausnutzung von 30 vH, welche mittleren Friedensverhältnissen entspricht, sowie ein Gewicht von 75 kg je Fahrgast zugrunde gelegt[4].

Bewegungswiderstand

Der Bewegungswiderstand ist in erster Linie abhängig vom Zustand der Gleisanlagen. Da heute allgemein durchgehend geschweißtes Gleis angenommen werden kann und die Einheitswagen außerdem zylindrische Laufflächen erhalten, ermäßigt er sich gegenüber dem in früheren Rechnungen meist eingesetzten Betrag. Er enthält im übrigen nicht etwa nur den erforderlichen Aufwand für die Bewegung des Wagens in der Geraden, sondern berücksichtigt auch den größeren Widerstand in den Krümmungen. Da nun der in den Krümmungen höhere Widerstand des neuen Wagens infolge des größeren Radstandes als durch die geringere Reibung seiner zylindrischen Laufflächen in der Geraden ausgeglichen angesehen werden kann, erscheint es angemessen, den Reibungswiderstand für den Innenstadtverkehr, also die Haltestellenabstände von 300 bis 500 m, für alte und neue Züge gleich, und zwar mit 8 kg/t anzusetzen. Für den Betrieb auf eigenem oder besonderem Bahnkörper und 700 m Haltestellenabstand aber werden beim neuen Wagen nur 5 kg/t in Ansatz gebracht, weil diese Streckenverhältnisse meist in den Außenbezirken der Städte in Frage kommen, welche unverhältnismäßig weniger Krümmungen aufweisen. Beim alten Wagen ist der Bewegungswiderstand für 700 m auf 6,5 kg/t heraufgesetzt, besonders wegen des größeren Luftwiderstandes der verhältnismäßig stumpf abgeschnittenen Fahrzeuge mit ihren stark hervortretenden Dachwiderständen, Automaten, Dachlampen usw.

Anfahrbeschleunigung

Was die Anfahrbeschleunigung anlangt, so konnte bei Zugrundelegung einer Reibungsziffer von $^1/_6$ beim Zug alter Bauart kaum mehr als 0,6 m/s² eingesetzt werden, was einem guten Mittelwert aus der Praxis bei den zuletzt in größerer Stückzahl gelieferten Fahrzeugen entspricht. Demgegenüber hätte man beim neuen Zug mit seinen Viel- oder Feinstufern hinsichtlich der Annehmlichkeit des Anfahrens unbedenklich auf 1,0 m/s² oder höher gehen können, jedoch ergab die Untersuchung, daß mit Rücksicht auf die Haftreibung nicht mehr als 0,81 m/s² bei 8 kg/t Bewegungswiderstand bzw. 0,84 m/s² bei 5 kg/t erzielt werden konnte.

Bremsverzögerung

Beim Bremsen des alten Zuges ist mit 0,8 m/s² als einem guten Erfahrungswert für einen Grobstufer gerechnet worden, beim neuen Zug dagegen mit 1,2 m/s². Dieser Wert kann mit Viel- und Feinstufern auch ohne Schienenbremsen mit Sicherheit erreicht werden, weil sich die Einheits-Beiwagen voll selbst abbremsen. Die vorgeschriebenen 2 Schienenbremsen in Trieb- und Beiwagen stehen in jedem Fall für Notbremsungen zur Verfügung, können aber auch durch entsprechende Schaltung zur normalen Betriebsbremsung herangezogen werden. Für den vorliegenden Vergleich ist dies aber nicht in Ansatz gebracht worden, weil hierdurch naturgemäß ein stärkerer Schienen- und Bremsschuhverschleiß herbeigeführt wird, dessen Ausmaß mangels einwandfreier zahlenmäßiger Unterlagen nur in ganz grober Schätzung hätte in die Rechnung eingesetzt werden können. Da aber 1,2 m/s² Verzögerung leicht auch ohne Schienenbremsen erreicht werden, wurde von ihrer Benutzung als Betriebsbremse abgesehen und dafür die stärkere Erwärmung der Motoren beim Bremsen in Ansatz gebracht.

Zeitrückhalt

Ein sehr wenig mit einwandfreien Zahlen aus der Praxis belegter Faktor ist der Zeitrückhalt. Nicht einmal sein Begriff liegt eindeutig fest. Im nachfolgenden soll er angeben, um wieviel die kürzeste Fahrzeit (bei welcher also ohne Auslauf gefahren wird, bei der sich mit anderen Worten das Bremsen unmittelbar an das Unter-Strom-Fahren anschließt) kürzer ist als die planmäßige Fahrzeit, ausgedrückt in vH der planmäßigen Fahrzeit.

Die Einschaltung des Zeitrückhalts dient einmal dazu, ein wirtschaftlicheres Fahren herbeizuführen, denn der Stromverbrauch je Wkm steigt mit abnehmender Fahrzeit sehr stark an. Würde man also mit der kürzesten Fahrzeit fahren, so würde man nur verhältnismäßig wenig an Zeit sparen, aber unverhältnismäßig viel an Strom mehr verbrauchen. Des weiteren dient der Zeitrückhalt dem Ausgleich der oft recht unvollkommenen Fahrweise einzelner Fahrer, dem Ausgleich der Verzögerungen, welche der Großstadtverkehr mit sich bringt, und dem Ausgleich des überdurchschnittlichen Aufenthalts an den Haltestellen bei stärkerem Fahrgastwechsel. Da sich der höhere Stromverbrauch je Wkm bei kürzester Fahrzeit um so weniger bemerkbar macht, je größer der Haltestellenabstand ist, ergibt sich für lange Abstände auch bei verringertem Zeitrückhalt noch ein günstiger Stromverbrauch. Die Verkürzung des Zeitrückhalts bei größeren Abständen auf eigenem Bahnkörper ist aber vorzugsweise dadurch begründet, daß die Störung durch den allgemeinen Straßenverkehr nahezu fortfällt. Da nun Strecken mit etwas größeren Haltestellenabständen, wie z. B. 400 und 500 m, schon mehr in den Außenbezirken der Städte zu liegen pflegen und somit verkehrlich den Übergang zu den Strecken auf eigenem Bahnkörper darstellen, soll bereits bei ihnen mit einer Verminderung des Zeitrückhalts begonnen werden, und es wird deshalb beim neuen Wagen ein Zeitrückhalt eingesetzt von 10 vH bei 300 m Haltestellenabstand, von 9 vH bei 400 m, von 8 vH bei 500 m und von 6 vH bei 700 m (Bild 3). Wenn diese Werte niedriger liegen, als bei manchen früheren Berechnungen zugrunde gelegt wurde, so hat dies seine Begründung u. a. darin, daß durch eine gute Schulung der Fahrer sich eine wesentlich bessere Fahrweise und damit Anpassung an das theoretische Fahrschaubild erzielen läßt. Dieser gründlicheren Schulung muß wegen der Personalschwierigkeiten in Zukunft eine wesentlich größere Beachtung geschenkt werden als bisher.

Der gleiche Zeitrückhalt wie beim neuen Fahrzeugtyp konnte beim alten Wagenzug nicht in Ansatz gebracht werden, weil sich hierbei eine wesentliche Überlastung der Motoren ergeben haben würde. Er wurde daher beim alten Wagen so errechnet, daß sich keine Überschreitung der zulässigen Motorerwärmung ergab. Demgegenüber beträgt die Belastung der Motoren im neuen Zuge nur 83 bis 75 vH (Bild 3) der zulässigen Dauerbelastung, woraus ersichtlich ist, welche starke Reserve die Leistung des neuen Motors

---

[4] Nach Abfassung dieses Aufsatzes durchgeführte genauere Berechnungen des Einheitswagen-Büros haben ein geringeres Wagengewicht ergeben, als in dieser Berechnung für den zu 30 vH besetzten Zweiwagenzug mit 25,1 t eingesetzt wurde. Dieses Gewicht entspricht nunmehr einer mittleren Platzausnutzung von 40 vH.

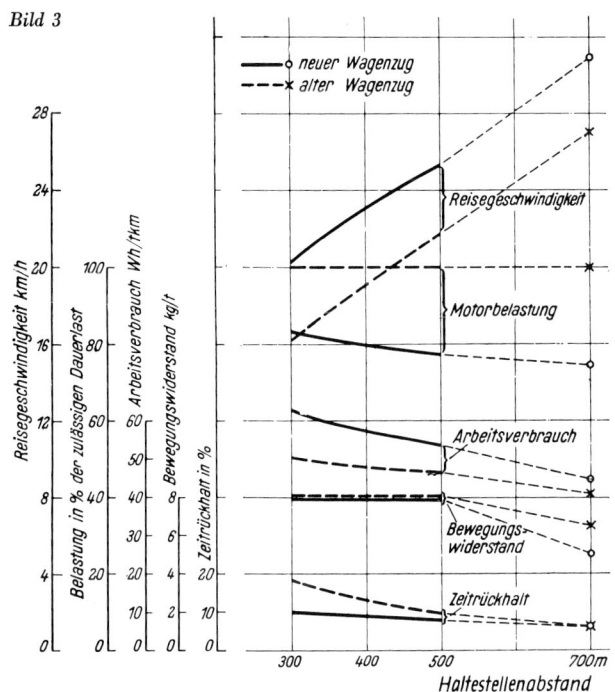

Bild 3

enthält, um den stärkeren Beanspruchungen des Dreiwagenzugbetriebes in der Zeit des Spitzenverkehrs gerecht zu werden, für deren Ausgleich beim alten Wagen nur die Zeit des reinen Triebwagenbetriebes verfügbar bleibt.

Fügt man zur kürzesten Fahrzeit (Z_k) den Zeitrückhalt (R) hinzu, so ergibt sich die planmäßige Fahrzeit (Z_p) zwischen den Haltestellen ($Z_p (1-R) = Z_k$).

Aufenthalt an den Haltestellen

Hierzu tritt der Aufenthalt an der Haltestelle, der beim alten Zug mit durchschnittlich 12 sec im Stadtinnern und 9 sec außerhalb des Stadtkerns eingesetzt werden soll. Beim neuen Wagen ist er entsprechend kürzer, weil diese Ausführungsform über 4 gegenüber früher meist nur 3 oder gar nur 2 Türen je Wagenseite verfügt, und mit einer optisch-akustischen Signalvorrichtung mit Befehlsspeicherung ausgerüstet ist, während beim alten Zug zur Signalgebung der Klingelzug benutzt wird, bei dem die Abfahrt also erst erfolgen kann, nachdem das Abfahrtzeichen vom Beiwagenschaffner zum Triebwagenschaffner und danach von diesem zum Fahrer gegeben worden ist.

Die Verkürzung des Aufenthalts läßt sich noch weiter fördern durch Ausnutzung des psychologischen Einflusses, den ein so erheblich schnelleres Fahrzeug auf Fahrgäste und Personal ausübt, und der sich durch Schulung und Erziehung beider noch bedeutend steigern läßt. Von günstigem Einfluß ist ferner gegebenenfalls eine Lautsprecheranlage (deren Einbau infolge des Vorhandenseins der Kleinspannungsanlage ohne Schwierigkeit möglich ist), und zwar deshalb, weil durch das Ausrufen der Haltestellen die Fahrgäste veranlaßt werden, sich rechtzeitig an die Ausgänge zu begeben. Die Abkürzung des Aufenthalts an der Haltestelle dürfte deshalb mit insgesamt 4 sec nicht zu hoch angesetzt sein, so daß für den neuen Wagen im Stadtinnern 8 sec, auf den Außenstrecken 5 sec als Haltestellen-Aufenthalt einzusetzen ist.

Reisegeschwindigkeit

Damit ergeben sich die in den Bildern 1 und 2 dargestellten Fahrschaulinien, deren Zahlenwerte in Bild 3 zusammengestellt sind. Ihnen liegen für beide Züge zugrunde eine Spannung von 600 V, ein Zuggewicht von 25,1 t, ein Raddurchmesser von 720 mm

als Mittelwert zwischen dem neuen Reifen von 760 und dem abgenutzten von 680 mm sowie eine Übersetzung 1 : 5,75. Besonders dürfte die Kurve der Reisegeschwindigkeit den gewaltigen Fortschritt des neuen Wagens gegenüber dem alten (zunächst vom Standpunkt des Fahrgastes aus) überzeugend dartun. Sie schnellt bei einem Haltestellenabstand von 300 m von 16,2 km/h auf 20,2 km/h hinauf, hat also um 24,8 vH zugenommen. Dieser Zuwachs an Geschwindigkeit nimmt mit zunehmender Haltestellenentfernung etwas ab, weil die Überlegenheit des neuen Zweiwagenzuges nicht in erster Linie in der größeren erreichbaren Höchstgeschwindigkeit liegt, sondern in der wesentlich höheren Anfahrbeschleunigung und Bremsverzögerung, die sich naturgemäß um so stärker auswirken, je mehr Haltestellen je km vorhanden sind. Die Kurven sind nur zwischen 300 und 500 m durchgezogen, bis zu 700 m hin aber nur gestrichelt, um hervorzuheben, daß das Fahrschaubild für diese letztere Entfernung auf der oben dargelegten abweichenden Grundlage gegenüber dem innerstädtischen Verkehr aufgebaut ist, nämlich auf den geringeren Werten für den Bewegungswiderstand, den Zeitrückhalt und den Aufenthalt an den Haltestellen.

Wagenbedarf und Personalkosten

Die aus den Schaulinien ersichtliche Erhöhung der Reisegeschwindigkeit beim neuen Wagen stellt seinen wesentlichsten wirtschaftlichen Vorteil gegenüber den alten Fahrzeugen dar, weil sie sich stark auf den Wagenbedarf und damit auf diejenigen Kosten in der Aufwandsrechnung auswirkt, welche etwa 40 vH der gesamten Betriebskosten ausmachen, nämlich auf die Fahrpersonallöhne und -gehälter einschließlich der Sozialausgaben und Pensionslasten. Was zunächst den Wagenbedarf anlangt, so hängt er in erster Linie von der Reisegeschwindigkeit ab. Es spielen aber noch andere Faktoren eine wesentliche, unter Umständen sogar ausschlaggebende Rolle, und das sind die Linienlänge, die Zugfolge und der Endaufenthalt. Auf ihren Einfluß hier näher einzugehen, würde zu weit führen. Der Leiter des Unternehmens muß nach den Verhältnissen seines Netzes und Betriebes selbst prüfen, auf welcher Linie er die neuen Wagen zunächst einsetzt. Hierbei ist für die volle Ausnutzung der wirtschaftlichen Vorteile entscheidend, daß die ganze Linie mit dem neuen Wagentyp ausgerüstet werden kann, weil sich die Reisegeschwindigkeit bekanntlich nach dem langsamsten Wagen richtet, und daß dabei mindestens ein Wagenzug eingespart wird.

Selbstverständlich können in der vorliegenden Rechnung auch wieder nur Durchschnittswerte eingesetzt werden, und zwar ist für die Linienlänge die durchschnittliche Länge der deutschen Straßenbahnlinien mit 8,7 km zugrunde gelegt worden[5]. Der Aufenthalt am Linienende ist notwendig, um dem Personal die erforderliche Zeit zur Ausspannung zu gewähren und um kleinere Verzögerungen, für welche der Zeitrückhalt nicht mehr ausreicht, ausgleichen zu können. Er sei an jedem Linienende mit 7 Minuten angenommen, was etwa dem derzeitigen deutschen Durchschnitt entsprechen dürfte[6]. Infolgedessen braucht ein Zug zu einer Fahrt auf der 8,7 km langen Strecke hin und zurück bei 300 m Haltestellenabstand und 16,2 bzw. 20,2 km/h 78,5 (abgerundet 78) bzw. 65,7 (abgerundet 66) Minuten, bis er wieder eingesetzt werden kann. Der mittlere Zugabstand kann in Deutschland mit 6 Minuten angenommen werden, folglich werden im vorliegenden Fall beim alten Wagentyp 13 Züge, beim neuen 11 braucht. Setzt man nun die durchschnittlichen Kosten für das Fahrpersonal ein-

---

[5] Büchner, Z. f. öffentl. Wirtschaft (1937) S. 385.

[6] Wenn die Personalverknappung heute in vielen Städten bereits zur Verkürzung dieser Endaufenthalte zwingt, so wird diese Maßnahme bei den neuen Wagen durch die selbsttätige Kupplung erleichtert. Aber auch jede gleichmäßige Verkürzung der Endaufenthalte für alte und neue Wagen wirkt sich in obiger Berechnung zugunsten der neuen Fahrzeuge aus.

schließlich der Aufsichtführenden sowie des Personals für die tägliche Reinigung der Fahrzeuge und einschließlich der sozialen Aufwendungen und Pensionslasten beim alten Zug mit 21 Rpf./Rkm (Rechnungskilometer, hierbei 1 Beiwagen-km = ½ Triebwagen-km) ein, so ergibt sich eine Ersparnis an Personalkosten in Höhe von **3,23 Rpf/Rkm**.

Stromverbrauch

Der Stromverbrauch für das Fahren erhöht sich, wie aus Bild 3 ersichtlich ist, von 50,0 auf 62,8 Wh/tkm am Fahrdraht (also um 25,6 vH). Hierzu käme der Verbrauch für Heizung und Beleuchtung, der aber in beiden Fällen etwa gleich ist, wenn man beim neuen Triebwagen nicht eine Verstärkung der Nutzstromheizung durch Netzstrom vorsieht. (Die höhere Lichtausbeute beim neuen Wagen trotz etwa gleichen Stromverbrauchs ergibt sich aus der Verwendung von Lampen niedrigerer Spannung [25 V]). Er kann daher unberücksichtigt bleiben. Dagegen ist von Bedeutung der Verlust in der Oberleitung und in den Kabeln, welcher mit 5 vH angesetzt werden soll (nach den Feststellungen bei einer Reihe von Bahnen ergaben sich nur 3,5 vH, jedoch erscheinen diese Angaben nicht sehr zuverlässig), so daß sich an der Sammelschiene ein Mehrverbrauch von 225,5 Wh/Rkm errechnet. Bei 7 Rpf/kWh, einem zwar in Anbetracht der hohen Benutzungsdauer der Straßenbahnanlagen wesentlich zu hohen Strompreis, der aber leider zur Zeit noch in Ansatz gebracht werden muß, ergeben sich demnach Strommehrkosten beim neuen Wagen in Höhe von **1,58 Rpf/Rkm**.

Unterhaltung der Stromzuführungsanlagen

Aus den Angaben einiger Verwaltungen ergibt sich der Betrag von 0,8 Rpf/Rkm an Unterhaltungskosten der Stromzuführungsanlage. Da diese Kosten ziemlich unabhängig von der Höhe des Stromverbrauchs sind, sollen **0,1 Rpf/Rkm** an Mehrkosten eingesetzt werden.

Wagenunterhaltung einschließlich Lagerhaltung

Beim neuen Fahrzeug erhöhen sich die Unterhaltungskosten je Rkm infolge stärkerer Abnutzung der Radreifen und Bremsklötze sowie wegen des Hinzukommens der Schienenbremsen (nach obiger Annahme nur für Notbremsungen verwendet). Dazu tritt weiter die Unterhaltung der Batterien, die aber durch Ausführung als Nickel-Cadmiumbatterie mit überhöhtem Laugeraum gegenüber Bleibatterien bei einer um ein Mehrfaches heraufgesetzten Lebensdauer sehr stark herabgedrückt sind. Schließlich verursachen die Lademaschine, die an die Kleinspannung angeschlossenen Verbraucher, besonders die Signalanlage, sowie die Lüfter erhöhte Unterhaltungskosten. Diese vermindern sich infolge der reichlicheren Bemessung der Motoren.

Weiterhin machen sich hier die Ersparnisse besonders stark bemerkbar, die sich aus der Durchführung des Grundsatzes bei der Vereinheitlichung ergeben, daß für Trieb- und Beiwagen, Zweiachser und Vierachser möglichst die gleichen Teile und nur in möglichst wenigen Größen verwendet werden sollen. Dies gilt besonders für Schrauben und Niete, Bolzen und Buchsen der Bremsgestänge, Bleche und Säulenquerschnitte, Scheiben, Bremsklötze, Beschlagteile, Federprofile, Schienenbremskörper mit ihren Schleifstücken und Mitnehmerbuchsen, Rollenlager der Anker und Achsbuchsen, Gleitführungen, Kohlebürsten, Stromabnehmer usw. Die Lagerhaltung wurde hierdurch also wesentlich vereinfacht, die Liefertermine verkürzt (Bezug sogar oft vom Lager möglich), die Preise der Einzelteile infolge Bezugs in größeren Mengen gesenkt, die Höhe des im Ersatzteillager angelegten Kapitals und der für die Vorräte erforderliche Raum verringert. Hinzu kommt, daß auf leichte Zugänglichkeit und Austauschbarkeit aller Teile größter Wert gelegt wurde, und daß die Gleichheit der Einzelteile eine Art Fließverfahren bei den Überholungen und damit eine wesentliche Verkürzung der Ausfallzeiten ermöglicht. Der letztere Umstand würde sogar vollauf dazu berechtigen, beim neuen Wagen einen geringeren Zuschlag zu der für eine bestimmte Verkehrsleistung erforderlichen Wagenzahl zu machen (hier 15 vH). Jedoch soll, auch hier wieder zugunsten des alten Wagens, davon Abstand genommen werden. Gegenüber den Unterhaltungskosten beim alten Wagen, die mit etwa 6 Rpf/Rkm angenommen werden können, dürften 10 vH = **0,6 Rpf/Rkm** als Mehrkosten für den neuen Wagen sehr hoch angesetzt sein, besonders wenn man berücksichtigt, daß nur 11 Züge statt 13 zu unterhalten sind.

Gleisunterhaltung

Die Gleisanlage weist beim neuen Wagen auch ohne Verwendung der Schienenbremse als Gebrauchsbremse einen höheren Verschleiß als beim alten Wagen auf. Man kann zwar unterstellen, daß sich die höhere Abnutzung an den Haltestellen infolge der größeren Anfahrbeschleunigung und Bremsverzögerung mit dem niedrigeren Verschleiß auf der geraden Strecke infolge der Verwendung zylindrischer Radreifen ausgleicht, aber es bleibt beim neuen Wagen eine stärkere Abnutzung in den Krümmungen und Weichen übrig als Folge des Übergangs von 2,80 bis 3 m Radstand auf 3,20 m. Nun beträgt nach der Feststellung einer größeren Zahl von Verwaltungen die Länge der Krümmungen im gewogenen Durchschnitt rd. 6 vH der gesamten Streckenlänge. Schätzt man die Unterhaltungskosten der Krümmungen und Weichen zu 40 vH der gesamten Gleisunterhaltungskosten und nimmt diese zu 4,5 Rpf/Rkm an, so ergeben sich hieraus 1,8 Rpf/Rkm für die Unterhaltung der Krümmungen und Weichen, und wenn man, wiederum ungünstig für den neuen Wagen, mit einer 15 prozentigen Mehrabnutzung der Krümmungen rechnet, ist für die erhöhte Gleisabnutzung ein Betrag von **0,27 Rpf/Rkm** an Mehrkosten einzusetzen.

Kapitalkosten der Wagenhallen

Die verringerte Zahl der Fahrzeuge ergibt eine Ersparnis in den Anlagekosten für die Wagenhallen. Hierbei sind bei den Triebwagen 15 vH Zuschlag für die Durchführung der Haupt- und Zwischenuntersuchungen sowie der Ausbesserungen infolge von Zusammenstößen usw. notwendig. Beim Beiwagen ist der erforderliche Zuschlag so niedrig, daß er hier vernachlässigt werden soll. Danach sind in den Hallen unterzustellen vom alten Wagentyp 13×1,15 Trieb- und 13 Beiwagen, beim neuen 11×1,15 Trieb- und 11 Beiwagen. In Anlehnung an die Kosten einer der neuesten größeren Wagenhallen ergeben sich hierfür 60 000 RM Mehrkosten beim alten Wagen, welche mit 4 vH verzinst und mit 2 vH getilgt werden sollen. Hieraus errechnet sich für die neuen Wagen eine Ersparnis in Höhe von **0,21 Rpf/Rkm**.

Kapitalkosten der Kabelanlagen

Für Hochspannungskabel und Umformeranlagen bis zu den Sammelschienen braucht nichts in Ansatz gebracht zu werden, weil der Berechnung ein Bezug von Gleichstrom (zu 7 Rpf/kWh) zugrunde gelegt ist.

An den Mast- und Fahrleitungsanlagen ändert sich nichts, wohl aber an den Speisekabeln. Setzt man den infolge des Strommehrverbrauchs erforderlichen Mehraufwand in Anlehnung an die Kosten vorhandener Anlagen ein und verzinst ihn mit 4 vH bzw. tilgt ihn mit 2 vH, so errechnet sich ein Mehraufwand beim neuen Wagen in Höhe von **0,04 Rpf/Rkm**.

Gesamtkosten des Einheitswagens

Nun müßten die Kapitalkosten für den Wagenpark errechnet werden, was aber nur möglich wäre, wenn die Preise für die Einheitswagen schon bekannt wären. Da dies, wie oben dargelegt, nicht der Fall ist, bleibt nur übrig, aus dem beim Kostenvergleich sich ergebenden Unterschied an jährlichem Aufwand für alte und neue Wagen den zulässigen Mehrpreis des Einheitswagens zu errechnen, bis zu welchem der Einheitswagen noch wirtschaftlich ist. Zieht man die Beträge zusammen, welche zu Lasten des alten bzw. des neuen Wagentyps errechnet wurden, so ergibt sich folgendes:

Mehrkosten in Rpf/Rkm beim	alten	neuen
	Wagen	
Fahrpersonalkosten	3,23	
Stromverbrauch		1,58
Unterhaltung der Stromzuführungsanlagen		0,10
Unterhaltung der Fahrzeuge		0,60
Unterhaltung der Gleisanlage		0,27
Kapitalkosten: Wagenhallen und Werkstätten	0,21	
Kabelanlagen		0,04
	3,44	2,59

Für den zweiachsigen Einheits-Trieb- und -Beiwagen errechnet sich also ein Überschuß von 0,85 Rpf/Rkm, bzw. bei 1714000 Rkm im Jahr von 14550 RM/Jahr, wovon die Verzinsung und Tilgung der Mehrkosten der neuen Einheitswagen zu decken sind. Hierbei muß man vom Preis des älteren Wagens ausgehen. Die im Jahre 1939 gelieferten Triebwagen mit einer dem Vergleichswagen alten Typs entsprechenden Ausrüstung haben rd. 43000 RM gekostet, die Beiwagen rd. 26000 RM. Daher wären für den Betrieb der Vergleichsstrecke für die Wagen alten Typs 981000 RM anzulegen. Bei einer Verzinsung von 4 vH und einer Tilgung von ebenfalls 4 vH (25 Jahre Lebensdauer, bedingt nicht durch die Haltbarkeit des Wagens, sondern dadurch, daß nach dieser Zeit ein Wagen unbedingt erneuert werden muß, wenn man auch nur einigermaßen mit der Entwicklung Schritt halten will) ergibt dies 78480 RM. Beim neuen Wagentyp stehen, wie oben errechnet, 14550 RM/Jahr zur Verfügung, es könnten mithin für die Verzinsung und Tilgung der neuen Wagen rd. 93000 RM aufgewendet werden. Bei 8 vH Verzinsung und Tilgung ergeben sich 1162500 RM als Betrag, den der neue Wagenpark kosten dürfte. Hierfür wären zu kaufen 11×1,15 Trieb- und 11 Beiwagen.

Setzt man das Verhältnis der Kosten des neuen Triebwagens zum neuen Beiwagen in gleicher Höhe ein wie beim alten Typ, so ergäbe sich hieraus, daß der neue Triebwagen rd. 60000 RM, der neue Beiwagen rd. 36500 RM, also 40 vH mehr als die Wagen des Jahres 1939 kosten dürften. Ähnliche Werte ergeben sich für die Haltestellenabstände von 400, 500 und 700 m. Nun ist einmal zu berücksichtigen, daß die im Jahre 1939 berechneten Preise praktisch keine Entwicklungskosten enthielten, während heute nach den „Leitsätzen für die Preisermittlung auf Grund der Selbstkosten bei Leistungen für öffentliche Auftraggeber (LSÖ)" sämtliche Entwicklungskosten gesondert verbucht und den Auftraggebern gesondert in Rechnung gesetzt werden müssen. Diese Regelung auch auf die Aufträge der privaten und gemischtwirtschaftlichen Betriebe auszudehnen, bezweckt ein Antrag der Fachgruppe Eisenbahnwagenbau an den Reichskommissar für die Preisbildung.

Welche Größenordnung solche Entwicklungskosten annehmen können, erhellt aus der Tatsache, daß der Gesamtaufwand für die Entwicklung eines zweiachsigen Straßenbahnwagens, welcher für eine unserer Verwaltungen im Jahre 1939 entworfen wurde, sich auf nicht weniger als 10000 Konstrukteurstunden belief, das macht also einschließlich der Materialkosten mehr als 60000 RM aus (der zweiachsige Triebwagen kostete 1940 bei der Fertigstellung ohne Entwicklungskosten rd. 50000 RM). Zum andern ist zu bedenken, welche Vereinfachung und damit auch Verbilligung sich für die Herstellung durch die Typisierung an sich (größere Stückzahlen) und weiterhin durch die Verwendung nur weniger Größen gangbarer Einzelteile von der Schraube bis zum Säulenprofil ergeben müssen. Es kann daher keinem Zweifel unterliegen, daß der oben errechnete Preis nicht erreicht wird, so daß für den zweiachsigen Einheits-Trieb- und -Beiwagen mit Sicherheit eine volle Wirtschaftlichkeit gegeben ist.

In der vorstehenden Rechnung ist zunächst mit nackten Zahlen das reine Betriebsergebnis berechnet worden. Darüber hinaus aber hat der neue Einheitswagen auch eine erhebliche werbende Wirkung. Bequeme Sitze, breite Fenster, gute Beleuchtung, Heizung und Lüftung, Abfederung und Geräuschdämpfung, die weit getriebenen Sicherheitsvorrichtungen, eine ansprechende Formgebung des Fahrzeugs, das sich angenehm in das Bild des neuzeitlichen Straßenverkehrs einfügt, und nicht zuletzt die ganz erhebliche Erhöhung der Reisegeschwindigkeit dürften dem Einheitswagen mit Sicherheit viele neue Freunde gewinnen und damit die Wirtschaftlichkeit auch weiterhin zu steigern geeignet sein.

Und noch ein weiterer Punkt ist von nicht unerheblicher wirtschaftlicher Bedeutung: Es ist beim Bau des Fahrzeugs bei jeder Gelegenheit Rücksicht auf die Gesundheit und Sicherheit des Fahrpersonals genommen worden. Zunächst einmal ist mit den Einheitswagen der stehende Fahrer bei neuen Fahrzeugen ein für allemal verschwunden. Durch den gefederten Sitz und die besondere Fahrerstandheizung sind gesundheitliche Schäden, denen der stehende Fahrer bei den bisher gebauten Fahrzeugen meistens ausgesetzt war, ausgeschaltet. Die 3 mm starke Stahlblechverkleidung um die Plattform und die ausschließliche Verwendung von Sicherheitsglas bis zum Sitzraum werden ihm bei Zusammenstößen besseren Schutz bieten, die freie Sicht bei jedem Wetter nach vorn und beiden Seiten durch die Doppelscheiben wird im Verein mit den weit verbesserten Bremsmöglichkeiten, der Einführung des Pendelwinkers, des Schluß- und des Bremslichts, die Zahl der Zusammenstöße trotz erhöhter Geschwindigkeit ganz allgemein herabsetzen und die Gefährdung des Fahrers verringern. Für die Schaffner wird die selbsttätige Kupplung die Unfälle beim Kuppeln der Wagen verhindern usw.

Endlich werden auch die Unfälle durch Auf- und Abspringen während der Fahrt infolge der Abdeckung der Trittstufen durch das bei den meisten Einheitswagen heruntergezogene Türblech aufhören und den Verwaltungen auch hierdurch recht überflüssige Kosten erspart werden.

Aber schließlich: Die Wirtschaftlichkeit war bei dem Gedanken, Einheitswagen zu schaffen, nicht einmal das Entscheidende. Wenn wir sie auch stets vor Augen hatten, und die Forderung des wirtschaftlichen Vorteils, wie oben dargelegt, trotz größter Vorsicht in den Ansätzen mit Sicherheit erfüllt wird, so war für die Vereinheitlichung doch ein noch höherer Gesichtspunkt ausschlaggebend.

Die Straßenbahn war in der Zeit vor dem Kriege, nur zum Teil durch ihre Schuld, in den Ruf geraten, ein veraltetes und überlebtes Verkehrsmittel zu sein. Diese Auffassung sollte in kühnem Ansturm über den Haufen geworfen und mit der Vereinheitlichung ein gewaltiger Anstoß zu einer Wiedergeburt der Straßenbahn gegeben werden. Möge uns das gelungen sein!

Die Auswirkungen der Straßenbahnwagen-Vereinheitlichung auf die übrigen Gebiete des Straßenbahnwesens

Von Stadtrat JOHANNES ENGEL
Leiter der Reichsverkehrsgruppe Schienenbahnen, Berlin

In den vorhergehenden Aufsätzen ist besonders ausführlich dargelegt worden, in welcher Weise die Typung der Fahrzeuge sich auf dem Gebiete des Wagenbaues, also auf die Wagen selbst in allen ihren Teilen, auswirkt. Damit ist ihr Einfluß aber bei weitem nicht etwa abgeschlossen, vielmehr gleicht der Einheitsstraßenbahnwagen einem Ausstrahlungsmittelpunkt, von dem aus nicht nur ein gewaltiger Strom zur Förderung der technischen und betrieblichen Entwicklung in den übrigen Zweigen des Straßenbahnwesens ausgeht, sondern der auch die personelle Seite der Betriebe stark beeinflußt. Die Vereinheitlichung der Straßenbahnwagen umschließt ein ganzes Programm für das deutsche Straßenbahnwesen, und deshalb seien diesen Auswirkungen noch einige Worte gewidmet.

Technisch-betriebliche Auswirkungen

Zunächst einmal wird die Typung auf die Spurweite der Bahnanlagen einwirken. Typisiert sind bekanntlich nur Wagen für Regel- und Meterspur. Wir haben aber in Deutschland eine Reihe von Bahnen mit Spurweiten, die hiervon, oft nur um wenige Millimeter, abweichen. Die Vorteile, welche die Beschaffung von genormten Wagen mit sich bringt, sind groß, während die Fahrzeuge für abweichende Spurweiten besonders entwickelt und einzeln angefertigt werden müssen. Es wird hiermit ein starker Anreiz geschaffen, sich auf eine der beiden genormten Spurweiten umzustellen. Tatsächlich hat sich auch bereits eine Bahn von 925 mm Spur mit einem Netz von rd. 100 km Gleislänge zum Umbau auf Regelspur entschlossen, was selbstverständlich nur schrittweise durchgeführt werden kann. Andere Bahnen werden zweifellos folgen.

Eine weitere wesentliche Festlegung im Gleisbau ist das Schienenprofil. Es ist bekanntlich für die Wirtschaftlichkeit der Betriebe von erheblicher Bedeutung, wenn die Radreifen- und besonders die Spurkranzform mit dem Schienenprofil so zusammenpassen, daß eine möglichst geringe Abnutzung und ein möglichst ruhiger Lauf erzielt werden. Hierfür ist der Radstand der Fahrzeuge eine der bestimmenden Größen. Er liegt nunmehr fest. Damit ist die Grundlage für eine einwandfreie Klärung dieser Frage gegeben.

Ferner ist durch die Vereinheitlichung der Fahrzeuge eine Regelung für den Abstand der Gleise in der Geraden und in Krümmungen gegeben, nach der nun bei allen Gleisauswechselungen verfahren werden kann. Zwar werden die neuen Festlegungen über Wagenbreite und Radstand für einzelne Bahnen bzw. an einzelnen Stellen der Gleisnetze einmalige Umänderungskosten mit sich bringen. Diese Auswirkung wird aber im allgemeinen nicht von wesentlicher Bedeutung sein und in wenigen Jahren abgeklungen sein.

Weiterhin erbringt die Typung eine einwandfreie Festlegung aller Faktoren, welche für die Aufstellung der Wagenprofile erforderlich sind. Erst auf Grund der Wagenprofile aber können die Lichtraumprofile bestimmt werden, die für den Abstand von Festpunkten und die Maße von Durchfahrten aller Art entscheidend sind. Ganz besonders wichtig ist die Klärung der hierher gehörigen Fragen für die Anlage von Tunneln bei der Verlegung größerer Teile von Straßenbahnlinien als Unterpflasterbahnen, die in Zukunft in stärkerem Ausmaß zu erwarten ist. Auch für die Länge der Haltestelleninseln und ihren Abstand von der Gleisachse bilden die bindend vorgeschriebenen Ausmaße der Einheitswagen nunmehr eine einwandfreie Unterlage. Somit schafft die Typung der Straßenbahnwagen auch eine wichtige Grundlage für die Arbeiten des Straßenbauers.

Ferner wird die Typung auch auf die Vereinheitlichung der Fahrdrahtspannung der Straßenbahnen einen fördernden Einfluß ausüben. Wenn auch 600 V für die Fahrdrahtspannung genormt sind, so hat doch eine ziemlich beträchtliche Zahl von Betrieben noch mittlere Netzspannungen unter 600 V. Hier wird mit der Lieferung der Einheitsmotoren für 600 V eine neue Anregung gegeben werden, zu der höheren, unverhältnismäßig wirtschaftlicheren Spannung überzugehen, die noch unterstützt wird durch die Absicht des VDE, die Bahngeneratorspannung neuerdings von 600 V auf 650 V heraufzusetzen. Die höhere Spannung ergibt ja nicht nur bei der gleichen Leistung einen entsprechend niedrigeren Strom und damit quadratisch abnehmende Verluste, sondern ermöglicht auch eine erhebliche Heraufsetzung der Fahrgeschwindigkeit und damit eine sehr beachtliche Senkung des größten Ausgabepostens einer Straßenbahn, nämlich der Kosten für das Fahrpersonal.

Auch der Übergang von Rolle auf Bügel hat durch die Typung einen Anstoß erhalten. Es sind in Deutschland nur verhältnismäßig wenige Verwaltungen, welche noch Rollenstromabnehmer verwenden, wenn sich hierunter auch einige der größten befinden. Erwägungen bei diesen Betrieben, zum Scherenstromabnehmer überzugehen, was mit Rücksicht auf die Funkenbildung am Fahrdraht ganz allgemein erwünscht, für höhere Geschwindigkeiten sogar notwendig erscheint, haben nun durch die Festlegungen bei den Einheitswagen einen neuen Impuls erhalten, so daß sich einige der größten Bahnen mit Rollenstromabnehmer bereits zum Umbau auf Bügel entschlossen haben.

Schließlich wird durch die neuen Wagen die elektrische Bremse einheitlich eingeführt und, da Ausnahmen hiervon vom Reichsverkehrsminister nicht genehmigt werden, bei den wenigen Bahnen, welche noch Druckluftbremsen verwenden, der Übergang zu der für Straßenbahnen besseren elektrischen Bremse bewirkt.

Beachtlich wird schließlich auch der Einfluß sein, den die Vereinheitlichung auf die Werkstätten und die Lagerhaltung ausüben dürfte. Hier wird sie dazu führen, daß allmählich zu einer Art Fließarbeit übergegangen werden kann, weil es infolge der Verwendung einheitlicher Einzelteile bei allen Wagentypen möglich wird, bei geringstem Lagerumfang alle dem Verschleiß unterworfenen Teile einbaufertig bereitzuhalten, um im Wege des Austausches der Ersatzteile eine wesentliche Verkürzung der Standzeiten der Wagen zu erzielen, welche zum Zwecke der laufenden Überholung oder der Ausbesserung den Hauptwerkstätten zugeführt werden. Auch beim Bau der Werkstätten kann man sich nunmehr bei der Gestaltung der Einfahrten und Tore, der Schiebebühnen und der Wagenstände an die einheitlichen Maße halten.